明代歷科狀元策彙編

馬慶洲　輯校

北京大學出版社
PEKING UNIVERSITY PRESS

圖書在版編目(CIP)數據

明代歷科狀元策彙編/馬慶洲輯校. —北京：北京大學出版社，2020.1
ISBN 978-7-301-30986-5
Ⅰ. ①明… Ⅱ. ①馬… Ⅲ. ①狀元–科舉考試 – 試卷 – 彙編 – 中國 – 明代
Ⅳ. ①D691.46

中國版本圖書館CIP數據核字（2019）第291970號

書　　名	明代歷科狀元策彙編 MINGDAI LIKE ZHUANGYUANCE HUIBIAN
著作責任者	馬慶洲　輯校
責任編輯	沈瑩瑩
標準書號	ISBN 978-7-301-30986-5
出版發行	北京大學出版社
地　　址	北京市海淀區成府路205號　100871
網　　址	http://www.pup.cn　新浪微博：@北京大學出版社
電子郵箱	編輯部 dj@pup.cn　總編室 zpup@pup.cn
電　　話	郵購部010-62752015　發行部010-62750672 編輯部010-62756449
印 刷 者	北京虎彩文化傳播有限公司
經 銷 者	新華書店
	650毫米×980毫米　16開本　36.5印張　402千字 2020年1月第1版　2024年5月第2次印刷
定　　價	126.00元

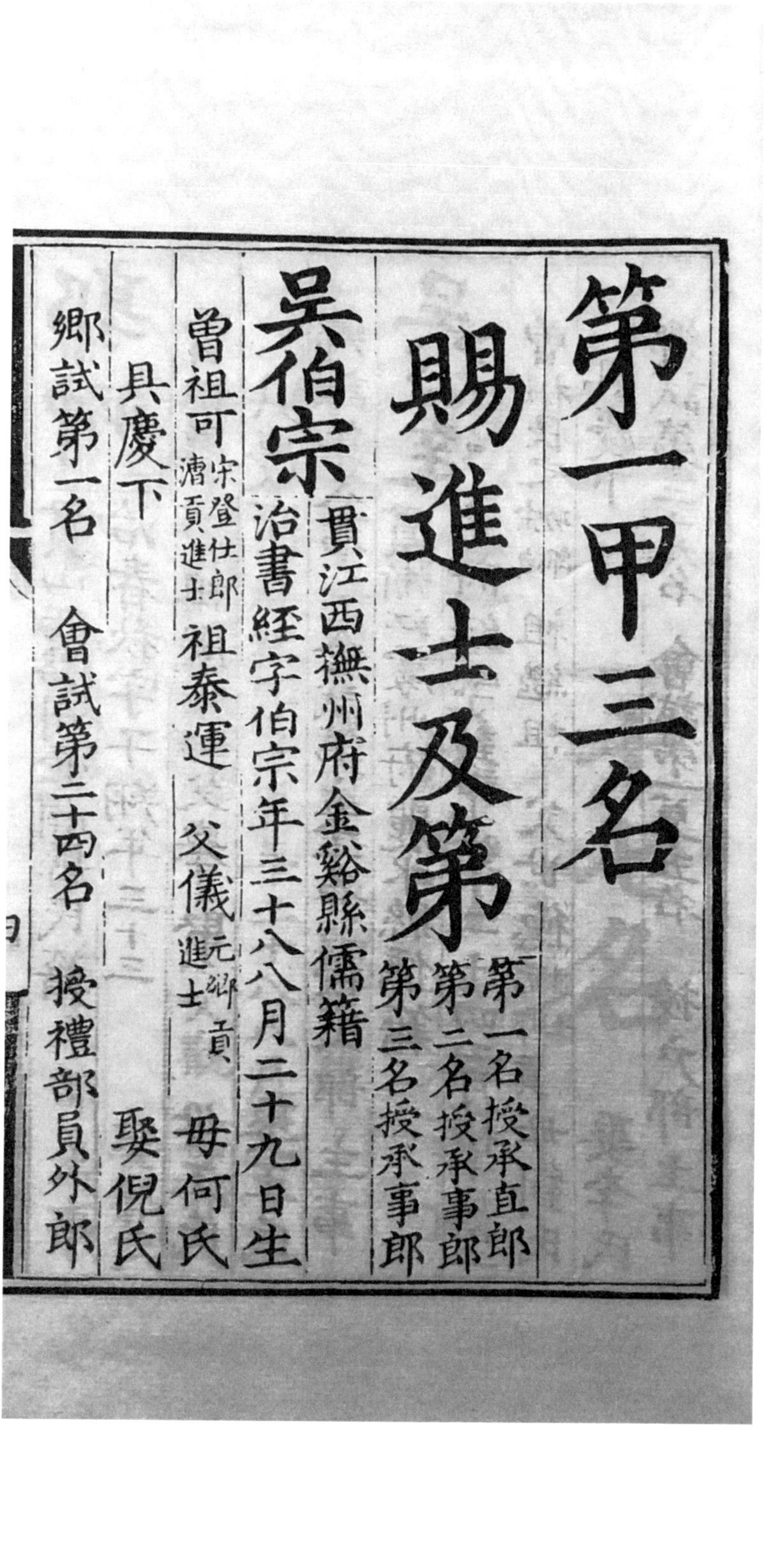
第一甲三名
賜進士及第
第一名授承直郎
第二名授承事郎
第三名授承事郎
吴伯宗 貫江西撫州府金谿縣儒籍
治書經字伯宗年三十八八月二十九日生
曾祖可宋登仕郎漕貢進士 祖泰運 父儀元鄉貢進士 母何氏
具慶下 娶倪氏
鄉試第一名 會試第二十四名 授禮部員外郎

書影一《洪武四年進士登科録》(影印天一閣藏明洪武刻本)

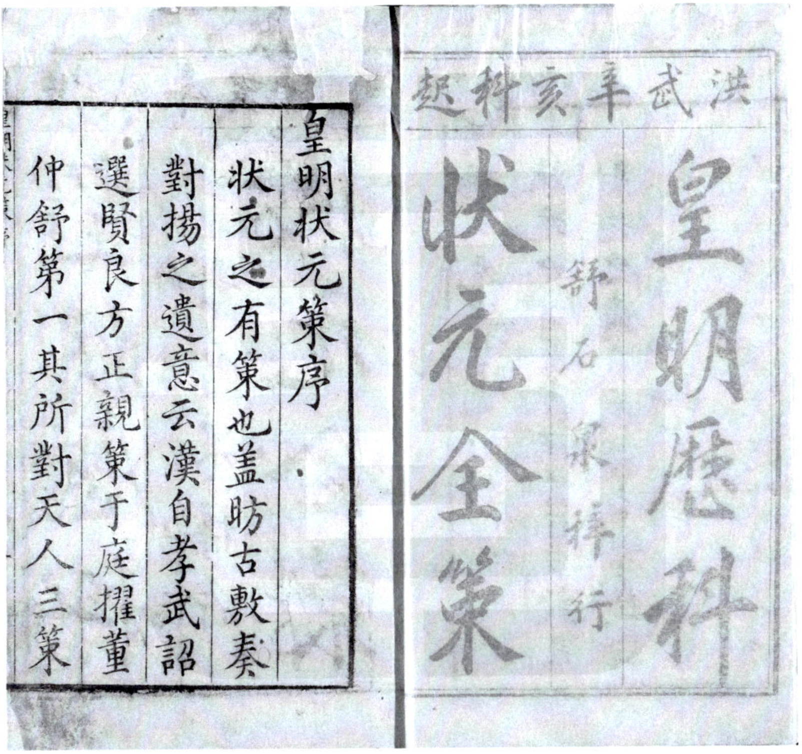
洪武辛亥科起
皇明歷科
狀元全策
舒石泉梓行
皇明狀元策序
狀元之有策也盖昉古敷奏
對揚之遺意云漢自孝武詔
選賢良方正親策于庭擢董
仲舒第一其所對天人三策

書影二《皇明歷科狀元全策》(國家圖書館藏)

目録

序　一

初春時節，慶洲給我寄來《明代歷科狀元策彙編》的前言、後記及部分樣章，並告訴我，該書在北京大学出版社已進入編輯流程，年内能夠出版，希望我能寫點東西，作爲本書的序言。看到書稿，我很高興，也很樂意説點什麽，並以此傳遞我們師生之間的情誼。

中國古代的科舉制度，延續了一千多年，對社會的影響極其深廣，是一個值得探究的大課題。這方面，我没有做專門研究，不便多言。我個人感覺，近二十年來，科舉方面的研究取得了不少成果，對科舉制度的評價，也不再是一味的否定，這些都是令人欣喜的進步。但是，從學術研究的角度看，這一領域的研究，需要進一步深入和細化的地方，仍所在多有，尤其科舉文獻的整理，更有許多工作要做。這不僅是科舉學研究的需要，對中國古代文學研究而言，這也是十分必要的資料儲備，會對相關研究，起到應有的促進作用。

據我瞭解，慶洲涉足科舉研究，始於整理其先人馬愉的文集。馬愉係明代宣德二年狀元，正統年間，仕至禮部侍郎並入閣，著有《澹軒文集》，《四庫全書總目》存目中收録。感于《澹軒文集》幾度瀕臨失傳，同時，也出於慎終追遠之情，慶洲用兩三年的時間，將文集做了徹底的整理，出版了《澹軒文集校注》和《澹軒文集今注》，兩書一繁一簡，不僅延續了該書的生命，也爲讀者提供了很大的便利。古籍整理工作，離不開文獻資料，但資料的得來，並非易事。在整理《澹軒文集》的過程中，慶洲遇到了一些資料上的困難，使他更加感受到文獻的珍貴和重要。在本書後記中，他感慨道："即使在文獻電子化程度極高的今天，也並非所有的資料都可唾手而得。"進而想到，何不將明代狀元策做一番彙集整理，以利同道之用呢？」正是有感於文獻資料來之不易，才促使慶洲決意把明代狀元策彙輯成册，以便學界使用。這是一種不計名利的奉獻精神，也正是學術工作的應有之義，值得嘉許。

慶洲在山東大學取得碩士學位，師從董治安先生，在北京大学讀博期間，從我學習先秦兩漢文學，有着紮實的文獻學功底，其博士學位論文《淮南子研究》，即以考據見長。做《明代歷科狀元策彙編》這本書，對慶洲而言，自是遊刃有餘，也可以説，做這本書，他是理想的人選。翻閲樣章，我也能感覺到，他的確是嚴格按照古籍整理的規範在操作，謹嚴有加，其工作完全值得信任。相信有了這本書，想找尋明代狀元的殿試策，就無需再東奔西跑。

博士畢業後，慶洲進了出版行業，但出於對學術的熱愛，他一直没有放棄研究工作，陸續出版了近十種著作。這些著作，領域不盡相同，著述方式各異，但都有一個共同的特點，就是學風樸實，注重文獻，講究言而有徵，不做無根之談。這是我十分願意看到的，也希望他能一直堅持下去，並使之發揚光大。

我是一九五五年進入北大中文系學習的，一九六〇年畢業留校，做游國恩先生助教，在先生指導下整理過一段時間的《楚辭長編》。後來，又與包括游先生在内的幾位先生一起編寫《中國文學史》，長期在游先生身邊學習和工作，深受其影響，親身感受到先生的爲學之道。游先生的文史研究，植根乾嘉，融訓詁、考據、義理爲一體，一貫主張在充分掌握原始材料的基礎上尋求結論。游先生尤其注重文獻資料的整理、辨析，《離騷纂義》《天問纂義》等，就是他在文獻考據方面功力的絶佳展示。游先生執教北大數十年，是中文系的標誌性人物，他的這種學術風格，代表了北大中文系古代文學研究的傳統。其他諸多先生，就主流的學術風格而言，也莫不如此。今年是游國恩先生一百二十周年誕辰，有感於此，我們師生二人，願意把這部書，作爲獻給游先生百廿誕辰的一份禮物，以表示我們的崇敬和緬懷之情。

費振剛

二〇一九年春，於鞍山

序　二

由於過去長期對科舉的誤解，社會甚至學術界一般都認爲科舉考試内容迂腐，無論「策問」，還是「對策」，都只重辭藻對仗，而無關實用。但仔細閱讀明代科舉策問，尤其是殿試策問和狀元策，實際並非如此，策問擬題多出自現實問題，對策自然也多是針對現實問題的回答。如洪武四年，明代首位狀元吴伯宗在對答「倫何由而可明，俗何由而可厚」的策問時，就對曰：

臣以謂明倫厚俗，惟在於崇學校以興教化也。臣願陛下益重教官之選，嚴守令之責，使居學校者果能如胡安定之教於蘇湖，居府縣者果能爲文翁之化於蜀郡，則人倫不患其不明，士俗不患其不厚。

又如，建文二年狀元胡廣在對答「朕紹承大統，每思古先聖帝明王之治，何修何爲，而可使家給人足」的策問時，就對曰：

稽之於古，三代有天下，率數百年之久，其所以致隆盛者，莫不以仁義之道也；及其後世之衰，亦莫不以不行仁義之故，而遂至於不有天下……陛下思古先帝王之治，而欲垂憲于萬世，非仁義則不能有所爲也。夫仁義者，爲治天下之大經，大用之則大效，小用之則小效。自陛下嗣位以來，寬租負之徵，下養老之詔，省刑罰之繁，四海之民，莫不欣戴……臣願陛下終始而行之，持之以久，積之以歲月，而不求其近功，則何修而不得，何爲而不成？

由上可知，明代殿試策問和應試者對策多是對各種現實問題的討論；當然，也包含對儒家經典、禮樂制度、天文地理、修身養性、歷史典制等内容的探討。其中，狀元策因是每科殿試中挑選出來的最佳對策，故在上述各領域以及文采等方面都代表了明代科舉策文的最高水準，不僅在相當程度上可對皇帝的理念甚至決策產生影響，而且爲後人研究明代科舉乃至明史提供了重要史料。

慶洲君爲山東臨朐縣人，二〇〇一年畢業於北京大學中文系，獲文學博士學位，現爲清華大學出版社編審，又是明代宣德二年狀元馬愉的後人，既對明代科舉尤其殿試策問和狀元策懷有濃厚興趣，又積有搜輯校勘古籍的深厚功力，爲人樸厚，學風謹嚴，實爲從事明代歷科殿試策問和狀元策整理的最佳人選。

作爲該書的早讀者，我覺得其至少具有以下幾個鮮明特點：

首先，輯録明代殿試策問和狀元策最爲完備。儘管早在明代就有輯録明代殿試策問和狀元策的書籍出現，但流傳至今者，皆有諸多遺漏，故難以反映明代殿試策問和狀元策的全貌。而該書除洪武二十七年狀元張信和洪武三十年狀元陳䢿對策，以及崇禎十六年殿試策問和狀元楊廷鑒的對策因可能早已失佚而未覓到外，輯録了明代八十八科殿試策問和八十六名狀元的對策，分别占明代殿試策問和狀元策總數的百分之九十八点八八和百分之九十六点六三，由此使該書成爲有史以來最爲完整的明代殿試策問和狀元策輯本。

其二，底本選擇得當。校勘古籍之成敗，首先決定於選擇底本之當否。誠如該書前言所説：「考慮到《實録》是較原始的官方史料，且爲了全書的統一，「策問」均以《實録》所載爲底本。「策對」則儘可能選擇刊刻時間在前的本子。」因《登科録》是在每科殿試結束後即刊刻頒行的本子，所録「狀元策」最接近該「策」之原貌；故凡現存明代《登科録》保存完備且字迹清晰的狀元策，就自然成爲該書的「首選底本」；《登科録》不存或雖存而所録「狀元策」字迹漫漶不清者，則選擇其他版本的狀元策「斟酌對比，擇善而從」。上述對底本的選擇方式，最爲符合校書以現存最佳版本爲底本的原則，故爲保障該書的整理品質提供了堅實基礎。

其三，體例完備。該書有「前言」，重在説明編輯該書的緣起和指導思想；有「整理説明」，實爲「凡例」，即所遵循的若干整理原則；然後是正文，以時間爲序，以科爲單位，每科先列「廷對之士」人數和鼎甲三人姓名，並對該科狀元的生平、籍貫、仕宦經歷及著述等進行言簡意賅的介紹，接下來就是加以標點和校勘的該科「策問」和「狀元策」，對所輯「策問」和「對策」，每篇都詳注底本和參校本，以便讀者核查；此後是「附録」，附上《皇明歷科狀元全策》《歷科廷試狀元策》二書之序，以及《國朝廷試儀制》《明代歷科狀元總考》《國朝歷科狀元姓氏籍貫履歷》等；最後是「參考文獻」和旨在説明整理過程的「跋」。形成了一個内容完備、層次分明、邏輯嚴密的結構體系，既對保證整理品質具有重要意義，又爲讀者加深對明代殿試、狀元及狀元策的理解提供了方便。

該書優點還有很多，此不詳述，而留待廣大讀者自爲體味和判斷；相信該書的出版問世，對傳播優秀的傳統文化和促進明代科舉研究的深入，一定會起到積極作用。

承蒙慶洲君看重，向余索序，謹以上述淺見，權爲序。

郭培貴

二〇一九年四月三日於福州寓所

前言

發端于隋朝的科舉制度，到明代發展到高峰，相關制度極其完備，科考幾乎成爲讀書人晉身的唯一正途，如《明史》所云：「明制，科目爲盛，卿相皆由此出，學校則儲才以應科目者也……外此則雜流矣①。」明代科舉取士的核心，是以考選舉人、進士爲宗旨的三級考試制，即鄉試、會試和殿試。《明史》云：「三年大比，以諸生試之直省，曰鄉試。中式者爲舉人。次年，以舉人試之京師，曰會試。中式者，天子親策於廷，曰廷試，亦曰殿試。分一、二、三甲以爲名第之次。一甲止三人，曰狀元、榜眼、探花，賜進士及第。二甲若干人，賜進士出身。三甲若干人，賜同進士出身。狀元、榜眼、探花之名，制所定也。②」

殿試是明代三級考試的最後一級，也是最高一級，但事實上它只是對會試的覆試，没有黜落，只是定三甲名次。洪武四年（一三七一），明廷首次科考，殿試時間爲二月十九日。英宗正統七年（一四四二），改在三月十五日，此後成爲定例。但遇有特殊情況，如皇帝外出巡狩或賓天，則改期舉行。相對于鄉試、會試，殿試反而顯得簡單。時間只一天，且不給燭，考試内容是一場時務策，就是針對皇帝的「策問」，作一篇「策對」。殿試名義上是皇帝親出策問，在殿廷之上策問考生，但多數時候考題先由大臣初擬，皇帝圈定。殿試考卷由讀卷官閲讀，區分高下，評定名次，并以取定的一甲三名試卷進讀，最後由皇帝欽定一甲三名的次第。

① （清）張廷玉等撰：《明史》卷六九《選舉志一》，北京：中華書局，一九七四年，頁一六七五。

② 同上書，卷七〇，頁一六九三。

殿試的直接産物，便是與試准進士們的答卷，即殿試策。明洪武二十一年始，《登科録》中刻進士對策，但例只刻一甲三篇，後偶有將二甲進士策刻入者。可以説，《登科録》所載是狀元廷試策僅下原始答卷一等的可靠文本。然而，廷試策屬朝廷秘檔，深藏禁中，世人想一睹其真容，洵屬不易。明代狀元文集很多都没有收録廷試策，可以想見找尋之難。彭時是正統十三年狀元，其後人彭志楨在清康熙年間整理刊刻其文集，幾經波折才得到其廷試策，因而不無感慨道：「集者屢柬相索，秘不見示，此如蚩蚩蠹魚，徒守敝篋，遏佚前光，增人悵惘。不得已，竟置之。刻將竣，憲祖家孫龍，搜録馳寄，即急爲補刻。因序次已定，無從更置。其附諸卷末者，非不肖初心也。①」

「狀元及第」是科舉時代讀書人的最高理想，狀元文章自然成爲天下士子争相學習的楷範。順應社會需求，明代中晚期相繼出現了幾種狀元策輯本，今可考的有郝孔昭編《新刊全補歷科殿試狀元策》二卷，隆慶間刊，現藏日本尊經閣②，國内未見有藏。此書名「新刊」「全補」，顯然是在前書基礎上增補而成，惜其祖本難以詳考。今可見明代狀元廷試策輯本有兩種，即《皇明歷科狀元全策》和《歷科廷試狀元策》。《皇明歷科狀元全策》由常州蔣一葵輯，萬曆十九年刊行，吴中行作序（國家圖書館等據序著録爲吴中行輯，疑誤），彙收洪武四年至萬曆十七年間廷試策，其中洪武四年、洪武二十七年缺收，實收狀元廷試策七十篇。黄虞稷《千頃堂書目》及萬斯同《明史・藝文志》等，均著録有「《廷試策》十二卷」，所指當爲此書。《歷科廷試狀元策》（原刊名「國朝歷科狀元策」或「皇明歷科狀元策」，或只稱「狀元策」，今從習慣説法）由萬曆十七年狀元焦竑輯、榜眼吴道南校正，後人不斷增删、刊刻，今所見有崇禎、康熙、雍正等多種刻本，各本之間差異甚大。其中，

① （明）彭時撰：《彭文憲公集》，影印康熙五年彭志楨刻本，《四庫全書存目叢書》，集部册三五，济南：齊魯書社，一九九七年，頁七一六。

② 尊經閣文庫編：《尊經閣文庫漢籍分類目録》，頁六七五，東京：侯爵前田家尊經閣，一九三四年；嚴紹璗編著：《日藏漢籍善本書録》，北京：中華書局，二〇〇七年，頁一九五一。

崇禎本最完整，收成化十四年至崇禎十三年廷試策五十五篇。這兩種輯本所收均屬斷代，非一代完秩，但明代狀元策却大部分賴此得以保存，是今日重輯狀元策最重要的文獻基礎。

光緒三十一年，清廷下詔「停科舉以廣學校」，科舉徹底告别歷史舞臺，舊時常見的程策類書籍，也漸行漸遠。至今，更是存世無多，稀如星鳳，找尋已極其不易。而科舉停開以後，尤其是在一九四九年之後相當長一個時期内，由于各種原因，整個社會對科舉的認識不無偏頗，相關研究也基本上陷於停滯。二十世紀九十年代以後，學術界開始重新評價科舉制度，相關研究逐漸走向正軌，世界性的「科舉制與科舉學學術研討會」已連續舉辦十五届，對深化科舉學研究，起到了積極的推動作用。在此背景之下，作爲科舉學以及明代文學研究一個重要方面的狀元策，也受到應有的關注，坊間出現了數種「殿試策」「廷試策」彙編本或選本，有歷代的，也有斷代的。其中，《中國狀元殿試卷大全》（上海教育出版社，二〇〇六年），收唐至清各個朝代廷試策，是同類書中收文最多的一種，其拓荒意義自不可掩。但遺憾的是，目前市場上所見此類書籍，限於資料或體例，都存在較爲明顯的問題，其通病有二：其一，選本姑且不論，即使以「全」爲名者，所收也多有遺漏，無法反映一代狀元殿試策全貌；其二，這些本子，都没有交代文章來源，不知其所憑何據。而個别校對粗疏、舛訛嚴重的本子，更易誤導讀者。

明人尹直在《謇齋瑣綴録》中云：「國朝狀元對策，皆經閣老筆削，或自删潤，乃入梓。①」此處所言「入梓」，是指刻入《登科録》。尹直係明景泰五年進士，累官至兵部尚書、太子太保，屬朝中重臣，其所言當爲實情。由此可以推知，《登科録》所載狀元策已經删削、潤色，非復答卷的初始面貌。入清後，「文字獄」大興，清廷對明人文集的審查極爲嚴苛粗暴，狀

① （明）尹直撰：《謇齋瑣綴録》卷三，明刻本。

元策更是重點關照對象，自然難逃被竄改的命運。即使私家刻書，也心存忌憚，主動進行自我審查，將一些所謂的違礙字眼悉數隱去。對比同一種書的明本和清本，就會發現這種現象十分普遍。種種原因，導致各書中所載狀元策異文頗多，甚者簡直判若兩文，如果不擇底本，不加校釋，想看到文字準確而本真的狀元策，實無從談起。而没有可靠的文獻作基礎，那些所謂的研究、論述，更是毫無根基可言。

科舉已經成爲歷史，但從制度層面上講，在隋以後一千多年的中國歷史長河中，還没有哪種制度能比科舉制度的影響更深更廣。科舉制度的研究，是一個有生命力的課題，也是一個需要不斷深入的課題。殿試策問内容是徵詢治國安邦之策，問題涉及社會現實的諸多方面，且基本上都是當時最急迫的社會問題，策對中也不乏直抒胸臆的真知灼見。這些帶有導向性的問題，及士子們直面現實的對答，想必對朝廷政策也不無影響，因之可以成爲我們觀察有明一代歷史的重要窗口。受到皇帝賞識的狀元廷試策，其認識價值不容忽視。

從文學角度看，這些廷試策成于大廷之上，士子們積年寒窗苦讀，心中積蓄已久的學識，終于得以發揮，其才情、其文思、其識見，都集中展現于此。廷試策每篇平均字數雖僅有三千字左右，但其信息含量極大，對科舉文化及明代文學研究而言，價值十分獨特。劉勰云：「對策者，應詔而陳政也。①」作爲一種實用文體，「策」大約起于漢代，明代徐師曾云：「古者選士，詢事考言而已，未有問之以策者也。漢文中年，始策賢良，其後有司亦以策試士，蓋欲觀其博古之學，通今之才，與夫剸劇解紛之識也。然對策存乎士子，而策問發于上人，尤必通達古今，善爲疑難者，而後能之。②」歷史上有很多名傳千載的策文，如董仲舒《天人三策》等，都是「通達古今，善爲疑難」的宏文。明代狀元策中，名篇佳作也所在多有。

---

① （南朝梁）劉勰著，范文瀾注：《文心雕龍注》，北京：人民文學出版社，一九九八年，頁四三九。

② （明）徐師曾著，羅根澤校點：《文體明辨序説》，北京：人民文學出版社，一九九八年，頁一二九—一三〇。案：此書與（明）吴訥著、于北山校點《文章辨體序説》合印。

明代三鼎甲，尤其是狀元的榮寵程度，遠軼前代。正統十三年狀元彭時云：「翰林官惟第甲三人即除撰，其餘進士選爲庶吉士，教養數年而後除。遠者八九年，近者四五年，有不堪者復改授他職。蓋重其選也。然職清務簡，優游自如，世謂之玉堂仙。好事者因謂第一甲三人爲天生仙。餘爲半路修行，亦切喻也。①」世人對三鼎甲的重視也因之而空前，今所見專載三鼎甲事迹的書籍就有《皇明歷科狀元録》《皇明狀元圖考》《皇明三元考》《明代鼎甲徵信録》等等，數量可觀。不唯如此，明代自天順二年以後，「非進士不入翰林，非翰林不入内閣，南、北禮部尚書、侍郎及吏部右侍郎，非翰林不任。……通計明一代宰輔一百七十餘人，由翰林者十九。蓋科舉視前代爲盛，翰林之盛，則前代所絶無也②」。明代，狀元授修撰，榜眼、探花授編修，皆爲翰林院官。這種制度設計，使得一甲三名進士的仕途起點遠高于其他人。而事實上，有明一代狀元，除早夭及除名者外，無論是立功還是立言，多數都可圈可點，幾個可以「量化」的指標能够證實這一點。據統計，明代狀元入内閣者十二人，狀元官尚書者十人，狀元官學士者二十三人，狀元有謚號者二十人，狀元而有詩文别集傳世者四十七人，史有傳者三十八人。這其中，如焦竑，學問淵博，著述宏富，爲一代鴻儒；如商輅、費宏、李春芳、申時行等爲時名臣，卓有政聲；楊慎、康海以文學創作名世。他們仕途的正式起點，均由這篇廷試策開始，所以，要研究這些狀元，這篇文章是不能輕易繞過的。

考慮到殿試的影響、狀元策的價值，以及目前的文獻出版現狀，筆者認爲，將明代歷科狀元廷試策彙爲一編，并詳加校對，以利讀者使用，進而推動相關研究，是一項不無學術意義的工作。

近一二十年來，由于信息技術的發展，以往海内外許多深藏不露的秘籍，或者以傳統的方式影印出版，或以數字化的

---

① （明）彭時撰：《彭公筆記》，見《明代紀事叢談》，明嘉靖刻本。　② （清）張廷玉等撰：《明史》，卷七〇《選舉志二》，北京：中華書局，一九七四，頁一七〇二。

形式向公衆開放，前人難得一見的典籍，在當下都能輕鬆獲得，這是前人所没有的便利，也爲古籍整理提供了新的可能。就廷試策而言，收藏明代科舉文獻最多的是寧波天一閣，近年來，該館所藏明代《登科録》已悉數影印出版，有四十一科之多。同時，不少狀元别集也已公開出版，見于《四庫全書存目叢書》《續修四庫全書》《明别集叢刊》等大型叢書之中。據筆者不完全統計，明代有三十一份廷試策就保存在别集之中。其他相關的零散材料則時有發現，不勝屢舉。所有這些，都爲重新輯校一部完整的明代歷科狀元廷試策，提供了極大的便利。

基于這種現實的可能，筆者着手搜求明代狀元廷試策，從各類文獻中挑選可靠的本子作爲底本，以所能找到的其他各種版本爲參校本，詳加校勘，輯爲一編，以期爲學界提供信而有徵的彙校本。具體説來，大致做了如下幾方面工作：關于底本選擇，明代歷朝《實録》中都有殿試「策問」的記載，缺少洪武四年、萬曆二十年、二十六年、三十二年、四十一年，以及崇禎一朝，總計十一科。考慮到《實録》是較原始的官方史料，且爲了全書的統一，「策問」均以《實録》所載爲底本。「策對」，則儘可能選擇刊刻時間在前的本子。今存世明代《登科録》有五十八科，除天一閣所藏四十一科，國家圖書館、上海圖書館等尚藏有十餘科。凡所寓目者，除漫漶嚴重的兩三種外，皆作爲「策對」首選底本。《登科録》缺失諸科，或更取别集，或取前人輯本，斟酌對比，擇善而從。所用底本及參校本，均于文後一一注出。在精選底本基礎上，加以精校，對差别較大的異文，予以説明。此外，對各科狀元均撰有一篇簡要的介紹性文字，主要涉及其生平、籍貫、仕宦經歷及著述等，以符合當下讀者的閱讀習慣。鑒於出自明人之手的這幾篇文獻信息含量豐富，對瞭解明代殿試及殿試策大有幫助，故將《皇明歷科狀元全策》《歷科廷試狀元策》二書之序，以及《歷科廷試狀元策》首卷，一併加以整理，收作附録。

得益于時代提供的便利，筆者能够通過各種渠道廣泛獲取資料，將明代歷科狀元廷試策幾乎網羅殆盡。到目前爲止，祇有洪武二十年張信、洪武三十年陳䢿及崇禎十六年楊廷鑒三科對策尚未覓到。張信因洪武三十年科場事件遭難，陳郊的狀元資格及第不久即被剥奪，推測二人的廷試卷早已被銷毁；崇禎十六年殿試，係明代最後一科，次年大明王朝崩潰，這一科殿試資料可能也隨之消失于歷史的烟雲中了。因此，可以謹慎地認爲，本書是有史以來最爲完整的一部明代狀元廷試策輯本，能爲讀者提供些許便利，省却四處找尋之勞。

限于資料及編者水平，書中疏漏之處在所難免，尚祈方家不吝賜教。

二〇一八年五月十二日初稿，時在戊戌初夏

二〇一九年元月二日午後改訖，時在戊戌冬月

整理説明

一、本書策問以明代各朝《實録》所載爲底本，《實録》未載者，擇善而從；凡見于《登科録》、《皇明貢舉考》（洪武三年至萬曆十一年）、《皇明進士登科録》（洪武四年至嘉靖四十四年）、《皇明歷科狀元全策》（洪武四年至萬曆十七年）、《歷科廷試狀元策》（成化十四年至崇禎十三年）及别集者，均作爲參校本。

二、策對儘可能選擇刊刻時間早的本子爲底本，尤以《登科録》爲首選，《登科録》底本漫漶嚴重或《登科録》不存者，擇善而從。凡《皇明歷科狀元全策》《歷科廷試狀元策》及别集等所載，均作爲參校本。個别廷試策版本之間差别較大，判若兩文，則同時保留兩個版本，以便對照。

三、策問、策對所據底本、參校本，統於文後注明。爲便於讀者核查，同時也避免過於繁瑣，除個别特殊版本外，各書首次出現時標注版本信息，再次出現僅標注書名、卷次，詳細版本信息見書末《參考文獻》。焦竑輯《歷科廷試狀元策》，後人不斷增修刊刻，版本較多，各本之間差異甚大，今以崇禎刻本（日本内閣文庫藏）爲據，個别闕字及漫漶處，以康熙四十五年大業堂重刊本（哈佛大學漢和圖書館藏）、清順治續刊本補足。

四、文中減字標以圓括號，增字標以方括號。原書闕字，以及漫漶而又無法補足者，以「□」標注。避諱字，個别明顯刻印及形近而訛之誤，如，「己」與「已」「巳」，「焉」與「馬」，「予」與「子」，「戊」與「戌」「戍」，「代」與「伐」，「末」與「未」，等等，徑予改正，不出校記。

五、本書繁體字採用新字形，對個别俗體字、異形字，根據出版的相關規定及各古籍出版社的常見做法，參照《異體字整理表》以及《辭海》《漢語大詞典》《漢語大字典》等權威辭書，予以統一。人名、地名用字，不作任何改動。

六、標點符號的使用，儘可能遵從現代漢語的規範要求，但考慮到古代文體特徵及行文語氣等，也視具體語境而有所變通，這主要體現在引號和頓號的使用上。古人引书，常常是節引或僅引用大意，而作爲現場答卷的狀元策，更不可能對照原書，一字不差，對此類引文，本書也作爲完整引文，並施以引號。頓號常見情形有以下幾種：古代帝王名臣，如三皇、五帝、堯、舜、禹、湯、文、武、皋陶等；朝代名，如漢、唐、宋等；其他專有名詞，如禮、樂、刑、政等等，在策問策對中，這些專名常常并稱，一般説來，不會引起理解上的歧義，故不强施標點，以免破壞文氣，違拗文章體式。

一　洪武四年辛亥科　吴伯宗

洪武四年（一三七一）辛亥科，廷對之士一百二十人。狀元吴伯宗，榜眼郭翀，探花吴公達。

吴伯宗（一三三四—一三八四），名祐，以字行。江西撫州府金溪縣（今屬撫州市）人。洪武四年，明廷始開科取士，伯宗進士第一，年三十八，賜袍笏冠服，擢禮部員外郎，受命與學士宋濂等同修《大明日曆》。八年，坐事謫居鳳陽，未幾召還。十四年，除太常寺丞，辭不拜。十五年，除國子司業，復固辭。由是忤旨，貶陝西金縣教諭，至淮安召還，除翰林檢討。未幾，拜武英殿大學士。十七年夏，進文字不以時，謫居雲南，暴卒于途，年五十一。著有《南宫集》《使交集》《成均集》《玉堂集》等。詩文結集爲《榮進集》四卷。《明史》有傳。

吴伯宗廷試策見《榮進集》（有明嘉靖刻本及《四庫全書》本，二者有些許異文）。是年《登科録》僅收策問。

洪武四年辛亥二月十九日，上御奉天殿，策禮部會試中式舉人。制曰：蓋聞古先帝王之觀人，莫不敷奏以言，明試以功。漢之賢良，宋之制舉，得人爲盛。朕自臨御以來，屢詔有司搜羅賢俊。然而傑特猶若罕見，故又特延子大夫于廷而親策之，以庶幾於古先帝王之盛節焉。歷代之親策，往往以敬天勤民爲務，古先帝王之敬天勤民者，其孰爲可法歟？所謂敬天者，果惟於圜丘祭祀之際，致其精一者爲敬天歟？抑他有其道歟？所謂勤民者，宜莫如自朝至于日中昃不遑暇食者矣。其所以不遑暇食者，果何爲耶？豈勤於庶事之任耶？自昔而觀，宜莫急於明倫厚俗。倫何由而可明，俗何由而可厚耶？三代而下，惟東漢之士俗，趙宋之倫理，差少疵議，果何道而致然與？蓋必有可言者矣。宜著于篇，毋泛毋略。

（底本：《皇明進士登科考》卷二，美國國會圖書館藏。參校本：《洪武四年進士登科録》，影印明洪武刻本，天一閣選刊；《吴狀元榮進集》卷一，明嘉靖刻本，國家圖書館藏；《皇明貢舉考》卷二，《續修四庫全書》影印明萬曆刻本；《皇明歷科狀元全策》卷二，明萬曆十九年刻本，國家圖書館藏）

臣謹對：臣聞古先帝王之治天下，莫不以敬天勤民爲務，以明倫厚俗爲急，故汲汲於求賢者，凡以爲此也。欽惟陛下進臣等于廷，策臣以古先帝王之務，臣愚昧，何所通曉。然叨奉大對，敢不竭心盡知，上答聖問之萬一乎？謹俯伏以對。

臣伏讀制策曰：「蓋謂古先帝工之觀人，莫不敷奏以言，明試以功。漢之賢良，宋之制舉，得人爲盛。朕自臨御以來，屢詔有司搜羅賢俊。然而傑特猶若罕見，故又詳延子大夫于廷而親策之，足以庶幾於古先帝王之盛節焉。」而亦有以見陛下求賢之切也。臣聞「言者心之聲也」，人藏其心，不可測度，即其言之得失，而心之邪正可見。然言之匪難，而行之惟難，固有能言而行不逮者矣。是以古先帝王之觀人，必敷奏以言而觀其蘊，明試以功而考其成，然後有以得夫賢才之實焉。三代而後，若漢若宋，其取人之法，有賢良制舉，是有得於奏言試功之遺意。故在漢之時，若董仲舒《天人三策》，蔚爲醇儒；而宋之諸儒，彷彿三代，尤爲得人之盛，良以此也。

欽惟陛下以神武定區宇，以文德綏太平，屢降德音，廣求賢俊，而又設科目爲取士之方，詳延草茅之士，親策于廷。陛下求賢之心，可謂切矣，將見必有傑特之士出而爲邦家之用，而臣則不足以及此也。

伏讀制策曰：「歷代之親策，往往以敬天勤民爲務。古先帝王之敬天勤民者，其孰可爲法歟？所謂敬天者，果惟於圜丘祭祀之際，致其精一者爲敬天歟？抑它有其道歟？所謂勤民者，宜莫如自朝至于日昃不遑暇食者矣。其所以不遑暇食者，果何爲耶？豈勤於庶事之任耶？」臣有以見陛下深知爲君之道，而後有此言也。臣聞帝者莫盛於堯舜，王者莫盛於禹湯文武。稽之於經，若堯之欽明文思，舜之温恭允塞，兢兢業業而戒飭於時幾，同寅協恭而懋勉於政事，此唐堯虞舜之敬天勤民者也。陛下能法堯舜，則陛下即堯舜矣。敬德以先天下祇肅，以顧諟天之明命，克勤克儉而盡力乎溝洫，昧爽丕顯而子惠乎困窮，此夏禹商湯之敬天勤民者也。陛下能法禹湯，則陛下即禹湯矣。小心翼翼而視民如傷，敬事上帝而作民父母，此文武之敬天勤民者也。陛下能法文武，則陛下即文武矣。夫古先帝王之可爲法者，孰有過於堯舜禹湯文武者乎？

臣聞：「天生民而立之君，使司牧之。」君所以代天理民者也。古之帝王審知乎此，故位曰天位，職曰天職，禄曰天禄，民曰天民，無一事不本於天，亦無一事不存乎敬。敦典庸禮，君之所以爲教也，而必推之於天叙天秩焉，是敬天之心見於施教者然也；命德討罪，君之所以爲政也，而必歸之於天命天討焉，是敬天之心形於施政者然也。一動一静，常若有天在前；一語一默，常若有天在中，以至天工之不敢廢，天職之不敢曠，何往而非敬天之事哉？若夫圜丘郊祀之際，以致其精一，是特敬天之一事，固不專在於是也。制策謂「抑它有其道」，可謂深達敬天之道矣，[非]陛下敬天之至①，何以及此。

臣聞民生有饑食渴飲之欲，不能以自治，必賴君有以養之；有秉彝好德之性，不能以自遂，必賴君有以教之，君人者兼君師之任者也。是以古之帝王審知乎此，既爲之制其田里，教之樹蓄，使有以安其生；而設爲庠序之教，申之以孝悌之義，使民有以遂其性。如文王之自朝至于日昃不遑暇食者，凡以此而已，故曰「即康功田功」。康功者，安民之功；而田功者，養民之功也。又曰「懷保小民」，曰「惠鮮鰥寡」，蓋欲使天下之民無一不得其安，無一不得其養而後已也。聖人之道一也，觀文王不遑暇食如此，則堯舜禹湯周武之心從可知矣。臣聞人主能以一心總天下之萬機，不能以一身兼天下之衆職。古先帝王之勤民者，非事事而親之，要在責成臣下而已。故曰「勞於求才，逸於任賢」，此之謂也。

① 「非」，據《榮進集》補。

欽惟陛下奉天承運，撫臨億兆，嚴恭寅畏，無頃刻不在於天；宵衣旰食，無頃刻不在於民。孜孜勉勉，勵精圖治之心，即堯舜禹湯文武之心也。而制策猶以古先帝王之孰爲可法爲問，臣有以知陛下不自滿足之心也。臣願陛下常存此心而不已焉，則唐虞三代之盛，豈難及哉？

臣伏讀制策曰：「自昔而觀，宜莫急於明倫厚俗。倫何由而可明，俗何由而可厚耶？三代而下，惟東漢之士俗，趙宋之倫理，差少疵議，果何道致然歟？蓋必有可言者矣。宜著于篇，毋泛毋略。」臣聞自昔帝王之爲治，莫急於明人倫，厚風俗。而人倫之所明，風俗之所厚者，皆由於崇學校以興教化而已。蓋教化行而人心正，則倫理明而風俗厚，此必然之理也。唐虞三代，無以議爲矣。若東漢之士俗，趙宋之倫理，卓然於三代之後，豈無其道而致然哉？臣聞漢光武初定天下，首訪求山林遺逸之士；明帝尊師重傅，臨雍拜老，宗戚子弟，莫不受學。是以養成一代人心風俗，皆知崇尚節義，耻於奔競，此漢之士俗所以爲美者，以其有教化也。臣聞宋太祖即位之後，偃息兵革，崇尚文治，雖疆宇之廣不及漢唐，而教化之美幾及三代。當時人君無不學，而所用無非儒，是以天下翕然以道學爲事。又有濂洛諸儒，出而接夫道統之傳，以爲學者之宗。斯宋之倫理所以爲美者，亦以其有教化也。

方今上自皇都，下逮府州若縣，亦既莫不有學，而陛下又躬行於上，日召儒臣講求治道，固已論之精而行之當矣。制策稱以「倫何由而可明，俗何由而可厚」爲問，臣以謂明倫厚俗，惟在於崇學校以興教化也。臣願陛下益重教官之選，嚴守令之責，使居學校者果能如胡安定之教於蘇湖；居府縣者，果能爲文翁之化於蜀郡，則人倫不患其不明，士俗不患其不厚，而唐虞三代之治無以異矣，又豈漢宋之可擬倫也哉？

臣愚不足以奉大對，謹竭其一得之愚，惟陛下裁擇。臣謹對。

（底本：《吴狀元榮進集》卷一，明嘉靖刻本。參校本：《榮進集》卷一，《影印文淵閣四庫全書》本）

二　洪武十八年乙丑科　丁顯

洪武十八年(一三八五)乙丑科，廷對之士四百七十二人。狀元丁顯，榜眼練子寧，探花黄子澄。是科始以第一甲三人賜進士及第，爲翰林修撰。至洪武二十一年，以第一人爲修撰，第二、第三人爲編修，著爲令。

丁顯(一三五八—一四〇〇)，字彦偉。福建建寧府建陽縣(今南平市建陽區)人。狀元及第，授翰林院修撰。以言事謫戍廣西馴象衛，建文二年，卒于貶所，年四十三。德業文章無聞。

丁顯廷試策見《皇明歷科狀元全策》。

洪武十八年三月壬戌朔，上御奉天殿策試舉人，制策曰：朕稽古名世者，惟敬事而畏神人，趨事以歷知，涉難以立志，日運不息，歲運無已，雖在寢食，未嘗忘其所以。由是大輔人君，福臻黎庶，所以名世者，爲此也。朕自代元，統一華夷，官遵古制，律倣舊章，孜孜求賢，數用不當。有能者委以腹心，或面從而志異；有德者授以禄位，或無所建明；中材下士，寡廉鮮耻，不能克己。若此無已，奈何爲治爾？諸文士當進學之秋，既承朕命，悉乃心力，立身揚名，在斯始舉，其條陳之①。

① 自「有能者委以腹心」至文末，《皇明進士登科考》《皇明貢舉考》《皇明歷科狀元全策》三書文字相同，與《明太祖實録》異文較多，現抄録如下：「其有能者委以心腹，多面從而志異；純德君子，授以禄位，但能敷古，於事束手；中才下士，廉耻無知，身命弗顧，造罪淵深。求不克己，彰君之惡。若非真賢至聖，亦莫不被其所惑。若此無已，奈何爲治？爾諸文士，雖在建學之秋，未博乎庶典，但能條陳可否，則知利鈍。既承朕命，悉乃心力，志根名世，在斯始舉，必如朕意。」此外，是科榜眼練子寧《中丞集》中亦收此策問，除幾處異文外，與《皇明進士登科考》等相同。再結合策對内容，可以判定，《明太祖實録》所收有删改，而其餘四書更接近原貌。

（底本：臺北「中研院」歷史語言研究所編《明實録》之《明太祖實録》卷一七二，「中研院」歷史語言研究所校印，一九六二，以下各朝實録版本同。參校本：《皇明進士登科考》卷二；《皇明貢舉考》卷二；《皇明歷科狀元全策》卷二）

臣對：臣聞自古有志者少，無志者多。有志者立志在己，無志者立志在人。惟立志在己，是以困其身而不易其志，窮其志而不易其操，愈頓愈起，愈挫愈堅。時至而行，卒能大有爲於世，上足以致君，下足以澤民。今之君子則不然，遇窮困而失其身，遇患難而失其所守，惟務苟免，靡所不爲，何畏乎人神哉？

臣伏讀制策曰：「朕稽古名世者，惟敬事而畏人神，趨事以歷知，涉難以立志，日運不息，歲運不已。雖在寢食，未嘗忘其所以，由是大輔人君，福臻黎庶。所以名世者，爲此也。」臣知上位以爲人能立此之志，然後能行此之志。稽之於殷，則伊尹其人也；見之於周，則太公其人也。下此則蕭曹韓彭之興漢，莫非有志之士，而盡致君澤民之術，以成萬世之勳者，而上位皆得其人矣。惟陛下聰明睿智，允文允武，龍興以來，内任韓國公以居相位，是猶殷之有伊尹也，漢之有蕭何也；外則寧武王、開平王以主將權，是猶周之有太公也，漢之有韓彭也。天下一家，兆民奠安，皆上位明睿所照，以致用人之效也。臨御于兹，十有八年，首誅楊憲，繼討胡陳，掃除奸邪，肅清朝政，罷中書以杜權臣之源，陞六部以明卿職之典，設通政以防壅蔽，崇監察以嚴彈覈，任無不能，政無不舉，皆上位宸衷獨斷，而得知人之術，而尤孜孜以得人爲念，恐民之不得其所，天下幸哉！臣知上位得人於前，而未得人於後；得人於内，而未得人於外。

臣伏讀制策曰：「朕自代元，統一華夷，官遵古制，律由舊章，孜孜求賢，數用弗當。其有能者，委以心腹，多面從而志異；純德君子，授以相位，但能敷古，於事束手；中才下士，廉耻無知，身命弗顧，造罪淵深，永不克己，彰君之惡。若非直賢至聖，亦莫不被其所惑，若此無已，奈何爲治？」臣知上位既得人心以平天下，欲求得人以安天下。詔賢之詔，不一而下；賢才之舉，不一而足。禮賢無不厚，任賢無不當。然面從而志異者，以其立志不堅而易以動也。往來朝覲官員，濁者有之，清者亦有之；貪者有之，而廉者亦有之。一體問贓，法出武衛，及至窮究，悉皆軍士鞭捶之餘，未有無贓之官，遂使濁者、貪者罪不加重，而廉者、清者罪不加輕。及蒙寬恩釋使復任，然其納贓，只憑前詞，其貪者濁者，納贓易於反掌；其清者廉者，納贓致鬻妻子，甚者窮而取給於民，卒使貪濁者罟及於清廉，清廉者悔不及於貪濁。積年，其人才之出仕者則數之，由某也廉而賠贓反多，某也貪而賠贓者反少，至今取爲口實，失其本心，喪其廉耻，務其苟且。效其忠節者，幾何人哉？

伏讀制策曰：「爾諸文士，雖在建學之秋，未博乎庶典，但能條陳可否，則知利鈍。既承朕命，悉乃心力，志根名世，在斯始舉，必如朕意。」臣愚戆，伏願上位當平定之久，香舉之秋，重名爵，嚴黜陟，實刑賞，以立天下之志。夫糾察者，耳目之所在，貴朝之公者、能者以任之；布政者，方面之所繫，貴朝之寬大長者以任之，然後使之互察其府、州、縣貪廉能否，無得相通，各聞於上，以憑黜陟，仍三歲御史一巡，問民之疾苦，則人勤于爲善以守己，以安其民，以效忠于上矣。惟上位急求直言，臣不敢隱。臣謹對。

（底本：《皇明歷科狀元全策》卷二）

三 洪武二十一年戊辰科 任亨泰

洪武二十一年(一三八八)戊辰科,廷對之士九十九人。狀元任亨泰,榜眼唐震,探花盧原質。

任亨泰,生卒年不詳,字古雍。湖廣襄陽府襄陽縣(今湖北襄陽市)人。狀元及第,朱元璋命有司建狀元坊以旌之。授翰林修撰。洪武二十五年,改詹事院爲府,以亨泰爲少詹事。二十七年五月,擢禮部尚書。奉使安南,以私市蠻人爲僕,降爲監察御史,後以事免。著有《使交集》,詩文結集爲《任狀元遺稿》。《明史》有傳。

任亨泰廷試策見《皇明歷科狀元全策》。

洪武二十一年三月乙卯朔,上御奉天殿策試舉人,制策曰:事神之道,志人之心,莫不同焉。雖然,始古至今,凡所祀事,必因所以而乃祀焉。然聖賢之制①,禮有等殺,[所以]自天子至於臣民②,祭禮之名,分限之定,其來遠矣。其主祭者,又非一人[而已]③,然而篤於敬者甚多④,有且信且疑者亦廣,甚於不信而但應故事者無限。所以昔人有云:「能者養之以福,不能者敗以取禍。」朕未知其必然。爾諸文士,陳其所以,朕將覽焉。

(底本:《明太祖實録》卷一八九。參校本:《皇明進士登科考》卷二;《皇明貢舉考》卷二;《皇明歷科狀元全策》卷二)

① 「聖賢」,《皇明進士登科考》《皇明貢舉考》《皇明歷科狀元全策》作「先聖」。按:以下校記若據某參校本出校,則列具體書名,若據所列全部參校本,則曰「諸參校本」。 ② 「所以」,據諸參校本補。 ③ 「而已」,據諸參校本補。 ④ 「有」,據諸參校本補。

臣對：臣聞世之大務，莫嚴於祀，祀之要道，莫先於誠。蓋事神之道，其來尚矣。雖人品有貴賤之殊，莫不各有所因。雖然因各有所祀矣，其所以祀之之要，豈特在於多儀備物，而必以誠爲本焉。凡有天下有國有家有身者，必以是爲之先務也。欽惟皇帝陛下，進臣等於廷，策臣以事神之道，德至渥也。顧臣愚昧，敢不精白一心，拜手稽首，以對揚聖天子之休命？

臣伏讀制策有曰：「事神之道，世人之心，莫不同焉。雖然，始古至今，凡所祀事也，必因所以而乃祀焉。然先聖之制，禮有等殺，所以自天子至於臣民，祭祀之名，分限之定，其來遠矣。其主祭者，又非一人而已。」臣聞萬物本乎天，人本乎祖，且天者理之所出，神之所寓也。幽則爲神，明則爲人。幽明之分雖殊，幽明之理則一，而至誠之道，豈不相爲流通者焉。蓋事神主乎敬，祀先主乎孝，往古來今，孰無是心。上自天子，下及臣民，未有外斯道而能久於世者也。然天子祭天地，所以祈福壽民而保其天下；諸侯祭山川，所以保其一國。至於大夫之祭五祀，庶人之祭祖先，莫不各有所保，此非因其所以而乃祀焉？非率意而爲之也。然祭禮之名，犧牲之盛，圭璧幣帛，各有差等；祼獻之數，樂舞之容，各有降殺。其主祭者自非一人，又各有定分。若然，非臆度而爲之，乃循夫先聖之制焉。

臣伏讀制策曰：「然而有篤於敬者甚多，有且信且疑者亦廣，甚於不信而但應故事者無限。所以昔人有云：『能者養之以福，不能者敗以取禍。』朕未知其必然。」臣鼓舞踴躍，頓首稱賀，大哉皇言乎！一哉皇心乎！有以見陛下盡事神之宜也，有以見陛下得圖治之本也。臣聞《書》曰：「惟天無親，克敬是親」「鬼神無常享，享於克誠。」又曰：「享多儀，儀不及物。」蓋誠者可以通金石，可以蹈水火，而況盛於鬼神乎？然主於祭者，將有事之期，必齋明盛服，非禮不動，一誠洞達，萬慮畢消，儼然若神之來格，而陟降乎左右者，惟篤於敬者爲然也。然有其誠，則有其神；無其誠，則無其神。若且信且疑者，不可謂概無其誠矣，乃不能篤於誠也。至於不信者昧於天理，怠於誠敬，其意豈不曰神之冥冥，無與於人，爲可忽也。

而不知冥冥之中，有昭昭者存，其所以應故事者，豈非有事神之名而無事神之實乎？然福善禍淫，鬼神之司也；好善惡惡，人之常情也。作善降之百祥，不善降之百殃，誠如昔人所謂「能者養之以福，不能者敗以取禍」，此理勢之必然也。

雖然，盡事人之道，則能盡事神之道。事神固貴於其誠，而貴乎備其物。固謹其所當祭，而不可以非其祭。是以孔子有曰「務民之義，敬鬼神而遠之」，又曰「非其鬼而祭之，諂也」，此之謂歟？臣嘗因是而徵諸古矣。肆類於上帝，禋於六宗，望於山川，徧於群神，見於有虞之時也；柴望告成，見於有周之世也。其所以三光全而寒暑平，黎民於變，國祚綿延，未嘗不由是以基之也。自是而降，春秋之世，祭祀之名不無僭竊，所以孔子有「曾謂太山不如林放」之譏。秦漢而下，事神之道，非不尚也；事神之實，或未有至焉。洪惟皇上龍飛，混一區宇，功成治定，禮備樂修，其所以黎民之樂其業，雨暘之順其時，郊焉而天神格，廟焉而人鬼享者，皆陛下一念之誠有以致也。

臣伏讀制策有曰：「爾諸文士，陳其所以，朕將親覽焉。」臣庸陋不足以奉大對。然先民有言，詢於芻蕘，臣敢以平日私淑於父師者以陳於前矣。伏望寬其鈇鉞之誅，少加之裁察焉。

臣不勝悚懼之至。謹對。

（底本：《皇明歷科狀元全策》卷二）

四　洪武二十四年辛未科　黄觀（又名許觀）

洪武二十四年（一三九一）辛未科，廷對之士三十一人。狀元黄觀（榜名許觀），榜眼張顯宗，探花吴言信。

黄觀（一三六四—一四〇二），字伯瀾，一字尚賓。直隸池州府貴池縣（今安徽池州市）人。其父贅許氏，從許姓。洪武二十三年（一三九〇）領鄉薦。會試、廷試皆第一，年二十八，授翰林院修撰。歷尚寶卿，洪武二十九年，擢禮部右侍郎，奏復黄姓。建文初，更官制，左右侍中次尚書，觀改右侍中，仍兼尚寶卿。建文四年，南京城破，其家十餘人投河而死，觀亦赴激流自盡。萬曆二十四年（一五九六），得昭雪，補謚「文貞」。《明史》有傳。

黄觀廷試策見《皇明歷科狀元全策》。

洪武二十四年三月戊子朔。丁酉，上御奉天殿，策試禮部會試中式舉人，制策曰：昔列聖之相繼，大一統而馭宇，立綱陳紀，禮樂昭明，當垂衣以治，何自弗寧，少壯盡行，内騷華夏，外戍八荒，牝馬胎駒於行伍，旌旗連歲於邊陲，此果好殺而有此歟？抑蠻貊欲窺而若是歟？觀之往事，亦甚艱矣①。今欲罷乘機，絶遠戍，垂衣以治，又恐蠻貊生齒之繁②，不數十年後③，爲中國患。當此之際，似乎失今可乘之機，豈不爲恨。今興止未判④，其於乘機絶⑤，孰可孰不可？爾諸文士論

① 「亦甚艱矣」，《皇明歷科狀元全策》作「愈甚難哉」。　② 「又恐」，《皇明歷科狀元全策》作「然縱」。「蠻貊」下，《皇明歷科狀元全策》有「得以遂」。　③ 「不數十年後」，《皇明歷科狀元全策》作「又恐不知十年之後」。　④ 「今」，《皇明歷科狀元全策》作「即目」。
⑤ 「絶」下，《皇明歷科狀元全策》有「遠戍」二字。

之，以妥内外①，朕將親覽焉。

（底本：《明太祖實録》卷二〇八。參校本：《皇明進士登科考》卷二；《皇明貢舉考》卷二；《皇明歷科狀元全策》卷二）

臣對：臣竊惟曩古聖王，繼天立極以臨御天下，立綱陳紀，制禮作樂，未嘗不欲教化四達，垂衣以治，而使民安于無事之域，以全聖人之仁也。第以蠻貊犬彘之類，弗行教化，每爲中國之害，而擾吾無事之民，聖人之心不容之焉。故其少壯盡行，内騷華夏，外戍八荒，牝馬胎駒于行伍，旌旗連歲于邊陲者，非聖人之心，果如是好殺也。蓋由蠻貊犬彘之類，窺伺華夏，爲民生害，以傷聖人之仁。所以然者，實聖人之不得已也。

往事之籍，固爲甚矣。以今處之，若欲罷乘機，絶遠戍，以垂衣而治，則蠻貊得以遂生齒之繁。如待十年，則恐其强盛，騷擾生民，爲國之患，其患將不可勝言者矣。與其失可乘之機，而遺患于他日，孰若因其可乘之機，而圖于今日乎？其興其止，蓋有道矣，臣得請以籌之。

且蠻夷之人，譬之禽獸，乍臣乍叛，其心冥頑，非可仁感也；其氣悍勇，非可義結也。今夫醜其腥穢，惡其驕淫，掃蕩芟夷，正在今日，此乘機之不可罷也。彼且畏威遠遁，深入不毛，而不可以力致者，又不可不有以備之。故屯兵塞上，且耕且守，于其來則拒之，去則追之。如是，則事有備，中國無騷擾之患，邊境無可虞之憂，此邊戍之不可以絶也。既能乘其天道福善禍淫之機而殄滅之，又能盡其八事，練兵講武之法，以備禦之，彼將攝服威靈而不敢肆侮于外矣。國無外侮，則内治益修，綱陳紀布，禮備樂和，民安無事，豈不可以垂衣而治乎？臣竊以爲，必垂衣之治，則乘機爲可，絶戍不可。能乘其

① 「妥」，《皇明進士登科考》《皇明貢舉考》作「安」。「内外」下，《皇明歷科狀元全策》有「籌策意足」四字。

機，不絶遠戍，則可垂衣而内安外妥矣。

臣愚見淺陋，伏惟陛下覽焉。臣謹對。

（底本：《皇明歷科狀元全策》卷二）

五　洪武二十七年甲戌科　張信（策對缺）

洪武二十七年（一三九四）甲戌科，廷對之士一百人。狀元張信，榜眼耿清，探花戴德彝。

張信（一三七三—一三九七），字誠甫，浙江寧波府定海縣（今屬舟山市）人。洪武二十三年舉人。舉進士第一，授翰林院修撰。洪武三十年正月，陞侍讀；三月，奉命復查會試落榜考卷，陷案中，遭棄市，年二十五。

張信廷試策未見有存。

洪武二十七年三月庚子朔，上御奉天殿，策試會試舉人，制策曰：昔列聖之馭宇也，其立綱陳紀，皆精思遠慮，至當無疵，著爲典章，垂法萬世。夫何歷代創業之君，於革命之際，必有損益，果前代立法有未善歟？抑時君樂於更張而有損益歟？爾諸文士當立志之秋，正宜講此，其悉陳之，朕將覽焉。

（底本：《明太祖實録》卷二三二。參校本：《皇明進士登科考》卷二；《皇明貢舉考》卷二；《皇明歷科狀元全策》卷二）

六　洪武三十年丁丑科「南榜」　陳䢿（策對缺）

洪武三十年（一三九七）丁丑科三月榜，廷對之士五十一人。狀元陳䢿，榜眼尹昌隆，探花劉仕諤。因本榜所取皆南方人，世稱「南榜」，或稱「春榜」。

此榜大江以北無登第者，北士被黜落者咸言取士不公，朱元璋以所取多南士，亦疑之。命翰林儒臣覆閲落第卷，考官劉三吾囑以卷之最陋者進呈，朱元璋益怒。乃詔三吾及陳䢿等一甲三人皆下獄，上榜進士並削籍。六月，復取文理優長者六十一人，皆山東、山西、河南、北平、陝西、四川士。

陳䢿（一三六二—一三九七），字安仲，號叔恭。福建福州府閩縣（今福州市）人。洪武二十九年，應天府舉人。狀元及第，授翰林院修撰。科場案發後，被置昌化安虜衛。尋取歸，爲司賓司儀署丞，復受誅。

陳䢿廷試策未見有存。

洪武三十年三月癸丑朔，上御奉天殿策試舉人，制策曰：「朕聞古之造理之士，務欲助君，志在行道，受君之賜，而民供之。所以操此心，固此志，以待時機之來，張君之德，布君之仁，補其不足，而節有餘，妥蒼生于市野。於斯之士，古至于今，歷代有之，載之方册，昭如日月，流名千萬世不磨。朕自爲王爲帝三十四年，尚昧於政事，豈不思古而然歟？抑志士之難見歟？諸生敷陳其道，朕親覽焉。

（底本：《明太祖實録》卷二五一。參校本：《皇明進士登科考》卷二；《皇明貢舉考》卷二）

七　洪武三十年丁丑科「北榜」　韓克忠

洪武三十年(一三九七)六月,覆試貢士六十一人。狀元韓克忠,榜眼王恕,探花焦勝。因本榜所取皆北方士,世稱「北榜」,或稱「夏榜」。

韓克忠(?—一四二五),字守信。山東東昌府武城縣(今屬德州市)人。授翰林院修撰。尋陞國子監司業。建文初,陞河南按察使司僉事。永樂元年貶涿鹿縣令,卒於監察御史任上。

韓克忠廷試策見《皇明歷科狀元全策》。

六月辛巳朔,上御奉天殿,策試下第舉人。先是,禮部會試者多,而中式者少,被黜落者咸以爲言。上命翰林儒臣考下第卷中擇文理優長者,得六十一人。至是,復廷試之。制策曰:天生烝民有欲,必命君以主之。君奉天命,必明教化以導民。然生齒之(煩)[繁]①,人情不一②,於是,古先哲王設五刑以弼五教。善者旌之,惡者繩之,善惡有所勸懲,治道由斯而興。歷代相因,未嘗改也。朕承天命③,君主生民,宵衣旰食,三十餘年。儲思積慮④,惟欲妥安生民,其不循教者亦

---

① 「繁」,據諸參校本改。　② 「一」,《皇明歷科狀元全策》作「齊」,此句下有「違教化作奸僞者有焉」九字。　③ 「承」,《皇明歷科狀元全策》作「膺」。　④ 「儲思積慮」,《皇明歷科狀元全策》作「千思萬慮」。

有①，由是不得已施之五刑②。今欲民自不犯③，抑別有其術歟？爾諸文士，陳其所以，朕將覽焉④。

（底本：《明太祖實録》卷二五三。參校本：《皇明進士登科考》卷二；《皇明貢舉考》卷二；《皇明歷科狀元全策》卷二）

臣對：臣聞五常乃民生固有之善，五刑實人君輔治之具。蓋五常之教，固不可以不明，而五刑之用，又不可以不施也。是故天生斯民，既賦之以五常之性，必有耳目口鼻愛惡之欲。若非人君以主之，則不免有强淩弱衆暴寡之患。是以人君奉上天之命，明五常之教，以復其本然之善，使父子之有親，君臣之有義，夫婦之有別，長幼之有序，朋友之有信，凡此皆民生固有之善也。明此教化以開導之，而使之爲善，以復其初焉。然其間林林之衆，總總之多，人之心情至不一也。所以有從教化而爲善者矣，亦有違教化作奸僞而爲非者矣。於是，古先聖王，不得不有刑以治之。故設墨、劓、剕、宫、大辟五等之刑，以弼父子、君臣、夫婦、長幼、朋友五品之教。其善者旌之而使之有所勸，惡者繩之而使之知所懼。民既知勸善懲惡，故治道莫不由是而興，是以歷代相因而未有改。

欽惟皇上誕膺天命，奄有萬方，爲生民立命，爲萬世開太平，宵衣旰食，勵精圖治，已有年矣。皇上所以千思萬慮，惟欲安養斯民，使之五常之是由。如或不循其教者，必假五刑以輔之，無非欲咸躋於仁壽之域，而不至於凶短折之災。是故，從皇上之教化者固以多矣，而奸頑不循教化者，亦未必無也。由是皇上不得已而施之五刑，然五刑之施，亦豈皇上之所欲哉？蓋由頑民不遵化而致然也。柰何法愈嚴而人愈犯者？臣愚以爲，法愈嚴而人愈犯，蓋由人心不古而輕犯之

---

① 「其」下，《皇明歷科狀元全策》有「其從化者甚多而奸玩」九字。② 「五刑」下，《皇明歷科狀元全策》有「奈何法愈嚴而人愈犯其何故歟」十三字。③ 「今欲民自不犯」，《皇明歷科狀元全策》作「今欲令行禁止，民不犯法」。④ 「將」下，《皇明歷科狀元全策》有「親」字。

耳。今欲令行禁止，民不犯法，臣以爲當再明號令，班布中外，彰善癉惡，樹之風聲，俾克畏慕，使民彬彬然爲善，而不至於爲惡者，亦不過明五常之教，而用五刑以輔其不及而已。至於别有其術，又非愚臣之所能知也。

臣愚昧不足以膺大對，伏願聖上於萬幾之餘，少垂覽焉。臣謹對。

（底本：《皇明歷科狀元全策》卷二）

八　建文二年庚辰科　胡廣（又名胡靖）

建文二年（一四〇〇）庚辰科，廷對之士一百一十人。狀元胡廣（榜名胡靖），榜眼王艮，探花李貫。

胡廣（一三六八—一四一八），字光大，號晃菴。江西吉安府吉水縣人（今屬吉安市）。狀元及第，賜名「靖」，授翰林院修撰。靖難之後，歸降朱棣，復疏名廣。陞侍講，逾月改侍讀。永樂四年，進翰林學士兼左春坊大學士，尋拜進文淵閣大學士，兼官如故。深得朱棣信任，凡巡幸北京，親征北邊，多與扈從。永樂十六年五月卒，年五十一。贈禮部尚書，謚「文穆」。仁宗即位，加贈少師。工書法，獨步當時。奉命修《性理大全》《五經四書大全》等，皆爲總裁。詩文結集爲《胡文穆集》二十卷。《明史》有傳。

胡廣廷試策見《建文二年進士登科録》及《皇明歷科狀元全策》。

敕問：諸生蓋聞，致治之主，論治道之盛，必以唐虞三代爲準。堯舜禹湯文武，此數聖人者，其德厚矣。然所以本諸身發於政事，施澤于民者，其先後始終，亦有得而言歟？夫由親以及疏，篤近而舉遠，百王之所同也。堯舜之時，黎民於變時雍矣，以親則有象之傲，臣則有共、鯀之凶。則聖人之化，有所弗及歟？抑爲惡之人，有不得而化者歟？

朕紹承大統，每思古先聖帝明王之治，何修何爲，而可使家給人足，比屋有可封之俗？行何善政，而可使囹圄空虚，刑措不用歟？圖治莫切於用賢，而患賢才之難致。化民莫先於敎學，而患禮樂之難興。果何由而可使野無遺賢，而民皆樂於爲善歟？兹欲使海内皥皥熙熙，如唐虞三代時，致之必有其道，施爲必有其序。諸生習於聖賢之説久矣，其具著于篇，朕將親覽焉。

（底本：《建文二年殿試登科録》，抄本，國家圖書館藏。參校本：《皇明進士登科考》卷二；《皇明貢舉考》卷二；《皇明歷科狀元全策》卷二）

臣對：臣聞孔子曰：「天地之大德曰生，聖人之大寶曰位，何以守位曰仁，何以聚人曰財，理財正辭，禁民爲非曰義。」大哉！仁義之道乎。堯舜用之而成化，禹湯文武用之而致治也。有志之君，願治之主，莫不於是而取法焉。稽之於古，三代有天下，率數百年之久，其所以致隆盛者，莫不以仁義之道也。及其後世之衰，亦莫不以不行仁義之故，而遂至於不有天下。至於論致治之隆，民俗之美，致賢才之衆，興禮樂之盛，何莫不由於斯？

今陛下以隆古之道，致治之由，下策微臣，此蓋陛下之所已行，而不待臣之言也。雖然天生一代之聖君，必生一代之賢才，所以能致非常之治，而開非常之太平者，由其能旁求博詢，取諸人以爲善者也。臣敢不獻切時之正論，而徒角無用之虛文也哉？

夫堯舜禹湯文武之爲君，皋夔稷卨周召之爲臣，都俞吁咈者，無非仁義之言；賡歌戒飭者，無非仁義之語。所以揚言乎廟堂之上，而化行乎海隅之中，無一民之不被，無一夫之不化，而成黎民於變時雍之美。然而親則有象之傲，臣則有共鯀之凶，亦非聖人仁義之化有所不及，而爲惡之人，將聖人有不能化之者。故孔子曰：「惟上智與下愚不移。」蓋自暴自棄者，雖聖人與居，不能化之也，豈可以此而病堯舜之治哉？夫天之生物，鼓之以雷霆，潤之以風雨，未嘗不同。而發榮滋長，凋瘁銷落，有倍蓰而不齊者，亦豈天之不能成物也哉？聖人之治，亦由是也。

陛下思古先帝王之治，而欲垂憲於萬世，非仁義則不能有所爲也。夫仁義者治天下之大經，大用之則大效，小用之則小效。自陛下嗣位以來，寬租負之徵，下養老之詔，省刑罰之繁，四海之民，莫不欣戴。近以「親藩」陸梁①，遠近搔動，而天下之民心不摇者，此陛下躬行仁義之效，固結於人心者又非一日也。此臣所謂陛下已行之驗者。臣願陛下終始而行之，持之以久，積之以歲月，而不求其近功，則何修而不得，何爲而不成？况夫陛下居至尊之位，操可致之柄，豈宜簿此而不爲哉？

夫囹圄非仁義不空，刑罰非仁義不措，賢才非仁義不興，禮樂非仁義不作。故孔子曰：「禮云禮云，玉帛云乎哉？樂云樂云，鐘鼓云乎哉？」又曰：「人而不仁，如禮何？人而不仁，如樂何？」事得其序，物得其和，則禮樂見而仁義著矣。故仁義之道，行之於一身，推之於一家，又推而達之國與天下，則身修家齊國治而天下平，自有不期然而然者矣。

今陛下舉行仁義於上，則公卿大臣躬行仁義於下；遠近百執事倡導仁義以相漸摩，而民亦以仁義相教習。將見禮樂可興，而致鳳凰來儀之美；賢才畢出，而致國家咸寧之休。囹圄何患其不虚，刑罰何患其不措哉？將見唐虞三代之盛，熙熙皞皞之俗，復見於今日矣。臣固以聖賢仁義之道，爲陛下始終而敷［陳］之②。伏願陛下不以臣言爲迂而加意篤行，則其效將有不止於今日矣。

抑臣聞之：漢武帝策賢良，董仲舒以教化對，惜乎武帝不能行也。惟好尚功名而喜於方士，以至末年乃有輪臺之悔。今陛下策臣，臣以仁義爲對者，欲陛下力行之以致太平，使天下後世知陛下之策臣者，求實言；而臣之應陛下者，以實對。臣雖不敢自儕於仲舒，又豈敢以武帝望陛下爲三代之君。臣既不敢過諛，亦不敢激。願陛下少垂睿覽，非惟臣之幸甚，天下幸甚。臣謹對。

（底本：《建文二年殿試登科録》。參校本：《皇明歷科狀元全策》卷二）

---

① 「親藩」，據《皇明歷科狀元全策》補。　② 「陳」，據《皇明歷科狀元全策》補。

九　永樂二年甲申科　曾棨

永樂二年（一四〇四）甲申科，廷對之士四百七十二人。狀元曾棨，榜眼周述，探花周孟簡。

曾棨（一三七二—一四三二），字子棨，號西墅。江西吉安府永豐縣（今屬吉安市）人。永樂元年，中江西鄉試，翌年會試，名列第八。及廷對，洋洋萬言，不屬草。朱棣奇其才，御批：「貫通經史，識達天人，有講習之學，有忠愛之誠。擢冠天下，昭我文明，尚資啓沃，惟良顯哉。」擢第一，授翰林院修撰。纂《永樂大典》，爲副總裁。永樂十六年，陞侍讀學士。仁宗初，陞左春坊大學士。宣德六年（一四三一），陞詹事府少詹事，入直文淵閣。與修成祖、仁宗兩朝實録。宣德七年正月，卒于北京官舍，年六十一，贈嘉議大夫、禮部左侍郎，謚「襄敏」。著有《西墅集》《巢睫集》。《明史》有傳。

曾棨廷試策見《西墅集》及《皇明歷科狀元全策》。

永樂二年三月壬寅朔，上御奉天殿，試禮部選中舉人楊相等四百七十二人。制策曰：朕聞聖人之治天下，明於天之經，察於地之義，周於萬物之務，其道貫古今而不易也。是故黄帝堯舜，統承先聖，垂衣而治①，神化宜民，朕惟欲探其精微之藴。曆象《禹貢》《洪範》載於《書》，大衍《河圖》《洛書》著於《易》，古今異説，朕惟欲致其合一之歸。興學有法，立賢無方，而古今異制，朕惟欲通其所以教育，參其所以明揚。古者禮樂皆有書，今《儀禮》《曲禮》《周禮》僅存，而樂書闕焉。朕惟欲考三禮之文，補樂書之闕，定黄鍾之律，極制作之盛，皆聖人治道所當論也。咨爾多士，承朕皇考聖神文武欽明啓運

① 「衣」，諸參校本作「裳」。

俊德成功統天大孝高皇帝，作新餘四十年，必知務明體適用之學，敷納於編，朕親考焉。

（底本：《明太宗實録》卷二九。參校本：《皇明進士登科考》卷三；《皇明貢舉考》卷二；《皇明歷科狀元全策》卷二；《刻曾西墅先生集》卷一，《四庫全書存目叢書》影印石家莊圖書館藏萬曆十九年吴期炤刻本）

臣對：臣聞之《中庸》之書曰：「大哉，聖人之道！洋洋乎發育萬物，峻極于天。優優大哉，禮儀三百，威儀三千，待其人而後行。」至哉言乎！斯道之全體大用，寔有待於聖人乎？臣嘗稽之於古，揆之於今，自黄帝堯舜以來，未有不由斯道者也。洪惟皇上，受天明命，居聖人之位，得聖人之時，進臣愚於廷，與論聖人之治，是真有志於聖人之學也。故既統言聖人所以明於天之道，察於地之義，周於萬物之務，而又析而言之。始之欲探夫聖學精微之藴，中之欲會夫《易》《書》同異之説，參夫明揚教育之方，終之欲極夫禮樂制作之盛，且以明體適用之學，望於臣等。臣愚知皇上此心，即黄帝堯舜之心也。先黄帝堯舜而聖者，此心也；後黄帝堯舜而聖者，亦此心也。太祖聖神文武欽明啓運俊德成功統天大孝高皇帝，實同此心也。皇上所以善繼人之志，善述人之事也。斯世斯民，何其幸歟！然皇上既以明體適用之學，望於臣愚矣，聖人全體大用之學，臣惡敢不以爲皇上勸哉？夫黄帝堯舜統承庖犧神農，垂裳而治，得聖人之時者也。皇上統承太祖之鴻業，以大有爲之資，當大有爲之日，豈非得聖人之時者乎？是故，時乘六龍以御天也，雲行雨施天下平也。黄帝堯舜之通變神化，在皇上此心一轉移之間耳，中庸之道，又豈有甚高難行之事乎？臣請得以悉陳之。

自伏羲神農黄帝堯舜，繼天立極，而道統之傳，有自來矣。《易》所謂「窮理盡性，以至於命」也，「剛健中正，純粹精」也，「聰明睿智，神武而不殺」也。《書》之所謂「安汝止，惟幾惟康」也，「敕天之命，惟時惟幾」也，「惟精惟一，允執厥中」也，《中庸》所謂「尊德性而道問學」也，「致中和，天地位，萬物育也」，豈非所謂聖道精微之藴乎？皇上勿求之茫昧，勿求之泛雜，勿求之艱深，既探而得之，顧服膺而守之也。三辰迭運而有常，所以爲天之經；五土分利而有宜，所以爲地之義。

天地之道，可一言而盡也，亦曰求之於心而已矣。

《書》曰：「欽若昊天，曆象日月星辰，敬受人時。」曆所以紀數之書，象所以觀天之器，曰欽曰敬，此曆象之統宗也。是故，曆法周天三百六十五度四分度之一。天左旋於地，一晝夜，其行一周而又過一度。日月皆右行於天，一晝夜則日行一度，月行十三度十九分度之七。故日一歲一周天。月二十九日有奇而一周天，又逐及於日而與之會。歲十二會。方會則月光都盡而爲晦，已會則月光復蘇而爲朔。晦後朔前，各十五日，日月相對，則月光正滿而爲望。晦朔及望而日月之合對，同度同道，則爲交蝕。朱子嘗取其説，以傳《詩》之《十月之交》矣。至蔡沈本其父季通之説，以爲日行少遲於天，一日亦繞地一周，而比天爲不及一度，積三百六十五日九百四十分日之二百三十五而與天一會。月行尤遲，一日常不及天十三度十九分度之七，積二十九日九百四十分日之五百九十二，而與日一會。天歲與日一會，而多五日九百四十分日之二百三十五者爲氣盈；月歲與日十二會，而少五日九百四十分日之五百九十二者爲朔虚。合氣盈朔虚之數，而置七閏於十有九歲之間，則氣朔分齊。是爲一章。朱子又嘗與門弟子講《書》，而稱此説分明矣。是固若有不同者。

然臣嘗考之，天無體，以二十八宿爲體；天無度，自其行過處爲度，歲有十二月，月有三十日，日有十二時，時刻皆八，而子、午、卯、酉加二焉。天度所歷，則所謂至角至婁，至井至奎，某舍某度也；地面所經，則所謂出卯入酉，出寅入戌，某時某刻也。以九百四十分爲一日，而復爲四分之日以周天，分十二次，次三十度，而復爲四分之度。所以算也，氣盈者，歲二十四氣之日有餘；朔虚者，歲六小盡之月，日之不足也。一歲率多十日有奇，二歲多二十一日有奇，三歲多三十二日有奇，四歲多四十三日有奇，五歲多五十四日有奇，是五歲再閏，而猶不足以備兩月，必十有九歲七閏，而七閏之數均焉。餘分之積，亦終不得而齊也。其説何嘗有不同哉？但日者陽之精，豈有遲於月之理？蓋順而數之，則見其進而與天俱左旋；逆而數之則見其退而若右轉。曆家以進數闊遠爲難度也，故以其退數而紀之，則去度近而易耳。是故，自地面而觀其運行，則皆左旋；自天度而考其次舍，則日月五星以漸而東。其行不及天，而次舍日以退也。然次舍雖退，其行未嘗不進也。

退雖逆而進未嘗不順也。左旋右轉之説，其實何以異哉？至其論交蝕，則皆曰「王者修德行政，用賢去奸，使陽盛足以制陰，則日常當蝕而不蝕。若國無政，不用善，小人陵君子，陽微不足以制陰，則日當蝕而必蝕」。是亦未嘗不同也。

世之言天體者三家，一曰周髀，二曰宣夜，三曰渾天。宣夜以爲天無形，望之蒼然，蓋積氣也；日月星辰，舉無根繫，荒忽闊遠。近於異端，先儒嘗謂其不可考矣。周髀之術，以爲天似覆釜。蓋以斗極爲中，中高而四邊下，日月旁行，繞之日近而見之爲晝，日遠而不見爲夜。即所謂天如倚蓋，而世傳以爲蓋天家者。蔡邕謂其考驗天象，多所違失矣。獨渾天之説，以爲天半覆地上，半在地下。其天居地上，見者一百八十二度半强，地下亦然。北極出地上三十六度，南極入地下亦三十六度，而嵩高正當天之中極南五十五度。當嵩高之上，又其南十二度，爲夏至之日道。又其南二十四度，爲春秋分之日道。又其南二十四度，爲冬至之日道。又南下去地三十一度而已。是夏至日北去極六十七度，春、秋分去極九十一度，冬至去極一百一十五度。其南、北極特其兩端，其天與日月星宿斜而回轉。此必古有其法，遭秦而滅。至漢武帝時，落下閎始於地中爲渾象以定時節，而作《太初》之曆。東漢延熹中，張衡又爲銅儀於密室，具内外規而以漏水轉之。吴王藩制儀立論，宋錢樂因之。後魏造鐵儀。唐李淳風作渾儀，七年而成，表裏三重，曰六合，曰三辰，曰四游。太宗稱善，置之凝暉閣。至開元時，一行改治新曆，而太史無黄道儀，梁令瓚以木爲之。一行是之，而更鑄以銅鐵。以木櫃爲地平，上置木偶，各施輪軸鈎鍵關鎖，機變若神。至宋太平興國初，張思訓亦爲銅儀三重，比唐制加密，以木代水①，寒暑不忒。大中祥符中，有韓顯符；元祐中，有蘇頌；元初有許衡、王恂、郭守敬、劉秉忠，簡儀渾儀之作，極人事之巧，璿璣玉衡之法，其庶幾矣。然臣愚所取者，南考中星，北察斗建，宅四方四隅以定候；審二分二至以測景，隨時修改以與天合。聖人復起，必不拘拘於有迹之粗，以爲無形之妙。其所以察之齊之，在於聖人心術之微，必不專倚於器數之末也。臣謂皇上及今，必求如古

① 「木」，《刻曾西墅先生集》作「汞」。

之名儒，而後可與論曆象之説。欽若昊天，固非區區市廛卜肆、星術之流所能辨也。

昔者，鯀堙洪水，汩陳五行，禹乃嗣興，順其性而治之，濬鑿之功，則由下以及上。故始於冀、兖，以治河濟之下流，次及青、揚以治江淮之下流。下流既殺，漸治其上。故次荆，次豫，次梁，而雍地最高，水患最少，施功獨後。此濬鑿之序也。其疏導之功，則自上以達下。故《禹貢》言：「導山者四，導水者九。」皆自西北極於東南，順其就下之勢，自源徂流而無雍遏之患，此疏導之序也。於是，因山川之形便以别州域，因土地之生殖以定貢賦，詳於治内，略於治外。規模素定，經緯有條。以至禽獸夷狄，遐方異類，皆得其所行，其所無事，仁之至而義之盡也。然自平成以來，今數千載，兖、豫之間，水多潰決。昔之九河碣石，今已淪於海。昔之河趨伾降，今乃南合，清淮縈波，已難指實，而濟漯亦非其故道。江、沱、汝、漢，出非一所。九江彙澤，名寔異同。或以台朕爲堯舜，或以錫圭爲錫禹，雜出之説，或以爲歲有豐凶，或以爲户有增減，或以爲地力有年分之不同。臣愚的然以九江爲洞庭，以彙澤爲彭蠡，以台朕錫圭皆指禹言之。蓋古者君臣一體，非若後世之有嫌疑形迹於其間也。雜出諸説，皆當以蔡沈爲當焉。

《洪範》者，治天下之大法，其類有九。「初一曰五行」而不言用，蓋無適而非用也。「五曰建用皇極」而不言數，非可以數明也。五事曰敬，所以誠身，參之五行天人之合也。八政曰農，所以厚生，以見人之所以因乎天。五紀曰協，所以合天，而見天之所以示乎人。三德曰乂，所以治民，撫世酬物之權也。稽疑曰明，所以辨惑，以人而聽於天也。庶徵曰驗，所以省驗，推天而徵之人也。五福曰嚮，所以勸。六極曰威，所以懲，其重則在於皇極也。前四者，極之所以建；後四者，極之所以行。大禹叙之，箕子陳之，武王受之，孔子删而存之。此即周之大訓也。

至於《河圖》之文，亦載於《書》，著於《易》。前此諸儒，皆以《河圖》受羲，《洛書》錫禹，朱子、蔡氏亦各因之。然《洪範》即彝倫也。彝倫斁，則《洪範》不畀；彝倫叙，則《洪範》乃錫。其斁其錫，豈天與帝真有物象予之而奪之哉？《易大傳》言

「河出圖，(未)[洛]出書①，聖人則之」者，即所謂「仰觀天文，俯察地理，近取諸身，遠取諸物」，作易之事耳。豈有所謂龍馬，有所謂神龜也哉？後世封禪之説，天書之事，未必不由此啓之也。臣愚嘗爲之三歎於斯焉。伏羲之畫卦也，見陰陽有奇偶之象，畫一奇以象陽，畫一偶以象陰，而數肇於此矣。是雖有取於《河圖》，未必盡出於《河圖》也。至謂《洪範》本於《洛書》，則《洪範》篇中無《洛書》之義②，不知先儒何自而過信之，以起後世之惑。

大衍之數，《大傳》亦明言：「天一地二，天三地四，天五地六，天七地八，天九地十。」即陰陽奇耦之數耳。奇耦生成，理之自然。故又曰：「天數五，地數五，五位相得而各有合。天數二十有五，地數三十。凡天地之數五十有五。」「大衍之數五十，其用四十有九。分而爲二以象兩，掛一以象三，揲之以四，以象四時，歸奇於扐以象閏。五歲再閏，故再扐而後(卦)[掛]③。」「參五以變，錯綜其數。通其變，遂成天地之文；極其數，遂定天下之象」，此言數象之原。而陰陽五行之往來消長，對待之定體，流行之妙用，揆之萬物萬事百家衆説之流，兼統貫通，無適而不遇。其合横斜曲直，無往而不通。同此數則同此理，故非但曰「天以一生水，而地以六成之；地以二生火，而天以七成之；天以三生木，而地以八成之；地以四生金，而天以九成之；天以五生土，而地以十成之」。生出之次，始東，次南，次中，次西，次北。左旋一周而又始於東。生數則陽下左而陰上右，成數則陰下左而陽上右。《洛書》陽數，首北，次東，次中，次西，次南；陰數，首西南，次東南，次西北，次東北。合而言之，首北而究於南，其運行，則水克火，火克金，金克木，木克土。右旋一周而土復克水者，與《大傳》所言脗合而無間。不知後之作此圖者，因《易》書有《河圖》《洛書》之名，《大傳》有對待流行之義，遂依倣而爲之。故雖支干甲子，參同運行之説，亦無不脗合者。一陰陽之理，天下之變也。所謂圖者，經未嘗言有馬負之；所謂書者，經亦未嘗言有龜戴之。自歐陽永叔、司馬君實，皆力詆其怪誕者，良以此也。臣愚謂《易》書之文，古今異説，欲致其合一之歸，但求之於聖

① 「洛」，據《刻曾西墅先生集》改。
② 「義」，《刻曾西墅先生集》作「文」。
③ 「掛」，據《刻曾西墅先生集》改。

經而明辨其理，揆之於聖人而遠宗其道，則涣然而冰釋，怡然而理順。知衆説有異，而至道則同，又何致疑於其間哉？

古者，學校所以教育人才之法，舜之命后夔者至矣。《王制》春秋冬夏之異教；《文王世子》之篇，謂春誦夏弦之類，燕義授之車甲之文。臣恐其未皆盡然，漢儒之所附會也。《周禮》師氏三德，保氏六儀，大司樂成均之法。樂司之小舞①，大司徒之教象，以鄉三物賓興之。大胥掌士之版，合射以攷其藝。旅師、黨正、州長、鄉大夫書之，論秀而升之，論定而後官之，任官而後爵之。其教之若是其備，進之若是其難，而學校無不修矣。而明揚詢訪，未嘗缺焉。四岳之所舉，非熊之所兆。審象而旁求者，亦皆非學校之所養也。況乎後世學校之政不修，明揚之法不立。閒暇無事之時，不思所以養士，緩急有爲之際，則常患於乏才，曷不參之古之人乎？《棫樸》之人才，至於濟濟之多；《卷阿》之吉士，而有藹藹之盛，皆本於人君克知灼見，迪知忱恂，非一日也。周宣之中興，則有張仲導之於左右，山甫垂式於百辟，有申甫爲南國之式也，有召虎致四方之平也。漢高顛倒駕馭而得三傑，孝武崇儒重道而得仲舒，孝宣招選茂異而得丙、魏之倫，光武推心任人而得寇、鄧之佐。蜀魏及吴，亦各有人才。魏之荀賈，算無遺策；吴之周魯，腹心爪牙；蜀有孔明，王佐之才。西晉之世無聞。東晉僅有王謝，寥寥已久。至唐而後，太宗大召名儒，得房、杜、王、魏之流，以成貞觀之盛。開元以來，科舉取士，得張九齡、裴休、裴度、韓愈之徒。宋興，太宗尤篤意儒學，始有韓、范、富、歐陽，以至周、程、張、朱，黼黻大猷，闡明斯道，而皆僅見於明揚之一得，而皆並教育之所致。

蓋所養非所用，所用非所養，俗吏以文法繩下，恬退者（蒞）［耻］而不進②，奔競者趨而不顧。升黜之（典）［異］③，視之一言一事之間，而决之立談之頃，烏在其爲明揚之法哉？學校不過徒設，多卑污闒茸之人；考課專事於虚文，進退不由於德否。充貢之人，而遺行役，固不知小學之方爲何説，亦不知大學之教爲何事，烏在其爲教育之道哉？規模節目，疎密詳

① 「司」，《刻曾西墅先生集》作「師」。

② 「耻」，據《刻曾西墅先生集》改。

③ 「異」，據《刻曾西墅先生集》改。

略，既與古人不同，而躬行心得，精粗誠僞，又與聖人迥異。臣愚以爲，明揚教育之法，惟三代以上可以參而通之。漢唐以下，明揚之法或有所得，而教育之效，概乎未之聞者，臣不欲爲皇上陳之也。皇上但求聖人之心，不假於後世之法，而後可合於聖人之道耳。

皇上欲考三禮之文，則《經禮》《曲禮》《儀禮》。戰國諸侯，惡其害己而去其籍，孔子之時，已有「文獻不足徵」之歎。至秦大壞。漢興，高堂生得《古禮》十七篇，河間王所得五十六篇，亦文同而字異。後以其所叙皆禮之儀，因名之曰《儀禮》。略舉其首篇，而謂所傳皆士禮者，非也。謂今之《儀禮》非高堂生所傳，而篇數偶同，亦非也。今之《儀禮》，即古禮也。始士冠禮，士婚禮，士相見禮，鄉飲酒禮，鄉射禮，燕禮，大射禮，聘禮，公食大夫禮，覲禮，喪服禮，士喪禮，既夕禮，士虞禮，特牲饋食禮，少牢饋食禮，有司徹禮，而郊祀、明堂、廟制大典多闕，使後世如聚訟焉，承訛襲舛，可勝歎哉！

於是，朱子晚而條理之。挈《儀禮》正經以提其綱，輯《周禮》《禮記》諸經，有及於禮者以補其闕，釐爲家、鄉、邦、國、王朝之目，自天子至於庶人之禮，謂之《儀禮經傳通解》。而亦未及精詳，乃以屬之門人黄幹，復爲《通解續》焉。至其晚年，《祭禮》尚未脱藁，又以授之楊復。復始研精殫思，蒐經摭傳，積十餘年，以《特牲饋食》《少牢饋食》爲正經，而冠之《祭禮》之首篇。蒐緝《周禮》《禮記》諸書，分爲經傳，以補其闕。綜之以通禮，首之以天神，次之以地示，次之以宗廟，次之以百神，次之以因祭，次之以祭物，次之以祭統。有變禮，有殺禮，有失禮，並見之篇終。郊祀、明堂、廟制，皆折衷論定，以類相從，各歸條貫。使畔散不屬者，悉入於倫理；龐雜不經者，咸歸於至當，而始得於全書，西山真德秀嘗稱爲千載不刊之典矣。後又因朱子之意，取《儀禮》十七篇，悉爲之圖，制度名物，粲然畢備。以圖考書，如指諸掌，庶幾集其大成者焉。

近世臨川吴澂，又取《小戴禮》而叙次之，取諸儒之説，輯爲《纂言》。既屢易稿，而自謂《月令》《檀弓》尤爲精密。其諸篇之中，科分櫛剔，以類相從，上下相承，文義聯屬。至其篇次第，則《大學》《中庸》既爲程朱所表章，與《論語》《孟子》並爲四書，固不容復次於禮篇。《投壺》《奔喪》，禮之正經，亦不容雜之於記。《冠婚》《鄉飲》《燕射》《聘義》，正釋《儀禮》，別輯爲傳以附於經。此外猶三十六篇，曰《通禮》者九，《曲禮》《内則》《少儀》《玉藻》，通記大小儀文，而《深衣》附焉；《月令》《王制》，專記國家制度，而《文王世子》《明堂位》附焉。曰《喪禮》十有一，則喪之義也。曰《祭禮》者四，則祭之義也。曰《通論》者十有二，《禮運》《禮器》《經解》爲一類，《哀公問》《仲尼燕居》《孔子閒居》爲一類，《坊記》《表記》《緇衣》爲一類；《儒行》自爲一類。《學記》《樂記》，其文雅馴，非諸篇之比，故以爲是書之終焉。自謂篇章文句，秩然有倫，先後始終，頗爲精審。考《禮記》之文，亦庶幾矣。

若夫《周禮》，朱子嘗謂其廣大精微，周家法度盡在此書。而蘇穎濱以爲秦漢諸儒以意損益之者衆矣，非周公之完書也。誠哉是言！周之西都，今之關中，短長相補，不過千里，古今一也。而今《周禮》，王畿四方，相距千里，則其畿内遠近諸法，皆空言也。孟子曰：「天子之制，地方千里。公侯百里。」而今《周禮》諸公，地方五百里，諸侯四百里。鄭氏謂周公斥大九州，始皆益之，尤謬論也。（八）[公]邑必井①，鄉遂必溝，是立法以强人也。五峰胡氏謂：「今《周禮》五官之外，更有治典，劉歆之妄也。」《天官》有「宰夫」考都鄙縣，失財者誅，長財者賞，此劉歆欲使上下交征也。《天官》「甸師」喪事代王受青，楚昭、宋景之所不爲也。「官正」比宫中之官府，去其奇衺之民，是簾陛不嚴矣。士庶子衛王官，示人不廣矣。「内宰」建國，左右立市，豈王后之職？后有好事於四方，則安用君矣？以隱宫刑餘近日月之側，内祝掌宫中禬禬之事，此亂亡之事。甚矣，歆之誣周公也。九嬪、世婦，内政女功，后夫人之職也，而王安石以爲統於冢宰，悖理莫甚焉。王者以天下爲家，乃有王之金玉良貨賄之藏，四方之獻，共王之好賜。是以桓、靈之事，罔成王而誣周公也。「司喪」有九官，「膳夫」有九官，「醫師」有五官，「皂隸」之作，亦置五官，皆執技以事上，役於人者，而以爲冢宰進退百官之屬，夫豈周公之制哉？蓋其爲書，一壞於歆，再壞於蘇綽，又再辱於安石之手，其間改易舊文者多矣。其所載之禮，皆當有所定正而後可也。幸而中

① 「公」，據《刻曾西墅先生集》改。

經朱子、楊氏、吴氏之所考訂，今亦庶幾焉。他如杜佑之書，與唐《開元禮》《曲臺禮》，宋之《開寶通禮》，賈昌朝《太常新禮》，蘇洵《太常因革禮》《伊洛遺禮》，陳祥道《禮書》，朱子亦嘗喜其精博者，皆當取以輔翼二書，而立之學官，傳之天下，可以爲萬世之法矣。

若夫定黄鍾之律，尤本於皇上之一心。致中而天地自位，致和而萬物自育，所謂心正而天地之心亦正，氣順而天地之氣亦順。天地之和順應，而候氣之法可用，氣正而天度均，天度均而中聲得，始可以製黄鍾之律。而黄鍾之律，其長九寸，中分釐毫絲忽，皆以九爲度。故九寸八十一分七百二十九釐，六千五百六十一毫，五萬九千四十九絲，五十三萬一千四百四十一忽者，黄鍾一律之長也。又置一而三乘之，得十七萬七千一百四十七之全數。三分損益，以生十一律，而各得其管之長短。由是被之以五聲，爲六十調，又使其不相凌犯也。用正律正半律，變律變半律，亦三分損益以生徵商羽角，變宫變徵，均之爲八十四調，則清濁高下相濟，而庶幾八音克諧。此固制作之先務，尤在皇上以和致和也。若秦漢以來，尺度隳廢，中聲不定。或求之累黍而有圓橢之殊，或求之指尺而有短長之異，代變新樂，議論紛紜，皆徒事其末而不求其本，求之外而不求之内，安能定黄鍾之律，以極製作之盛哉？

若夫樂書之闕，則《樂記》一篇，可以爲樂經，而宋太常博士陳暘所撰《樂書》，亦可删繁蕪以附其後。若宋之《景祐太樂》《皇祐樂記》，蜀人房庶之《樂書補亡》，蔡元定之《律吕新書》，吴仁傑之《樂舞新書》，皆可考證補翼之。以續咸英韶濩於千載之上①，以熙天地民物於泰和之中，以明聖賢道學於千萬世之下者，實在於皇上之一心也。且漢文帝有其質而謙讓未遑也，唐太宗有其才而功利害之也，宋太宗有其志而泥於言語文字之末，真宗溺於誇詐，仁宗偷於晏安，數千年之幾會，非有待於今日歟？

① 「續」，《刻曾西墅先生集》作「追」。

然皇上所以策臣者，皆禮樂之文也。禮樂之本，臣實深有望於皇上也。心中斯須不和不樂，而鄙詐之心入之矣；外貌斯須不莊不敬，而慢易之心入之矣。況人主一心，萬化之原，萬事之幹，萬物之休戚所關，萬幾之治忽所由係，千萬年聖人道統之所由繼，中兩間而立，爲三才之主宰，可不以聖人全體大用之道，在任於身而力行之歟？

請因聖問所及者，統而論之，則論黄帝堯舜之道，而探其精微之藴者，聖學之全體也；明於天之經，察於地之義，周於萬物之務者，聖學之大用也。非聖人之道，不足以爲學；非聖人之學，又何以明斯道也哉？又因聖問所及，析而言之，又各有體用焉。明於天之經，曰欽曰敬爲體，而器數之屬爲用焉；察於地之義，曰祗曰德爲體，而政治之事爲用焉。周於萬物之務，曰中曰極爲之體，而三德八政爲用焉。興學校，必以躬行必得爲體，而以教育之方爲用焉。作禮樂，必以和敬爲體，而儀文度數爲用焉。聖道之體用，固無不在矣。然必在知之至而行之篤，而後體之具而用之全；必其時與學俱進，德與位俱隆，而後先黄帝堯舜而聖者，質之此心而無愧，後黄帝堯舜而聖者，揆之此道而無異，推之四海而準，傳之萬世而信，窮天地，亘古今，四三皇，六五帝，而不失天下之顯名也。惟皇上其留意焉。

臣謹對。

（底本：《皇明歷科狀元全策》卷二。參校本：《刻曾西墅先生集》卷一）

一〇　永樂四年丙戌科　林環

永樂四年（一四〇六）丙戌科，廷對之士二百一十九人。狀元林環，榜眼陳全，探花劉素。

林環（一三七六—一四一五），字崇璧，號絅齋。福建興化府莆田縣（今莆田市）人。授翰林院修撰。及第之明年，陞侍講。與修《永樂大典》，爲《書經》總裁。兩爲會試考官，聲名籍甚。永樂十三年，扈從巡幸，卒於北京，年四十。著有《絅齋集》二十二卷。

林環廷試策見《皇明歷科狀元全策》。

永樂四年三月辛卯朔。壬寅，上御奉天殿，試禮部選中舉人朱瑨等二百一十九人。制策曰：朕承皇考太祖高皇帝鴻業①，輿圖之廣，生齒之繁，從古莫比。故窮髮之地，咸爲編户；雕題椎髻②，悉化冠裳。來雖如歸，而治慮未浹，朕夙夜惟念，期在雍熙。然十室之邑，人人教之，且有弗及，矧天下之大，兆民之衆。夫存神過化③，不見其迹，欲臻其極，諒必有要，不明諸心，曷由（遠）［達］効④？唐虞三代之治，其來尚矣。而漢唐宋之治，猶可指而言之。自夔典樂教胄子，而學校興，而漢唐宋之學校有因革，其教化可得而聞？自大司徒以鄉三物教萬民而科目舉，而漢唐宋之科目有異同，其名實可得而議？自小司徒經土地而田制定，而漢唐宋之制田有屯營，其計畫可得而言？自校人掌王馬之政而馬政立，而漢唐宋之

① 「太祖」下，諸參校本有「聖神文武欽明啓運俊德成功統天大孝」十六字。　② 「髻」，諸參校本作「結」。　③ 「神」，諸參校本作「誠」。　④ 「達」，據諸參校本改。

畜牧有耗息，其詳悉可得而致之。數者有宜於右而合於今，若何施而可以幾治。夫政不稽古，則不足以驗今①，事不究迹則無以見寔，諸生博古以知今②，明體以適用，陳其當否，以著于篇。毋從毋隱③，朕將親覽焉。

（底本：《明太宗實録》卷五二。參校本：《皇明進士登科考》卷三；《皇明貢舉考》卷二；《皇明歷科狀元全策》卷二）

臣對：臣聞出治有本，在乎先明諸心；爲治有法，在乎遠稽諸古。蓋明諸心者其本也，而稽諸古者其迹也。聖人之治天下，未嘗不以稽古爲道，而亦曷嘗不本諸心以爲出治之本乎？

欽惟太祖聖神文武欽明啓運俊德成功統天大孝高皇帝，肇造洪基，撫有六合，垂統萬世，厥功罕儷。皇上嗣膺寶圖，思邁先烈，繼述之美，克開前光。于是戴髮含齒，率隸編籍，尺地寸天，舉入貢賦。以致雕題椎結，化而冠裳，則不惟有以囿生靈于覆幬之中，而且有以變左衽于禮義之習，弘功偉績，超越宇宙，宜莫尚矣。而皇上方且慮治化之未洽，思臻治之有要，進臣等于廷，降賜清問，欲遠法唐虞三代，而近稽之漢唐宋。詳舉其目，則學校之興，科目之舉，田制之定，馬政之立，皆欲追究其迹。而原其要，則首于「明諸心」之一言。噫！「明諸心」一言，臣有以知皇上于出治之道知所本矣。然皇上訏謨遠猷，斷自宸衷，而猶拳拳舉以策臣等者，臣又以知皇上是心，其即詢于芻蕘之心也，臣安敢不拜手稽首，以對揚聖天子之休命乎？

臣聞以言語詔民者，則十室之邑，雖耳提面命而不足；以德化導民者，則天下之大，雖運以方寸而有餘。何則？天下雖大，不能大君人之一心耳。故存誠過化雖泯于無迹，而臻極至到，則原于一心。是以堯舜以之帝天下，而使黎民於變，

① 「不足」，諸參校本作「無」。

② 「諸生」，諸參校本作「子大夫」。

③ 「從」，諸參校本作「泛」。

比屋可封者，此心也；三代以之王天下，而使兆民允懷，人人有士夫君子之行者，亦此心也。以至漢唐宋之治，雖不逮古，然亦能超後世而獨盛者，何莫非此心乎？是則皇上將欲躋于唐虞三代，而薄漢唐宋於不居者，寧不自一心始乎？皇上知自心始，則所謂期于雍熙，臻其至極，皆在方寸一轉移之間耳。況夫學校之興也，科目之舉也，田制、馬政之定也、立也，又皆是心之用乎。臣請因聖策所及而條陳之。

夫人君之繼天立極，莫大于學校也。舜命夔典樂以教胄子，直而温，寬而栗，剛而無虐，簡而無傲，此典樂之官所由設，乃學校所由始也。三代之學，夏曰東序、西序，商曰左學、右學，周曰東膠、虞庠，亦曰辟雍，無非以明人倫也。漢興，高帝以馬上得天下，未遑庠序之事。至文帝，頗登用文學之士。景帝不學儒學，故諸博士，具諸徒間，未有進者。當時惟文翁守蜀而修學舍于成都，由是大化比于齊魯，武帝乃令天下郡國皆立學校官。光武中興，始起太學。明帝臨雍拜老，正坐講道，冠帶縉紳之人，圜橋門而觀聽者，蓋億萬計。至于安帝薄于文藝，博士倚席不講，學舍盡爲蔬園。漢學校有可考矣。唐有國學，有太學，有四門學，有律學，有書學、算學。太宗又數行幸。貞觀之盛，增築學舍千二百間，生徒至三萬餘人。至代宗時，夷狄多虞，弦誦之地，寂寥無聲。此唐之學校有可考者矣。若宋之時，有國子監、太學，有武學，有書、算學。天下已平，儒者往往依山林以講授，當時如嵩陽、岳麓、睢陽、白鹿四書院爲尤著。厥後如胡安定教授蘇湖，立經義治事齋以教學者，此尤表表足稱。則宋之學校，其顛末亦有可稽者焉。

夫學校教化之本，唐虞三代之時，天子、公卿躬行于上，言行政事，皆可師法，故學校之立而教化爲特盛。若漢之治雜霸，唐之治雜夷，宋之治亦有未醇，躬行之實，已無其本，則學校雖立，而教化終有愧于古者，抑有由矣。

人君用人亮天之道，莫大于科目。成周之時，司徒以鄉三物教萬民，一曰「六德」：知、仁、聖、義、中、和。二曰「六行」：孝、友、睦、姻、任、恤。三曰「六藝」：禮、樂、射、御、書、數。鄉大夫三歲大比而賓興夫賢者能者，故命鄉論秀而升之司徒，曰「選士」；司徒論選士之秀，升之學，曰「俊士」；樂正順先王詩書禮樂以造士，大樂正論造士之秀，升之司馬曰「進士」。大司馬論辨官材以告于王，論定而後官之，任官而後爵之，以至太宰詔廢置而持其柄，内史贊予奪而貳于中。司士掌郡士之版，歲登記其損益之數。此科目所由舉也。若漢之時，則有孝廉、孝弟、力田、賢良、明經諸科。唐之時，則由學館進者曰「生徒」，由州縣進者曰「鄉貢」，而又有進士、開元禮、緣舉、襍録、制舉、孝廉、三禮、五傳、一史、三史、童子、明經、明法、明算諸科。宋之時，則有諸賢良，有宏詞，有童子學，漕試、推恩諸科。此漢唐宋科目之名，其異同固可稽矣。然成周之時，教養有法，且選任之際，循名責實。故所進之人，無非適用之士。

若漢唐而後，則養非所用，用非所養，故進用之際，不無賢否相半。是故漢之仲舒以賢良進，倪寬以明經舉，似矣。而徐淑之不逃冒年，陳湯之不奔父喪，乃與科選，果何歟？唐之制科，則有裴度、韓休，而皇甫鎛亦以是進。博學宏詞，則有陸贄、杜黄裳，而王涯、劉禹錫，亦以是進，又何歟？宋之富弼、蘇軾，以制科進，杜祁公、范文正、歐陽公由進士舉，是皆可取。然以丁謂之諛佞，且居要路，則又不能無可議者焉。此其名實不稱，視成周得人之盛，蓋不能無歉矣。

至若足民足國之良圖，莫要于定田制；備兵講武之先事，莫要于立馬政。周制，小司徒均土地而井牧其田野。步百爲畝，畝百爲夫。人三爲屋，屋三爲井。四井爲邑，四邑爲丘，四丘爲甸，四甸爲縣，四縣爲都，故成周無不受田之家。阡陌既開，井田法廢。自漢文帝募民耕塞下，始有屯田之制。趙充國擊先零，分兵久駐，於是有屯田之説。至唐之時，則有營田之制。至宋之興，或屯或營，蓋兼用也。大抵漢之屯田以兵，唐之營田以民，而宋之或兵或民，蓋不一焉。夫其屯田以兵，斯可以免軍旅坐食之費；營田以民，斯可以足國家儲備之資，此其計劃之善，亦有可取者矣。

至若（佼）［校］人掌王馬之政①，此馬政所由立也。漢置僕牧帥諸苑，而衆庶街巷有馬，則不特養于官矣。暨大將軍驃騎屢出，而馬大耗。唐自張萬歲領群牧，馬至七十萬六千，王毛仲初監馬二十四萬，後至四十三萬。自群牧失職，國馬益耗。宋則牧馬有監，掌牧有職。又或畜之于官，或養之于民，或市之于邊。大抵市之于邊者不可常，莫若畜之于官爲有常也；專畜于官者爲限，莫若兼養於民者爲益廣也。若是息耗之由，亦可概見矣。

皇上既舉數者之目，詳列于前，而又以數者之政，宜於今者總詢于後。臣學不足以稽古，用不足以適今，曷足以上揆聖衷？愚昧之見，謂是數者，皆皇上酌古準今，已行之效，而拳拳以爲問，特皇上謙讓不自滿足之心耳。夫方今學校，內自京畿，外達郡國，莫不有學，此蓋太祖高皇帝參酌古制而用之者。今皇上遵而行之，邇者車駕臨幸太學，俎豆生輝，衣冠增氣，天下士子，知所嚮方，則教人之法，固可比隆唐虞三代，而陋漢唐宋于下風矣。方今進于學校者有科貢，選于鄉里者有人材，是亦太祖高皇帝錯綜古典而行之者。今皇上嗣而守之，茲者臨軒策問，茅茹彙征，衣冠雲集，萬邦黎獻，共惟帝臣，則用人之道，亦可媲美唐虞三代，而薄漢唐宋于下流矣。至若田制之立，雖非盡成周之舊，馬政之立，亦參用校人之政。然其屯營之必備，畜牧之必專，是亦酌古而宜于今者耳。是二者亦太祖高皇帝已試之法，今皇上率而由之者。況于屯田則勸督之必嚴，于畜牧則孳息之益衆，殆恐古昔盛際，亦不過是，而漢唐宋又烏可以同日而語哉？

然臣于終篇，願有獻焉。夫是數者，特治之法也，其本則係之皇上之心。蓋以是心而興學校，則朱熹所謂「本之躬行心得之餘」是也；以是心而興賢才，則大禹所謂「光天之下」是也；以是心而定田制，則《大學》所謂「有德此有人，有人此有土，有土此有財」是也；以是心而立馬政，則《詩》所謂「秉心塞淵」與「思無邪」者是也。合而論之，則程子所謂：「有《關雎》

① 「校」，據《周禮》改。

《麟趾》之意，而後可以行《周官》之法度。」臣願皇上終始此心，斯可以終始此治矣。

臣于博古通今，明體適用，烏足以當。特以上之問，適有以發臣愚忠，故敢冒昧陳獻。伏冀萬幾之暇，少垂聖覽，生民幸甚，天下幸甚！

臣不勝惓惓。臣謹對。

（底本：《皇明歷科狀元全策》卷二）

一一　永樂九年辛卯科　蕭時中

永樂九年（一四一一）辛卯科，廷對之士八十四人。狀元蕭時中，榜眼苗衷，探花黄暘。永樂七年當廷試，值成祖巡狩北京，詔禮部以中式者陳璲等寄監讀書，至是年成祖還京，乃舉廷試。

蕭時中（一三八三—一四二五），名可後，以字行。江西吉安府廬陵縣（今吉安縣）人。狀元及第，年二十九。授翰林院修撰。與修《四書五經大全》《性理大全》，卒于任。

蕭時中廷試策見《永樂九年進士登科録》及《皇明歷科狀元全策》。

永樂九年三月辛酉朔，上御奉天殿，試禮部永樂七年會試中式舉人陳燧等八十四人。制策曰：朕承廣大之業①，撫鴻熙之運，臨御以來，夙夜惕勵，博求至道，以弘治化。而譚者類曰：「禮樂刑政，四達而不悖，則王道備矣。」又曰：「禮樂爲國之根本，刑政爲國之輔助。」稽之於古，伯夷典禮，后夔典樂，見於《書》者，尚矣。至於三代損益，緣人情而制禮，諧五音以成樂。至周大備，浩乎其有本，粲乎其有文，可以睹其功德之盛。若夫漢興，承秦之弊，叔孫習於綿蕞，賈誼草具其儀，因循遷就，止於如此而已。唐因於隋祖孝孫、房玄齡之流，增益定制，太宗慨慕古典，拳拳於乙夜之讀，雖河汾之派，而禮樂之問，汗浹無對，使一代之典，遂爲闕文。宋初，聶崇義、和峴之徒所定禮樂，大抵沿襲增損，數世相承，考求者非一，然

① 「業」，諸參校本作「基」。

猶恨殘缺，制作之方，可謂難矣！漢唐宋之禮樂，大概若此，而其刑政，猶可得而議。伊欲循古先王之法，以洽和天下，使刑罰清而奸慝革，政事昭而百姓寧，其道何由而可？先儒謂庠序爲禮樂之原，其曰：「立太學以教於國，設庠序以化於邑。」今之教化，蓋亦若是，其備矣。然而士鮮大道之歸，國靡實材之用，其故何歟？子諸生明先聖之道，博古以知今，具體以適用，於三代漢唐宋禮樂刑政之序①，講聞久矣。疏其得失，别其治否，有可裨益治道者，其詳陳之，毋泛毋隱，朕將親覽焉。

（底本：《明太宗實録》卷一一四。參校本：《皇明進士登科考》卷三；《皇明貢舉考》卷二；《皇明歷科狀元全策》卷二）

臣對：臣聞帝王之治道，必本於禮樂；帝王之禮樂，必本於和敬。蓋敬者是心固有之禮，和者是心固有之樂。程子曰：「禮只是一個序，樂只是一個和。」此之謂也。然和敬爲禮樂之本，而禮樂又所以爲出治之本也。人君誠能以和敬之心而興禮樂，以禮樂而化天下，則治道著，風俗美，刑由之而措，政由之而修，以此。堯舜以之帝天下而協和萬邦者，此道也。禹湯文武以之王天下而治世雍熙者，亦此道也。漢唐宋之所以治不古若者，庸非無躬行是道之實乎？歐陽子曰：「三代而上治出於一，而禮樂達於天下。三代而下治出乎二，而禮樂爲虚文。」此之謂也。

洪惟皇帝陛下，禀聰明睿智之資，備聖神文武之德。是心之禮樂，即堯舜禹湯文武之禮樂；天下之治化，即堯舜禹湯文武之治化。膺天命眷佑之隆，協萬邦歸戴之心，承廣大之基，撫鴻熙之運，而闢乾坤於再造也。然道已至矣，而猶拳拳焉惟至道之是求；治已隆矣，而且孜孜焉慮治化之未弘。進臣等於廷，降賜清問，欲愚臣究夫歷代禮樂刑政之序，陳其得

① 「序」，諸參校本作「典」。

失治否之詳，而首之以「夙夜惕勵」之一言，臣有以見陛下深知以是心爲禮樂之本矣。臣稽首再拜，而爲天下賀，願陛下永行之而無怠也。蓋陛下是心，即堯舜兢兢業業之心，即武湯文武汲汲圖治之心也①。然爲治之本，陛下既已躬行之矣，而又舉以策臣等，臣又知陛下是心，即望道未見之心，好問則裕之意也。臣敢不精白一心，以對揚聖天子之休命？

臣聞爲治之道，本末貴乎兼該，輕重貴乎兩盡。夫禮樂，本也；刑政，末也。本所當先，而末所當後也。蓋道之以禮樂，而不率是教者，則刑以罪其過，政以正其不正，則民之所懼，而歸於禮樂。此談者所以類曰：「禮樂刑政，四達而不悖，則王道備矣。」然禮樂之本既立，則禮樂之化必興，而民無愆舉，而刑政可措而不用矣。故又曰：「禮樂爲國之根本，刑政爲國之輔助也。」此爲治之本末先後，已斷於淵衷矣，臣奚以多言爲？臣謹因聖策所及而條陳之。

臣聞鴻濛未判，而禮樂之妙具於天地。兩儀既分，則天高地下，萬化散殊，而禮制行矣；流而不息，合同而化，而樂興焉。人得天地之氣以生，賦之理以成性，故禮樂者其心固有之理也。聖人因天地而制禮樂，故禮由陰作，樂由陽來。因人心而制禮樂，故禮以治外而爲異，樂以治内而爲同。其在上古，黄帝之有《咸池》，少昊之有《大淵》，顓帝之有《六筌》，帝嚳之有《五英》，唐堯之有《大章》，其來尚矣。至於虞舜之時，則伯夷典禮以節民性，后夔典樂以和民心。故在當時，黎民有於變之風，治化有雍熙之盛，其見於《書》，昭然可考也。

歷夏而商，雖有損益之殊，然所謂制度文爲，皆緣人情而制也。所謂《大夏》《大濩》，皆諧五音而成也。逮至成周之際，周公極制作之盛，其禮之斂而爲五，則爲吉、凶、軍、賓、嘉之目。推之三百，而爲禮儀；散之三千，而爲威儀。所以彌綸天地，經緯陰陽，藏之人心，著之天下，不可以一官名，不可以一事著。大而禋祀上帝之典，朝覲宗邁之節，禴祀烝嘗之儀，

① 上「武」，當作「禹」。

而禮無不在也。徵而冠婚喪祭之事，宴飲鄉射之類，而禮亦無不在也。升降跪起之有其儀，進退周旋之有其節，則禮文之備爲如何？要其本而論之，則在乎敬而已。《禮記》首篇曰「毋不敬」，此之謂也。其樂之斂而爲五音，推之十二而爲律吕，散之八十而爲樂調。大司樂所職，則有樂德、樂語之名，皆達之人心而形之歌咏，協之律吕而播之聲音。清濁高下之有其度，綴兆疾徐之有其容，則樂之備又何如？即其本而言之，則在於和而已。故《樂記》一篇，皆以和爲言者，此之謂也。是以由閨門而推之宗廟朝廷，由王國而達之天下四海，無一人而非禮樂之人，無一處而非禮樂之俗。熙熙乎比屋有可封而於刑者無有也，皞皞乎有士君子之行而抵罪者無有也。比其功德之盛，巍巍乎有非後世所能企及也。

由是而降，一壞於列國之縱橫，再壞於暴秦之棄滅，而禮樂蕩然矣。漢興，則有叔孫通狃于綿蕞之習，而其法失之卑；賈誼又爲草具之儀，而其法失之陋。是以典章聲樂因循遷就，宗廟立而疑於昭穆迭毁之説，郊祀建而求於天地分合之異，太學雜忝常之制，明堂遵玉帶之圖，樂有嘉至永安之號，有趙代秦楚之謳，有唐山夫人房中之樂。當時雖一制氏，號爲近古，然徒記其鏗鏘鼓舞，而不能言其義。河間王所獻雅樂，又徒事虚文而不能踐其實。果可與虞周之禮樂同日而語乎？夫禮樂不興，民心不古。故雖或約法三章以禁民之犯，或肉刑是除以寬民之罰，而張湯、趙禹作見知故縱之法，而未聞有不犯之民也。雖或吏稱其職，民安其業，幾致刑措，特小康而已，曷足以比隆唐虞三代哉？此漢之所以止於漢也。

若夫唐太宗慨慕古典，拳拳於乙夜之讀，亦云善矣。然房、杜諸人，以河汾流派，而禮樂之問，汗浹無對。其後因隋之舊，而加以養老讀法之儀，次爲吉、凶、軍、賓、嘉之目，而號《貞觀禮》者，玄齡之所定也。再加折衷，而爲《大唐開元禮》者，長孫無忌等所定也。他若王經作《郊祀録》，章公肅作《禮閣新儀》，繁蕪辟積，前後一律，不過互爲同異之説而已，故孫昌嗣行一冠禮而爲外庭所笑也。其初，樂有十二和，開元又益以十五和，有七德九功之舞，又有上元之舞，此多祖孝孫之所增益也。厥後，玄宗分散樂二部，則靡然鄭衛之音，幾流而忘返焉。此又果可與虞周之禮樂一概而論哉？夫禮樂不明，民昧所向。故雖或除鞭背之刑，而欲其趨於善；雖或任周興、俊臣之職，而欲知其所避，而亦未聞有不犯之民也。或致外户不閉，斗米三錢，特小治而已，又曷足追踪於唐虞三代哉？此唐之所以止於唐也。

宋初之禮，則聶崇義既上《三禮圖》矣，而陳祥道又有《禮書》焉；劉温叟既上《開寶通禮》矣，而盧多遜又有《義纂》焉。《分門禮選》作於邢昺，《禮闈新篇》作於王皥，可謂沿襲增損，考求非一人矣。然而《周官儀禮》罷棄不用，又果可謂禮之備乎？宋初之樂，和峴所定，則下王朴一律，李照所定，則下王朴三律，司馬之所論辯，胡瑗之所考訂，可謂歷代相承，考求者非一人矣。然而紛紛籍籍，卒無定論，而議者則謂「朴之所知者音，照之所知者器而已」，又果可謂樂之備乎？夫禮樂不備，而欲民重犯法，蓋戛戛乎其難矣。是以制審刑之院，設明刑之官，以防民之犯也。

然漢唐宋之所以禮樂廢缺，而治化不及古者，詎無所自歟？蓋爲之君者，不知以和敬爲興禮樂之原；爲之臣者，不知以禮樂爲出治之本而然也。向使其以三代之所以興禮樂者爲務，則亦可馴至其極盛之地矣。夫制作之方，豈真難能也哉！

欽惟我朝之禮樂，超漢唐宋於數等，又豈區區漢唐宋禮樂之足齒哉？伊欲法古先王之制，以治和天下，亦曰法其和敬之心而已。陛下以和敬之心，而興禮樂於上，國學、庠序以禮樂而爲教化於外，兆民以禮樂而修其身於下，將見林林總總之衆，莫不知尊君親上而懼犯法，則刑罰由之而可清；詐僞之耻習，篤實之是尚，則奸慝由之而可革；黎民敏德，比屋可封，則政事由之而可昭；出作入息，相安相樂，則百姓由之而可寧。登於廟堂者，皆皋夔稷契之徒；列於庶位者，皆伊傅周召之流，尚何士鮮大道之歸，國靡實才之用哉？然是道也，皆陛下已行之實，已試之法矣，又豈待勉之而後能，强之而後至哉？

臣學術膚淺，明體適用有所未充，于三代漢唐宋禮樂刑政之序，得失治否之略，臣已概陳之矣，然於終篇願有獻焉。

《易》曰：「天行健，君子以自强不息。」陛下誠能取法天道，至誠無息，始終存此和敬之心，而無或間，則禮樂終始此盛，治化終始此隆，將見大禮與天地同其節，大樂與天地同其和。由是而四三王，由是而六五帝。《易》曰「上天下澤，履先王以辨上下，定民志」，此之謂也。又曰「雷出地。奮豫先王，以作樂崇德」，此之謂也。

臣不勝惓惓。臣謹對。

（底本：《皇明歷科狀元全策》卷二）

一二　永樂十年壬辰科　馬鐸

永樂十年(一四一二)壬辰科，廷對之士一百零六人。狀元馬鐸，榜眼林誌，探花王鈺。

馬鐸(一三六六—一四二三)，字彦聲，號梅巖。福建福州府長樂縣(今長樂市)人。本名馬樂，避「永樂」諱，改名鐸。狀元及第，年四十七，授翰林院修撰。爲人質實無僞，翰林學士、國子祭酒、司業有公務出，皆命攝其事。永樂二十一年六月，以疾卒于官，年五十八。著有《梅巖集》。

馬鐸廷試策見《永樂十年進士登科録》及《皇明歷科狀元全策》。

永樂十年三月乙酉朔，上御奉天殿，試禮部選中舉人林誌等百人，及前科未廷對舉人林文灃等六人。制策曰：朕奉承宗社，統御海宇，夙夜祗畏，弗遑底寧，以圖至治，于兹十年，未臻其效。慮化未洽，謹之以庠序之教；慮養未充，先之以足食之政；慮刑未清，詳之以五覆之奏。求才備薦舉(人)之科①，考課嚴黜陟之令，然厲俗而俗益媮，革弊而弊不寢。若是而欲躋世泰和，果何行而可？六經著帝王爲治之迹，《易》以道陰陽，專名數者，或流而爲災異；尚理致者，或(論)[淪]而爲清談②。《書》以道政事，語知行，則何[以]示其端③；論經世，則何以盡其要？《詩》以道志也，何以陳之於勸懲黜陟之典？《春秋》以道名分也，何以用之於閉陽縱陰之説？《禮》以道行而《樂》以道和也，何以道同六經而用獨爲急？夫道

---

① 「人」字衍，據諸參校本删。② 「淪」，據《永樂十年進士登科録》《皇明歷科狀元全策》改。③ 「以」，據《永樂十年進士登科録》《皇明歷科狀元全策》補。

本一原，而治有全體，推明六藝，講議異同，行則美矣，何以一歸于雜？雅歌擊磬，執經問難，志則勤矣，何以未復乎古？討論文籍，考定五經，可謂勞矣，未足以致大治。更日侍讀，質問疑義，可謂偉矣，僅足以成小康。迨夫五緯集奎①，文運斯振，儒道光闡，聖經復明，較之往迹，何勝何負？蓋爲治之道，寬猛相濟，各適其宜。太宗寬厚長者，務崇德化，政足尚矣，而言者謂不若中宗之嚴明。顯宗法令分明，幽枉畢達，嚴足尚矣，而言者謂不若肅宗之長者。論治若此，其將孰從？夫博聞經學之士，有以應變，子諸生藴之有素，其於爲治之要，時措之宜，悉心以陳。毋徒泛泛，朕將親覽。

（底本：《明太宗實録》卷一二六。參校本：《永樂十年進士登科録》，《明代登科録彙編》影印明永樂刻本；《皇明進士登科考》卷三；《皇明貢舉考》卷二；《皇明歷科狀元全策》卷三）

臣對：臣聞治本於道，道載諸經。聖人出，而三代之治爲可復；真儒出，而六經之道爲大明。經以載道，固必待人而後明；道以出治，尤必待人而後行也。

洪惟皇帝陛下，尊履大寶，紹承鴻基，明照八表，知周萬務。心存乎帝王之心，治紹乎帝王之治，尚慮闕漏，下詢蒭蕘。此好問而好察邇言之意，堯舜禹湯文武之心也。然化已浹矣，選任師儒，嚴督課業，簡絀以懲庸，序進以勸善，而庠序之教唯謹。養已充矣，省其征徭，薄其税歛，禁一民之不得妄差，禁一毫之不得妄取，而足食之政尤先。慎罰而致三覆五覆之詳，尚慮夫罰罪之非當；用賢而惇薦舉考課之典，尚慮夫任職之未宜。是蓋陛下明經術之正，識帝王之大，不安小成，必躋斯世於唐虞三代之盛也。夫厲俗未底乎時雍，不害爲俗之益媮；革弊未至乎於變，不害爲弊之不寢。臣愚有以知陛下泰

① 「緯」，《皇明進士登科考》《皇明貢舉考》《皇明歷科狀元全策》作「星」。

和之世可躋，唐虞三代之治可致，其厲俗革弊有不在政令之末耳。何則？陛下任奉承之重，統御宇之大，夙夜祗懼而存此心於不已。道本於一原，治具乎全體，若稽經籍而垂至治於無窮，六經之道固已蘊諸聖心矣。其視諸經傳授之是非，歷代爲治之得失，昭昭而白黑分矣，奚以臣言？雖然，聖問所及，敢不罄竭臣愚，條悉以對？

夫自六經删述於孔氏，帝王之道，由是而大明；自六經附會於漢儒，帝王之治，由是而難復。《易》以道陰陽，伏羲、神農、黄帝之道，無所不該。自田何傳至于焦房，專尚名數，流而爲災異；自費直傳至于輔嗣，專尚理致，淪而爲清談。於是，理數分而易道微矣。《書》以道政事，而典謨訓誥誓命之辭，無不具焉。語知行則惟精惟一，所以示其端；論經世則《洪範》皇極，所以盡其要。自大小夏侯之説殊，而《書》之義踳矣。《詩》所以道志也，先王命太師陳詩以觀民風，善者可以感發人之善心，美之而民知所勸；惡者可以懲創人之逸志，刺之則民知所懲，以是巡行諸侯之境土，而黜陟行焉。自齊魯毛韓之異尚，而《詩》之義隱矣。《春秋》所以道名分也，董仲舒大一統之論，正誼明道，貴王賤伯之義，其得於《春秋》也大矣。而乃用於災異之變，推陰陽所以錯行，故有閉陽縱陰之説，而《春秋》之義乖矣。《周禮》大司徒以五禮防萬民之僞而教之中，此禮以道行也；以六樂防萬民之情而教之和，此樂以道和也。禮有三千三百之儀，而一主乎敬；樂有五聲十二律，而一本於和。制度品節之詳而有所持循，情文節奏之備而有所感發。致禮以治躬，則齊莊中正，非僻之心無自而入；致樂以治心，則易直子諒，鄙詐之念無自而生。用之於邦國，而邦國治；達之於天下，而天下平。此六經之道同歸，禮樂之用爲急，而《易》《書》《詩》《春秋》之蘊，必於禮樂以著其用焉。然歐陽修所謂「三代而下，治出於二，而禮樂爲虚名」，則班《志》所謂「禮樂之用爲急」，亦未見於實用也。

然六經之道未極一原，尚何三代全體之治爲可復乎？此漢之武帝推明六藝，罷黜百家；孝宣章帝之石渠白虎，講議異同，行則美矣，而卒莫能循乎王道之正，而終歸于霸道之雜。由乎六經之道昧於一原，宜其治有所未純焉。光武親幸太學，諸生雅歌擊磬；明帝臨雍拜老，諸儒執經問難，其志雖曰勤矣，而未克以復乎古。不能四三王而六五帝，蓋徒尚夫儀文之末，而未究夫聖道之本也。若唐太宗討論文籍，至于夜分，詔顔師古考定五經，求治之心可謂勞矣，然而僅能致斗米三錢、外户不閉之效，而未足以爲大治。玄宗更日侍讀，質問疑義，懷素、無量常侍更直，好治之心亦可謂偉矣。而開元之治，庶幾貞觀之風，惜其後不克終，以致禍亂。是皆亦由乎六經之道昧於一原，宜其治有所未至焉。迨夫五星聚奎，宋德隆盛，文運斯振。周、張、二程，光闡儒道於前，楊、羅、李、朱復明聖經於後，較之往迹，大有逕庭矣。儒道既闡，聖經復明，則治道勝負，較之於前，不待論説而明矣。

夫天下之大經，仁義中正而已。仁以育萬民，義以正萬民，二者並行而不相悖。寬而不流於姑息，有猛者存；猛而不偏於苛察，有寬者在。嚴而泰，和而節，此理之自然，治道之全體也。漢文帝恭儉玄默，賜不朝以几杖，遺受賂以金錢，造露臺惜十家之産，可謂寬厚長者。務崇德化，政足尚矣。然與匈奴䟽絶，毅然講武，蓋未嘗不猛焉。宣帝綜核名實，勵精圖治，流而至於苛刻，漢室忠厚之風幾乎蕩盡。明帝法度分明，幽枉必達，嚴足尚矣，而過於察察；章帝寬厚長者，而流於姑息，東京之政，由是而衰矣。亦其學術不明，不能損過就中，而歸於聖賢大學之道也。

向若漢之文帝，從賈誼而興禮樂，武帝從董仲舒而明教化，則仲舒所謂「道之大原出於天」，「正心以正朝廷，正朝廷以正百官，正百官以正萬民，萬民正而遠近莫不一於正」，則道之一原可知，治之全體可識，其治豈止於漢而已。迨夫宋之諸君能用諸儒，則經術之明見於治效，豈獨載諸傳註而止哉？雖然，天運循環，無往不復，承大一統文明之運，表章六經，聖人之道，比隆於唐虞三代，正有待於今日。聖天子居天位，行天道，而著治效于無窮也。

臣愚生淺學，叨奉大問於廷，獲聞道本一原，治有全體，不勝踊躍［歡］慶①，唐虞三代之治復見於今日，寧不頓首爲天下賀？非但爲天下賀，當爲萬世賀。抑臣聞之，爲治之要，《大學》一書，治天下之格律也；時（楷）［措］之宜②，《中庸》一書，聖學傳心之要法也。此皆陛下身體而力行之者也，故能致篤恭而天下平之效。臣愚學不能以博古，才不足以應變，伏願陛下始終此心，始終此治，可以四三王，六五帝，豈但跨越漢唐宋而已哉！

臣不揆淺陋，以此上塵聖覽，干冒天威，豈勝戰慄！臣謹對。

（底本：《永樂十年進士登科録》。參校本：《皇明歷科狀元全策》卷三）

---

① 「歡」，據《皇明歷科狀元全策》補。

② 「措」，據《皇明歷科狀元全策》改。

一三　永樂十三年乙未科　陳循

永樂十三年(一四一五)乙未科,廷對之士三百五十人(此據《皇明進士登科考》《皇明貢舉考》)。狀元陳循,榜眼李貞,探花陳景著。是年,始詔天下舉人會試于北京。

陳循(一三八五—一四六二),字德遵,號芳洲。江西吉安府泰和縣(今屬吉安市)人。永樂十二年,鄉試第一。授翰林院修撰。歷事永樂至景泰五朝。宣德初,入直南宫,進侍講學士。正統九年(一四四四),入文淵閣典機務。次年,進户部右侍郎兼學士。景帝即位,進户部尚書,繼進少保兼文淵閣學士,加太子太傅,進華蓋殿大學士仍兼文淵閣。英宗復位,謫戍遼東,後昭爲平民。有《芳洲文集》《東行百咏集句》等傳世。《明史》有傳。

陳循廷試策見《芳洲文集》及《皇明歷科狀元全策》。

永樂十三年三月己亥朔,上御奉天殿,試禮部選中舉人洪英等三百四十九人,及前科未廷舉人劉進等二人。制策曰:

朕(爲)[惟]帝王之治①,本之於道德,而見之於事功。[道]德爲(政)[致]治之本②,事功著(敬)[致]治之效③。[不推其本,何以爲治?不臻其極,何以爲效?]④是故民俗之厚,在於[明]教化⑤;吏治之舉,在於嚴課試;士風之振,在於興學校;人才之得,在於慎選舉;刑獄之平,在於謹法律。是數者,皆爲治之先務,唐虞三代之盛,率由於此。而其道德之所

① 「惟」,據諸參校本改。② 「道」「致」,據諸參校本補、改。③ 「致」,據諸參校本改。④ 「不推其本」至「何以爲效」十六字,據諸參校本補。⑤ 「明」,據《皇明進士登科考》《皇明貢舉考》補。

施，事功之所成，亦必有其要者矣。三代而下，論治之盛者，曰漢曰唐曰宋。舉其概而論之，淵默清浄，則躬履儉樸矣；約己治人，則力於[爲]善矣①；恭儉仁恕，則修己無[爲]矣②。其所以爲教化者何如？舉殿[最]而察以六條③，考善最而差以九等，著能否而辨以三科。其所以爲課試者何如？表章六經而勸學興禮，鋭情經術而文治勃興，講學多聞而崇儒重道。其所以爲學校者何如？四科四行之辟，六科四事之選，三經十科之制。其所以爲選舉者何如？作三章九章以明其禁，爲律令格式以準其法，定刑統編敕以新其制。其所以爲法律者何如？夫循名而實可見，究迹而治可推。即道德以較夫事功，其高下優劣，蓋亦有可辨者矣。朕祇奉天命，統承太祖高皇帝洪業，臨阼以來，夙夜孜孜，以圖至治。亦惟取法於唐虞三代，舍漢唐宋而不爲矣。然於是數者，猶未臻其效。子諸生抱經濟之學，博古以知今，明體而適用，其敷陳當否，疏其所以化成於天下者，若何而可以臻夫唐虞三代之盛。其詳著於篇，朕將親覽焉。

（底本：《明太宗實録》卷一六二。參校本：《皇明進士登科考》卷三；《皇明貢舉考》卷三；《皇明歷科狀元全策》卷三）

臣對：臣聞帝王之治，非道德無以立其本，非事功無以著其效。道德者，事功之所繇成也。人君本道德以出治，則事功之著，超軼萬世而無以復加矣。欽惟皇帝陛下，尊臨大寶，統紹鴻基，明昭乎八表，知周乎萬務。心二帝三王之心，行二帝三王之道。道已至矣，而望之猶若未見；治已極矣，而撫之猶若未臻。乃進臣等於廷，策以治道，且以「夙夜孳孳，以圖至治」爲言。臣有以見陛下之心，即堯舜兢兢業業之心，文王不遑暇食之意也。臣雖愚昧，敢不精白一心，以對揚陛下之明命乎？

---

① 「爲」，據諸參校本補。 ② 「爲」，據諸參校本補。 ③ 「最」，據諸參校本補。

臣聞爲治有本，本立則末隨。稽之於古，若堯之克明俊德，舜之慎徽五典，禹之克勤克儉，湯之克寬克仁，文王之徽柔懿恭，武王之丕彌稱德。二帝三王道德之盛如此，故其見於事功，如契敷五教，而黎民有於變之風；三考黜陟，而庶績有咸熙之效；后夔典樂教胄子，而學校以興；皋陶、伊尹之見舉，而不仁以遠；士師明刑，而四方致風動之休；蘇公式敬，而王國增長久之盛。若是者，何莫而非道德之推乎？本道德以爲事功，故更萬世而無以加焉①。

三代而下，治之盛者，莫漢唐宋若也。漢文帝躬行玄默，示儉朴爲天下先。延及景帝，五六十載之間，移風易俗，黎民淳厚，幾致刑措。唐太宗約己治人，力於爲善，却封德彝刑罰之言，而納魏鄭公仁義之説；念肉刑之久廢，而斷趾之刑，不敢復也；覽明堂鍼炙之書，而鞭背之刑，不敢用也。是以當是之時，致有斗米三錢，外户不閉之效。宋仁宗恭儉仁恕，修己無爲，承太祖、太宗平治之盛，培養善類，作興士氣。當是時，君子滿朝，藹然有三代之風，後人詠歌之曰「農桑不勸只寬征，邊將無功吏不能」者，真名言也。此漢唐宋之教化有可尚者如此。然於大綱衆目，皆有所未盡，視唐虞三代之際，黎民於變，萬國咸寧，果可同日語耶？

考課之法，自三代以下，莫精於漢唐宋也。漢則刺史以「六條」察二千石，歲終舉其殿最。其一，强宗豪右，田宅踰制，以强陵弱，以衆暴寡。其二，不奉詔書，遵承典制，倍公向私，侵漁百姓，聚斂爲奸。其三，不恤疑獄，風厲殺人，怒則任刑，喜則淫賞，煩擾刻暴，爲百姓所疾。其四，選署不平，苟阿所愛，蔽賢寵頑。其五，子弟怙勢，請托所監。其六，違公下比，阿附豪强，通行貨賄，割損正令。凡若此者，刺史皆得而察之。唐則置考功郎中、考功員外郎，以掌文武百官功過善惡，而考課之法有四善、二十七最焉。四善者，德義有聞，清謹明著，公平可稱，恪勤匪懈是也。二十七最者，獻可替否，拾遺補

① 「加」，《芳洲文集》作「復加」。

闕，此近侍之最也；銓衡人物，擢用才良，此選司之最也；揚清激濁，褒貶必當，此考較之最也；禮制儀式，動合經典，此禮官之最也；音律克諧，不失節奏，此樂官之最也；斷決不滯，予奪合理，則爲判事之最也；部統有方，警守無失，則爲宿衛之最；推鞫得情，處斷平允，則爲法官之最；訓導有方，生徒充業，則爲學官之最；賞罰嚴明，攻戰必勝，則爲將帥之最；禮義興行，肅清所部，則爲政教之最；詳録典正，辭理兼舉，是之謂文史之最；訪察精審，彈舉必當，是之謂糾正之最。其餘曰勾稽，曰監掌，曰役使，曰倉庫，以至牧官、鎮防，亦莫不各有最焉。考之於最，而參之於善，一最四善爲上上，一最三善爲上中，一最二善爲上下，其無最而有二善者次之，無最而有一善者又次之，善最弗聞則又其次也。至於愛憎任情，處斷乖理，或倍公向私，職務廢闕，或居官諂詐，貪濁有狀，則列之下三等焉，此所謂九等也。九等之中，中上以上，每進一等，則有加禄之法；中下以下，每退一等，則有奪禄之法，此謂勸懲之道也。宋則有三科之辨，著其能否。治狀尤異爲上；恪居官次，職務粗治，爲中；臨事弛慢，所蒞無狀，爲下。夫漢唐宋課式之可稱者如此。然其法之行，或任之非人，或過密而難舉，或未久而輒更，則比之唐虞三載考績，三考黜陟，成周六計弊，群吏之治，固不能無間然矣。

學校之教，漢自高祖掃除秦苛，文帝專務以德化民，而稽古禮文之事，尤多闕焉。至於孝武，乃卓然罷黜百家，表章六經，勸學興禮，蓋有得於董生之言。厥後光武、明帝之際，天下郡國，皆立學校教官，其實武帝啓之也。唐太宗鋭情經術，大召名儒，增廣學舍，千二百間，生徒至三千三百六十人。雖屯營飛騎，亦給博士授經；外國酋長，亦皆遣子弟入學。當是之時，文治爲之勃興。宋太宗講學多聞，崇儒重道。延及慶曆之初，遂詔天下皆立學。元豐之際，國學增置，八十齋，齋三十人，三舍生總二千四百人。其初入外舍，月一私試，歲一公試，補内舍生；間歲又一試，補上舍生。諸齋月書行誼，凡試中必參以所書。於是人才班班輩出，蓋自太宗始焉。

漢唐宋之學校可謂盛矣。然唐虞三代之世，上自王宮國都，下及閭巷，莫不有學。有小學以收其放心，有大學以成其德業。自灑掃應對，以至於窮理正心之微；自入孝出弟，以至於平天下之大，在上有躬行之實，故在下有興行之美，而比屋有可封之俗。其教之之術如此，則豈漢唐宋之可及耶？

若夫選舉之法，則漢有四科、四行之辟。四科者在武帝時，以德行高妙，志節清白爲一科；學通行修，經中博士爲一科；明習法令，足以決疑，能按章覆問，文中御史爲一科；剛毅多略，遭事不惑，明足決斷，才任三輔縣令爲一科。四行者，當光武建武六年，詔三公舉茂才各一人，光禄勳歲舉茂才、四行各一人。一曰淳厚，二曰質朴，三曰謙遜，四曰節儉。唐太宗之時，則有六科、四事之選。六科者，曰秀才，曰明經，曰進士，曰明法，曰書，曰算。四事者，一曰身，取其體貌豐偉；二曰言，取其言詞辨正；三曰書，取其楷法遒美①；四曰判，取其文理優長。四事可取，則先乎德行；德均以才，才均以勞。不特此也，唐之科目，又有俊士、一史、三史、開元禮、童子科之類，此歲舉之常數也。其天子之自詔者曰「（歲）［制］舉②，所以待非常之才焉」，此又在夫六科四事之外也。宋以學校養才，以科舉取士。有進士，有諸科，有武舉，而又有三經十科之制。三經者，開寶七年，立科以取士，詔《詩》《書》《易》三經學究爲一科，入官資叙，如三《禮》、三《傳》。至天聖中，舉人能講三經者，皆得特奏名，此三經之科也。十科則自元祐元年，司馬温公議時政，分薦舉爲十科，而山林頗牧，巖穴伊傅，卑僚下賤，可以網羅而無遺矣。使行誼純固，皆如蕭嵩之薦韓休，則可以爲師表；節操方正，皆如李嶠之薦李邕，則可以備獻納；智勇兼人，皆如謝安之薦謝玄，則可以備將帥；公正聰明，皆如匡衡之薦孔光，則可以備監司；經術精通，皆如蕭望之之薦薛廣德，則可以備講讀；學問該博，皆如張説之薦張九齡，則可以備顧問；文章典麗，皆如魏元忠之薦吴兢，則可以備著述；善聽獄訟，皆如丙吉之薦于定國，則盡公得實；善治財賦，皆如李祐之薦李巽，則公私俱便；練習法令，皆如袁盎之

① 「楷」，《芳洲文集》作「字」。

② 「制」，據《芳洲文集》改。

薦張釋之，則能斷請讞。自尚書至給舍而下，每歲於十科内舉三人。誠如是，則内自京師，外及邊境，微至於獄訟米鹽，何事不濟？此漢唐宋之選舉可知也。夫以漢之四科四行，唐之六科四事美矣，而不能無弊；宋之三經十科善矣，而行之未究，其視舜之舉皋陶，湯之舉伊尹，《周禮·大司徒》以鄉三物教萬民，而興其賢能者，固相遠矣。

漢高帝約法三章，謂殺人者死，傷人及盗抵罪。又令蕭何定律令，除參夷連坐之法，增部主見知之條，作律九章：一曰盗法，二曰賊法，三曰囚法，四曰（部請）［捕］法①，五曰雜法，六曰具法，七曰户婚，八曰擅興，九曰厩庫。而叔孫通又益律所不及十八篇，於是法禁爲詳。唐之初，高帝首以一二條，掃除隋暴，後乃定律令、格、式。令者，尊卑貴賤之等，國家之制度也；格者，百官有司所常行之事也；式者，其所常守之法也。凡邦國之政，必從事於此三者。其有所違，及人之爲惡而入於罪戾者，一斷以律。律之爲書，因隋之舊，至高宗時，律學之士則有律疏，而律於是始詳。宋太祖建隆四年，竇儀進《重定刑統》三十卷、《編敕》四卷，詔頒天下。其後，諸道又設提點刑獄，又置審刑禁於院中，以防大理刑部之失。凡獄必先三司，然後關報審刑院。事從中發，而下丞相以聞，然後論刑。此漢唐宋之法律可知也。然大率周於禁而略夫仁義之施；詳於法，而忽乎忠厚之意。其於皋陶刑期無刑，蘇公敬爾由獄之美，不可及矣。

夫漢唐宋之事功如此。循其名固可以見其實，究其迹亦可以推其治。然漢唐宋所以止於漢唐宋，而不能比隆於唐虞三代者，徒專意於事功以爲致治之效，而不知留心於道德，以爲致治之本也。即道德以較夫事功，其高下優劣，昭昭然黑白分矣。大抵道德者致治之本，所謂綱也；明教化，嚴課試，興學校，慎選舉，謹法律者，致治之具，所謂目也。一綱雖簡，似易而實難；衆目雖多，似難而實易。天下未有不立其本而末自隨，亦未有不舉其綱而目自張者也。

①「捕」，據《芳洲文集》改。

陛下祇奉太祖高皇帝鴻業，臨御以來，夙夜孳孳，以圖至治。既惟取法於唐虞三代，舍漢唐宋不爲，則陛下於致治之道，本立而綱舉矣。其所以化成天下，而致唐虞三代之盛也，又何難哉？陛下誠以仁義而明教化，則教化明而民俗無不淳，是即所謂躬行心得之餘者也。以仁義而嚴課試，則課試嚴而吏治無不舉，是即所謂「正心以正朝廷，正朝廷以正百官」者也；以仁義而興學校，則學校興而士風無不振，是即所謂天子公卿躬行於上，言行政事皆可師法者也；以仁義而慎選舉，則選舉慎而人才無不得，是即所謂爲政在人，取人以身者也；以仁義而謹法律，則法律舉而刑獄無不平，是即所謂好生之德洽於民心者也。雖然，尤必以得人才爲先務，而後治效著焉。故必如堯舜之得禹、皋、陶、契，如湯之得伊尹、萊朱，如文武之得周公、召公、閎夭、泰顛、散宜生、南宫适之徒，各任其職，以奉行陛下之德意，則於是五者可不勞而成矣。臣觀陛下於此，固已知之明，審之精，行之久矣。故法度修舉，而忠厚之意(混)[渾]如也①；綱紀明備，而仁義之澤藹如也。四三王而六五帝，誠在於此，尚何漢唐宋之足論哉？

臣叨奉大對，干冒天威，不勝戰栗之至。臣謹對。

（底本：《皇明歷科狀元全策》卷三。參校本：《芳洲文集》卷一，《續修四庫全書》影印萬曆二十一年陳以躍刻本）

① 「渾」，據《芳洲文集》改。

一四　永樂十六年戊戌科　李騏

永樂十六年(一四一八)戊戌科，廷對之士二百五十人。狀元李騏，榜眼劉江，探花鄧珍。

李騏(一三七八—一四二五)，字德良，初名馬。福建福州府長樂縣(今長樂市)人。永樂十五年鄉試解元。狀元及第，朱棣御筆改「馬」爲「騏」。授翰林院修撰。永樂二十二年，方病，值成祖殯命榆木川，驚悸哀悼，即出臨哭，病遂深，翌年卒，年四十八。

李騏廷試策見《皇明歷科狀元全策》。

永樂十六年三月辛亥朔，上御奉天殿，試行在禮部選中舉人董璘等二百五十人。制策曰：帝王之治天下，必有要道。昔之聖人垂衣裳而天下治，唐虞之世，治道彰明，其命官咨牧，載之於書，有可見已。成周之官，倍蓰唐虞，備存周禮，其詳得而數之。周禮，周公所作也，何若是之煩與？較之唐虞之無爲，蓋有徑庭。然其法度紀綱，至爲精密，可行於天下後世，何至秦而遂廢？漢承秦弊，去周未遠，可以復古，何故因仍其舊而不能變與？唐因於隋，宋因五季，亦皆若是有可議者。人之恒言，爲治之道，在於一道德而同風俗。今天下之廣，生齒之繁，彼疆此域之限隔，服食趨向之異宜，道德何由而一，風俗何由而同？子諸生於經史時務，講之熟矣，凡有裨於治道，其詳陳之毋隱①，朕將親覽焉。

---

① 「毋隱」，諸參校本作「毋隱而不言，毋言而不切」。

（底本：《明太宗實録》卷一九八。參校本：《皇明進士登科考》卷三；《皇明貢舉考》卷三；《皇明歷科狀元全策》卷三）

臣對：臣聞治本于道，道本于心。有二帝三王之心，則有二帝三王之道；有二帝三王之道，則有二帝三王之治。以是心爲道德之本，以是道致治效之隆，固已見于今日矣。無爲之治，唐虞豈得而專美哉？洪惟太祖聖神文武欽明啓運俊德成功統天大孝高皇帝，以武功綏海内，以文德致太平。皇上紹承大統，繼志述事。設學校師儒之任，而教化已浹矣；置省府州縣之司，而德化已孚矣，而猶曰：「道德何由而一，風俗何由而同？」定五禮六樂之儀，而在公無異教矣；同律度量衡之法，而在此無異習矣。而猶曰：「彼疆此域之限隔，服食趨向之異宜。」乃進臣等于廷，降賜清問，俾陳爲治之要。臣愚有以知陛下之心，即堯舜猶病不足，文王望道未見之心也。臣敢不拜手稽首，以對揚聖天子之休命？

臣聞帝王治天下之要道，惟在乎知人、安民二者而已。《書》曰：「知人則哲，能官人。安民則惠，黎民懷之。」是以古昔聖人，若黄帝舉六相，修百度，而至垂裳之治；唐虞命九官，咨十二牧，而致無爲之化。當是時也，典三禮之有其人，教胄子有其官。内而都俞密勿於一堂之上者，足以燮理乎陰陽，外而明明穆穆於庶位之列者，足以綜理乎民事。六府以之而孔修，三事以之而允洽。比屋有可封之俗，人人有士君子之行。聖人於此，復何爲哉？亦垂衣拱手而已。史氏載之于《書》，以著其治效之盛，千載而下，願治之君，莫不悚而慕之者。

迨至成周，設官之教，倍蓰唐虞。蓋唐虞建官惟百，内有百揆四岳，外有州牧侯伯。而《周官》則六卿分職，各率其屬。天官冢宰掌邦治，地官司徒掌邦教，春官宗伯掌邦禮，夏官司馬掌邦政，秋官司寇掌邦刑，冬官司空掌邦土。天官自太宰、小宰以下，其屬六十有二。地官自大司徒、小司徒以下，其屬七十有四。春官自大宗伯、小宗伯以下，其屬七十。夏官自大司馬、小司馬以下，其屬六十。秋官自大司寇、小司寇以下，其屬六十有五。冬官《考工記》工人之屬，二十有九。合三百六十有五，此周官之數然也。

然《周禮》一書，乃周公政典之書，述官府職掌之事，與他經不類，若後世《百官志》是也。蓋周公當功成治定之日，禮備樂和之時，作爲此書以黼黻太平，詳於典章文物而不及于道化，嚴於官府職掌而闊略于君身。其視晝也似考，而惠下也甚厚；其經入也似豐，而奉上也甚約。其兵農以井田，其取民以什一，其教民以鄉遂，其養士以學校，其治天下以封建，其威民以肉刑，其建官以三百六十。上而六典、八法、八則、八柄、九貢、九賦、九式之序，次而朝覲會同、冠婚喪祀、師旅田畯，下至車旗圭璧之器，匠作輪輿之度，與夫晝繢刮摩摶植之法，又其細及於取魚射馬擉鱉之微，莫不具備。是皆周公天理爛然，心胸廣大，故其法度紀綱，至爲精密，誠可行之天下後世。孔子曰：「鬱鬱乎文哉，吾從周！」文中子曰：「如有用我，執此以往。」觀是二說，則《周禮》可行於天下後世，昭然而可見矣。

柰何世至春秋，諸史皆去其籍，《周禮》之亡，十已喪其七八矣。繼而秦不師古，焚棄先王典籍，《周禮》之書，蕩然而無遺矣。秦固不足言也。自秦而下，言治者曰漢，曰唐，曰宋。然惜其雜伯雜夷，而不能純于王道，其于周官之法度，而概乎其未之聞也。

漢因秦罷侯置守，太尉主五兵，丞相總百揆之制而損益之。則以太師、太傅、太保爲上公，不常置。以丞相、御史大夫、太尉爲三公，驃騎、車騎爲比公，左右前後將軍爲上卿，太常至少府九寺爲正卿，執金吾至右扶風爲部卿，而有上中下大夫之制，中外朝之名。責任既繁，事亦多曠，比之周制，其果無可議乎？唐因隋五監十二衛十六府之制，而損益之。則以太尉、司徒、司空爲三公，以尚書、門下、中書、秘書、殿中、内侍爲六省，次太常至太府爲九寺，國子監至都水監爲五監，次左右衛以下爲十四衛，次左右率府以下爲十率府。其後又有員外、檢校之濫署，特置同正之冗員。官非本制，政亦多門，比之周制，又其果無可議乎？宋沿五代而略加更改，以侍中、中書令、同中書門下平章事爲宰相，復有參知政事爲之副。元豐以後，復加詳定。大概不出《唐六典》之典，亦未免於漢唐之可議者。此漢唐宋之所以止于漢唐宋，而不能比隆于唐虞三代之盛也。

天運循環，無往不復。我太祖高皇帝以聖神文武之資，聰明睿智之德，當海宇寧謐之日，天下甫定之時，即設官分職以爲民極。内而京師六卿分職，即周官六卿之制也；外而州郡大小相維，即周官率屬之意也。以至于農桑、學校之政，賞善罰惡之施，無一而非先王之良法美意。欽惟皇上，法祖宗之成憲，循制度之定規，一動一靜，宛乎其步趨；一言一行，儼乎其踐履，是所謂爲治之要者矣。舍祖宗成法之後，豈復有所謂爲治之要者哉？惟陛下法祖宗成憲以爲治，而無改於纖毫。故普天之下，民物阜康；率土之濱，休祥畢至。椎髻弁裳，化而爲冠服；際天極地，靡有不尊親。彼疆此域，無水土限隔之殊；服食趨向，無風氣異宜之尚。聯父門兄弟者，有以同其恩；聯師儒朋友者，有以同其義。道德之所以一，風俗之所以同，何莫而不由陛下法祖爲治之所致歟？尚奚待愚臣言哉。

然臣於終篇，顧有獻焉。人君一心，萬善之本，萬化之原也。先太祖高皇帝而聖如唐虞者，此心也；後唐虞而聖如太祖高皇帝者，此心也。陛下以聖繼聖，以神繼神，遠而足以跨越乎唐虞，近而足以紹述乎太祖高皇帝，非此心乎？陛下以是心而一道德，則人同此心，心同此理，而皆爲會極歸極之民，即《中庸》所謂「盡己之性，則能盡人之性」者也。以是心而同風俗，則四海一家，天下一人，而無有遠近不同之俗，即《中庸》所謂「今天下車同軌，書同文，行同倫」者也。尚何彼疆此垂衣拱手之治，端在于域之有限隔，服食趨向之有異宜也哉？臣願陛下始終此心，永保此治，可以四三皇，可以六五帝。今日矣，彼漢唐宋之因循陋習，尚奚足論哉？

臣愚不揆鄙陋，上塵聖覽，干冒天威，臣不勝悚懼之至。臣謹對。

（底本：《皇明歷科狀元全策》卷三）

一五　永樂十九年辛丑科　曾鶴齡

永樂十九年(一四二一)辛丑科，廷對之士二百零一人。狀元曾鶴齡，榜眼劉矩，探花裴綸。

曾鶴齡(一三八三—一四四一)，字延年，又字延之，號松坡，一號臞叟。江西吉安府泰和縣(今屬吉安市)人。狀元及第，年三十九，授翰林院修撰。歷侍讀，至侍講學士、奉訓大夫。與修《成祖實録》《仁宗實録》《宣宗實録》。正統六年三月，暴病卒，年五十九。著有《松臞集》。其孫曾追爲成化十四年(一四七八)探花，祖孫鼎甲，世所罕見。

曾鶴齡廷試策見《皇明歷科狀元全策》。

永樂十九年三月癸亥朔。丁丑，上御奉天殿，試禮部選中舉人陳中等，及前科未廷試舉人尹安，凡二百一人。制策曰：帝王之治天下，必有要道。粤自堯舜，至于文武，聖聖相傳。曰執中，曰建中，曰建極，千萬世帝王莫不守此以爲天下治。朕自涖祚以來，夙夜祇承，亦唯取法於唐虞三代，然而治效未臻其極者，何歟？意所謂中極之外，抑别有其説歟？且古今論治之盛者，於舜則曰「無爲」，於武王則曰「垂拱」。稽之於《書》，舜命九官十二牧，敬天勤民，制禮作樂，敷教明刑，皆有事焉，安在其無爲？武王大告武成之後，列爵分土，簡賢任能，修五教，舉三事，立信義，行官賞，亦有爲矣，安在其垂拱？朕今欲無爲垂拱而治，舍舜、武將何所取法歟？諸生講習先聖之道，所以考之於古而宜之於今者，必有其説。朕誠以爲非堯舜無以爲道，非文武無以爲法，非無爲垂拱不足以爲治。然所以求盡其道，求底其法，求臻其治者，亦尚有可得而言歟？其備陳之，無泛無略。朕將親覽焉。

（底本：《明太宗實録》卷二三五。參校本：《皇明進士登科考》卷三；《皇明貢舉考》卷三；《皇明歷科狀元全策》卷三）

臣對：臣聞善治天下者，必有其要；而欲得其要者，必法諸古。蓋古之所行，即道之所存；道之所存，即治之所在也。誠能法古以求道，所道以出治，則無爲垂拱之效，與古昔帝王爲一矣。粤稽諸古，聖莫聖於堯舜禹湯文武。而堯之授舜，舜之授禹，則曰「允執厥中」；仲虺之誥湯，則曰「建中於民」；箕子爲武王陳洪範，則曰「皇建其有極」。其立言雖殊，而爲傳心之要旨則同；其歷世雖異，而爲致治之要道則一。千萬世帝王之有天下者，豈能舍此以爲治哉？

欽惟皇帝陛下，尊臨大寶，撫御萬方，夙夜孜孜，惟法古道，上揆諸唐虞，次求諸三代，無一事不適於中，無一政不用其極，功成而治定，禮備而樂和，陶斯民于雍熙之域，納天下於太和之世。是取法於唐虞三代之治道者，已無所不至，而擬倫於唐虞三代之治效者，已無以復加矣。乃猶於萬幾之暇，進臣等於廷，降賜清問，而拳拳於治道之要，治效之由，俾臣等備陳說。此即帝堯之稽于有衆，帝舜之好察邇言，文王望道未見之心也。臣敢不精白一心，以對揚聖天子之美命乎？

臣竊「惟中」者，不偏不倚，無過不及之名。「極」者，至極之義，至善之名，中立而四方之所取正焉者也。「中」以心言，而執之建之者，必加「惟精惟一」之功；「極」以身言，而建之者，必有無偏無黨之行。「中」即「極」之所存，「極」即「中」之所發也。故能執中、建中，則心之所存者正，而天下之大本以立；能建極則身之所處者正，而天下之達道以行。心正於内，身正於外，大本立而達道行，則「中」以之而執，「極」以之而建，而治以之而臻矣。此皆陛下素所本諸身而兼盡之者也，徵諸民而神化之者也。臣不容復進他説，惟陛下終始此心，終始此道，則終始此治矣。

且夫古之帝王，總而言之，則唐虞三代爲至盛；要而求之，則虞舜周武爲益盛。稱舜之盛治曰「無爲」，稱武之盛治曰「垂拱」，古今之論皆要也。考之于《書》，舜于即位之後，即命禹平水土，稷教播稼，伯夷作秩宗，后夔教胄子，契敷五教，臯陶明五刑，益掌山澤，垂爲共工，龍作納言，以總治于内。又命十二牧以分治于外。是則上而敬天，下而勤民，制禮作樂以陶民心，敷教明刑以檢民性，可謂有爲矣。而稱其「無爲」者，蓋以其有爲于先，而後能無爲於後也。况舜以重華之德，紹帝堯之後。堯既巍巍乎其有成功，焕乎其有文章矣，而舜又得百揆四岳，九官十二牧之賢，相與協贊而循守之，此舜所以無爲，而惟恭己正南面而已也。武王于大誥武成之後，列爵爲公、侯、伯、子、男之五等，分土爲公、侯百里，伯七十里，子、男五十里之三等。建官惟賢，而不肖者不得以倖進；位事惟能，而不才者不得以苟容。重民五教，而使君臣、父子、夫婦、長幼，朋友之道無不修；惟食喪祭，而使養生、送死、追遠之事無不舉。立信義以勵天下之俗，行官賞以勸天下之善。是則武王可謂有爲矣，而稱其「垂拱」者，亦以其有爲于先，而後能垂拱於後也。况武王以亶聰明之資，承文王之後。文王既嘗修和有夏，而咸和萬民矣，而武王又得周公旦、召公奭、太公望之徒，相與夾輔而繼述之，此武王所以但垂衣拱手，而天下自治也。《詩》曰「不愆不忘，率由舊章」，其繼述之謂歟？孔子曰「舜有臣五人而天下治」，武王曰「予有治臣十人」，其用賢之謂歟？

陛下自臨御以來，一遵太祖高皇帝成憲，無纖毫之或改，無須臾之或怠，則如舜之紹堯，武之紹文，而繼志述事之道無不備矣。又屢求天下之賢才而登用之，無一善之不録，無一藝之或遺，則如舜之舉元凱，武之用周召，而修政立事之託有所歸矣。蓋上而法祖，下而用賢，二者兼盡，此無爲垂拱之治，所以無間於舜與武王也。所謂考于古而宜于今者，不在於此乎？雖然，其要固在於法祖用賢，而其本實在於陛下一心之誠，至誠而不動者，未之有也。苟存此心之誠而極其至，則建中建極以立其體者，誠之復也，法祖用賢以致其用者，誠之通也。誠之所存，其萬事之樞紐，萬善之根本乎？以言乎道，則惟此誠能盡乎堯舜之道，而天下萬世之用之者，莫能加；以言乎法，則惟此誠能底乎文武之法，而天下萬世之守之者，無或違；以言乎治，則惟此誠能臻乎無爲垂拱之治，而天下萬世聞而起者爲無窮。傳曰「唯天下至誠爲能化」，此之謂也。

臣不揣凡庸，敢陳愚見，惟陛下少垂睿覽。臣不勝怖懼之至。謹對。

（底本：《皇明歷科狀元全策》卷三）

一六　永樂二十二年甲辰科　邢寬

永樂二十二年(一四二四)甲辰科，廷對之士一百四十八人(據《永樂二十二年進士題名記》《欽定國子监志》《皇明貢舉考》)。狀元邢寬，榜眼梁禋，探花孫曰恭。

邢寬(？—一四五四)，字用大。南直隸廬州府無爲州(今安徽無爲縣)人。狀元及第，授翰林院修撰。與修《仁宗實録》，轉侍講。正統三年(一四三八)同考會試，尋引疾家居。正統十一年，召至復任。景泰三年(一四五二)，進侍講學士，署南京國子監事。景泰五年，卒于官。

邢寬廷試策見《皇明歷科狀元全策》。

永樂二十二年春三月丁丑朔，上御奉天門，試禮部選中舉人葉恩等百五十人。制策曰：朕惟聖帝明王之治天下，其大者在祀與戎。稽之方册，冬至祭天于圜丘，夏至祭地于方丘，又云合祀天地於南郊。分祭合祭，果有其説歟？《書》稱禋于六宗，《祭法》乃云七祀，而《曲禮》又稱五祀。其言之不同，何歟？古者，天子推其祖之所自出而祭之，謂之禘。夫既有禘，而又有所謂祫祭；禘祫之外，復有所謂禴祠烝嘗者，果何歟？郊社宗廟之禮，備著於經，其儀物制度尚可得而詳辨歟？兵始於黄帝，然周設六軍，因井田而制軍賦，其法可得而聞歟？管子作内政以寓軍令，抑有合於古否歟？漢置材官於郡國，京師有南北軍之屯；唐置府兵彍騎；宋置養兵，又有所謂廂兵禁兵，其制可得而論歟？粤自三代，以及漢唐宋之用兵，有譎有正，有逆有順，皆可指實而言歟？古之善用兵者莫如孫子，其言曰：「兵者，國之大事。必經之以五事。」又曰：「(法)[治]兵不知九變之術①，雖(之)[知]五利不能得人之用②。」此其言果何所本歟？曰五事，曰九變，曰五利，抑可得而悉數歟？朕自即位以來，於祀戎二者，未嘗不致其謹。然其言論之異同，制度之沿革，不可以不考。諸士子博古通今，將有資於世用，其詳陳之，毋泛毋略，[朕]將[親]覽焉③。

（底本：《明太宗實録》卷二六九。參校本：《皇明進士登科考》卷三；《皇明貢舉考》卷三；《皇明歷科狀元全策》卷二）

臣對：臣聞帝王之爲治，其事之大者，曰祀與戎而已。蓋祭祀所以禮百神，用兵所以威四海，二者實爲國之大事。然未能盡其道者，惟在乎一心之敬耳。夫敬者，一心之主宰。天下之事，又豈有舍敬而能盡其道者乎？《書》曰：「鬼神無常享，享於克誠。」曰：「有嚴有翼，共武之服。」以是有以見古之帝王，致謹於戎祀者，莫不以敬爲之主也。

洪惟陛下以神聖之資，文武之德，纘承太祖高皇帝之鴻業，繼志述事，一遵成憲，夙夜孜孜，勵精爲治。故俗化醇厚，萬邦咸寧，太平治效之盛，已見于今日矣。乃進臣等于廷，策以戎祀二事，拳拳焉欲究夫制度沿革異同之説。臣愚有以知聖心之敬，蓋無頃刻而不存者矣，敢不精白一心，以對揚清問乎？

臣聞《周禮·大司樂》以圜鐘爲宫，冬至祭天於圜丘，夏至祭地于方丘。祀天必以冬至日者，以其陽氣來復于上，天之始也。故宫用夾鐘于震之宫，以其帝出乎震也。而謂之圜鐘者，取其形以象天也。祭地必以夏至日者，以其陰氣潛萌於下，地之始也。故宫用林鐘于坤之宫，以其萬物致養乎坤也。而謂之函鐘者，取其容以象地也。郊祭天，社祭地，非分祭之明驗乎？分祭既有具義，而合祭亦豈無其説哉？夫合祭天地于南郊者，祭之于南，就陽位也。漢末引夫婦同室之義

① 「治」，據諸參校本改。

② 「知」，據諸參校本改。

③ 「朕」「親」二字，據諸參校本補。

而合祭之，先儒固雖有議，然禮以義起，而亦有所取焉。光武中興，采用元始故事，則漢之合祭可見。唐睿宗有事于南郊，玄宗亦于南郊以祀天地，則唐之合祭可知。至宋之世，將郊則首謁景靈宮，次太廟圜丘，皆合祭也。其有不合祭者，唯元豐六年一郊。元祐詔議北郊，蘇軾又主合祭之説，詔從其議。自時厥後，有事于圜丘，皆合祭也，則宋之祭亦又可考矣。

若夫禋於六宗者，理少牢於泰昭以祭時，相近于坎壇以祭寒暑，王宮祭日，夜明祭月，祭星於幽宗，祭水旱于雩宗，豈非《虞書》所謂「精意以享」者乎？既有六宗之祭，而祭法乃云七祀者，蓋周制王爲群姓立七祀，其一曰司命，其二曰中霤，三曰國門，四曰國行，五曰泰厲，六曰户，七曰竈是也。既有七祀，而《曲禮》又曰五祀者，即天子諸侯祭之歲徧，春祭户，夏祭灶，季夏祭中霤，秋祭門，冬祭行是也。

夫所謂禘祫者，宗廟之大祭也。謂之禘者，王者既立始祖之廟，又推始祖所自出之帝，祀之於始祖之廟，而始祖配之，故謂之禘。《喪服小記》所謂「不王不禘」是也。祫者，合也，以昭穆合食於太祖之廟也。時祭之祫，群主皆升，合食於太廟而毁，廟之主不與焉，《王制》所謂「祫禘、祫嘗、祫烝」是也。三年大祫，則毁廟未毁廟皆升而合食于太廟。《公》《穀》所謂「大祫」是也。然禘祫之外，復使所謂禴、祠、烝、嘗者，即《周官・大宗伯》「春享曰祠。祠者，告祠也。夏享曰禴。禴者，薄物也。秋享曰嘗。嘗者，薦新之義也。冬享曰烝。烝者，衆多之義也。」蓋春夏百物未成，而祠禴之禮簡，秋冬百物既成，故烝嘗之禮備，而《祭統》則曰「凡祭有四時，春祭曰礿，夏祭曰禘，秋祭曰嘗，冬祭曰烝。礿禘陽象也，嘗烝陰象也。」此四時享先王之祭，莫不各有其義焉。

至于儀物制度，「燔柴于泰壇，祭天也。瘞埋于太折，祭地也」。兆于南郊，就陽位也；制于北郊，即陰象也。掃地而祭于其質也，煎鹽之尚貴天產也。用陶匏以象天地之性，藉以藁秸而陋莞簟之安。用犢貴誠也，用騂尚赤也。醴酒之用而玄酒之尚，割刀之用而鸞刀之貴。大圭不琢，太羹不和，大路越席，犧尊布鼎。黼黻文繡之美，而疏布之尚，反女工之始也。丹漆雕鏤之美，而龍車之乘，尊其樸也。祭之日，王被衮以象天，載冕璪十有二旒，則天數也。旂十有二旒。龍車而設日月，以象天也。天垂象，聖人則之，郊所以明天道焉。

宗廟之制，天子七廟。三昭三穆，與太祖之廟而爲七，外一壇一墠，曰考廟，曰王考廟，曰皇考廟，曰顯考廟，曰祖考廟，皆月祭之。諸侯五廟，二昭二穆，與太祖之廟而爲五，外一壇一墠，曰考廟，曰王考廟，曰皇考廟，皆月祭之。其祭物也，牛曰一元大武，豕曰剛鬣，羊曰柔毛，豚曰腯肥，雞曰翰音，犬曰美獻，雉曰疏趾，兔曰明視，脯曰尹祭，槀魚曰商祭，鮮魚曰脡祭，水曰清滌，酒曰清酌，黍曰薌合，粱曰薌萁，稷曰明粢，稻曰嘉蔬，韭曰豐本，鹽曰鹹鹺，玉曰嘉玉，幣曰量幣。及其祭也，設其衣裳，衣其澣帛，陳其犧牲，薦其毛血，腥其俎，熟其肴，實其簠簋籩豆鉶美，列其琴瑟管磬鐘鼓，玄酒在室，醴醆在户，粢醍在堂，澄酒在下。鬱合秬鬯，臭陰達于淵泉，求諸陰也；蕭合黍稷，臭陽達于牆屋，求諸陽也。作其祝號，循其祝辭。祝以孝告，嘏以慈告，是謂大祥，此禮之大成焉。夫郊社之禮，宗廟之祭，著于經者如此。

然禦侮安民，又莫重之于兵焉。且兵昉于何時乎？自黄帝有蚩尤涿鹿之戰，而兵肇於此。厥後，周人立司馬之官，設六軍之衆，萬二千五百人爲軍。天子六軍，大國三軍，次國二軍，小國一軍。將皆命卿。二千五百人爲師，師帥皆中大夫。五百人爲旅，旅帥皆下大夫。百人爲卒，卒長皆上士。三十五人爲兩，兩司馬皆中士。五人爲伍，伍皆有長。其設施措置之宜，用兵立法之善，皆因井田而制，此軍賦也。夫地一里爲井，井十里爲通，通十里爲成，成方十里。成十爲終，終十爲同，同方百里。同十爲封，封十爲畿，畿方千里。有税以足食，賦以足兵。故四井爲邑，四邑爲丘。丘十六井也，有戎馬一疋、牛三頭。四丘爲甸，甸六十四井也，有戎馬四疋、兵車一乘、牛十二頭、甲士三人、步卒七十二人，干戈備具，是謂乘馬之法。且一同百里，提封萬井，除城池、園林、邑居等所，三千六百井，定出賦六千四百井，戎馬四百疋、兵車百乘。此卿大夫采地之大者也，是謂百乘之家。一封三百一十六里，提封十萬井，定出賦六萬四千井，戎馬四千疋，兵車千乘。此諸侯之大者也，是謂千乘之國。古者以田賦出兵者以此。其立法之善者，任地利以令貢賦，因暇日以講武事。故其平居也，則出入相友；其戰陣也，則死生相救。此成周之制，有非後世所能及也。

自夫管仲相桓公，霸諸侯，作内政以寓軍令，有軌、里、連、鄉之説。故五家爲軌，軌長率之。四里爲連，故二百人爲卒，連長率之。十連爲鄉，故二千人爲旅，鄉良人率之。五鄉一師，故萬人爲軍，五鄉之帥率之。其内政以寓軍令者以此。而其立法之未善者，以國中之士爲兵，鄙野之民爲農，兵不識耒耜之勤，農不識干戈之事，先王寓兵于農之意，于斯亡矣，豈能合於成周之制哉！

漢興，承秦之制，賦兵以丁而不以田。自其二十二爲正卒，五十六爲退卒。一歲爲衛士，一歲爲材官。材官置于郡國，而京師有南、北軍之屯。南軍則主守衛王宫，而衛宫衛尉主之；北軍則主巡綽京城，而護京中尉主之。南軍則有郎衛、兵衛之别，如三署諸郎、羽林、期門，則皆郎衛也；如衛士令丞諸屯衛使，則皆兵衛也。是衛也，非南軍守宫之衛矣？北軍則有調兵、募兵之分，如三輔兵卒，則是調兵而衛；如八校、胡騎、越騎，則是募兵而衛。是衛也，非北軍護京之衛乎？終高祖之世，南北二軍不出，而民兵散郡國，有事則以羽檄召材官，騎士以備軍旅，事已乃罷。武帝時，南北軍皆郡國、番土無定在之兵。其後，兵革數動，調用不足。于是七科謫，而郡國之兵制壞矣。昭宣以來，其弊日甚。東漢來後兵制蕩然。

唐有天下三百年，而兵制凡三變。其初立府兵之法，一寓于農，教養動息，皆有節目。雖未能盡合古制，而頗得其遺意焉。凡天下十道，置府六百三十四，皆名號在關中者二百六十有一，皆以頴諸衛。凡府三等，兵千二百人爲上，千人爲中，八百人爲下。能騎而射者爲越騎，其餘爲步兵。其甲冑戎具藏於府庫，征行則視其數給之，命將統之。而出事已則班師，兵散於府，將歸於朝矣。故士卒無聚食之費，將帥無握兵之柄矣；三時務農，一時講武，無坐食也；籍藏將府，伍散田畝，無列屯也；此故有便于國。其後，張説募彍騎以爲長從宿衛之兵，李林甫又募長徵兵以息山東之役，遂至折衝諸府，無兵可調，而武備遂弛。所謂一變而爲彍騎，再變而爲方鎮，而府兵之法壞矣。尚何敢望前人立制之善哉？

宋懲五代之弊，而明養兵之法，審安危之機，而権内外之勢。置精兵二十萬，屯十萬於京師以制外變，屯十萬於外郡以制内患。其後，召募强悍之徒，使之守禦攻戰，奮發勇鋭强力之氣，足以犯堅冒刃。爲兵者雖征伐勞苦，然衣食給足，得以終其身；爲民者雖供給繁重，然室家胥慶，得以保妻子，此養兵之法也。若夫州縣精兵，萃之京師，而其餘者布于州郡，以備戰衛，此之謂禁軍。凡役使營繕，不調于民，皆兵役之，此之謂廂軍。熙寧中，取廂軍之壯者而教之，留之在城，免其難役，此之謂禁廂軍。皆隸于殿前、馬步二司，處則衛鎮，出則更戍。其制度雖善，論者謂不若唐府兵之制矣。

夫三代漢唐宋之兵制，著于史者於此。然論其用兵之道，則假仁義尚詐力者譎也，應天命順人心者正也。潛圖不軌，陰致禍亂者，非逆乎？奉辭伐罪，折衝禦侮者，非順乎？是則載之簡册，而其譎正逆順有可得而考見矣。

至於用兵之善，莫若孫子。故其言曰：「兵者，國之大事，必經之以五事。五事者，一曰道，二曰天，三曰地，四曰將，五曰法。夫道者，令民與上下同意，故可以與之死生而不畏危也。天者，陰陽、寒暑之時也。地者，遠近、險易、廣狹也。將者，智、信、勇、嚴也。法者，曲制、官道、主用也。凡此五者，知之者勝敵，不知者不勝也。」又曰：「治兵不知九變之術，雖知五利，不能得人之用。九變者，一曰圮地無舍，二曰衢地交合，三曰絶地無留，四曰圍地則謀，五曰死地則戰，六曰途有所由，七曰軍有所不擊，八曰城有所不攻，九曰地有所不争是也。」五利者，即九變中所謂「途有所不由，軍有所不擊，城有所不攻，地有所不争，與夫君命有所不受」者是也。苟知五利而不知九變之術，又安能得人以爲之用哉？

夫祭祀、兵戎之制，臣既略陳其概矣。然惟陛下克盡其道焉。蓋陛下自即位以來，夙夜惟寅，誠一無間，所以致敬於郊廟也；嚴恭寅畏，罔不祗肅，所以致謹于百神也，此非帝舜「精意以享」之謂乎？至于兵政，則内有五軍，外設諸衛，統兵有定制也。講武有時，屯田有所，訓兵有定法也。以至凶殘之必取，天討之必加也。此非湯、武仁義之師乎？是皆陛下行之有素而得其效矣。然而，聖問猶惓惓及於此者，豈非治已極而猶恐其未至，德已盛而猶以爲未足？臣愚不敢以他言進，願陛下始終以是敬存心。若四時之運行，元氣之流通，無一時之不在，無一事之不謹，如帝堯之欽明文思也，帝舜之温恭允塞也，成湯之聖敬日躋也，文王之緝熙敬止也。則天人和同，宗廟尊安，以開萬世之太平，以行萬年之福慶者，誠在于此。故曰敬者，聖學之所以成始而成終者也。

臣謭陋荒踈，學不足以通古今，才不足以資世用，謹效涓埃，陳其萬一，伏願陛下察臣愚衷，少垂採擇焉。干冒天威，不勝戰栗之至。臣謹對。

（底本：《皇明歷科狀元全策》卷三）

一七　宣德二年丁未科　馬愉

宣德二年(一四二七)丁未科，廷對之士一百零一人，狀元馬愉，榜眼杜寧，探花謝璉。明初會試中式者，南方士子居多。仁宗嘗與侍臣議定南北中三卷以取士，及宣宗即嗣位，遂奏准行之。

馬愉(一三九五—一四四七)，字性和，號澹軒。山東青州府臨朐縣(今屬濰坊市)人。狀元及第，年三十三，授翰林院修撰。正統五年(一四四〇)，入閣預機務。正統十年，進禮部右侍郎兼侍講學士。正統十二年，卒于官，年五十三。贈翰林院學士、資善大夫、禮部尚書，賜謚「襄敏」，史稱「贈官兼職，自愉始」。所著詩文後人結集爲《澹軒文集》(又稱《馬學士文集》)。《明史》有傳。

馬愉廷試策見《皇明歷科狀元全策》。

宣德二年三月己丑朔，上御奉天門策試舉人趙鼎等，制曰：朕惟禮樂之道，原于天地，具于人心，所以治天下國家之大器也。蓋以和神人，以辨上下，以厚俗化，皆由于斯。故聖帝明王，咸所重焉。我國家自太祖皇帝，暨我皇祖皇考，聖聖相承，功成治定，法古立制，極于盛矣。爰及朕躬，獲承鴻緒，永惟海宇之廣，生齒之繁，化理之方，躬行爲要。肆夙夜飭勵，恭己思道，罔敢怠寧。諸生學古有年，究于治理。夫合父子之親，明長幼之序，以敬四海之内①；而兵革不試，五刑不用，

---

① 「敬」，《皇明歷科狀元全策》作「教」。

百姓無患，此盛治之至也①。爰始行之，其事何先？樂由中出，禮自外作，近世大儒，又謂其本皆出于一。夫欲安上治民，移風易俗，不考其本，何以施之？知禮樂之情能作，識禮樂之文能述，稽諸往古，疇其當之。昔者聖人制作之盛，極于虞周，況以伯夷、后夔、周公爲之輔，仲尼定萬世之制，何獨取其《韶》冕歟？夫禮樂之效，致人心之感，則道德一而風俗同；致和氣之應，則膏露降而醴泉出。器車、馬圖、鳳凰、麒麟之物畢至，亦理之所必臻歟？朕虚己圖治，冀聞至理，其悉陳之，將親擇焉②。

（底本：《明英宗實録》卷二六。參校本：《皇明進士登科考》卷四；《皇明貢舉考》卷三；《皇明歷科狀元全策》卷二）

臣對：臣聞禮樂之本原，肇乎造化之理；禮樂之制作，本乎聖人之心。蓋聖人之心，即造化之理也。聖人以一心之禮樂達于政教，以格神人，以參天地，由是而臻寸至治，四海熙洽，諸福之物，莫不畢至焉。考之堯舜禹湯文武，所以致太和之盛者，莫不出乎此，豈非治天下國家之大器，而帝王之所重歟？

洪惟天朝太祖高皇帝，龍飛江左，統一寰宇；掃胡元之陋俗，明先王之政教，功成治定，制禮作樂，規模弘遠矣。逮夫太宗文皇帝，以不世出之資，肅清内難，奠安宗廟，萬幾之暇，表章六經，制作之備，光前裕後。仁宗昭皇帝，重華協帝，丕闡鴻猷，以道德爲本，以禮樂爲輔，仁心仁聞，洋溢四海。蓋三聖一心，皆所以爲生民立命，爲萬世開太平，猗歟盛哉！欽惟皇帝陛下，以至聖之德，統紹鴻圖，秉奉天子民之誠，隆繼志述事之孝，治已臻矣，而猶以爲未臻；道已至矣，而猶以爲未至。故又進臣等于廷，以禮樂賜問。且曰：「爰始行之，其事何先？」又曰：「不考其本，何以施之？」臣有以知陛下是心，

① 「至」，諸參校本作「致」。

② 「擇」，《皇明進士登科考》《皇明貢舉考》作「覽」。

即古帝王兢兢業業，不自滿假之心，稽于有衆詢于蒭蕘之意也。臣雖愚昧，敢不拜手稽首，以對揚聖天子之明命？

臣聞鴻濛肇開，而禮樂之理已具；陰陽既判，而禮樂之用遂行。故曰天高地下，萬物散殊，而禮制行矣；流而不息，合同而化，而樂興焉。聖人因上天下澤之理，制禮以辨上下定民志；因雷出地奮之理，作樂薦之上帝以配祖考。夫豈有所勉强而爲之也哉？蓋其一心之和，即天地之和；一心之節，即天地之節。由是達之于政教，用之于國家天下，是所謂禮樂也。然樂者爲同，禮者爲異；同則相親，異則相敬，禮樂之在天下豈可一日缺乎？聖人以是而齊家，則父子之親合，長幼之序明，而家齊矣；以是而治國平天下，則親吾親以及人之親，長吾長以及人之長。人人親其親長其長，而國家治天下平矣。于是暴民不作，諸侯賓服，而兵革不試，五刑不用，百姓無患矣。蓋禮之本立而人心得其序，則樂之效達而人心得其和也。爰始行之，皆本之人君躬行心得之餘，又豈待求之民生日用彝倫之外哉？

若夫欣喜歡愛之和出于中，進退周旋之序著于外，是故禮樂之出，雖有内外之分，而和敬之實，皆本乎人心之誠。蓋先儒朱熹有曰：「禮之誠即樂之本也，樂之本即禮之誠也。」聖人所以安上治民，所以移風易俗，以一心之和敬，感天下之和敬，要皆出于誠而已，又豈假乎器數儀文之末哉？

考之于古，如黄帝堯舜之造律吕垂衣裳，禹湯文武之不相沿襲，知禮樂之情者也；若季札觀樂而各有所論，識禮樂之文者也。周公經制，盡取先代之禮樂而參用之，兼聖明之作述也。吾夫子述而不作，有其德而無其位故也。然聖人酬酢斯世，因時制宜，質文異尚，損益不同，求其制作之備，莫盛虞周。觀其修五禮之文，著三禮之目，八音克諧而神人以和，《簫韶》九成而鳳凰來儀，與夫六官六禮之講晝，六樂九夏之並作，大而宗廟朝廷，小而民生日用，纖悉曲折，靡不備具，誠以大舜、文、武、成王爲之君，伯夷、后夔、周公爲之臣也。周衰，聖王不作，禮樂廢壞。仲尼生于其時，未嘗一日而忘天下，故因顔淵爲邦之問，而獨有取于《韶》冕者。以舜紹堯致治，揖遜而有天下，《韶》盡美而盡善。三代之禮，至周始備，冕爲文而得中。蓋斟酌先王禮樂，發此以爲之兆，而其餘則皆可考也。向使孔顔得位，則春秋之世，可挽而爲帝王之朝；問答之辭，可易而爲賡歌之咏。禮樂之用，又豈特《韶》冕而已哉！

至于致人心之感，和氣之應，皆禮樂之功効也。以人心之感而言，君臣上下，莫不和敬；父子兄弟，莫不和親；長幼朋友，莫不和順，則道德一而風俗同矣。以和氣之應而言，天不愛道而有膏露之降，地不愛寶而有醴泉之出，以至山岳效靈而器車成，河洛呈神而馬圖見，鳳凰麒麟皆在郊藪，而諸福之物，可致之祥，莫不畢至。此又禮樂之神功，聖人之能事，皆其理之所必臻者矣。聖人所以參贊天地，役使群動，宰制萬物，統合天人，皆自一心之微而達之也。

恭惟陛下，心識乎情文之備，身任乎制作之隆，陶人心而歸諸禮，淑人心而歸于樂，際天極地，焕乎文德之誕敷，燦然禮樂之宣布。天地以位，萬物以育，至和之氣，發爲嘉祥。自生民以來，未有盛于今日者。斯皆陛下一心中和之德以致之也，尚何詢于愚臣哉？然臣既以禮樂爲陛下陳之矣，而于終篇竊有獻焉。伏願陛下始終此心，始終此治，始終此禮樂之道，功光祖宗，德合天地，以隆億萬斯年無疆之太平，則斯民幸甚，天下幸甚，萬世幸甚！

臣誠鄙陋，不足以奉大對，敢以是干冒天聽，臣不勝戰懼之至。臣謹對。

（底本：《皇明歷科狀元全策》卷三）

一八　宣德五年庚戌科　林震

宣德五年（一四三〇）庚戌科，廷對之士一百人，狀元林震，榜眼龔錡，探花林文。

林震（一三八八—一四四八），字起龍。福建漳州府長樂縣（今福州市）人。狀元及第，年四十三，授翰林院修撰。正統二年（一四三七），稱疾告歸，以文章自娱。正統十三年卒于家，年六十一。

林震廷試策見《宣德五年進士登科録》及《皇明歷科狀元全策》。天一閣藏是年《登科録》有漫漶處，今以《皇明歷科狀元全策》配補，不一一出校。

宣德五年三月辛丑朔。乙卯，上御奉天門，策試舉人陳詔等一百人。制曰：朕奉天命嗣祖宗大位，期與天下咸躋雍熙。惟帝王之政，必有其要，舜紹堯治，申命稷契；夏商周迭興，授田建學，稽古可見矣。我太祖高皇帝，肇造鴻業；太宗文皇帝，中興邦家；仁宗昭皇帝，恭己守成，孜孜愛人。三聖一心，重農事，崇學校，其法精備。朕恪謹繼述，于兹有年，然猶田里未皆給足，風俗未底刑措。謂愛民若保赤子也，未嘗不致其誠；德化本於躬行也，未嘗不慎諸（子）［己］①；爲政存乎用人也，牧守之吏，師表之職，未嘗不擇，何其效之未臻歟？抑別有其道歟？朕勵精圖理，諸生體用之學，講明有素，其有可以行者，舉要以對，務歸中正，將親覽焉。

① 「己」，據諸參校本改。

（底本：《明英宗實録》卷六四。參校本：《宣德五年進士登科録》，影印明宣德刻本，天一閣選刊；《皇明進士登科考》卷四；《皇明貢舉考》卷三；《皇明歷科狀元全策》卷三）

臣對：臣聞致治之道，（以）［必］以教養爲先①，而教養之道，當以得人爲要。蓋農桑所以養民，學校所以教民。是二者，衣食之本，風化之源，而君人者不可不以此爲先務也。昔孔子之論治道曰：「既富矣，而必曰教之。」孟子之論三政，必以均田制、興學校而爲説者，夫豈無徵之空言哉？然非得人亦無以行之，故又曰：「爲政在人焉。」

洪惟太祖高皇帝，肇造鴻業；太宗文皇帝，中興家邦；仁宗昭皇帝，恭己守成。三聖相繼，實同一心。其重農事而田制有等則之均，崇教化而内外有學校之建。方今皇上嗣登寶位，勵精圖理，乃進臣等于廷，降賜清問，遠舉唐虞三代教養之道，近述祖宗列聖勤民之政，且自期以咸躋雍熙，而恪謹繼述。臣有以知皇上是心，即祖宗列聖之心也，即堯舜禹湯文武之心也。臣雖愚陋，敢不精白一心，以對揚聖天子之休命乎？

臣聞自古帝王爲治之道，不越乎教養而已。養所以厚民之生，教所以成民之性，二者兼舉而治道備矣。故堯自唐侯特起爲帝，其致治之道，固非一端也，而必先命稷、契以任教養之職焉。舜以重華紹堯致治，其仁民之政，亦非一事也，而必申命稷、契，播時百穀，敬敷五教焉。是以唐虞之時，家給人足，而比屋可封，厥有由矣。迨夫夏商周之迭興，其養民則有田産之制焉，其教民則有學校之政焉。《傳》所謂夏后氏五十而貢，殷人七十而助，周人百畝而徹。制雖不同，其實皆什一者，無非所以養乎民也。所謂夏曰校，殷曰序，周曰庠，學則三代共之。名雖不一，而皆以明人倫者，無非所以教乎民

① 「必」，據諸參校本改。

也，是以三代之時，治隆俗美，人人有士君子之行者，抑豈無所本哉？然是道也。

我國家列聖相承，六十餘年之間，天下太平，四海寧謐，出作入息，怡然於飽食暖衣之餘；父慈子孝，蔚然於禮樂教化之内。其治效之隆固，已方駕唐虞而超軼三代矣。迨至皇上，宵旰孜孜，於教養之務，尤加之意焉。故愛民若保赤子，則心之愛者誠矣，而田里未皆給足；教化本於躬行，則謹諸己者至矣，而風俗未底刑措。此非皇上之心有所未盡也，殆必承流宣化，職任師儒者之未盡得其人也。蓋知人之實，自古爲難。皇上於任人雖未嘗不審，然論篤者未免爲色莊，静言者每至於庸違，才優於趙魏老者，又不可以爲滕薛大夫也。然而，皇上誠能精擇吏部之官，而公行銓選之法，慎簡風憲之任，而務盡考察之實，使郡守、縣令皆如龔、黄、卓、魯之輩，則户口增，田野闢，而烝民莫不粒食矣，何患田里之未皆給足乎？職任學校者，皆如胡瑗之教蘇湖，則教化行，善人多，而風俗莫不丕變矣，何患天下之未底刑措乎？

臣草茅賤士，於明體適用之學講之未至，皇上所以策臣者，欲舉其要而可以行者，臣故敢昧死以得人爲要之説，爲皇上陳之也。伏願皇上垂仁采納，特加寬宥。臣不勝戰慄。臣謹對。

（底本：《宣德五年進士登科録》。參校本：《皇明歷科狀元全策》卷三）

一九　宣德八年癸丑科　曹鼐

宣德八年（一四三三）癸丑科，廷對之士九十九人，狀元曹鼐，榜眼趙恢，探花鍾復。

曹鼐（一四〇二—一四四九），字萬鍾。北直隸真定府寧晉縣（今屬河北邢臺市）人。狀元及第，年三十二，授翰林院修撰。正統元年（一四三六），以楊士奇薦，充經筵講官。正統三年，與修《宣宗實録》成，進侍講。正統五年，入文淵閣典機務。正統十年，進吏部左侍郎兼翰林學士。正統十四年，隨英宗親征，遭土木堡之變，戰死軍中。景帝繼位，贈少傅、吏部尚書、文淵閣大學士，謚「文襄」。英宗復位，加贈太傅，改謚「文忠」。《明史》有傳。

曹鼐廷試策見《宣德八年進士登科録》及《皇明歷科狀元全策》。《宣德八年進士登科録》國家圖書館藏本策問、策對均缺失，天一閣藏本漫漶較嚴重，今以《皇明歷科狀元全策》爲底本，並參《宣德八年進士登科録》釐定。

宣德八年三月甲寅朔，上御奉天門，策禮部舉人劉哲等九十九人。制曰：天啓文治之祥，伏羲之王也，河出馬圖而八卦作；夏禹之興也，洛出龜書而九疇叙。其理一原於天，而會於聖人之心。故以前民用以建皇極，萬世允賴焉。夫一原於天也，而圖與書何以不同具於聖人之心矣，何必卦因圖而作，疇因書而叙？説者又謂《洛書》可以爲《易》，《河圖》亦可以爲《範》。《易》《範》之興，果何所則？易至文王、周公、孔子，《範》至箕子，而後益明且備。夫伏羲與禹之聖作之，何以猶未及備？宋周子作《太極圖》《通書》，所以發大《易》之藴也，其要義安在？邵子推先天後天以明義文之《易》也，其異旨何適？大抵言天者莫深於易，而必徵於人；言治者莫詳於範，而一本於天。朕潛心往聖，究惟至道，誠志乎文治之興也。

諸生講明有素，其敷陳於篇，將親擇焉。

（底本：《明英宗實録》卷一〇〇。參校本：《皇明進士登科考》卷四；《皇明貢舉考》卷三；《皇明歷科狀元全策》卷三）

臣對：臣聞聖人之治本于道，聖人之道著于經。蓋治本于道，而道之原出于天；道著于經，而經之要會于心。是天者理之所出，而心者理之所具也。聖人體此理而作經以垂世，賢人明此理而著書以教人，無非出于天之所畀，心之所具也。

欽惟皇帝陛下，稟聰明睿智之資，全聖神文武之德，膺太平之昌曆，啓文明之景運，道躋皇極，蓋已至矣，而猶以爲未至；治底雍熙，蓋已盛矣，而猶以爲未盛。萬幾之暇，又進臣等于廷，俯賜清問，且舉古昔聖賢作經立教之事，又以「潛心往聖，究惟至道」爲言①，臣有以知陛下體道謙沖之（聖）［盛］心②，即古帝王兢兢業業，望道未見之誠，稽于有衆，詢于芻蕘之意也。臣雖愚昧，敢不精白一心，拜手稽首，以對揚聖天子之明命乎？

臣聞天人之理一而已。厥初，聖人未生，道在天地；聖人既生，道在聖人。聖人身斯道者也，［出］而爲天人之主③。故天必畀之道，使繼天立極，所以啓夫文治之祥焉。是故上古伏羲氏之王天下也，以道化民，故天不愛道，龍馬負圖而出于河。其天一地二，天三地四，天五地六，天七地八，天九地十，爲數五十有五，自然之數也。帝堯之世，洪水横流，使禹治之，厥功告成，故天彰其績，神龜負文而呈于洛。其戴九履一，左三右七，二四爲肩，六八爲足，及中之五，爲數四十有五，自然之文也。伏羲則《河圖》者虚其中，夏禹則《洛書》者總其實。《河圖》之虚，五與十者，太極也。奇數二十，偶數二十者，兩儀也。以一二三四爲六七八九者，四象也。析四方之合，以爲乾、坤、離、坎，補四隅之空，以爲震、兑、巽、艮者，八卦

① 「究惟」，原作「惟究」，據《宣德八年進士登科録》乙正。 ② 「盛」，據《宣德八年進士登科録》改。 ③ 「出」，據《宣德八年進士登科録》補。

也。《洛書》之實，其一爲五行，其二爲五事，其三爲八政，其四爲五紀，其五爲皇極，其六爲三德，其七爲稽疑，其八爲庶徵，其九爲福極。聖人之所取則者，各有攸當矣。

蓋《河圖》《洛書》，未嘗不同。《洛書》而虛其中五，則亦太極也。奇偶各居二十，則亦兩儀也。一二三四而含九八七六，縱横十五，而互爲七八九六，則亦四象也。四方之正，以爲乾、坤、離、坎；四隅之偏，以爲兑、震、巽、艮，則亦八卦也。《河圖》之一六爲水，二七爲火，三八爲木，四九爲金，五十爲土，則固《洪範》之五行。而五十五者，又九疇之子目也。惟其理一原於天，故《洛書》可以爲《易》，而《河圖》亦可以爲《範》。惟理具于聖人之心，故伏羲但據《河圖》以作《易》，不必預見《洛書》而已，逆與之合。夏禹但據《洛書》以作《範》，不必追考《河圖》而已，暗與之符。其所以然者何哉？誠以此理之外，無復他理故也。伏羲畫卦，未有文字，至文王爲彖辭，周公爲爻辭，孔子爲十翼，而後《易》之理益明。夏禹叙疇，特第其綱，至武王訪道于箕子，而箕子推衍增益之，而後《範》之旨大備。蓋文王、周、孔、箕子[之《易》《範》]，非羲、禹無所本；羲、禹之卦疇，非文王、周、孔、箕子」無所傳①，凡所以發明斯道以前民用，以建皇極，以垂之萬世者，同一心也。

下迨于宋，五星聚奎，文風大振。當時擬聖而作者，若濂溪周子，以光風霽月之心，默契道體之妙，而《太極圖》《通書》作焉，無非以發明大《易》之蕴也。《圖》曰：「聖人定之以中正仁義，而主静立人極焉。」《書》曰：「誠者，聖人之本。聖人之道，仁義中正而已矣。」其要義之所在乎？康節邵子以天挺人豪之才，(祠)[洞]明象數之奥②，而先天後天之旨推焉，無非以發明羲文之《易》也。蓋先天者伏羲之所畫，乃自然之數；後天者文王之所演，乃實用之位③。伏羲之《易》，惟一[具]圖以寓其象數④，而天地萬物之理，陰陽始終之變具焉。文王之《易》，即今《周易》，孔子所爲作傳者也。必欲知聖人作《易》

① 「之《易》《範》」至「箕子」二十一字，據《宣德八年進士登科録》補。 ② 「洞」，據《宣德八年進士登科録》改。 ③ 「實」，《宣德八年進士登科録》作「入」。 ④ 「具」，據《宣德八年進士登科録》補。

之本，則當考伏羲之圖。欲知今日《易》書文義，則但求文王之經，孔子之傳。二者不可相雜，此其旨之異也。然皆天理人事之所寓，亦不可以相無也。大抵道原於天，而《易》之爲書，廣大悉備，凡六十四卦，三百八十四爻，無非示人開物成務之道，趨吉避凶之方也。治本於道，而《洪範》一篇，綱舉目詳。一二三四，皆經常之疇，法天以治乎人者也；六七八九，皆權變之疇，即人以驗諸天者也。而五「皇極」一疇，則履常制變之主，與天爲徒爲民之則。

伏惟皇帝陛下，心伏羲、大禹、文王、周、孔之心，道伏羲、大禹、文王、周、孔之道，神以知來，知以藏往，無非大《易》之妙；斂時五福，錫厥庶民，無非皇極之建。故九州四海，焕乎文德之誕敷，昭乎教化之宣明，而林林總總之衆，皆鼓舞于鳶飛魚躍之天，謳歌于鳳儀獸舞之治。是皆陛下體道之至，致理之隆也，尚何俟於愚臣之言哉？

然臣願終篇有獻焉。臣聞《乾》之象曰：「天行健，君子以自强不息。」夫天包含偏覆，生育萬物，而運行一日一周，至健不息者也。今陛下居天之位，弘天之德，法天之行，剛健不息，于以紹神功于往聖，于以開太平于萬年，天下幸甚，生民幸甚！

臣學術膚淺，不足以奉大對，敢以是干冒天聰。臣不勝戰慄之至。臣謹對。

（底本：《皇明歷科狀元全策》卷三。參校本：《宣德八年進士登科録》，影印明宣德刻本，天一閣選刊）

二〇　正統元年丙辰科　周旋

正統元年（一四三六）丙辰科，廷對之士一百人，狀元周旋，榜眼陳文，探花劉定之。

周旋（一三九七—一四五四），字中規，號畏庵。浙江温州府永嘉縣（今温州市）人。宣德十年鄉試解元。廷試第一，授翰林院修撰。九載績最，陞侍講。進左春坊左庶子，充經筵講官。景泰五年正月，遽卒，年五十八。有《畏庵集》（《明史·藝文志》作《周旋文集》）十卷行世。

周旋廷試策見《正統元年進士登科録》《畏庵集》及《皇明歷科狀元全策》。

正統元年三月丁卯朔，上御正朝，策會試舉人劉定之等一百人，制曰：自古帝王肇建國家，圖惟寧永，必有典則以貽子孫。考之禹湯文武，概可見矣。繼統之君，率由典常。令聞長世，若夏之啓，商之中宗、高宗、祖甲，周之成康，蓋表表者也。其所以保盈成之，運隆太平之績者，尚可徵歟？漢高帝有天下，次律令，制禮儀，定章程，修軍法，史稱其規摹弘遠矣。傳至文景，海内（黎）［富］庶①，黎民醇厚，幾致刑措，三代而下所僅有也。董仲舒對武帝，乃謂「更化則可善治」，何歟？當時用其言，果能比隆於古歟？朕欽承大統，仰惟祖宗成憲，即堯舜禹湯文武之道，肆夙夜祗率，期與斯民同躋雍熙。顧行之必有其序，諸生學宗孔孟，明於王道，其詳著于篇，朕將親覽焉。

① 「富」，據諸參校本改。

（底本：《明英宗實録》卷一五。參校本：《畏庵集》，明成化刻本，國家圖書館藏；《皇明進士登科考》卷五；《皇明貢舉考》卷三；《皇明歷科狀元全策》卷四）

臣對：臣聞治本乎道，道本乎敬。非道不足以爲治，非敬不足以爲道。有志帝王之治，不可不求其道；有志帝王之道，不可不主乎敬。人主所以創業垂統於前者，此敬也；所以持盈守成於後者，此敬也。禮樂教化，莫非此敬之發；典章文物，莫非此敬之著；家齊國治天下平，莫非此敬之推。敬乎，敬乎，其所以隆國家之治化，開萬世之太平，亘古今而不可易者乎！

欽惟皇上，以聖神文武之資，爲繼體守成之主，遠宗二帝三王之道，近守祖宗列聖之法。曩在東宫，仁孝之德，已聞於天下。迨夫嗣大歷服，不邇聲色，不事遊畋，凡耳目之娱，營繕之事，悉皆罷去，與民休息。經籍史傳，日接于前，數進儒臣，講明古今帝王保國安民之要道，祖宗列聖垂憲裕後之成規。德已盛而恒若未盛，治已隆而恒若未隆，臣愚有以知皇上真大有爲之君也。兹又進臣等於廷，而策以古今帝王創業守成之道，臣草茅賤士，何敢上揆淵衷。雖然，敢不對揚明命乎？

伏讀聖策曰：「自古帝王肇建國家，圖惟寧永，必有典則，以貽子孫。考之禹湯文武，概可見矣。繼統之君，率由典常，令聞長世，若夏之啓，商之中宗、高宗、祖甲，周之成、康，蓋表表者也。其所以保盈成之運，隆太平之績者，尚可徵歟？」臣竊惟「民惟邦本」之訓，「三風十愆」之戒，此禹湯之典則也。禹湯何獨以此而貽子孫乎？蓋大禹祇台德先，惟日孜孜；成湯聖敬日躋，慄慄危懼。是禹湯之心，未嘗斯須間乎敬也。禹湯之心常在乎敬，故知民可近不可下，臨之若朽索之馭六馬；戒慆淫而絶匪彝，履之若將隕于深淵。故其典則之貽，必先於此也。丕顯文謨，丕承武烈，此文武之典則也。文武亦何獨以此而啓後人乎？蓋文王緝熙敬止，純亦不已；武王受戒丹書，細行亦謹。是文武之心，未嘗頃刻替乎敬也。文武之心常存乎敬，故示之敬忌，俾知所以裕乎民；垂以六典，俾知所以治天下。故其典則之貽，不外乎此也。

夫自古帝王肇建國家，圖惟寧永者，一皆在乎敬。繼世之君，率由典常，令聞長世者，又豈外於敬哉？若夏則啓賢能，敬承禹之道，故有室大競而餘四百年也。商則中宗嚴恭寅畏，高宗恭默思道，祖甲保惠惟民，故殷邦嘉靖而延六百祀也。周則丕顯成康，斤斤其明，率循大卞，燮和天下，而享國又最久長也。此皆所謂表表然者，其所以保盈成之運，隆太平之績，庸非此心之敬爲之主宰歟？

聖策又曰：「漢高帝有天下，次律令，制禮儀，定章程，修軍法，規模弘遠矣。傳至文景，海内富庶，黎民醇厚，幾致刑措，三代而下所僅有也。董仲舒對武帝，乃謂『更化則可善治』，何歟？當時用其言，果能比隆於古歟？」臣竊惟漢高帝之有天下也，其臣蕭何次律令，叔孫通制禮儀，張蒼定章程，韓信修軍法，規模可謂弘遠，宜如史氏之所稱矣。然高帝雖曰天資寬仁，而不能無偏。又政承秦弊，用非真儒，其典章不免於雜伯，禮文徒竊其糠粃，又豈可與禹湯文武之典則儷美哉？傳至孝文孝景，能以恭儉相承，海内富庶，黎民醇厚，幾致刑措，三代而下所僅有也。然一則賈生有對而謙讓未遑，一則天資刻薄而晁錯見殺，又豈可與夏啓、商宗、成康比倫哉？若夫孝武窮兵黷武，外事四夷，海内多事，財耗民罷，故董仲舒以王佐之才，對天人之策，則有「臨政願治，不如退而更化，更化則可善治」之言。蓋欲武帝上法古之帝王，敬天勤民之政，而革去窮兵黷武之非，則治可善矣。使當時能用其言，必將禁絶多慾之心，躬行仁義之實，則言行政事，皆可師法，漢將不止於漢，而可比隆於古矣。故先儒程頤曰：「三代之治決可復者，蓋以此也。」由是觀之，漢之治所以不古若者，正以創業守成之君，於古帝王敬以存心出治之道，有所未至也。

聖策又曰：「朕承大統，仰惟祖宗成憲，即堯舜禹湯文武之道，肆夙夜祗率，期與斯民同躋雍熙。顧行之必有其序，諸生學宗孔孟，明於王道，其詳著于篇，朕將親覽焉。」臣觀夫「夙夜祗率」一語，此真聖心之敬之發見也，四三王，六五帝，端在此矣。欽惟太祖高皇帝，以神武定天下；太宗文皇帝，以至聖紹洪圖，制禮作樂，垂法萬世。如《祖訓條章》《皇明禮制》《孝順事實》《五經四書》《性理大全》諸書，炳炳烺烺，昭如日星。是即堯舜禹湯文武精一執中、建中建極之道，何莫非此敬之所寓乎？《書》曰「有典有則，貽厥子孫，啓佑後人，咸正罔缺」，此之謂也。皇上既祗以率之，復守而弗失，則與斯世斯民同躋雍熙也不難矣。

若夫行之之序，則臣聞之《書》曰：「立愛惟親，立敬惟長。始于家邦，終于四海。」《大學》曰：「古之欲明明德於天下者，先治其國。欲治其國者，先齊其家。欲齊其家者，先修其身。欲修其身者，先正其心。欲正其心者，先誠其意。欲誠其意者，先致其知。致知在格物。」然撮其要而言之，不越乎聖心之敬而已。蓋敬者，一心之主宰，萬事之本根，百聖相傳之要道。若堯之欽明，舜之温恭，禹之祗德，湯之懋敬，文王之敬止，武王之執競，皆此道也。皇上祗率之敬，即堯舜禹湯文武之敬，則皇上今日之治，即堯舜禹湯文武之治。保盈成之運，隆太平之績，誠不出於敬之外也。

臣惟願皇上，始終此敬，則國家幸甚，天下幸甚，萬世幸甚！臣謹對。

（底本：《畏庵集》卷一。參校本：《皇明歷科狀元全策》卷四）

二一　正統四年己未科　施槃

正統四年(一四三九)己未科，廷對之士九十九人，狀元施槃，榜眼楊鼎，探花倪謙。

施槃(一四一七—一四四〇)，字宗銘。直隸蘇州府吴縣(今江蘇蘇州市)人。狀元及第，年二十三，授翰林院修撰。翌年五月，以疾卒。

施槃廷試策見《正統四年進士登科録》及《皇明歷科狀元全策》。

正統四年三月己酉朔。庚戌，上御奉天門，策試舉人楊鼎等九十九人，制曰：帝王之道，具載諸經，孔子纂而成之。肇自唐虞訖於周，以爲萬世楷範，皆可舉而行。爰暨漢唐以來，賢智之君，景仰徽猷，遹遵彝典，用圖治寧，咸有稱述。當時賢人君子，出膺世用者，亦莫不獻忠效謀，以匡乃辟。考其致治成功，比之《詩》《書》所稱，則有所不及，其故何歟？洪惟我國家列聖相承，敦崇古道，以隆至治，巍巍乎其盛矣！朕嗣大歷服，允懷繼述，夙夜匪遑，期與臣民咸躋熙皞。深惟謹始圖成，必有其要；推行之序，必有其宜。子大夫以明經登進，其於致君澤民之方，講之有素，必有實見，明著于篇，毋泛毋隱，朕將親覽焉。

(底本：《明英宗實録》卷五三。參校本：《皇明進士登科考》卷五；《皇明貢舉考》卷三；《皇明歷科狀元全策》卷四)

臣對：臣聞帝王之治本於德，帝王之德本乎敬，非德不足以爲治，非敬不足以成德。善治天下者，未有不本乎德；善修德者，未有不本乎敬。堯舜之所以公天下而躋世雍熙者，此敬也；禹湯文武之所以家天下而措世隆平者，此敬也。漢唐宋之君，所以不可與二帝三王齒而治不古若者，庸非此心之敬德有替乎？《易》曰：「明出地上，晉，君子以自昭明德。」孔子曰：「爲政以德。」然非敬則德無以成，故又曰：「敬以直内，修己以敬焉。」

欽惟皇帝陛下，以聰明睿智之資，備剛健中正之德。曩在青宫，仁孝之聲，已播聞于中外。及夫嗣登大寶，不殖貨利，不事遊畋，無稽之言勿聽，弗詢之謀勿庸，日御經帷，講求聖學。臣有以知皇上誠大有爲之君，太平之治固已至矣。而皇上之心不自足焉，乃進臣等于廷，降賜清問，首稽帝王德見於治之實，次考漢唐宋治不逮古之由，終之以今日謹始圖成之要，推行後先之序，且以夙夜匪遑爲言者。臣又有以知皇上是心，即望道未見之心，誠國家生民之福。謹拜手稽首爲天下賀，願皇上永懷是心而不忘也。請因聖問所及而陳之。

臣聞天生斯民而必樹之君，聖人君天下而必本之德。聖人之德無他焉，敬而已矣。稽諸古，帝堯之欽明文思，克明峻德，而黎民有於變之休；舜之温恭允塞，由仁義行，而四方有風動之效。此二帝之以敬爲德而成治也。禹之祗承於帝，克勤克儉，而文命敷於四海；湯之聖敬日躋，克寬克仁，而彰信兆民。穆穆文王，緝熙敬止，是以純亦不已，而萬民咸和；執競武王，無競維烈，是以丕單稱德，而萬姓悦服。此三王之以敬修德而致治也。二帝三王敬以存心出治之道，著於《易》，寓於《書》，詠歌於《詩》。孔子有是敬，有是德，而無其位，從而删定係作，纂而成之，肇自唐虞，訖于周，以爲千載之準繩，萬世之楷範，誠可舉而行，可遵而守也。

歷周而下，言治者曰漢唐宋。在漢，則高帝以馬上得天下，不事《詩》《書》，而終雜於伯道；文帝則禮樂教化，謙讓未遑，而不純於王德。二君者，天資寬厚，雖有可稱，然皆未至於帝王之治。臣不欲爲皇上陳之也。繼之者，武帝之罷黜百家，表章六經，善矣。然天資多慾，窮奢極侈，而海内虚耗。明帝尊師重傅，臨雍拜老，似矣。然天資苛薄，器度未宏，而吏事深刻。況當時輔治之臣，若蕭何之啓修，陳平之任智，公孫之飾詐，桓榮之章句，其去唐虞三代之佐蓋遠矣。此漢之所以止於漢也。在唐，則太宗求賢納諫，崇儒講學，拳拳於《周禮》一書，固有志於三代之治矣。然大綱未正，而不免雜胡夷之風。在宋，則仁宗修明禮樂，仁厚風行者，昔人謂法堯舜惟法仁宗，信矣。然衆目未舉而不過爲因循之政。況當時輔治之臣，房杜之徒無能於禮樂，吕王之儔未純乎道義，其視唐虞三代之佐有間矣。此唐宋之所以止於唐宋也。

是則漢唐宋之所以不能上繼唐虞三代而稱善治者，政以爲之君者不能以敬修德，而爲出治之本；爲之臣者不能以敬格君，而盡輔治之要。雖皆景仰遹遵以圖至治，而卒無其實；雖欲獻忠效謀以匡乃辟，而未底其極。臣不欲以是望於盛世之君臣也。

伏惟天朝列聖相承，敦崇古道，以隆至治，巍巍乎其至盛，誠如皇上之言矣。皇上嗣大歷服，允懷繼述，夙夜匪遑。聖心之敬，與帝王敬以存心同一機，期與臣民咸躋熙皞，則聖世之治，必與帝王德以致治同一致。然猶詢臣以謹始圖成，謂必有其要；推行之序，謂必有其宜。臣愚不足以知此，然嘗聞《商書》有之曰：「慎厥終，惟其始。」「欽崇天道，永保天命。」又曰：「弗慮胡獲，弗爲胡成。一人元良，萬邦以貞。」此則慎始圖終之要也。然約而言之，不外乎一敬而已。孔子言九經之序曰：「修身也，尊賢也，親親也，敬大臣也，體群臣也，子庶民也，來百工也，柔遠人也，懷諸侯也。」論《大學》之條目有曰：「身修而後家齊，家齊而後國治，國治而後天下平。」此則推行先後之序也。然約而言之，亦不越乎一敬而已。

夫敬者，一心之主宰，萬事之本根，千聖相傳之心法，帝學成始成終之要道。堯之允恭，舜之恭已，禹之祗承，湯之懋敬，文王之懿恭，武王之執競，此敬也；《易》之乾乾，《書》之精一，《詩》之思無邪，《春秋》之謹嚴，《禮》之毋不敬，此敬也。皇上誠能存此心之敬，而藴之爲德，以此德而達之於治，紀綱文章以此敬德而著，政教號令本此敬德而推。殆見治隆俗美，内平外成，三辰迭運而不失其宜，四時順行而不拂其序，山川鬼神莫不以寧，鳥獸魚鱉罔不咸若，可以爲堯舜，可以參天地，贊化育，而保天下之事備矣，繼志述事之道盡矣。《周書》有之曰「王敬作所不可不敬德」，程子曰「涵養須用敬」，此之謂也。

臣學不足以致君澤民，謹竭愚陋以獻。惟皇上采擇焉，則不勝幸甚！臣謹對。

（底本：《正統四年進士登科録》，影印明正統刻本，天一閣選刊。參校本：《皇明歷科狀元全策》卷四）

二二　正統七年壬戌科　劉儼

正統七年（一四四二）壬戌科，廷對之士一百五十一人（《正統七年進士登科録》《正統七年進士題名碑録》《欽定國子監志》《皇明貢舉考》《欽定續文獻通考》載一百四十九人），狀元劉儼，榜眼吕原，探花黄諫。

劉儼（一三九四—一四五七），字宣化，號時雨。江西吉安府吉水縣（今屬吉安市）人。狀元及第，授翰林院修撰。正統十二年二月，選入東閣進學作文。景泰二年（一四五一）二月，陞翰林院侍講。景泰三年四月，進右春坊大學士。與修《歷代君鑒》及《寰宇通志》。景泰七年五月，陞太常少卿兼侍讀學士。景泰七年，主順天鄉試，黜大學士陳循、王文子，幾致危禍。天順初，改掌翰林院事，未幾卒，贈禮部左侍郎，賜葬祭，謚「文介」。有《劉文介公集》傳世。《明史》有傳。

劉儼廷試策見《正統七年進士登科録》及《皇明歷科狀元全策》。

正統七年三月壬戌朔。丙子，上御奉天殿，策試舉人姚夔等一百五十一人，制曰：朕惟國家建官，共理天事，以安生民，必求真才實德用圖成績。論者咸謂培養貴有素，選舉貴有方，考課貴嚴明。今兹三者亦嘗修舉，而百官有司未能盡得人，何歟？三代以上，稽諸經可見，若漢唐宋顧治之君，皆知以求賢爲務，而得人之盛獨稱虞周，何歟？期于濟濟多士，秉文之德；九德咸事，俊乂在官，用臻雍熙泰和之治，果何道以致之歟？朕祗承祖宗大統，以安民爲心，惓惓于兹久矣。諸生講明治道，出膺時用，必有定論，其直述以對，無騁夸辭，無摭陳言，朕將采而行之。

（底本：《明英宗實録》卷九〇。參校本：《正統七年進士登科録》，影印明正統刻本，天一閣選刊；《皇明進士登科考》

卷五；《皇明貢舉考》卷三；《皇明歷科狀元全策》卷四）

臣對：臣聞孔子曰：「爲政在人，取人以身，修身以道，修道以仁。」大哉！人君之一身乎。其爲取人爲政之根本乎？故有志於帝王之盛治者，不可不求其人；有志於帝王之用人者，不可不修其身。其身既修，則所以培養人材於未用之先，選舉人材於將用之際，而考課於既用之後，無往而不宜矣。尚何患乎真材實德之不可得，而唐虞三代之不可及哉？

欽惟陛下聰明先物，睿知有臨。心二帝三王之要道，紹祖宗列聖之宏規。即位以來，孜孜求賢，以圖至治，其得人之盛，致治之美，蓋無以加矣。而尤發綸音，下明詔，首以國家用人之方，次及虞周得人之盛，下詢微賤以求定論。臣有以知陛下誠大有爲之君也。其所以復隆古之至治，開萬世之太平，端在此矣。臣敢不悉心以對？

竊惟天生斯民，不能自治，故必命之君；君撫斯民，不能獨治，故必任之臣。是臣之所以爲臣，非徒取其充位而已也，備員而已也，食君之禄而已也。上而天事以之而共理，下而生民以之而共安，自非真材實德之士，鮮有不瘝官而曠職者矣。洪惟國朝，聖聖相承，丕圖治理。以養賢必本於學校也，内置國子監以教天下之英材，外設府州縣學以育民間之俊秀，既擇師儒以專其職，又命憲臣以董其綱，迄今七十餘年，教化之功愈久而愈盛，此其培養可謂有素矣。以用賢必資於科目也，或由進士舉，或由胄監選，或以賢良方正爲名，或以材德兼備爲科，取賢任材，類非一途，此其選舉可謂有方矣。以至三年而一考，九年而通考，善良者陞之賞之，回邪者黜之罪之，其考課之法，又不可謂不嚴且明矣。然而，百官有司未盡得人者，豈用是三者而不效哉？亦以徒徇其名，而不求其實之過也。臣請稽諸古，揆諸今，爲陛下陳之。

夫唐虞三代之世，其培養之制，有小學以爲大學之根本，有大學以收小學之成功。自愛親敬長之事，以馴致夫明德新民之功，而天子公卿，躬行於上，言行政事，皆可師法，此其養之於學也。有其實，而非虛名之徇矣。其選舉之方，敷納以言，然後明庶以功①；明庶以功，然後車服以庸，未嘗輕易以舉之。既宅三宅以任其事，又儲三俊以備其選，未嘗造次而用之。此其舉之於朝也，有其實，而非虛名之徇矣。至於三載考績，三考黜陟幽明，與夫歲終各正其治而廢置之，三歲大計其治而誅賞之，此其課試之者，又豈務虛名而不求其實哉？是以求之當時，濟濟多士，秉文之德，九德咸事，俊乂在官，信有如《詩》《書》之所言矣。然原其所以致此者，何莫不自聖人修身爲之本哉？

三代而下，若漢唐宋願治之君，固皆以得賢爲務。然考之於史，以言其教人，或尊師重傅，或大召名儒，六學之有領，三舍之有生，名則美矣，其視唐虞三代之躬行心得者爲何如？以言其舉人，賢良之有科，孝廉之有選，六科四事之辟，三經十科之制，名則嘉矣，其視唐虞三代之敷言奏功，克用宅俊者爲何若？至若考課之法，有尚書以典公卿，二千石曹尚書以典郡國，三銓之有法，循資之有格，又可與唐虞三代考績黜陟之典並論哉？是則漢唐宋養士取士之法，既皆不能如唐虞三代之本於修身以務其實，則其成人得人之效，又豈能比隆唐虞三代之盛哉？

今陛下期於得人，必曰秉文，曰九德；期於致治，必曰雍熙，[曰]泰和②。臣有以知陛下心堯舜禹湯文武之心矣。陛下既心乎堯舜禹湯文武之心，則其所以興學校，慎選舉，嚴考課，舍唐虞三代其何以爲法哉？臣伏覩陛下興學校以作成天下之士類，亦云至矣。然而，師之所以教，弟子之所以學，率從事於文藝之末，不務以德行爲本，故鮮有所成就。此臣願陛下修身以端教化之本，如唐虞三代之君，則即所謂「上有好者，下必有甚焉」者矣。陛下設選舉以網羅天下之賢俊，亦云廣矣。然舉賢良者或竊賢良之名，稱材德者或乏材德之實，故不能皆稱任使。此臣願陛下修身以爲知人之要，如唐虞三代之君，則即所謂允迪厥德，謨明弼諧矣。至於考課之法，所以勸善而懲怠。比年以來，典是任者，惟知體[陛下]寬厚之

① 「庶」及下一「庶」字，《皇明歷科狀元全策》均作「試」。

② 「曰」，據《皇明歷科狀元全策》補。

度①，不務嚴黜陟之法，故勸［懲有所不至］②。此臣願陛下修身以正激勸之原，如唐虞三代之君，則即所謂惟仁者能好人，能惡人矣。陛下於是三者，誠能本之以修身，遠宗唐虞三代聖人之道，近守祖宗列聖之法，斟酌而行之，則内而朝廷，外而四方郡邑，舉皆賢者在位，能者在職，又何未盡得人之足慮哉？

陛下之策臣者，前既陳之矣，而於終篇又策之曰：「朕祗承祖宗大統，以安民爲心，惓惓于兹久矣。」臣又以見陛下視民如傷，求賢如渴之心也。然人之一心，操舍無定，久則易怠，要必貴於有常。天有常故不息，地有常故載厚，日月有常故久照。陛下中天地而立，並日月之明，必體其有常之運，以之修身，以之求賢，以之愛民。廣堂如是，深宫如是，大政大事如是，微言細行如是，則即伊尹所謂「常厥德，保厥位」矣。天下幸甚，生民幸甚！

臣學不足以明治道，材不足以膺時用，惟因聖問所及，謹直述以對。若夫騁夸辭以取容，摭陳言之無益，則非臣之志也。惟陛下憫其愚而擇焉。臣謹對。

（底本：《正統七年進士登科録》。參校本：《皇明歷科狀元全策》卷四）

① 「陛下」二字，底本漫漶，據《皇明歷科狀元全策》補。

② 「懲有所不至」五字，底本漫漶，據《皇明歷科狀元全策》補。

二三　正統十年乙丑科　商輅

正統十年(一四四五)乙丑科,廷對之士一百五十人,狀元商輅,榜眼周洪謨,探花劉俊。

商輅(一四一四—一四八六),字弘載,號素庵。浙江嚴州府淳安縣(今屬杭州市)人。宣德十年鄉試解元。會試、殿試均第一,年三十二,授翰林院修撰。正統十四年,景帝簡入内閣,轉侍讀。景泰元年(一四五〇),進學士。景泰三年,遷兵部侍郎兼左春坊大學士,仍兼學士。英宗復辟,坐除名。成化二年(一四六六),復入内閣;成化四年,陟兵部尚書,改户部。成化十年,進文淵閣大學士。成化十二年,加太子少保,改吏部尚書,尋兼謹身殿大學士。成化十三年六月,忤太監汪直,加少保,致仕。居家十年,成化二十二年卒,年七十三,贈特進榮禄大夫、太傅,謚「文毅」。著有《商文毅公集》《商文毅疏稿略》《蔗山筆塵》等,纂修《續宋元資治通鑑綱目》。《明史》有傳。

商輅廷試策見《正統十年進士登科録》及《皇明歷科狀元全策》。

正統十年三月甲戌朔。戊子,上御奉天殿,策試舉人商輅等一百五十人,制曰:自昔二帝三王致理之道,必選任賢才以敷政化,安中國而撫四夷。其見諸載籍,靡不足爲後世法也。下迨漢唐宋賢明之君,亦皆鋭意于斯,而其人才治效,有可以比隆于古歟?洪惟我太祖高皇帝奉天明命,統一華夷,德威所被,罔不臣服。太宗文皇帝嗣登大寶,制治保邦,光前裕後。列聖相承,咸隆繼述,是以群賢彙進,教化旁洽,海内乂寧,夷狄賓服,功德之盛,脗合古昔而無間。朕纘承鴻業,仰惟祖宗之彝憲，是訓是行，屢詔中外，簡拔賢才，亦[既]得人爲用矣①。誠欲九德咸事，野無遺賢，舉錯之法，尚有可行者乎？申敕諸司，修明治理，亦既建立事功矣。誠欲百工惟時，庶績咸熙，督勸之典，尚有可舉者乎？內而中國生齒之繁，因其性而教養之矣。誠欲使皆皐厚化成，同歸于至治，尚何所加乎？外而蠻貊近悦遠來，因其俗而懷撫之矣。誠欲使皆講信修睦，相安於永久，尚何所施乎？夫治道有本，而推行有序，不法諸古，無以施於今；泥於古而不通於今，亦不足以爲治。諸生明于道藝，必講之有素，悉著于篇，朕將[親]覽焉②。

（底本：《明英宗實録》卷一二七。參校本：《正統十年進士登科録》，影印明正統刻本，天一閣選刊；《皇明進士登科考》卷五；《皇明貢舉考》卷四；《皇明歷科狀元全策》卷四）

臣對：臣聞圖治莫急於用賢，用賢莫先於修身。非修身固無以爲取人之本，非用賢又無以爲圖治之要。故《中庸》之書曰：「爲政在人，取人以身。」人君誠能修身以爲用賢之本，用賢以爲圖治之要，則知至意誠，心正身修。賢者在位，能者在職，以之亮天工而熙庶績，安中國而撫四夷，何往而不得其效哉？

欽惟皇帝陛下，聰明睿知，文武聖神，存二帝三王之心，紹祖宗列聖之統，日御經筵，講求至道；蚤晚視朝，裁決萬幾。好賢之誠，無間於話言；圖治之功，常存於宵旰。乃進臣等於廷，降賜清問，惓惓欲聞古今用賢致理之方，所謂智周萬務而不棄於一得之愚，明照四方而必察於芻蕘之賤是也。陛下是心，與古帝王兢兢業業，不自滿假，用人惟已，望道未見之心，何以異哉？臣雖愚昧，敢不精白一心，以對揚明命之萬一乎？

① 「既」，據《正統十年進士登科録》《皇明進士登科考》《皇明貢舉考》補。 ② 「親」，據諸參校本補。

臣惟致治有要，用賢是也；用賢有本，修身是也。若昔唐虞三代之世，百姓昭明，萬邦協和，而黎民有於變之風；百工惟時，庶績咸熙，而萬邦有咸寧之效。二帝致治之隆如此者，實本於其登庸元愷，不廢困窮之功也。府事修和，文命四敷。在商邑用協于厥邑，在四方用丕式見德，以至萬民咸和，丕單稱德。三王致治之盛如此者，亦本於其籲俊尊帝，克知克用之力也。當是之時，若皋夔，若稷契，若伊尹周公，各以賢聖之資，居輔弼之任，或陳九德而諧八音，或播百穀而敷五教，一德足以致天心之格，成績足以篤烈考之光。多士濟濟，布列庶位，又豈無所自而然哉？蓋由堯舜禹湯文武之君，或克明俊德而重華協帝，或祗台德先而聖敬日躋，或緝熙敬止而無競維烈，一皆本諸身者無不誠，見諸行者有其實。所謂爲政取人之方，著於載籍，足以垂法於後世者，何莫不自聖人修身中來耶？

繼此而稱善治者，莫漢唐宋若也。其間賢明之君，未始不以用人爲致治之本。觀其孝廉之有選，賢良之有科，或以明經進，或以進士舉。若漢賈誼之勸興禮樂，董仲舒之明於王道，當時海内富庶，戎狄賓服，其治效固有可稱者矣；唐韓愈之排斥佛老，陸贄之論諫仁義，當時中國乂安，四夷賓貢，其治效亦有可觀者焉。以至宋之韓、范、富、歐，有以輔盛治於前；周、程、張、朱，足以繼絶學於後。中國致文明之盛，夷狄懷景仰之心，其人才治效，雖不能比迹唐虞三代，亦非漢唐所可及也。雖然，漢唐宋之君，其用賢圖治之意固云美矣，而取人以身之道，則概乎未有聞焉。或《詩》《書》之安事，或禮樂之未遑，或閨門失德而治雜於夷，或任用不專，而小人迭進，外有尊賢之名，内無用賢之實。此漢唐宋所以止於漢唐宋，而不能儷美於唐虞三代者，亦以修身之道有未至也。

洪惟聖朝太祖太宗，以武功定天下，以文德致太平，德澤溥施，聲教遠被，薄海内外，莫不尊親；際天極地，靡不臣服。列聖相承，光啓文治，隆繼述之道，盡任用之方，是以群賢嚮用，君子滿朝。禮樂興而風俗美，教化洽而治道隆，斯民阜厚而化成，夷狄頃心而内附。聖德神功，蓋脗合乎二帝三王之盛，而漢唐宋之君風斯下矣。

肆惟皇上，纘承鴻業，遠稽帝王之道，近守祖宗之法，孜孜以圖治爲心，惓惓以求賢爲念。其得人致治之盛，固已超軼乎古今矣。而尤慮舉錯之法未盡行，督勸之典未盡舉，内而教養未備，外而撫綏未至，欲探其本，而推行之以序。臣愚以爲是數者，皆陛下之所已行，行之而既效者也。然尤欲求其本，豈有外於陛下之修身乎？

陛下屢詔中外，簡拔賢才，其舉錯之法至矣，而尤欲求可行之法。臣願陛下，謹修身以爲舉錯之本。賢者必進，而不肖者必退，如孔子所謂「舉直錯諸枉，則九德咸事，野無遺賢」之效不難致矣。陛下申敕諸司，修明治理，其督勸之典備矣，而尤欲求可舉之典。臣願陛下謹修身以爲督勸之原，勤者必賞，而怠惰者必罰，如《虞書》所謂「戒之用休，董之用威」，則百工惟時，庶績咸熙之效有可必矣。陛下既謹修身以爲取人之本，將見人才之出，彬彬乎盛。所以阜厚化成乎天下者此也，所以講信修睦於夷狄者亦此也。陛下嘗輕徭薄賦以立民命，建學立師以復民性矣。使凡任教養之責者，咸以利用厚生，教訓正俗爲心，則人得以仰事俯育，而有尊君親上之心。生齒雖繁，有不同歸於至治乎？陛下嘗柔遠能邇，以懷弗庭；厚往薄來，以撫賓服矣。使凡典戎狄之職者，咸能諭之以禍福，示之以恩信，去者不追，至者不拒，訓兵練士，保境安民，則人畏威懷德，修貢稱藩，四夷雖遠，有不相安於永久乎？

夫爲治之本在於用人，用人之本又在修身，必先其本而後其末。故《論語》曰：「君子務本，本立而道生。」《大學》曰：「身修而後家齊，家齊而後國治，國治而後天下平。」《中庸》曰：「知所以修身，則知所以治人，治天下國家。」皆此意也。雖然修身固爲用人之本，而欲用人致治，尤不可以不法諸古。蓋古者，前代之法，聖帝明王精神心術之所存，仁義道德之所寓也。傅説告高宗曰：「事不師古以克永世，匪説攸聞。」使泥於古而或不通於今，則爲徒法，不能以自行矣。又必益之損之，與時宜之，《中庸》所謂「時措之宜」是也。

陛下之策臣者，臣既略陳之矣，而於篇終竊有獻焉。臣惟始勤終怠者，衆人之常情；慎終如始者，聖人之要道。是故天地有常運，而後歲功成；帝王有常德，而後治功著。陛下德配天地，明同日月，誠又加夫不息之誠，有常之念，終始惟一，宵旰無間，則以之修身任賢，以之安民致治，遠足以追配二帝三王之道，近足以光昭祖宗四聖之業。上而致天地位，下而致萬物育，而綿曆數於無疆者，夫豈有越於此哉？

臣干冒天威，不勝戰慄之至。臣謹對。

（底本：《正統十年進士登科録》。參校本：《皇明歷科狀元全策》卷四）

二四　正統十三年戊辰科　彭時

正統十三年（一四四八）戊辰科，廷對之士一百五十人（此據是年《登科録》《皇明進士登科考》等），狀元彭時，榜眼陳鑒，探花岳正。

彭時（一四一六—一四七五），字純道，號可齋。江西吉安府安福縣（今屬吉安市）人。狀元及第，年三十三，授翰林院修撰。次年，有土木之變，彭時被召入閣，尋陞侍讀。歷左春坊大學士、太常少卿。英宗復位，復入閣，改兼翰林學士。成化元年（一四六五），進兵部尚書，次年，加太子少保、文淵閣大學士。成化十一年卒，贈太師，謚「文憲」。著有《正學階梯》《可齋雜記》等。詩文後人結集爲《彭文憲公集》，《四庫全書》著録於存目之中。《明史》有傳。

彭時廷試策見《正統十三年進士登科録》《皇明歷科狀元全策》及《彭文憲公集》。天一閣選刊本（影印明正統刻本）《正統十三年進士登科録》所載有缺頁，今以《皇明歷科狀元全策》配補，並參《彭文憲公集》釐定。

正統十三年三月丙戌朔。庚子，上御奉天殿，親策舉人岳正等一百五十一人，制曰：自昔君天下之道，莫要於内治之政修，外攘之功舉。斯二者，聖人所以躋斯世於雍熙泰和之域也。夫修内治之政，必先於爵賞刑罰；而舉外攘之功，必本於選將練兵。且爵所以待有功，必待有功而後爵，則天下有遺善；刑所以待有罪，必待有罪而後刑，則天下有遺惡。古先聖王無遺善，無遺惡，必有不待有功而爵，有罪而刑者矣，其事安在？ 玆欲人[人]皆遷於善①，不待爵賞而自勸；皆遠於罪，不待刑罰而自懲，其道何由？ 凡兵之所統者將，將之所用者卒，卒之所仰者食，而戰則資於馬。 曰將，曰卒，曰食，曰馬，四者外攘所不可闕一也。 昔之君子以謂，將其卒，則選其卒之良；戍其地，則用其地之人；戰其野，則食其野之粟；守其國，則乘其國之馬，庶幾可以百戰無殆。 不然，則一郡用兵而取給百郡，非善策也。 夫衆至千萬，必有一傑，然智愚混淆，同類忌蔽，何以能知其傑而拔置軍旅之上歟？ 一方之人，有成有農，然戍非土著，農不知武，何以能作其勇而驅列禦衛之間歟？ 田有肥瘠，歲有豐歉，何以能致其粒而積貯倉廩歟？ 土地氣候，産牧各殊，何以能致其息而充溢邊鄙歟？ 朕祇承祖宗大統，惓惓以經國子民爲心，而於安内攘外，尤加意焉。 子諸生學古通今而來，必深於其道矣。 其具以對，無騁浮夸，務陳切實，朕將采而用之。

（底本：《明英宗實録》卷一六四。 參校本：《正統十三年進士登科録》，影印明正統刻本，天一閣選刊；《皇明進士登科考》卷五；《皇明貢舉考》卷四；《皇明歷科狀元全策》卷四）

臣對：臣聞天下以一人爲主，人君以一心爲主。 蓋心者萬化之原，萬事之本也。 大哉！ 人君之一心乎。 本諸心以安内，則内治之政修；本諸心以攘外，則外攘之功舉。 尚何患乎賞善罰惡之不得其當，選將練兵之不得其宜，而斯世之不躋於雍熙泰和之域也哉？ 《大學》以是心爲家國天下之本，董仲舒以是心爲朝廷四方之則，其以此歟？

欽惟皇帝陛下，稟聰明睿智之資，備聖神文武之德，誕膺駿命，嗣守鴻圖，臨御以來，惓惓以經國子民爲心。 先之以勵

---

① 「人」，據《皇明進士登科考》《皇明貢舉考》《皇明歷科狀元全策》補。

精，加之以恭儉，其於安内攘外之道，已無不盡，而見諸治效者亦已盛矣。而猶不自滿足，乃進臣等于廷，降賜清問，首舉爵賞刑罰，次及選將練兵之事，而責臣以切實之言。臣愚有以知陛下真大有爲之君也，可以爲堯舜，可以爲禹湯文武，可以隆太平之業於萬億年而愈盛矣！顧臣淺陋，何足以奉大對，然罄一得之愚，亦臣區區之素願也，敢不俯竭愚衷以少裨於萬一①？

臣竊惟天生聖人而付以君道之重，聖人奉天而主宰天下之大。内而中國仰之以治，外而四夷賴之以安，則夫修内治之政，舉外攘之功，夫豈可以一日而或廢哉？然求其要，不越乎爵賞刑罰、選將練兵之二者耳②。夫爵固所以待有功，功者善之著於事也。若必待有功而後爵，則天下之善未著於事者，必至於見棄，何以使之皆知所勸而建功乎？刑固所以待有罪，罪者惡之形於行也。若必待有罪而後刑，則天下之惡未形於行者，必至於苟免，何以使之皆知所懲而遠罪乎？斯二者，誠如聖問之所諭也，臣復奚言？

臣嘗竊觀唐虞三代之時，其賞善也，有三德而日宣者爲大夫，有六德而日嚴者爲諸侯。或俊乂之旁招，或宅俊之克用，與夫賢能之賓興，俊造之升進，凡此皆不待有功而後爵者也。其罰惡也，象刑以弼五教，制刑以教祗德。或畔官離次之必誅，或羞刑暴德之必罰，與夫左道亂政者刑之而不赦，悖禮疑衆者戮之而不宥，凡此皆不待有罪而後刑者也。然亦豈徒事乎爵賞刑罰而無其本哉？蓋一本諸心而已矣。觀夫堯之兢兢，舜之業業，而懋敬於命德討罪之政者，其心爲何如？禹之孳孳，湯之慄慄，文王之翼翼小心，武王之無作好惡，而克謹於彰善癉惡之事者，其心爲何若？肆賞罰之有道，勸懲之有本，而下無遺善、遺惡者，以此也。兹欲人皆遷於善，不待爵賞而自勸，臣願陛下心唐虞三代賞罰之心，使賞不徒賞，

① 「愚衷」，《彭文憲公集》作「芻蕘」。 ② 「二」，《彭文憲公集》作「四」。

賞一人而千萬人知勸。則我朝賞善之典，與堯舜禹湯文武之所以賞善者同一揆矣，何憂乎天下之人之不皆遷於善哉？兹欲人皆遠於罪，不待刑罰而自懲，臣願陛下心唐虞三代罰惡之心，使罰不徒罰，罰一人而千萬人知懲。則我朝罰惡之政，與堯舜禹湯文武之所以罰惡者同一轍矣，何憂乎天下人之不皆遠於罪哉？如是，則善者列爵而登庸，惡者率德而改行，禮義廉恥之行興，詭詐偷薄之風息，百官有濟濟之容，黎民有皞皞之俗，而雍熙泰和之治可躋矣。

「若夫兵之所統者將，將非其人，則國無所倚以爲安。將之所馭者卒，卒有不練，則將無所恃以取勝。而況卒之强弱由于食，戰之勝負係乎馬。是則曰將，曰卒，曰食，曰馬，四者皆外攘急務，而不可有一之或闕焉者。而陛下之訏謨遠猷，已斷自宸衷矣，臣奚以多言爲？

昔之善用兵者以謂，將其卒則選其卒之良，蓋卒不良則有不閑弓馬之患；戍其地則用其地之人，蓋非其地，則有不習水土之虞；戰其野則食其野之粟，庶可以省轉輸之勞；守其國則乘其國之産，庶可以免調發之擾。如是，則雖百戰而無殆矣。不然，則一郡用兵而取給百郡，不惟無以衛民之生，而且有以病民之力，誠非策之善者。

唐虞三代之時，其選將也，舜惟諄諄於敷文德之伯禹，文王惟汲汲於著鷹揚之吕望，經營四方有若召虎，克壯其猷有若方叔者焉。其練卒也，成周之制，春夏有振旅茇舍之教，秋冬有治兵大閱之習。井田之中，卒伍以具耒耜之暇，干戈以舉，其兵食，則積倉峙糧之有其備①；其馬政，則天閑廷廐之有其制」②。要其本，「何莫非帝王一心之運用」哉③？夫衆至千萬必有一傑，「良將之才未嘗無也」④，必欲知其傑而用之，臣願陛下心唐虞三代選將之心，而又精神以感召之，氣類以招徠之，投之膠轕繁劇之地以觀其智，置之艱難險阻之中以觀其才。則雖伯禹、吕望、召虎、方叔之流，世不易得而凡才智出

---

① 「積倉峙糧」，《彭文憲公集》作「登三餘一」。 ② 「若夫兵之」至「有其制」，《正統十三年進士登科録》缺頁，據《皇明歷科狀元全策》補。 ③ 「何莫非帝王一心之運用」十字，底本漫漶，據諸參校本補。 ④ 「良將之才未嘗無也」八字，底本漫漶，據諸參校本補。

衆之士，必皆拔置於軍旅之上矣。何憂乎智愚之混淆，同類之忌蔽哉？

一方之人，有兵有農，是蓋兵農岐而二也。必欲作其勇而用之，臣願陛下心唐虞三代練卒之心，而又擇將帥以統之，寬雜征以恤之，使三時務農以備衣食之資，一時講武以習攻戰之法①。尤於春蒐、夏苗、秋獮、冬狩之時，益嚴夫簡閲練習之事，則可驅列於禦衛之間矣，何憂乎戍非土著而農不知武哉？至若田有肥瘠之不同，歲有豐歉之或異，而兵食始有不足之虞。臣願陛下體唐虞三代之心，以足食爲念，而又擇人以督耕屯，使繩其兼并，課其勤惰，則可致其粒而積貯於倉廩者，陳陳相因矣。雖古之「委積以待軍旅」②，與夫「倉積於豳，粻峙於申」者，何以加焉？

土地氣候之不齊，監牧畜養之不力，而馬政始有不蕃之弊。臣願陛下法唐虞三代之心，以息馬爲重，而又擇人以掌監牧，使之時其芻秣，節其勞逸③，則可致其息而充溢於邊鄙者，千萬成群矣。雖古之天閑十二，與夫「思馬斯臧，騋牝三千」者，何以過焉。誠如是，則將皆智勇而無不良，卒皆果敢而無不精，食皆充足而無不給，馬皆蕃息而無或耗。由是而舉外攘之功，有不戰，戰必勝矣；有不攻，攻必克矣；有不守，守必固矣。將見四夷畏慕，稽首稱藩，邊徼無烟塵之警，人民有耕鑿之安，而雍熙泰和之治端在於今日矣。此修内治之政，而舉外攘之功，所爲不可一日而或廢者此也。

洪惟我國家聖聖相承，丕圖治理，太祖高皇帝，奉天命而肇造邦家。太宗文皇帝，順人心而肅清海宇，其内治外攘之道，垂裕後聖而無窮。仁宗昭皇帝，溥惠澤以福蒼生。宣宗章皇帝，奮德威以安夷夏，其内治外攘之道，仰紹前烈而有光。陛下纘承大統，丕闡洪猷，而於内治外攘之要，蓋已知之審而行之至矣。今又以策臣等而必以尤加意爲言，臣愚又有以知陛下留心於此，此即大禹不自滿假，文王望道未見之盛心也。

---

① 「習攻戰之法」，《皇明歷科狀元全策》《彭文憲公集》作「閑步伍」。 ② 「委積以待軍旅」，《彭文憲公集》作「萬億及秭」。

③ 「節其勞逸」，《彭文憲公集》作「謹其孕字」。

陛下之策臣者，臣既已略陳之，而於終篇竊有獻焉。夫人主一心，與天地同其量，與日月同其明。天地惟不息，故覆載而無外；日月惟不息，故照臨而不已。臣願陛下體天地日月之不息，弘覆載照臨之盛心，執此之政，堅如金石；行此之令，信如四時，則宗社生民之福，必由此而愈盛；蠻夷戎狄之遠，必由此而咸服；三光六氣，必由此而順行；五嶽四瀆，必由此而奠位；動植之物，風雨霜露之所沾被者，必由此而蕃庶；麟鳳龜龍，膏露醴泉，與凡休徵嘉瑞，必由此而畢至。將見四方萬國莫不相率稽首稱賀，以爲堯舜之聖復見於今日，禹湯文武不得專美於前古，陛下億萬年之洪福，與天地相爲悠久矣。

臣學不足以知古，才不足以通今，芻蕘之言，上瀆天聽，伏惟陛下俯垂睿覽，則國家幸甚，天下幸甚！臣不勝悚懼之至。臣謹對。

（底本：《正統十三年進士登科録》。參校本：《皇明歷科狀元全策》卷四；《彭文憲公集》，《四庫全書存目叢書》影印康熙五年彭志楨刻本）

二五 景泰二年辛未科 柯潛

景泰二年（一四五一）辛未科，廷對之士二百零一人，狀元柯潛，榜眼劉昇，探花王㒨。

柯潛（一四二三—一四七三），字孟時，別號竹巖。福建興化府莆田縣（今莆田市）人。正統九年（一四四四），鄉試解元。狀元及第，年二十九，授翰林院修撰。天順初年，遷尚寶少卿。憲宗即位（一四六五），擢翰林院學士。成化三年（一四六七），與修《英宗實録》成，進少詹事兼翰林院學士。丁母憂，歸鄉。成化七年，詔起國子監祭酒，疏乞終制。成化九年，卒於家，年五十一。有《竹巖詩集》《竹巖文集》及《竹巖集補遺》行世。《明史》有傳。

柯潛廷試策見《景泰二年進士登科録》《竹巖集補遺》及《皇明歷科狀元全策》。

景泰二年三月庚子朔，帝御奉天門，策試舉人吴彙等，制曰：朕惟自古王天下之要有三，曰道，曰德，曰功。然道莫如伏羲神農黄帝，德莫如堯舜，功莫如禹湯文武。此數聖人者，萬世仰之不能易也。伏羲神農黄帝之事著於《易》，堯舜禹湯文武之迹存乎《書》。其所以爲道，爲德，爲功者，朕欲究其心術之精微；其推以治教養天下，所尚雖殊，然不出乎耕桑、貢賦、學校、禮樂、征伐、刑辟之外，朕欲參其制作之會通。夫無所酌於古，將何以準於今。朕承祖宗大位，夙夜惓惓于心，亦惟以古聖人之道、德、功自期，以今天下之治、教、養自勵。兹欲盡驅天下游談之惰以事耕桑，使各衣食其力；盡約天下浮冗之征以歸貢賦，使各膏肥其體而無或失所養；盡導天下狼戾之頑以從學校，使各復還其善；盡陶天下粗鄙之陋以由禮樂，使各移易其俗，而無或違於教；盡作天下慵怯之兵以奮征伐，使各銷沮其兇；盡化天下争鬬之訟以遠刑辟，使各崇尚其耻，而無或外於治，皆何施而可也？施之有效，民得治教養矣，於古聖人之道、德、功，有可以庶幾乎？伏羲神農黄帝曰皇，堯舜曰帝，禹湯文武曰王，其稱號之所以異者，果道、德、功之所致乎？抑治教養有隆替而然乎？聖人之所以爲聖人，一而已矣，何皇降而帝，帝降而王乎？兹欲措天下於隆古之世，使皇、帝、王之稱惟一而無隆殺之别，亦必有其道乎？子大夫習之於師，而得之於己，宜無不悉其説者矣。既承有司賓興而來，其具爲陳之，朕將親覽焉。

（底本：《明英宗實録》卷二〇二，《廢帝郕戾王附録》第二十。參校本：《皇明進士登科考》卷六；《皇明貢舉考》卷四；《皇明歷科狀元全策》卷四；《竹巖集補遺》，《續修四庫全書》影印清雍正十一年柯潮刻本）

臣對：臣聞天下之事，莫不有其本，亦莫不有其要。蓋先明諸心，則事得其本；遠稽諸古，則事得其要。聖人之理天下，固莫不稽諸古以爲之要，而亦曷嘗不明諸心以爲之本乎？本諸心以治民而政化隆，本諸心以教民而民性復，本諸心以養民而民生遂。故曰心也者，萬化之原，萬事之本。伏羲神農黄帝堯舜禹湯文武之所以爲道、德、功者，固不外乎此心；後世之所以法古爲治者，亦不外乎此心。孟子所謂「先聖後聖，其揆一也」，董子所謂「正心以正朝廷，正朝廷以正百官，正百官以正萬民」者，此之所謂也。

欽惟皇帝陛下，稟聰明睿知之資，備聖神文武之德，居五位之尊，以纘承列聖；妙一心之用，以中興家邦，混車書文軌於八紘，來玉帛衣裳於萬國，治化可謂極其盛，功業可謂極其隆矣。然猶不自滿假，復進臣等於廷，降賜清問，欲遠求皇、帝、王、道、功、德之懿，以大施今天下治教養之仁，臣有以知陛下之心，其即大舜好問好察，文王望道未見之心。真欲聽而行之，非以布衣微陋，不足以與天下之計，姑此試之也。臣敢不精白一心，以對揚陛下之明命乎？謹因聖策所及而條陳之。

自古王天下之要有三：曰道，曰德，曰功。所謂道莫如伏羲神農黄帝，德莫如堯舜，功莫如禹湯文武者，非謂皇有是道而帝、王莫能與，帝有是德而皇、王莫之及，王有是功而皇、帝莫與比。蓋皇、帝、王隨遇而施其所宜，非謂長於此而不足於彼也。夫三皇之世，其民皡皡，其俗熙熙，雖無二帝之孝弟以導之，而民自無不親不遜之患；雖無三王之征伐以救之，而民自無塗泥炭火之虞。其所急者，在於道焉。昔也民未知所以養，伏羲始結網罟以教佃漁，神農始爲耒耜以教耕耨，教民日中爲市，交易而退。黄帝則通其變，使民不倦，神而化之，使民宜之，於是民始得其所養。所謂道莫如三皇者此也，其事之著於《易》者如此。迨夫堯舜之世，開物成務之道已大備，吊民伐罪之功無所施，其所急者在於德焉。蓋民既得其所養，而巧僞日生，[不]可逸居無教①。觀其克明俊德，慎徽五典，而帥天下以仁；百姓不親，五品不遜，而敷五教以契②，於是民始得由於教③。所謂德莫如堯舜者此也。

三代之時，承伏羲神農黄帝之統，紹堯舜「允執厥中」之傳，其所急者獨不在於功乎？蓋洪水爲害於先，桀紂爲虐於後，聖人不得不任其責。觀其修治府事，而致萬世永賴之休；取彼兇殘，而收四海永清之效，於是民始得安於治，又非所謂功莫如禹湯文武乎？此其迹之存乎《書》者，又如此。

觀於《易》《書》，則數聖人所以爲道、爲德、爲功，無非隨遇而施所宜，然究其心術之精微，欲以治教養於天下，則一而已。勢有不同，故道、德、功之施，先後異宜，理無或異，宜治、教、養之方，古今一致。是故耕桑、貢賦，養之所由出；學校、禮樂，教之所由興；征伐、刑辟，治之所由舉。此古聖人已行之迹，萬世所不能外者也。

陛下嗣登大寶，夙夜惓惓于心，以古聖人之道、德、功自期，以今天下之治、教、養自勵，此所謂有志者事竟成也。臣雖

① 「不」，據《皇明歷科狀元全策》《竹巖集補遺》補。　② 「以契」，《竹巖集補遺》作「在寬」。　③ 「於」，《竹巖集補遺》作「其」。

愚昧，豈敢不罄一得之愚，以爲海嶽涓埃之助。陛下誠欲盡驅天下游談之惰以事耕桑，使各衣食其力；盡約天下浮冗之征以歸貢賦，使各膏肥其體。臣願陛下心古聖人之心，制其田里，教之樹畜，俾人人有常生之產，而禁不耕而食，不蠶而衣之徒，則國無游民，而生之者衆矣。制節謹度，輕徭薄賦，俾(士)[四]方咸惟正之供①，而凡所用者有養，所養者有用，則朝無倖位，而食之者寡矣。如是人皆得以衣食其力，膏肥其體，而失所養者無有也。誠欲盡導天下狠戾之頑[以從學校]②，使各復還其善，盡陶天下粗鄙之陋以由禮樂，使各移易其俗。臣願陛下心古聖人之心，大興學校，慎選範模，躬行道德以先之，使爲師者知所以教，子弟知所以學，而時無不可化之人。崇重衣冠，惇尚廉耻，修禮樂以導之，使人皆知禮義之爲貴，鄙陋之可賤，而世無不可變之風。如是人皆得以復還其善，移易其俗，而違於教者無有也。誠欲盡作天下慵怯之兵，以奮征伐，使各銷沮其兇；盡化天下爭鬬之訟以遠刑辟，使各崇尚其耻。臣願陛下亦惟以古聖人之心爲心，結之以深恩厚德，使人於見危也，知有其國而不知有其身；臨之以信賞必罰，使人於赴鬬也，至死不變，而臨難無苟免。上有敢死之士，斯下無反側之心矣。道民以政，不若道之以德，使知入則孝，出則弟，下不敢犯上，卑不敢踰尊。齊民以刑，不若齊之以禮，使知少事長，賤事貴，耕者必讓畔，行者必讓路。下無爭鬬之訟，斯上有可措之刑矣。如是，人皆得以銷沮其兇，崇尚其耻，而豈有外於治者哉？

夫治教養之方，臣所陳於前者，陛下不用則已，用則必臻其效。既臻其效，則於伏羲神農黃帝堯舜禹湯文武之道、德、功，奚不可幾及之有哉？在力行何如耳。伏羲、神農、黃帝，開物成務，以道導天下者莫大，故稱曰皇。堯舜漸仁摩義，以德主宰乎天下者莫先，故稱曰帝。禹湯文武，弔民伐罪，以功濟天下者莫急，故稱曰王。曰皇、曰帝、曰王，其稱號雖殊，而

① 「四」，據《竹巖集補遺》改。

② 「以從學校」，據諸參校本補。

其心則一。曰道、曰德、曰功，其事業雖一，而其勢（實）［則］殊①，故世之有皇、帝、王、霸，猶歲之有春、夏、秋、冬，非勢之使然乎？

陛下誠欲措天下於隆古之世，使皇、帝、王之稱惟一，而無隆殺之别，臣則以爲惟當先明諸心而已，心同則無所往而不同矣。蓋以是心而治民，則征伐有道，刑辟惟中，即《詩》所謂「王（猶）［猷］允塞」②，《易》所謂「明慎用刑」是也。以是心而教民，則學校振舉，禮樂（典）［興］行③，即朱子所謂「建學立師，以培其根」，周子所謂「陰陽理而後和」是也。以是心而養民，則農桑之務舉，厚斂之患無，即《詩》所謂「星言夙駕，税于桑田」，《書》所謂「財賦底慎，庶士交正」是也。臣願陛下始終此心，則始終此治；始終此教，而始終此養矣。矧聖明太祖高皇帝，太宗文皇帝，勤是心以圖治於先；仁宗昭皇帝、宣宗章皇帝，勤是心以繼續於後。太上皇帝承之，神此心於穆清之上。陛下嗣而守之，運此心於九五之尊，遠而祖述於前古，近而憲章於祖宗，登庸賢才，密勿廊廟，制作禮樂，統和天人，復隆古之盛治，恢中興之大功，伏羲神農黄帝堯舜禹湯文武，安得專其美於前哉？此固陛下已自勵於心者。

臣應有司賓興而來，幸得立玉階方寸地，安敢不罄平日習之於師，而得之於己者，懇懇焉爲陛下重言之乎？若夫阿意以求恩，逢迎以徼寵，則非臣之所學，亦非陛下求言之本意也，伏惟陛下俯垂睿覽。

臣干冒天威，不勝怖懼之至。臣謹對。

（底本：《景泰二年進士登科録》，影印明景泰刻本，天一閣選刊。參校本：《皇明歷科狀元全策》卷四；《竹巖集補遺》）

① 「則」，據《竹巖集補遺》改。

② 「猷」，據《竹巖集補遺》改。

③ 「興」，據《竹巖集補遺》改。

二六　景泰五年甲戌科　孫賢

景泰五年(一四五四)甲戌科,廷對之士三百四十九人,狀元孫賢,榜眼徐溥,探花徐鎋。

孫賢(一四二五—一四七八),字舜卿。河南開封府杞縣(今屬開封市)人。狀元及第,年三十,授翰林院修撰。景泰七年,轉侍講。天順初,改左中允,侍東宫講讀。憲宗即位,遷太常寺少卿兼侍讀。成化六年(一四七〇),進太常寺卿兼侍讀學士。引疾乞休。成化十四年卒,年五十四,贈禮部侍郎兼翰林院學士,謚「襄敏」。著有《鳴盛録》。

孫賢廷試策見《景泰五年進士登科録》及《皇明歷科狀元全策》。

景泰五年三月壬子朔,帝御奉天殿,策會試舉人彭華等三百四十九人,制曰:朕以眇躬,祇膺天命,纘承祖宗大業,臨御兆民,顧惟負荷之艱,莫究弛張之善,肆虚心于宵旰,冀資弼于忠良。固聖賢樂受盡言,在堯舜惟急先務,何則?天下之本,莫有外于家國兵民,朕欲聞其至計何先,切望何最?君心之發,莫有著于禮樂教化,朕欲聞其損益何宜,隆替何繫。制治貴于未亂,其方術何良?保邦貴于未危,其謀謨何遠?以至爲政之寬猛何尚,備邊之籌策何長,人才之賢否何由,刑賞之緩急何可,與凡災祥感召之機何速,夷狄向背之故何在,皆朕之所欲聞者也。夫事貴乎師古,不稽諸古,固無足以爲法于今,而施貴乎合宜,不宜于今,又奚可以徒泥諸古?子大夫明先聖之道,來應賓興賢能之詔,皆得于古,而將以施于今者也。其悉參酌,詳著于篇,以俟朕之親覽。

(底本:《明英宗實録》卷二三九,《廢帝郕戾王附録》卷五七。參校本:《景泰五年進士登科録》,影印明景泰刻本,天

一閣選刊；《皇明進士登科考》卷六；《皇明貢舉考》卷四；《皇明歷科狀元全策》卷四）

臣對：臣聞天生萬民，必主以一人，而後能任君師之責；君主萬民，必運以一心，而後能成治教之功。大哉！人君之一心乎。其萬化之原，萬事之本乎？本諸心以治家國兵民，則家國兵民無不治；本諸心以修禮樂教化，則禮樂教化無不修。制治本諸心，則制治之術良；保邦本諸心，則保邦之謀遠。以至爲政、備邊、人材、刑賞，莫非以是心爲之本；弭災、召祥、綏懷、夷狄，莫非以是心爲之要。孟子所謂「家國天下之本」，董子所謂「朝廷四方之則」是也。

恭惟皇帝陛下，稟聰明睿智之資，備聖神文武之德，誕膺駿命，茂纘鴻圖，遠宗堯舜之道，近守祖宗之法。道已臻皇極矣，而猶惓惓顧惟負荷之艱；世已底雍熙矣，而猶以爲莫究弛張之善。虛心宵旰之是圖，資弼忠良之是務，乃進臣等于廷，降賜明哲之問。樂受盡言，一至於此，此誠大舜好問好察，大禹不自滿假，成湯檢身若不及，文王望道猶未見之盛心也。陛下真大有爲之君，誠不世出之主。其爲天地立心，爲生民立命，爲萬世開太平者，端在於此矣。顧臣淺陋，何足以奉大對？然敢不罄一得之愚，精白一心，以思條陳於萬一乎！

臣惟天地之大德曰生，堯舜以先務爲急。陛下弘天地之德，法堯舜之理，則凡一政一令之施，何莫非大德之所發，當務之爲急乎？《經》曰：「家齊而後國治，本固而後邦寧。」是以天下之本，莫有外於家國兵民。請以堯舜禹湯文武家國之迹陳之。所謂克明峻德，慎厥身修，菲飲食惡衣服，不邇聲色，不殖貨利，問安視膳，明德達孝，是雖二帝三王修身之要，然身者家之本，身修而後家齊，則修身非家之至計所當先乎？所謂惇叙九族，九族既睦，克儉于家，垂裕後昆，本支繩繩，宜君宜王，是雖二帝三王齊家之要，然家者國之本，家齊而後國治，則齊家非國之至計所當先乎？先「儒什經以謂修車馬」①，備器械，事乎兵事，使兵有其備，固兵之切望矣。然必衣食有以養其體，徭役無以勞其形，則兵切望之最可副。簡稼器，修稼政，事乎農事，使農有其備，固民之切望矣。然必横征暴斂有不加，嚴刑峻法有不及，則民切望之最可酬。古之爲將帥者，與士卒同甘苦；爲守令者，愛百姓如己子，所欲與聚，所惡勿施而已。凡此何莫非兵民切望之最乎？

古昔聖帝明王，慮民心之不中也，制禮以防之而教之中；憂民情之不和也，作樂以防之而教之和。孔子嘗言：「禮云禮云，玉帛云乎哉！樂云樂云，鐘鼓云乎哉！」蓋謂玉帛有餘而敬不足，則不足以爲禮；鐘鼓有餘而和不足，則不足以爲樂。必損有餘而益不足，則禮樂皆得其宜矣。古者家有塾，黨有庠，術有序，國有學，無一地而無學，無一人而不學，人人有士君子之行，比屋有可封之俗，其教化之所以隆者，又豈無其故哉？亦惟人君躬行心得之餘，言行政事，皆可師法，有以爲之本耳。後世徒有興學之名，而無興學之實，此教化之所以替也。必以古人之躬行心得自勉，而以後世有名無實爲戒，則教化有隆無替矣。

自古畏江濤之險者，必慎舟楫於恬静之頃；懼山蹊之危者，必謹馭轡於康莊之途。是以帝王之制治也，必於未亂之前。若唐虞之君，兢兢業業，儆戒無虞，敕天之命，惟時惟幾，恒存此心於四方風動之際。此其方術可謂良矣，故治已臻而益隆。帝王之保邦也，必於未危之日。若唐虞之君，罔遊于逸，罔淫于樂，任賢勿貳，去邪勿疑，恒率是道於萬邦咸寧之時。此其謀謨可謂遠矣，故邦愈寧而愈固。大抵銷危亂於未然者易爲功，救危亂於已然者難爲力。苟或事至而後圖之，患生而後弭之，雖有奇謀善術，未見其能濟也。

① 「儒什經以謂修車馬」八字，底本漫漶，據《皇明歷科狀元全策》補。

自古爲政之道，貴於寬猛得宜。一於寬，則流於姑息而人無所懼；一於猛，則入於苛刻而下無所容。《詩》《書》所稱，不剛不柔，輕重有權。《周官》刑新國用輕典，刑亂國用重典，刑平國用中典。爲政寬猛所尚，孰有過於此哉？備邊之策，在於守禦兼備。守不可以不固，不固則不足以安中國；禦不可以不嚴，不嚴則不足以攘夷狄。經傳所謂「維藩維翰」，「足食足兵」；孟子所謂「城非不高，池非不深，兵甲非不堅利」，備邊籌策之長，孰有要於是哉？

人才爲政之首務。親賢臣，遠小人，此先漢所以興隆也；親小人，遠賢士，此後漢所以傾頹也。故凡有天下國家者，惟在進賢而退不肖。蓋賢者進，則人莫不見賢而思齊；不肖者退，則人皆見不肖而自省。唐虞人才之盛，本於舜舉皋陶而誅四凶，是其驗也。此非人才賢否之由而何？刑賞，人君之大權。刑當其罪，則刑一人而千萬人懼；賞當其功，則賞一人而千萬人勸。然聖人之心，善善長而惡惡短，帝舜罪疑惟輕，功疑惟重，罰弗及嗣，賞延于世。此非刑賞緩急之可而何？

天下之事，凡著於人爲者，有得有失；故見於天應者，有災有祥。《易》曰：「積善必有餘慶，積不善必有餘殃。」《書》曰「惠迪吉，從逆凶」，「作善降之百祥，作不善降之百殃」，以至休徵之應於肅乂哲謀聖，咎徵之應於狂僭豫急蒙之類是也。夫吉凶之應於善惡，猶影響之出於形聲。如此，則感召之機速，孰有踰於此乎？是不可不慎也。

夷狄非我族類，雖不可以中國之治治之，然苟綏懷有道，則其至愚而神，有可感化。伯益之戒舜曰「罔失法度，罔遊于逸，罔淫于樂；任賢勿貳，去邪勿疑，疑謀勿成；罔違道以干百姓之譽，罔咈百姓以從己之欲。無怠無荒，四夷來王」；召公戒成王曰「明王慎德，四夷咸賓」「不寶遠物，則遠人格」之類是也。由此觀之，帝王之於夷狄，順之則服，逆之則去。如此，則其向背之故，孰有外於此乎？

於乎！家國、兵民、禮樂、教化、制治、保邦、爲政、備邊、人才、刑賞、災祥、夷狄之事，此皆古昔聖帝明王之所已行，載諸經史，可以爲訓者也。故傅説告高宗有曰：「學于古訓，乃有獲。事不師古，以克永世，匪説攸聞。」宜乎聖策有「事貴乎師古，不稽諸古，無以爲法於今」之諭。此臣固有以知陛下之心，即古昔帝王之盛心矣。然而，時異勢殊，宜於古者或有不合於今，膠柱調瑟，刻舟求劍，在古人深以爲戒。精一執中，因時制宜，雖聖智所不能違。宜乎聖策有「施貴乎合宜，不宜於今，豈可徒泥諸古」之訓。此臣又有以知陛下之心，即權衡萬化之盛心也。所謂「大哉，心乎，萬化之原，萬事之本」者，此也。陛下誠運是心以齊家治國，詰兵養民，則家齊國治，而兵備民安；誠運是心以制禮作樂，敦行教化，則禮備樂和，而化行俗美。以至制治、保邦、爲政、備邊，非運是心不足以成其功；人才、刑賞、災祥、夷狄，非運是心不足以臻其效。然則，天下之事，惟貴於得其要。不得其要，則事雖簡，治以衆人而不足；苟得其要，則事雖繁，運以一心而有餘。此臣所爲惓惓以運是心，爲陛下陳之也。

陛下之策臣者，臣既以此陳之，而於終篇竊有獻焉，何也？天地無心而成化，聖人有心而無爲。天地無心，而覆載萬物無遺者，以其至誠無息所致也；聖人有心，而酬酢萬化無失者，以其純亦不已所使也①。臣願陛下體天地之無息，運酬酢之盛心，始終惟一，宵旰無間，則遠追配乎二帝三王，近光昭乎祖宗列聖無難矣。臣學不足以明先聖之道，才不足以適當今之宜，芻蕘之言，上塵聖覽，伏惟陛下少垂采納，則國家幸甚，天下幸甚！

臣不勝悚懼之至。臣謹對。

（底本：《景泰五年進士登科録》。參校本：《皇明歷科狀元全策》卷四）

---

① 「亦」，《皇明歷科狀元全策》作「一」。

二七　天順元年丁丑科　黎淳

天順元年（一四五七）丁丑科，廷對之士二百九十四人，狀元黎淳，榜眼徐瓊，探花陳炳中。

黎淳（一四二三—一四九二），字太樸，號樸庵。湖廣岳州府華容縣（今屬岳陽市）人。狀元及第，年三十五，授翰林院修撰。歷左春坊左諭德、左庶子。成化十三年（一四七七），遷少詹事；十四年，陞吏部右侍郎。成化二十二年，改南京吏部右侍郎；二十三年，遷左侍郎。弘治元年（一四八八），陞南京工部尚書，旋改禮部。致仕歸，弘治五年卒于家，年七十，謚「文僖」。著有《龍峰集》《黎文僖公集》，輯有《國朝試録》。

黎淳廷試策見《天順元年進士登科録》及《皇明歷科狀元全策》。

天順元年三月甲子朔。戊寅，上御奉天殿，親策舉人夏積等二百九十四人，制曰：朕惟帝王治天下，必以求賢安民爲首務，蓋古今之所同也。然古之士，進以禮，退以義，爲上爲德，爲下爲民。今何其立功之志弱，而利禄之心勝；奔競之風未息，而廉介之節少著，其失何由？古之民，有恒産，有恒心，家給人足，比屋可封，今何其務本者少，而逐末者多？媮薄之習寖長，而禮讓之俗未興，其弊安在？朕自復位以來，圖惟治理，夙夜靡寧，求賢必欲得真才，安民必欲獲實效，將使士正其習，民淳其風，庶幾唐虞三代之盛，必有其道。子大夫其援經據史，酌古準今，明以條陳，毋曲所學，毋卑所志，務求切至之論，朕將擇而行焉。

（底本：《明英宗實録》卷二七六。參校本：《天順元年進士登科録》，《明代登科録彙編》影印明天順刻本；《皇明進士

登科考》卷七；《皇明貢舉考》卷四；《皇明歷科狀元全策》卷四）

臣對：臣聞帝王之治天下，在乎求賢安民而已。求賢安民，在乎智仁兼盡而已。蓋求賢者，智之事；安民者，仁之事。非智不足以求賢，非仁不足以安民。智以求賢，則迪知忱恂，而真才無不得。仁以安民，則博施濟衆，而實效無不臻。真才既得，士習由是而正；實效既臻，民風由是而淳。堯舜所以帝天下，而陶民熙皞者，此也。禹湯文武所以王天下，而措世隆平者，亦此也。故《書》曰「在知人，在安民」，又曰「知人則哲，能官人安民則惠，黎民懷之」，其是之謂歟？

欽惟皇帝陛下，稟聰明睿智之資，全剛健中正之德，曩者嗣大歷服，已歷十有五年。日御經筵，講求治理，聲色貨利無所通殖，宮室苑囿無所增廣，惠澤覃被於八荒，聲教洋溢於四海者久矣。茲乃應天順人，復登寶位，誕膺新命，光復舊物，言動不違乎祖訓，舉措允合乎天心，所謂「多難興邦，而殷憂啓聖」者也。是以倫紀粲乎其肇修，風俗藹乎其丕變，而功業文章，巍然焕然，已馴致乎唐虞三代之隆矣。然猶體道謙沖，不自滿足，特進臣等于廷，降賜清問，首以求賢安民爲務，期在士正其習，民淳其風，且惓惓欲求切至之論。臣愚有以知陛下此心，即舜之好問好察，禹之聞善則拜，文王望道如未見之心也。其所以復大一統文明之治，綿千萬載太平之業，端在此矣。顧臣愚陋，無所知識，然明命下臨，敢不精白一心，以對揚於萬一乎？

臣惟天生斯民不能自治，而必作之君；君撫斯民不能獨理，而必資乎臣。故人君之爲治，不必務乎至高難知，惟在求賢而已；不必務乎至遠難行，惟在安民而已。昔者唐虞三代之求賢也，若時若采之登庸，三德六德之咸事，股肱耳目，皆有所託；賢德忠良，舉無所蔽。或三宅三俊之克即，或義德容德之繼用，其得賢之盛如此，豈無自而然哉？蓋由智之極其明耳。若堯之疇咨明揚，本於欽明；舜之翕受敷施，本於濬哲，禹則明明于萬邦，湯則經德而秉哲，文武則聰明齊聖，克知灼見，謂非智之極其明乎？ 夫惟智之極其明，如鑒之空，而姸醜自辨；如衡之平，而輕重自分，賢否不得以混淆矣。 然上之人既明於知人，而賢者乃得行其志。 是故其進也以禮，不枉道以干禄，不衒玉而求售，蓋主乎辭遜，而不輕於進也。 其退也以義，或見幾而必作，或不合而即去，蓋主乎斷制，而不難於退也。 所以士之用於當世者，必爲上爲德，而使君爲堯舜之君；爲下爲民，而使民爲堯舜之民，又豈不行其道而尸位素飡哉？ 所謂求賢而得真才者，以此。

至若唐虞三代之安民也，黎民有於變之休，萬國有咸寧之效，平治水土而烝民乃粒，輯寧邦家而兆民允殖。 有夏爲之修和，四海爲之永清，其安民之功如此，又豈無自而然哉？ 蓋由仁之極其愛耳。 若堯之協和萬邦，本於其仁如天；舜之四方風動，本於其德好生；禹則德惟善政，湯則克寬克仁，文武則懷保小民，寵綏四方，謂非仁之極其愛乎？ 夫惟仁之極其愛，萬物一體，而惠澤爲之溥施；天下一家，而教化爲之大行，遠近咸歸其極矣。 然上之人既篤於愛民，而下民乃得遂其生。 是故民有恒産，必五畝之宅，樹之以桑，百畝之田，勿奪其時，而游手游食者無有也。 民有恒心，必孝弟忠信之是修，放辟邪侈之不作，而敗禮亂常者無有也。 所以民之生于其時者，家給人足，而歡然於仰事俯育之餘；比屋可封，而蔚然於禮樂教化之内，又豈衣食是憂而五品之不遜哉？ 所謂安民而獲實效者，以此。

夫二帝三王智以求賢，仁以安民，而得其真才實效，於是之極盛矣。 自時厥後，若漢唐宋之英君，雖或知以求賢安民爲務，而於智仁不能兼盡，是以真才未必得，實效未必臻。 回視唐虞三代之治，迢遥其不可及也。

洪惟我太祖高皇帝，膺天命以創鴻業；太宗文皇帝，順人心而靖邦家，其求賢安民之道，遠紹帝王而有光；仁宗昭皇帝，敷大惠以寧四海；宣宗章皇帝，明俊德以綏萬方，其求賢安民之道，近述祖宗而無間。 夫何承平日久，趨向漸乖，士習或流於貪縱，民風或至於澆漓。 朝廷雖急於求賢，然爲士者立功之志弱，而利禄之心勝；奔競之風未息，而廉介之節少著，豈所謂求賢者徒徇虛名，而未得真才之故歟？ 使得真才而用之，尚何有是失哉？ 朝廷雖急於安民，然斯民務本者少，而逐末者多，媮薄之習寖長，而禮讓之俗未興，豈所謂安民者徒事虛文而未臻實效之故歟？ 使臻實效而驗之，尚奚有是弊哉？

仰惟陛下復位以來，圖惟治理，夙興夜寐，汲汲於求賢；宵衣旰食，切切於安民。然求賢必欲得真才，而安民必欲獲實效，將使士正其習，民淳其風，庶幾唐虞三代之盛，必有其道者。臣愚以爲，在陛下智仁兼盡而已。臣伏覩陛下詳經制以網羅天下之賢，或由科目舉，或由胄監選，或以賢良方正薦，或以懷材抱德徵，此陛下求賢如渴之心也。奈何人藏其心不可測度，直者似訐，而剛者似傲，佞者似忠，而詐者似信，所謂珉中玉表而鳳鳴鷙翰者也。況秉銓衡者未盡其公，司考課者或乖乎正，回邪諂媚之徒得躋于顯融，而剛方廉潔之士或困于詆毀，真才何由而得乎？ 陛下求賢果欲得真才，必本乎此心之智，洞察其賢否，灼見其虛實，勵精選舉之方，申嚴考課之法。登崇俊良，簡任忠直，置之廟堂之上，布之藩臬之中，言行足以表率乎群僚，政事足以撫綏乎黎庶。譬之木焉，本端而末自直；譬之水焉，源澄而流自清。將見今之士進必以禮，而不蹈希世取寵之非；退必以義，而咸知固位貪權之耻。急於行道濟時，而奮立功之志；力於輸忠效勞，而忘利禄之心。以恬静爲尚，而奔競之風自息；以貪墨爲戒，而廉介之節自著，即《書》所謂「允迪厥德，謨明弼諧」，《詩》所謂「濟濟多士，秉文之德」者也，尚何士習之不正哉？

臣伏覩陛下頒明詔，以軫念元元之苦，或蠲租稅以寬之，或發帑藏以濟之，或申節儉之制，或開減省之條，此陛下視民如傷之心也。奈何民生多欲，因物有遷，夏暑雨而阻食，冬祁寒而阻衣，惸獨鰥寡顛連而無告，饑饉流移瀕死而難存，宜乎禮義不興而奸宄未止也。況司民牧者乏撫字之勤，職風化者乖明倫之教。詞訟日繁，而刑清之頌不作；田野就荒，而《擊壤》之歌未聞，實效何由而獲乎？ 陛下安民果欲獲實效，必本乎此心之仁，如疾痛之切於一體，如氣脉之貫於四肢，儆戒其勞來之職，嚴督其勸課之責，所欲與聚，所惡勿施；置之於衽席之安，措之於富壽之域。比閭族黨有義以相保，親踈尊卑有禮以相接。譬之網焉，綱舉而目自張；譬之衣焉，領挈而裘自順。將見今之民，産必有恒，不安作而陷刑。知農事不可緩也，咸耕鑿以務其本；知商販爲可賤也，不市利以逐其末。鄉閭有塾，則考德問業，而媮薄之習自止；里社有約，則好善惡惡，而禮讓之俗自興，即《詩》所謂「群黎百姓，徧爲爾德」，《易》所謂「久於其道，而天下化成」者也，尚何民風之不淳哉？夫如是，則陛下之治天下，端不異於唐虞三代之盛矣。此臣之愚見，斷以爲智之明足以求賢，仁之愛足以安民，是以其效自有不期然而然者也。

然陛下之策臣者，臣既略陳之矣，而於終篇竊有獻焉。夫求賢安民，固本於陛下之智仁，而智仁之盡，尤在乎陛下之一心。蓋心者一身之主宰，萬事之本根，所以統五官而令百體者也，所以參天地而贊化育者也。陛下必欲常存是心，又必以敬爲之主焉。靜而主敬，以全其心之體；動而主敬，以達其心之用。以之求賢，則智極其明；以之安民，則仁極其愛。然而是敬奚翅爲智爲仁，以盡求賢安民之道而已乎？至於視聽言動，一循乎天理；好惡用舍，必合乎時中。殆見四方萬國，必由此而咸和；九夷八蠻，必由此而賓服；五嶽四瀆，必由此而效靈；四時五行，必由此而順序，曠世之祥於是乎並見，諸福之物於是乎駢臻。宋儒程子所謂「上下一於恭敬，則天地自位，萬物自育，氣無不和，而四靈畢至」者也。如是，則陛下之治卓冠百王，而垂億萬年之休，與天地相爲無窮者，自兹始矣。

臣學識膚淺，不能援經據史，酌古準今，謹直述以對。若夫曲所學以阿世，卑所志以徇時，則臣不敢以自處也。伏惟陛下少垂睿覽，天下幸甚，萬世幸甚！

臣謹對。

（底本：《天順元年進士登科録》。參校本：《皇明歷科狀元全策》卷四）

二八 天順四年庚辰科 王一夔（又名謝一夔）

天順四年（一四六〇）庚辰科，廷對之士一百五十六人，狀元王一夔，榜眼李永通，探花鄭環。

王一夔（一四二五—一四八七），字大韶，號約齋。江西南昌府新建縣（今屬安義縣）人。本姓謝，其祖父避仇家，匿王氏家，遂從其姓。成化七年（一四七一）疏請復姓，故又称谢一夔。狀元及第，年三十六，授翰林院修撰。歷左諭德、翰林學士，成化十六年（一四八〇），陞禮部右侍郎；二十二年，陞工部尚書。成化二十三年，以疾卒于任，贈太子少保。正德中，謚「文莊」。有《古源文集》（一名《謝文莊公集》，《明史》作《謝一夔文集》）等行世。《明史》有傳。

王一夔廷試策見《天順四年進士登科録》及《皇明歷科狀元全策》。

天順四年三月戊寅朔，上御奉天殿策試舉人陳選等一百五十六人，制曰：朕惟治天下亦多術矣，舉而行之，必有其要。《傳》謂：「禮樂刑政，四達而不悖，則王道備。」然[則]其要固不出此四者①，而行之亦有先後緩急之序與？唐虞三代所以措天下於雍熙泰和之盛者，率用此道，可歷指其實而詳言之歟？後之有天下者，莫若漢唐宋，其間英君誼辟，亦有用此道者，[然]而治效不能比隆於唐虞三代②，其故何歟？朕嗣承祖宗鴻業，孜孜圖治，夙夜不遑，於禮樂刑政，亦既備舉而並行之矣，而治效猶未極于盛，何歟？兹欲究禮樂之原，求刑政之本，行之以序而達之不悖，用臻唐虞三代之盛，其道何由？

① 「則」，據諸參校本補。 ② 「然」，據諸參校本補。

子大夫潛心經史有年矣，其詳著于篇，朕將採而用焉。

（底本：《明英宗實録》卷三一三。參校本：《天順四年進士登科録》，影印明天順刻本，天一閣選刊；《皇明進士登科考》卷七；《皇明貢舉考》卷四；《皇明歷科狀元全策》卷五）

臣對：臣聞帝王之治本於道，帝王之道本於誠。蓋誠爲道之實，而道即禮樂刑政之理也。禮樂而非誠，無以立其體；刑政而非誠，無以達其用。惟其誠也，由是而制禮作樂，則禮備而樂和；由是而明刑修政，則刑清而政舉。故善爲治者，未有不本於道；善行道者，未有不本於誠。二帝之所以帝天下而世躋雍熙者，此誠也；三王之所以王天下，而俗臻康乂者，亦此誠也。下逮漢唐宋之英君誼辟，所以不能比隆於二帝三王，而治不古若者，庸非此心之誠，有或間歟？大哉誠乎！其爲萬化之本原，萬事之樞紐，人君爲治之大本乎？

欽惟皇帝陛下，聰明先物，睿智有臨，法二帝三王之要道，紹祖宗列聖之宏規。曩者嗣大歷服，不邇聲色，不殖貨利，凡耳目之娛，珍異之獻，悉誠心罷去，與民休息。是以十五年間①，朝廷清明，民物熙皞，四時調玉燭之和，萬彙贊禎祥之應，屬者順天應人，復登寶位，乾坤爲之再造，人紀爲之肇修，禮樂明備，刑政修舉。普天之下，莫不謳歌乎鳳儀獸舞之治；率土之濱，莫不甄陶於鳶飛魚躍之天。治效之盛，振古而無以加矣，是皆本於皇上至誠行道之所致也。兹猶不自滿假，乃涣綸音，下明詔，進臣等於廷，降賜清問，首之以禮樂刑政施爲緩急之序，繼之以唐虞三代漢唐宋治化隆替之由，終之以所以用禮樂刑政而克臻帝王治效之道。至哉問也！顧臣愚陋，曷足以上揆淵衷。雖然，天道下濟而光明，地道卑而上行，

① 「十」，《皇明歷科狀元全策》作「四」。按英宗復位算，至此是四年。

陛下既誠心發策以下問矣，臣敢不悉心披誠以上對乎？

竊惟帝王治天下之術，非一端也，然所行之要，不越乎禮樂刑政而已。蓋禮有三千三百之儀，所以節民之心，使其所行無過不及焉。樂有五音六律之作，所以和民之聲，使其所言無所乖戾焉。故曰：「安上治民，莫善於禮；移風易俗，莫善於樂。」是禮樂所以教民，而爲出治之本，陛下所謂先與急者在是也。若夫政者，法制禁令也，所以一民之行而率其倦怠焉。刑者，墨、劓、剕、宫、大辟也，所以防民之奸，而懲其恣肆焉。故曰：「道之以政，齊之以刑，民免而無耻。」是刑政所以弼教而爲輔治之具，陛下所謂後與緩者在是也。雖然，禮樂刑政，固有先後緩急之序，要之亦不可以偏廢也。使有禮樂而無刑政，則徒善不足以爲治；使有刑政而無禮樂，則徒法不能以自行。故《傳》謂：「禮樂刑政，四達而不悖，則王道備。」誠哉，是言也！

稽之於古唐虞之時，以言其禮，則五禮修而三禮明；以言其樂，則六律和而八音諧，禮樂於是乎大備焉。德惟善政，政在養民，而六府三事之允治；明于五刑，刑期無刑，而五服三就之克允，刑政於是乎大彰焉。是以當時萬邦協和，而黎民有於變之休；庶績咸熙，而四夷有來王之效。豈非唐虞能用禮樂刑政，而致雍熙泰和之盛乎？然推其所由，則又本於堯之允恭克讓，舜之温恭允塞之所致也。

夏商之世，司徒修六禮以節民性，樂正崇四術以教士習，立典則以貽子孫，而有關石和鈞之設焉；制官刑以儆有位，而有三風十愆之訓焉。成周之世，宗伯掌五禮以親萬民，司樂掌六樂以諧萬民，司馬掌邦政，以九法正邦國；司寇掌邦刑，以三典詰四方，情文備而制度詳。是以當時聲教四訖，而兆民允殖；丕冒海隅，而萬姓悦服。豈非三代能用禮樂刑政，而致雍熙泰和之盛乎？然原其所自，則亦本於禹之允迪厥德，湯之咸有一德，文武之純亦不已，丕則敏德之所致也。夫唐虞三代，以誠心行道，而致治效之盛如此。

後之有天下者，莫如漢唐宋。若高祖之豁達大度，文帝之恭儉玄默，武帝之雄才大略，宣帝之綜核名實，以至光武之沈幾先物，明帝之下身遵道，章帝之左右藝文，此漢之英君誼辟也。觀其用綿蕝所習之儀，奏昭德五行之舞，制屯田而定租税，作《九章》而除肉刑，其用禮樂刑政也如此。然或不事《詩》《書》，或謙讓未遑，或内多寵慾，或擇術不審，又有吏事深刻，察察爲明，優柔不斷者。求之當時，雖有海内富庶，幾致刑措之風；百姓寬息，人賴其慶之美，方之唐虞三代雍熙之化，不啻碔砆之於美玉矣。此無他，由其徒用禮樂刑政而行之，不能本乎誠故也。

若夫太宗之英邁絶倫，玄宗之勵精圖治，憲宗之剛明果斷，此唐之英君誼辟也。觀其採古制而定章服，分二部以習音樂，立府兵、租庸調之法，除斷趾而增覆奏，其用禮樂刑政也如此。然而一則假仁喜功，一則惑於女色，一則不終其業。考之當時，雖有斗米三錢，絶域來庭之盛，民皆樂業，威令幾振之美，揆之唐虞三代泰和之治，不啻魚目之厠美珠矣。此無他，由其徒尚禮樂刑政，而用之不能本乎誠故也。

迨夫有宋之興，太祖之仁義，太宗之沈謀，有以開創于前。真宗之英悟，仁宗之仁恕，有以守成於後，真所謂英君誼辟矣。觀其定朝儀而詳服製，正音律而録名數，嚴科禁以弭奢僭，採敕條以爲卷編，固皆用禮樂刑政以圖至治矣。然或好微行，或傷恩義，或假符瑞而封禪，或以邪正而互用，雖曰治效有過於漢唐，而亦不能比隆於唐虞三代也。詳其所以，又豈非設誠於内者有或替歟？夫漢唐宋諸君，不能誠心行道，而治效不古若者如此。

洪惟我太祖高皇帝肇造區夏，太宗文皇帝肅清邦家，而隆古之風以振。仁宗昭皇帝繼其統，宣宗章皇帝纘其功，而隆古之治益彰。所以然者，固不外乎禮樂刑政之用。原其所以用禮樂刑政，又豈不本於列聖至誠之心也哉？陛下應天人之歸心，嗣祖宗之洪業，復位以來，孜孜圖治，夙興夜寐，不遑寧處。慮民性之未中也，則用禮以節之；慮民聲之未和也，則用樂以和之。而禮也樂也，固並舉而無遺矣。慮民行之不一也，則修政以一之；慮民姦之未息也，則明刑以防之。政也刑也，亦並行而不偏矣，是以治效之盛，曠古莫及。而聖心猶有治效未極于盛之慮，臣有以知陛下真大有爲之君，真不世出之主，真可以四三王，六五帝，而視漢唐宋諸君，風斯下矣。

陛下欲究禮樂之原，臣則以爲禮樂之原，固不外乎一誠。陛下欲求刑政之本，臣則以爲刑政之本，亦不外乎一誠。蓋真實無妄，純粹不雜者，誠也。一有所雜，則僞而不誠矣。悠久不息，始終無間者，誠也。一有所間，則息而不誠矣。陛下運此心之誠以興禮樂，則大禮與天地同節，大樂與天地同和，而禮不失於慝，樂不流於淫矣。陛下運此心之誠以用刑政，則一政之出，人皆信之如蓍龜；一刑之施，人皆畏之如鈇鉞，而政不失於乖，刑不流於慘矣。禮樂刑政雖備舉而並行，然禮樂在所當先，刑政在所當後。析而言之，又必先禮而後樂，先政而後刑，此四者施行之次序也。行之既有其序，則禮樂昭宣，刑政修舉，極天蟠地，周流四達，凡天下之民，莫不是遵是守，而無違悖者矣。然所以行而達之之要，實在於陛下一念之誠焉。陛下能於禮樂刑政之用，一本於誠，則治化之盛，又何患乎不與唐虞三代同驅而並駕哉？將見今之黎民，與唐虞之黎民，同一於變時雍矣；今之百姓，與三代之百姓，同一徧爲爾德矣。何則？世有古今，而道無古今；人有先後，而心無先後，惟在陛下至誠以感化之耳！所謂「惟天下至誠爲能化」是也。

然陛下之策臣者既如此，而篇終又啓之曰：「子大夫潛心經史有年矣，其詳著于篇，朕將採而用焉。」臣受陛下生成之恩，沐陛下教養之德。平昔之所涵養者，忠君報國之心；師友之所講明者，致君澤民之事。雖援經據史之對有未及詳，而責難陳善之志，實所抱負。既領春官之薦，叨奉大廷之對，正愚臣叫閶闔、呈琅玕之日，謹拜手稽首而獻言曰：誠之爲道，其大矣乎！具於太極之渾淪，而極於天地之變化；始於夫婦之隱微，而著于鳶魚之飛躍。亘古亘今，莫非此誠之所爲；徹上徹下，莫非此誠之所寓。故修身而不以誠，則欲得以間理；用人而不以誠，則邪得以間正。況禮樂刑政，爲治天下之大經大法，而行之不本於誠，可乎？《中庸》曰：「凡爲天下國家，有九經，所以行之者一也。」一即誠也，誠之爲道，信乎其大矣。臣願陛下存此心之誠，不貳以二，不參以三，不以始終而有殊，不以先後而有間。大廷如是，深宫亦如是；大政大事如是，微言細行亦如是。存養於端莊静一之中，省察於應事接物之際。出一言也，無非實理之所發；行一事也，無非實理之所著。由是而法帝王，必能合時措之宜，而不泥於古矣；由是而法祖宗，必能盡繼述之美，而有光於前矣。殆見德之所及，廣大如天，極覆載之間，凡有血氣者，莫不尊親。信乎唐堯虞舜，復見於今日；禹湯文武，不得專美於前世矣。

臣之愚見，始以誠爲陛下勉，終以誠爲陛下獻，良以同民心，出治道，而極其盛者，實由於此。伏惟萬幾之暇，少垂睿覽，則國家幸甚，生民幸甚！

臣干冒天威，不勝恐懼戰慄之至。臣謹對。

（底本：《天順四年進士登科録》。參校本：《皇明歷科狀元全策》卷五）

二九 天順八年甲申科 彭教

天順八年（一四六四）甲申科，廷對之士二百四十七人，狀元彭教，榜眼吴釴，探花羅璟。天順七年二月會試，場屋弗戒于火，焚死者九十餘人，英宗憐之，賜死者進士，八月補試，翌年廷試。

彭教（一四三九—一四八〇），字敷五，號東瀧。江西吉安府吉水縣（今屬吉安市）人。天順三年（一四五九）鄉試解元。狀元及第，年二十六，授翰林院修撰。成化三年（一四六七），預修《英宗實録》成，進侍講，侍經筵。成化十三年主順天府鄉試。成化十六年七月，以疾卒，年四十二。有《東瀧遺稿》行世。

彭教廷試策見《天順八年進士登科録》《東瀧遺稿》及《皇明歷科狀元全策》。天一閣選刊（影印明天順刻本）《天順八年進士登科録》所載策文有漫漶之處，今據《皇明歷科狀元全策》《東瀧遺稿》補足，不一一出校。

天順八年三月甲寅朔。戊辰，策試會試舉人吴釴等二百四十七人，制曰：朕惟臨軒策士，乃我祖宗法古求治之盛典也。兹朕煢煢在疚，事雖不敢妨廢，而情有不能安。然行之者，顧爾多（志）[士]游心經史①，於治國平天下之道，講之熟矣，朕雖不臨軒詳問，爾多士其各敷陳所蘊以獻，務切時宜，毋泛毋略，朕將採而行之。

（底本：《明憲宗實録》卷三。參校本：《天順八年進士登科録》，影印明天順刻本，天一閣選刊；《皇明進士登科考》卷

---

① 「士」，據諸參校本改。

七；《皇明貢舉考》卷四；《皇明歷科狀元全策》卷五）

臣對：臣聞《大學》有曰：「自天子以至於庶人，壹是皆以修身爲本。」蓋《大學》條目有八，而修身居其中。格物致知，誠意正心，皆所用以修其身者；而齊家治國平天下，非本之修身，則無以成其功也。大哉身乎！體斯道而行，萬化其在此乎？故曾子一傳而子思則曰：「修身則道立。」再傳而孟子則曰：「修其身而天下平。」然則聖賢道學相傳，固莫切於修身，而帝王治國平天下之道，抑豈有出於修身之外者哉？

恭惟皇上出震繼離，嗣大歷服，龍飛虎變，御極當天，聖作神興，萬物咸覩。舜承堯志，首行四罪之投；武纘文謨，益隆周召之任。屏耳目之玩，弛不急之營，凡天下之所欲而未興，所病而未除者，以次罷行，幾無遺憾，浹月之間，所以大慰斯民之望，益光繼述之猷者，至矣盡矣！然猶不以聖知自居，雖在諒陰之中，而不廢求賢之典，首進臣等于廷，宣示制策，咨諏治道，此尤足以見帝王之高致知爲治之先務也。

臣仰惟陛下毓德春宮，蓋有年矣。其温仁博厚，出於天資之美；主善協一，得于講學之功。而存心出治之精微，制治保邦之統紀，得于先帝心傳之妙。一旦尊居宸極，舉而措之，若建瓴然，豈臣昧陋所能有裨於聖明之萬一哉？然敢不陳其狂愚以塞明詔？

臣竊惟治國平天下之道，有本焉，有要焉。本者何，修身是也；要者何，用賢才正風俗是也。有其本而無其要，則治道不可以徒成；有其要而無其本，則治功不可以苟就，是豈治國平天下之道哉？臣請循其本，舉其要，徵諸往古，爲陛下陳之，以信治平之說。

夫賢才者，致治之具，故曰：「爲國無以爲寶，惟善以爲寶。」言有國之務，莫要於此矣。古之聖王，恭己無爲于上，而任賢分理于下。舜之舉相命官，夏之籲俊尊帝，成湯任伊尹而功格于天，高宗得傅說而殷邦嘉靖。文武之興，爽邦由哲，爲周之禎者，皆《棫樸》《卷阿》之士；弼成丕基者，皆義德容德之人。當是之時，庶政惟和，萬國咸寧。下逮漢唐宋之君，亦皆選任賢才以爲輔佐。高祖開基，蕭曹爲冠；孝宣中興，丙魏有聲。房杜致太平之功，姚宋成開元之治。韓范富歐用於宋，而慶曆元祐之治，後世稱之。雖不足以興王而躋盛治，亦皆能隨世以就功名，蓋賢才之有益於人國也如此。然取人爲政，必本於修道之仁，則所以用賢才者，豈修身未至者之所能辦哉？

至於風俗者，厲世之規，故曰：「君子不出家，而成教於國。」言風教之行，無爲而化也。先王之盛禮義之澤，漸摩浸灌，使民興行，百姓昭明而刑措不用，遷善敏德而比屋可封。虞芮之人，感禮讓之風；江漢游女，有士君子之行。民俗洽時雍之化，兆民有阜成之美，而三代之隆，卓乎不可及已。自德色誶語之俗興，而嬴紀以顛；自虚浮放曠之習盛，而晉俗日壞。東漢勵名節之風，而士之激揚風流者，猶足以維持於世道；有宋敦忠厚之習，而士之正色立朝者，亦足增重於國勢。風俗係治道之污隆如此。然允升大猷，必由於敬典之德，則所以正風俗者，亦豈聲音笑貌之所能爲哉？惟其爲治者不知用賢之爲要；而致意於用賢者，又未必本於修身。是以或見賢而不能舉，或舉之而不能先，甚者好人之所惡，而惡人之所好。於是卑瑣齷齪者，盤據窟穴而不可摇；正直剛明者，遠引高蹈而不樂於用。否泰消長，而國空虚，乃徒惴惴於兆民之未殖，四方之未靖，其亦不思之甚矣！則臣之所謂其要在用賢才者，固非徒然也。惟其論治者不知風俗之爲要，而留心於風俗者，又未必本於修身。是以朝廷之上，是非不白，刑賞不分；士大夫之間，志趣卑污，廉耻廢壞。正言端色者，群譏衆排，而目之爲矯激；阿諛軟熟者，逢迎請謁，而稱爲之變通。天下之人，靡然不知名節行檢之爲重；而天下之事，亦將支離潰敗而不可以復爲，乃徒區區於禁防之未密，法制之未周。吁！亦末矣。則臣之所謂其要在正風俗者，有非苟然也。

陛下之孜孜於賢才切矣。首降温綸，即開薦舉之門，復精選任之政。黎獻共臣，遠邇丕應，明揚之選，或未叶于疇咨；

周行之間，尚不稱於任使，殊未足以上當陛下寤寐英豪之心也。臣願陛下修身以任賢才，即所謂「惟仁者能愛人，能惡人」，有克知灼見之明，有迪知忱恂之哲，則群賢之進，如茅斯拔，而不致於齟齬前却之患；庸邪之退，如距斯脱，而無所幸於姑息容養之私。然後翕受敷施，隨材器使。大者贊元，經體以亮天工；細者居官任職，以熙庶績；能外事者，任典戎幹方之責；明治體者，備拾遺補過之官，布列中外之間，以共圖天下之事。則天下國家之治，可得而成矣。

陛下之汲汲於風俗至矣。重奔競之罰，杜倖進之途，長寬厚之風，除苛刻之政，天下亹亹嚮風承德。然君子未能於有耻，小人未盡於革心，或未足以仰酬陛下敦大成裕之意也。臣願陛下修身以正風俗，即所謂堯舜帥天下以仁而民從之，其好惡之端，既足以示人之趨嚮；而真實之意，又有以孚人於觀感。風俗既成，人知所尚，將見知耻好義，不必爵賞刑罰，一一加其身而後有所勸戒；不待勸勉程督，人人致其教而後有所修飭。興仁興讓之俗臻，教成於國之效著，則天下國家之治，可得而久矣。夫用賢才以成治功於一時，正風俗以綱維治道於悠久，治平之道，誠莫要於此者，而一皆本於修身焉。故身也者，萬化之原，萬事之幹，其所以爲取人之則，教化之端，胥此焉出。所謂修身而後家齊，家齊而後國治，國治而後天下平者以此。陛下知一身繫於天下國家，其重如此，而不敢以少忽焉，必使言有則而行有常，以立大中而守至正，則推之於國，達之天下，以之用賢才，以之正風俗，治具畢舉，德化風行，邁迹往古，增光先烈，將唯陛下之所爲，無不如志矣。

若夫政事之失得，民生之利病，因革之所宜，修攘之所切，固臣之所欲縷指而條陳，諒亦陛下之所樂聞而嘉納者。然臣竊以爲不急其要，而泛及其他；不本于陛下之身，而營營馳騁於事爲功利之末，則非所以端出治之本，清應物之源，正宏綱大紀之所在，其何以贊陛下宏遠之圖，惟新之治哉？故臣冒昧輒陳其説如此，而懇懇焉以修身爲勸也。

雖然，身者家國天下之本，而心又身之主也。故古之事君者，惟以格心爲務，其亦有以識此矣。夫一心之微，攻之者衆，况乎居至尊之位，操無不可致之勢，則凡聲色臭味，游衍驅馳，土木之華，貨利之殖，雜然並進於前者，日新月盛，而左右便僻之人，巧伺間隙以投意好者，其類非一。雖陛下睿識高明，聖志堅定，必不爲事物之所動摇，私小之所蔽惑。然所以爲此心涵養薰陶之助，維持禁戒之防者，其可不加之意歟？有宋大儒程頤嘗進言於君，亦曰：「人主一日之間，接賢士大夫之時多，則可以涵養氣質，薰陶德性。」當時以爲名言，後世稱爲至論。陛下當服行政教之始，寔自貽哲命之時，超然遠覽，深惟至計，念君德之所繫，謹氣體之移養，妙簡文學之臣，擇其謹厚醇懿端貞（蹇）［謇］諤之士①，陪侍法從，儤直殿廬，以備講讀之員，以奉清問之燕。視朝之餘，即御便殿，從容延訪，切劘治道，因時啓沃，隨物箴規。下至人情物態，稼穡艱難，亦得以具陳於左右。然修身體道之實，莫要於經；治亂安危之迹，莫備於史。宜令白直其説，分日進講，不限常式，而得悉意以開陳；無所避忌，而得隨事爲勸戒。至於祖訓條章、三朝寶訓、祖宗之成憲斯在，國家之令典具存，常經聽覽，庶習舊章，則朝夕與居者，莫匪正人；洋溢聽聞者，無非善道。聖心湛然而無蔽，聖德純一而不雜，于以坐九重，負斧扆，南面而聽斷，紹列聖之宏撫，垂萬世之永聞，豈不休哉？

臣草茅微賤，學術庸踈，蒙國家之教養，承陛下之登進，輒以所學，妄有陳論，伏望留神省覽。涓埃之微，或有增於海嶽，則足以彰陛下策士求言之實意，而臣亦不爲闊迂無用之虚言矣。若夫阿意逢迎，有所規避，以徼一命之寵，陛下亦將焉用之哉？

干犯天威，無任戰慄恐懼之至。臣謹對。

（底本：《天順八年進士登科録》。參校本：《東瀧遺稿》卷一，《四庫全書存目叢書》影印江西省圖書館藏抄本；《皇明歷科狀元全策》卷五）

① 「謇」，據《東瀧遺稿》卷一改。

三〇　成化二年丙戌科　羅倫

成化二年(一四六六)丙戌科,廷對之士三百五十三人(據是年《登科録》),狀元羅倫,榜眼程敏政,探花陸簡。

羅倫(一四三一—一四七八),字應魁,改字彝正,號一峰。江西吉安府永豐縣(今屬吉安市)人。策對大廷,頃刻萬言,不屬草,擢魁天下,年三十六。授翰林院修撰。甫兩月,上疏諫阻大學士李賢「奪情」,落職提舉泉州市舶司。成化三年召還,復修撰,改南京翰林。供職兩月,以疾辭,不允。又三年,再辭,乃得允。成化十四年卒,年四十八。正德中,追贈左春坊諭德,謚「文毅」,學者稱「一峰先生」。著有《一峰集》《周易説旨》《中庸解》等。《明史》有傳。

羅倫廷試策見《一峰先生文集》《成化二年進士登科録》《皇明歷科狀元全策》及《增定國朝館課經世宏辭》。《成化二年進士登科録》所載不足四千字,與「頃刻萬言」的記載不符,且讀之文氣不暢,與別集所載判若兩文,顯然有較大删節。然明人尹直云:「國朝狀元對策,皆經閣老筆削,或自删潤,乃入梓。獨羅倫一策,未嘗改竄。蓋對策時恐天晚,半不具稿,一筆寫正。既掇魁後,以言忤旨外調,不及改削,然其策亦自詳贍。」(《謇齋瑣綴録》卷三)其中之情實難考詳。今以《一峰先生文集》(嘉靖刻本)爲底本,並參《皇明歷科狀元全策》釐定;《成化二年進士登科録》本亦并列于此,以便對照。

成化二年三月壬寅朔,上御奉天殿,策試舉人章懋等三百五十人。制曰:朕惟古昔帝王之爲治也,其道亦多端矣。然而有綱焉,有目焉,必大綱正而萬目舉可也。若唐虞之治,大綱固無不正矣,不知萬目亦盡舉歟?三代之隆,其法寖備,宜乎大綱正而萬目舉也,可歷指其實而言歟?説者謂漢大綱正,唐萬目舉,宋大綱亦正,萬目未盡舉。不知未正者何綱,未舉者何目與？已正已舉之綱目，可得而悉言歟？我祖宗之爲治也，大綱無不正，萬目無不舉，固無異于古昔帝王之治矣，亦可得而詳言歟？朕嗣承大統，夙夜惓惓，惟欲正大綱而舉萬目，使人倫明於上，風俗厚於下，百姓富庶而無失所之憂，四夷賓服而無梗化之患，薄海内外熙然泰和，可以增光祖宗，可以匹休帝王，果何行而可？必有其要。諸士子學以待用，其於古今治道，講之熟矣，請明著于篇。毋泛毋略，朕將親覽焉。

（底本：《明憲宗實録》卷二七。參校本：《皇明進士登科考》卷八；《皇明貢舉考》卷四；《皇明歷科狀元全策》卷五；《一峰先生文集》卷一，國家圖書館藏明嘉靖刻本）

其一

臣對：臣聞居天下之大位，必致天下之大治；致天下之大治，必正天下之大本；正天下之大本，必務天下之大學。堯舜禹湯文武之位，天下之大位也；堯舜禹湯文武之治，天下之大治也；堯舜禹湯文武之心，天下之大本也；堯舜禹湯文武之學，天下之大學也。有其學，然後能正其心；有其心，然後能致其治；有其治，然後能保其位。治也者，帝王保位之良圖；心也者，帝王出治之大本；學也者，又帝王正心之要道也。古先聖王知其然，是以堯學於君疇，舜學於務成昭，禹學於西王國，湯學於成子伯，文王學於鉸時子，武王學於虢叔。其所以精一此學，維持此心者，無不至也。故德澤加於當時，名聲垂於後世，功高天下，名並日月而不可及。

自漢而唐，自唐而宋，其間英君誼辟，非不欲致治如唐虞三代；志士仁人非不欲致君爲二帝三王。然寥寥千載，未有一二庶幾乎此者，或君有可學之資，有欲學之志，而不遇其臣，如高祖之於蕭曹，太宗之於房杜，神宗之於安石，是非其君之罪也。或臣有匡國之才，有格君之學，而不遇其君，如賈董之於漢，陸贄之於唐，二程朱子之於宋，是非其臣之罪也。此君臣相遇，自古以爲難，而有志之士，所以扼腕憤嘆而不能自已也。此漢所以止於漢，唐所以止於唐，宋所以止於宋，而不能唐虞三代者此也。臣每見前史，見君有向學慕道之心，而臣不能成之，則悲其爲臣；臣有匡國致君之學，而君不能用之，則悲其爲君。陛下繼祖宗列聖之位，即堯舜禹湯文武之位也；禀天縱聰明之資，即堯舜禹湯文武之資也。治已至矣，猶以爲未至；德已盛矣，猶以爲未盛。迺萬機之暇，進臣等于廷，降賜清問，首詢唐虞三代，下逮漢唐宋諸君，惓惓欲正大綱，舉萬目，以明人倫，以厚風俗，以富庶百姓，以賓服夷狄，以增光祖宗，匹休帝王。臣有以知陛下此心，即堯舜禹湯文武之心也。陛下之有此心，非特臣之幸也，寔宗廟社稷之幸，天下生靈之幸也。臣敢不以堯舜禹湯文武之所學者，爲陛下勉哉？

昔范祖禹上《帝學》八卷，以爲自古治日常少，亂日常多，推原其故，由人主不學也。朱熹將入對，或曰：「正心誠意之學，上所厭聞。」熹曰：「某平生所學在此，若有所回護，是欺君也。」陛下有志於唐虞三代之治，而無漢唐宋諸君之失，固無不學之心，亦非厭聞正心誠意之説者，臣敢不以平生之所學者告陛下，而自陷於欺君之罪哉？使愚臣於此犬馬之誠，有未盡芻蕘之言，有或隱上負朝廷，下負所學，臣恐後之悲今者，無異於今之悲昔也。臣請因聖問而畢言之，陛下試垂聽焉。

臣聞道之大原出於天。是道也，極於至大而無外，入於至小而無内。語其大也，則爲父子，爲君臣，爲夫婦，爲長幼朋友之倫，若網之有綱，所以根柢乎人心，紀綱乎世道，乃天地之常經，所謂爲治之大綱也。語其小也，則爲禮樂，爲刑政，爲制度文爲之具，若綱之有目，所以扶植乎三綱，經緯乎國體，乃古今之通誼，所謂爲治之萬目也。是道之綱，非吾心主宰之，則無自而正；是道之目，非吾心維持之，則無自而舉。此心也者，又所以主於身而爲正大綱舉萬目之根本也。心雖主宰乎是綱，非學則有所惑，綱何從而正？心雖維持乎是目，非學則有所蔽，目何從而舉？此學也者，又所以正其心，而爲正大綱舉萬目之根本也。大綱不正，固不可以言治；萬目不舉，亦非盡善之道也。故古昔帝王之治，其道雖多端，然必大綱既正，而萬目兼舉。若堯之肇唐，舜之起虞，禹之創夏，湯之建商，文武之造周，皆不能外乎此也。

在堯之時，親睦九族，以廣愛敬之恩；釐降二女，以正閨門之禮；館甥二室，以厚朋友之倫。堯之大綱，無不正也。在舜之時，底豫瞽叟，而父子之位定；克諧傲象，而兄弟之化成；刑于二女，而閨門之儀肅。舜之大綱，無不正也。欽若昊天，敬授人時，命羲和以秩東作，命羲叔以秩南訛，命和仲以平西成，命和叔以在朔易，命鯀以治洪水，命四岳以明揚側陋。允釐百工，咸熙庶績，萬目之舉於堯何如也？察璣衡以齊七政，舉祀禮而朝諸侯，命四岳以明四目、達四聰，命十二牧以修内治、服遠人，命禹以宅百揆，命契以敷五教，命皋陶以明五刑，命伯夷后夔以作禮樂，命龍作納言。四方風動，庶政惟和，萬目之舉於舜何如也？唐虞之大綱無不正，萬目無不舉，如此豈徒然乎？本於堯舜之心，惟務《大學》以正其大本也。不寶淫泆，不視玩好，而允執其中。堯之學也，罔遊于佚，罔淫于樂，而允迪厥德；舜之學也，使唐虞之君不事乎此，則學有未至而大本不立矣。綱何自而正，目何自而舉哉？其在禹也，典常之率由，彝倫之攸敘；其在湯也，舊服之載纘，人紀之肇修；其在文武也，《麟趾》以厚公族，《棠棣》以燕兄弟，《鹿鳴》以饗群臣，《樛木》《思齊》以嚴閫教。故其子孫或敬承繼禹之道，或布德服禹之迹，或率乃祖攸行，或鑒先王成憲，或篤叙正父，或對揚光命，或率德以蓋前人之愆，或脱簪以輔中興之治。此三代之所以正大綱也。

其養民也，夏以貢，商以助，周以徹焉。其教民也，夏曰校，殷曰序，周曰庠焉。其制刑也，夏有禹刑，殷有湯刑，周訓祥刑焉。其建官也，夏商官倍，亦克用乂；周人六典，阜成兆民焉。其作樂也，禹作《大夏》，湯作《大濩》，武作《大武》焉。其正朔也，夏建寅，商建丑，周建子焉。其習尚也，夏尚忠，商尚質，周尚文焉。三代之大綱無不正，萬目無不舉，如此豈徒然乎？本於禹湯文武之心，惟務大學以正其大本也。祗台德先，不自滿假，懋昭大德，不邇聲色，禹湯之學也。不盤遊田，緝熙敬止，不作無益，克慎明德，文武之學也。使禹湯文武不從事乎此，則學有未至而大本不立矣。綱何自而正，目何自而舉哉？此堯舜禹湯文武，惟能務天下之大學，以正天下之大本，所以能致天下之大治。

三代而下，漢唐宋諸君，雖有天下之大位，而不能務天下之大學，所以天下之大治卒不能致也。漢就高祖言之，如發義帝之喪，戮丁公之叛，庶乎明君臣之義；高四皓之名，割肌膚之愛，庶乎全父子之恩；立白馬之盟，定同姓之封，庶乎廣昆弟之愛。故繼世之君，子不敢叛其父，弟不敢制其兄，婦不敢駕其夫，臣不敢專其君，豈不由高祖之作則哉？此其大綱可謂正也。然其養民也，阡陌之壞未久，而井田之制不復；其教民也，坑焚之禍未久，而學校之制不復；郡縣之設未久，而封建之制不復；五禮六樂之廢未久，而禮樂之制不復。此其萬目未盡舉也。況兄弟不容，兆於羹頡之錫封；夫人同席，兆於戚姬之見寵；大將見殺，兆於韓彭之菹醢。先儒謂漢大綱正，以臣觀之，漢之大綱，亦未能盡正如唐虞三代也。漢非惟萬目未盡舉，而大綱亦未盡正，以其或不事於《詩》《書》，或溺於黃老，或雜於刑名，或荒於土木神仙，而聖學也雜。聖學既雜，則大本不立，何怪其大綱之未盡正，萬目之未盡舉哉？

唐就太宗言之，脅父臣虜，逼奪神器，父子之親何在？推刃同氣，蹀血禁門，兄弟之義何在？納巢刺妃，媚武才人，閨門之禮何在？故繼世之君，子攝兵叛其父，臣攝兵叛其君，婦駕其夫，兄戕其弟，豈不由太宗之作俑哉？此其大綱可謂不正也。然設府衛之法，彷彿古人寓兵于農之意；設覆奏以審刑，彷彿古人欽恤之意，此其萬目可謂能舉也。然法令之行，比之先王未純也；田疇之制，比之先王未備也；學校之教，比之先王未盛也；禮樂之具，比之先王未修也。先儒謂唐萬目舉，以臣觀之，唐之萬目，亦未能盡舉如唐虞三代也。唐非惟大綱不正，而萬目亦未盡舉如此，以其或蔽於異端，或荒於遊畋，或錮於女色，或甘於小人，而聖學也息。聖學既息，則大本不立，何怪其大綱之未盡正，萬目之未盡舉哉？

宋就太祖言之，其厚兄弟也，金匱之書，千古不磨，神器之重，一朝脱屣。其厚勳舊也，杯酒解柄，終全勳名；雪夜再幸，不改殊恩。其待臣下也，鞭扑不行於殿陛，駡辱不及於公卿。其嚴閫範也，内言不出於外，私恩不害於公。故繼世之君持盈守成，家庭之間雖不能匹休乎《麟趾》之盛也，而操戈之事則未聞；閨門之内雖不能齊美乎《關雎》之化也，而聚麀之恥則未有，此其大綱亦云正也。然制度頗因五代之舊，不能復先王之制。勸課農桑，美則美矣，視三代養民之制何如？修廣學校，盛則盛矣，視三代學校之制何如？禮樂紛諸儒之喙，視三代制禮樂之遺意何如？兵財由朝廷之制，視三代制兵財之遺法何如？以至贓吏之戒不嚴，敗軍之法不立，設官之制太冗，任子之恩太濫，此其萬目亦未盡舉也。先儒謂宋大綱亦正，萬目未盡舉。以臣觀之，黄袍加身，未免來人之公議；燭影避席，未免起人之疑心；德昭之死，未免不厭夫衆心；郭后之事，未免有疵於盛德。則宋之萬目，固不舉矣，而其大綱亦豈盡正乎？宋之諸君見於行事如此，雖曰夜分讀書，未免徒侈乎虚名；雖曰炎暑談經，未免不關乎實踐。聖學既無其實，則大本不立矣。其大綱之未盡正，萬目之未盡舉，又何怪其然哉？漢唐宋所以不能致唐虞三代之治，皆由《大學》不講，大本不立故也。

我太祖高皇帝龍飛淮甸，混一區宇，心堯舜禹湯文武之心，而大本以立；學堯舜禹湯文武之學，而《大學》以明。故以其大綱之正言之，觀其祭畢便殿泣下不止，遣祭皇陵哀感不勝，則我太祖之聖孝，一虞舜之太孝，周武王之達孝也。觀其剖符錫壤，建封諸王，上衛國家，下安生民，則我太祖之親睦，一虞舜之敦叙九族，周武王之時庸展親也。觀其申明五常之誥，則與唐虞之敦典庸禮，商周之建中建極，同一揆也。觀其君臣同遊之言，則與唐虞之都俞吁咈，商周之左右篤棐，同一揆也。大綱之正，有不如唐虞三代者乎？以萬目之舉言之，則法井給民之言，互知丁業之戒，與古人重農之意相出入也。學校教民之制，鄉飲勵俗之禮，與古人立教之意相表裏也。内設六卿以總治天下，外設布政司以分理郡邑，内設都察院以肅朝廷之紀綱，外設按察司以爲四方之耳目，則其制官之意，庶幾乎古人六卿九牧相倡和也。兵部、帥府相繼於内，而將帥無偏重之勢；布按、都司相制於外，而藩鎮無專恣之患，則其制兵之意，庶幾乎古人司徒、司馬相統屬也。命牛諒以制禮，則斟酌先王之典，以還中國之舊；命陶凱以制樂，則務宣和平之意，而屏褻狎之習。萬目之舉，有不如唐虞三代者乎？列聖相承，心太祖之心，學太祖之學，聖德日新，而無不正之綱；聖化日廣，而無不舉之目。然法久則弊自生，世久則俗自降，故人倫有不明，風俗有不厚，而我祖宗之綱目漸以淪斁；百姓有不富，夷狄有不服，而我祖宗之綱目漸以乖張。

陛下嗣承大統，于茲三年，夙夜惓惓，惟此之慮。陛下此心，即堯之兢兢，舜之業業，禹之孜孜，湯之慄慄，文王之翼翼，武王之無貳之心也。然自即位以來，躬行大孝以先天下，已有意於明人倫，而人倫至今猶未明；斥去邪佞，禁制奢侈，已有意於厚風俗，而風俗至今猶未厚；躬耕籍田，蠲免租稅，已有意於富庶百姓，而百姓至今猶未富庶；簡練將帥，嚴飭邊備，已有意於賓服夷狄，而夷狄至今猶未賓服。陛下有堯舜禹湯文武之心，而不能致堯舜禹湯文武之治，意者陛下於堯舜禹湯文武之學有未至乎？何其心之惓惓而效之邈邈也？臣請爲陛下熟言之。

以陛下望治之切，求治之篤，必憤發于中，憂形于色，而惓惓之誠，益有所不能已也。夫天下之事，未有不行於上而行于朝廷者也，未有不行于朝廷而行于天下者也。以人倫言之，今公卿大臣，雖軒墀之内有霄壤之隔，是非不及於面諭，則腹心無所託，而下情不得以上通，可否惟出於内批，則耳目有所蔽，而上心不得以下究，何有乎君臣相親之義也？陛下誠能體腹心手足之義，略崇高貴重之勢，召見不時，咨訪非一，使願輸忠悃者得以獻其誠，務爲蔽欺者無以施其詐，則君臣之化行於天下而無有不厚也。閭閻小民，忍心害理，生則私妻育子，别藉異財，曾夷狄之不如；死則食稻衣錦，火葬水瘞，曾禽獸之不若，何有乎父子相愛之恩也？陛下誠能望陵興哀慕之悲，慈養勤定省之誠，公卿守終制之典，士夫嚴匿服之禁，則父子之化行於下而無有不親也。隔形骸而分胡越，弟或戕其兄；同門户而設藩籬，幼或賊其長，何有乎兄弟之愛也？陛下誠能厚同氣之恩，廣友于之愛，嚴犯上之律，敦敬長之風，則兄弟之化行於下而無有不愛也。妾媵無數，庶人僭公侯之分；婚娶論財，中華行夷虜之風，何有乎夫婦之道也？陛下誠能則《關雎》之化，正宫闈之禮，申明婚嫁之式，定著妾媵之數，則夫婦之化行於下而無有不正也。所貪者利禄，誰同心而相濟？所附者權勢，誰同道而相益？落穽下石者紛如，貽書争諫者寂若，何有乎朋友之交也？陛下誠能親君子之朋，遠小人之黨，燭擠陷之奸，奬協恭之正，則朋友之化行於下而無有不善也。人倫之明自於上，非務學不能知。臣願陛下惓惓聖學以正大本，急求所以明倫之道，則人倫庶乎可明，無異於唐虞三代也。

以風俗言之，朱扉一開，燕鵲駢集，諛佞詭隨者名之曰變通，緘默自便者目之曰忠厚，直言正色者非之曰矯激，持心操節者刺之曰干名，此士夫之風喪也。陛下誠能塞奔競之門，杜諂諛之口，奬名節之士，張正直之氣，則士夫之風振矣。庶人帝服，娼優后飾，雕梁畫棟惟恐其不華，珍饈綺食惟恐其不豐，錦綉金玉惟恐其不多，姝色麗音惟恐其不足，此奢侈之風盛也。陛下誠能躬節儉之實，抑浮靡之費，重僭踰之罪，定上下之等，則奢侈之風降矣。典學校之教者，尸虛位而無實行；由科貢之途者，飾虛譽而乏實才，此學校之風衰也。陛下誠能重師儒之任，使無實行者不得以濫叨；嚴科貢之選，使無實才者不得以幸進，則學校之風興矣。珠宮梵宇，照耀雲漢；髠首黃冠，充斥道路，此道佛之風熾也。陛下誠能監梁武、宋宗之失，斥禍福報應之論，惟崇乎正道，毋惑於邪説，則道佛之風熄矣。苞苴一入，賤可使貴；賄賂一通，滯可使達；黷貨載歸，里閭稱慶；琴鶴自隨，妻子怨讟，此貪黷之風盛也。陛下誠能綜覈名實，督行勸懲，廉介者必彰而無隱，貪墨者必誅而無赦，則貪黷之風止矣。風俗之厚自於上，非務學不能知。臣願陛下惓惓聖學以正大本，急求所以厚風俗之道，則風俗庶乎可厚，無異於唐虞三代也。

以言乎百姓之失所，則徵求極於錙銖，而漏巵於寵倖之費；苛斂至於毛髪，而尾閭於異端之奉，此吾民之困於賦斂者可恤也。征舸貢艦，動連千夫；工匠輿臺，延及數户，此吾民之困於征徭者可恤也。田連阡陌，利累羊羔，家雞圈豕，惟其所啖，此吾民之困於豪家巨室者可恤也。囊帛籯金，飫鮮醉醴，市虎門妖，恣其所欲，此吾民之困於貪官黠胥者可恤也。劫掠踐蹂，雞犬一空，脅持抑逼，肝腦塗地，此吾民之困於兵戈盜賊者可恤也。父食其子，夫鬻其妻，壯者散於四方，老稚轉乎溝壑，此吾民之困於饑饉流離者可恤也。百姓之失所固可恤矣，然恤之有其道焉。大要在於重守令，急務在於節財賦。守令者，民之父母。守令不重，則好民之所惡，惡民之所好，豪猾由此而横，盜賊由此而起。財用者，民之命脈。財用不節，則以一而科百，因十而歛千，賦歛由此而苛，征徭由此而濫。欲重守令，在於慎選科貢，疏理胄監，嚴勵風紀，精立銓法。欲節財賦，在於簡閲軍士，沙汰冗官，杜抑私愛，斥絶異端。科貢既慎，則專圖僥倖者不得以幸進；胄監既理，則苟延歲月者不得以幸選；風紀既嚴，則貪濁有狀者不得以幸免；銓法既精，則文理不達者不得以幸用，政績不聞者不得以幸遷，而守令自重矣；軍士既閲，則老弱無能者不得以幸食；冗官既汰，則備員充位者不得以幸禄；私愛既杜，則貴戚近習之屬不得以幸賜；異端既斥，則佛老邪怪之徒不得以幸干，而財用自節矣，何患百姓之不富庶哉？百姓之富庶自於上，非務學不能知。臣願陛下惓惓聖學以正大本，急求所以富庶之道，則百姓庶乎可富，而無異於唐虞三代也。

以言乎夷狄之梗化，則虜驕於北，羌黠於西，變詐之不測，侵掠之不常，驅之不足於兵，守之不足於食，此西方之夷寇可慮也。阻山川以爲固，結流民以爲援，鬼出神没，蜂屯蟻聚，此荆襄之夷寇可慮也。丹崖千仞，青壁萬重，攻之則據險，守之則廢時，此兩廣之夷寇可慮也。團聚山砦，流俘鄉邑，我進則彼去，我退則彼來，此川蜀之夷寇可慮也。夷狄之梗化固可慮矣，然服之有其道焉。大要在於修内治，布恩信；急務在於擇將帥，足兵食。内治不修，則根本不固；恩信不立，則人心不服；將帥非人，則敵人不畏，士卒不附；兵食不足，則士氣不振，衆心不守。欲修内治，在於戒逸樂，足民用；任君子，退小人。欲布恩信，在於宥脅從，綏降款。欲得將帥，在於收人望，專委任，戒欺罔。欲足兵食，在於廣屯田，增土兵。逸樂既絶，則主心日正；民用既足，則邦本日固；君子既用，則群策日陳；小人既退，則奸弊日銷；脅從既宥，則叛亂日懷；降款既綏，則歸附日衆；人望既收，則將才日至；委任既專，則將士日奮；欺罔既戒，則賞罰日明；屯田既廣，則儲蓄日富；土兵既增，則兵力日振，何慮夷狄之不賓服哉？夷狄之賓服自於上，非務學不能知。臣願陛下惓惓聖學以正大本，急求所以賓服之道，則夷狄庶乎可服，而無異於唐虞三代也。

嗟乎，陛下惓惓於唐虞三代之治，而臣惓惓勉陛下以唐虞三代之學者，誠以大綱之未正，臣不憂也；人倫之不明，風俗之不厚，臣不憂也；百姓之未富庶，夷狄之不賓服，臣不憂也。臣所憂者，陛下之大本雖已正矣，或不能如堯舜禹湯文武之光明；陛下之《大學》雖已講矣，或不能如堯舜禹湯文武之精一。陛下由臣之言，持惓惓圖治之心，致惓惓爲學之力，如堯舜，如禹湯，如文武，則天理日明，人欲日消，妖艷之色，淫哇之聲，不足以蕩此心；便辟側媚之言，不足以蠱此心；神怪佛老異端之説，不足以惑此心；沈湎荒淫盤遊之事，不足以荒此心；華麗珍怪奇玩之物，不足以侈此心；土木刑名征伐之類，不足以雜此心，而大本立矣。大本既立，由是大綱可正，萬目可舉。人倫由是而可明，風俗由是而可厚，百姓由是而可富庶，夷狄由是而可賓服。薄海内外由是而可熙然太和，宗廟由是而可以永安，神器由是而可以永保，聖壽由是而可以永延，祖宗列聖由是而可以增光，二帝三王由是而可以匹休，而漢唐宋諸君不足以望陛下之下風也。若大本不立，則雖疲精憊神以求正夫大綱，舉夫萬目，以遂數者之效而快陛下之心，亦將徒爲文具，而天下之事無一可爲者矣。此臣所以欲陛下從事於學也。

然臣之所謂學者，非稽同合異以爲博也，非鈎深致遠以爲奇也，非繡章繪句以爲美也。臣之所謂學者，即《大學》之道也。是學也，即堯舜禹湯文武之所學者也，其目有八而各有其要。平天下治國齊家之要，在於修身；修身之要，在於正心誠意；正心誠意之要，在於致知格物。宋儒衍繹其義，以進告其君。齊家之要有四，曰重妃匹，嚴内治，定國本，教戚屬；修身之要有二，曰謹言行，正威儀；誠意正心之要有二，曰崇敬畏，戒逸欲；格物致知之要有四，曰明道術，辨人才，審治體，察人情。是書也，乃先聖之心法，萬古之元龜，制治之良圖，保邦之大道。陛下必惓惓於此，晝而誦之，夜而思之，親近儒臣，質問疑義。毋徒事虚文，毋徒應故事，毋徒聞之於耳而不識之於心，毋徒聽之於人而不復之於己，毋徒能之於始而或忽之於終，毋徒講之於百辟雲集之時而即棄之於宫闈深嚴之地，毋以朝夕而有間，毋以寒暑而有輟。或摘其要語而列之屏幃，或參以祖訓而銘之座右，考之於經，證之於史，如某事也古人以之而治，以之而安，以之而興，以之而壽，即惕然以省，曰：「吾今日之所行，有合於此者乎？」如某事也，古人以之而亂，以之而危，以之而亡，以之而夭，即惕然以省，曰：「吾今日之所爲，有類於此者乎？」念念在此，此念之外無它念；事事在此，此事之外無他事。如是，然後可謂之惓惓也；如是，然後所存必正念，所出必正言，所行必正道，所親必正人；如是，然後身無有不修，家無有不齊，國無有不治，天下無有不平也。

嗟乎！人主之心未嘗不好治而惡亂也，好安而惡危也，好盛而惡衰也，好壽而惡夭也。然治常少，亂常多；安常少，危常多；盛常少，衰常多；壽常少，夭常多，往往違其所好，蹈其所惡，夫豈其本心哉？以不能惓惓於學，而陷於不知故也。如人之療病，未嘗不欲其生，而卒至於死者，亦豈其本心哉？以方書不熟，而用藥不精故也。方今天下之勢，如人受病，非不愒然且大。形猶人也，内自心腹五臟，外達四肢百骸，無一毛一髮不受病者，識者以爲寒心，而庸醫委之曰安，病者不悟其非，和之曰「吾無病也」。昔扁鵲見齊桓侯，曰：「君有疾，不治將深。」桓侯曰：「寡人無疾。」如是者三，扁鵲望見桓侯而走。後五日，桓侯病作，召扁鵲，扁鵲已逃去。臣願陛下以本心爲元氣，以賢臣爲明醫，以古聖賢經史、祖宗寶訓所載之言爲古方，爲藥石，懼病之將深而預治之，信任明醫，熟閲古方，深察脉理，精擇藥石，節嗜慾，慎防護，日調理其元氣，急求病根之所在而剗除之。則元氣日固於内，邪氣不攻於外；則百病自消，夭年自固，何憂壽不如堯舜，不如禹湯，不如文武者乎？及今猶可爲也。及今不爲，臣恐扁鵲望之而走矣，雖噬臍無及也。唐虞三代與我祖宗列聖之大綱無不正，萬目無不舉，元氣本固，客邪難入，病無自而生也。漢唐宋之或大綱正而萬目不舉，或萬目舉而大綱不正，元氣未固，客邪易奸，隨病而施藥者也。

自唐虞而三代，自三代而漢唐宋，用是道則治，不用是道則亂；用是道則安，不用是道則危；用是道則盛，不用是道則衰；用是道則壽，不用是道則夭；用是道則延長，不用是道則短促。然則是道也，乃世道治亂之所繫也，社稷安危之所關也，風化盛衰之所由也，人主夭壽之所本也，國祚長短之所在也。陛下可不大儆於心乎？《易》曰：「正其心，萬事理。差之毫釐，繆以千里。」董仲舒告武帝曰：「尊其所聞，則光明矣；行其所知，則高大矣。」高大光明不在乎他，惟在乎加之意而已。臣願陛下加意於臣之言，毋如武帝不加意於仲舒之言也。蘇軾對仁宗曰：「天下無事，則公卿之言輕如鴻毛；天下有事，則匹夫之言重如丘山。」今天下不可謂無事矣，臣願陛下不視臣言如鴻毛，而視臣言如丘山，則天下幸甚，生民幸甚！

臣俯拾蒭蕘，上塵天聽，不勝戰慄之至。臣謹對。

（底本：《一峰先生文集》卷一。參校本：《皇明歷科狀元全策》卷五）

其二

臣對：臣聞居天下之大位，必致天下之大治；致天下之大治，必正天下之大本。堯舜禹湯文武之位，天下之大位也；堯舜禹湯文武之治，天下之大治也；堯舜禹湯文武之心，天下之大本也。有其心，然後能致其治；有其治，然後能保其位。心也者，帝王爲治之大本也，能正其心，推之以爲政，則以正大綱，而大綱無不正；以舉萬目，而萬目無不舉。人倫以是而明，風俗以是而厚，百姓以是而富庶，夷狄以是而賓服。此二帝之所以帝，三王之所以王也。下逮漢唐宋諸君，非不有其位也，但不能致其治耳；非不欲致其治也，但不能正其心耳。此漢所以止於漢，唐所以止於唐，宋所以止於宋，不能唐虞三代也。

陛下繼祖宗列聖之位，即堯舜禹湯文武之位也；承祖宗列聖之治，即堯舜禹湯文武之治也。德已盛矣，猶以爲未盛；治已至矣，猶以爲未至，迺萬幾之暇，進臣于廷，降賜清問，首詢唐虞三代下及漢唐宋諸君，欲正大綱，舉萬目，明人倫，厚風俗，富庶百姓，賓服夷狄，以增光祖宗，匹休帝王。臣有以知陛下之心，即祖宗列聖之心，即堯舜禹湯文武之心也。

臣也竊伏草茅，誦帝王之書，學帝王之道，凡生靈愁苦之狀，官吏貪酷之態，風俗弊壞之由，古今治亂得失之故，可爲流涕，可爲太息，思欲歷數於玉陛下，以紓平生之志，以解萬民之憂，以上不負朝廷作養之恩，下不負聖賢垂訓之意，而未能也。今幸見録於有司，得立玉階方寸地，得不披肝瀝膽、髡穎涸硯而對揚聖天子休命於萬一乎？

臣竊惟古昔帝王之治也，其道多端，然有綱焉，有目焉。大綱不正，固不可以言治；然萬目未舉，亦非盡善之道也。所謂大綱，不過明乎人倫，厚乎風俗之類而已；所謂萬目，不過教養百姓，賓服四夷之類而已。治莫過於唐虞也，九族既睦而百姓昭明，克諧以孝而五典克從，其大綱固無不正；百揆四岳統治于内，州牧侯伯總治于外，其萬目亦無不舉焉。唐虞之大綱無不正，萬目無不舉如此。正非自正，舉非自舉，本於堯舜之一心而已。使堯之心不能克明夫峻德，舜之心不能允迪夫厥德，則綱無自而正，目無自而舉也。治莫過乎夏商周也，禹之率由典常，湯之肇修人紀，文王之兹迪彝教，武王之重民五教，其綱固無不正矣；禹之典則貽厥子孫，湯之風愆警于有位，文之九一世禄咸和萬民，武之三德八政咸正罔缺，其萬目亦無不舉焉。夏商周之大綱無不正，萬目無不舉如此，正非自正，舉非自舉，本於禹湯文武之一心而已。使禹之心不能祗台德先，湯之心不能懋昭大德，文之心不能緝熙敬止，武之心不能建其有機，則大本不立，綱無自而正，目無自而舉也。

唐虞蓬蒿，三代丘墟，帝王爲治之綱目大壞，極弊於秦，漢高祖起而扶持之，觀其發義帝之喪，戮丁公之叛，則君臣之義明矣；從四皓之請，割衽席之愛，尊禮太公，大封同姓，其夫婦、父子、兄弟之愛厚矣。高祖之垂統如此，故自是而後，如文帝之孝養薄后，遜位諸王；如光武之痛泣其兄，東海之遜讓于弟，閨門之内，雖不能比隆《關雎》之化也，而亦無聚麀之耻矣；家庭之間，雖不能齊美《麟趾》之盛也，而亦非舐犢之愛矣。惜乎，賈誼請興禮樂，而文帝讓以「未遑」；仲舒請興學校，而武帝梏於私欲，其視三代教民之制何如？仲舒請限田，而沮於貴幸之口；師丹請限田，而奪於豪勢之門，其視三代養民之制何如？取士雖有四科四行之目也，而初非先王造士之意矣；約法雖有三章九章之格也，而初非先王制刑之本矣。故説者謂「漢大綱正，而萬目未盡舉」，不其然乎？

炎燼既熄，三國鼎峙，而是治之綱目已分；五胡雲擾，六朝瓜分，而是治之綱目已裂。唐太宗起而維持之，除隋之亂，雖比迹湯武致治之美，雖庶幾成康，然觀其宫人私侍，脅父臣虜，則父子之恩虧矣；手刃同氣，親納其妃，寵幸才人，基禍唐室，則其兄弟夫婦之倫滅矣。太宗之垂統如此，故自是而後，如高宗之上烝父妾，貽禍邦家；如中宗之溺愛韋后，如明皇之錮寵楊妃，塵瀆天倫，犬彘之不若，其視《關雎》之化爲何物？腥穢人紀，夷狄之不如，其視《麟趾》之化爲何事？然其教民也，則羽林衛士皆授《孝經》，高麗百濟遣子入學，則依稀乎先王教化之意；其養民也，有田則有租，有家則有調，有身則有庸，則彷彿乎先王取民之制；其取士也，有三科十科之制；其制刑也，有三覆五覆之奏；其制兵也，則百人爲下府，千人爲中府，萬人爲上府，而制兵之意近於古矣；其考課也，則四事以考其材，四善以考其行，二十七最以考其政，而考績之法近於古矣。故説者謂「唐萬目舉，而大綱未甚正」，不其然乎？

由唐而五季，治道之綱目壞亂極矣。宋祖隆興，削平僭叛，其得國也，本於衆心之推戴，原乎天命之攸歸。事周后如母，愛少帝如子，其待舊君之禮厚矣；鼎鐺有耳，雪夜再幸，其待大臣之禮厚矣。灸艾分痛，法堯禪舜，此其厚於兄弟之恩也；從容杯酒，藩鎮解柄，此其厚於將帥之恩也；入朝不留，來降不殺，此其厚於敵國之恩也；金匱之約，卒不渝盟，此其厚於母子之恩也。太祖之垂統如此，故繼世之君持盈守成，家庭之間藹藹如也，彷彿乎太王王季之唯諾；閨門之内雍雍如也，想像乎思齊太任之温恭。故先儒曰「本朝有超越古今者五事」，又曰「三代而下，惟本朝家法最正」，此其大綱之正可見也。然制度頗因五代之舊，不能復三代之制。語其禮也，則歐陽修、盧多遜、聶崇義、劉温叟擅開户牖，而禮之論屑屑。是禮也，果三代之禮乎？惟朱文公之家禮，可以脗合乎先王之所制，而當時不能行焉。語其樂也，則和峴、胡安定、范鎮、司馬公私立徑途，而樂之論紛紛。是樂也，果三代之樂乎？語其兵也，雖有三衙四廂之制，而非成周寓兵於農之意矣；語其考課也，雖有六科之設，而非若四善、二十七最之詳矣。贓吏之法雖若嚴矣，而條目未甚詳；敗軍之法在所立矣，而禁戒未甚切，此其萬目未舉可知。

然漢唐宋之治，或大綱雖正，而萬目未舉；或萬目雖舉，而大綱不正，皆由不能心堯舜禹湯文武之心，故不能致堯舜禹湯文武之治也。使能正其心以立其本，則大綱之正者自能致萬目之舉，萬目之舉者必本乎大綱之正。大哉！正心乎，其爲正大綱、立萬目之本乎？

洪惟太祖高皇帝龍飛淮甸，混一區宇，觀乎《大誥》君臣同遊之言，則雲龍之相慶，魚水之相得，一唐虞之都俞吁咈也，一夏商之臣鄰贊襄也；觀乎申明五常之條，則日星之昭著，雲漢之章明，一唐虞之慎典庸禮也，一夏商周之建中建極也，大綱豈有一之不正乎？觀其褒善之言，藹乎春温；貶惡之語，凛若秋肅，一唐虞三代之命德討罪也。觀其大禮之制，則與天地同節；大樂之作，則與天地同和，一唐虞三代之制禮作樂也，萬目豈有一之不舉乎？

我太祖高皇帝能致堯舜禹湯文武之治如此者，以其能心堯舜禹湯文武之心也；其垂統之善如此，自是太宗文皇帝纂修六經、四書，罷黜百氏雜説，大明性理之學，制《爲善陰騭》，緝《孝順事實》，弘敷彝倫之教，其大綱固無不正，萬目亦無不舉也。自是仁宗昭皇帝、宣宗章皇帝、英宗睿皇帝，莫不繼體守成，益弘皇極之化，制禮作樂，大闡文明之治，其大綱固無不正，而萬目亦無不舉也。我列聖相承，能繼太祖高皇帝之治者，以其能心太祖高皇帝之心也。太祖高皇帝之心，即堯舜禹湯文武之心也。

陛下嗣承大統，益弘至治，朝焉而惕，夕焉而厲，惓惓惟大綱之是正，業業焉惟萬目之是舉。臣有以知陛下是心，即堯舜禹湯文武之心也，即祖宗列聖之心也。陛下即位之初，親幸辟雍，作興學校，嘗有意於明人倫，厚風俗矣。而人倫至今誠有如未甚明，風俗至今未甚厚；申飭有司，簡練將帥，嘗有意於安百姓，服夷狄矣，而百姓至今未甚安，夷狄至今未甚服，事勢之不容已。雖陛下之所慮也。雖然，人倫之不明，風俗之不厚，百姓之未富庶，夷狄之未賓服，其情狀之可矜，族誅夷藤，秃盡楚潁，有未可勝言者，臣愚不敢毛舉其事，溷陛下之德。臣所知者其本在陛下之一心也。陛下以天縱聰明之資，首出庶物之德，心無不正矣，而臣愚惓惓以是爲言者，臣之所學者在是，帝王之致治者在是，祖宗列聖之垂統者在是。況人主之心，攻之者衆，或以貨利，或以聲色，或以沉湎，或以驕逸，或以遊田，或以奢侈，或以異端，或以諂諛。是數者一入而人主不能察之，則其心荒，而大本不正矣。大本不正，雖欲正大綱，而大綱無自而正；雖欲舉萬目，而萬目無自而舉。大綱不正，萬目不舉，而欲望人倫之明，風俗之厚，百姓之富庶，夷狄之賓服，是猶却步而求前，倒植而求茂也。

臣願陛下謹之於幽獨得肆之地，察之於虚明應物之時。果天理邪，則敬以充之，如火之始然，使之燎于原；如泉之始達，使之赴于海。果人欲邪，則敬以克之，如火始然而即滅，不使有燎原之勢，如泉之始達而即雍，不使有横流之患。由是天理日明，人欲日銷，心無不正，而大本立矣。大本既立，則大綱以正，萬目以舉；大綱既正，萬目既舉，則人倫不求其明而自明，風俗不求其厚而自厚，百姓不求其富庶而自富庶，夷狄不求其賓服而自賓服，諸福之物，可致之祥，莫不雲集而川涌矣。由是增光祖宗，由是匹休帝王。

今日之治，即堯舜禹湯文武之治，即祖宗列聖之治矣。然求堯舜禹湯文武祖宗列聖之治，必求堯舜禹湯文武祖宗列聖之心；求堯舜禹湯文武祖宗列聖之心，必求堯舜禹湯文武祖宗列聖之學。堯舜禹湯文武祖宗列聖之學，即《大學》之道也。《大學》之道，條目有八，曰平天下，曰治國，曰齊家，曰修身，曰正心，曰誠意，曰致知格物。平天下、治國、齊家之要在於修身，修身之要在於正心、誠意；正心、誠意之要在於致知格物。修身之要有二，謹言行，正威儀是也。正心、誠意之要有二，崇敬畏，戒逸欲是也。敬畏之崇，則事天治民，此敬也；修己，此敬也；遇灾，此敬也。逸豫之戒，則沉湎驕逸，此戒也；奢侈遊田，此戒也。格物致知之要有三，明道術，審治體，辨人材是也。明其道術，則必察吾道源流之正，異端悖謬之失，辨王道純粹之誠，伯術駁雜之僞；辨人材，則必察姦雄竊國之柄，憸邪罔上之情；察民情，則必審民心向背之由，閭里戚休之實。從事乎此，日與公卿大臣、賢士大夫講明於萬幾之暇，致察於幽獨之中，不憚其難爲，不忽其易爲，則物無不格，知無不至，意無不誠，心無不正，身無不修。舉是而措之於家，則家無不齊；舉是而措之於國，則國無不治；舉是而措之於天下，則天下無不平。唐虞三代之大綱無不正，萬目無不舉，用此道也；漢唐宋之或大綱正而萬目未舉，或萬目舉而大綱不正，不用此道也；祖宗之所以正大綱，舉萬目，而致唐虞三代之治，固用此道矣。陛下欲正大綱、舉萬目，而繼祖宗列聖之治，可不用此道乎？

自唐虞而三代，自三代而漢唐宋，用是道則治，不用是道則否；用是道則安，不用是道則危；用是道則長久，不用是道則短促。然則是道也，治道興衰之所係，國祚長短之所關，陛下可不少儆于心乎？《易》曰：「正其心，萬事理。毫釐之差，繆以千里。」《曾子》曰：「尊其所聞，則高大矣①；行其所知，則光明矣②。高明光大，不在乎他，惟在乎加之意而已。」臣之所陳，固不敢泛，亦不敢略，采掇芻蕘，冒瀆天聽，亦願陛下少垂睿覽，亦加之意而已。

臣不勝戰慄之至。臣謹對。

（底本：《成化二年進士登科録》，天一閣選刊，影印明成化刻本）

---

① 「大」，四部叢刊本《大戴禮記》作「明」。

② 「明」，四部叢刊本《大戴禮記》作「大」。

三一　成化五年己丑科　张昇

成化五年(一四六九)己丑科,廷對之士二百四十八人(《成化五年進士登科録》《成化五年進士題名碑録》《皇明貢舉考》《欽定續文獻通考》載二百四十七人,《欽定國子監志》載二百五十人),狀元張昇,榜眼丁溥,探花董越。

張昇(一四四二—一五一七),字啓昭,號柏崖。江西建昌府南城縣(今屬撫州市)人。狀元及第,授翰林院修撰。進諭德,歷東宮講讀官、左贊善、右諭德、左庶子。以疏劾内閣首輔劉吉,左遷南京工部員外郎。劉吉去官,召還復職,陞少詹事兼侍讀學士,尋擢禮部侍郎。弘治十五年(一五〇二),陞禮部尚書。正德初,忤劉謹,謝病歸,加太子太保。正德十二年十二月卒,年七十六。贈太子太傅,謚「文僖」。著有《柏崖集》(一作《張文僖公集》,含《文集》十四卷、《詩集》二十二卷)。《明史》有傳。

張昇廷試策見《成化五年進士登科録》及《皇明歷科狀元全策》。

成化五年三月乙酉朔。己亥,上御奉天殿,策試舉人費誾等二百四十八人,制曰:朕紹承大寶,圖底丕平,雖宵旰勤勵,然績效罕著,略舉其端,諏爾多士。擇材於文以理民,拔功於武以馭兵也。今銓衡塗壅,衛所員濫,奚以疏通之?昔人所謂名利相均,虛實相濟,可推廣而施歟?歲無常稔者,天之道;土有常懷者,人之情也。今歉則糴貴,貧則民徙,奚以綏輯之?前代所行,常平有法,均田有制,可稽倣而爲與?夫兼資文武,以周一世之用;裁成天地,以遂萬姓之安,固濟時切務也。若乃致治大道,必有至言。古之臣獻言於君,或得聖道之經而流於迂,或得聖道之權而流於詐,或辯矣而術不密，或智矣而文不及。今爾多士，陳四者之務，必宜于時；矯四臣之偏，必合于道。朕將覽而資治焉。

（底本：《明憲宗實録》卷六五。參校本：《成化五年進士登科録》，影印明成化本，天一閣選刊；《皇明進士登科考》卷八；《皇明貢舉考》卷四；《皇明歷科狀元全策》卷五）

臣對：臣聞治本於道，道本於誠。非道不足以善治，非誠不足以立道。蓋道爲治之本，誠又道之本也。有其道，然後能致其治；有其誠，然後能盡其道。是誠也者，萬善之原，萬事之本。推之無不準，動之無不化。以之擇材於文，則真材無不得；拔功於武，則武將無不善。以之因天時以利民，而民生無不遂；因地利以厚民，而民居無不安。文武于焉而兼資，而用無不周；天地于焉而財成，而功無不著。人君爲治之道，豈越乎此哉？故曾子傳《大學》有曰：「意誠而後心正、身修、家齊、國治、天下平。」子思作《中庸》亦曰：「凡爲天下國家有九經，所以行之者一也。」一即誠也。大哉誠乎，其治道之本乎？

欽惟皇帝陛下，聖神文武，剛健中正，上承天命，下得人心。即位以來，五年于兹，民物阜安，風俗醇美，四夷咸賓，萬方樂業。凡所以致治保邦、持盈守成之道，至矣，盡矣。然猶體道謙沖，遊心高遠，鋭於圖治，切於求言，萬幾之暇，特進臣等于廷，降賜清問，詢以兼資文武之要，財成天地之道。顧臣一介庸儒，識見譾陋，曷足以上揆淵衷，仰裨治道。然竊思之，臣荷朝廷作養之恩，沐陛下化導之德，有愛君憂國之心，無由以自獻；有忠君報國之志，無路以自達。今幸見録於有司，得立玉階方寸地，正叫閶闔，呈琅玕之日也，敢不俯竭愚衷，以對揚於萬一乎？

臣聞民者，所以固邦本，而理民之任，則在乎擇材於文；兵者，所以衛民生，而馭兵之寄，則在乎拔功於武。故翕受敷施，九德咸事，而致庶績之其凝；武夫洸洸，經營四方，而致王心之載寧。文臣武將，自古爲重，誠不可不審也。我國家崇儒重道，取士之制，雖非一途，要之首科貢，而次薦舉，未嘗不重文臣之選。崇德報功，選將之道，亦非一端，要之先才能，而後蔭叙，未嘗不重武將之職。銓衡之途，奚至於壅？衛所之員，奚至於溢乎？仰惟陛下有迪知忱恂之明，有庶政惟和之效，然猶圖底丕平，以文臣武將爲兵民之所賴，故欲有以疏通之。此尤見聖智之高明也，臣請得爲陛下言之。

蓋自邇年以來，文臣則或因開貢之條，而混升國學；或緣納粟之例，而濫登仕籍。況夫拘於資格之先後，牽於歷任之久近，以有限之職，待雜進之流。銓衡之途，由之壅矣。武將則勳舊是屬，而秉節鉞者，或韜略之蔑聞，弊習相承，而統師旅者，或勤能之罕著。況夫功多出於賄求，賞每加於倖得，未經鋒鏑之勞，已登録用之典。衛所之員，由之溢矣。銓衡之途既壅，何敢望其展素藴以理民？衛所之員既溢，何敢望其奮武勇以馭兵哉？此不能無勞於聖慮也。

爲今之計，莫若嚴考察黜陟之法。治行卓異者，則增秩以奬異之；年力衰邁者，則以禮而退遣之。杜塞奔競僥倖之門，擯斥庸陋貪污之輩，則用人之道，必如唐臣陸贄所謂「名利相均，而不至於壅矣」。重爵賞勸懲之典，功勳既著者，則計其勞以加賞；材略有聞者，則隨其能以授任。不以其無功而施泛濫之恩，不以其有罪而行姑息之政，則選將之要，必如唐臣陸贄所謂「虛實相濟，而不至於溢矣」。蓋誘人之方，惟名與利。名近虛而於教爲重，利近實而於德爲輕。錫貨財賦，秩廪所以彰其實；差品列殊，章服所以飾其虛。虛實交相養，故人不瀆賞；輕重互相制，故國不廢權。疏通之術，豈越於此乎。然求其本，則在於陛下此心之誠而已。誠心以行之，而必期其功，則司理民之責者，皆有守有爲之人；當馭兵之寄者，咸有嚴有翼之士，尚何慮其有不疏通者哉？

雨露適時則年豐，旱澇相仍則年歉。此歲無常稔者，乃天之道。久居其地則難棄，久享其利則重遷。此土有常懷者，乃人之情。然堯雖有洪水滔天，而黎民之於變者自若，由其有以備天道之無常。湯雖有大旱積久，而商邑之用協者自如，由其有以遂人情之常懷。天時地利，在人裁制，不可不知也。我國家救荒有法，儲蓄有備，而所以因天時者得其道矣。田有等則，賦無過取，而所以因地利者得其道矣。糴之價奚至於貴，民之居奚至於徙乎？仰惟陛下有懷保小民之心，有萬邦咸寧之效，然猶深求至治，以天時地利爲生民之所資，故欲有以財成之，此尤見聖心之剛健也。臣請得爲陛下陳之。

蓋自邇年以來，年一歉，則穀粟缺乏，無以給民食；囊橐空虛，無以遂民生，而啼飢號寒者，深可矜也；民一貧，則棄久依之桑梓，即新刈之蓬藋，而流離播越者，深可憫也。米之價既踊，則民食且不足，尚何望其出賦稅以充國用？民之居既徙，則自救且不贍，尚何望其效勤誠以固邦本哉？兹不能無厪於聖慮也。爲今之計，莫若選監臨之官，行便宜之政。知歲無常稔，而有可常之道，必思患預防，斂散以時，若前代常平之法，斯可行也。擇守令之賢，行子惠之政，知民有常懷，而遂其有常之情，必量地分田，因民制産，若前代均田之制，庶可爲也。蓋常平之法，兆於齊魏，而成於耿壽昌；均田之制，行於後魏，而出於李安世。豐則增價，糴之以利農；凶則減價，糶之以利民，是之謂常平。男子四十畝，婦女二十畝，户絶者以爲公田，刺史十五頃，縣令以上六頃，其田則更代相付，是之謂均田。斟酌其宜，使合於人情，庶豐歉之相濟；損益其制，使宜於土俗，庶貧富之適均，綏輯之道，豈要於此乎？然究其本，則在於陛下是心之誠而已。誠心以爲之，而必期其效，則天下莫不席於飽食暖衣之域，民生莫不囿於安居樂業之中，尚何慮其有失所者哉？

夫内資文治，外資武功，文臣武將之並用，威勢德化之並行，乃久安長治之計也。上因天時，下因地利，安老懷少皆有所資，養生喪死舉無所憾，實參贊燮理之功也。若乃致治大道，必有至言。古之臣獻言於君，雖有可采，而不能無弊。若董仲舒道明三代，學貫天人，議論淵源，理義醖藉，其言得聖道之經也。鼂錯上言兵事，思慮周密，尊君抑臣，辭氣激烈，其論得聖道之權也。仲舒雖得聖道之經，然陰陽災異之言，未免流於迂而不切；鼂錯雖得聖道之權，然刑名術數之論，未免流於詐而不正。故宋儒蘇洵因論賈誼而言二子，蓋得其當矣。賈誼以年少之資而被孝文之召，觀其《治安》一策，有忠愛之至誠，勸興禮樂，知教化之先務，其辭辯矣；張良以豪傑之才而輔高帝之興，運籌決策，而定天下之大亂，因事納忠，而關天下之大計，其智周矣。賈誼之論雖辯，然草具儀禮，三表五餌，而其術則不密焉；張良之計雖智，然術本權謀，學宗黄老，而其文則不及焉。故宋儒蘇軾因論陸贄而及二臣，蓋近乎是矣。

文德也，武功也，救荒也，安民也，此四者之務，固所當講；仲舒也，鼂錯也，賈誼也，張良也，此四臣之偏，亦所當知。大抵文武之選，不必拘也，在乎可以行於今；安養之道，不必泥也，在乎有以利於民。使得人以司文武之選，而能隨勢以變通；得人以主安養之道，而能度時以舉行，則品節適中而宜於時矣。仲舒、賈誼之失，由乎學術之未精；鼂錯、張良之失，由乎學術之不正。使其泝義理之淵源，而不安於小成；務聖賢之正學，而不雜於他岐，則損過就中而合于道矣。然宜於時，合于道，皆其用之見於外焉爾。苟不本諸誠，則内之體不立，施之必有所不當，行之必至於易倦。故臣終始以誠爲陛下獻者，良以誠之爲道，真實無妄，純粹無僞，徹上徹下，皆實理之所爲，一有所雜則妄矣；悠久不息，周流不已，亘古亘今，皆實心之所爲，一有所間則息矣。

臣伏望陛下，存此誠於雷聲淵默之時，體此誠於酬酢應變之際。凡一念之動，則曰吾之念慮得無有所雜乎？明以察之，使無一念之或妄；一事之行，則曰吾之施爲得無有所間乎？剛以制之，使無一事之不實，則治道之本立矣。然而，一心之微，攻之者衆，或以聲色，或以貨利，或以遊田，或以逸豫，數者一或不審，則欲動於中，而此誠變矣。臣願陛下遠聲色而不邇，厭貨利而不殖，謹遊田而不恣，戒逸豫而不肆。勿貳以二，勿參以三，然後本源澄澈，終始惟一，而此誠豈有間斷哉？或於沉湎，或於奢侈，或於異端，或於諂諛，數者一或不察，則心逐於外，而此誠泯矣。臣願陛下禁沉湎而弗爲，戒奢侈而弗行，斥異端而弗尚，拒諂諛而弗親。不東以西，不南以北，然後方寸明白，久暫有常，而此誠豈有止息哉？由是可以措民物於熙皞，綿宗社於隆長。重華之德，丕承之功，豈獨專美於舜武哉？

陛下之策臣者，臣既已概陳之，而要其歸在乎一誠矣。然於終篇復有所獻焉者，蓋愛君之心不能自已也。夫誠固爲治道之本，而所以行是誠者，又在乎陛下之明與剛。明則有以識其誠之正，剛則有以決其誠之幾。明非煩苛伺察之謂，乃知道誼，識安危，别賢愚，辯是非之謂也。剛非强亢暴戾之謂，乃惟道所在，斷之不疑，奸不能惑，佞不能移之謂也。陛下誠廓日月之明，無微不察，無幽不燭，如《書》所謂「憲天聰明」；奮乾剛之斷，見義必爲，聞善即行，如《書》所謂「惟克果斷」。夫如是則表裏此誠，終始此誠，如《中庸》所謂「至誠無息，不息則久，久則徵，徵則悠遠，悠遠則博厚，博厚則高明」，治天下之道，無餘藴矣。

臣之此言，迂踈淺陋，固若無可采者，然實出於惓惓一念之忠也。伏望陛下俯垂睿覽，豈惟愚臣幸甚，實天下幸甚，萬世幸甚！臣謹對。

（底本：《成化五年進士登科録》。參校本：《皇明歷科狀元全策》卷五）

三二　成化八年壬辰科　吴寬

成化八年(一四七二)壬辰科,廷對之士二百五十人,狀元吴寬,榜眼劉震,探花李仁傑。

吴寬(一四三五—一五〇四),字原博,號匏庵。南直隸蘇州府長洲縣(今江蘇蘇州市)人。會試、殿試皆第一,年三十八,授翰林院修撰。歷右諭德、左庶子、少詹事、侍講學士。弘治八年(一四九五),擢吏部右侍郎。丁繼母憂,服滿還任,轉吏部左侍郎,改掌詹事府事,入東閣,專典誥敕。弘治十六年,進禮部尚書兼學士。弘治十七年卒于官,贈太子太保,謚「文定」。有《家藏集》(一名《匏翁集》)及《補遺》傳世。《明史》有傳。

吴寬廷試策見《成化八年進士登科録》及《皇明歷科狀元全策》。

成化八年三月丁酉朔。辛亥,上御奉天殿,策試舉人吴寬等,制曰:自古帝王繼體守文,克弘先業,致盛治者多矣,而史臣獨以成康、文景並稱,何歟? 其致治本末,可指言歟? 朕光紹祖宗丕圖,政令之行,悉遵成憲,期臻至治,比隆前古。然夙夜祗勤,于兹八載,而治效猶未彰著,何歟? 豈世有古今,故效有深淺歟? 今天下田野闢矣,而貢賦供於上者每至匱乏。學校興矣,而風俗成於下者益至浮靡。兵屯以制外者謹矣,未能使夷狄畏却而不敢侵。刑(罸)[法]以肅内者嚴矣①,未能使姦頑懲艾而不敢犯。凡若此者,其弊安在? 如謂政在用人,則方今百司庶府,文武具足,而科目之選拔,軍功

① 「法」,據《成化八年進士登科録》《皇明進士登科考》《皇明貢舉考》改。

之序遷者，又濟濟其衆，何官有餘而政不舉歟？無乃承平日久，習安逸而事因循者多歟？兹欲嚴以督之，則人情有不堪；寬以待之，則治理有難成，何處而得其中歟？夫治必上下給足，風俗淳美，外夷服而中國安，底于雍熙泰和之盛，斯朕志也，何施何爲，而可以臻此？殆必有要道焉。子大夫講習經濟之學久矣，其參酌古今，明著于篇，朕將采而用之。

（底本：《明憲宗實録》卷一〇二。參校本：《成化八年進士登科録》，《明代登科録彙編》影印明成化刻本；《皇明進士登科考》卷八；《皇明貢舉考》卷四；《皇明歷科狀元全策》卷六）

臣對：臣聞古之君天下者，莫不有治法，亦莫不有治人。蓋天下之事，非法不能以自舉；天下之法，非人不能以自行。故法所以舉其事，而人所以行其法者也。然人亦豈能自用哉？又在人君之一心耳。昔傅説之告高宗曰：「惟治亂在庶官。官不及私昵，惟其能；爵罔及惡德，惟其賢。」而必繼之以「惟厥攸居」。此可見人君之圖治，其心當先安於所止也。心既安於所止，故以是心而求天下之賢，則無一人之不用；以是人而付天下之法，則無一事之不舉，而所謂足貢賦，厚風俗，攘夷狄，革奸頑之四者，皆不足以勞吾心矣。

欽惟皇帝陛下，撫盈成之運，當鼎盛之年，有聰明睿知之資，有孝友温恭之德，有寬仁博愛之度，有神武不殺之威。臨御以來，八年于兹，圖治之心，惟日不足。故不以臣之不肖，拔之草茅之中，置之廷陛之下，惓惓焉下詢乎治天下之要道。臣雖至愚，能不感激而思效其愚直之一二乎？蓋陛下每三年一策士于廷者，非欲爲虛文也，蓋將用其言也；臣之幼而學于家者，非欲爲空言也，蓋將用於世也。臣常懷用世之心，適陛下開用言之路，是機也，不可失也。然而，陛下之策臣者，其大要欲於治法治人加之意耳，而臣以爲尤所當先治者，心也。心既治，而後天下之事可從而理。臣故先以心之説爲獻，然後於聖策之所及者，次第而條陳之焉。

蓋聞孔子曰：「善人爲邦百年，亦可以勝殘去殺矣。」又曰：「如有王者，必世而後仁。」言治化非一朝一夕所能成也。臣觀三代之時，治之盛者，莫盛於周，而周之治，亦莫盛於成康之世。蓋有文武創業於前，而成康善於守成耳。自周而下，治之盛者，莫盛於漢，而漢之治，亦莫盛於文景之世。蓋有高祖創業於前，而文景善於守成耳。之四君之所以善於守成者，豈有他術哉？必其持守而施爲者有本末也。《周書》之稱成王曰：「祗勤于德，而訓迪厥官，作周恭先，而自時中乂。」至于康王之敬忌天威，張皇六師，此其實也。漢史之稱文帝曰：「身衣弋綈而示朴爲先，除田租税而厚於利民。」以至景帝加以恭儉，與民休息，亦不失文帝之家法者也。成康、文景之致治本末，所可知者如此，而其所以並稱於後世者，有不在此歟？夫成康、文景之爲君雖不可作，而其治法，猶有可得而行者。苟能行之，所謂道洽政治，澤潤生民，移風易俗，黎民醇厚之效，當復見於後世，豈以世有古今，而效有淺深之殊哉？仰惟陛下傳二帝三王之道，紹一祖四宗之統，政令之行，悉遵成憲，視成康、文景之治，固優爲之矣。而復以爲治效猶未彰著者，此陛下不自滿足之心也。臣雖至愚，敢不欽承而將順之乎？

伏讀聖策有曰：「今天下田野闢矣，而貢賦供於上者，每至匱乏。」臣有以見陛下欲修舉治法，足食以充國用也。夫欲足食以充國用，莫若省浮費。《大學》曰：「生財有大道，生之者衆，食之者寡，爲之者疾，用之者舒，則財恒足矣。」今之世，生之爲之者，果得爲衆且疾乎？食之用之者，果得爲寡且舒乎？借使衆且疾矣，然民賦有常數，而國用無常數，以有常數之貢賦，而供無常數之用度，此田野雖闢，而貢賦所以不得不至匱乏也。臣故曰省浮費者以此。

聖策有曰：「學校興矣，而風俗成於下者益至浮靡。」臣有以見陛下欲修舉治法，化民以厚風俗也。夫欲化民以厚風俗，莫若求實行。蓋古者，以鄉三物教萬民而賓興之。一曰六德：知、仁、聖、義、忠、和。二曰六行：孝、友、睦、婣、任、恤。三曰六藝：禮、樂、射、御、書、數。其賓興之制，以德行居先，文藝居後者，欲使人重本而輕末也。今之取士，惟較其文藝，而不考其德行，士安得不惟末是趨乎？ 況所謂文藝，又非古之所謂文藝者乎？ 此學校雖興，而風俗所以不得不至浮靡也。 臣故曰求實行者以此。

有曰：「兵屯以制外者謹矣，未能使夷狄畏却而不敢侵。」聖策及此，臣又見陛下欲舉治法，攘夷狄，而非窮兵黷武之所爲也。 夫夷狄之性，輕而寡信，貪而無親，王者以禽獸畜之，來則有備，去則不追。《詩》曰「王命南仲」「城彼朔方」，又曰「薄伐玁狁，至于太原」是也。 是故，求速效者，急於戰鬬，而未必殲其類；懷永圖者，加以歲月而卒能收其功。 竊以爲今日之計，亦惟先於守而已。 其必練士卒，積芻糧，嚴斥堠，謹烽燧，而據要害之地，以爲持久之計可也。 然欲爲持久之計，必用持久之兵。 蓋古者，兵出於農，故戍其地，則用其地之民。 今之邊兵，安於水土，習於金革，猶夫地之民也。 誠用之以守，庶免調發之擾，而得制禦之道。 至於守之既固，而彼猶爲吾患也，於是因時乘勢，以議攻之之策。 則邊境既實，兵威自壯，以戰則克，以攻則取，而夷狄豈有不畏却者哉？

有曰：「刑法以肅内者嚴矣，未能使奸頑懲艾而不敢犯。」聖策及此，臣又見陛下欲舉治法，革奸頑，而非刻法深文之所爲也。 蓋刑所以爲小人而設，小人而不加之以刑，則縱惡長亂，無所不至，是刑法誠不可不嚴也。 然聽獄之際，一或不盡其心，則刑有不得其當者。 是故刑得其當，雖歲罪一人，而天下有咸服之心；刑失其當，雖日罪千人，而人心無可服之理。 今律之所載者，輕重舒慘，至精至備，可謂無遺憾矣。 但有一定之法，無一定之情，其情之所在，則惟典獄者參錯訊鞫以求之耳。 昔鄭子產鑄刑書，晉叔向譏之曰：「先王議事以制，不爲刑辟。」旨哉斯言！ 實萬世典獄者之所當知也。 然參以人，固足以得其情；徇乎人，亦不足以當其罪。 成王之告君陳曰：「殷民在辟。 予曰辟，爾惟勿辟；予曰宥，爾惟勿宥。 惟厥中。」穆王之告諸侯曰：「爾尚敬逆天命，奉我一人，雖畏勿畏，雖休勿休。」其知獄之不可徇乎人者也。 夫典獄者，下既得乎人之情，上不徇乎君之意，則刑之所加皆得其當，而奸頑豈有不懲艾者哉？

以是而知浮費不省，則貢賦不足；實行不求，則風俗不厚；不用邊兵以守其地，則夷狄未可以攘；不任有司以求其情，則奸頑未可以革。此臣所以妄論四者之弊，在於此也。抑四者雖各爲一事，其實有相通之道焉。何也？貢賦不至匱乏，則國用既足，而兵屯可以仰給矣；風俗不至浮靡，則民心既正，而刑法可以舍置矣。刑法舍置，則中國安矣。中國安，則夷狄無釁可乘，不待攘之而自然畏却矣。有天下者之治法，信無先於斯四者。雖然，法之立也本無弊，法之用也始有弊。法不自用，待人而後用。人有正邪，才有長短，而法不能不爲之異焉。此其過之不在於法，而在於人也，審矣。然則今日治天下之要道，孰謂不在於用得其人乎？

然而，聖策又曰：「如謂政在用人，則方今百司庶府，文武具足，而科目之選拔，軍功之叙遷者，又濟濟其衆。何官有餘而政不舉歟？無乃承平日久，習安逸而事因循者多歟？兹欲嚴以督之，則人情有不堪；寬以待之，則治理有難成，何處而得其中歟？夫治必上下給足，風俗淳美，外夷服而中國安，底于雍熙泰和之盛，斯朕志也，何施何爲而可以臻此治？殆必有要道焉。」陛下之言至此，圖治之心可謂益切矣。臣愚以爲，要道莫先於用人。人才皆可用，特在人君用之何如耳。用得其人，官雖不足，而政無不舉；用非其人，官雖有餘，而政不能舉。非惟不能舉，而且有害於政焉。如欲省浮費也，使奉承者非其人，則一意陛下之足國用，而更爲厚斂之計矣。欲求實行也，使奉承者非其人，則一意陛下之厚風俗，而更爲詭行之舉矣。主兵而非其人，則兵無紀律，而賞功罰罪，惟其私意之輕重，所謂用邊兵以守其地者，未必得其力也；典獄而非其人，則獄多冤抑，而刑故宥過，惟其私意之出入，所謂任有司以求其情者，未必得其實也。

誠欲用得其人，又在乎陛下之一心焉。蓋心安於所止則誠，誠則明，明則於天下之人，自能知其何者爲正，何者爲邪，於焉用其正而黜其邪；於一人之才，自能知其何者爲長，何者爲短，於焉取其長而棄其短，不啻若辨白黑，若數一二，無一能逃於洞察之下者。取其人於科目，則皆俊乂之才；取其人於軍功，則皆智勇之士。而凡列職於百司庶府者，其文真足以經邦，而文教無不修；其武真足以戡亂，而武功無不成。蓋莫不奮迅踴躍以趨其事，固無有樂因循而事安逸者矣。若然，亦何必嚴以督之哉？即欲嚴以督之，則爲大舜之德威，非若唐德宗之苛察也，亦何必寬以待之哉？即欲寬以待之，則爲成湯之克寬，非若漢元帝之優游也。當此之時，臣見陛下全大有爲之資，居大有爲之位，操大有爲之具，乘大有爲之勢。有所不施，施之而無不當；有所不爲，爲之而無不成。蓋縱横上下，無不如吾意之所欲者，豈特足貢賦，厚風俗，攘夷狄，革奸頑之四者而已哉？如是，則真可以垂拱南面，而臻雍熙泰和之盛治矣。然則欲事之舉也，在乎法，有治法，而天下無不舉之事；欲法之行也，在乎人，有治人，而天下無不行之法；欲人之用也，在乎心，有治心而天下無不用之人。心之功用至於如此，臣請得爲陛下復一言之。

夫人之心，特方寸耳，所以靈於萬物者在是，所以參爲三才者在是，所以具衆理而應萬事者在是。人皆有是心，而能治其心者寡；人皆治是心，而能安於所止者尤寡。始如是而終不如是，非安也；表如是而裏不如是，非安也。安之云者，心與義理爲一，而未始相違者也。夫欲心與義理爲一，此豈可以襲取之哉？要必無時無處而不用其力也。陛下居禁密之地，嘗試思之曰：吾心得無少放乎？得無異於坐朝之時乎？有放焉則求之，是能治其心也。處細微之事，亦嘗思之曰：吾心得無少放乎？得無異於臨政之際乎？有放焉則求之，是能治其心也。無一時而不用其力，久則無一時而不安所止；無一處而不用其力，久則無一處而不安所止。由是以此心而事天，以此心而治民，以此心而法祖宗，無乎不善者，又豈特善於用人之一事而已哉？臣故懇懇焉以是説爲獻者，此探本之論也，此責難之義也，此區區愛君之忠也。雖然，世之持是説以告陛下者，亦多矣，臣不能舍是而爲新奇可喜之論者，以治道之大原止乎此也。惟陛下不以其言之可厭而少加睿覽，天下之幸，孰大於此？

臣干冒天威，無任戰慄殞越之至。臣謹對。

（底本：《成化八年進士登科録》。參校本：《皇明歷科狀元全策》卷六）

三三　成化十一年乙未科　謝遷

成化十一年（一四七五）乙未科，廷對之士三百人，狀元謝遷，榜眼劉戩，探花王鏊。

謝遷（一四四九—一五三一），字于喬，號木齋。浙江紹興府餘姚縣（今餘姚市）人。成化十年浙江鄉試解元。狀元及第，年二十七，授翰林院修撰。陞右諭德，充經筵講官。弘治四年，進少詹事兼侍講學士。弘治八年（一四九五），入内閣；十一年，加太子少保、兵部尚書兼東閣大學士；十六年，加太子太保、禮部尚書兼武英殿大學士。力主誅劉瑾未果，遭劉瑾奪職。劉瑾伏誅，詔復職，致仕。嘉靖六年（一五二七），起用于家，進少傅、户部尚書、謹身殿大學士。次年，以疾辭歸。嘉靖十年卒于家，年八十三，贈太傅，謚「文正」。著有《歸田稿》十卷（《明史・藝文志》）。《明史》有傳。其子謝丕，弘治十四年解元、弘治十八年探花，官至吏部左侍郎。父子均爲解元、鼎甲，亦屬罕見。

謝遷廷試策見《成化十一年進士登科録》及《皇明歷科狀元全策》。

成化十一年三月庚戌朔，上御奉天殿，親策舉人王鏊等，制曰：朕惟人君奉天子民，治道所當先者，養與教也。養民莫重于制田里，廣樹畜；教民莫大于崇學校，明禮義。今兹二者行之既久，而實效未臻于極，何歟？豈任用未盡得人，而督勸作興之道有未至歟？唐虞三代，田分井牧之授，學謹庠序之訓，當時民有恒産，士有恒心，所以養之教之者備矣。其良法美意，皆後世所當講者，可歷舉而言之與？若漢唐宋願治之君，未嘗不留意于斯，而治效之成卒不逮古，豈分田制産，興學崇儒之意，視帝王爲有間歟？朕承祖宗大統，撫臨億兆，于兹有年，夙夜兢惕，弗遑寧處，期于家給人足，教行刑措，禮樂(行)[興]而風俗美①,躋斯世于雍熙泰和之盛,果何道以致之歟? 子諸生積學待用,必有至當之説,明著于篇,朕將親覽焉。

(底本:《明憲宗實録》卷一三九。參校本:《成化十一年進士登科録》,影印明成化刻本,天一閣選刊;《皇明進士登科考》卷八;《皇明貢舉考》卷五;《皇明歷科狀元全策》卷六)

臣對:臣聞爲治之道,固貴乎有仁民之政,尤貴乎有仁民之心。蓋仁心存於中,而後仁政達於外。使有其心而無其政,是謂徒善,徒善不足以爲政;有其政而無其心,是謂徒法,徒法不能以自行。先儒程子曰「爲政須要有綱紀文章」,又曰「必有《關雎》《麟趾》之意,然後可以行《周官》之法度」,此之謂也。仁政本之仁心,則内外兼舉,本末不遺,而爲治之道得矣。尚何慮教養未備,任用非人,而治效未臻其極耶? 唐虞三代所以治隆俗美者,此心此政也。漢唐宋所以治不古若者,豈非徒有其政而無其心歟?

欽惟皇帝陛下,以聖神文武之資,紹祖宗列聖之統,恭己守成,虚心圖治,雖深居九重之中,而念周四表之外。慮民生之或未厚,必欲皆安於飽食暖衣之天;慮民德之或未淳,必欲皆歸於漸仁摩義之域。是以臨御之初,他務未遑,首耕藉田,以示重農而務本;繼幸太學,以示尊道而崇儒。丕緒恢張,仁聞四達,所謂寵綏四方而克相上帝者,亦已至矣。兹猶以實效未臻其極,而慮任用未盡得人,乃進臣等于廷,俯賜清問,講求至理,必欲追復唐虞三代之盛,此不自滿假,稽于有衆之盛心也。夫内不自滿而外稽于衆,則何所爲而不至其極哉? 陛下真大有爲之君,可以爲堯舜,可以爲禹湯文武,可以唐

① 「興」,據諸參校本改。

虞三代斯世也。斯世斯民，何其幸歟！臣雖庸陋，敢不效一得之愚，以對揚明命之萬一乎？

竊惟天降下民，作之君，作之師，君所以治之，師所以教之。《書》曰：「民非后，罔克胥匡以生。」又曰：「克綏厥猷惟后。」信乎！人君奉天子民，其爲治之道，莫大乎養與教也。教養未盡，不足以言治，故孔子之告冉有，必曰富之教之；孟子之論王道，教養之外亦無餘説，誠以仁政不外乎此耳。然養莫重於制田里而教樹畜，田里不均，樹畜不廣，欲民生之遂，得乎？教莫先於崇學校而明禮義，學校不修，禮義不明，欲民性之復，得乎？夫是二者，固必由任用得其人，而後實效臻其極。然循其本而論之，惟在人君之心耳。孟子曰：「先王有不忍人之心，斯有不忍人之政矣。以不忍人之心，行不忍人之政，治天下可運之掌。」人君苟無是心，而徒區區於法制品節之末，則所施非其政，所任非其人，雖欲言治，皆苟而已。臣請徵諸古爲陛下陳之。

唐虞之時，水土未平，烝民未粒，聖人有憂之。於是，使棄爲后稷而播時百穀，百穀熟而民人育矣。飽暖無教，近於禽獸，聖人又憂之。於是使契爲司徒而敬敷五教，五教敷而百姓親矣。三代之時，其養民也，夏后氏五十而貢，殷人七十而助，周人百畝而徹。其教民也，夏之學曰校，殷之學曰序，周之學曰庠。自其制度之極備者而言之，田野之授，井牧異其制；學校之設，大小異其教。如衍沃之地，百畝爲夫，而九夫爲一井；隰皋之地，九夫爲牧，而二牧當一井。井牧之制，所以養民者，其備如此。八歲入小學，而教以灑掃、應對、進退之節，禮、樂、射、御、書、數之文。十五入大學，而教以窮理正心之術，修己治人之道。學校之制，所以教民者，其備如此。當是時也，出而使長，入而使治，皆剛簡直寬之德，俊造秀乂之士，是以民有恒産而無啼饑號寒者矣，士有恒性而無放僻邪侈者矣。然則其政立于上，而效成于下，孰謂不本於得人，又孰謂不本於君心之仁乎？質之經、訂之傳而觀之，則堯之兢兢，舜之業業，固一憂民之心也；禹之孜孜、湯之慄慄，亦一憂民之心也。至於文王之純一不已，武王之永言配命，又何嘗一念不在於民乎？此其良法美意，固卓乎不可尚已。

古道既遠，聖王不作，阡陌之端開，而井田之制廢，養民已無政矣；坑焚之禍作，而詩書之習泯，教民已無政矣，又安有所謂仁民之心乎？後世願治之君，若漢之文明，唐之太宗，宋之太祖，亦嘗留意於教養。或躬耕藉田而減租以勸農，或口分世業而節費以裕民，或遣官度田而課民以種植，養民之政有矣，然不過法制之虛文。或尊師重傅而臨雍拜老，或大召名儒而增廣生員，或增葺國學之祠宇而親製孔顔之贊詞，教民之政有矣，然不過太平之粉飾。究其存心，果有發堯舜禹湯文武之切於憂民者乎？上既無堯舜禹湯文武之君，則奉承宣布者，亦未必皆稷契伊周之臣。是以治效之著，雖或至於海内富庶，路不拾遺，户口繁益，求如古之耕田鑿井，出作入息，而不知帝力何有則未也；雖或至於黎民醇厚，死囚來歸，道學可稱，求如古之人人君子，比屋可封，而但知順帝之則則未也。此漢唐宋之所以不唐虞三代也歟。

仰惟我朝列聖相承，心堯舜禹湯文武之心，行堯舜禹湯文武之政，必求復唐虞三代之治，是以百紀修明，庶務振舉，而於教養二事尤致重焉。田雖無井牧之異制，然兼併有禁，荒蕪有罰，既有守令以司之矣，又兼命藩臬以董之，養民何以加焉？學雖無庠序之異制，然廩餼有常，廢墜有戒，既有師儒以職之矣，又專命憲臣以蒞之，教民何以加焉？良法美意，昭昭乎日月之照臨；深仁厚澤，蕩蕩乎天地之涵育。此我朝之治，所以度越前古也。陛下遠宗帝王之道，近守祖宗之法，教養之政重加之意，蓋無一念不在是也。

伏讀聖制有曰：「朕承祖宗大統，撫臨億兆，于兹有年，夙夜兢惕，弗遑寧處，期于家給人足，教行刑措，禮樂興而風俗美，躋斯世於雍熙泰和之盛，果何道以致之歟？」即此一念，臣已知陛下仁民無窮之心，蓋不以目前之治而自已也。陛下撫盈成之運，當鼎盛之年，有可爲之時，有可爲之勢，又有能爲之資，誠欲復隆古之治，不過始終此心焉耳。始終此心，則始終此治。《易》曰：「聖人久於其道而天下化成。」是知爲治之道，固未可見小而欲速也。且天下之大，兆民之廣，必人人皆遂飽暖之願，而後可以爲養之至，使有一民不遂其生，猶未也；必人人皆歸禮義之化，而後可以爲教之至，使有一民不協于中，猶未也。

方今天下之民，安於田里而生生自庸者，固多矣。然而水旱相仍，則展轉溝壑而無告者，不惟見於窮簷蔀屋之下，而通都大郡亦有之。如此而謂之生養遂，未可也。司民牧者，方且急於催科，而視農桑爲末務，漫不知所以撫字賑救之方，此猶未免勤聖心之慮也。陛下養民之仁誠能久而不替，田里未均，必思所以均之，樹畜未廣，必思所以廣之。禁游手游食之蠹，懲横斂苛征之虐；慎選循良愷悌之人，以充守令之職，縱未必盡得如稷之賢，獨不可得出入阡陌、勸課農桑如召信臣者乎？既得其人，又假以歲月而考其功，因其功而進退之，則人孰不思所以自勉，而盡養民之職哉？如此而家不給人不足，無是理也。

天下之民，習於行藝而熙熙相安者，固多矣。然而饑謹薦臻，則犬鼠偷竊而無藉者，不惟見於遐陬僻壤之所，而名鄉廣市亦有之，如此而謂之教化洽，未可也。司風教者方且溺於宴安，而視教化爲繁文，恬不知所以振勵轉移之術，此猶未免貽宸衷之憂也。陛下教民之仁誠能久而不怠，學校必修，不使有傾頽之患；禮義必明，不使有壞亂之習。禁惑世誣民之言，革驕淫侈僭之俗，慎擇端方謹厚之士以充師儒之任，縱未必盡得如契之賢，獨不可得學兼體用，封植人才如胡安定者乎？既得其人，又重厥責任而考其績，因其績而黜陟之，則人孰不思所以自效，而盡教民之職哉？如此而教不行、刑不措，無是理也。治既至於家給人足，教行刑措，則禮樂以興，風俗以厚，四夷於是而咸賓，萬邦於是而寧謐，諸福之物，可致之祥，莫不畢集，而雍熙泰和之隆復見於今日矣，唐虞三代豈得專美於前哉？

夫治效之所以隆，固皆本乎陛下之一心。然易逸難制者，莫人心若也。况人君之心，攻之者衆，若聲色，若貨利，若遊畋、方技、土木之類，皆足以蠱惑摇蕩之者也。苟非識見之明而持守之堅者，未必不爲所移。此心少移，則人欲日熾，天理日消，而無所不至矣。是故動一侈心，則取民不以制，而養民之政以廢；動一躁心，則接下不以禮，而教民之政以壞。陛下天資高邁，志意堅定，諒必能持守此心而慎終如始矣。然以成湯之聖，每致警於盤銘之辭；武王之聖，恒究心於丹書之戒。學問之功，其可以少緩乎？先儒范氏有言：「人君之心，惟在所養。」陛下欲致帝王之治，烏可不求帝王養心之術？國朝經筵之設，最爲近古，左經右史，朝講暮讀，聞於耳，接於目，而優游浸漬於心，則所以防非窒慾而長善者，莫要於此。臣願陛下日御經筵，進講不輟，毋視之爲虛文，毋應之以故事，俾賢士大夫常侍列於前後左右，從容燕閒，紬繹陳説，所聞者必善言，所見者必善行。于以涵養此心，以不失其本然之天；充廣此心，以不虧其固有之量，則養民教民之政，亦將始終無間，而治效愈久愈盛矣。天下治忽之幾，端在乎此。

臣學術疏淺，荷朝廷教養有年，其於古昔聖賢格心之學，亦嘗聞其大概矣，故敢陳此，以上酬陛下求言之盛心也。伏願留神省覽，則天下幸甚。

臣干冒天威，不勝戰慄之至。臣謹對。

（底本：《成化十一年登科録》。參校本：《皇明歷科狀元全策》卷六）

三四　成化十四年戊戌科　曾彦

成化十四年(一四七八)戊戌科,廷對之士三百五十一人,(《成化十四年進士登科録》《成化十四年進士題名碑録》《欽定國子監志》《皇明貢舉考》《欽定續文獻通考》載三百五十人)狀元曾彦,榜眼楊守阯,探花曾追。

曾彦(一四二五—一五〇三),字士美。江西吉安府泰和縣(今屬吉安市)人。成化三年(一四六七)舉鄉試。狀元及第,年五十四,授翰林院修撰。成化二十三年,轉侍讀。弘治改元,與修《憲宗實録》,遷左諭德。弘治七年(一四九四),進侍講學士,掌南京翰林院事。弘治十年,致仕。

曾彦廷試策見《成化十四年進士登科録》《皇明歷科狀元全策》《歷科廷試狀元策》。天一閣選刊(影印明成化刻本)《成化十四年進士登科録》漫漶較嚴重,今以《皇明歷科狀元全策》爲底本,并參其他各本釐定。

成化十四年三月癸亥朔。丁丑,上御奉天殿,親策舉人梁儲等三百五十一人,制曰:朕聞昔者三代聖王之化成天下,各有所尚,夏忠商質,而周文也。享國已久,其迹可指言乎? 生民以來,稱至治,必曰唐虞三代。今止言三代而不及唐虞者,然則唐虞獨無所尚乎? 史謂三代之道若循環,終而復始。春秋變周之文,從商之質,豈時然乎? 質法天,文法地,果然否乎? 漢損周之文,[用]夏之忠①,有所據乎? 唐宋二代,歷年亦久,有定尚乎?

① 「用」,據《成化十四年進士登科録》《皇明進士登科考》《皇明貢舉考》《歷科廷試狀元策》補。

我太祖高皇帝，肇造洪業，變夷爲夏，重修人紀，載整衣冠，有功於天地大矣。太宗文皇帝，纂紹大統，中靖家邦。列聖相承，益隆治教，百餘年來，海內漸涵仁義之澤厚矣，其所尚可名乎？若名曰忠，民情猶變詐而多訟，非忠也。若名曰質，民用猶奢靡而踰分，非質也。若名曰文，民俗猶粗鄙而鮮禮，非文也。名既不可，然則今之世其如唐虞之無所尚乎？朕欲移風易俗，去其所謂忠、敬、文之弊，悉囿斯人于皇極之中，行之自何始？子諸生明經待（聞）［問］久矣①，兹咸造于廷，詳著以獻，朕將親覽焉。

（底本：《明憲宗實録》卷一七六。參校本：《成化十四年進士登科録》，影印明成化刻本，天一閣選刊；《皇明進士登科考》卷八；《皇明貢舉考》卷五；《皇明歷科狀元全策》卷六；《歷科廷試狀元策》二卷下，明崇禎刻本，日本内閣文庫藏）

臣對：臣聞帝王之致治同一道，帝王之行道同一心。蓋萬古一道，千聖一心也，孰謂帝王之致治有不同道，而其行道有不同心者乎？道之大原出于天，其全體具於吾心，其實用散於事物。千聖由之而無外，萬古行之而無弊。但其繼世有治亂，而道不能無變同。繼治世者，道固不容於不同矣；繼亂世者，可容不變以救弊，而求歸於同者哉。若堯舜禹之禪受而無所變更，固同此道同此心也。湯武之吊伐，而有所損益，亦同此道同此心也。漢唐宋之戡亂而治終不古若者，庸非此道此心有所未純，或善而不能守，弊而不能救者歟？然則，有天下者，正心以端天下之本，行道以濟天下之用，則治可以興，弊可以救，俗尚可以移易，而囿斯世于皇極之中。追唐虞，躋三代，陋漢唐宋於不爲，端在此矣。

仰惟皇帝陛下，稟聰明睿智之資，備中正仁義之德，運乾剛而獨斷，普離明而畢照，遠宗帝王之道，近守祖宗之法，道

① 「問」，據諸參校本改。

已至而猶以爲未至，治已臻而猶以爲未臻，乃特進臣等於廷，降賜明詔，首問唐虞三代，暨漢唐宋之俗尚，次及方今民俗不淳之故，且責臣等陳其所行之始。臣有以知陛下之心，思匹休于二帝三王，而隆祖宗大業於無窮也。臣敢不拜手稽首，對揚休命之萬一乎？

竊惟聖人未生，道在天地；聖人既生，道在聖人。堯舜聖人也，禹湯文武亦聖人也。堯舜相繼而爲唐虞，聖聖相承，同守一道。斯時也，在官咸九德之俊乂，在野皆時雍之黎民。但見萬邦協和而已，政無可救之弊；但見四方風動而已，俗無可更之化。致治之迹，譬之元氣流行，渾渾噩噩，機緘莫測，後世雖欲强言其所尚，得邪？孔子曰：「大哉！堯之爲君，蕩蕩乎，民無能名焉。」又曰：「無爲而治者，其舜也歟？」正此謂也。及乎禹繼舜而爲夏，亦聖聖相承，同守一道。斯時也，猶有唐虞之遺風，而無可救之弊政。然當地平天成之後，事爲漸繁之辰，政治之興，自不得不尚忠。忠者，渾然堅確之謂，未有形質之可指。如勞民至於握髮，泣囚至於下車。任土作貢，使隨所出以貢上；錫土賜姓，使隨所居而别族。凡其典則之貽，率多出於忠誠也。其後歷年四百，不幸有桀，廢棄五紀，滅德作威，夏之政於是大壞矣。湯不得已，起而伐夏，欲纘禹舊服，而割正矯誣，制度不得不漸超于詳而尚質，質則已具文之體，而猶有淳朴之意。如三風十愆，官有常儆；八家九區，田有定畫。宗廟有頌而詞尚簡古，大輅有辨而制尚渾堅。凡其謨訓之傳，率多出於質朴也。其後延祀六百，不幸有紂，侮慢五行，沉湎酒色，商之政於是大壞矣。武王乃不得已，起而伐紂，欲反商舊政，而維新污染，制度不得不益增以詳而尚文，文則事事皆有文采之粲然也。如建官倍夏商之數，取民兼貢助之法，追王加謚以示民敬，通夷頒貢以示民威，邦國都鄙之歲有教，比閭族黨之時有禁，銘太常以紀功，坐嘉石以識罪。凡其車服、宫室、器用之制，莫不各有上下貴賤等威之詳，信郁郁乎其文也。其後歷世既久，不幸一壞於幽厲，再弱於平王，而成周大業掃地矣。

夫三王之法，始無有不善，及其久也而弊生焉。聖王者作，欲起偏而救弊，必因時而制宜。初未嘗號于衆曰「我欲尚文、尚質、尚忠也」，後人見其不同者有如此，故因而名之爾。孔子曰：「殷因于夏禮，所損益可知也。周因于殷禮，所損益可知也。」所謂損益者，亦以維持其所因者而已矣，夫豈有異道哉？史遷謂：「三王之道若循環，終而復始。」良以古今之變，極而必反，如晝夜之相生，寒暑之相代，乃道之當然也。惟聖人爲能察其道之所在，而變以救弊。若周之衰文極而弊，正當救之時也，而聖王不作，莫能救之。孔子有德無位，乃假魯史修《春秋》，以寓一王之法。如商之爵三等，説者謂法天之三光。天道本下，親親而質省也。周之爵五等，説者謂法地之五行。地道敬上，尊尊而文煩也。《春秋》合伯、子、男爲一也，辭無所貶，皆從子。四夷進爵皆稱子，隱然寓改文從質之意。孔子不云：「大道之行，與三代之英，丘未之逮也，而有志焉。」他日答顔淵爲邦之問曰：「行夏之時，乘殷之輅，服周之冕，樂則《韶》舞。」由是觀之，使聖人代周而王，其所損益可知矣。奈何繼以嬴秦之强戾，破壞先王之法度，焚燒孔子之六經，而秦亦隨以亡矣。

自秦而下，享國長久者，曰漢曰唐曰宋，皆以除暴禁亂，代虐以寬，有功于生民，故天下歸心焉。然詳諸君不知正道之趨，惟就苟簡之政，百孔千瘡，隨補隨漏，又寧有定尚邪？董仲舒曰：「漢宜損周之文，用夏之忠。」亦循環之説也。漢高帝寬仁大度，而務爲簡易；文帝恭儉節用而示民敦朴，頗似忠也。然猜忌智術之多端，其治未免於雜霸，忠果安在哉？唐太宗勉行仁義而容直諫，玄宗鋭志勤儉而敦友愛，頗近質也。然骨肉閨門之多慚，其治未免於雜夷，質果安在哉？宋太宗用儒臣而罷節鎮，仁宗任文士而重學校，君臣之間，恩禮縟繁；朝廷之上，議論諄復，禮樂之推究，道學之倡明，庶乎其尚文也。然議論多而成功少，僞學張而道學禁，又安在其爲文乎？程伊川有言：「人君不爲後世駁雜之政所牽滯，則志定而治成。」區區漢唐宋，駁雜多矣。臣不欲爲陛下屑屑陳之，亦知陛下之志不在於此。

洪惟我朝，太祖高皇帝，膺天明命，肇造鴻業，迅掃胡元之陋俗，大興昭代之文明，立人紀於淪斁之後，復衣冠於左衽之餘。此與湯之伐夏，武王之伐商，其救弊一也，而功實倍之。暨我太宗文皇帝肅清邦家，仁宗昭皇帝綏寧海宇，而繼述之功益隆。宣宗章皇帝弘敷德教，英宗睿皇帝誕布仁恩，而雍熙之治益盛。此又與舜之繼堯，禹之繼舜同一揆也。臣嘗伏覩祖宗之時，訓誥之頻仍，詔旨之諄切，布在天下，昭如日星。其教民以忠也，使之崇廉耻，篤倫誼，不復爲向之刻薄；其教民以質也，使之惇信實，從儉約，不復爲向之僭踰；其教民以文也，使之習禮樂，誦《詩》《書》，不復爲向之粗鄙。此又與孔子之斟酌損益同一意，固未可以一端名也。《書》曰：「大哉！王言。」又曰：「一哉！王心。」臣請以爲祖宗頌。蓋我祖宗之道，即堯舜禹湯文武孔子之道；我祖宗之心，即堯舜禹湯文武孔子之心也。是以百餘年間，海内承平，涵育漸摩，淪肌浹髓，斯世斯民，固宜其無不遵化矣。然而，陛下猶慮其變詐多訟之非忠，奢靡踰分之非質，粗鄙鮮禮之無文。此固陛下不自滿假，望道未見之盛心也。然民生有欲，萬一不齊，承平日久，趨向漸乖，臣亦不能保其無如聖慮者。兹欲移風易俗，去其弊而還其淳，夫豈有他道哉？

欲正萬民，必自正百官始；欲正百官，必自正朝廷始。而欲朝廷之正，其本在陛下一心耳。陛下之心，一於忠誠，而智術之不用，使朝廷之上，懇乎忠誠之相孚；又擇忠誠之士以臨民，而欺詐者必黜，則源清而流潔，將見民皆讓畔于耕，讓路于行，縱有無情者，亦不得盡其辭矣，尚何多訟之足慮乎？陛下之心，務敦質朴，而奇巧之不尚，使朝廷之上，淳乎質朴之相儆；又擇質朴之士以養民，而貪墨者必罪，則表正而影端，將見民皆務本節用，量入爲出，縱有好侈者，亦必革其心矣，尚何僭踰之足慮乎？陛下之心，崇乎禮文，而苟簡之不形，使朝廷之上，秩然禮文之相接，又擇有禮而文者以教民，而鄙陋者必去，則身教者從，將見民皆興于禮，而進退揖讓之有節，冠婚喪祭之有儀，所謂非禮無爲也，尚何粗鄙之足慮乎？忠也，質也，文也，以之相用而不偏廢，以之相濟而不偏重，上行而下效，世守而不失，則可以躋斯世於皇極之中矣，而曷嘗不自聖心中來耶？蓋有此心則有此道，有此道則有此治，有此治則無此弊，理之必然也。故臣之愚，斷以爲致治推行之始，實不外乎聖心也。

雖然，人有是形，莫不有是心。一心之微，衆欲攻之，不能全其體以擴其用者多矣。所以持是心，使不爲物欲所昏梏，其要又在於敬乎。敬者，聖學之所以成始成終者也。堯之允恭，舜之恭己，禹之祗德，湯之聖敬，文王之敬止，武王之肅將，凡聖人之持心，必自敬始。《易》所謂「乾乾」，《書》所謂「精一」，《詩》所謂「思無邪」，《禮》所謂「毋不敬」，凡聖經之垂訓，未始不丁寧於此也。伏望陛下静而敬以存養此心之體，動而敬以省察此心之用，不二以二，不參以三，不東以西，不南以北，大廷如是，深宫如是，大政大事如是，微言細行如是，使人欲日浄，天理日明，則心無不正，而道從此出。由是應事而事無不當，由是處物而物無不宜。民生由是而益厚，風俗由是而益醇，華夷蠻貊由是而益率俾，四時五行由是而益順序，五岳四海由是而益效靈，曠世之祥，諸福之物，由是而無不臻矣。此則臣之所拳拳深望于陛下者。

陛下策臣等而于篇終有曰：「子諸生明經待問久矣。兹咸造於廷，詳著以獻，朕將親覽焉。」其所以期待臣等，可謂至矣。臣受國家生成之德，荷國家教育之恩，平昔所講者，堯舜禹湯文武之道；所明者，《易》《書》《詩》《禮》《樂》《春秋》之經，忠君愛國懇懇之心，素所畜積然也。今日幸奉大對，不敢曲引泛説，謹述二帝三王六經心法之要，爲終篇獻，伏惟陛下不厭爲迂濶之常談而垂意焉，則天下幸甚！

臣干冒天威，不勝戰慄之至。臣謹對。

（底本：《皇明歷科狀元全策》卷六。參校本：《成化十四年進士登科録》；《歷科廷試狀元策》二卷下）

三五　成化十七年辛丑科　王華

成化十七年(一四八一)辛丑科,廷對之士二百九十八人,狀元王華,榜眼黄珣,探花張天瑞。

王華(一四四六—一五二二),字德輝,號實庵,晚號海日翁,又稱龍山先生。浙江紹興府餘姚縣(今餘姚市)人。狀元及第,年三十六,授翰林院修撰。弘治改元,與修《憲宗實録》成,充經筵講官。遷左諭德。弘治六年(一四九三),遷右春坊右諭德。弘治十五年,任翰林院學士;十六年,陞禮部右侍郎。正德二年(一五〇七),遷南京吏部尚書。因不附劉瑾被勒令致仕。嘉靖元年,卒于家,年七十七。著有《龍山稿》《垣南草堂稿》《禮經大義》《諸書雜録》等。

王華廷試策見《成化十七年進士登科録》《皇明歷科狀元全策》及《歷科廷試狀元策》。

成化十七年三月乙亥朔。丙戌,上御奉天殿,親策舉人趙寬等二百九十八人,制曰:朕祗奉丕圖,究惟化理,欲追三代以底雍熙,不可不求定論焉。夫三代之王天下,必有紀綱法度,然後可以言治。而議者乃謂三代之治,在道不在法,豈法無所用乎? 聖王立法,必有名以表實,然後可以傳遠。而議者乃謂三代之法,貴實不貴名,豈名非所先乎? 治不在法,則繼以仁政之説似戾;法不貴名,則必也正名之説似迂,二者將何所從也? 嗣是稱治者,莫過於漢唐宋。漢大綱正,於父子君臣之道蓋得矣,而其治何以不能繼夫周? 七制之君知重道者,孰優乎? 唐萬目舉,如田賦兵刑之法近實矣,而其治何以不相遠於漢? 三宗之内能守法者,孰賢乎? 至宋則大綱正,萬目未盡舉,似於唐不及,然又謂其家法有遠過漢唐足以致太平者八事,而并指其君之賢,其説又何所據也? 夫法不徒行,名不苟立,古之人必有處乎此者,而後世獲效之不同如彼，何也？ 兹朕於道，必欲探其精微之藴；於法，必欲參其制作之詳；於所謂名與實者，必欲考求三代之所以相須而治，漢唐宋之所以不相須而治不古若者，庶幾取舍明而躋世雍熙可期也。諸生學古通今，出膺時用，必審知之矣。其各殫心以對，毋略毋泛，朕將采而行焉。

（底本：《明憲宗實録》卷二一三。參校本：《成化十七年進士登科録》，影印明成化刻本，天一閣選刊；《皇明進士登科考》卷八；《皇明貢舉考》卷五；《皇明歷科狀元全策》卷六）

臣對：臣聞人君之治天下，有體焉，有用焉。體者何？道是也。用者何？法是也。道原於天而不可易，所以根柢乎法者也。法因乎時而制其宜，所以品節乎道者也。道立而法未備，則民生未遂，民患未除，未足以言治。法具而道未立，則綱常淪斁，風俗頽靡，又奚足以爲治哉？故善爲治者，不徒恃乎法以制天下之人，要必本於道；而善爲法者，不徒徇乎名以誣天下之人，要必求其實焉。夏商周之所以致天下於大治者，以其有得乎此也；漢唐宋之所以治不古若者，以其胥失乎此也。然則今日欲究化理而求定論，亦惟遵三王之道，行三王之法，務使全體大用之畢舉，而陋漢唐宋於不爲可也，豈必外此而他求哉？《書》曰「鑒于先王成憲，其永無愆」，此之謂也。

欽惟皇帝陛下，睿知聰明，根於天性；寬仁莊敬，見於躬行。丕承一祖四宗之鴻圖，默契二帝三王之心學，涵養深而天理明，歷閲久而世故熟。是以十有八年之間，聖德日新，治效日隆，誠可謂大有爲之君，不世出之主也。然猶不自滿假，廼於萬幾之暇，廷集諸生，諏咨治道，且欲求一定之論，以追三代之隆。臣有以知陛下是心，其即古帝王好問好察謀及士庶之心也。臣以草茅之微，獲與諸生之列，仰承明詔，敢不俯竭愚忠，茂明大對，以少裨萬分之一乎？

臣竊惟治之體本於道，治之用存乎法。法之行必有其名，而名之立必有其實。人君所以持一定之論而致雍熙之治者，端在於斯矣。且道莫大於綱常，法莫大於田賦、兵刑。三綱不正，不足以言道；四事不舉，不足以語法。臣請先以家喻之。今有鉅室焉，父慈而子孝，夫義而婦聽，其家道正矣。然而耕耨失其時，收斂無其術，仰不足以事父母，俯不足以畜妻子，或門庭之寇不能禦，或奴隸之肆無所懲，如此而謂之家齊，不可也。其或家給人足，令行禁止，而父子夫婦之間或有所歉，如此而謂之家齊，不可也。又或事事而爲之名以聳人之觀聽，而求其實，則泯然無蹟之可舉，如此而謂之家齊，可乎？

家之於天下，勢不同而理同。道也法也，實也名也，誠可相有而不可相無也。昔者三代之王天下，蓋有法以輔其治，非專恃乎法也。其立法也，蓋有名以表其實，非徒徇乎名也。臣請略舉其概。如咸則三壤以制井田，差爲九等以定貢賦，六師以征不序，三千而有贖條，此有夏治天下之法也。八家各授一區以爲私田，八家同養公田以給賦稅，設六軍之制，制風愆之刑，此有商治天下之法也。詳之爲井牧溝洫而田有所分，纖之爲九府圜法而賦有所統，司馬掌九伐之法以正邦國，司寇掌五刑之制以糾萬民，非成周治天下之法乎？其制田賦也，實足以裕民而足國；其制兵刑也，實足以禦亂而禁奸，豈徒爲虛名而已哉！矧禹之治本於祗台德先，而率由典常，則其法有道以爲之體，故能文命誕敷，以臻聲教四被之治。湯之治本於克寬克仁，而肇修人紀，則其法有道以爲之體，故能表正萬邦，以成兆民允懷之治。文王純亦不已，而茲迪彝教，武王建其有極，而重民五教，則周之法亦有道以爲之體。此所以致有夏修和，四海永清之治也。宋儒羅從彥謂：「三代之治在道不在法，三代之法貴實不貴名。」蓋言法之不可以離道，名之不可以失實耳。夫豈謂法無所用，而名非所先乎？

三代而後，稱善治者莫過於漢唐宋，若秦隋五季之流，皆無足齒矣。漢高祖用三老之言而發義帝之喪，赦季布之罪而戮丁公之叛，則君臣之義以明；因家令之言而尊禮太公，高四皓之名而割愛衽席，則父子之倫無失，是大綱正而道得其概矣。惜乎規模雖宏遠，而多襲嬴秦之舊，《詩》《書》之不事，而未脫馬上之習。故其時去成周雖未甚遠，而田賦兵刑之類，多缺典矣。果能如三代之治，道法兼資者乎？漢有天下，歷年四百，高祖而下，若文帝之躬修玄默，武帝之雄才大略，宣帝之信賞必罰，光武之沉幾先物，明帝之遵守成憲，章帝之寬厚長者，亦皆一世之賢君。王通取之爲七制，宜矣。然以重道言之，則聖賢大學之道，概乎其未之有聞，臣未敢必其爲孰優，此漢之治所以止於漢也。

唐太宗制口分世業之田，租庸調之法，彷彿乎先王田賦之遺意；定上中下府兵之制，五覆奏三訊之刑，依稀乎先王兵刑之舊規，是萬目舉而法近乎實矣。惜乎制度雖益詳，而不能自身推之於家；紀綱雖益密，而不能自家達之於國。故其法視兩漢雖若過之，而父子君臣之間，多慚德矣。果能如三代之法，名實相須者乎？唐有天下，傳世二十。太宗而後，若玄宗之削平内難，勵精政事，幾致太平；憲宗之剛明果斷，能用忠謀，克除僭叛，亦皆繼世之令主。史臣取之爲三宗，當矣。然以守法言之，則二帝三王之法，邈乎其未之能及，臣未敢必其爲孰賢，此唐之治所以止於唐也。

逮宋室之興，太祖開基，事周后如母，愛少帝如子；鞭朴不施於殿陛，罵辱不及於公卿；慈闈一言，載在金匱；舍子立弟，付託得人，其大綱可謂正矣。但其兵雖有三衙四廂之制，而不足以禦外侮；刑雖有折杖常刑之典，而不足以禁奸吏；天下之田，雖二十税一，而未能合乎井牧溝洫之制；役民之法，雖因乎唐制，而未若租庸調法之詳，其萬目則未盡舉也。夫大綱雖正，萬目未舉，似於唐不及也。而其家法之善，則有過於漢唐者焉。吕大防嘗言：「前代人主，朝見母后有時，祖宗以來，朝夕皆見，此事親之法也。前代大長公主，以臣妾之禮見，仁宗以姪事姑，此事長之法也。前代宫闈多不肅，本朝宫禁嚴密，此治内之法也。前代外戚多預政事，本朝不許預事，此待外戚之法也。前代宫室多尚華侈，本朝宫殿止用赤白，此尚儉之法也。前代人主在宫禁，出輿入輦，祖宗步自内庭，出御後殿，此勤身之法也。前代人主在禁中，冠服苟簡，祖宗以來，燕居必以禮，此尚禮之法也。前代多深於用刑，惟本朝臣下有罪，止於罷黜，此寬仁之法也。」凡此八事，信乎家法之過漢唐矣。太祖而下，如太宗之恭儉好文，真宗之寬仁慈愛，仁宗之力行恭儉，英宗之優禮大臣，庶幾其賢者歟。惜其仁厚有餘，而剛斷不足，此宋之治，亦止於宋而已。

夫法非自行，必本於道而後行；名非自立，必有其實而後立。古之人皆有以處乎此，而後世獲效之不古若，豈非以其或有體而無用，或有用而無體歟？洪惟我朝太祖高皇帝，創業垂統，用夏變夷，《大誥》申明五常之義，《律令》詳著萬法之條，養民有田，足國有賦，禦暴有兵，禁奸有刑，大綱畢正，萬目具舉。其弘模丕範，誠足以超越三王，垂示萬世矣。列聖相承，重光繼照。至於陛下祖述憲章，克篤前烈，大孝尊親，上隆歡於慈極；彝倫敦叙，下疏愛於天潢。分田賦民，惟祖宗之成憲是遵；練兵用刑，惟祖宗之舊典是式。總萬善於一身，光百王於千載。其於道法兼資之要，名實相須之義，固已洞燭於淵衷矣。然猶於道欲探其精微之藴，於法欲參其制作之詳，於所謂名與實者，欲考求三代之所以相須而治，後世之所以不相須而治不古若者。臣以爲此無他，在陛下一心轉移間耳。

蓋人之一心，至虚至靈，所以具衆理者在是，所以應萬事者在是。但爲氣禀所拘，物欲所蔽，其全體大用，始有不明矣。陛下誠能先明諸心，復其本然之正，去其外誘之私，不爲後世駁雜之政所牽滯，不爲流俗因循之論所遷惑，則於道也，必能探求其精微，而見於日用彝倫之間，莫不各有以盡其當然不易之則矣。於法也，必能參詳其制作，而形於紀綱法度之際，莫不皆有以成其巍然廣大之業矣。至於考求其名實，則知夏商周之精詳，非若漢唐宋之闊略，而其得失之際，又豈待辯而明哉？程子曰：「必有《關雎》《麟趾》之意，然後可以行《周官》之法度。」是知道與法必兼資而後可以言乎治。孔子曰：「君子名之必可言。」是知名與實必相須而後可以傳諸遠。然則道與法兼資，名與實相須，孰謂不在陛下方寸間耶？

雖然人君之治，固本於一心，而正心之要，尤在於意誠。《大學》曰：「欲正其心者，先誠其意。」使意有不誠，則無以正其心而推於治矣。臣願陛下窮理以致其知，存誠以立其本，而凡一念將發之頃，必察其天理人欲之幾。天理邪，必循之而造其極；人欲邪，必遏之而絶其根。大庭廣衆之中，固此誠也。深宫燕閒之地，亦此誠也。念念相承，無少間斷，則一理渾融，萬幾密勿，將見體用兼全，本末具舉。陛下今日之治道，與三王同一道心之精微；陛下今日之治法，與三王同一時中之妙用；而盛治之效，亦將與三代比隆矣。區區漢唐宋之治，何足言哉？

昔宋儒朱熹入對，有戒其勿以正心誠意之説進者，熹曰：「吾平生所學，在此四字，豈敢隱默以欺吾君。」臣嘗誦此以自箴警，今承明詔，故於篇終直舉平昔所得於學者以爲獻，亦何敢負所學以欺吾君父邪？

臣不勝惓惓之至，伏惟陛下留神察焉，則天下幸甚，萬世幸甚！臣謹對。

（底本：《成化十七年進士登科録》。參校本：《皇明歷科狀元全策》卷六；《歷科廷試狀元策》二卷下）

三六　成化二十年甲辰科　李旻

成化二十年（一四八四）甲辰科，廷對之士三百人，狀元李旻，榜眼白鉞，探花王敕。

李旻（一四四六—一五〇九），字子陽（一作子暘），號東崖。浙江杭州府錢塘縣（今杭州市）人。成化十六年，浙江鄉試解元。狀元及第，年三十九，授翰林院修撰。與修《憲宗實録》，授經筵講官。弘治六年（一四九三），陞左春坊左諭德。弘治十四年，陞南京太常寺少卿，十五年，署南京國子監事。武宗即位（一五〇六），應詔回京，改太常寺少卿兼翰林院侍讀；次年奉命教習庶吉士，旋陞爲太常寺卿兼國子監事。正德二年（一五〇七），陞南京吏部右侍郎；四年，轉左。未幾，卒于任，年六十四。著有《東崖集》。

李旻廷試策見《皇明歷科狀元全策》及《歷科廷試狀元策》。

成化二十年三月戊子朔，上御奉天殿，親策舉人儲巏等，制曰：朕聞治道之要有三，曰立（賢）［志］、責任、求賢①。古帝王心法相傳，理欲明辨，建官分職，賢俊畢登，於斯三者，無不至矣。其君臣之間，所以交相儆畏，與其事功之詳，治（功）［化］之盛②，可歷言歟？後世願治之君，孰不以唐虞三代爲法，然究其實，不能無疑。石渠講經，連屏書事，崇儒有論，鑒古有記，立志篤矣。何躬修玄默，質任自然者，治效獨優歟？公卿省寺，兩府臺諫，兼攝有宜，總察有方，責任當矣。何日

① 「志」，據諸參校本改。　② 「化」，據諸參校本改。

不暇給，役己利物者，功業獨盛歟？郡國公府，皆得薦士，四科九品，隨材甄擢，舉賢博矣。何杖策相從，躬駕枉顧者，得人獨異歟？之數君者，其所建立施爲，果皆本于儆畏所致？抑亦隨其才力所就而然歟？迹其事功治化，視唐虞三代，可能企及否歟？朕嗣守祖宗鴻業，夙夜祗勤，惟恐制治保邦未盡其道，期於大小庶官咸稱厥任，窮陬蔀屋，罔有遺逸，如古帝王熙皥之世，果何修而致是歟？諸生博通古今之學，明習濟時之務，其參酌内外本末，悉心以對。毋徒膠於見聞而爲故常之論，朕將資以裨治焉。

（底本：《明憲宗實録》卷二五〇。參校本：《皇明進士登科考》卷八；《皇明貢舉考》卷五；《皇明歷科狀元全策》卷六；《歷科狀元廷試策》二卷下）

臣對：臣聞帝王之爲治，有先務焉，有大本焉。不知先務則設施無序，不可與論先治之道；不知大本，則趨向多端，不可與論先務之急。立志、責任、求賢，爲治之先務也。三者之中，立志爲大本。苟志既立，則無不可爲者，責任而任得其當，求賢而賢得其人，施于爲治之道，無所往而不達。志苟不立，則中無定見，雖責任而用非其人，雖求賢而舉非其賢，如是而欲求天下之治，戛戛乎其難矣。故臣以三者爲帝王爲治之先務，而立志焉者，又出治之大本也。

欽惟皇帝陛下，稟聰明睿智之資，備剛健中正之德，道已至矣，而猶以爲未至；治已成矣，而猶以爲未成。乃進臣等于廷，親試策問，諏咨治道。首舉立志、責任、求賢三事爲言，既羡慕乎唐虞三代事功治化之美，又反覆乎漢唐宋諸君建立施爲之異，末乃慮夫制治保邦猶未盡其道，小大庶官或不稱其任，窮陬蔀屋或尚有遺逸，而期如古帝王熙皥之世。臣伏讀陛下之明詔，仰窺陛下之淵衷，信乎大有志矣。持此以往，可以爲有爲，可以恢弘祖宗列聖之業，可以比隆唐虞三代之盛，而陋漢唐宋于不爲矣，尚何待于臣言哉？然臣素所蓄積，欲陳一得之愚於丹陛之下，亦已久矣，矧兹特承下問，敢不殫厥心思，以對揚於萬一耶？

竊惟唐虞三代之治，祖宗列聖之法，布在方册，無不可舉，然非志向之定，不能舉而行也。雖有其志，非責任得人，其孰承而行之？責任雖當，非得賢爲用，其孰布之天下乎？古昔帝王，若堯之授舜曰「允執厥中」，舜之授禹曰「惟精惟一，允執厥中」，禹之「克勤于邦，克儉于家」，湯之「以義制事，以禮制心」，文王之「緝熙敬止」，武王之「建其有極」，其心法相傳，理欲明辨，志之立也，可謂至矣。堯之于舜，舜之于禹，禹之于伯益，湯之于伊尹、仲虺，文、武之于太公、周公，或使之宅百揆，或付之以國政，其責任何其專耶？堯之明揚側陋，舜之登庸元愷，禹之庶明勵翼，湯之立賢無方，文武之先後奔走，同心同德，或鄉舉里選之有制，或俊選造進之殊升，其求賢何其盛耶！以堯舜禹湯文武之聖，而其立志、責任、求賢也，既已篤志而無歉矣。其在當時君之於臣，曰「予違汝弼」，曰「勑天之命，惟時惟幾」，曰「慄慄危懼，若將隕於深淵」，其所以儆畏乎其臣者，惟恐其或怠。臣之于君，曰「慎乃在位」，曰「儆戒無虞，罔失法度」，曰「夙夜罔或不勤」，其所以儆畏乎其君者，惟恐其或驕。以唐虞三代之際，君臣之間，交相儆畏又如此。是以語其事功，則敬敷五教，播時百穀，地平天成，禮備樂和，人紀之肇修，彝倫之攸叙，事功之美，無以加焉；語其治化，則五典克從，百揆時叙，四方有風動之休，比屋有可封之俗，山川鬼神亦莫不寧，鳥獸魚鱉，亦得咸若。治化之盛，又何隆也。

逮夫後世，願治之君皆欲效法前古，究其爲治之實，不免有可疑者。漢宣帝講五經同異於石渠之閣，唐憲宗書君臣行事于座右之屏，宋真宗崇儒之有論，仁宗鑒古之有記，似乎有立志矣。然而，宣帝甘于雜霸，憲宗惑於異端，真宗有天書之僞，仁宗少剛明之資，其所謂志者不過言語文字之間而已。惟漢文帝躬修玄默，宋太祖質任自然，雖若無所見其志，然一則鑒亡秦暴虐之餘，治先恭儉；一則懲五代猜忌之弊，弭亂未然。其識見定向如此，治效之獨優，豈不宜歟？

漢以丞相、大司馬、御史大夫爲三公，九卿則太常、光禄、衛尉、太僕、鴻臚、少府、司農、宗正、廷尉是也。唐以尚書、中書、侍中爲三省，九寺則太常、光禄、衛尉、宗正、太僕、大理、鴻臚、司農、太府是也。宋之中書省、樞密院謂之二府，臺諫則御史臺、諫院是也。位秩既列，職守斯存，或兼其官，或攝其事，而各隨所宜；或總其綱，或察其失，而各盡其道，似乎能責任矣。然而三公無論道之實，九卿多冗曠之員，甚至兵民之不相關，名實之不相稱，其所謂責任者，不過制度文爲之末而已。惟漢高帝日不暇給，唐文皇役己利物，雖若任己而不任人，然一則蕭曹當相國之責，良平受腹心之託；一則房杜任謀謨之寄，王魏擅諫諍之名。其責任有實又如此，功業之獨盛，詎不信歟？

漢之郡國舉士，大概有三，一曰賢良方正，二曰孝廉，三曰博士弟子。幹佐曹吏，拔於州縣，然後辟於公府；公府舉爲曹掾，然後用於朝廷。武帝時，有四科以選士。以德行高妙，志節清白爲一科；學通行修，經中博士爲一科；明習法令，足以決疑，能按章覆問，文中御史爲一科；剛毅多略，遭事不惑，明足決斷，才任三輔縣令爲一科。魏立九品官人之法，州郡皆置中正，區别人品，第其高下，言行修著則進之，道義虧缺則降之。夫郡國公府，皆得薦士，舉賢之途寛矣；四科九品，隨才甄擢，用人之法審矣。求賢如此，似乎能得賢矣。然而，有中正則寒素不得進，有資格則豪傑不得伸，或未察文行，而先世系之察；或不求德業，而惟身言之求，其所謂求賢者，不過常調之流而已。惟漢光武之于鄧禹，杖策軍門，數言而合，幾于文王之得太公；漢昭烈之於孔明，躬駕茅廬，三顧而起，幾于成湯之求伊尹。求賢若此，得人之獨異，又何怪歟？

之數君者，其所建立施爲，固非尋常可及。然推本言之，亦皆隨其材力所就而然耳。若其儆畏之志，或暫存而即亡，或始勤而終怠。君之所以用其臣，惟因材以備任使，而非有一體之誠。臣之所以事其君，惟隨時以就功名，而非有格心之學。宜其事功之卑，治化之淺，漢止于漢，唐止于唐，宋止于宋，而終不能企及于唐虞三代也。

惟我祖宗列聖，創業守成，皆以帝王爲志，而責任、求賢，皆以帝王爲法，於斯三者，無不至焉，其事功治化，固非三代以下之可及矣。仰惟陛下，繼承丕緒，二紀于兹，恪守成規，一動不苟。於斯三者，豈有不至哉？然猶慮夫制治保邦，未盡其道者，此固聖志之發見也。臣願陛下堅持此志，朝兢夕惕，以聖人之言爲必可信，以帝王之政爲必可行，省察於念慮之微，儆戒於言動之際，體乾道之至健，同天運之不息。不狃於近規，不惑於衆口，求所以制治保邦之本何在也，必如堯舜之執中，禹之勤儉，湯之義禮，文王之敬，武王之極，必期致天下如唐如虞，如三代之時而後已。

古人有言：「功崇惟志。」又曰：「有志者事竟成。」志誠立矣，何慮乎制治保邦之未盡其道耶？所謂期於小大庶官咸稱厥任者，此則在爲上者責任何如耳。臣願陛下先責任乎大臣，咸與之爲一體。任股肱之寄者，使各盡其職；任心膂之托者，使各盡其忠。待之以誠，禮之必厚，言無不聽，計無不從，不爲讒譖之所間，不爲邪佞之所移，必如唐虞之於舜禹，三代之於伯益伊吕，責任之而無二焉。

古人有言：「任賢勿二。」又曰：「尊賢使能，俊傑在位。」則天下之士，皆悦而願立於其朝。任得人矣，何患乎小大庶官之弗稱厥任耶？所謂期於窮陬蔀屋，罔有遺逸者，此則在爲上者求賢何如耳。臣願陛下專心致意，博訪廣詢，以求賢爲事，以得賢爲期，或揚之於側陋，不以疏而遺棄；或舉之於世族，不以親而避嫌。大臣之推賢援能者旌賞之，所司之蔽賢自任者疏斥之，必如堯舜之咨舉，禹之翕受，湯之好問，文武之作，人惟賢則舉之而無疑焉。古稱：「萬邦黎獻，共惟帝臣。」又曰：「野無遺賢。」良在求之者有其道也。誠求賢矣，何患乎窮陬蔀屋之尚有遺逸耶？

曰立志，曰責任，曰求賢，雖有三者之分，其實皆在陛下之志所向而已。陛下試日省之，外而朝廷，内而宫壼，又密而隱微之間，此志之存，果無一息之少懈乎？一或少懈，則取人之則有失。雖欲責任而任，或匪其人矣。責任之重，大而臺省，近而館閣，又切而侍從之臣，試日察之，果無一人之不稱者乎？一或不稱，則不免有蔽賢之失，雖欲舉賢，而賢者不爲之用矣。誠使吾志立而責任必得其人，責任當而賢才皆樂于用，自此而興學校，則教化無不行；自此而勸農桑，則田野無不闢。簡軍旅而武備修，寬賦税而倉廩實。興利除患之方，備灾禦患之法，安國養民之術，皆可以次第行之，舉而措之，不患于不達也。是則治天下之要，固在於求賢，而求賢之方，必先於責任，所以爲責任之大本，則在于陛下之心志也。然欲志之立，又豈待他求哉！

臣伏覩聖諭，理欲明辨也，交相儆畏也，即此乃立志之機，而其用功，則在於學問之間。《書》曰：「惟學遜志，務時敏，厥修乃來。」《詩》曰：「日就月將，學有緝熙于光明。」仲虺之誥成湯曰：「能自得師者王。」傅説之告高宗曰：「念終始典於學，厥德修罔覺。」孔子大聖人也，猶曰「我學不厭」；衛武公年九十五矣，猶日使人儆戒於其側。矧夫人君之尊，九重深嚴，萬幾繁夥，公卿輔弼，不能以常接；法言讜論，不得以常聞，惟潛心於學問，留神於講讀，雅言大學而篤正心誠意之功，博求經史而盡人情事變之詳，于以開發聰明而涵養德性，於以聞所未聞而見所未見，天理由是而益明，人欲由是而益消。儆戒之念不忘於心胸，宴安之私不形于動静，則志不待立而自立，心不待存而自存，責任必得其當，求賢必得其人，心即帝王之心，道即帝王之道，無爲之事功，熙皡之治化，自有不負所期，而不違所願者矣。

臣章句迂儒，草茅賤士，雖不能通于古今之學，明於濟時之務，亦不敢膠見聞之陋，爲故常之言，以干冒聖聽。然而陳堯舜之道，盡忠愛之心，則固臣之素志也。伏惟陛下俯垂采擇而加之意焉，則斯世斯民，何其幸耶！

臣不勝悚懼之至。臣謹對。

（底本：《皇明歷科狀元全策》卷六。參校本：《歷科狀元廷試策》二卷下）

三七　成化二十三年丁未科　費宏

成化二十三年(一四八七)丁未科,廷對之士三百五十一人(據《進士題名碑録》及《皇明貢舉考》),狀元費宏,榜眼劉春,探花涂瑞。

費宏(一四六八—一五三五),字子充,號健齋,晚號湖東。江西廣信府鉛山縣(今屬上饒市)人。狀元及第,年二十,爲明代中狀元最年少者。授翰林院修撰。歷左贊善、左諭德、太常少卿、翰林侍講。正德二年(一五〇七),擢禮部右侍郎;四年,進左侍郎。正德五年,陞禮部尚書。正德六年十二月,命兼文淵閣大學士,入閣參政,加太子太保、武英殿大學士。正德九年,進户部尚書。忤權幸錢寧,致仕。嘉靖三年(一五二四),起加少保,入輔政;四年,加少師兼太子太師,晉華蓋殿大學士;六年四月,被桂萼所攻,致仕。嘉靖十四年四月,即家起官如故;十一月,卒于官,年六十八。贈太保,謚「文憲」。編著有《宸章集録》《費文憲集選要》《太保費文憲公摘稿》等。《明史》有傳。

費宏廷試策見《成化二十三年進士登科録》《皇明歷科狀元全策》《歷科廷試狀元策》及《太保費文憲公摘稿》。

成化二十三年三月辛丑朔。乙卯,上御奉天殿,策試舉人程楷等三百四十九人,制曰:自昔帝王創造丕圖,必有貽謀以爲長治久安之計。夏商周之蹟見于經,漢唐宋之事具于史。朕欲聞其紀綱、統體、制度得失之詳。迨其嗣世之君,欲保盈成以躋至治,一惟舊典是遵是用,其或久也,不能無偏,而不舉之處,則亦興其滯,補其弊,期使斯民得被先王之澤,如夏啓、商宗、周宣王是已。而漢唐宋之君,亦有能庶幾者乎? 朕欲究其奮勵有爲,功業可稱之實。夫事不稽古,固無以證今，然徒泛論古之人，而不求今時之急務，亦非納言之善也。昔朕太祖高皇帝，奄一寰宇，建制垂憲，萬世攸崇。太宗文皇帝，定鼎兩京，洪謨遠略，光前裕後。列聖相承，益隆繼述，斯民樂育于熙皥之治，已百二十年矣。然治極而弛，理勢自然，祖宗良法美意，豈能悉祗承而無弊乎？肆朕惓惓以法祖爲念，欲俾内外百司群工庶職，咸思奮庸熙載，恪守典訓而慎行之，毋滋偏失不舉，名存實爽之議，用期吏稱其職，民安其業，中國尊而四夷服，風雨時而嘉祥至，諒必有道矣。爾諸生皆學古通經，有志於用世者，其各直述以對，毋有所隱，朕將親覽焉。

（底本：《明憲宗實録》卷二八八。參校本：《成化二十三年進士登科録》，影印明成化刻本，天一閣選刊；《皇明進士登科考》卷八；《皇明貢舉考》卷五；《皇明歷科狀元全策》卷六；《歷科廷試狀元策》二卷下）

臣對：臣聞帝王之御天下也，有致治之道，有保治之道。致治之道存乎法，保治之道存乎勤。非法，無以維天下之勢；非勤，無以守天下之法。故創造丕圖者，必立法以貽孫謀；嗣守鴻圖者，必憂勤以繩祖武。曰紀綱，曰統體，曰制度，皆法之具也；而興滯補弊，則勤之實耳。創之者以法，則國勢尊嚴，而有以成長治之業；守之者以勤，則法度修舉，而有以躋至治之休。帝王御天下之道，夫豈有外於此乎？夏商周之治所以卓冠千古，以其創之者其法善，而守之者其志勤也。漢唐宋之治不古若，庸非創之者其法有未善，守之者其勤有未至歟？

恭惟皇帝陛下年當鼎盛，運撫盈成，昧爽臨朝，惟祖宗之法是遵；甲夜視事，惟祖宗之法是監。臨御以來，于兹二紀，賢才皆已舉用，四海皆已無虞，保治之道，蓋已默得于聖心之妙矣。尤不自足，乃於萬幾之暇，廷集多士，諮諏治道，首舉三代漢唐宋之創業者，而欲聞其紀綱、統體、制度得失之詳；中舉三代漢唐宋之守成者，而欲究夫奮勵有爲，功業可稱之實；末復以祖宗列聖之所以創守爲言，而慮夫成法之弊，且惓惓以法祖爲念，期于吏稱民安，中國尊而四夷服，風雨時而嘉祥至。臣伏而讀之，有以見陛下知創業之惟艱，念守成之不易，而欲保熙皡之治於無窮也。臣請稽之經，訂之史，按之當今之務，爲陛下陳之，陛下幸垂聽焉。

臣聞，天下，重器也，創之至艱，守之至艱。創之而不知所以創之之道，則無以垂治於百王；守之而不知所以守之之道，則無以保治於萬世。創之之道無他焉，臣前所謂法是已；守之之道無他焉，臣前所謂勤是已。蓋法者，維持天下之具。故帝王創業，必建立紀綱，經畫統體，條陳制度，以盡天下之法，以貽子孫之謀，以爲長治久安之計。自家而國，自國而天下，彼此相維，内外相制，如身之使臂，臂之使指者，紀綱之謂也。或尚寬大，或尚嚴明，以此而始，以此而終，不朝文而暮質以自潰亂者，統體之謂也。治教、禮樂、田賦、兵刑之類，所以經緯天地、黼黻民物者，制度之謂也。然先王之法，必有偏而不起之處，故政有眊而不行。守成者欲保盈成以躋至治，又必勤勵不息，興其滯以補其弊，然後天下之法可以施諸罔極，先王之澤可以（波）［被］及斯民①，而世爲有道之國矣。

臣請以創之之法言之。禹之造夏，有典則以貽子孫，觀其文命四敷，聲教四訖，則有以立乎紀綱。政尚忠朴，治先勤儉，則有以定乎統體。至於建官二百，内辟三千，設六師以討罪，辨三壤以成賦，天秩有禮，大夏有樂，教民以序，正朔以寅，其制度又無不備。禹之立法貽謀，其善如此，夏之治安，於此乎致矣。湯之造商，昭大德以裕後昆，觀其肇修人紀，而九有有截，則紀綱以立；代虐以寬，而兆民允懷，則統體以定。至於建二相以總百官，制官刑以儆有位，公田藉而不税，大輅質而得中，國老養於右學，庶老養於左學，其制度亦無不備。湯之立法貽謀，其善如此，商之治安，於此乎致矣。若夫周之文武，啓佑後人，咸正罔缺，風化基於《關雎》，内庭屬於冢宰，樞機周密，有以爲四方之綱，明德而不敢忽，慎罰而不敢

① 「被」，據《歷科廷試狀元策》改。

濫，仁愛忠厚，有以爲一代之體。其建官也，六卿分職；其制刑也，三典詰姦。田賦有鄉遂都鄙之殊，軍賦有鄉遂丘甸之異。語禮樂，則五禮以節民性，六樂以和民聲；語教化，則三物以興賢能，四術以造俊秀。制度之備，又何如也？周之治安，何莫而不本於立法貽謀之善乎？

下逮漢唐宋創業之君，非不欲致治如三代也，但其法有未善耳。漢之高帝，大封同姓，委任大臣，以規模爲紀綱；約法順民，掃除煩苛，以寬仁爲統體。命蕭何次律令，命叔孫通制禮儀，章程定於張蒼，軍法申於韓信，所以貽謀者又有制度矣。然大綱雖正，而終不能無雜伯之非；大體雖寬，而卒不能除參夷之令；庶事草創，而井田不復；學校不興，禮文多闕；而正朔不改，官名不定，則其法不能以皆善也。唐之太宗，除亂致治，四夷賓服，庶乎知立國之紀綱；屈己從諫，仁心愛人，庶乎知爲政之統體。以職事任官，以尊本任衆，以租庸任民，以府衛任兵，禮制於房玄齡，樂作於祖孝孫，六學有領，五刑有覆，所以貽謀者又有制度矣。然内多慚德，有夷狄之風；漸不克終，來諍臣之疏。法度之行，禮樂之具，擬之先王未備；田疇之制，庠序之教，擬之先王未詳，則其法不能以皆善也。至若宋之太祖，以忠厚廉耻爲紀綱，而五事之美，千古所無。以偃兵息民爲統體，而五季之弊一朝頓解。兩府臺諫，官之總察有方；三衙四廂，兵之簡閲有道。幸學有贊，均田有令，而教養之法可觀；温叟制禮，和峴制樂，而禮樂之文可取，又有制度以貽謀矣。然宗室則無選舉教訓之實，宿衛則聚卒伍無賴之人，官司之課試不嚴，學校之作成無要，兵士每雜於疲老，農民常苦於征繇，其法又豈能盡善哉？由是觀之，則聖策所謂紀綱、統體、制度得失之詳，可得而知矣。

臣請以守之之勤言之。夏當有扈違命之時，三正怠棄，五行威侮，禹之法不能無偏而不起之處也。啓則敬承繼禹之道，而奮勵有爲，興滯補弊，召六卿以行天討，申賞罰以肅人心，卒使民被先王之澤，而謳歌有歸。有夏盈成之治，以勤而保矣。商自盤庚既没之後，賞刑僭濫，荆楚叛背，湯之法不能無偏而不起之處也。高宗則監于先王成憲而奮勵有爲，興滯補弊，求良弼以代王言，裒荆旅以昭殷武，卒使民被先王之澤而小大無怨。有商盈成之治，以勤而保矣。至若周自厲王之烈，《小雅》盡廢而四夷交侵，上帝板蕩而下民卒癉，文武之法不能無偏而不起之處矣。宣王由是奮勵有爲，興衰撥亂，《車攻》復古，明文武之功業；《六月》出師，復文武之境土，卒使王化大行，流離還定。周之盈成，何莫而不保於興滯補弊之勤乎？

下逮漢唐宋守成之君，非不欲保治如三代也，但其勤有未至耳。漢之宣帝、光武，庶幾法祖之君也。或承武昭虚耗之弊而綜核名實，信賞必罰，伸威北狄，功光祖宗；或鑒西京不競之禍，而明慎政體，總攬權綱，身致太平，恢復前烈。其興滯補弊之功業，有可稱者。惜夫神爵之後，頗尚荒唐；建武之中，竟行封禪，則其勤有未至焉。唐之玄宗、憲宗，庶幾法祖之君也。或革前朝權戚之弊而勵精政事，開元之際幾致太平；或懲德宗姑息之禍，而紀律畢張，元和之初，威令復振。其興滯補弊之功業，有可稱者。惜夫天寶之末，嗜慾滋生；平蔡之後，侈心遽動，則其勤有未至焉。至若宋仁宗承宫闈專政之後，裁抑僥倖，鋭意太平。神宗當累朝委靡之餘，勤儉有爲，勵精求治，亦可謂善法祖宗，而興滯補弊之功業有足稱者。惜夫一則仁柔有餘而剛斷不足，一則聽言太廣而進人太鋭。其勤又豈能至哉？由是觀之，則聖策所謂奮勵有爲，功業可稱之實，可得而知矣。

大抵三代之法盡善盡美，故其子孫有所據依，而爲治也易。至於政弊，然後變其小節，而其大體，卒不可易。漢唐宋之法，不過因陋就簡，以苟一時之近功，其善者常寡，而不善者常多；其善者常小，而不善者常大。立之未幾，而弊已隨之，後世之君，區區修補，百孔千瘡，隨亂隨失，雖欲言治，皆苟而已。

洪惟我太祖高皇帝混一區宇，建制垂憲，而法之貽于後者，至精而至備。太宗文皇帝，定鼎兩京，訏謨定命，而法之光于前者，愈盛而愈彰。請舉其大者言之。宫闈雍肅，而無出梱之言；左右忠勤，而謹戴盆之戒。任府部爲股肱，而事權不紊；倚臺諫爲耳目，而國論有歸。宗子分封，以廣維城之助；三司並置，以革藩鎮之專。申明典常，而有以正天下之大誼；誅逐胡虜，而有以嚴天下之大防。則紀綱之善，無異乎三代矣。治本人情，而廣孝弟之化；仁同一視，而無南北之殊。施猛政以濟寬，用重典以平亂。惠鮮鰥寡，貪墨之加害者必懲；懷保小民，豪强之淩暴者不貸。則統體之善，無異乎三代矣。至若審官，立銓選考課之方；育材，設學校科目之典。財以足國，而賦税漕運有其經；兵以衛民，而番上分屯有其備。禮儀有式，宴享有章，而和敬之風以著；令教於先，律齊於後，而欽恤之意攸存。則制度之善，又無異乎三代矣。祖宗之所以創業者，其法既善，自是而後，若仁宗昭皇帝之勵志圖治，推誠任人；宣宗章皇帝之偃武修文，五倫攸叙；英宗睿皇帝之乾剛獨斷，克復舊物，莫不以勤而繼守之。傳至陛下，又能紹列聖之憂勤，守祖宗之成法。斯民樂育于熙皞之治者，蓋已百二十年，雖三代治安之長久不是過矣。

聖策乃謂：「治極而弛，理勢自然。祖宗之良法美意，豈能悉祗承而無弊？」臣知此固聖人憂勤不已之心，臣敢不俯陳狂直，以副聖心之萬一乎？臣惟法之立也，本無不宜；法之行也，始有其弊。因其弊而救之，則存乎其人。古人有言曰：「救弊者莫如修德。」又曰：「救弊者莫如責實。」臣愚竊謂今日救時之急務，亦惟修德責實，益致其勤而已。蓋德者，法之本也。德之修，萬一有不慎，則其流之弊，必至於縱欲以敗度。譬之人傷其氣，而寒暑易侵；木傷其根，而風雨易折。法雖具也，亦徒法而已矣。實者，名之主也。實之責，萬一有不覈，則其流之弊，必至於欺謾以成風。譬之摶土爲舟，不足以利涉；畫地爲餅，不足以充饑。名雖美也，亦虚名而已矣。故以舜之「重華協帝」，而伯益猶以「罔失法度」爲言；以舜之「庶績咸熙」，而皋陶猶以「屢省乃成」爲戒。政以無虞之世，其修德責實之功，不可少怠耳。

今陛下防非窒欲，恪守舊章，任賢使能，大明黜陟，所以修其德而責其實者，固不可以有加矣。而臣子之心，每以有加無已而望陛下，此臣所以拳拳以勤爲獻也。況我祖宗之法，莫不以勤而創之。臣嘗觀祖宗之諭近臣有曰：「朕念創業之艱難，日不暇食，夜不安枕。」又曰：「人君日理萬幾，怠心一生，則庶務壅滯，其患不可勝言。」又曰：「天下之大，庶務之殷，豈可須臾怠惰？一怠惰，則百度弛矣。」凡此皆勤之準的也。陛下既知惓惓以法祖爲念，又可不法祖宗之勤乎？臣請以勤之説，爲陛下別白而重言之。

夫君者，天也。天惟聰明剛健，動而不息，是以其光爲日月，其文爲星辰，其威爲雷霆，其澤爲雨露，而萬物之生於動者，各得其職。天之行也，一息有不繼，則運動無常，而不能以宰萬物矣。人君之御天下，以其能憲天聰明，體天剛健，而惓惓焉勤勵不息也。一或怠焉，則德有不修，實有不責，先王之法委靡廢放，日趨於弊而已，又安能保天下之治哉？臣願陛下所其無逸，罔或不勤，憲天之聰明以爲聰明，體天之剛健以爲剛健。一念之萌，必謹而察之，曰：此於吾法得無有所害乎？一令之出，必反而思之曰：此於吾法得無有所紊乎？無所害也，無所紊也，然後從之，不然不敢從也。如是則人欲淨盡，天理昭融，聖德益修，而所以救弊者有其本矣。由是條天下之事，其大者有幾；表天下之人，其可用者有幾。雞鳴而起曰：吾今日爲某事用某人。他日又曰：吾所爲某事，其事果濟矣乎？所用某人，其人果才矣乎？事果濟也，人果才也，然後已之，不然不但已也。如是，則爲之而成，革之而服，名實相須，而所以救弊者有其要矣。陛下於是二者果能惓惓焉不違於心，則勤之實以盡，内外百司群工庶職，孰敢不仰體陛下法祖之心，奮庸熙載，恪守典訓而慎行之乎？以是守祖宗之紀綱，必能開衆正之門，杜群枉之路。威福得以專，而無侵撓之患；政事得以修，而無阿私之失。以是守祖宗之統體，必能存仁厚之風，行寬大之政，垂旒黈纊而黜其聰察，藏疾納污而務於包涵。以是守祖宗之制度，必能惜名器，公用舍，以精吏治；必能重師儒，慎科貢，以正士風。理財也，必能罷無名之征，停不急之務；理兵也，必能稽私役之卒，懲賄求之將。禮樂，則必能革奢僭之習，放淫哇之聲；刑政，則必能除慘刻之科，重威富之罰。將見滯無不興、弊無不補，今日之急務無不治，良法美意可以祇承而無偏失不舉，名存實爽之議。由是而吏稱其職，由是而民安其業，由是中國尊而四夷服，由是風雨時而嘉祥至。凡陛下所期，無不如志，可以保盈成於萬世之久，可以躋至治於三代之上矣，區區漢唐宋之功業，烏足言哉？

陛下之所以策臣者，大略如此，而於其終復策之曰「諸生學古通經，有志於用世者，其各直述以對，無有所隱」，且寵之以「朕將親覽之」一言。臣荷陛下生成之德，沐陛下教養之恩，學雖不足以通經，而志於用世也久矣。今幸一登文石之陛，涉赤墀之塗，承問而對，臣之職也；直言無隱，臣之忠也。況陛下導臣而使之言哉？臣復有一言以爲陛下獻者，惟欲陛下終始此勤而已。昔周公之於成王，有《無逸》之戒；宋璟之於玄宗，亦有《無逸》之圖。二臣之言，初非有異；二君之治，乃有不同。蓋成王聽周公之言而無間，故卒致《鳧鷖》之休；玄宗用宋璟之言而不終，故卒成天寶之禍。是則人君之治，莫不興於勤而廢於逸；人君之勤，鮮克善其始而慎其終，此前代彰灼著明之效，有國者不可以不慎也。伏願陛下以成王爲法，以玄宗爲戒，以臣之言爲不欺，慎終如始，不敢逸豫，則祖宗之法有不難守，天下之治有不難保矣。惟陛下留神省覽，果如聖諭，則臣之幸也，宗社之福也，天下萬世無疆之休也。

臣干冒天威，不勝戰慄之至。臣謹對。

（底本：《成化二十三年進士登科録》。參校本：《皇明歷科狀元全策》卷六；《歷科廷試狀元策》二卷下；《太保費文憲公摘稿》卷五，《續修四庫全書》影印南京圖書館藏明嘉靖三十四年吴遵之刻本）

三八　弘治三年庚戌科　錢福

弘治三年（一四九〇）庚戌科，廷對之士二百九十八人，狀元錢福，榜眼劉存業，探花靳貴。

錢福（一四六一—一五〇四），字與謙，號鶴灘。南直隸松江府華亭縣（今上海市）人。會試、廷試皆第一，年三十。授翰林院修撰。弘治六年，同考會試。尋以疾乞歸，放意山水間。弘治十七年卒，年四十四。有《鶴灘集》（《明史・藝文志》作《錢福文集》）六卷傳世。

錢福廷試策見《弘治三年進士登科録》《皇明歷科狀元全策》《歷科廷試狀元策》《增定國朝館課經世宏辭》及《鶴灘集》。

弘治三年三月癸丑朔。丁卯，上御奉天殿，策試禮部會試中式舉人錢福等，制曰：朕惟天子父天母地而爲之子，凡天下之民，皆同胞一氣，靡所不統，故曰①：「大君者，吾父母宗子。」宗子繼承父母，君主天下，其責甚大，必養之有道，必教（子）[之]有方②，舉天下之民，無一不得其所，責斯盡焉。古之君天下者，莫盛于唐堯、虞舜、夏禹、商湯、周武，皆克盡宗子之責，號稱至治。其後若漢，若唐，若宋，英君誼辟，宗子之責，或盡或否，而治亦有稱，其蹟具載經史，可考而論之歟？夫自唐虞而下諸君，宗子之責，無不同。當時制度之立，政令之行，又無不同。而要其治效之所至，乃有不能同者，此固世道

① 「曰」上，《弘治三年進士登科録》《皇明進士登科考》《皇明貢舉考》《歷科廷試狀元策》有「又」字。　② 「之」，據《弘治三年進士登科録》《皇明進士登科考》《皇明貢舉考》《歷科廷試狀元策》改；「必」字，諸參校本均無。

之漸降。然夷考其實，亦尚有可言歟？前賢論儒者之道，每以位天地、育萬物、參天地、贊化育爲極至。於是宗子之責，有相關歟？朕膺天命，嗣守祖宗鴻基，宵旰孳孳，思盡宗子之責，比隆古之聖帝明王，其行之之序，自何而始歟？子諸生飽經飫史以待問，必有灼然之見，其詳著于篇，朕將親覽焉。

（底本：《明孝宗實録》，卷三六。參校本：《弘治三年進士登科録》，影印明弘治刻本，天一閣選刊；《皇明進士登科考》卷九；《皇明貢舉考》卷五；《皇明歷科狀元全策》卷七；《歷科廷試狀元策》二卷下）

臣對：臣聞人君盡代天之責，以成配天之治者，皆一心之用也。蓋心者，天之所以與我者也；天下者，天之所以責我者也。天不能自養乎民，而責我以養；天不能自教乎民，而責我以教。所以與我者，與人同；而所以責乎我者，獨備。故凡所以教養乎天下者，必反而求之乎心，天下雖大，一心運之而有餘矣。苟不求之天之所以與我之心，而徒務乎責我者之事，則爲之而不得其本，施之而不得其序。養民雖勤，而終非仁心實惠之寓；教民雖悉，而終非躬行心得之推。欲天下民物之各得其所，亦難矣。天下之有一不得其所，則天之所以責我者不能盡。是天地自天地，民物自民物，而吾身自吾身，尚得爲天地之宗子乎哉？天如此其高，地如此其厚，而吾之治如此其小，尚得爲配天之治乎哉？《書》曰：「天佑下民，作之君，作之師，惟其克相上帝，寵綏四方。」《易》曰：「后以財成天地之道，輔相天地之宜，以左右民。」皆言人君受天與之全，任天責之重，必當盡是責以成是治也。然要其所以爲之者，豈出於一心之外哉？即是而觀，則唐堯、虞舜、夏禹、商湯、周武之底於盛治，漢唐宋之僅爲小康，與今日之欲比隆前古者，蓋必有説矣。

洪惟皇帝陛下，鍾天地之粹氣，禀天地之全德，以撫有普天率土之人民。臨御以來，勵精圖治，凡可以當天心、慰人望者，無所不用其極，誠可謂大有爲之君，可謂善繼述之宗子矣。然乃不自滿足，首進臣等於廷，詢之以父母宗子之責，且謂

「儒者之道以位天地，育萬物，參天地，贊化育爲極至」，而求行之之序所自始焉。臣有以見陛下之心，真知儒道之至重，深圖君責之惟難，直欲無一念之愧乎天，無一事之愧乎古，無一制度，無一政令之不得其宜，無一民一物之不被其澤而後已。顧臣愚昧，何足以知之。然於乾坤之間，得與胞與之列，厠名爲儒，久荷教育，竊有志乎聖賢之學，其於參贊之功，家相之事，雖不敢與聞，而所得於天以生之理爲心之所固有者，固不容諉於不知矣。敢不援經摘史，爲陛下陳之。

臣惟「天子，父天母地而爲之子」云者，此漢儒班固之言也。「大君者，吾父母宗子」云者，此宋儒張載之言也。蓋天下之理未嘗不一，而天下之分未嘗不殊。故自天地而言，則君爲天之子；對民物而言，則君又爲天地之宗子。獨不觀諸家乎？一家之中，凡繼其祖者，均得稱爲宗；凡繼其禰者，均得稱爲子。惟宗子則上承宗祧，下合宗族，而獨得謂之宗子。故冠婚必告之而莫敢專，祭祀必主之而莫敢僭，富貴必孫之而莫敢加，豈故以是而尊宗子哉？誠以父母所遺之體，賴宗子以養；父母所遺之業，賴宗子以教。宗子之所在，即父母之所在，自不得不以父母尊之也。

天下之衆，凡稟氣於天者，均得父稱乎天；凡賦形於地者，均得母稱乎地。惟大君則繼承天地，統理民物，而獨得爲天地之宗子。故謂其所居之位曰天位，謂其所享之禄曰天禄，謂其所都之邑曰天邑，亦豈故以是而尊大君哉？誠以天地所與之形，賴大君以養；天地所與之性，賴大君以教。大君之所在，即天地之所在，自不得不以天地尊之也。向使爲家之宗子者，不能教養乎家，而家之人有不得其所，則一家得以尤之，而宗子亦何以逃其責於父母哉？爲天地之宗子者，不能教養乎天下，而天下之人有不得其所，則天下得以望之，而天子亦何以辭其責於天地哉！

試以唐虞三代之君天下者言之。其養民，則敬授人時，播時百穀，六府孔修，輯寧邦家，大賚四海也；其教民，則協和萬邦，慎徽五典，文命四敷，克綏厥猷，重民五教也；其爲治效，則或贊其如天，或美其風動，或稱其天迪，或以爲格于皇天，或以爲配天其澤也。其於代天之功，皆能大有所爲，而宗子之責無不盡也。以漢唐宋之君天下者言之，其養民，則有籍田代田之詔，有口分世業之法，民籍以定，經界以均；其教民，則石渠、白虎之講説，弘文廣文之招延，博學宏詞之有試，看詳學制之有議；其爲治效，則或雜伯，或雜夷，或偏安不振。不盡民力者，不能免向隅之泣；與民休息者，不能免徭役之勞；寬厚待民者，不能免閭里之怨嘆。尊師重傅，而徒事乎章句訓詁之文；大召名儒，而無以變風雲月露之態；崇尚理學，而無以革詞賦浮靡之習。其於代天之功，雖或有所爲，而宗子之責則不能以皆盡也。

夫其爲宗子之責本同，爲治之制度政令亦略同。而治效所至，乃若是懸絶者，豈世道之降端使然哉？臣嘗求其故矣，曰欽明文思，曰濬哲文明，曰克勤克儉，曰克寬克仁，曰執兢維烈，此其心純乎天，天地民物，皆其度内。所以立制度，行政令，而教養乎天下者，皆心之所爲用也。或恭儉是尚，而學宗黄老；或儒術是尚，而性多褊察。欲行仁義者，大倫或已虧；仁厚有餘者，剛斷或不足。則其心爲私欲所雜，而不知民胞物與之義。雖有制度之立，政令之行，不過虚文美觀，以爲教養之具，惡能盡其心之用哉？

若夫「位天地，育萬物，參天地，贊化育」云者，此亦子思之言，而亦張載之意也。蓋人之一身，與天地並立而爲三，分雖有高下大小之不同，而理氣之貫通者，未嘗有間。吾之心正，則天地之心亦正，而天地位；吾之氣順，則天地之氣亦順，而萬物育。吾能位天地，育萬物，則化育之大，吾得而贊之；天地之高厚，吾得而參之。儒者之道，必極於此，而後可以爲人。尤必極於此，而後可以爲君，可以爲宗子也。唐虞三代能盡宗子之責者，此也；漢唐宋有宗子之責而未盡者，則未極於此也。然此豈可以矯僞爲，亦豈可以旦夕致哉？必自戒懼而約之，以至於至静之中，無少偏倚，而其守不失，則有以致吾心之中，而天地之所由以位也。自慎獨而精之，以至於應物之際，無少差謬，而無適不然，則有以致吾心之和，而萬物之所由以育也。張載亦曰「存心養性爲匪懈」，即戒懼之事也；曰「不愧屋漏爲無忝」，即慎獨之事也。此欲盡宗子之責者所當知，而今日行之之序所自始焉者也。

臣草茅踈賤，未嘗入侍帷幄，親奉旒扆，以仰窺所謂戒懼慎獨之功。然讀憫災儆變之諭，知陛下有畏天命之心；觀守成由舊之政，知陛下有畏祖宗之心。至於人材之進退，奏疏之可否，又有以知陛下有畏公議之心。畏之一言，戒懼慎獨之明驗也。而臣猶諄諄言之不置者，誠以矜持於天下耳目所共及者，易爲力；存省於一已耳目所不及者，難爲功。伏願陛下於萬幾方暇之際，一念未萌之時，雖不必明堂聽政也，而正衣冠，尊瞻視，儼乎如百官之臨；雖不必宣室致齋也，而定思慮，絶嗜慾，凜乎如上帝之對。使本源澄澈，如明鏡止水，照之而無不見；使方寸軒豁，如空谷虛室，納之而無不容。及夫卒然之頃，一念之萌，又必察其果出於天理之公，而天下民物所同欲乎，則毅然行之，惟恐其不力；果出於人欲之私，而天下民物所共惡乎，則斷然去之，惟恐其不至。愛憎之動，則察其所愛而欲近之，與所憎而欲遠之者何人；喜懼之發，則察其所喜而樂爲，與所懼而不敢爲者何事。毋曰九重之邃，一念之差，人不得而知也，天下之視聽，於是乎在焉；毋曰五位之尊，一事之失，人不得而非也，神明之昭鑒於是乎存焉，斯可謂之戒懼慎獨，而天之所以與我者爲無慊矣。由是推之以立制度，則制度之立，此心也；推之以行政令，則政令之行，此心也。推是心以養民，自有以著保惠賙恤之實；推是心以教民，自有以爲轉移感動之機。至於一法之廢興，則曰吾爲天守法，非吾所得而輕變也；一錢之出納，則曰吾爲天惜財，非吾所得而妄費也；一官之命，則曰此天之所以命有德者，吾不得而專也；一刑之用，則曰此天之所以討有罪者，吾不得而私也。凡吾祖宗之所貽謀者，期之於必行；凡古帝王之所垂法者，期之於必可行，斯可謂之善教善養，而天之所以責我者爲無負矣。如是而稱爲天地之宗子，真所謂踐形惟肖者矣，真所謂聖其合德者矣。代天之功，烏有不盡？配天之治，烏有不成？儒者之道，烏有不極其至哉？

然臣又聞之，周公之告成王曰：「若生子，罔不在厥初生，自貽哲命。」言始之不可不謹也。伊尹之告太甲曰：「終始惟一，時乃日新。」言終之不可不謹也。凡臣之所以爲陛下謀始者，皆陛下之所當自貽者也。日新之功，獨不當加之意乎？

夫難操而易舍者，心也；難成而易弛者，治也。陛下於今日之所言，試以質諸他日之所言者，果有異乎？今日之所爲，試以質諸他日之所爲者，果有異乎？保守於盈成之間，而儆戒於宴安之後，持循於奮迅之餘，而馴致乎久大之盛，則所以代乎天者，有自彊不息之功；所以配乎天者，有純亦不已之妙。天下之所戴以爲大君，所賴以爲宗子者，真足以比隆唐虞三代而不愧矣。臣請以是爲終篇獻。

臣不勝懇切忠愛之至。臣謹對。

（底本：《弘治三年進士登科録》。參校本：《錢太史鶴灘稿》卷六，《四庫全書存目叢書》影印明萬曆三十六年刻本；《皇明歷科狀元全策》卷七；《歷科廷試狀元策》二卷下）

三九　弘治六年癸丑科　毛澄

弘治六年（一四九三）癸丑科，廷對之士三百人（《弘治六年進士登科録》《弘治六年進士題名碑録》《欽定國子監志》《皇明貢舉考》《欽定續文獻通考》載二百九十八人），狀元毛澄，榜眼徐穆，探花羅欽順。

毛澄（一四六〇—一五二三），字憲清，號白齋，晚號三江。南直隸蘇州府昆山縣（今江蘇蘇州市）人。狀元及第，年三十四。授翰林院修撰。弘治十六年，與修《明會典》成，進右春坊右諭德。武宗登極（一五〇五），進左春坊左庶子兼翰林侍讀。正德五年（一五一〇），陞侍講學士，署國子監事。正德九年，陞禮部右侍郎。正德十二年，陟禮部尚書。世宗即位，與修《武宗實録》，充副總裁，加太子太傅。嘉靖二年春，以病乞休致仕，卒于歸途，年六十四。贈少保，謚「文簡」。著有《毛文簡集》《毛澄類稿》等傳世。《明史》有傳。

毛澄廷試策見《弘治六年進士登科録》（天一閣選刊本）、《皇明歷科狀元全策》《歷科廷試狀元策》及《三江遺稿》。天一閣藏《弘治六年進士登科録》有缺頁，今以《歷科廷試狀元策》補其闕，並參其他各本釐定。

弘治六年三月丙寅朔。庚辰，上御奉天殿，策會試中式舉人汪俊等三百名，制曰：朕惟三代而下，論守成之君，必以漢文帝爲首。史稱其時，海内殷富，興於禮義，斷獄數百，幾至刑措。朕嘗慕之，不知文帝何修而能得此？考之當時，或賜民田租之半，或盡除之，殷富之效，蓋出于此。然貢助徹之法，雖三代亦所常行，而況於漢乎？使除田租，則當時宗廟之祭祀，百官之俸給，四夷之征伐，皆不可已者，將何以給用度乎？仰惟皇祖肇造區夏，罔不臣服，百二十餘年以來，生齒益繁，疆域益廣，非前代所及。今歲郡縣上版籍于户部，其數具存，可謂庶矣。休養生息之餘，宜其富而可教也。然閭閻巷田野之間，不免凍餒無聊之嘆。且頃因水旱河决之患，尤多流移失業之人，安在其爲富也？是以勸諭雖切，而循理者尚少；赦宥雖頻，而犯法者愈甚，又安在其爲可教也？夫衣食不足，則禮義不興，而民輕犯乎刑辟，亦勢之所必至者，其將何以處之？蓋古之御天下者既庶，必有富之之術；既富，必有教之之方，特患不能舉行之爾。朕承祖宗鴻業，圖惟治道，每有志于隆古帝王之盛，不但文帝而已。爾諸生抱道而來，將見于用，其于庶、富、教三者，先後本末，凡古人之成效，今日之急務，悉心以陳，朕將親覽焉。

（底本：《明孝宗實録》卷七三。參校本：《弘治六年進士登科録》，影印明弘治刻本，天一閣選刊；《皇明進士登科考》卷九；《皇明貢舉考》卷五；《皇明歷科狀元全策》卷七；《歷科廷試狀元策》二卷下；《三江遺稿》卷上，《四庫全書存目叢書》影印中國社會科學院文學研究所藏鈔本）

臣對：臣聞有天下者，思有以安天下，必思所以(率)[安]天下①。蓋天下之民，固人君之所當安，而民之所以安，非人君以一身爲天下先不可也。故必在我者，無所厲乎民，乃可以富民於既庶之餘；又必在我者，有足法於民，乃可以教民於既富之後。庶且富焉，則立之者固，而民無不獲其所；富且教焉，則道之者至，而民罔或干於正。此古之帝王所以躋一世於阜成，作百王之模範，而三代以下，若漢之文帝，其亦可謂庶幾乎此焉者矣。

欽惟皇帝陛下撫盈成之運，當鼎盛之年，聰睿有臨，得之天縱，日月所照，悉歸版圖。所謂能致之資，必致之勢，蓋兼而有之矣。如臣等一介草茅，未諳治體，迂疎之論，豈足以仰裨德業之隆。而明命下臨，天章焕爛，詢及乎庶、富、教之事，

① 「率」，據《歷科廷試狀元策》《三江遺稿》改。

真誠懇惻，曾無一毫自大自滿之心。臣伏而讀之，有以見陛下克讓如唐堯，好生若虞舜，足以荷天眷之休，足以承祖業之重，足以爲億兆之君師而無慊也。三復敬嘆之餘，敢不竭其愚衷而對揚萬一乎？

臣惟天生斯民立之司牧而寄以三事，曰庶，曰富，曰教而已。庶而不富，則無以厚民生；富而不教，則無以正民德，斯誠治道之不可闕者。君人者，於此有失得，而治效之隆替隨之。故自昔守成之君，夏有啓，商有高宗，周有成康。降是而下，則僅有漢文帝，誠如聖策之所云者。然較諸古之帝王，則其德之醇疵，治之大小，不能無所分辨。而聖心嘗慕之者，所謂「聞一善言，見一善行，沛然若决江河」，而况善之在文帝，其可取者，尤非止於一端也。觀其席高祖新造之基，啓西京近古之治，家無不給，人無不足，而殷富之效臻；吏安其官，民樂其業，而醇厚之風作。兵革庶乎不試，刑辟幾於弗用。所以然者，蓋不惟其時，爲守令於郡縣者尚寬平而崇德化，亦以其修於身而後施諸天下，凡治本之所存，治具之所出，咸概得之。故其宫室苑囿，車騎服御，稍有不便，輒弛以利民。欲作露臺，召匠計直，一聞百金之費，則惜而不爲。衣則弋綈也，履則革舄也，集囊爲帷也，編蒲爲席也，所幸夫人衣不曳地也。治霸陵皆瓦器，不得以金銀銅鐵爲飾也。欲厚風俗，則止嗇夫之拜，除誹謗之法；欲恤民隱，則今年議振貸，明年減田租。詔舉賢良，而求直言之士；躬耕籍田，以先務本之民。時有獻千里馬者，輒下詔却而不受。陳武建征伐之議，則曰「念不到此」也；賈生陳改正朔、易服色、定官名之請，則曰「未遑」也。即此類而推之，則其時宗廟非無祭祀之禮也，百官非無俸給之需也，四夷非無征伐之費也。上有節儉之君，下無侈靡之習，儲蓄於公私者取之不窮，應辦夫緩急者度其可繼。田租雖除，用度自給，無可疑者。不然，何貢助徹之法，雖三代亦所當行，而漢乃有蠲賦之年哉？

我太祖高皇帝，備自古帝王之德，膺上天曆數之歸，汛掃胡元，輯寧中夏，尺地莫非其有，一民莫非其臣。列聖相承，仁恩四洽，百二十餘年，生齒之繁，疆域之廣，益加于前。漢唐方亨之際，晉宋未遷之先，莫盛於今日者。仰惟陛下蒞阼之初，廣離照之明，奮乾剛之斷，威福作于惟辟，政事修以及時，刑獄不頗而法吏無私①，名器不濫而士風以正。罷無名之征斂，停不急之造作，革奢僭之陋習，放淫哇之邪聲，利無不興，弊無不去。蓋於聖祖之良法，遵用之也無遺；而於聖祖之美意，奉承之也無間。是以萬方之大，兆民之衆，衣食足而歡然於仰事俯育之天，禮義興而勃然於改過遷善之地。四序調於上，萬物和於下，雋賢熙職，戎夷嚮風，此豈無自而然哉？良由陛下之所以富教斯民者，不徒崇富教之具，而又端一身以爲富教之本故也。

然天下之大，人君不能以獨治，必有分其任者。邇年以來，爲陛下分富民之任者，非無其人也，而求其催科弗急，加意於民情之休戚者，其人鮮矣；爲陛下分教民之任者，非無其人也，而求其化導不倦，究心乎民俗之淳漓者，其人亦鮮矣。夫爲陛下富民者既非其人，則雖無水旱河决之患，而民之流移失業者猶或有之，況復罹此患邪？然則何怪乎閭巷之間不能無凍餒，田野之内未免於無聊哉？夫爲陛下教民者既非其人，則雖無凍餒無聊之困，而民之作奸犯科者猶或有之，況復值兹困邪？然則何怪乎勸諭切而循理者少，赦宥頻而犯法者甚哉？蓋饑寒切身，則行甘禽獸；利欲汩志，則命同螻蟻。凡民之情，大「抵然也。衣食不足，則禮義之不興也固宜；禮義不興，則其刑辟之輕犯也亦宜矣。爲今之計，慮之不可不早，而處之不可不善。慮之早，則無以病于方來；處之善，則有以補乎既往。若不求其弊端所在而亟去之，以銷斯民目前之患，臣恐弊日以積，患日以深，而所以軫淵衷之念於將來者，安知不有甚于今日者耶？

然所以貽天下之患者，人也；而所以布天下之利者，亦人也。故不患民之不富，而患在官者無富民之人。使天下之爲有司者，皆闢土勸耕之張堪也，皆植桑訓織之范純仁也，則於于足衣食也，何有衣食足而禮義不興者？未之有也。不患

① 「頗」，《歷科廷試狀元策》《三江遺稿》作「煩」。

民之無教，而患在官者無教民之人。使天下之爲有司者，皆閉閤思過之韓延壽也，皆化民以德之仇香也，則于興禮義也，何有禮義興而刑辟輕犯者？亦未之有也。雖然，民之不富，固有司之責也，而有司之不能富其民，獨非擇有司與勸懲有司者之責歟？民之無教，固有司之責也，而有司之不能教其民，獨非擇有司與勸懲有司者之責歟？蓋有司之將用，其才與否，秉銓衡者得擇之；而有司之既用，其才與否，司考課者得勸懲之。斯二者，朝廷託之重而有所恃者也。必二者得人，而後可以望有司之賢；必有司皆賢，而後可以求天下之治，茲固勢之必然者。

而陛下以一人主天下民物于上，則凡責之大臣，責之有司者，又孰非陛下之所宜自責耶？何者？表之端者其影直，源之潔者其流清。陛下念民之未盡富而所以自奉者，誠能節財儉用以示朴于天下，則内外遠近，無不體聖心之崇素而一化于儉。害財者皆不爲，而民可富矣。況所謂大臣、有司者，能節用，必能愛人，孰忍孤陛下富民之託哉？陛下念民之未盡教而所以自治者，誠能克己慎動以立的於天下，則賢愚貴賤，無不仰聖德之罔愆而同歸于正，踰分者皆不作，而民可教矣。況所謂大臣、有司者，能成己，自能成物，孰忍孤陛下教民之託哉！故曰：「君仁莫不仁，君義莫不義。」又曰：「君子之守，修其身而天下平。」此《詩》所以有「其儀不忒，正是四國」之咏。漢董子之告君亦曰「探其本，必君身始」。蓋確乎不可易也。漢文守成之善，今日區處之宜」①，見於聖策之所先及者，臣既述其事，論其理如此。

竊窺聖策至終篇，見陛下遠想古之帝王富天下有術，而教天下有方，思舉行之，以繼其治功之盛。且於庶、富、教之三事，責臣等悉心以陳其詳。臣之所欲言者，上之所陳，已露悃愊，敢復申其説於清問之下，陛下幸無厭焉！

蓋古之御天下者，既庶，必思所以富之，而制田里，薄賦斂，則其富之之術也；既富，必思所以教之，而設學校，明禮義，

① 「抵然也」至「之宜」，《弘治六年進士登科録》缺頁，據《皇明歷科狀元全策》《歷科廷試狀元策》補。

則其教之之方也。富之之術，教之之方，布在方策，而後世之所以治不古若，豈獨富之者無術，而教之者無方之過哉？顧爲治不能無法，而用法不可無人。苟非有文武之君，文武之臣，決不能舉文武之政。臣故僭言今日之患，凡於陛下承富教之託者，宜任其咎。而又不量淺深，妄勸陛下以其責臣下者，反之以自責也。至若庶矣而富，富矣而教，此孔子所以告冉有者，見於《論語》，其説甚明。而孟軻勸齊梁之君行王者之政，亦不過欲其乘地辟民聚之勢，而養以農桑，繼以庠序，初無異於孔氏之説。然得道者多助，而刑政之效，終不若德禮之深①。德教之行，必始於巨室之慕，亦孔孟之遺論也。故以先後言之，則庶先乎富，富先乎教，而君身尤其所先；以本末言之，則教本於富，富本於庶，而君身爲本之大。身也者，萬事之根柢，萬化之權輿。古之聖賢，出處異時，窮達異地，未嘗不慎重於斯而治之汲汲也。故庶人微矣，爲庶人者且不可以不修身，而況履帝位之尊；一家近矣，正一家者且不可以不修身，而況治天下之大。苟所求於人者重，而所以自任者輕，則君子病之。陛下以至儉崇養德之基，以至仁立修道之本②，動静存誠，蚤夜居敬，其於正身以爲天下倡者，蓋不可以有加矣。而臣所以效忠陛下者，於此尤諄諄焉，此固臣子望君無已之心也。臣不敢臆説，請舉已然之迹徵之。

奥稽諸古，教民稼穡，則稷爲之；敬敷五教，則契爲之。夏之籲俊尊帝，商之敷求哲人；文王用五人，而有夏修和；武王臣十人，而萬姓悦服。帝王之富教天下，不獨恃乎己，而必資乎人，蓋如此。然堯則俊德之克明，舜則重華之協帝，禹絶旨酒而拜昌言，湯躋聖敬以懋厥德。闡丕顯之謨者，柔恭保民；著丕承之烈者，聰明作后。帝王之富教天下，不獨資乎人，而必本諸身，又如此。我太祖高皇帝肇造鴻業，久享天位，所以立法貽謀，爲億萬載無疆之休者，其盡善盡美，不異古帝王所以富教天下之道，而周密過之。陛下嗣守丕圖，于兹六載，憂民肫切，降詔丁寧，治之所期，必欲追隆古帝王之盛，而不

① 「禮」，《三江遺稿》作「教」。

② 「本」，《皇明歷科狀元全策》《歷科廷試狀元策》作「教」。

滿乎漢文帝之爲。大哉皇言！偉哉聖志！臣知陛下必能踐斯言於無負，酬此志於不違，而有以弘莫大之業也。然不致力於本之所當先，而徒盡心於末之所可後，亦何由滿陛下之願哉？故今日之務，固多不可已者，而在陛下所安，則自修身之外，皆可緩議而徐圖之。必也精擇善利，勇决取舍，超然遠覽，深惟至計，信違拂之爲恭，思儆戒之可樂，兢兢如堯，業業如舜，克艱如禹，待旦如湯①，亦臨亦保如文，不泄不忘如武。屏玩好而親經史，遠邪佞而邇端直。畏天之命，悉下之情，審時之宜，定國之是，凡聖祖之所以作于前而傳於後者，講求其意之宏深，推致其利之廣博，志焉思繼，事焉思述，「率由舊章」之《詩》，不忘乎心，「監于成憲」之《書》，常在乎目，操持把握，不一時而少縱，不一事而少差，如陛下涖阼之初，而愈益勤勵，愈益儉約，愈益謙恭，則一念慮無非正心，一云爲無非善道，將見推無不準，動無不化，公卿勵其職於朝，守令勵其職於郡縣，四海之内，如風行草偃，莫不順從，凡陛下之所憂於天下者，不治而自治矣。

古人有言：「遵先王之法而過者，未之有也。」臣既以古人之成效可以爲法於後世者，略陳於前。又言：「堯舜之知而不徧物，急先務也。」臣又以今日之急務在於陛下之一身者，懇陳於後。惓惓愚衷，不外乎此，惟在陛下俯聽而用之耳。蓋人主開求言之路，必將有聽言之實；人臣遇得言之秋，不可無獻言之誠。昔之愛君者，其言若此，臣嘗誦之以自警。今幸遇其秋於用言之朝，而不獻其誠於聽言之主，是負所志於平日也。故雖言無可采，不敢不盡，然睿覽之下，倘以其得千慮之一而不忍棄焉，則豈特愚臣之慶幸哉！

臣干冒天威，無任戰慄殞越之至。臣謹對。

（底本：《弘治六年進士登科録》。參校本：《歷科廷試狀元策》二卷下；《皇明歷科狀元全策》卷七；《三江遺稿》卷上）

---

① 「湯」，《歷科廷試狀元策》作「周」。

四〇　弘治九年丙辰科　朱希周

弘治九年（一四九六）丙辰科，廷對之士三百人（《弘治九年進士登科録》《弘治九年進士題名碑録》《皇明貢舉考》《欽定續文獻通考》載二百九十八人），狀元朱希周，榜眼王瓚，探花陳瀾。

朱希周（一四七三—一五五七），字懋忠，號玉峰，晚號一山居士。南直隸蘇州府崑山縣（今江蘇蘇州市）人。狀元及第，年二十四，授翰林院修撰。與修《大明會典》成，進侍讀，充經筵講官。正德十一年（一五一六），《孝宗實録》成，進侍讀學士，擢南京吏部右侍郎。嘉靖二年（一五二三），奉召回京，任禮部右侍郎。嘉靖四年，任南京吏部尚書。嘉靖六年，稱病辭歸，田居三十年。嘉靖三十六年卒，年八十五，贈太子太保，謚「恭靖」。著有《恭簡集》。《明史》有傳。

朱希周廷試策見《弘治九年進士登科録》《皇明歷科狀元全策》及《歷科廷試狀元策》。

弘治九年三月己卯朔。癸巳，上御奉天殿，策試舉人陳瀾等三百人，制曰：朕惟君人者，必有功德以被天下，闕其一，不可以言治。顧於斯二者何先？夫非學無以成德，非政無以著功。論者或謂帝王之學不在文（藝）［義］①，或謂天子之儉乃其末節，或謂人主不親細事，或謂聖王不勤遠略，是［宜］有大于此矣②？然則其所當務者何居？二帝三王之德，所事者何事？二帝三王之政，所見者何功？漢唐宋代有令君，而功德鮮備，躬行德化者，經制或不定；民安吏稱者，德教或不

① 「義」，據《弘治九年進士登科録》《皇明進士登科考》《皇明貢舉考》《歷科廷試狀元策》改。　② 「宜」，據《弘治九年進士登科録》《皇明進士登科考》《皇明貢舉考》《歷科廷試狀元策》補。

純。或四夷服從而大綱不正，或仁厚立國而武略不競，是學興政容有可議者，其得失何如？我太祖高皇帝，太宗文皇帝，神功聖德，冠絶古今。列聖相承，繼志述事，各臻其盛。所以致此者何由？朕嗣承大統，圖底治平，兹欲守宋臣所進之五規，去唐相所陳之九蔽，行漢儒所對之三策，以上追古帝王，庶無愧于我祖宗功德之大，其所以爲根柢者何在？子諸生學道抱藝而來，皆志於世用，宜有以佐朕者，試悉陳之，朕將體而行焉。

（底本：《明孝宗實録》卷一一〇。參校本：《弘治九年進士登科録》，《明代登科録彙編》影印明弘治刻本；《皇明進士登科考》卷九；《皇明貢舉考》卷五；《皇明歷科狀元全策》卷七；《歷科廷試狀元策》二卷下）

臣對：臣聞帝王之爲治，有體有用，德與功之謂也。德以學成，而爲治之體；功以政著，而爲治之用。二者可相有，而不可相無者也。蓋帝王未嘗有無功之德，亦未嘗有無德之功。德而無功，有體而無用者也；功而無德，有用而無體者也。體不立，用不備，皆不可以言天下之治。然於此又有説焉。德之淺深，由乎學之精粗；功之大小，繫乎政之純駁。帝王之德，天下之大德也；帝王之功，天下之大功也。然則帝王之學與政，亦獨非天下之大而可以小視乎哉？故有志於功德者，必以學政爲務，而從事於學與政者，亦必有所當務。苟不知務其大而專事其小，則其學也支離偏曲，而不足以成大德；其政也瑣屑細碎，而不足以著大功，尚何天下之治之足云乎哉？由是論之，則二帝三王之所以功德兼隆，漢唐宋之所以功德鮮備，及我聖祖、神宗之所以上追帝王而下軋漢唐宋者，概可得而知矣。

欽惟皇帝陛下有生知安行之資，有持盈守成之道，深仁厚澤浹洽於人心，盛烈豐功覆冒於天下，而猶體道謙沖，惟日不足，廼於萬幾之暇，特進臣等于廷，俯賜清問，講求至理，必欲追唐虞三代之盛治，紹祖宗列聖之洪猷，而舍漢唐宋於不爲，甚盛心也。臣荷國家作育之恩，預有司薦拔之列，敢不勉竭愚衷，以對揚休命之萬一乎？

臣惟天降下民而作之君，人君以一身爲天下民物之主，其勢亦尊矣，其責亦重矣。其所以治天下者，豈苟然哉？蓋必有帥天下之德，以立治之體；必有安天下之功，以達治之用。有其功無其德，則教化不成，風俗不厚，雖使戡定禍亂，臣服四夷，國本無自而正也；有其德無其功，則紀綱不立，威令不行，雖使仁心洋溢，仁聞宣昭，國勢無自而振也。二者或闕其一，雖欲言治，皆苟而已。然究其緩急之序，度其輕重之宜，德成而功著者有矣，德不成而欲其功之著，不可得也；體立而用行者有矣，體不立而欲其用之行，不可得也。故善爲治者，必由體以達用；善言治者，必先德而後功。至於推本而言，則德不能以徒成，其成也在乎學。學則在講習討論之事，省察克治之功，所以培養乎其德者也。功不能以苟著，其著也在乎政。政則有綱紀文章之事，法度品式之施，所以充積乎其功者也。

顧帝王之學與韋布之士不同，帝王之政與有司之職亦異。試以古人之言論之。好文，盛事也，而程頤則謂：「帝王之學不在文義。」蓋經世大法，備載方册，務得其要，措之事業，斯其爲大者耳。尋章摘句，何足尚耶？崇儉，美德也，而柳公權則謂：「天子之儉乃其末節。」蓋親賢人、退不肖、納諫諍、明賞罰，斯其爲大者耳。片長寸善，何足多耶？躬親庶政者，人皆以爲勤，而杜黄裳乃有「人主不親細事」之説。蓋其大者，慎選賢才以分其任而已。若庶務之煩，則錢穀責内史，獄訟責廷尉，何必事事而親之哉？威靈及遠者，人皆以爲武，而胡寅乃有聖王不勤遠略之議。蓋其大者，專務治内以固其本而已。若夷狄之性，則來者不拒，去者不追，何必人人而服之哉？

夫知其大者之所當務，則其小者有不足務矣。試以古人之事論之。功德兼隆者，莫若二帝三王，其見於《書》，則堯之欽明文思，舜之温恭允塞，禹之彝倫攸叙，湯之人紀肇修，文武之純亦不已，建其有極，德莫有大焉者矣。原其所以爲學，則雖不必學知利行，而執中之傳，精一之訓，善言之樂聞，明命之顧諟，以至敬止之詩，丹書之戒，一皆身心性命之理，而非學之小者也。凡若此者，何莫而非德之所自耶？堯之敬天勤民，舜之設官分職，禹之修和府事，湯之子惠困窮，文武之咸和萬民，大責四海，政莫有大焉者矣。要其所以爲功，則雖不必家賜人益，而黎民之於變，四方之風動，萬世之永賴，兆民之允懷，以至萬邦之作孚，萬姓之悦服，一皆彌綸參贊之業，而非功之小者也。凡若此者，何莫而非政之所致耶？

三代而下稱盛治者，以漢唐宋爲首，其間創業之英君，守成之令主，代不乏人。然而有德者或闕於德。漢之文帝化民以躬，率下以德，庶乎德之純矣。而禮樂未興，正朔未改，迹其所爲，多失之因循，而不能革嬴秦之陋。宣帝吏稱其職，民安其業，庶乎功之美矣。而專事刑名，雜用王霸。考其所存，一出於苛察，而卒以基元、成之亂。單于稽顙，絶域奉貢，唐太宗之四夷服從，功可嘉也。惜乎人倫之間，内多慚德，陷父不義而父子之道乖，推刃同氣而兄弟之恩薄，大綱已甚不正矣。事周后如母，愛少帝如子，宋太祖之仁厚立國，德可尚也。惜乎兵權既收，緩急無備，其始雖足以戢姦雄之變，其後漸無以禦外敵之驕，武略已微不競矣。是知文帝、太祖德優於功，宣帝、太宗功優於德。求其功德兼隆者，未之聞焉。所以然者，蓋以言乎學，不過從事虚文，而無修身之大要，故功雖小著而不足以成其德，用雖行而體則闕矣；以言乎政，不過補塞罅漏，而無經世之遠圖，故德雖小成而不足以著其功，體雖立而用則闕矣，其不能企及乎唐虞三代之治安足怪哉！

洪惟我太祖高皇帝恭天成命，肇造洪業，用夏變夷，復綱常於淪斁之後；除殘去暴，拯生靈於塗炭之餘。太宗文皇帝定制兩京，光前裕後，振兵威於四夷而聖武之布昭，明理學於萬方而王化之覃被。其德之大也，無異於二帝三王之德；其功之大也，寔倍於二帝三王之功。自是以來，聖聖相承。仁宗昭皇帝勵志圖治，推誠任人；宣宗章皇帝惇典綏猷，立法垂訓；英宗睿皇帝剛明獨斷，奮發有爲；憲宗純皇帝聖孝昭彰，至仁不殺，皆善繼祖宗之志而奉承之無間，皆善述祖宗之事而遵守之無遺。所以致此者，固非言語之所能形容，要亦不出乎學與政而已。蓋其爲學，一帝王之大道，而非章句文義之間；其爲政，一帝王之大法，而非制度文爲之末。臣請舉聖學之一二言之。疏《尚書・洪範》於座右，書《大學衍義》於廡間，表章六經以發聖賢之藴奥，採摭群言以明性理之淵徹，此祖宗之學也，列聖繼之。數御經筵，躬親著述，備人極於五倫之書，詳君道於文華之訓，何莫而非學之大者哉？ 臣請舉聖政之一二言之。禮正百官，樂成九奏，用人有道，而讒説爲之不行，馭戎有法，而强虜爲之遠遁，此祖宗之政也，列聖繼之。或詢民隱而急農事，或減税斂而輕刑罰，或創課種備荒之制，或加宣聖樂舞之儀，何莫而非政之大者哉？ 功德之大，繼述之隆，有由然也。

今陛下當累世熙洽之時，纂隆古文明之治，方有擇於近代之君而不爲，顧有取於近代之臣而不棄，豈不以言近指遠，登高自卑，姑舉其必可行之端，以示其大有爲之志乎？ 昔宋司馬光之於仁宗嘗進五規：一曰保業，二曰惜時，三曰遠謀，四曰謹微，五曰務實，誠不可以不守也。唐陸贄之於德宗嘗陳九弊，謂好勝人，耻聞過，騁辨給，眩聰明，厲威嚴，恣剛愎，六者君之弊；諂諛，顧望，畏愞，三者臣之弊，誠不可以不去也。漢董仲舒之於武帝嘗對三策：其一則欲正君心以正四方，立教化以防萬民。其二則欲置明師以養士，責大臣以求賢。其三則欲定法制以革奢靡，持一統以息邪説，誠不可以不行也。此三言者，皆該學政之兩端，合體用於一。致天下之治，寔不外是。苟徒慕其言而不究其根柢之所在，則守之者無法，去之者無術，行之者無具，亦何以遠追帝王，近法祖宗，而大其功德於天下耶？ 是故祖宗之德大矣，而其所由成者在乎學，今日欲期於祖宗之德者，可不自學始乎？ 祖宗之功大矣，而其所由著者在乎政，今日欲期於祖宗之功者，可不自政始乎？

陛下之所以爲學，亦惟即三臣之言而推之。戒謹不睹，恐懼不聞，儆畏於獨知之地，不以暗昧而或欺；省察於方動之幾，不以細微而或忽，則五規之所自守者在是矣。善與人同，改過不吝，不知有餘在己，不足在人，不必得爲在己，失爲在人，則九弊之所自去者在是矣。體天心以爲心，法天道以立道，窮理以致其知，反躬以踐其實，究治亂興衰之源，謹動静云爲之際，則三策之所自行者在是矣。如是而德不大者，未之有也。

陛下之所以爲政，亦惟舉三臣之言而措之。制治於未亂，保邦於未危，務勤勞而戒驕惰，畏天命而悲人窮，拔本塞源以防禍患之萌，循名責實以立政治之本，則得乎五規之遺意矣。遠邪佞之人，邇端直之士，温辭色以盡下情，賞諫争以開言路，言之善者采之而不棄，言之未善者容之而不責，則得乎九弊之深戒矣。大綱正而萬目張，一法行而百度舉，因革損益各適其宜，先後緩急各循其序，不牽滯於後世駁雜之政，不遷改於流俗因循之論，則得乎三策之大要矣。如是而功不大者，未之有也。夫學之與政，固不可以偏廢，然不先之以學，則無以考聖賢之成法，識事理之當然。凡天下之事，不知何者爲是，何者爲非，而是非或至於混淆；凡天下之人，不知何者爲正，何者爲邪，而邪正或至於錯雜，亦何以爲政於天下哉？此古之善爲治者所以不徒恃乎政，而必有學以爲之本也。

若夫爲學之事，臣前已論之矣。而所以爲其事者，亦有道焉。孟子曰：「學問之道無他，求其放心而已。」蓋心者，人之神明，所以具衆理者在是，所以應萬事者在是。放心不求，則外有講學之名，而内無自得之實，雖曰從事於學，而亦安能有所發明耶？臣願陛下堅持此心，不爲外誘之所移；善養此心，不爲物欲之所慕。主之以敬，守之以勤，亡者操之而使存，出者約之而使入，勿貳以二，勿參以三，勿一暴而十寒，勿朝作而暮輟，則志氣清明，義理昭著，會之於心而默識心通，體之於身而躬行實踐，爲學之功盡善全美，而無罅隙之可議矣。學既至則政無不備，體既立則用無不行。由是功德之大，遠可以追帝王，近可以配祖宗，而凡近代之君，小康之治，有不足言矣。

臣道不足以明體，言不足以適用。然今日之所陳者，一皆聖賢之明訓，儒先之格言，而非敢以私見臆説進也。惟陛下採納而施行之，則天下幸甚，萬世幸甚。

臣干冒天威，不勝戰慄之至。臣謹對。

（底本：《弘治九年進士登科録》。參校本：《皇明歷科狀元全策》卷七；《歷科廷試狀元策》二卷下）

四一　弘治十二年己未科　倫文敘

弘治十二年（一四九九）己未科，廷對之士三百人，狀元倫文敘，榜眼豐熙，探花劉龍倫。

倫文敘（一四六七—一五一三），字伯疇，號迂岡。廣東廣州府南海縣（今佛山市）人。狀元及第，年三十三，授翰林院修撰。進右春坊右諭德兼翰林院侍講。正德八年，主應天府鄉試，是年卒，年四十七。著有《迂岡集》《白山集》。

倫文敘廷試策見《弘治十二年進士登科録》（上海圖書館藏）、《皇明歷科狀元全策》及《歷科廷試狀元策》。

弘治十二年三月庚申朔。甲戌，上御奉天殿，策試禮部會試中式舉人倫文敘等三百人，制曰：朕惟自古聖帝明王之致治，其法非止一端。而孔子答顔淵問爲邦，但以「行夏之時，乘殷之輅，服周之冕，樂則《韶舞》」爲言説者，謂之四代禮樂。然則帝王致治之法，禮樂二者足以盡之乎？宋儒歐陽氏有言：「三代而上，治出於一，而禮樂達於天下；三代而下，治出於二，而禮樂爲虚名。」當時道學大儒，稱爲古今不易之至論。今以其言考之，上下數千餘年致治之迹具在，可舉而論之乎？夫三代而上，無容議矣。漢高帝嘗命叔孫通定禮樂，召魯兩生不至，謂禮樂積德百年而後興。厥後三國分裂，其臣有諸葛亮者，而世儒乃或以禮樂有興，或以庶幾禮樂許之。蓋通與亮之爲人，固不能無優劣，要之於禮樂能興與否，亦尚有可議者乎？我國家自太祖高皇帝以神武創業，聖聖相承，百有餘年，禮樂之制作，以時以人，宜無不備矣。然而治效之隆，未盡復古，豈世道之升降不能無異耶？抑合一之實猶有所未至耶？朕祗承丕緒，夙夜惓惓，欲弘禮樂之化，益隆先烈，而未悉其道。子諸生其援據經史，參酌古今具陳之，朕將親覽焉。

（《明孝宗實録》卷一四八。參校本：《皇明進士登科考》卷九；《皇明貢舉考》卷五；《皇明歷科狀元全策》卷七；《歷科廷試狀元策》二卷上）

臣對：臣聞治天下者，有致治之大法，有出治之大本。禮樂者，致治之大法也；天德者，出治之大本也。大本具而後大法可立，大法行而後大本以彰。本末相資，内外一道，不可以差殊觀也。然大法行于天下，非智術所能爲；大本存乎一心，非掩襲所能得。必其性諸天者，渾然完具，初無一毫之虧欠，則其施諸治者，粲然明備，可以四達而不悖矣。苟法有未備，固無所恃以爲治，而本之不純，抑又何以立夫法哉？《傳》曰：「有天德，便可語王道。」其以是歟？

欽惟皇帝陛下，禀神聖之資，際盈成之運，存心養性，以培植天下之根本者，無一日之不謹；化民成俗，以恢弘天下之治道者，無一事之不周矣。但善之可爲，吉人自以爲不足；世雖極治，聖人猶以爲未然。是以側席求賢，臨軒策士，詢臣等以禮樂之治，上稽唐虞三代之盛美，下逮漢唐宋之得失，暨祖宗創業垂統之善，今日保邦致治之規，誠有天下之遠圖，安天下之至慮也。顧臣學術膚淺，何足以語此，然有問而對者，臣之職；有懷必吐者，臣之願，敢不罄一日之敷言，以答千載之奇遇哉？

臣惟天地之道至大也，陰陽之理至妙也，而造化發育，固未嘗不著見乎兩間。觀其物各付物，而不可以强同，則天地所示者，一自然之序而爲禮也；絪緼化醇，而不容以獨異，則天地所示者，一自然之和而爲樂也。惟古之聖帝明王，與天地合德，與陰陽同運，履中正而大本以立，樂和平而大本以端。于是以一身之中和，爲天下之中和；以一人之禮樂，爲天下之禮樂。辨方正位，體國經野，設官分職，以立天下之紀綱；一制度，異好尚，明等威，正稱號，以定天下之名分；用天時，因地利，揭天常，立人紀，以廣天下之政化。以至親疎小大爲之體，朝會交際爲之期，宮室器用爲之飾，吉凶哀樂爲之節，以備天下之典。則使天下之事，莫不各得其序，而人樂以持循，夫是之謂禮。天下之物莫不各適其和，而人興于鼓舞，夫是之謂樂。禮樂備而天下之治畢矣。故孔子答顔淵爲邦之問，不過以夏時、殷輅、周冕、《韶》舞爲言，尹焞因謂之四代禮樂，則凡古今致治之法，皆不出於禮樂二者。而禮樂之外，安復有所謂治法者哉？降及後世，求治無本，姑摭其文以用于郊廟朝廷之間，不推其意以及于閭閻里巷之下。宋儒歐陽修謂：「三代而上，治出于一，而禮樂達于天下。三代而下，治出于二而禮樂爲虚名。」大儒朱熹因謂萬世不易之至論，良有以也。

臣請得而論之，堯舜禹湯文武之聖，精一執中，皆極夫淵微之妙；建中建極，皆純乎義理之天。惟其爲德之純，故政事之所修明，治化之所旁達，雖未嘗明言禮樂于天下，而其通變之宜，衣裳之垂，璣衡之察，玉帛之修，與夫欽昊天而授人時，畫井田而備封建，昭典禮而嚴命討，祀神祇而奠山川者，率皆禮樂之用也。雖未嘗顯禮樂于四方，而其文命之敷，人紀之修，咸和之用，由舊之政，與夫關石和鈞具于王府，正朔服色易于革命，九一世禄行于治岐，五教三事重于武成者，率皆禮樂之行也。蓋不出乎經世宰物之典，而得鼓動作興之機，不外乎民生日用之常，而寓漸摩誘掖之道。所治莫非教，所教莫非治，政治禮樂初無二途。是以二千年間，經制大備，政教大同，禮樂之化，自家國以布濩乎天下，自朝廷以流及于萬國，咸有以淪人肌膚，浹人骨髓，致人人有君子之行，比屋有可封之俗者，合唐虞夏商周而同一轍焉。所謂「治出於一，而禮樂達于天下」者，以其治之有本故也。

若漢唐宋之君，具寬大之德者，不如堯舜之至仁；抱英雄之略者，類非湯武之大勇。惟其德之不純，故雖制禮作樂之命，後先相聞，蕞儀審音之奏，影響不絶。然徐考其所務以爲治者，則《九章》之法，十五之税，南北之軍，以爲開基之偉制；

習射殿前，更定律令，減省吏員，以爲貞觀之政要；收藩鎮之權，嚴兵樣之選，定覆奏之獄，亦視爲立國之規；朝夕從事，以爲治民之政。至其制作所成，謀議所定，則雜就之儀掌于太常；《大風》之歌，奏于原廟。事文具則著貞觀之儀，耀武功則崇七德之舞。劉温叟所定，猶雜先朝之迹；和峴所奏，未諧聲氣之元。别其名目以爲禮樂之教，是皆求治于抑勒操切之餘，而不知其陷于俗吏之非；立教于聲容器數之末，而不知其流于文史之僞。所治非所教，所教非所治，政治禮樂，岐爲二致。是以千有餘年，經制荒忽，政刑苛紊，置先王之粗迹以爲有司之藏，采古法之遺略以備斯須之用。妖聲艷辭，無補于時政之缺失；虚飾美觀，莫拯夫世變之下移。雖其享國亦彷佛乎帝王之歷年，而其風俗則不逮帝王之季世者，合漢唐宋而同一揆焉。所謂「治出于二，而禮樂爲虚名」者，以其治之無本故也。

漢高祖因群臣肆拔劍擊柱之失，叔孫通行共起朝儀之請，乃曰「可試爲之」，又曰「度吾所能者爲之」。則其所求者，固已非三代之典；而其所委者，又復無九官之臣。此積德百年之語，所以來兩生之却，而綿蕞野外之習，姑以儌小就之功，則其君臣之所自許，與其志願之所自足者，從可知矣。是其時雖若可乘也，而無可爲之人，禮樂之所以不能興也。諸葛亮感先主三顧之勤，而爲兩漢中興之佐，立綱陳紀，而不爲近圖；廣德率義，而不爲小惠。庶政欲其精練，萬事理其根本，則其施爲之規，已得禮樂之遺意矣。使天祚漢，假之以年，將見開誠布公之治，雖未敢必其匹休前古，而光明俊偉之業，當有以决其度越後世矣。王通謂其禮樂有興，程顥謂其庶幾禮樂，豈無見乎？是其人雖若可爲也，而無可乘之時，禮樂之所以不復興也。

我國家自太祖高皇帝，以聖人之德，御聖人之位，用夏變夷，爲民立極，酌古準今，以建一王之法。因時創制，以定萬世之規。暨于列聖，率遵成業，以爲永圖。肆我皇上，益隆繼述，以期光大華夷一統，百有餘年，固非蜀漢之偏安，重明繼照，世德作求，下陋漢高之不學，是宜禮樂之道，掀天揭地，超出乎百代之表；禮樂之化，風行海流，大被乎九圍之内。然《鳧鷖》《既醉》之什，尚未歌于審音之瞽；而鳴條破塊之變，容或紀于上事之臣。堂陛深嚴而吁咈之風未著，教化流行而禁網之密未紓，萑苻之擾間見于潢池，紈綺之習下成于閭巷。治效之隆，未盡復古，誠有如聖諭所云也。將謂世道有升降之異耶？向使漢唐宋之君，有堯舜湯武之德，而其臣有皋夔伊周之賢，則王通著《七制》之書，未必爲後世之僭經，而唐史贊文皇之辭，亦遂爲不刊之實録也。今以君明臣良之時，當重熙累洽之盛，所以持平世道者，特在陛下决取舍之幾。而所以維持世道者，亦在大臣竭贊成之力耳。復古之治，臣切望焉。若謂合一之實有未至邪，則我祖宗爲治之道，即禮樂之道；陛下保治之法，即禮樂之法，固無所謂出于二矣。但其道至大，非一人之所優爲；其法至廣，非一日之所能盡。朴略于風氣未開之時，不能不藻飾于人文漸著之世，草創于文武更始之初，不能不大備于成康繼體之後。今求夫爲治之實，其亦有不能盡合于一者乎？

伏願陛下上體天心，懋隆峻德，涵養情性，致極中和，以端出治之本；詳審樞機，修明體要，以成致治之法。使天下之政，皆出乎天理之公，而後世人欲之私，有所不用；天下之務，皆由乎道義之正，而後世法禁之術，有所不行。殆見著于閨門，興于朝廷，被于鄉遂比鄰，達于諸侯四海。自祭祀軍旅至于飲食起居，未始一日不在禮樂之中，亦無一人不被禮樂之化。所謂至禮不讓，而天下治；至樂無聲，而天下和。近可以匹休于祖宗，遠可以比隆于前古，而漢唐宋之治，不足言矣。

雖然出治之本，固在于德，而修德之本，則豈外于學哉？尤願陛下于退朝之暇，清燕之餘，注意于聖經賢傳之藴，留神于古訓時務之宜。端本澄源，以肅此心之敬；防微慎獨，以閑外至之邪。御經筵，不徒事講説之勤，必求夫明善誠身之實；開言路，不徒侈獻納之廣，必盡夫省躬克己之誠。治亂興衰之源，在所周知；民情物態之變，亦垂聽覽，則聖學聿新，治效隨著，禮樂之用，達于天下而無間矣。尚何合一之實有未至，而復古之治有不成哉？

由是觀之，帝王所以建致治之績于數千載之上者此道也，祖宗所以隆致治之業于百餘年之間者，此道也。然則陛下所以光前振後而綿億萬載隆長之緒者，亦豈出于此道之外哉？臣學不足以稽古，而竊嘗懷復古之思；智不足以知今，而未敢忘當世之務。故酌治道之中爲探本之論，以上塵聖覽，惟陛下采擇而施行之，匪惟愚臣之幸，誠宗社無疆之休也。

干冒宸嚴，不勝恐懼戰慄之至。臣謹對。

（底本：《皇明歷科狀元全策》卷七。參校本：《歷科廷試狀元策》二卷上）

四二　弘治十五年壬戌科　康海

弘治十五年（一五〇二）壬戌科，廷對之士二百九十九人（《弘治十五年進士登科録》《弘治十五年進士題名碑録》《欽定國子監志》《皇明貢舉考》《欽定續文獻通考》載二百九十七人），狀元康海，榜眼孫清，探花李廷相。

康海（一四七五—一五四〇），字德涵，號對山，自號滸西山人等。陝西西安府武功縣（今屬咸陽市）人。狀元及第，年二十八，授翰林院修撰。以救李夢陽事坐劉瑾黨除籍。既罷歸，以山水聲伎自娱。嘉靖十九年卒，年六十六。著有《對山集》《沜東樂府》《武功縣志》等。《明史・文苑傳》附見李夢陽傳。

康海廷試策見《弘治十五年進士登科録》《對山集》《皇明歷科狀元全策》《歷科廷試狀元策》《增定國朝館課經世宏辭》及《文章辨體彙選》。

弘治十五年三月癸酉。丁亥，上御奉天殿，策會試中式舉人魯鐸等二百九十九人，制曰：朕膺天命，承祖宗列聖之統，（一）以臨天下①，于兹十有五年。夙夜兢兢，思弘化理，非法諸古而不可。然嘗考之前代繼統之君，守成稱賢，莫盛于夏之啓，商之中宗、高宗，周之成康。之數君者，治績之美，具在方策，果何道以致之？近世儒者之論，謂聖王以求任輔相爲先；又謂君之聖者，以辨君子與小人。數君之致治也，其亦有藉于是耶②？且輔相之賢否，君子小人之情狀，未易知也。

① 「一」字衍，據諸參校本删。　② 「藉」，諸參校本作「待」。

兹欲簡賢爲輔，用君子不惑于小人，將安所據耶？天下之務，固非一端，以今日之所急者言之，若禮樂教化，若選才課績，征賦之法，兵刑之令，皆斟酌于古，然行之既久，不能無弊焉。祛其弊而救之，欲化行政舉，如祖宗創制之初，比隆前代，何施何爲而得其道邪？諸生績學明經，通于古今之宜，其具實以對，毋隱言，毋泛論，朕將采而行之。

（《明孝宗實録》卷一八五。參校本：《弘治十五年進士登科録》，影印明弘治刻本，天一閣選刊；《皇明進士登科考》卷九；《皇明貢舉考》卷五；《皇明歷科狀元全策》卷七；《歷科廷試狀元策》二卷上）

臣對：臣聞天下有不可易之道，而常獲於人主有不敢易之心。蓋天下之事，未有舍道而能集者，而道固不可易也。心之所向，道之弘否所關，一有所易，則所以修乎身者必不能實用其力。而道之在我，知之不明，守之不固，甫遷於此或復於彼，雖欲勤勵以求治，而弛張予奪一無所據，窺伺媒孽之輩，共起而乘之，雖有賢人君子立於其朝，漫不相信，甚者或斥譴罷去不爲之所，天下之治將焉所賴而成乎？惟有以真知道之不可易，其心常憂勤惕厲，而不敢以一毫苟且輕率之意雜之於中，擇之必精，執之必固，使用人取善各有定，則賢否莫吾亂，而君子小人不相尤。既得其人而任之以事，則政無不舉，而法無不振，天下之治宜無有不成者矣。古之人君，未有不達於是而能致其治者也；亦未有徒達於是，其心終有易焉而能以無弊者也。

洪惟皇帝陛下，以至聖之德，撫盈成之運，十五年來，民安物阜，雖堯舜禹湯文武之業亦不過此。而策士之詔，乃猶惓惓焉以化之不弘，治之不洽爲念，陛下豈誠有未達於是而猶待於問哉？臣有以仰窺聖心之於道，固有不自易焉者也。臣嘗謂古今豪傑之士不得所遇，雖子思、孟軻之流，亦且徒爾，而臣之庸昧乃際遇若此，臣敢有所諱而不言哉？

臣惟天下之深患，在於久安極治而機括所不見者莫爲之虞，陛下夙夜兢兢，思弘化理，此固宜也。然用於己不若資於人，求諸今莫若法乎古。古之君，心純乎道，未嘗敢以爲易，故其用人行政，有非後世之所能及。如啓當禪授之後，繼禹之業，守之以敬，而伯益之用，終始無間，故道之得於禹者，無廢墜不舉者矣。中宗、高宗，一切信任陟扈、傅説之屬，而又本以嚴恭寅畏，恭默思道之心，成商之治，夫豈無所據邪？殷之頑民，雜於管、蔡、武庚之手，武王之澤未洽也，使非悔悟於周公，篤信於君奭①，借有成、康繼序不忘之思，旌别淑慝之意，而禮樂之化，豈能如《詩》《書》所道哉？程頤曰：「聖王以求任輔相爲先。」歐陽修曰：「君之聖者，以辨君子與小人。」蓋政以人而舉，人既存，則政自無偏弊不舉之患，而治之在天下者可成也。陛下欲求數君致治之績，獨可舍此而他務邪？亦惟有不敢易之心而已。天下之政，孰有出於人主之心者？況用人之際，又其本原所自之地哉？聖制所謂「簡賢爲輔，用君子不惑於小人」，誠灼見其必然，而憂勤之心有不能自已者也。蓋大君爲天地之宗子，必有大臣以爲宗子之家相，相之職，所以輔養君德而贊成政化，天子不可一日無者，豈惟夏商周爲然？皋、夔、稷、契之流，雖堯舜之世亦不可無也。若其賢與否，則必辨之於先，而後可任之於後，苟辨之不明，用之不當，則天下之禍反有不可言者矣，何者？以匹夫之賤而上與天子共事，其所爲操縱予奪者，無一不爲天下之所禀受，使心術或不正，而學識或有不醇，則其所壞非如有司之一節一端而已。故必先有不敢易之心，然後修之身者無往不實。修之身者既實，則出乎我者無乎不正，而人之邪正自無所匿，於是擇其賢者而用之，則輔相得矣。臣於今日豈以不得爲憂哉？特恐所以待之者不至爾。

臣在草野，間聞朝廷用一大臣，必極聳動，以爲諮謀親信，將必有出於恒品之外。今上於京師，乃或有未然者，臣願陛下爲之禮下，務得其心，而使盡其職。凡遠猷大略，不爲群議所詘，一政一令，必與之深言極論而後布，則小人雖欲肆其無

---

① 「君」，《歷科廷試狀元策》《文章辨體彙選》作「召」。

所忌憚之私以惑吾聽，而其情已先覺矣。蓋小人之情，不過趨利避害，去其所惡而求其所喜者而已。然亦必掩之而不甚露，故利之來，或遜且謝之；害之至，或以爲所分且蹈之。夫辭之不力，則得之不固；受之不力，則去之不決，及利害至於必不可已，則亟去與取之恐後也。方其有所勉而爲之也，其卒不可掩者已躍然於甘言悦色之間。即此試之，小人之情可復遁乎？既得其情，則宜亟去之，去之不亟，則或爲他巧所中而猶未免於有惑。隨有即覺，隨覺即去，如是而已，如是則君子小人不相尤。君子小人不相尤，則動無所妨，而天下之務自無凝滯不舉之患矣。臣請以聖制所及數者言之。

禮樂不可以一日無，此萬古不易之論。然其興也，雖專重其實，而亦未嘗遂棄其文。臣竊見近之所爲禮者，踈簡縱逸，雖所謂儀文之末亦未之有；所爲樂者，殘缺廢壞，雖所謂聲容之細亦未之備。蓋不得其本，而安於苟且將就之習，固如是也。苟學校之教有以振作而興起之，則人心自無不止之欲，而其情自無不和之發，凡見之宗廟朝廷鄉黨之際，自有以去其踈簡縱逸之習，而補其殘缺廢壞之弊，將不俟於進退升降而節，鐘鼓羽籥而和矣，禮樂有不興者乎？

至夫教化之所在，其機係於人主之心，而其應屬之天下之廣，萃英俊之士，使之群遊於學，讀書窮理。且或莫爲之變，而欲敺天下之愚民，使悉歸於禮讓和樂之域，固已難矣。莫若先以恭儉忠厚躬行於上，不爲聲色土木貨利玩好之所移易，而後徐以示於天下，天下方以前日之侈縱相安，而一旦之所聞見乃如此，其心亦必悚然以思，泠然以省。苟一二大家巨族頓悟而倡改之，則人之樂從者衆矣。

選課之法，則臣於此有所深惜。祖宗之於士，養之以道義，而信之以賞罰，其用也不爲之拘，而其課之也，幽明殿最，各爲之等，故人皆勉於其官而優於其事。比者稍有兵荒，而納粟買官之人已滿吏部之簿矣，雖有才德，滯於所用之期，用未及而顛毛已號，種種能以壯節自勵者曾幾人哉？又況黜陟之施，一惟流品是視，苟不本於科甲之選，高官重秩未肯輕予，則彼無所慕於中者，又安有所忌於外哉？臣願嚴其僥倖覬覦之禁，使冗懦不職之徒一一謝去，選惟其才而不盡拘流品，試之以官而課之以實，如蘇洵所謂「某人廉吏也，有某事以知其廉；某人能吏也，有某事以知其能」，然後因其最否以加賞罰，天下之人，望以其才自見者，亦將知所變矣。

征賦之病，大抵冗耗過多而司會莫爲之省，非司會之不省，勢不得也。自京師言之，食之仰於江南，歲數百萬，而權執所畜，無藉之輩，不爲國家分寸之益者乃至百千，借其空名以耗實費。至有水旱饑饉之變，則又加倍以取於江南之民。臣聞土日窟則陷繼之，江南之民貧甚，則江北可晏然以不顧乎？況今邊境之擾未甚妥帖，前日榆林、大同之役，馬死食匱，所費不知幾千萬，而無用之兵又坐食於邊。山陝之民，丁運之法無不備舉，老幼婦子流離移析，外患未除而内地已困，寧不爲可懼耶？臣欲去冗耗無用之費，而革權門招集之弊，息江南之民以固根本。邊境之擾，但以付之良將，不用統制之屬，帶挾僥倖之徒以耗軍食，而又復屯田之實，省丁運之苦，用固無不足者也。

兵則先於生養安息之間，爲之深計，使不受役於私門而得給，其俯仰奮迅矯烈之氣，又必常振勵之，使之無所沮喪。今有一級之勞，而大家右族訶譴奪去，不敢仰視，將何所養以自奮乎？況夫新舊逃流之兵，方以官法逼之復伍，釜鬵之用俱無可充，又其居無親戚往來之接，其心之欲去已甚矣，衛所之官又以嚴刑深計鈎取其有，彼方有欲去之心，而此又逐之使去，逐矣而不去，豈人情哉？欲兵之强而二者特不之詳，臣所以深慮也。

用刑之際，洞照物情而不爲所誑，明者皆足爲之。而法之輕重，則有一定之制，既得其情，必爲之斷，使貴賤無異施，豪右寡弱無異決，則令之所出，無不從，天下之奸，當必隨禁而革。蓋天下皆天子之民，則刑期於必戮，賞期於必得，不待命而後知者也。豪右之徒有所倚仗得以自脱，而寡弱之人駢首就死，人之情，孰不畏死而不求所以自脱哉？此尤陛下之所宜置念者也。

夫數者之務，酌之於古而行之於今，宜有不可易者，而其弊猶若此，聖制所謂「祛其弊而救之，欲化行政舉，如祖宗創業之初，比隆前代」者，豈有他哉？亦取諸人而已。孔子曰：「爲政在人。」啓以下數君，不過中才之主，一得其人，且足以爲治，而况陛下神聖天縱，出於尋常萬萬者哉！然臣於此竊有説焉。蓋政雖舉於有人，而身則所以取人之本，故孔子又曰：「取人以身。」欲得人而不先修乎身，是其心之所存，輕忽率易，不能不累於愛憎之私，而用所不當用，舍所不當舍者有矣，臣願陛下急於修身以端取人之則。然所以修身者，又非勉强矯拂之所能致，必自君臣父子夫婦昆弟之間，以至於動静語默一事一爲之際，常加儆畏，内省于中，果當於理而不悖乎？果非其當然之則而狃於外誘乎？使天理純明，私欲净盡，則身無有不修，而道無有不盡，酧酢斟酌自不謬於天下之是非。苟用乎人，其用必當；苟發於政，其發必精。治功之隆，必能追配祖宗，卓越古昔，而有《詩》《書》之所不及載者矣。彼漢唐宋區區小補之治，又惡足論哉？然臣又聞：「治不患於始之不得，而難於終之有繼。」伏惟陛下常存不敢易之心，以守此不可易之道，則國家天下之幸，非獨臣之幸也。

臣無任惓惓忠愛之至。臣謹對。

（底本：《弘治十五年進士登科録》。參校本：《康對山先生集》卷一，《續修四庫全書》影印華東師范大學圖書館藏明萬曆十年潘允哲刻本；《皇明歷科狀元全策》卷七；《歷科廷試狀元策》二卷上；《文章辨體彙選》卷一九一，《影印文淵閣四庫全書》本）

四三　弘治十八年乙丑科　顧鼎臣

弘治十八年(一五〇五)乙丑科，廷對之士三百零三人，狀元顧鼎臣，榜眼董玘，探花謝丕。

顧鼎臣(一四七三—一五四〇)，初名同，字九和，號未齋。南直隸蘇州府昆山縣(今江蘇蘇州市)人。狀元及第，年三十三，授翰林院修撰。歷左諭德，嘉靖初，充經筵講官。嘉靖十年(一五三一)，陞禮部右侍郎兼翰林學士。改吏部左侍郎，掌詹事府事。嘉靖十四年，擢禮部尚書。嘉靖十七年八月，兼文淵閣大學士，入參機務。累加少保、太子太傅、武英殿大學士。嘉靖十九年，卒于官，年六十八，贈太保，謚「文康」。著有《未齋集》《顧文康公文草》《顧文康公續稿》《明狀元圖考》等。《明史》有傳。

顧鼎臣廷試策見《弘治十八年進士登科録》《皇明歷科狀元全策》《歷科廷試狀元策》及《顧文康公續稿》。

弘治十八年三月丙戌朔。庚子，上御奉天殿，策會試中式舉人董玘等三百三人，制曰：朕惟自古帝王之致治，其端固多，而其大不過曰道曰法而已。是二端者，名義之攸在，其有别乎？行之之序，亦有相須而不可偏廢者乎？夫帝之聖，莫過于堯舜；王之聖，莫過于禹湯文武，致治之盛，萬世如見。其爲道爲法之迹，具載諸經，可考而証之乎？自是而降，若漢，若唐，若宋，賢明之君，所以創業于前而守成于後。是道是法，亦未常有外焉，何治效之終不能古若乎？我聖祖高皇帝定天下之初，建極垂憲，列聖相承，益隆繼述，爲道爲法，蓋與古帝王之聖，先後一揆矣。朕自莅祚以來，夙夜兢兢，圖光先烈，于兹有年，然而治效未臻其極，豈于是道有未行，是法有未守乎？抑雖行之守之而尚未盡若古乎？子諸生明經積學，究心當世之務，必有定見，其直述以對，毋徒騁浮辭而不切實用，朕將采而行之。

（底本：《明孝宗實録》卷二二二。參校本：《弘治十八年進士登科録》，《明代登科録彙編》影印明弘治刻本；《皇明進士登科考》卷九；《皇明貢舉考》卷六；《皇明歷科狀元全策》卷七；《歷科廷試狀元策》二卷上）

臣對：臣聞帝王有治天下之大體，有治天下之大用。體者何？道是也。用者何？法是也。道根於心，法之所由立也；法施於政，道之所由行也。法而非道，則所以主張之者無其本；道而非法，則所以經綸之者無其具，皆非所以治天下也。然有是道，則其法可立，未有善立是法而不本於道者也。有是法，則其道可行，未有能行其道而不知守乎法者也。道行而無弊，法立而能守，則推之無不準，動之無不化，外無不攘，内無不安，遠無不至，邇無不服。端拱於九重之上，而操縱翕張，所向如意；運用於四海之間，而渾融貫徹，所在歸極，尚何治之不古若哉？帝之所以帝，王之所以王，我皇祖之所以創造，列聖之所以繼述，皆不外此。彼漢唐宋者，道非其道，法非其法，又何怪乎治效之不能比隆於唐虞三代也哉！

欽惟皇帝陛下，天啓聖神，日新德學，大化神明，洽于遠邇，至治馨香，徹于上下。所謂學于古訓而有獲，監于成憲而無愆者，蓋卓卓乎足以光前而裕後矣。兹者開賢科，擢多士，御大廷，降明詔，猶謂治效未臻其極，而拳拳以行道守法爲問。臣雖至陋，寧不鼓舞感動，思罄愚衷，以對揚休命乎？

竊惟天生萬物，不能自理，而命之聖人。故曰：「天佑下民，作之君，作之師，惟其克相上帝，寵綏四方。」夫以一人之身加于兆民之上，而付之以君師治教之責，亦大且難矣。求盡是責，以無負乎天之所命，舍道與法二者，其奚以哉？是故修身、齊家、治國、平天下，治之道也。道者，治之體也。建立紀綱，分正百職，順天揆事，創制立度，以盡天下之務，治之法也。法者，道之用也。嘗考朱熹之訓曰：「道猶路也，法法度也。」董仲舒亦曰：「道者，所由適於治之路也。」謂之路，則可見其爲人之所共由；謂之度，則可見其爲人之所當守。是二者，理與事有精粗之異，而本與末亦若二致焉，豈可以無別乎？聖策所謂名義之攸在者，蓋如此然。孟子曰：「徒善不足以爲政，徒法不能以自行。」程顥曰：「必有《關雎》《麟趾》之意，然後可以行《周官》之法度。」胡宏又曰：「道德者法制之隱，法制者道德之顯。」有道德以結民，而無法制者爲無用，無用者亡；有法制以縶民，而無道德者爲無體，無體者滅。是其本末雖有先後之殊，而顯微則無彼此之間也，豈可以偏廢乎？聖策所謂序之相須者，蓋如此。

古者聖人迭興，皆天所命。帝莫過於堯舜，王莫過於禹湯文武，其道與法垂之古今，如日中天而昭示無極，如水行地而澤潤不窮，功化之美又孰有加於是乎？聖策首詢乎此，臣有以知陛下嘉堯舜禹湯文武之治，而能自得師矣。臣請稽諸經傳而陳其大，可乎？

堯之明峻德，以至於和萬邦；舜之徽五典，以至於敘百揆；禹之敷命率常，湯之綏猷修紀，文武之迪彝教、建皇極，至若精一執中之授受，典禮損益之因革，此帝王之道也。是道也，大公而至正，盡善而盡美，不狃於功利之好，不牽於詐力之私，小自於一身而冒於六合之大，近自於日用而放乎四海之遠，造端於愚夫婦所能，而極于天地化育之所不能，盡寔行之，萬世而無弊者也。堯之曆象授時，垂衣制器；舜之封山濬川，頒瑞考績；禹之慎財賦，詒典則；湯之懋功賞，制官刑；文、武之奠麗陳教，列爵分土，至若封建井田之制，學校征伐之典，此帝王之法也。是法也，詳爲之慮，曲爲之防，本諸身，徵諸庶民，法乎天時，因乎地利，合於人情，宜於土俗，當百世守之而勿失者也。道以立其體，而法以善其用，致治之盛，萬世如見，有繇然矣。

自是以降，若漢唐宋賢明之君，創業於前，守成於後，其道與法固皆出於帝王，然徒竊夫糠粃之似而無其實，得夫糟粕之淺而失其真，雖有事功，不過小補，其孰能與於古哉？聖策繼及乎此，臣有以知陛下陋漢唐宋於下風，而有所不爲矣。

臣請摭諸史册而陳其概，可乎？

漢高祖之豁達大度，孝文之清浄玄默，唐太宗之聰明英武，玄宗之好賢樂善，宋藝祖之嚴重孝友，仁宗之温恭節儉，於道似有得矣。然而雜霸術、尚黄老，大綱不正，閨門慚德，仁厚有餘，剛明不足，非帝王之所謂道也。漢之著律令，定税賦；唐之租庸調，府衛兵；宋之序資格，嚴科禁，其法似亦善矣。然而不事《詩》《書》，禮文多闕，騁矜大之心，極奢侈之欲，聲容盛而武備衰，議論多而成功少，非帝王之所謂法也。蓋斯道既微，法亦隨變，治效之成，終不古若，何足疑乎？

恭惟我太祖高皇帝誕膺天命，掃除胡元，立帝王自立之中國，傳帝王相傳之正統，建極垂憲，貽謀萬世。臣沐浴膏澤，嘗竊窺一二，敢拜手稽首，爲陛下陳之。敬天勤民，防非窒慾，身之修也；宫房無私愛，左右無偏恩，家之齊也；君臣同遊之盛，朝野畫一之政，國之治也；武功以戡禍亂，文德以興太平，天下之平也。我祖宗之道，非即帝王之道乎？六卿分治，庶僚承服，百職舉矣；臺諫以糾正於内，憲司以廉察於外，紀綱肅矣；車旗服物之有章①，宫室器用之有等，制度一矣；學校選舉之有條，兵刑財賦之有制，庶事康矣。我祖宗之法，非即帝王之法乎？自是以來，聖子神孫，善繼善述，不愆不忘，治化之成，蓋遠過於漢唐宋矣。而聖策復以治效未臻其極，夙夜兢兢，圖光先烈爲言者，此陛下聖不自聖，務欲福蹐皇極，化協泰和，超千古而特出，跨百王而獨盛也，臣愚何足以知之。

臣竊以爲欲師帝王，先師祖宗。能行祖宗之道，則帝王之道在是矣；能守祖宗之法，則帝王之法在是矣。陛下大孝格天，至仁育物，謙恭逮下，明智燭微。日御經筵講求治理，數召大臣咨詢時政，所以行祖宗之道而守祖宗之法，蓋無可訾議者。但近歲以來，災異迭見，水旱相仍，而時雍風動之休未洽；黎民阻饑，赤子弄兵，而鼓腹擊壤之謡未聞。夷虜跳梁，而

① 「物」，《皇明歷科狀元全策》《歷科廷試狀元策》作「色」。

軍政未可謂修；府庫告竭，而蓄積未可謂富。内外臣工率多因循苟且，取辦簿書，廉靖之節日隳，華競之風日長，而文武未可謂盡得其人。則聖策所謂行道守法未盡若古者，臣不敢謂其不然也。

臣愚以爲，陛下之德如是，學如是，虛懷望治之誠如是。以陛下而慮此，宜無足爲者，但恐不加之意耳。夫道雖不一，其要在於修身，身有不修而妄意於躐等之爲，謂之能行道，不可也；法雖至繁，其要在於紀綱，紀綱有不振而疲神於不急之務，謂之能守法，不可也。然修身不外於威儀言動，而紀綱不外於舉措刑賞。陛下誠能左之右之，周旋乎規矩準繩之中，一言一動從容乎仁義禮樂之藴，則道成於上，而身修矣。身既修，則家可齊，國可治，而天下可平，尚何祖宗之道有不行乎？舉直措枉，必協乎天下之公論；賞善刑惡，不徇乎褻近之私情，法行自近，紀綱振矣。紀綱既振，則百職可舉，制度可一，天下之事可興，尚何祖宗之法有不守乎？如是則俊良登崇而讒邪遠，出入有度而財用足，武備修而蠻夷懾服，刑罰威而姦宄銷亡。災異息，靈瑞臻，而百姓安寧，萬物順隧，治效之隆，豈不足並美於唐虞三代也哉？雖然，此就陛下所以策臣者而言之爾，猶未要其極而舉其全也。臣請究極本原，探索精微，以爲終篇獻焉。

蓋心之主宰一身，無事不體；而天之主宰萬物，亦無往不在。天者，理之所從以出者，天之心與吾心之天一也。是以帝王之道，雖要於修身，而欲修其身，必先於正心；帝王之法，雖要於紀綱，而欲振紀綱，惟在於順天。不正其心，不順乎天，則雖宵旰憂勤，思以行道守法，亦苟焉而已爾。何謂正心？致知以明此心，誠意以實此心，聲色貨利之欲，此心之鴆毒，則遠之；車馬宫室之樂，此心之斧斤，則禁之；諂諛邪佞，足以移此心，則斥之；便嬖近幸，足以撓此心，則絶之。凡吾威儀言動之發，莫非自然，必使吾心泰而百體從令也，吾心大而萬物咸備也，是之謂正心。何謂順天？無貳無虞，曰上帝臨女也；有嚴有翼，曰鬼神在旁也；匹夫匹婦勿謂可下，曰此天民也；一命一秩勿謂可忽，曰此天職也；創制立度，恐其悖天；揆事成務，恐其違天。凡吾舉措刑賞之施，不敢自專，曰天命有德也，天討有罪也，是之謂順天。能順天，則天與吾心爲一，而吾心自無不正；能正心，則吾心與天無間，而於天自無不順。以是行祖宗之道，則道焉無弊，足以主張乎法；以是守祖宗之法，則法焉弗失，而足以經綸乎道。體無不立，用無不行，所謂光先烈而臻至治者，惟陛下所欲而致之無難矣。如是則君師治教之責以盡，上天寵綏之命以凝，而磐石之宗，苞桑之業，豈不可以永保于億萬年而無虞也哉？

臣竊伏海濱，荷生成作養之德有年矣。平居所學，固不出乎道法之間，每念異日幸望清光，奉大對，期有所論列敷啓，以盡責難之恭，而今也實其時也。顧草茅迂踈，不知忌諱，敢直述所見聞者如此，伏願陛下留神澄省，果切於萬分有一之用，俯賜采行，不勝幸甚。

臣干冒天威，無任隕越之至。臣謹對。

（底本：《弘治十八年進士登科録》。參校本：《皇明歷科狀元全策》卷七；《歷科廷試狀元策》二卷上；《顧文康公續稿》卷一，《四庫禁燬書叢刊》影印中國科學院圖書館藏明崇禎十六年刻本）

四四　正德三年戊辰科　吕楠

正德三年（一五〇八）戊辰科，廷對之士三百四十九人，狀元吕楠，榜眼景暘，探花戴大賓。

吕楠（一四七九—一五四二），字仲木，號涇野。陝西西安府高陵縣（今西安市）人。狀元及第，授翰林院修撰。劉瑾惡其直，欲殺之，引疾去。武宗即位，復原職。嘉靖三年（一五二四），大禮議興，以言獲罪，謫解州判官，攝行州事。居三年，御史累薦，陞南京宗人府經歷。嘉靖十三年，任南京太僕寺少卿；十三年，陞國子監祭酒；十五年，任南京禮部右侍郎；十八年，致仕。嘉靖二十一年卒于家，年六十四。後贈禮部尚書，謚「文簡」。著有《涇野詩文集》《四書因問》《周易説翼》《尚書説要》《春秋説志》《禮問内外篇》等。《明史》有傳。

吕楠廷試策見《正德三年進士登科録》《皇明歷科狀元全策》《歷科廷試狀元策》及《涇野先生文集》（萬曆刻本）。

正德三年三月戊戌朔。壬子，上御奉天殿，親策諸貢士，制曰：朕聞人君所當取法者，惟天惟祖宗。唐虞三代之［爲］君①，皆法天法祖以成盛治，載諸經，可考也。其有曰代天，曰憲天，曰格天；有曰率祖，曰視祖，曰念祖，同乎？異乎？抑所謂法祖，爲守成而言也。彼創業垂統者，又將何所法乎？漢唐宋以降，法天之道，殆有未易言者，何以能成其治乎？抑亦有自法其祖者矣？何治之終不古若乎？朕自嗣位以來，兢兢焉惟天命是度，祖訓是式，顧猶有不易盡者。天之道，

① 「爲」，據諸參校本補。

廣矣,大矣,不知今日所當法,何者爲切?《傳》有謂「刑罰以類天震曜,慈惠以效天生育」者,果可用乎?我太祖高皇帝之創業,太宗文皇帝之垂統,列聖之所(當)法以爲治者①,布在典册,播之天下,不可悉舉。不知今日所當法,何者爲先且急?史有謂「正身勵己,尊道德,進忠直,以與祖宗合德」者,果可行乎?兹欲弘道行政,以仰承眷佑,延億萬載隆長之祚,子大夫應期嚮用,宜有以佐朕者,其敬陳之毋忽。

(底本:《明武宗實録》卷三六。參校本:《正德三年進士登科録》,國家圖書館藏明正德刻本;《皇明進士登科考》卷一〇;《皇明貢舉考》卷六;《皇明歷科狀元全策》卷八;《歷科廷試狀元策》二卷上;《涇野先生文集》卷三一,《續修四庫全書》影印華東師范大學圖書館藏明萬曆二十一年刻本)

臣對:臣聞人君之法天也,不外乎盡其仁;其法祖宗也,不外乎盡其孝。蓋人君之有天下,其原則命於天,其始也則傳於祖宗。祖宗不以天下徒傳乎我,必以創建之法而并遺之,天亦不徒與我以天下,其聰明之則,固望我舉而行之,以喻天下爲也。故仁也者,法天之本也;孝也者,體祖宗之心,而致其法之之實也。苟不以仁法乎天,而惟任己意以肆行于萬姓之上,則民之蒙殃者多矣。法天矣,而又或舍祖宗之舊,以爲不足事焉,則聰明之作,舊章之亂,適足以動天下之紛紛也。故曰惟仁人爲能法天,惟孝子爲能法祖宗②。嗚呼!此唐虞三代之聖主,兼體仁孝之道而不累者之所能爲。彼漢唐宋諸代者,褻天逆祖,漫不知法,且或法之而未盡然,又并其祖宗之法,亦有不可法者,是豈可以同日而語哉?

欽惟皇帝陛下,紹列聖之鴻休,撫諸夏之大業,蓋大有爲于天下。而謂草野之下,亦或有明上天、祖宗之道,習仁孝之

---

① 「當」,衍,據諸參校本删。

② 「宗」下,《涇野先生文集》有「故曰惟仁人爲能享帝,惟孝子惟能享親」十六字。

說，而知其旨，可以裨補治體者乎？未可知也。乃進臣等於廷，特以此策之，蓋非徒以循舊規爲也。臣敢不以所聞於師友者，披瀝罄竭，以仰副聖心之萬一乎？

竊嘗讀《詩》《書》，而知帝王法天法祖之實矣。皋陶之告舜曰「代天」，傅説之告高宗曰「憲天」，而高宗亦以伊尹佐成湯之「格天」者告諸傅説。然代言者，天不能有爲而假手於君也；憲言者，惟天聰明，君當效以致治也；格言者，不違乎上帝之則，而能享天心也。之三者，言雖異，均之爲法天也。商之太甲，不明厥德，而伊尹之所以告之者，不曰「率祖攸行」，則曰「視乃烈祖」。周成王以幼沖之資而在位，周公則以「無念爾祖，聿修厥德」之詩訓之。然率云者，以祖宗爲據，依而持循之，不敢違也；視之者，因其已然之度，取而鑒之也；念之者，不敢有所遺忘，常存於心，而思見諸政事以爲的也。之三者，言雖不類，均之爲法祖也。

然法祖之事，不獨見於守成之主，而亦行於創業垂統之君。故禹之始有夏也，則率帝之初；湯之始有商也，則纘禹舊服；武王之始有周也，則乃反商政①，何嘗無所法而自我作古乎？夫帝王法天之事無不同者，以其此心之仁無或異；帝王法祖之事無或異者，以其此心之孝無不同。故當時黎民有時雍之美，四方有風動之休，聲教四訖於海外，萬姓悦服于域中，治隆俗美，卓乎不可及矣。

自是而降，漢唐宋之君，或責躬以水旱，或從事於封禪，或信奉乎天書，數君固自以爲法天也。然水旱責躬者則可矣，封禪、天書，何爲者哉？雖或致富庶之效，成斗米三錢之政，得安内攘外之功，皆其恭儉仁愛之一節所及，固不敢直以法天許之也。或謂其自有制度，或欲倣貞觀之初，或屢行紹述之政，數君固自以爲法祖也。然倣貞觀之初者則可矣，彼自有

① 「政」下，《涇野先生文集》有「政由舊」三字。

制度，屢行紹述者，何爲者哉？故不雜於伯，則雜於夷，且并其祖宗之法而廢之。如是而曰「法祖」，臣不知也。是何也？有法天之名，而此心之仁則不足；無法祖之實，而此心之孝有未至，無怪乎其然也。然又有由矣。漢初制度襲秦，唐初閨門慚德，宋雖仁愛有餘，而譎詐亦未嘗不足。貽謀不臧，已如此矣，而欲子孫有所法，固有不可得者。然則能法天法祖者，固在今日矣。

今陛下仁以爲心，是以天命是度矣；孝以爲念，是以祖訓爲式矣，而猶有不易盡之嘆。臣有以真知陛下此心之仁，仰不愧天；此心之孝，前不愧乎祖宗矣。臣請以聖制所及，度乎天命，式乎祖訓者終陳之。

夫天之道，雖至廣而無所不有，雖至大而無所不包，然切於所當法者，其道不越乎二端，而皆謂之仁也。何者？天以春生萬物，以夏長萬物，以秋收萬物，以冬終萬物。生，仁也；長，亦仁也。殺，仁也；終，亦仁也。然天有春夏，王者則有慈惠之政；天有秋冬，王者則有刑罰之施。故《春秋》於桓公不道，王法不及，則因穀、鄧之朝而不書秋冬之二時。成公懦弱，而陽氣不長，固以無冰書之也。然則子太叔曰「刑罰以類天震曜，慈惠以效天生育」者，豈無所據哉？今願陛下以慈惠爲事與，則爲惡者不知所懲，而長姦宄之風；願以刑罰爲事與，則爲善者不知所勸，而挫淳良之志。雖然，慈惠可過也，刑罰不可過也。故天道之春夏，常以長養爲事，而秋冬則積於空虛不用之地。若是者，可不知所以審輕重於其間乎？知所以審乎輕重，則其以仁存心者，當無不至矣。

我太祖高皇帝之創業，太宗文皇帝之垂統，及於列聖之所法以爲治者，布之方册，播之天下。雖不可以悉舉，然其大要，不過修己用人而已。昧爽臨朝，晡時還宮，便殿則閱奏牘，閒暇則覽經史，節儉則服補緝澣濯之衣，殿廡則書《洪範》《大學衍義》之文，其修己之勤類如此。陳遇，逸士也，則走幣以聘；劉基、宋濂，臣下也，則以「古君子」「吾子房」稱之而不名；聞宋思顔之言，則醢一虎一熊以賜群臣；納許好問之諫，不以其縣令之卑而爲拒，其樂於用人類如此。然則，今日所法之當先且急者，尚有過於斯者乎？故李絳謂唐憲宗曰：「正身勵己，尊道德，進忠直，以與祖宗合德者，豈有不可行者哉？」以是爲行，則其所以永言孝思者，將無不至矣。是則法天也，法祖也。陛下果能身體而力行之，則陛下之心，即上天之心；陛下之志，即祖宗之志。好生之德，可以薄海外而霑濡；光前之業，可以裕後昆於無窮。但恐意念之間，一有不至，而於仁之意少乖，則刑罰之施，或不能盡得其正；慈惠之加，或不能盡當其可。若是者，未免與天或相背也。繼述之際，一有不至，而於孝之意少違，則所以修其身者，或安於縱逸；用乎人者，或隆乎體貌。若是者，未免與祖宗之道或相戾也。然則仁孝之道，陛下可視爲淺小之物而不加之意乎？

然臣復有獻焉。法上天祖宗之道，固在盡仁孝之心。然非有所學焉，則固無以有諸己矣。夫學亦不可以易言也，蓋心樂乎此，則其學之也必專且成。不然，雖師保强勉之苦，亦爲徒爾。苟深宫便殿之中，從事於讀書窮理之間，不爲章句文藝之習，日與大臣薰陶漸染，講明切磨，則見聖心之開明者，愈益開明，如日中天。祇見夫義理之爲樂，自貪慕好愛之不厭，而玩好逸遊之事①，舉不足以撓其中矣。夫然則與天地合其德，而仁之德以備；與祖宗合其心，而孝之道亦廣。皇圖鞏固於不拔，人心荷戴於無窮，惟陛下采納焉。

臣干冒天威，不勝戰慄隕越之至。臣謹對。

（底本：《正德三年進士登科録》。參校本：《皇明歷科狀元全策》卷八；《歷科廷試狀元策》二卷上；《涇野先生文集》卷三一）

① 「事」下，《涇野先生文集》有「便僻巧佞之語」六字。

四五　正德六年辛未科　楊慎

正德六年(一五一一)辛未科，廷對之士三百四十九人，狀元楊慎，榜眼余本，探花鄒守益。

楊慎(一四八八—一五五九)，字用修，號升庵。四川成都府新都(今成都市)人。首輔楊廷和之子。狀元及第，年二十四，授翰林院修撰。世宗繼位，任經筵講官。嘉靖三年(一五二四)，以議「大禮議」忤上意，謫戍雲南永昌衛，居雲南三十餘年，卒于戍所。隆慶初，贈光禄大夫。天啓中，追謚「文憲」。楊慎才華出衆，著作等身。《明史》本傳稱：「記誦之博，著作之富，推慎爲第一。詩文外，雜著至一百餘種，並行於世。」主要作品收入《升庵集》(又稱《升庵全集》)。

楊慎廷試策見《正德六年進士登科録》《皇明歷科狀元全策》《歷科廷試狀元策》《增定國朝館課經世宏辭》及《文章辨體彙選》。天一閣選刊本(影印明正德刻本)《正德六年進士登科録》漫漶較嚴重，今以《皇明歷科狀元全策》爲底本釐定。

正德六年三月辛亥朔。乙丑，策試天下舉人。是日，上不御殿。制曰：創業以武，守成以文，昔人有是説也。然兵農一致，文武同方，其用果有異乎？文武之分，始于何時？兵農之制①，起于何代？嘗質諸古矣，《書》稱堯曰「乃武乃文」；于舜稱「文明」，禹稱「文命」，而不及武；于湯稱「聖武」，而不及文。周之謨烈，各專其一；且三代迭尚而不言武，周列四民而兵不與焉，何也？唐漢宋之英君令主，或創業而兼乎文，或守成而兼乎武，或有未備亦足以善治。論者又謂「天

① 「兵農之制」，《正德六年進士登科録》《皇明進士登科考》《皇明貢舉考》作「兵民之判」。

下安，注意相」，又謂「天下雖安，忘戰則危」。是治兵之道，果與治民者，同邪？異邪？我太祖高皇帝，以聖神文武統一天下，建官分籍，各有定制。列聖相承，率循是道，百五十年，治定功成，實由于此。然承平既久，玩愒承之，學校之法具存，而士或失業；蠲貸之詔屢下，而人多告饑，流徙之餘，化爲寇賊，以遺朕宵旰之憂。今賦税餽運，民力竭矣，而軍食或尚未給；調發戰禦，兵之力亦勞矣，而民患尚未除，或者官非其人乎？而選舉之制①，黜陟之典，賞罰之令，亦未始不加之意也。兹欲盡修攘之實，謹恬嬉之戒，文治舉而武功成，天下兵民，相衛相養于無事之天，以保我國家久安長治之業，宜如何而可？子大夫志于世用，方策士之日，不暇以微辭隱義爲問，姑舉其切于時者，其爲朕陳之。

（底本：《明武宗實録》卷七三。參校本：《正德六年進士登科録》，影印明正德刻本，天一閣選刊；《皇明進士登科考》卷一〇；《皇明貢舉考》卷六；《皇明歷科狀元全策》卷八；《歷科廷試狀元策》二卷上）

臣對：臣聞帝王之御天下也，有出治之全德，有保治之全功。文武並用，出治之全德也；兵農相資，保治之全功也。于並用而見其同方，則天下之政出于一，而德爲全德，如日月之在天，凡所以照臨者，胥天之德也。于相資而見其一致，則天下之治出于一，而功爲全功，如手足之在人，凡所以持行者，皆人之功也。由是聯屬天下以成其身，綱維其道以適于治，體統相承而無偏墜不舉之患，本末具備而無罅隙可議之疵，放之四海而皆準，傳之萬世而無弊。帝王爲治之要，孰有加于此哉？臣自少讀帝王之書，講帝王之道，竊有志于當世之事。然學焉而不敢言，言焉而不得達。今幸近咫尺之威，立方寸之地，制策所及者，皆是道與是事也，臣敢不罄一得之愚，以爲萬分之助乎！

---

① 「選舉」，《皇明歷科狀元全策》《歷科廷試狀元策》作「銓選」。

伏覩聖問，首曰：「創業以武，守成以文。」而又曰：「文武同方，兵農一致，果有異乎？」臣惟三代而上，同一道也，勘亂則曰武，守成則曰文；同一民也，無事則爲農，有事則爲兵，初未始異也。在《易》「明兩作離」，文明之象也。上九「王用出征，有嘉」。釋之者曰：「剛明及遠，威振而刑不濫。」斯不亦可見文武之同方乎？「地中有水，師」，師旅之象也。而釋之者曰：「伏至險于大順，藏不測于至静。」蓋寓兵于農之意，斯不亦可見兵農之一致乎？是故，一張一弛，號爲善道，剛克柔克，協于皇極。

周公冢宰，實兼東征；畢公爲公，亦總司馬。武夫堪腹心之寄，吉甫有文武之稱。以《天保》治内，而未嘗無武；以《采薇》治外，而未嘗無文，文武固未分也。自秦不師古，專以武勇立國，語《詩》《書》者有刑，斬首級者進爵。民勇于戰，皆忘生好利之人；士賤以拘，廢干戈羽籥之習。至漢襲秦制，立丞相、將軍，而將相之職異；唐宋以來，置中書、元帥、樞密，而軍國之權偏。此文武之分出于三代之後也。

成周之制，以田賦出兵。一同之田，出戎馬四百疋，兵車百乘；一封之田，出戎馬四千疋，兵車千乘。畿方千里，提封萬井，出戎馬四萬疋，兵車萬乘。自五人爲伍，積而爲兩爲卒；自五卒爲旅，積而爲師爲軍。天子之六卿六軍，諸侯之大國三軍，次國二軍，小國一軍，而降殺有等焉。一方有事，則命將出師。迨功成獻俘，將歸于朝，即守職之吏；兵散于野，即緣畝之農，兵農固未判也。至管仲相齊，欲速圖霸業，乃壞周兵于内政，分國中以四鄉，使國中之民爲兵，鄙野之民爲農，兵不服耒耜之勤，民不識干戈之具。以至句吴之水犀，秦昭之鋭士，成周之制，變易盡矣。此兵農之判，出于三代之衰也。

載質之《詩》《書》所稱，古之帝王，未有不兼文武之德，均兵農之功者。稱帝堯者曰「乃武乃文」，四表之被，即所謂文；丹水之戰，則所謂武也。舜之誅四凶，禹之格有苗，因可以武功名，而亦文明、文命之餘事也。布昭聖武，見于《伊訓》，然聖謨嘉言謂非文武之全歟？文謨武烈，稱于《君陳》，然整旅伐崇，下車訪道，二者正未始偏廢也。三代迭尚，曰忠、曰質、曰文，而不及武者，蓋言忠、質、文，則武固在其中。必以武言，則是秦之所尚，而非三代之治矣。周列四民，曰士農工商，而兵不與者，即臣前所陳寓兵于農之説。專以兵言，是爲後世之制，而非成周之舊矣。

漢唐宋之君，如光武之投戈講藝，太宗之身兼將相，庶幾創業而兼乎文。其未備者，如漢高之不事《詩》《書》，而規模宏遠，蓋其寬仁大度，暗合乎道，况能善陸賈文武並用之言乎？孝武之封狼居胥，憲宗之平淮西、西蜀，庶幾守成而兼乎武。其未備者，如仁宗之時，西夏猖獗而致四十二年之太平，蓋其深仁厚澤，培植國本，况能用韓、范儒者之將乎？陸賈之言曰：「天下安，注意相。」則在承平時，不可不修文德，故曰：「人君以論相爲職。」又曰：「將特大有司耳，非［相］比也。」①《司馬法》曰：「天下雖安，忘戰必危。」則在承平時，不可不飭武備，故曰：「君子以除戎器戒不虞。」又曰：「聖人貴未然之防。」是知兵以衛民，民以給兵，治兵乃所以銷兵，講武即所以偃武。治兵之與治民，亦異而同也。

漢之軍制，以南北分。南軍主環衛王宫，北軍主巡綽京城。有綺士，有材官，與夫西北之車騎，東南之樓船，臨淄之弩手，荆楚之劍客，皆仰給于縣官，而不編于齊民，識者惜其去古未遠而不能復。此漢之治民與治兵異也。唐府兵之立，其制最善。兵散于府，將歸于朝，所以弭禍亂之原。二十爲兵，六十而免，而民無久役之勞。三時耕稼，一時講武，而兵無常聚之患。器甲出于民，衣糧出于民，而國無養兵之費，治民與治兵同。而論者許其爲近古，良有以也。宋之制，有三衙四廂諸司總管鈐轄諸將。然終宋之世，國威不振者，殆兵權失之輕，而兵民分之過也。由是言之，文武者其名也，兵農者其實也。三代而上，兵出于農而文武不得不合；三代而下，兵判于農而文武不得不分。夫苟知文武之所以同，則所以治民與兵者，不容以異矣。

① 「相」，原漫漶，據《歷科廷試狀元策》《文章辨體彙選》補。

洪惟我太祖高皇帝，獨稟全智，首出庶物，掃開闢所未有之污，復帝王所自立之地，武功之盛，無以加矣。整人倫于用夏變夷之餘，興文教于撥亂反正之始，文德之隆，又何如哉！當時之建官也，科目則有文舉武舉，官聯有文班武班，部屬則有文選武選。當時之定籍也，常産則有屯田民田，户籍則有軍籍民籍，官署則有州縣衛所。乾綱獨斷，無威柄下移之失；犬牙相制，無尾大不掉之患。有事則共與機密之謀，無事則各掌兵民之寄。在京有司馬以提督軍營，在外有憲臣以總制邊務。臬司有兵備之權，縣吏專巡捕之職。名若分而實則相屬，職若判而任則相維，保治之法，蓋與三代而符也。至若太宗表章經史，而外清朔漠之塵。宣宗崇重儒臣，而出平漢邸之變。列聖相繼，益懋益敦，百五十年來，固皆以文致治，而廟算無遺，神武不殺，偉烈宏功，照耀簡册，壽國脉于箕翼，安國勢于磐石，斯世斯民，蓋有由之而不知者。

恭惟皇帝陛下，保富有之業，思日新之圖，閲歷熟而見理明，涵養深而持志定。垂衣拱手而天下嚮風，動顔變色而海内震恐，疆埸之虞撲之于方熾，蕭牆之梗消之于未形，君子洗心以承休德，小人延頸以望太平。而皇心謙沖，謂「承平既久，玩愒隨之」，臣伏讀至此，有以知陛下出治之全德，保治之全功，可因此一念而舉矣。

臣竊以爲陛下求治之心甚至，而奉行者或有所未至焉。夫學校者，風俗之首也。程顥謂：「治天下以正風俗，得賢才爲本。」使主學校者皆得其人，教之之法，悉如陽城之在國學，胡瑗之在湖學，一道德以明禮義，尊經術以定習尚，不荒于嬉而毁于隨，則淳厚之風可臻，而士之失業者非所憂矣。民者，國本所係。邵雍謂：「寬一分則民受一分之賜。」所以寬之者在朝廷，而近民者莫切于守令。使爲守令者皆得其人，養之之法悉如黄霸之在潁川，張詠之在益州，遵奉詔條，宣布德意，不以繭絲先保障，不以撫字後催科，則殷阜之俗可期，而民之告饑者非所憂矣。流徙之餘，聚爲盜賊，亦由教之無法，養之無素故也。以人情言之，盜賊亦人耳。人莫不愛其筋力肌膚也，莫不愛其父母妻子也，莫不愛其田廬貲産也。在上者不以無益之工役苦其筋力，不以不中之刑罰殘其肌膚，不以流離病其父母妻子，不以誅求損其田廬貲産，則彼之所愛者，皆爲所有矣。不幸而死，猶不捨其所愛，况捨所愛以蹈必死之地哉？今潢池弄兵，緑林稱號者，在在有之。賦稅之過，春支秋糧；餽運之弊，十室九空，農事在所當重也。邇者出内帑銀二十萬兩，以濟西蜀之軍儲，愛民可謂深矣。臣愚以爲，本土之蓄積，宜自足用。昔人有言：「兵務精，不務多。」今爲將者，兵每務多，而財餽每患其寡。兵既多，則財餽不得不多；財餽既多，則民力不容以不屈。是民以養兵，而亦不可反爲兵困也。調發之伍，動以千百；戰禦之功，十無二三，兵政尤所當急也。邇者發京營兵三千騎，以平山東之反側，禦患可謂切矣。臣愚以爲，本土之壯士，宜自可用。昔漢擊匈奴，用六郡良家子，蓋其熟知險易，力衛桑梓，比之他方所調發，一可當百。况京兵一出，既有行積居餉之勞，亦有居重馭輕之戒，固可權其宜于一時，而非可繼于旬月。是兵以衛民，而亦不可以過爲民(歐)[毆]也①。

聖問又謂「或者官非其人」。臣愚以爲，一代之才，自足以周一代之用，特患用之不得其道耳。用之誠得其道，則貪可使也，詐可使也，况蘊德行而志功名者乎？選舉之制公矣，寧無腐儒而當事局，歷濟而投散地者乎？黜陟之典當矣，寧無冗食備員之輩，隱賢遺才之嘆乎？賞罰之令明矣，寧無濫竽而受賞，戴盆而免罰者乎？誠使官各盡其人，才各盡其用，人人有忘私之公，事事有愛國之誠，徹桑土于未陰之時，徙積薪于未火之日。一郡有警，則傍郡切震鄰之憂；一時有警，則先時思噬臍之悔。敵至不懼，敵去不侮，不因人成事而老吾之師，不曠日持久而匱吾之財。内修外攘之實，必曲盡于條教之外；文恬武嬉之弊，必振起于玩習之餘。則文德之敷，雲行雨施；武功之建，雷厲風行。遠可以復帝王之善治，上可以光祖宗之謨烈，國家億萬年之曆，可以配天地于無窮矣。臣願陛下益崇此德，益保此功，存無怠無荒之心，爲可久可大之道，惟萬幾之暇，少留意焉，則凡所以策臣者，可次第而舉矣，何暇于多言爲哉？

① 「毆」，據《正德六年進士登科録》《文章辨體彙選》改。

臣干冒天威，不勝戰慄之至。臣謹對。

（底本：《皇明歷科狀元全策》卷八。參校本：《正德六年進士登科録》；《歷科廷試狀元策》二卷上；《文章辨體彙選》卷一九一，《影印文淵閣四庫全書》本；《增訂國朝館課經世宏辭》卷七，《四庫全書存目叢書補編》影印中國科學院圖書館藏本）

四六　正德九年甲戌科　唐皋

正德九年（一五一四）甲戌科，廷對之士三百九十六人，狀元唐皋，榜眼黄初，探花蔡昂。

唐皋（一四六九—一五二四），字守之，號心庵。南直隸徽州府歙縣（今屬安徽黄山市）人。狀元及第，年四十六。授翰林院修撰。與修《武宗實録》成，陞侍講學士。正德十六年（一五二一），出使朝鮮。尋卒于任。著有《心庵文集》《史鑒會編》《韻府增定》《皇華集》等。

唐皋廷試策見《皇明歷科狀元全策》及《歷科廷試狀元策》。

正德九年三月甲子朔。戊寅，策試舉人霍韜等三百九十六人。是日，上不御殿。制曰：朕惟《大學》一書，有體有用，聖學之淵源、治道之根柢也。宋儒真德秀，嘗推衍其義，以獻于朝。我太祖高皇帝，特命左右大書，揭之殿（壁）［壁］①，朝夕觀覽，每與侍臣形之論説。列聖相承，罔不崇信。朕初嗣位，經筵儒臣，首以進講。其書大綱有二，先之以帝王爲治之序，次之以帝王爲學之本。又以格物致知、誠意正心、修身齊家之要，分爲四目，序列于後，以示學者用力之地。夫學，體也；治，用也。由體達用，則先學而後治可也。顧以治先于學，于義何居？其爲治之序，蓋前聖之規模，後賢之議論皆在焉。比而論之，無弗同者，而帝王之所以爲學，則有不同。堯舜禹湯文武，純乎無以議爲也。高宗成王，其庶幾乎？下

① 「壁」，據《皇明進士登科考》《皇明貢舉考》《歷科廷試狀元策》改。

此，雖漢唐賢君，亦或不能無少悖戾。又下，則其謬愈甚，不過從事於技藝文詞之間耳。無惑乎其治之不古若也。凡此皆後世之鑒，可能歷舉而言之乎？抑《衍義》所載不及宋事，不知宋之諸君爲治爲學，其亦有[可]進於是者乎①？朕萬幾之暇，留意此書，蓋欲庶幾乎古帝王之學，以增光我祖宗之治，勵志雖勤，績用未著，家國仁讓之風，用人理財之效，視古猶歉。豈所以爲治者未得其本乎？夫爲人臣而不知《大學》，無以盡正君之法。子諸生講明是道久矣，行且有[爲]臣之責②，其爲朕悉心以對，毋泛毋略，朕將親覽焉。

（底本：《明武宗實録》卷一一〇。參校本：《皇明進士登科考》卷一〇；《皇明貢舉考》卷六；《皇明歷科狀元全策》卷八；《歷科廷試狀元策》二卷上）

臣對：臣聞帝王有先後相因之治，有本末相須之學。蓋治有先後之相因，用之根于體也；學有本末之相須，體之達于用也。帝王之治必親于學，帝王之學必達于治。治不根于學，則有苟且之治，而非帝王之所謂治矣；學不達于治，則爲一偏之學，而非帝王之所謂學矣。治之有體者，帝王之治也。其先後相因之序，不容少紊。學之有用者，帝王之學也。其本末相須之功，不可偏廢。後世願治之君，務學之主，誠所當法也。且古之帝王，其治與學，亦何從而求之？求之《大學》一書，則具見矣。人主欲圖帝王之治，必推是書以致之用；欲志帝王之學，必明是書以爲之體。然必有帝王之學，斯有帝王之治，先後有序，本末不遺。此孔門傳授之言，宋儒推衍之義，聖學之淵源，治道之根柢，而不可一日不之講求者也。所謂人君而不知此，無以清出治之源；人臣而不知此，無以盡正君之法者，豈非不易之定論哉？然《衍義》之書，登進于前代而

① 「可」，據《皇明進士登科考》《皇明貢舉考》《歷科廷試狀元策》補。

② 「爲」，據《皇明進士登科考》《皇明貢舉考》《歷科廷試狀元策》補。

無補，表章于聖朝而有徵。以實功而新聖學，以實學而資聖治，此我祖宗列聖所以匹休古之帝王而不可及也。

恭惟皇帝陛下，英資天挺，聖學日新，虛懷謙沖，不自滿假。乃于萬幾之餘，進臣等于廷，策以《大學衍義》之書，以治循其序，學得其本，令臣等言之。臣有以仰窺陛下務學圖治之心，必欲光我祖宗，軼古帝王，而陋漢唐賢君于不爲也。臣敢不掇拾舊聞，以對揚萬一乎？

《大學》之書，體用兼備，有明明德、新民、止至善之三綱領，有格物、致知、誠意、正心、修身、齊家、治國、平天下之八條目。外有以極其規模之大，内有以盡其節目之詳，其序不可亂，而其功不可缺，皆古帝王所以爲學，與其所以爲治之道。體之身心而有益，措之事業而有徵。本末相須，可以由體而達用；先後相因，可以因用而識體。循之則治，悖之則亂。天下後世，未有外此而可以言治與學者。孔門師徒，昭揭經傳，蓋舉古帝王全體大用之學，以示萬世君天下者之律令格例也。自漢以來，崇信者寡，治不古若，又何惑哉？宋儒西山真德秀氏，當理宗之朝，推衍其義，爲之説以獻。今觀其書，其綱有二，其目有四。所謂綱者，先之以帝王爲治之序，次之以帝王爲學之本。前聖之規模，實具于此，而後賢之議論，亦不能外此焉。今即《詩》《書》六籍所述，與漢唐宋諸儒所言，可得而見者，略陳之。

如明峻德而致萬邦之協和，慎厥身而底庶明之勵翼，立愛敬而始于家邦，刑寡妻而至于兄弟，以及荀况修身之説，董仲舒正心之對，楊雄小大遠邇之喻，周敦頤端本善則之論，是皆所謂爲治之序也。惟精惟一而妙執中之傳，惟幾惟康以迓用休之命，昭德建中之克懋，宅心建極之相承，以及伊尹一德常師之訓，傅説終始典學之規，尚父丹書之戒，《周頌·敬之》之詩，是皆所謂爲學之本也。其綱之所列者如此。

所謂目者，明道術，辨人材，審治體，察民情，格致之要也；崇敬畏，戒逸欲，誠正之要也；謹言行，正威儀，修身之要也；重妃匹，嚴内治，定國本，教戚屬，齊家之要也。其目之所列者如此。而目之中，又有細目焉。首之以聖賢之訓典，參之以古今之事蹟，纖悉備具，法戒靡遺，一皆始于身心，而達之天下，先後之序炳然，本末之倫不紊。帝王之學，其體之所以立，用之所以行，誠有不待他求而得之矣。蓋真德秀平生精力，具在此書。其所以發揮聖經賢傳之旨，以爲修己治人之助者，其功豈小補哉？惜乎理宗雖有表章道學之名，而無敦崇理學之實，是以其書雖要，而其説未行，良可慨也！

洪惟我太祖高皇帝，以天縱之聖，有日新之功。倥偬馬上，手不釋卷，及天下底定，尤留心經史。内殿告成，不施藻繪，特命左右以《大學衍義》書寘殿壁，出入覽觀，用爲政治之資。是真德秀之志，至是始行，而我太祖表章是書之心，不徒連屏之粉飾矣。臣嘗仰觀聖祖，每與侍臣論説，指晁錯切要之言，薄漢武荒唐之失，則我聖祖講明是書之實，又不徒石渠之故事矣。求治而講學，講學以資治，《大學》之道，至是復明，此所以能正中夏文明之統，復帝王綱常之治，燕翼之謀，有永無替，有由然也。列聖相承，罔不崇信，重熙累洽之治，實本諸此。皇上繼體守文，典學弘理，于此尤惓惓焉。是即祖宗之心，亦古帝王之心也。猗歟盛哉！

然聖策又謂：「學，體也；治，用也。由體達用，則先學而後治可也。顧以治先于學，于義何居？」臣聞之真德秀之爲是書，蓋爲人君之圖治者而設也。由體而達用，固必有是學而後有是治，循末以探本，則先治而後學，亦不害其爲有倫矣。《大學》序八條目，先之以明明德于天下，而推本于修身、正心、誠意、致知、格物之功，意正如此，則又何先後之足疑哉？

聖策又謂：「帝王之所爲學，則有不同。」是誠然也。蓋精一、執中，堯舜禹之學也；建中建極，成湯、周文武之學也。純乎其純，無可議者，其能致唐虞三代之治也，固宜。乃若高宗資啓沃以續甘盤之舊，成王賴佛肩以成基命之休，雖若少異，然本諸身心之功，則無不同者。其爲中興之賢君，守文之令主，不亦宜哉？

降及後世，稱善《新語》者，不脱馬上之習；受釐宣室者，徒飾席前之儀。亦有臨雍拜老如漢明帝，開館延士如唐文皇者。非不有志于學，然帝王治心修身之實，概乎未之有聞也。學非所學，則其治可知矣。漢唐賢君且然，况從事技藝文詞之間如陳、隋二君，又烏足以濆聖聽哉？下逮宋之諸君，大抵天資雖美，而學則弗篤，故儀章可觀而道有未盡。當時名儒輩出，可以講學，可以輔治，然論薦雖頻，而信任不專；召用未久，而擯斥隨繼，宜乎治僅小康而卒無以大過于漢唐也。

由是觀之，世之治忽，由人主學與不學。學之善否，顧此書之明與不明何如耳，何者？帝王之治本于道，帝王之道載于書。人主欲圖帝王之治，不可不志于學，欲志帝王之學，又必于是書盡心焉。苟不明乎是書，將學有未得其本，而治亦不得其序。此臣所以謂必有帝王之學，然後有帝王之治，而《大學衍義》之書，人主不可一日不知講求者也。

陛下留意是書，固已有志于清出治之源；經筵儒臣以是進講，又亦有事于盡正君之法。祖宗之治，可以增光；帝王之學，可以追匹。而且以家國仁讓之風，用人理財之效，視古猶歉爲慮。臣知陛下將舉斯民于唐虞三代之隆，而衍億萬載無疆之慶也。夫一家仁而一國皆仁，一家讓而一國皆讓。俊傑在位，而野無遺賢；生財有道，而國用恒足。唐虞三代之治，亦不過此。然寔自其學之本于身心者致之。陛下欲享其治，可不自其所以學焉者求之乎？臣願陛下以帝王之心爲務學之誠，以帝王之學爲致治之道，不安于小成，不狃于近利，臨御之暇，延接儒臣，日勤講説，于是書之宏綱大目，微詞要旨，反覆紬繹，究竟無遺。則學之所造，將與帝王之緝熙光明者同符；治之所成，亦與善推所爲者無異矣。又何患勵志雖勤，而績用未著也哉！殆見道術以明，人材以辨，治體以審，民情以察，而格致之要得矣；敬畏以崇，逸欲以戒，而誠正之要得矣；言行以謹，威儀以正，而修身之要得矣；妃匹以重，内治以嚴，國本以定，戚屬以教，而齊家之要亦無不得者矣。有《關雎》之正始，有《雞鳴》之儆戒，有《棠棣》之和樂，有《行葦》之忠厚，而一家之仁讓以篤；有放勳之光被，有底豫之化成，有思齊之御邦，有家人之正位，而一國之仁讓以興。以言乎用人，則九德咸事，百工惟時，而用人之效著矣；以言乎理財，則享太平之儉德，所無逸之治功，而理財之效成矣。由是而功光祖宗，由是而匹休帝王，特在陛下一加之意而已。然此固陛下之所已行，而臣猶言之不置，蓋臣子忠愛之誠，自有不容已也。

抑臣篇終復有獻焉。先正有言，明君以務學爲急，聖學以正心爲要，而心之所由正，尤莫切于敬。敬也者，聖學之所以成始而成終者也。此心克主乎敬，則所以爲學，有静虚動直之功；所以爲治，有高大光明之業。《大學》之道不在于書，而在陛下之聖躬矣。此臣區區一念，芹曝之誠，亦真德秀告君之意也。

臣干冒天威，不勝悚懼殞越之至。臣謹對。

（底本：《皇明歷科狀元全策》卷八。參校本：《歷科廷試狀元策》二卷上）

四七　正德十二年丁丑科　舒芬

正德十二年（一五一七）丁丑科，廷對之士三百四十九人（據《正德十二年進士登科録》及《皇明貢舉考》），狀元舒芬，榜眼倫以訓，探花崔桐。

舒芬（一四八四—一五二七），字國裳，號梓溪。江西南昌府進賢縣（今屬南昌市）人。狀元及第，年三十四，授翰林院修撰。首諫武宗南巡，調福建市舶司副提舉。嘉靖二年（一五二三），復官修撰。嘉靖三年夏，以議「大禮議」，再杖于廷。旋遭母喪歸，嘉靖六年，以疾卒于家，年四十四。萬曆中，追謚「文節」。著述甚富，撰有《易箋問》《周禮定本》《五官序辨》《東觀録》《太極通書釋義》等，詩文結集爲《舒梓溪先生集》十卷。《明史》有傳。

舒芬廷試策見《正德十二年進士登科録》《皇明歷科狀元全策》《歷科廷試狀元策》《舒梓溪先生集》及《舒梓溪文鈔》。

正德十二年三月丙子朔。庚寅，策試舉人倫以訓等三百五十人。是日，上不御殿。制曰：朕惟羲農以下之事，見於經；秦漢以來之事，見於史。見於經者，皆聖賢爲治之迹；見於史者，亦當時君臣相與隨時而成治者也。然儒先君子之論則曰：「帝王以道治天下，後世只以法把持之而已。」信斯言也，豈帝王之治，一以道而不以法；後世之治，一以法而不以道歟？自今觀之，如畫野分州，設官分職，明禮樂，興學校，正律曆，秩祭祀，均田賦，通泉貨，公選舉，嚴考課，立兵制，慎刑

(法)[罰]①，則帝王之治天下，固未嘗不以法也。天性明達寬仁長者，躬修玄默，以德化民，恢廓大度，同符高祖。事從寬厚，文以禮樂，畏義好賢，力於爲善，聰明果決，得於天性。寬仁多恕，心無私曲②，恭儉仁恕，忠厚惻怛，則後世賢君之治天下，亦未嘗不各有其道也。然則儒先之論，殆亦有不足盡信者歟？

洪惟我太祖高皇帝，創業垂統，治定功成，聖子神孫，萬代如見，其治道之高明，治法之弘遠，直可以等帝王而上之矣。然而帝王廟祀，立于京師，自昔忠良，多與配享，雖以勝國之世祖，而亦獲秩祀焉。豈非以後世之英君誼辟，其政治亦猶有可取者歟？朕膺天眷命，嗣守鴻業，臨政願治，蓋十有三年于兹矣。然遠師帝王之道，而望道猶有所未見；近守祖宗之法，而行法猶有所未逮，其故安在？子大夫積學待問久矣，其爲朕據經史，兼本末，詳著于篇，朕將采而用之，而以資于治焉。

(底本：《明武宗實録》卷一四七。參校本：《正德十二年進士登科録》，影印明正德刻本，天一閣選刊；《皇明進士登科考》卷一〇；《皇明貢舉考》卷六；《皇明歷科狀元全策》卷八；《歷科廷試狀元策》二卷上；《舒梓溪先生集》，明嘉靖三十二年刻本，國家圖書館藏)

臣對：臣聞天下無法外之治，帝王無道外之法。蓋道者出治之本，法之體也；法者爲治之具，道之用也。使道有未純，則所以立法者，義必不精，利必不盡，雖能行於一時，而不可以垂於萬世；法有未善，則所以爲治者，化必不洽，澤必不周，雖或致夫小康，而終不足以望雍熙泰和之盛。故論治而謂不以法，非知治者也；論法而謂不以道，非知法者也。古之

① 「罰」，據諸參校本改。　② 「私」，諸參校本作「邪」。

帝王，全於躬行心得者，既有以建天下之極；見於典章制度者，又有以盡天下之情。故功業之盛，上下與天地同流，而非後世之所能及也。秦漢以來，非不有法也，類皆小補罅漏，而不知先王立法之原；亦非不有道也，乃其天資偶合，而不聞先王大道之要，尚何望其治效如古昔之隆也哉？然則治之不能外法，法之不能外道，蓋有確乎其不可易者矣。

恭惟皇帝陛下，篤於求道，審於行法，勤於制治，踐阼以來，嘗三親策多士矣。始之以法天法祖，蓋篤於求道之心也；繼之以文武兵農，蓋審於行法之心也；又繼之以《大學衍義》之問，蓋勤於制治之心也。兹於萬幾之暇，復進臣等於廷，兼是三者之心，俯賜策問，惓惓焉若有所不足，而欲益臻其極者。臣雖愚陋，敢不對揚休命於萬一乎？

臣聞羲農治之極也，堯舜道之至也，三代法之備也。言治極，則法之善可知；言法備，則道之純可知。故孔子繫《易》，始於伏羲，則十三卦之制器利用，以法而存乎道也；序《書》斷自唐虞，則二《典》之所載時雍風動，以治而形乎法也；删《詩》而備於文武，則《天保》以上治内，《采薇》以下治外，是又以道而顯設之於法也。子思曰：「仲尼祖述堯舜，憲章文武。」朱熹釋之曰：「祖述者，遠宗其道；憲章者，近守其法。」豈堯舜不足於法，而文武猶有病於道邪？蓋舉道則法以著，舉法則道以存。故朱熹又曰：「皆兼内外該本末而言也。」由是言之，道與法非判然二物也明矣。

聖制以爲：「儒先君子之論則曰：『帝王以道治天下，後世只以法把持之而已。』信斯言也，豈帝王之治，一以道而不以法；後世之治，一以法而不以道歟？」聖慮深遠，臣愚何足以知之。然竊惟帝王之與後世，其爲道不同，而其爲法亦異。帝王道足以創法，法足以善治，故專謂之道，蓋道即法之所從出也。後世之於道，或偏而未全，或駁而未純，則其所恃以爲治者獨法而已，故專謂之法，蓋法始有不本於道者矣。請因聖制所及，以凡經史所載道與法者，敬詳陳之。

聖人理天下，使物各得其所爲極至，故其盡制曲防，莫非美意存焉。今舉其大者，若黄帝之畫野分州，舜肇十有二州，禹弼成五服，咸則三壤，商人肇域四海以建諸侯，周人以九州之地建三等之國。而分田以定賦者，或五十而貢，或七十而助，或百畝而徹，皆以什一爲中正，則封建井田之法於是乎立矣。伏羲以龍紀官，神農以火紀官，黄帝有天地四方之官，唐虞建官惟百，夏商官倍其數，周官三百六十，統於六卿，而敷奏明試，三考黜陟，與夫六計八職八柄之政，亦行乎其間，則建官考課之法於是乎詳矣。親疏貴賤之有體，郊社禘嘗之有儀，《咸英》《韶護》之有制，璇璣玉衡之有具，塾庠序學秀選俊造之有等，則禮樂、律曆、學校、選舉之法，無一之不備也；九賦以爲斂，九式以爲節，五刑以爲討，八刑以爲糾，弧矢以示威，伍兩卒旅軍師以畜衆，則財貨兵戎刑罰之法，無一之或缺也。所以然者，羲農、黄帝皆以神聖之德繼天而王，堯舜禹湯文武數聖人者，或克明俊德，或温恭允塞，或肇修人紀，或緝熙敬止，或重民五教，道無不純而法於是焉出。不然，亦安能心代天意，身代天事，妙化導之機，而極制作之善若是哉？故曰「帝王以道治天下」，而臣謂道即法之所從出者於是可見矣。

後世賢君，若漢高之天性明達，寬仁長者，以創漢家之業；文帝之躬修玄默，以德化民而致後元之治；光武之恢廓大度，同符高祖，成中興之功；章帝之事從寬厚，文以禮樂，濟永平之政。唐太宗之畏義好賢，力於爲善，速致太平；憲宗之聰明果決，得於天性，卒平禍亂。宋藝祖之寬仁多恕，心無邪曲，而有以易五季干戈之亂；仁宗之恭儉仁恕，忠厚惻怛，而有以開元祐炎興之運。誠如聖制所謂「亦未嘗不各有其道也」。但此之謂道，不過天資之近似耳。就而論之，則惡聞《詩》《書》，崇尚黄老，溺圖讖以蹈封禪之非，乏剛斷以啓戚門之釁，以至天倫慚德，異術荒心，任智謀以成功，聽讒倖以廢后，帝王純粹之道果如是乎？

道既未純，則法之所立，宜乎其不能盡善也。故漢初三章之約，律令之次，章程之定，與夫侯國之封，所謂磐石之宗，犬牙相制者，規模亦宏遠矣。然不革秦習，不任周政，所以治雜於霸，其後禍難屢起，亦非法之所能防也。唐以六典建官，以租庸調取民，增置學舍生員以養士，與夫以府衛治兵，所謂居重馭輕，五大不在邊者，節目亦詳盡矣。然大綱不正，昏風相襲，所以治雜於夷，其後變故最多，法亦屢壞而不可支也。宋人重儒術，愛民力，以文臣知州，以朝官知縣，以京朝官監臨財賦，與夫通判縣尉之置，要皆以收方鎮之權，所謂混一天下，亦長慮而却顧矣。然武備頗衰，成功亦小，國勢日以積弱，莫能善其後也。故曰「後世以法把持天下」，而臣謂法之不本於道者，夫豈不然邪？以是觀之，則道有純否而法隨之，法有善否而治因之，孰謂爲治可以無法，而立法可以不本於道哉？

洪惟我太祖高皇帝，膺天眷命，用夏變夷，一代經制之備，真足以匹休帝王，而開聖子神孫萬世之太平矣。觀夫京畿諸道之建置，宗藩列爵之世封，内則罷丞相而設府部，外則罷行省而設三司，有《大明官制》以定其員，有《諸司職掌》以定其守。命官議禮，則吉凶軍賓嘉之禮有其等矣；而又有《禮儀定式》諸書，以示其品節制度焉。命官作樂，則郊社、宗廟、朝廷之樂有其章矣；而又有太常神樂諸署，以習其器數聲容焉。内設國子監，以教天下之英才；外設府州縣學，以育民間之俊秀。經義之制定，而士無詭異之談；科貢之制行，而士有彙征之望。以言乎律曆，則造曆有官，而閏餘歲差之有算；司天有臺，而休徵災異之並占，且謂至元辛巳之曆，漸違天度，遂以洪武甲子之歲肇起曆元。律曆之正何如哉！以言乎秩祀，則大而郊廟儀物，典於太常；小而厲享品節，詳於祠部。正嶽鎮海瀆之神號，革前世不經之淫名。帝王陵墓，三歲一降香祀之；先代賢臣，惟以當時官爵稱之。祀典之正何如哉！謂田賦不均，非所以遂民生也，國初丈量田畝以抑兼并，清理田糧以防姦僞，且視土地之肥墝以爲税科之輕重。是雖非井田也，不幾於什一之中正乎？謂泉貨不通，非所以資國用也，國初因桑穰之饒而鈔法甚嚴，置寶源之局而錢法再變。茶馬鹽課之利，則以助軍需；商税魚課之辦，則以助國費。是雖非幣餘也，不幾於九府之圜法乎？禮部以科舉之式選士，必嚴貢舉非人之律；吏部以銓選之法選官，復有推陞保舉之例。其選舉之公，彷彿乎虞周明揚賓興之盛也。給由雖有常期，而所以爲黜陟者，復稽其旌異之典，紀録之册焉。考覈雖有通例，而所以校才能者，復稽其歷任之久暫，地方之繁簡焉。其考課之嚴，頡頏乎虞周三考六計之詳也。以兵制言之，既有親軍諸衛以衛宫禁，復有隸府諸衛以衛京城；既有都司留守司以衛一方，復有各衛守禦所以衛郡邑。且府衛之所職掌，雖各有司存，而軍政之樞機，實由於兵部，蓋統重馭輕之中，寓防微杜漸之意。此我聖祖親歷戎行，灼知古今利病，而爲是良法。昔人謂其「軍政有統」，真知言哉！以刑罰言之，《大明律》之綱有六，而其目止於四百六十；《大明令》之綱亦有六，而其目止於百四十有五焉。是雖因唐制而定五刑，其間別比類異，簡而易遵，明而易曉。蓋我聖祖斷自宸衷，務在直言其事，庶幾使人易知而難犯。昔人謂其「有象刑欽恤之仁」，真知言哉！

夫一代經制之備如此，豈偶然而致之哉？蓋有本於其間矣。臣嘗莊誦聖祖之言有曰：「朕求帝王之治，莫盛於堯舜，然觀其授受，在允執厥中。」又曰：「人君一心，治道之本。存於中者無堯舜之心，而欲施於政者有堯舜之治，不可得也。」大哉王言！非真有得於帝王之道能如是乎？宜其創制立法，盡善盡美，于以致雍熙泰和之治，直等帝王而上之矣。

聖制又謂：「帝王廟祀，立於京師，自昔忠良，多與配享，雖以勝國之世祖，而亦獲秩祀焉，豈非以後世英君誼辟，其政治亦有可取者歟？」蓋自洪武六年定歷代帝王之祀，自伏羲以至元世祖，凡十有六君，皆以其開基創業，大有功德於民耳。若周文王雖基周命，終守事商之節；唐高祖雖君天下，皆賴太宗之功，故不祀焉。伊尹之告其君曰：「七世之廟可以觀德。」聖祖秩祀帝王之意，不在兹乎？二十一年，定名臣從祀，自風后以至赤老溫，凡三十有七臣，皆以其始終全節，與有功德於民耳。謂宋趙普雖曾有微勞，然實深負於藝祖；元安童雖信有勳德，然難並列於先臣，故不祀焉。盤庚之告其臣曰：「兹予大享于先王，爾祖其從與享之。」聖祖秩祀名臣之意，不在兹乎？故程頤之論治，獨歸於帝王，而常不足於後世者，天下之公言也。聖祖之秩祀，並隆於帝王，而亦不遺於胡元者，王者之弘度也。且以前世功德，固有當崇，而後人鑒戒，亦有攸視。聖意抑何深遠哉！

聖制之終有曰：「遠師帝王之道，而望道猶有所未見；近守祖宗之法，而行法猶有所未逮，其故安在？」且欲臣等詳著于篇，將采而用之，以資於治。臣雖愚陋，敢無一言以對，而徒進諛詞曰「道則至矣盡矣，治則已臻皇極，法則無可議者矣」，獨不有以來曲學之誚，而上負聖明待士求言之意哉？

臣竊觀今日之天下，州野如舊，而民生之憔悴日甚；官職如舊，而事功之廢弛日甚；禮樂如舊，而奢僭漸形，和氣未洽也；學校如舊，而道術漸乖，士習未端也。律曆正矣，而能以災異當畏爲陛下陳之者，誰歟？祀典正矣，而能以異端當戒爲陛下闢之者，誰歟？田賦之均如舊也，而額外之征求無已；泉貨之通如舊也，而關市之税課日增；選舉之法具存，而賢才之疎遠者未伸；考課之法具存，而庸劣之在位者未去。兵制雖不改乎舊也，然强壯役於私門，恩賞奪於有力，其能弭怨讟之叢積乎？刑罰雖不改乎舊也，然怙終之罪不加，羅織之風未已，安能止物議之沸騰乎？夫以天下之事，每每如此，則是聖祖之法雖善，而今之所存者蓋文具耳。孟子曰：「徒法不能以自行。」意者陛下之望道誠有所未見歟？臣願終其所欲言，以副陛下之所欲聞，而無復有所隱也。

竊惟帝王之道大矣，臣愚不能究極。今陛下以程頤之言爲問，臣亦敬以程頤之言爲獻。其言曰：「爲政須要有綱紀文章。」此即臣所謂無法外之治是也。又曰：「必有《關雎》《麟趾》之意，然後可以行《周官》之法度。」此即臣所謂無道外之法是也。陛下誠能重人倫之始，審王教之端，如文王之雝雝在宫，無斁亦保，則《關雎》之化其庶幾矣；圖國祚之綿洪，計宗祧之嗣託，如文王之振振公子，以永姬録，則《麟趾》之化其庶幾矣。《關雎》《麟趾》之化成，則至于兄弟，御于家邦，而道無不純，有以匹休帝王，而增光祖宗之道矣。道既在我，則不聞亦式，不諫亦入，而法無不善，有以匹休帝王而增光祖宗之法矣。夫道無不純，則風化鼓舞者有其機；法無不善，則轉移闔闢者有其具，致祖宗帝王之盛治，又何難哉？是則陛下之所宜加意者，誠不在於多方也。伏願少垂天聽，克廣德心，不以臣所陳之言爲謬而聽之惟聰，不以臣所言之事爲易而行之惟力，矜持敬畏，不少間斷。清燕之優游，無異於大廷之臨莅；便嬖之使令，不忘乎儒紳之奏對。則道可純，法可善，治可久，宗社幸甚，天下幸甚！

草野之人，不識避諱，冒干天威，無任隕越之至。臣謹對。

（底本：《正德十二年進士登科録》。參校本：《皇明歷科狀元全策》卷八；《歷科廷試狀元策》二卷上；《舒梓溪先生集》卷一）

四八　正德十六年辛巳科　楊維聰

正德十六年（一五二一）辛巳科，廷對之士三百三十三人，狀元楊維聰，榜眼陸釴，探花費懋中。正德十五年會試，因武宗巡幸南京，十二月還，廷試未按期舉行。正德十六年三月，武宗崩于「豹房」。四月，世宗即位，以明年爲嘉靖元年。五月十六日殿試，故是科稱辛巳科。

楊維聰（一四九二—一五五〇），字達甫，號大城。直隸順天府固安縣（今屬河北省）人。正德十四年，順天鄉試解元。廷試第一，年三十。授翰林院修撰。嘉靖三年（一五二四）七月，争「大禮儀」，遭廷杖。歷山西按察司副使、河南學政、山東布政司左布政使等。嘉靖十五年，陞南京光禄寺卿。翌年，任太僕寺卿。嘉靖十八年致仕。嘉靖二十九年，卒于家。

楊維聰廷試策見《正德十六年進士登科録》《皇明歷科狀元全策》及《歷科廷試狀元策》。

正德十六年五月壬子朔。丙寅，上親策貢士張治等于廷，策曰：朕惟自古人君臨御天下，必慎厥初，而爲其臣者，亦未嘗不以慎初之説告之。蓋國家之治忽，君子小人之進退，世道之否泰，其機皆繫於此，誠不可以不慎也。然觀之《詩》《書》所載，則亦不能無疑焉。舜正月上日，受終于文祖，首察璣衡，以齊七政，而類禋望偏之並舉。覲天交神，庶政固在所先矣。異時協正元日，格于文祖，詢四岳，闢四門，明四目，達四聰①，惟恐或後，且進十二牧而歷咨之。豈聽言用人，又在所

① 「明四目，達四聰」，诸參校本均作「明目達聰」。

急歟？太甲元祀，祗見厥祖，伊尹明言烈祖之成德，以訓于王，是天下之政，無大於法祖宗矣。高宗恭默思道，傅説告之，尤惓惓遜志時敏之務，興學亦豈容緩歟？成王即政，周公作《無逸》，舉三宗以勸之，惟以畏天愛民爲主；《訪落》一詩，乃又以盡下情、守家法爲説；《立政》一書，又以三宅三俊爲不可忽，終之無誤庶獄爲重。意固各有在歟？抑又有可疑者？禹受命于神宗，不旋踵會群后，誓師征苗；康王率循大卞，大臣進戒首以張皇六師爲言。他務未遑，顧以兵事先之，何歟？若乃禹祗承于帝，有精一執中之傳；湯黜夏命，有克綏厥猷之任。武王勝殷，訪《洪範》于箕子，踐阼授丹書于尚父，且退而几席、觴豆、刀劍、户牖，莫不有銘，則又萬世道學淵源所自，未可以尋常政事目之也。然則人君慎初之道，果孰有外於是歟？

漢唐宋以來，其君臣之間，蓋無足與於斯者。然一代之治功論議，亦不可泯。觀夫求端於天之策，治審所尚之疏，尚德緩刑之書，蕩滌煩苛之奏，與夫先［天］要説之十事①，奉天罪己之一詔，元祐修德爲治之十要，淳熙謹始自新之十目，皆於初政深致意焉。其與十漸之慮，五始之義，三卿序進授策之戒，指歸所在，其果無大相遠歟？夫人事有本末，物理有終始，王道之施設，固有先後。端本所以治末，謹始所以圖終，施之宜先，則不可以少後，皆治體所關甚大，不可以苟焉者，何衆説不能以皆一歟？

朕奉天明命，嗣承祖宗大統，臨御以來，釐革弊政，委任舊臣。凡夫敬天法祖、修德勤政、求賢納諫、講學窮理、節財愛民諸事，惟日孜孜次第舉行。取《無逸》中「嘉靖殷邦」之一語，建號紀元，方將體元居正，以求儷美《詩》《書》所稱帝王熙明之治。特進爾多士于廷，咨以慎初之道。爾多士其尚酌古準今，稽經訂史，明本末之要，審先後之序，悉意敷陳，用輔朕維

① 「天」，據諸參校本補。

新之治。

（底本：《明世宗實録》卷二。參校本：《正德十六年進士登科録》，《明代登科録彙編》影印明正德刻本；《皇明進士登科考》卷一〇；《皇明貢舉考》卷六；《皇明歷科狀元全策》卷八；《歷科廷試狀元策》二卷上）

臣對：臣聞帝王之御天下也，有治法，有心法。酌其因革，制其緩急，足以周天下之務，立天下之綱，是謂治法；根於躬行，原於心得，使其出之而有本，運之而不窮，是謂心法。治法不善，則施爲注措之間，乖謬舛錯，必無以成治。苟治法善矣，心法或未端焉，則科條雖具，品式雖詳，亦彌文粉飾，而未必徵之實事，勉强一時，而不能持於悠久。雖欲言治，皆苟而已。故心法存於内以爲之本，治法施於外以爲之用，本端而末治，體立而用行，斯爲治不易之常道也。況人君臨御之初，天命眷顧方新，人心嚮望方切，治忽否泰之機，胥此焉繫，所以慎其初而圖其終者，可不加之意邪？是故得心法而舉治法，三代以上之所以善治也。心法不純而治法亦有所未備，三代以下之所以治不古若也。然則今日慎初之道，奚有外於是二法哉？

欽惟皇帝陛下，睿哲天挺，仁孝夙成，昔潛藩邸之時，已繫元元之望，一旦龍飛虎變，御極當天，宵旰孜孜，厲精圖治，任耆舊之臣，釐積習之弊，天下之人，莫不延頸舉踵，觀政聽風，思見德化之成。臣以草茅，首蒙賜對，雖至愚陋，不足仰承休德，而喜慶之深，敢不掇拾舊聞，對揚清問之萬一？

臣惟人君之治天下，有機焉。識治勢者，乘其機以爲之，則力不勞而功可成。所謂機者，初是也。蓋臨御之初，好惡未著，雖有邪佞之臣，卒然不敢售其姦，唯左右觀望，一有隙焉，即投以所好。人君惟好之徇也，於是溺其所可樂，忘其所可懼，而後彼得以肆，天下之事將遂僨焉，以至於不可爲。誠自其初謹之，不墮于小人之計，小人亦洗心滌慮，唯正之趨矣。是故，識其機者慎其初，不慎其初，不識其機也。識其機，則國家由之而治，君子由之而進，世道由之而泰；不識其機，則治者忽，進者退，泰者否矣，其關係豈小小哉？太甲初嗣位，伊尹告曰：「今王嗣厥德，罔不在初。」成王初營洛，召公告王：「若生子，罔不在厥初生，自貽哲命。」自古人君臨御天下，率以慎初爲事，臣之賢者，亦未嘗不以慎初之説告之也。臣請稽經訂史，因聖制所及者條陳之。

舜初攝位，在璿璣玉衡以齊七政，而觀天之道盡。類上帝，禋六宗，望山川，偏群神，而交神之禮舉。及其即位，詢四岳，闢四門，明四目，達四聰，務進賢以決壅蔽之患。且進十二牧，而歷以五事咨之，務用人以賴輔理之益。伊尹作《伊訓》，明言烈祖之成德以訓太甲，蓋逆知其欲敗度，縱敗禮，顛覆湯之典刑，故以法祖爲説。高宗以交修命傅説，説告之曰：「惟學遜志，務時敏，厥修乃來。」則以君德即修，然後大臣可舉其職也。周公作《無逸》以訓成王，舉殷中宗、高宗、祖甲畏天愛民之事，欲其知小人之依，以爲祈天永命之本。成王朝廟聽政，思先人顧託之重，乃作《訪落》一詩，延群臣以盡下情，率昭考以守家法。《立政》一書，周公戒成王以任用賢才之道，始以宅俊爲不可忽，而終之以無誤庶獄爲重，使王尤知刑獄之可畏，必專有司牧夫之任，而不以己誤之也。

若夫禹受命神宗，不旋踵會群后，誓師征苗，康王率循大卞，召公進戒，首以張皇六師爲言，似若忽内而重外者。然聖人之治，固不因外以廢内，亦不因内以遺外。有苗弗率，民棄不保，禹承舜命，安得不征之？然班師振旅，誕敷文德，卒格於干羽兩階之化。周至康王，三葉矣，承平既久，玩愒隨之，老臣愛君，得不以張皇六師爲戒？且張皇云者，亦國之常政。軍伍藏於井甸，陳法講於蒐獮，巡邊四征，寓於巡狩，會同儆軍，實閲器械，嚴紀律而已。非若後世守文者以兵爲諱，喜功者則又窮兵黷武之爲也。

夫三代以上之君，臨御之初，莫不急所先務，其治法可謂舉矣。至其心法之所存，則尤致意焉。是故「人心惟危，道心惟微，惟精惟一，允執厥中」，禹之祗承于帝也。「惟皇上帝，降衷于下民，若有恒性，克綏厥猷惟后」，湯之自任於己也。武王之始克商也，訪《洪範》於箕子，初一曰五行，次二曰敬用五事，次三曰農用八政，次四曰協用五紀，次五曰建用皇極，次六曰乂用三德，次七曰明用稽疑，次八曰念用庶徵，次九曰嚮用五福，威用六極。其始踐阼也，又訪《丹書》於太公，曰敬勝怠者吉，怠勝敬者滅，義勝欲者從，欲勝義者凶。退而几席、觴豆、刀劍、户牖，莫不有銘。夫武王之皇極敬義，即成湯之綏猷；成湯之綏猷，即禹之中。心法之相傳，精神之相契，有以開萬世道學之淵源。立政非此無以爲立之之本，宰事非此無以爲宰之之要。慎初之道，莫有先於此者，可以尋常政事目之哉？

自是而後，若漢，若唐，若宋，不足與於斯矣。安馬上之習者，不事《詩》《書》；修玄默之德者，崇尚黄老。投戈講藝，息馬論道矣，溺心圖讖之説；父事三老，兄事五更矣，專爲章句之習。以至鋭情經術，而閨門慚德；延禮文儒，而聲色荒心。曰心無邪曲，顧任智謀以成功；曰重道崇儒，至指道學以爲黨。心法之傳，寥寥乎未有聞也。故其爲治法也，或駁焉而不純，或行焉而有所不盡。然當時群臣之所論議，深有可取者。董仲舒對策於武帝之初，曰王者求端於天，欲人君任德不任刑；匡衡上疏於元帝之初，曰治天下者審所尚，欲朝廷崇禮而敦讓；宣帝刑名繩下，路温舒以尚德緩刑勸之；章帝承永平後，陳寵以蕩滌煩苛勸之。漢之臣致意於新政者如此，惜乎其君無能以行之也。

玄宗開元之初，姚崇以十事要説，曰政先仁恕，曰不倖邊功，曰法行自近，曰宦竪不與政，曰罷賦外之征，曰戚屬不任臺省，曰大臣接之以禮，曰群臣得犯忌諱，曰絶營造，曰推監戒。德宗奉天之難，陸贄勸下罪己之詔曰：「天譴於上而朕不瘠，人怨於下而朕不知，痛心靦面，罪實在予。」使狂將悍卒聞之，無不感激揮涕。唐之臣致意於新政者如此，惜乎其君行之而不盡也。

呂公著當哲宗之初，嘗上十事於朝，則畏天也，愛民也，修身也，講學也，任賢也，納諫也，薄斂也，省刑也，去奢也，無逸也。朱熹當光宗之初，擬上十目於朝，則講學以正心，修身以齊家，遠便嬖以近忠直，抑私恩以抗公道，明義理以絶神姦，擇師傅以輔皇儲，精選任以明體統，振綱紀以厲風俗，節財用以固邦本，修政事以攘夷狄。宋之臣致意於新政者如此，惜乎元祐行之而不終，淳熙擬之而未上。故當時之治，卒莫能底於善也。

由諸臣之建白觀之，雖言人人殊，其視十漸、五始、三卿序進授策之戒，指歸所在，亦無大相遠者。蓋魏徵十漸之慮，以太宗初寡欲而今市駿馬，初護民而今用人力，初役己而今縱欲，初親賢而今近姦，初賤異物而今進難得，初求士而今任好惡，初絶田獵而今事馳騁，初達群情而今多間隔，初求治而今恃勢，初撫寧而今勞弊，所以慮不克終也。五始之義，則《春秋》之法必書「元年春、王正月、公即位」者，以元者氣之始，春者四時之始，王者受命之始，正月者政教之始，即位者一國之始。荀況所謂三卿序進授策，則天子即位，上卿進除患爲福之戒，而授一策；中卿進慮事慮患之戒，而授二策；下卿進敬戒無怠之戒，而授三策，所以欲人君謹於始也，蓋與諸臣之所建謹始圖終者一矣。

夷考上下數千年間，君臣圖治之説，既有所謂心法，又有所謂治法。而其爲治法之説，又或天或祖，或君或民，或内或外，或彼或此，棼然其不能齊，何也？天下之理，固有大分，而於其中又各自有界限。必析之，有以極其精而不亂，然後合之，有以盡其大而無餘。故以心法對治法言之，心法，人事之本也，物理之始也，又於治法之中，以事之大且急者，對事之小且緩者言之。大且急者，人事之本也，物理之始也，君人者欲端本以治末，謹始以圖終，其施設之序，心法固所當先，而治法之大且急者，亦奚容以或後？ 聖君賢臣，唯有見於此，故執中綏猷。《洪範》《丹書》，與夫典學之說，修身講學之說，正心齊家之說，直指乎心法之源，而其他政事之說，亦就治法之中，因其時之所宜，據其勢之所至，順其理之所在，指其大且急者言之也。 又奚必其詞之同哉？

臣竊伏觀陛下踐阼之初，責成輔臣，獎納臺諫。 凡弊政之所當革者，革之無不盡；凡舊章之所當遵者，遵之無不篤。其於敬天法祖、修德勤政、求賢納諫、講學窮理、節財愛民諸事，固次第舉行之矣。 勵精之實，發於即位之一詔；中興之志，著於「嘉靖」之紀元。 凡在覆載之間，稍有血氣之屬，莫不以殷宗、周宣爲望，乃猶不自滿假，於聖制之終曰：「方將體元居正，以求儷美《詩》《書》所稱帝王熙明之治。」而欲臣等悉意敷陳，以輔維新之化。 即此觀之，臣有以知陛下必爲殷宗、周宣無疑矣。 臣之所以爲獻者，亦惟願不失此機而已。 何則數年以來，法度廢弛，天下之事，已極於弊。 陛下一起而新之，百官承德者日奮，人心望治者方切，此祈天永命之時，可以有爲之會也。 乘此機以爲之，矢去川決，殆無難者，在陛下加之意而已。

近世人君，孰無願治之心，然或卒不逮焉，豈皆力之不足，亦其初之不慎也。 陛下欲求慎初之道，則心法、治法，烏可不加意哉？ 是故，精察一守以執中，肇修人紀以綏猷，遜志時敏以典學，建皇極以叙九疇，戒怠欲之勝敬義，正心以修身，修身以齊家，則心法得之矣。 克謹天戒以畏天，監于成憲以法祖，親賢遠姦以致治，蚤朝晏罷以勤政，明明揚陋以求賢，虚懷受言以納諫，節財以制國用，愛民以固邦本，慎刑憲以恤人命，詰戎兵以防邊患，則治法得之矣。 有心法以爲治法之本，有治法以爲心法之用，本末不差，先後有序，而謂「美不儷于《詩》《書》，治不隆于熙洽」，豈理也哉？ 慎初之道，如是而已。

雖然，非初之難，而終之難也。 陛下以慎初爲問，臣既陳之矣。 至於圖終之說，臣敢復爲陛下言之。《易》曰：「天行健，君子以自强不息。」天之行也，一日一周，而明日又一周，未有一時之息，健故也。唯其健也，故四時萬物，皆得順其序，遂其生，使君子自强之健，於天少不似焉，則幾成而復壞，未久而已息，何以成其治哉？然所謂健者，非血氣之謂，又以心爲之本。陛下誠求之心，日御經筵，講求至理，以學養此心；整齊嚴肅，主一無適，以敬存此心；延見公輔，親近儒臣，隨時便殿，時被顧問，以君子維持此心，則聖心湛然。義理爲之主，而物欲不能奪，其健即乾矣，又何不終之足患哉？

伏惟陛下深留聖意，以無失今日之機，以無負今日之望，以無忝今日改元之意，則生民幸甚，宗社幸甚。

臣干冒天威，無任戰慄隕越之至。臣謹對。

（底本：《正德十六年進士登科録》。參校本：《皇明歷科狀元全策》卷八；《歷科廷試狀元策》二卷上）

四九　嘉靖二年癸未科　姚淶

嘉靖二年（一五二三）癸未科，廷對之士四百一十人。狀元姚淶，榜眼王教，探花徐階。

姚淶（一四八八—一五三八），字維東，號明山。浙江寧波府慈溪縣（今慈溪市）人。其父姚鏌，弘治六年進士，官工部右侍郎，爲一代名臣。淶狀元及第，年三十六。授翰林院修撰。次年，因争「大禮議」，受廷杖，下詔獄。復官後，充經筵講官，遷左春坊左諭德、侍讀學士。嘉靖十年（一五三一），上《論元世祖不當與古帝王同祀疏》。嘉靖十六年，父喪，淶辭官回鄉，哀傷過度而卒。詩文存《明山文集》，著有《驅除録》等。《明史》有傳，附其父姚鏌後。

姚淶廷試策見《嘉靖二年進士登科録》《皇明歷科狀元全策》《歷科廷試狀元策》。

嘉靖二年三月壬寅朔。乙卯，上御奉天殿，策試舉人李舜臣等，制曰：朕惟自古帝王欲成天下之治，必順時揆事，創制立法，以盡天下之務。顧世有升降，而政之因革隨之。唐虞三代所以致雍熙泰和之盛，卓然可爲萬世法程者，具載諸經。姑舉其大者論之，如定禮樂，明（曆）［律］曆①，疆理宇内，設立庶官，分田制賦，興學養士，與夫選舉考課之法，兵戎刑罰之（治）［制］②，其建立有本，推行有序，可歷指其實而言之歟？後之稱善治者，曰漢，曰唐，曰宋，其創業守成，亦多英君誼辟，而考其治功所就，終不及於古，何歟？豈（治）［致］理之道③，固不專恃于法制歟？嘗觀先儒之論有曰：「善爲治者，

① 「律」，據諸參校本改。　② 「制」，據諸參校本改。　③ 「致」，據諸參校本改。

必先有綱紀以持之於上，而後有風俗以驅之於下。」信斯言也，則君臣之間，轉移振舉，宜莫急於此者。三代而上，無容議也。自漢以來，綱紀之張弛，風俗之醇雜，亦有可言者歟？抑斯二者，相因而成，又豈無所自歟？

仰惟我太祖高皇帝，肇造區夏，創建宏規；太祖文皇帝，中靖家邦，纘述大統。列聖相承，監于成憲，益隆不替，百五十餘年，道洽政治，蓋庶幾古帝王之盛。朕嗣守祖宗鴻業，撫臨億兆，夙夜祗畏，圖新治理，而績效未臻，和氣未應，其故果安在歟？夫事必稽諸古，而後有以驗夫因革之宜；治必端其本，而後可以不紊夫先後之序，此[固]君天下者所當知也①。茲朕欲勵精有爲，期于化行俗美，紹復我祖宗之舊，以上追隆古之治，如之何而可？子諸生皆學古通今，明於王道，宜有以佐朕之不逮者，其各殫力以對，毋泛毋略，朕將采而行之。

（底本：《明世宗實録》卷二四。參校本：《嘉靖二年進士登科録》，影印明嘉靖刻本，天一閣選刊；《皇明進士登科考》卷一一；《皇明貢舉考》卷六；《皇明歷科狀元全策》卷九；《歷科廷試狀元策》一卷下）

臣對：臣聞善治天下者，固在乎立大法以爲致治之具，尤貴乎端大本以爲出治之要。何謂大法？經綸政務之道，康濟民物之方是也。何謂大本？人主一心，所以宰政務而御民物者是也。無是法，則雖有願治之心，而因革常患於失宜；無是心，則雖有圖治之迹，而先後常病於無序。如是而欲綱紀之正，風俗之厚，治功之善，得乎？故心所以宰制乎法，而法所以推行其心。法者治之具，而心者治之要也。得其要者，固不可不求其具；得其具者，尤不可不先其要。古之善治天下者，無他焉，亦惟循用此道而已矣。後世之所以不古若者，豈非徒恃乎法制以爲治具，而未能先正其本原以爲治要歟？

① 「固」，據諸參校本補。

欽惟皇帝陛下，以剛健純粹之資，高明光大之學，入紹大統，光濟前休，啓中興之令圖，開太平之昌曆，嘉靖天下，以綱紀風俗爲慮，進臣等於廷，而賜之清問。所謂知出天下而聽於至愚，威加四海而屈於匹夫，可與爲堯舜，可與爲湯武者也。顧以臣之謭陋，不足以贊廟謨，裨國論。然而，一得之愚，亦安敢不爲陛下效之乎？

臣惟人君膺天眷之隆，爲生民之主，固不能舍法以圖治，亦不專恃法以爲治。蓋四海至廣，兆民至衆，苟無法以維持之，則何以一其心志，而使之各循其理？何以息其争奪，而使之各安其分？故自古帝王，欲成天下之治，必順時揆事，創制立法，以盡天下之務，而定爲一代之規。如禮以正名分，樂以格神人，律以和聲，曆以授時，疆理宇内以柔遠能邇，設立庶官以代天任事，分田制賦以足國裕民，興學養士以惇化善俗，選舉以興賢能，考課以計吏治，兵戎以禦外侮，刑罰以詰姦慝，是皆治具之大，所當修舉焉者。雖世有升降，政有因革，未有舍此而能圖治者也。

然禮樂教化，由心而發；典章文物，由心而著；家齊國治天下平，由心而推。人君一心，寔建立法制之本，而推行之序，必自此始焉。先儒朱熹嘗論：「善爲治者，必先有綱紀以持之於上，而後有風俗以驅之於下。」又謂：「綱紀不能以自立，必人主之心術公平正大，無偏黨反側之私，然後綱紀有所繫而立。」蓋所謂綱紀者，必辨賢否以定上下之分，核功罪以公賞罰之施。所謂風俗者，必使人皆知善之可慕而必爲，皆知不善之可羞而必去也。君臣之間，苟知轉移振舉之機，莫急於此。宰執秉持而不敢失，臺諫補察而無所私，人主又以其大公至正之心，恭己於上而照臨之，則有所不爲，爲之而無不成；有所不革，革之而無不服。將見法制以綱紀之立，而無頽墮廢墜之虞；風俗以法制之行，而無偷薄頑獷之習。本末兼舉，上下相因，而天下之治，於是乎成矣。顧其張弛醇雜，皆本於君心之能正與否，此則治要之大，尤當致意焉者，又豈專恃乎法制哉？

臣伏讀聖制，蓋已深察乎此。臣請以經之所載，爲陛下陳之。夫禮樂之爲用大矣。在唐虞，則巡狩以修五禮，典樂以諧八音;在三代,則大宗伯掌五禮以防民僞,大司樂掌六樂以防民情,蓋建諸天地,而同節同和者也。律曆之所關重矣。在唐虞,則在璣衡以齊七政,考聲律以察治忽;在三代,則五紀用序而時以定,七音始備而聲以和,蓋協於陰陽,而至精至密者也。封山濬川,而五服之遠近規畫甚詳;體國經野,而九州之險易界限不紊,此其疆理宇内,載諸《禹貢·職方》者可述也。詢咨岳牧,而又分命九官以時亮天工;訓迪公孤,而又分命六卿以率屬倡牧,此其設立庶官,載諸《舜典》《周官》者可稽也。咸則三壤,成賦中邦,此唐虞之田賦也。夏貢殷助,周則參而用之。大學上庠,小學下庠,此唐虞之學校也。夏校殷序,周則兼而舉之。其選舉也,翕受敷施,九德咸事,在於唐虞者如此。而《夏官》所謂「以德詔爵,以功詔禄,以能詔事,以久奠食」者,亦三代之常制也。其考課也,三載考績,黜陟幽明,在於唐虞者如此。而《天官》所謂「宰夫受日考,小宰受月考,大宰受歲考,三歲則大計吏治而誅賞之」者,亦三代之盛典也。以言其兵,比閭族黨,即伍兩軍旅之師;蒐苗獮狩,皆征伐擊刺之術,兹非兵制之善者乎?以言乎刑,皋陶爲士,能體夫欽恤之仁;《吕刑》有誥,猶存夫敬慎之意,又非刑罰之善者乎?斯蓋帝王之治法,真足以爲萬世之法程者也。

然而,數聖人者,皆得夫建立之本,而不紊於推行之序。精一執中,堯舜禹蓋以心法而相授,是以任賢去邪,罔惑於疑貳;命德討罪,允協於明威。其綱紀在上者,無不張矣。當是之時,黎民於變而萬邦咸寧,臣庶協中而四方風動,其致雍熙泰和之盛,豈不宜哉!建中建極,商湯周武,蓋以心法而相傳,是以懋官懋賞,必論其功德,而私昵不得以苟容;三宅三俊,必任夫吉士,而憸人不得以相間。其綱紀在上者,無不張矣。當是之時,商邑用協而四方見德,時罔不變而允升大猷,其致雍熙泰和之盛,豈不宜哉?

三代而下,雖有願治之君,而於爲治之法,或未能畢舉;雖有爲治之法,而於出治之本,或未能深探,其治之不古若,有由然矣。在漢,則創業如高帝,中興如光武,恭儉如孝文,雄略如孝武,綜核如孝宣,明察如明,寬厚如章,皆一代之賢君也。用叔孫通之綿蕞，歌《唐山》之樂章，考落下閎之算法，參司馬遷之律書；建立郡國而統之之以十三部，官分中外而列之以十六等；輕徭薄賦而賜民田租，臨雍拜老而諸儒問難；興廉舉孝，則見於元朔之詔；考試功能，則總於丞相之課；郡國有材官之設，京師有南北之屯，而内外足以相制；次律令以示畫一，除肉刑以全民生，而仁恩足以勝殘，其法制亦云備矣。在唐，則文武兼資，有如文皇；初政勵精，有如玄宗；剛明果斷，有如憲宗，皆一代之賢君也。新禮修於房玄齡，雅樂定於祖孝孫，清聲作於開元，曆法備於大衍；因山川之形便，而分道立州；倣六卿之率屬，而限官任才；口分世業，而井田之制尚存；大召名儒，而弘文之館肇立；選人之途有四，而主以三銓之法；考功之善有四，而差以九等之制；建府立衛，則似鄉遂之師；矜刑慎獄，則謹覆奏之令，其法制亦云備矣。在宋，則仁孝豁達，有如藝祖；克篤前烈，有如太宗；忠厚惻怛，有如仁宗，皆一代之賢君也。有《禮圖纂義》諸書，有《平晉》《大安》諸樂；和峴論鍾律，而胡瑗、范鎮之説迭興；司天修曆法，而觀天統元之名繼作；建官始於乾德，而元豐則又新之；分路始於太宗，而神宗則又增之；履畝制税，而限天下之田，興學育材，而崇蘇湖之教；踵唐規以銓試，而益以律令經義之條，設磨勘以遞遷，而主以審官考課之院；設禁兵以備宿衛，列廂兵以隸諸州，而軍制亦詳；頒卹刑詔於天下，置審刑院於禁中，而刑獄不濫，其法制亦云備矣。

夫法制雖備，而世主無正心之學，不悦《詩》《書》，專尚黄老，習于刑名，惑于符讖，而七制之心術已荒；首復浮屠，行瀆人倫，耽于聲色，溺于佛骨，而三宗之心術已壞。陳橋啓祚，金匱渝盟，或矯誣不明，或剛斷不足，而宋世人主之心術，亦未有能自正者。是以當時之治，賞者未必有功，而罰者未必有罪；上者未必皆賢，而下者未必皆不肖。舉其大者言之，如疎賈誼而親鄧通，外汲黯而内平津；王吉謝病而恭顯用事，韓歆被譴而子密受封，漢之綱紀，豈能盡正哉？信不能保魏徵之直，而許敬宗得以列于朝；明不能燭林甫之姦，而張九齡無以安其位；李絳與吐突承璀而並進，裴度與皇甫鎛而兼收，唐之綱紀，豈能盡正哉？竇儼以宿儒受知，而盧多遜之憸邪則弗之覺，柴禹錫以上變見用，而王禹偁之抗言則弗之容；歐陽修論朋黨而無補於去留，范仲俺抑僥倖而不勝其譏謗，宋之綱紀，又豈能盡正哉？

夫上下之分不定，而賞罰之施未公，則法制何自而立，風俗何自而厚乎？故西漢之風俗，雖曰以經術爲尚，然觀德色辞語之策，四方逆賊之奏，則所謂薄惡者亦有之矣。東漢之風俗，雖曰以節義爲尚，然觀朱穆崇厚之説，潛夫浮侈之篇，則所謂澆靡者亦有之矣。唐人尚詞章，此風俗之近浮者也。觀正俗之諷，與獨行之傳，而有以知唐世之多僻。宋人尚理學，此風俗之近古者也。觀明禁之文，與憫俗之論，而有以知宋俗之不淳。故漢之治效，蓄積歲增，户口蕃息，禁網踈闊，刑罰大省，可以言治矣，而不免有雜霸之弊。唐之治效，斗米三錢，牛馬被野，民物阜繁，四夷降附，可以言治矣，而不免有雜夷之弊。宋之治效，刑以不殺爲威，財以不蓄爲富，兵以不用爲功，人材以不作聰明爲賢，可以言治矣，而不免有武略不競之弊。失其本原，而徒恃法制，果可以爲治哉？

仰惟我太祖高皇帝，肇造區夏，創建宏規。太宗文皇帝，中靖家邦，纂述大統。列聖相承，益隆不替，道配帝王，而治超近古，豈無道以致之哉？臣嘗莊誦太祖高皇帝之《聖訓》矣。如曰：「人主一心，治化之本。存於中者，無堯舜之心，欲施於政者有堯舜之治，決不可得也。」又曰：「法度縱弛，當在更張，使紀綱正而條目舉。其要在明禮義，正人心，厚風俗以爲之本。」大哉王言！一哉王心！而又持之以敬天愛民之誠，勵之以求賢勤政之志，究心於《洪範》之學，垂情於《衍義》之書，故能潤色鴻業，損益百王。如命牛諒制禮，命陶凱定樂，而中和之用著；正胡元之聲，頒《大統》之曆，而陰陽之候調。内設京畿，外列藩省，而疆理有方；首明職掌，次辨禮儀，而官規有叙。差土田之高下，以定賦税，而酌輕重之宜；立府縣之學校，以明彝倫，而廣絃誦之化。以經術取士，而選舉精；以年資叙遷，而考課實。以五府治軍而總於本兵，則兵政有統；以六律論刑而參以《大誥》，則吏治不苛。信所謂端其大本，而立其大法矣，則其復古帝王之治，而陋漢唐宋於下風者，端有自哉！是以綱紀正而風俗厚，法制舉而治化隆，百五十餘年於兹。

然成者易毁，盈者必溢。加以正德以來，權姦蠱惑，而法令滋章。陛下應期而興，適承其後，此正社稷安危之機，生民休戚之端，君子小人進退消長之際，天命人心去就離合之時。臣謂聖祖在天之靈，不能無望於陛下之大有爲也。昔者踐阼之初，改元一詔，萬化俱新。如徵耆舊以表名德，登才俊以興事功，容直諫以開言路，斥佞倖以敦士習，誅姦逆以昭邦憲，褒忠直以勵世風，蠲逋負以甦疲瘵，洗煩苛以釋冤滯，剔蠹弊以儲貨財，清冒濫以惜名器，滌瑕以德，消沴以和，改紀其政而綱紀振於上，申訓其人而風俗移於下。由是海隅蒼生，莫不翹首以望太平，傾心以觀至化。正如天地久否，忽泰則平；日月久晦，忽開則明；雷霆久蟄，忽震則驚；雲霧久鬱，忽廓則清，豈非臣民之一快哉！以陛下功烈之盛，化理之隆，雖商宗周宣，何以遠過？然邊陲戒嚴而盜賊竊發，乾象失度而災異頻仍，績效未臻，和氣未應，信有如陛下所慮者。雖修省之詔屢下，而消弭之效未聞，陛下豈得晏然而已乎？

臣愚以爲，事必稽古，所以立法也。所謂禮樂律曆之類，皆法之所寓也。陛下誠能以稽古爲務，遠宗帝王，近法祖宗，則典章經制，因革適宜，大法可立，而治具彰矣。治必端本，所以正心也。所謂綱紀風俗之施，皆心之所推也。陛下誠能以端本爲先，委政大臣，聽用臺諫，則綱紀風俗，先後有序。大本既端，而治要舉矣。夫如是，則大化神明，而鴻恩博洽，績效何患於弗臻？日月貞明，而雨暘時若，和氣何患於弗應？陛下求治之心，不至是而有慰者乎？

抑臣猶有説焉。蓋天下之治，統於人主之心，而人主之心，天下之所共賴者也。心存於正，則事無不正，而天下蒙其福；心蔽於邪，則事無不邪，而天下與其憂。陛下知所以正心矣，臣特慮夫操存之甚難，而察識之未至耳。何者？一心之微，攻之者衆。大官備玉食之奉，九御儼紫庭之列；繁聲或足以悦耳，采色或足以娱目；嬖倖或希意以逢迎，邪私或乘間而浸潤。寳一遠物，或以開貢獻之門；玩以細娱，或以肇盤游之端。一朝之晚起，或以貽宴安之漸；一言之輕信，或以來讒佞之媒。一事之乘快，命令之所由輕；一恩之濫施，僥倖之所由啓。凡此數者，皆足以害治者也。儻少惑焉，臣恐聖心虛明而静一，有不得如前日者矣。臣願陛下戒之慎之，深惟前事之鑒，永爲克終之圖，涵養善端，培植治本。幽獨得肆之地，而所以持之者必嚴；紛華波蕩之中，而所以鎮之者必固。愛憎易徇之情，而所以矯之者必力；甘美可説之言，而所以防之者必深。以聖人之訓爲當從，以先王之治爲可法。總天下之智以助聰明，而於視聽無所蔽；順天下之心以施號令，而於取舍無所私。朝夕夢寐，有四海蒼生之憂；宵旰經營，存萬年宗社之慮。如此，則本原之地日益澄澈，是以帝王之道而圖帝王之功，以祖宗之法而守祖宗之業。綱紀常張而不弛，風俗常惇而不薄；大法無不修，而大本無不端；績效無不臻，而和氣無不應。天下仰之，萬世誦之。陛下致此無難，而寔臣愚之所深願者也。

臣干冒天威，不勝戰慄之至。臣謹對。

（底本：《嘉靖二年進士登科録》。參校本：《皇明歷科狀元全策》卷九；《歷科廷試狀元策》一卷下）

五〇　嘉靖五年丙戌科　龔用卿

嘉靖五年(一五二六)丙戌科，廷對之士三百零一人。狀元龔用卿，榜眼楊維傑，探花歐陽衢。

龔用卿(一五〇一—一五六四)，字鳴治，號雲崗。福建福州府懷安縣(今福州市)人。狀元及第，年二十六。授翰林院修撰，歷左春坊左諭德、翰林院侍讀直經筵。嘉靖十五年，奉詔出使朝鮮，賜一品服。嘉靖二十年，擢南京國子監祭酒。尋以病歸，終老鄉里，年六十四。著有《使朝鮮録》《雲崗選稿》等。

龔用卿廷試策見《嘉靖五年進士登科録》《皇明歷科狀元全策》《歷科廷試狀元策》。

嘉靖五年三月甲申朔。戊戌，上御奉天殿，策試天下貢士趙時春等，制曰：朕惟自昔言治道者有二，曰王，曰伯。三代而上，純王之治也，卓乎不可尚已。論者乃謂：「三皇以道，五帝以德，三王以功，五伯以力。」又謂：「皇降而帝，帝降而王，王降而伯。」果若是殊乎？其所謂道德、功力，亦有可指言者乎？自是而後，惟漢唐宋歷世最久，號稱至治。其間英君誼辟，固有專務以德化民，而致刑措之效；力行仁義，而成貞觀之盛；至誠恭儉，而收慶曆之治。蓋于王道，皆若有庶幾焉者。由今觀之，其施之當時，而見諸政事者果何，道歟？德歟？抑功力歟？亦有可述者歟？議者(有)[又]言①：「漢王而未足，唐猶夫漢也。」然則宋固可知矣，豈世道愈降，而先王之道卒不可復歟？

① 「又」，據諸參校本改。

朕太祖高皇帝，創業垂統；太宗文皇帝，安内攘外。列聖相承，益隆繼述，莫不以純王之心，行純王之政，百五十餘年以來，亦既成純王之化矣。朕嗣承大統，夙夜孳孳，亦惟帝王之道、祖宗之法，是遵是守。夫何承平日久，人心宴安，固嘗勸農桑矣，而閭閻之間，衣食益困；飭武備矣，而輦轂之下，營伍不充，士病其詭遇也。而流風相[高]①，頽傷于太激，俗惡其奢靡也；而守禮之家，不免于僭侈。儲蓄之政，何歲不講，一遇水旱，至坐視赤子之流離；備禦之策，無時或忘，一有邊警，輒告稱兵糧之(虚)[耗竭]②。夫體統紀綱，人才風俗，皆王政之大，而足食足兵，又今日之急務也。信如興滯補敝之不暇，有克舉之，又何擇乎王伯哉？夫上有願治之君，則下有輔治之臣，是故道易交而志易行也。昔之人臣所以事其君，固有以法天立道爲對，以飢渴教化爲喻，以誠心公道爲佐。治之具者，夫豈不知尊王而抑伯哉？何卒混爲一途，而莫之能正也？後之論治者有言：「盡天道，則可以行王道。」又謂：「(又)[有]内聖之德③，則有外王之業。」又謂：「必有父母天下之心，乃爲王道。」當以何者爲不易之論歟？朕聞王者之民，勞之而不怨，利之而不庸，遷善敏德而不知其功，相安相養而莫識其力，士讓于朝，民和于野，萬物並育，各得其所。朕甚樂之，甚慕之，何施何爲而可以臻此？子大夫明于王道有素矣，其詳著于篇，朕將擇而行之。

(底本：《明世宗實録》卷六二。參校本：《皇明進士登科考》卷一一；《皇明貢舉考》卷六；《皇明歷科狀元全策》卷九；《歷科廷試狀元策》一卷下)

臣對：臣聞帝王之御天下也，有爲治之大用，有出治之大本。爲治之大用存乎道，出治之大本存乎德。德存于心而爲

① 「高」，據諸參校本補。 ② 「耗竭」，據《皇明進士登科考》《皇明貢舉考》改。《皇明歷科狀元全策》《歷科廷試狀元策》作「耗」。

③ 「有」，據諸參校本改。

道之所以立，道達于政而爲德之所以行。何謂德？必其藴諸心思者，一本于誠而無矯僞之雜。何謂道？必其施諸政事者，一出于公而非私小之圖。故有是德，斯可以爲純王之心；有是道，斯可以爲純王之政。德以本之，道以行之，則身居於九重之間，而化行於裨海之外，充塞溥遍之功以成，而於變時雍之效以著矣。自夫王道不明于天下，而世之言治者，始爲一切便安之術，其推之已也，則無本而易窮，其及于人也，則有限而難久。心其心而非王者至誠之心，政其政而非王者至公之政，則其治效之所就，豈可以仰同于王者之道德哉？於戲！此唐虞三代之治，所以爲至，而漢唐宋之君，皆不足以與于斯也。

欽惟皇帝陛下，天資英邁，聖學日新。既已具聖人之德，躬膺寶曆，運際昌期，又已得聖人之時。自臨御以來，五年于兹，民安物阜，道洽政治，可謂極其盛矣。方且體道謙沖，不以已治已安爲足也，而于萬幾之暇，進臣等于廷，降賜清問，惓惓於王伯之説，且以統體紀綱，人才風俗，足兵足食爲憂。臣知陛下有志于王道之大，而陋伯術于不居也，真所謂大有爲之君矣。敢不採摭所聞，以對揚休命之萬一乎？

臣聞天下之道二，王與伯而已矣。其心本於誠，政出於公，無所爲而爲者，王者之道也；其心雜于僞，政出于私，有所爲而爲者，伯者之道也。王伯之辨，不出乎誠僞公私之間而已矣。嘗即是而求之，羲皇而上，玄風邈然，不可追矣。言治者莫過於唐虞三代，言聖者莫過於堯舜禹湯文武。是故，堯以俊德，達於敬天勤民之政，而後有萬邦協和之休；舜以玄德，達於詢咨岳牧之政，而後有四方風動之化；禹以祗台之德，達於修和府事之政，然後地平天成之績以成；湯以懋昭之德，達于輯寧邦家之政，然後兆民允殖之治以臻。文王之所以怙冒西土者，以其緝熙敬止，而又有懷保惠鮮之政也，武王之所以永清四海者，以其建極叙倫，而又有奠麗陳教之政也。是皆本諸心者，有大聖人之德，而達于政者，有大聖人之道，推之而準，動之而化。故可以謂之純王。若夫伯者，則推之不本于德，而不能存王者之心，行之不由于道，而不能爲王者之政。

如葵丘之會，假名於尊王；首止之盟，假名于定嫡。蒐田示禮，而實非禮也；存衛示仁，而實非仁也。有所因以爲功，有所强而爲善，其視王道譬猶桔槔之於雨露，爝火之于日月，其小大判然可知矣。故曰誠心而王則王，假之而伯則伯，此之謂也。

然則欲求王道之大者，豈可離道德而爲言哉？嘗考諸邵雍之論曰：「三皇同道而異化，五帝同德而異教，三王同功而異勸，五伯同力而異率。」蓋皇與帝之存心立政，固與王同，特因時而異其號，固非伯者以力假仁，補塞罅漏者，所可同年而語矣。然又謂：「皇降而帝，帝降而王，王降而伯。」蓋世變之趨，其勢誠然也。要之，至于王則人事備，極于伯則世道衰，下伯一等，則夷焉而已耳。至若轉移之機，實存乎人，豈世道既降，而終無可復之理哉？

三代而下，稱善治者，曰漢，曰唐，曰宋。就其優者論之，漢文帝躬修玄默，以德化民，固賢君也。其議賑貸，罷築臺，抑寵倖，容直諫，以几杖賜吴王，以金錢愧張武，庶幾于王。則其致囹圄空虛，刑措不用之效，非徒然也。唐太宗英明神武，力行仁義，固令主也。其定田賦，修府兵，卻貢獻，謹刑辟，因弓矢而悟治道，增學舍而廣生員，庶幾于王。則其致外户不閉，道不拾遺之效，非苟然也。宋仁宗至誠恭儉，始終如一，亦仁厚之君也。考其所設施者，若刑以不殺爲威，財以不畜爲富，兵以不用爲功，人才以不作聰明爲賢，引輔臣而條治道，親君子而禮大臣，亦庶幾于王矣。則其致慶曆之盛，而臻四十餘年之治，其固然歟。究而言之，則文帝之心，未曾溺于黄老；太宗之德，終有愧于閨門；仁宗之優柔，卒不能制夷狄之横。蓋漢之治，雜乎伯，不純乎王者也；唐之治，雜乎夷，猶愧于伯者也。至于宋，雖曰以仁厚立國，家法最正，然萬目未能盡舉，是謂以弱政濟弱勢，安可以語王道之大哉？宋而後至于元，則以夷變夏，益可悲矣。

上天厭亂，篤生聖人。我太祖高皇帝，創業垂統，纘百王之舊服；太宗文皇帝，安内攘外，立萬世之丕基。其政之善心之純，見於先民所傳者，詳且悉矣。臣請得略舉其概而言之。綱紀不紊，而内外有相維之勢；統體有序，而大小有相制之權。恤民窮，則有種桑之法，有給鹽之惠；重教典，則有國監之規，有學校之詳。崇理學，而人才無不正；抑浮費，而風俗無不淳。軍政有條例也，禮儀有定式也，則純王之政，不在是乎？ 嘗莊誦我太祖之訓有云：「朕求古帝王之治，莫盛于堯舜，然觀其授受，在允執厥中。」又曰：「人君一心，治化之本。使存諸中者，無堯舜之心，欲施于外者，有堯舜之治，不可得也。」文皇之訓有云：「帝王之學，貴切己實用。」又曰：「凡開創之主，其經歷多，謀慮深，每作一事，必籌度數日乃行，亦欲子孫世守之不忘也。」是皆所以爲運用推行之地，則純王之心，不在是乎？ 列聖相承，益隆繼述，百五十餘年以來，道隆化洽，政善民安，悦服之誠，著于遠邇；尊親之念，徧于華夷。純王之化，固無間矣。

陛下嗣承大統，嘉靖中邦，登極一詔，與民更始，所以遵祖宗之法，而守帝王之道也。然求其道，不可不知其德；守其法，不可不知其心。臣伏讀聖制，猶慮夫王政之未能無弊，王化之未能有成，其志蓋已勤矣。而臣竊恐陛下于德之修者，或未盡純；心之存者，或未盡實。則弊政豈能盡除，而化成之效，豈能以遽致耶？ 臣請得而畢言之。勸農桑雖有官矣，然阡陌不識勞來之人，惰遊率多荒廢之業，以繭絲先保障，而徵求極其錙銖，以撫字後催科，而追促急于星火。求其如龔遂之勸民種植，召信臣之修渠灌溉者，果何人哉？ 是無怪乎衣食之益困也。飭武備雖有條矣，然精鋭者私役于權門，老憊者備數于行伍，草場歲闕，悉辦房闥之供應，芻豆月給，咸歸將領之筐篋。求如李牧以市租饗士，种世衡以銀鉤教射者，果何人哉？ 是無怪乎營伍之不充也。

以士風言之，尚激直則以忠厚爲迂濶，務浮誇則以老成爲遲鈍。孰知新法之行，程子以爲愧；聖德之詩，范公以爲憂乎？ 則流風相高，不免于太激者，理所必然矣。以風俗言之，峻宇雕牆，民庶僭公侯之分；華衣美食，禮儀無上下之章。孰能蔬食布衣，師毛玠之儉；減騶省樂，畏楊綰之清乎？ 則雖守禮之家，亦不免于侈靡者，勢所必有也。儲蓄之政，雖嘗講也，然督理之使，更代不常，賞罰之典，因循不舉，簿書空存出納之數，倉廪或無顆粒之收。是以一遇水旱，而民之瑣尾流離者，不能無蒙袂之耻。備禦之策，雖未忘也，然屯營之地，棄爲汙萊，任戰之兵，役于鈐閣，尺籍之逃亡過半，民運之積欠甚多。是以一有警報，而將之倉皇告急者，不能無倚予之困。夫此六者，固皆王政之大端，今日之急務。臣愚以爲，欲勸農桑，則當擇良吏以爲之牧；欲飭武備，則當選良將以爲之帥；欲正士風，則當崇德行之科；欲厚風俗，則當嚴踰制之禁；欲廣儲蓄，則常平、社倉之法，不可以不舉；欲固邊防，則屯田、鬻鹽之令，不可以不修。然又必君臣上下，同志一德，各任其責，而後王道庶幾可行也。

臣歷觀前代，見上有願治之君，而臣不能將順以成之，則悲其臣；見下有輔治之臣，而君不能推心以任之，則悲其君。聖策所謂「明良相遇，道易交而志易行也」，斷斷乎不易斯言矣。以漢唐論之，董仲舒之對武帝，嘗以「王者當法天立道」爲言；魏徵之告太宗，嘗以「經亂之民，愁苦易化，如飢易食，渴易飲」爲言；諸葛之佐昭烈，又嘗以「開誠心，布公道」爲本，蓋皆庶幾王佐之才也。然論治雖切，莫挽江都之行；納諫雖勤，卒有仆碑之寡；籌策雖紓，而不能復漢祚于既衰，果可以爲明良相遇乎？以宋論之。程子謂：「盡天道則可行王道。」謝良佐謂：「帝王之功，聖人之餘事。有内聖之德，必有外王之業。」張載謂：「君相以父母天下爲王道，不能推父母之心於百姓，謂之王道可乎？」蓋皆發明王道之旨也。然洛黨之禍作，而其道不用于時；僞學之禁嚴，而其言不聞于上，又可以爲明良相遇乎？是知王者之政，必以道爲之用；王者之心，必以德爲之本。使宋之君，能用周、程、張、朱而行其言，則德修道立，三代之治，未必不可復興，而惜其不能然也。

臣伏讀聖策之終，又有羡慕于王者之民，至德之化，且曰「何施何爲，而可以臻此」，欲臣等詳著于篇，而又寵之以「朕將採而行之」之一言，是導臣而使之言也。臣敢不罄一得之愚，以爲陛下告哉？

夫陛下既鋭志于王道矣，而又曰：「信如興滯補弊之不暇，有克舉之，又何擇于王伯哉！」何其先後頓殊，而好尚不一也。臣愚以爲，行帝道而帝，行王道而王，其本惟在陛下之一心，誠與不誠之間而已。心苟誠矣，而不能行王道者，未之有也；心苟不誠矣，而能行王道者，亦未之有也。臣願陛下力學以養此心，持敬以存此心，親近君子以維持此心。不徒謹飭于會朝清明之日，而必涵養于深宮閒燕之中，不徒兢業于延接正士之時，而必矜持于親近暬御之頃。淫哇之聲，奇巧之色，不以雜此心；便嬖之言，側媚之態，不以誘此心；神仙佛老之事，不以荒此心；圖書劍馬之技，不以蕩此心；土木遊田之娛，不以勝此心；宮室侈靡之奉，不以移此心。而又遠邪佞，邇忠直，略小利，納遠猷，審時宜以立政，定國是以保邦。信違拂之爲恭，思儆戒之可樂。如堯之兢兢，如舜之業業，如禹之孜孜，如湯之慄慄，如文之亦臨亦保，如武之毋怠毋荒。若然，則心誠而德可修，德修而道可立，道立而政可舉。由是民富而邦本固矣，財豐而國用充矣，士習正而廉耻之節興矣，民俗厚而朴素之風還矣，蓄積日多而天災無足患矣，邊防日固而外侮無足虞矣。凡天下之政，有出于數端之外者，皆不足以廑聖心之憂。將見天地位，萬物育，諸福之物，可致之祥，莫不畢至，而陛下之所至樂者，于是可遂矣。苟心焉不正，而欲行王道以望數者之效，是猶操危檣而航大海，乘敝輪而走長途，求之愈深，望之愈遠，豈不難哉？

臣學不足以稽古，識不足以通今。然聞之昔人，「人主開求賢之路，必將有聽言之實；人臣遇得言之秋，不可無獻言之誠」，懷此念而耿耿于中者久矣。迂踈之見，幸因明問而發焉，惟陛下留神省覽，倘以爲可採而施之于治，則祖宗幸甚，天下幸甚，萬世幸甚！

臣干冒天威，無任戰慄隕越之至。臣謹對。

（底本：《皇明歷科狀元全策》卷九。參校本：《歷科廷試狀元策》一卷下）

五一　嘉靖八年己丑科　羅洪先

嘉靖八年(一五二九)己丑科，廷對之士三百二十三人。狀元羅洪先，榜眼程文德，探花楊名。

羅洪先(一五〇四—一五六四)，字達夫，號念庵。江西吉安府吉水縣(今屬吉安市)人。狀元及第，年二十六。授翰林院修撰。凡三立朝，皆不逾歲而歸。嘉靖四十三年卒，年六十一。隆慶元年(一五六七)，贈光禄少卿，謚「文恭」。著有《冬游記》《廣輿圖》，詩文後人結集爲《念庵文集》，有嘉靖、雍正等刊本。《明史》入《儒林傳》。

羅洪先廷試策見《嘉靖八年進士登科録》《皇明歷科狀元全策》《歷科廷試狀元策》《念庵文集》，各本之間異文頗多。今以《嘉靖八年進士登科録》爲底本，參考其他各本釐定。

嘉靖八年三月丙申朔。庚戌，策試天下舉人，制曰：朕惟治天下之道，其端不可概舉，特[以]大者論之①，在乎知人、安民二者而已。夫知人則哲，必能官而任之；安民則惠，必使匹夫匹婦，各得其所。雖然，堯舜尚于此猶難，夫豈後世所能及也？朕本藩服，仰承天命，入奉祖宗大統，朝夕戰兢，不遑寧處。何自即位以來，災變頻仍，旱潦相繼，歲復一歲，無處無之，生民流亡，朕甚恐懼。此非朕官非人以虐民歟？或賢與不肖進退倒置歟？或勸懲之典而失其宜歟？抑爲我選任者，而失公平之道歟？夫天聽自我民聽，天視自我民視，非民不聊生，而天垂深戒，如此何歟？至于内有盜賊之擾，外

---

①「以」，據《嘉靖八年進士登科録》《皇明貢舉考》《皇明歷科狀元全策》《歷科廷試狀元策》補。

有夷狄之患，此亦以爲民之害者。民爲邦本，而使饑寒困苦，流離（荒）〔死〕亡①，至于如此，邦欲安而得乎？朕雖存保邦安民之念，求其所以，實無一得。朕欲俾災沴潛消，民生安堵，盜賊息，邊方靖，財充而食足，不知如之何可以臻此，特進爾多士于廷。爾多士明于王道有日矣，且目覩時艱，豈無真識的見以匡我者？當悉心吐露，推衍所以于篇，朕當勉爲親覽焉。勿諂勿憚，勿泛勿略，庶副朕意。

（底本：《明世宗實録》卷九九。參校本：《念庵文集》，《影印文淵閣四庫全書》本；《嘉靖八年進士登科録》，影印明嘉靖刻本，天一閣選刊；《皇明進士登科考》，卷一一；《皇明貢舉考》卷六；《皇明歷科狀元全策》卷九；《歷科廷試狀元策》一卷下）

臣對：臣聞帝王之致治也，有覆天下之仁，而以不費爲施；有周天下之智，而以不勞爲用。施之溥而後順時鼓舞之權行，用不勞而後憲天聰明之實盡②。盡聰明者存乎誠③，誠無疑矣；妙鼓舞者存乎變，變無方矣。無方而顯作用於旁行，仁之發也。以天下之才，盡天下之故，得天下之故，神天下之化，夫何費之有？無疑而別賢否於不遺，智之運也。以天下之公，爲一己之度，廓一己之度，定天下之情，夫何勞之有？是故，誠以基智，智以廣仁，仁以盡化，化以格天。天順而時，化和而理，仁廣而通，智睿而辨，非夫先天而天不違，後天而奉天時者，其孰能與於此？故仁而不得其要，必踈陋而文勝；智而不本於誠，必穿鑿而術煩。文勝之弊，泛而寡效；術煩之弊，雜而不明，天下之事廢者多矣。是故，帝王存之爲理要之原，舉之爲易簡之善。不以察爲明，不以私爲惠，蓋其所執者要，而所尚者審故也。是以天地可位，萬物可育，氣化太和，

① 「死」，據諸參校本改。② 「盡」，《皇明歷科狀元全策》《歷科廷試狀元策》作「著」。③ 「盡」，《皇明歷科狀元全策》《歷科廷試狀元策》作「得契」。

災沴不作，其上下一貫之理，顯微無間之機乎。是故，仁智合德之謂聖，志氣交感之謂通，天人同歸之謂治。是説之不明也亦久矣。古人之言曰：「上有好言之君，則下必有盡言之臣。」又曰：「益智廣德，莫善於問。乘事演道，莫善於對。」臣愚恭遇陛下精明納言，得其時矣。觀時勢之故，究恢濟之本，極理亂之説，廣德業之規，臣非其人也，而竊有志焉，敢不敬述其略以對？

惟天生民，不能無欲。欲之不制，亂之成也，苟非至德，大道不行。故夫德合天者謂之皇，德合地者謂之帝。兼乎三才，足以合倫盡制者，謂之天子。故亶聰明爲元后而佑下民也，作之君師。子夏問孔子以民之父母，孔子曰：「四方有敗，必先知之。」一人而安四方者，君也。是故，天者立君之命也，君者立民之命也。裁成之道，輔相之宜，所自成也。典禮之衷，命討之權，必有歸也。安民非君之責乎？勢一而後定於義，職分而後詳于仁。是故，惟王建國，體國經野，設官分職，以立民極也。樹后王君公，承以大夫師長，以奉天道也。此則共濟之義，大公之制也。官人非君之助乎？然地遠則德未易徧，情異則化未易行，求萬姓之咸休難得也。聽言則易於匿情，盡實則乖於廣容，求九德之咸事，難得也。然臣嘗求之矣。四凶之惡未著也，堯不逆探其奸；元凱之善未著也，堯不責備其用。是道也，其知人之要乎？黎民敏德，在臣下之克艱；帝力不知，由官師之翕受。是道也，其安民之要乎？然而，當時病其難，後世忘其守，豈非誠僞之别，而治忽亦因之歟？

仰惟陛下即位以來，孜孜求理，敬慎夙夜，不遑寧處。求直言以廣聽納，除冗役以止蠹害，謹礬爵以簡任使，嚴章法以辨優劣，其於知人①，可謂謹矣。免雜租以重民命，發餘幣以蘇時艱，減貢獻以節浮費，明冤獄以示平反。其於撫民，可謂

① 「知」，《皇明歷科狀元全策》《歷科廷試狀元策》作「官」。

密矣。是宜海内興富足之歌，天下樂有年之頌，朝著極相讓之休①，郡邑向承德之美，而休徵畢集，嘉氣聿暢矣。夫何近年災故迭見②，旱魃爲凶，千里相繼，淫潦損苗，逾時不止；白虹示警，坤象載震③，星變上現，霾氣四昏。夫天人之應，自古不誣，氣數之説，匪經之訓。故曰，聖王在上，日月不薄食，「星辰不悖」④，雷發不震，雨雹不爲災，一氣之流行故也。今也仰窺晷度，俯玫璣衡，豈惟陛下慮之，在臣亦且疑之矣。然延詢博訪，備察遠聞，民之困也，倉箱無卒歲之儲，田里無口分之業，耕穫未已，而稱貸復行，亦有收不以時，如蘇軾之所慮者矣。播種已施，而券契亦行，亦有欲亟其死，如陸贄之所憂者矣。南則病於税産之虚，北則病於夫役之擾。至於災異之地，猶失撫字之方，栗烈不免於懸鶉，桑野誰飼夫蒙袂。是以流離載道，轉相嗷嗷，攘劫爲生，益爲糜敗，邊塵屢起，積骸在野。夫天心之仁，靡不欲其相安以生，而民之司牧，乃視其轉死而不救。知人之道，可不重省乎哉？陛下既深思而歷言其弊矣，臣也復何所言？

［伏］惟聖問有曰⑤：「官非其人，以虐民。」臣不敢謂無是也。蓋古之仕也，禄不計其厚薄，職不計其大小，惟以盡分爲賢⑥，不以年數爲限。今也上無責成之心，下有苟安之計，善政未必行，能聲未必著，［累日積資，自可叙遷］⑦，是安得不以利爲利也？陛下有以處之乎？聖問有曰：「賢與不肖，進退倒置。」臣不敢謂無是也。蓋古之仕也，進以實德，不以空言，故静言如兜，不得長奸；有能如鯀，猶謂方命。今也任其論説，無以考其素行；取其才藝，不復校其道術，是安得不以不肖爲賢也？陛下有以辨之乎。以勸懲言之，古之課績也，日有日成，月有月要，歲有歲會，故不紊也。今給由之制，足以擬之否乎？是賞罰無可稽矣。以選任言之，古之舉用也，官長舉其屬，親怨無所避，故以情也。今資格之限，亦有避嫌者

---

① 「極」「休」，《皇明歷科狀元全策》《念庵文集》分别作「崇」「風」。 ② 「見」，《皇明歷科狀元全策》《歷科廷試狀元策》作「興」。 ③ 「載」，《皇明歷科狀元全策》《歷科廷試狀元策》作「下」。 ④ 「星辰不悖」，據《念庵文集》補。 ⑤ 「伏」，據《皇明歷科狀元全策》《念庵文集》補。 ⑥ 「賢」，《皇明歷科狀元全策》《歷科廷試狀元策》作「心」。 ⑦ 「累日積資，自可叙遷」，據《念庵文集》補。

乎？是公平有所礙矣。四患不除，則庶理不得；庶理不得，則群賢不登；群賢不登，則處置失宜，而百姓無賴。是故，潢池多弄兵之警，緣邊無固守之防。以此立國，則國運不泰；以此制民，則民紀弗寧。是故天聽自我民聽，天視自我民視。信乎感應之道，察乎幾緘之萌，是安得不來宵旰之憂，而切多士之問也？

然臣以爲知致弊之由，則必有救弊之方；病化理之鬱，則必有更化之道，毋亦於知人者而加之意乎？臣亦不敢爲近世苟且之見，習熟之説，以負陛下之誠意，請揆其本而論之。夫「天聰明，聖時憲」，古之訓也。然天之聰明，不可度也。有德則降祥，有惡則降殃，大以成大，小以成小，各因其宜而未嘗有爲也，各適其用而未嘗有心也。山澤之廣大，汙疾之納藏，而未嘗靡容也。觀於天道，可知君人之度矣。舜之大智也，在隱惡而揚善；禹之大智也，在於行所無事。是故，虚心以應之，則得失自别；下己以待之，則狡僞獻誠。聖貴改過，不言絶德，必察其微。中才豈免，必摘其短，尚何自新，不與其往，不必偏物。是故水平則妍媸必見也，衡平則輕重自倫也。必以形迹觀人，則不可以盡人；必以法制繩人，則不可以服人。而況在人之心，實爲至神，上之好惡靡不審，上之情僞靡不知。示之以誠，猶恐其渝；示之以詐，弊將安極？己未信而欲人之信己，不可得也。人之弗信而欲惟意之從，亦不可得矣。可不戒哉？

雖然，此其本也。概舉其端，則教育不可不端也，選舉不可不慎也，考課不可不精也。[而三者之中，教育又其大端也]①。欲端教育，在於正道術之習，嚴考校之賢。欲正其習，則訓所謂「一以記誦爲能，卒無實用者」可戒也；欲舉其師，則祖訓所謂「必求端人正士，以爲模範者」可行也。敦本而尚質，先德而後藝，如是而教，有不成乎？欲慎選舉，在謹資格之弊，崇德行之科。謹資格也，則當鑒裴光庭混淆之失；崇德行也，則當考程頤薦達之議。而又止奔競之風，重廉耻之節，

① 「而三者之中，教育又其大端也」十二字，據《念庵文集》補。

如是而選有不當乎？欲精考課，在久賢能之任，明賞罰之權。久任則杜恕所謂「以親民長吏轉爲郡守，有績則進爵加秩」者可法也。明權則傅嘏所謂「君志定，國體崇，而後可責其成」者可取也。如是而課有不精乎？然而，數者之要，非秉聰明之德不能行。憲天之説，無亦所當留意者乎？既得知人之説，則安民者舉而措之耳。然道有升降，政由俗革，法不變則道不融，制不更則化不顯，兼以時久則窮，事煩則弊。守其故則滯而不通，反其原斯順而可達。是故，新民之耳目，不可無作倦之道；一心志之趨向，不可無檢制之法。正月之布象和法，以歲變者也；刑罰世輕世重，以世變者也。時未至而不守常，則至於扞格；時已至而不用權，則至於膠固。故觀其機會，反其理要，以此爲當官之法①，固足以盡其才能；以此爲責效之規，尤易於底績矣。雖然，此其本也，概舉其端，則東南有可耕之人而無其地，西北有可耕之地而無其法。曠土隙田之未耕，晁錯之所憂也；鑿源灌渠之有法，召信臣之所行也。因旱得雨，而皇祖猶憂其傷苗，乃免田租。今則雖有善政，視爲彌文多矣，無亦以實意行之乎？陝西告饑請粟，而皇祖陪其賚予，且令速發。今則雖有急請，稽違歲月久矣②，無亦以便宜處之乎？田無定分，富貧不均，略爲防制可也。税有巧計，虚實莫究，加以清量可也。禁侈靡之風，而民自足，黄霸之惠政也；豫儲蓄之備，而歲不饑，朱熹之良規也。然而，數者之要，非達變易之宜不能行。順時之説，無亦所當致省者乎？順時以行，則賢才無掣肘之虞；任人以公，則閭閻有切實之效。遂飽暖安逸之欲，而無饑寒，盜賊何從生乎？蓋不但如龔遂之治渤海也，得撫綏攻戰之備，而無敗衄，夷狄何由至乎？蓋不但如趙充國之在湟中也。生之有道，用之有節，積之有備，取之有制，財用足而衣食富，又不必劉晏之取予而後爲善計也，又何患於天心之不格，災患之潛消哉？

然聖問於終篇，尤有「真識的見」，「明於王道」之説，以誘愚臣之言，而且戒諂畏之弊。臣有以知陛下求治理之切，廣

① 「當官」，《皇明歷科狀元全策》《歷科廷試狀元策》作「官人」。

② 「違」，《皇明歷科狀元全策》《歷科廷試狀元策》作「遲」，《念庵文集》作「延」。

謀猷之陳，上嘉下樂之至情矣。臣復何所顧忌，而不盡哉？

蓋聞祖訓有曰：「一民未安，猶爲未仁；一念未誠，猶難格天。」又曰：「人情遇祥則有驕心，遇災則有懼心，而懼心生者，治之基也。」嗚呼！其殆天人之交，始終之義，安危倚伏之機乎。今陛下遇災而懼，因變而警，歸過于己，加念于民，是心豈有二哉？此兢業萬幾者也，寅恭和衷者也，知人安民之大原也，萬古虚靈不昧之機也，今之災變即潛消也，心之敬戒，無時可止息也。

孔子曰：「爲政在人。」即知人之可以安民者也，取人以身，即知人之本於憲天也。修身以道，修道以仁。仁也者，即今日敬戒之心也。是心也，是理也，天得之以清，地得之以寧，人主得之，能使天下和平。是故，無有内外，無有遠近，加以意必，即非此心；加以固我，即非此心，所謂渾然與物同體者也。其得其失，不假外求；匪思匪爲，乃所自得。静而養之，而未始有物，實淵深也；動而慎之，而未始不定，實溥博也。故一念之覺即爲誠，一念之放即爲僞。達於此爲大智，決於此爲大勇，而飾外之説，不足惑之矣。順之而運用也，乃爲周流之妙；失之而襲取也，乃爲執一之行，而似是之説，不足動之矣。以此窮理，則中有主而不雜於二三；以此親賢，則任必專而不疑於可否；以此爲裁制宰物之柄，則擬議而不窮；以此爲事天治民之本，則恐懼而不弛。此千聖之學也，百世之經也，亦愚臣終身學之而未能者也。程子言告君者曰：「夫鍾，怒擊之則武，悲擊之則哀，係所感而入也。」張子之言曰：「試言乃事君第一義，不可有欺。」

臣之微誠，何足爲獻，然亦不妄舉以陷於自欺。芻蕘之慮，有補萬一，亦大聖之所不棄也。惟陛下致審擇而力行之，不勝幸甚。臣謹對。

（底本：《嘉靖八年進士登科録》。參校本：《念庵文集》卷一，《影印文淵閣四庫全書》本；《皇明歷科狀元全策》卷九；《歷科廷試狀元策》一卷下）

五二　嘉靖十一年壬辰科　林大欽

嘉靖十一年（一五三二）壬辰科，廷對之士三百一十六人。狀元林大欽，榜眼孔天胤，探花高節。

林大欽（一五一一—一五四五），字敬夫，號東莆。廣東潮州府海陽縣（今潮安縣）人。狀元及第，年二十二。授翰林院修撰。在朝三年，以病辭歸，還鄉奉母。嘉靖二十四年，母喪哀毁逾禮，未幾亦卒，年三十五。有《林殿撰東莆集》傳世。

林大欽廷試策見《嘉靖十一年進士登科録》《皇明歷科狀元全策》《歷科狀元廷試策》《文章辨體彙選》及《林殿撰東莆集》。天一閣藏《嘉靖十一年進士登科録》有缺頁，今以《皇明歷科狀元全策》配補，並參其他各本釐定。

嘉靖十一年三月庚戌朔。甲子，上御奉天殿，策試天下貢士，制曰：朕惟人君奉天命以統億兆[而]爲之主①，必先之以咸有樂生，俾遂其安[欲]，然（欲）後庶幾盡父母斯民之任②，爲無愧焉。夫民之所安者、所欲者，必首之衣與食；使無衣無食，未免有凍餒死亡，流離困苦之害。夫匪耕則何以取食，弗蠶則[何]以資衣③，斯二者，亦王者之所念而憂者也。今也，[耕者]無幾而食者衆④，蠶者甚稀而衣者多。又加以水旱蟲蝗之爲災，遊隋雜冗之爲害⑤，邊有煙塵，内有盜賊，無怪乎民受其殃，而日甚一日也。固本朕不類寡昧所致，上不能參調化機，下不能作興治理，實憂而且愧焉。然時有今昔，權有通變，不知何道可以致雨暘時若，災害不生，百姓足食足衣，力乎農而務乎職，順乎道而歸乎化。子諸士明于理，識夫

①　「而」，據諸參校本補。　②　「欲，然」，據諸參校本乙正。　③　「何」，據諸參校本補。　④　「耕者」，據諸參校本補。
⑤　「雜冗」，諸參校本作「冗雜」。

時，藴抱于内，而有資我者，亦既久矣。當直陳所見所知，備述于篇，朕親覽焉，勿憚勿隱。

（底本：《明世宗實録》卷一三六。參校本：《嘉靖十一年進士登科録》，影印明嘉靖刻本，天一閣選刊；《皇明進士登科考》卷一一；《皇明貢舉考》卷六；《皇明歷科狀元全策》卷九；《歷科廷試狀元策》一卷下；《文章辨體彙選》，《影印文淵閣四庫全書》本）

臣對：臣智識愚昧，學術疎淺，不足以奉大問。竊惟陛下當亨太之交，撫盈成之運，天下皆已大治，四海皆已無虞。而乃拳拳於百姓之未得所爲憂，是豈非文王視民如傷之心耶，甚大美也。然臣之所懼者，陛下負聰明神智之資，秉剛睿明聖之德，舉天下之事，無足以難其爲者，而微臣所計議，復不能有所補益於萬一，陛下豈能以其言爲未可盡棄而有所取之耶？陛下臨朝策士，凡有幾矣，異時莫不光揚其名聲，寵綏其禄秩，然未聞天下之人有曰「天子某日降某策問某事，因某策濟某功」者，是豈策士之言皆無可適於用者耶？抑亦其言或可適於用，而未暇採之耶？是臣之所懼也。臣方欲爲根極政要之説，明切時務之論，而不敢飾爲迂闊空虚無用之文，以罔陛下。陛下若以其言爲可信而不悉去之，試以臣之策付之有司，責其可行，則臣終始之願畢焉。如或言不適用，則臣有瞽愚欺天之罪，俯伏以待罪譴，誠所甘心而不辭也。

臣伏讀聖策，有以見陛下拳拳以民生凍餒流離爲憂，以足民衣食爲急，此誠至誠惻怛以惠元元之念，天下之所願少須臾無死，以待德化之成者。然臣謂陛下誠懷愛民之心，而未得足衣食之道；誠見百姓凍餒流離之形，而未知百姓凍餒流離之實也。夫陛下苟誠見夫百姓凍餒流離之實，則必思所以富足衣食之道，未有人主忍見夫民之凍餒流離，而不思所以救援之者；未有人主救援夫民之凍餒流離，而天下卒坐於凍餒流離而不可救者也。今夫匹夫之心，可形於一家；千乘之心，可形於一國。何者？以一家一國固吾屬也。曾謂萬乘屬天下者，有救援天下真實懇切之誠，而顧不效於天下者哉？是臣所未信也。臣觀陛下臨朝，凡十有餘年於此矣。異時勸農蠲租之詔一下，天下莫不延頸以望更生。然而惠民之言「不絶夫口，而利民之實惠至今猶未見者，臣是以妄論陛下未見斯民凍餒流離之實，未得足民衣食之道也。臣聞之，仁以政行，政以誠舉，王者富民，非能家衣而户食也，心政具焉而已矣。夫有其心而無其政，則天下將以我爲徒善；有其政而無其心，則天下將以我爲徒法。徒法者化滯，徒善者恩塞，心法兼備，此先王所以富足人之大略也。

臣觀史策，見三代以後之能富其民者，於漢得一人焉曰文帝。當秦亂干戈之後，當時之民，蓋日不暇給矣。文帝視當時之坐於困寒者，蓋甚於塗炭也。育之以春風，沐之以甘雨，煦煦然與天下爲相休息之政，而塗炭者衽席矣。故後世稱富民者，以文帝配成康，亦誠有以致之也。然而文帝固非純王者，竊王者之似焉，猶足以尊稱於後世，而况夫誠於王者，而顧有坐視天下於凍餒流離者哉！

臣竊謂今日陛下憂民之心，不爲不切；愛民之政，不爲不行。然臣所以敢謂陛下於斯民之凍餒流離而未見其實，於足民之衣食而未得其道者，竊恐陛下有愛人之仁心，而未能如王者之誠恒懇至；有愛人之仁政，而未能如王者之詳悉光明，臣是以敢妄論陛下而云云也。然臣所望仁政於陛下者，非欲盡變天下之俗也，非欲復井天下之田也，亦曰宜時順情而爲之制，而不失先王之意爾。臣請因聖策所及而條對之。

陛下策臣曰：「夫民匪耕則何以取食，弗蠶則何以資衣，斯二者亦王者之所念而憂者也。今耕者無而食者衆①，蠶者稀而衣者多。又加之以水旱蟲蝗之爲灾，游惰冗雜之爲病，邊有煙塵，內有盗賊，何怪乎民受其殃日復甚一日也。」此見陛下痛念生民之病，深揆困乏之本，而極思所以拯救之也。臣謂民之所以耕蠶稀而日甚其殃者，游惰起之也，冗雜病之也。

① 「無」，《文章辨體彙選》作「少」，策問中作「無幾」。

若夫水旱蟲蝗之災，則雖數之所不能無，然君人之憂不在焉。何者？恃吾耕蠶之具，素修而無所耗，則雖有水旱蟲蝗而無所害。臣聞有道之國，天不能災，地不能」阨①，夷狄盜賊不能困，以恒職修而本業固，倉廩實而備禦先也。

臣聞立國有三計：有萬世不易之計，有終歲應辦之計，有因時苟且之計。萬世不易之計者，《大學》所謂「生之者衆，食之者寡，爲之者疾，用之者舒」者也。故《王制》「三年耕，則有一年之積」，例之則九年當有三年之豫，其終歲所入，蓋足以自給。而三年之蓄，恒可以豫待不虞。如此者，所謂天不能災，地不能阨，夷狄盜賊不能困，臣前所謂王者之政，陛下今日所方切求而欲勵之行者。所謂終歲應辦之計者，蓋生財之道未甚周，節財之道未甚盡，一歲之入，僅足以充一歲之用，其平居無事，尤未見其甚敝，偶有凶荒盜賊之變，則未免厚斂重取，以至於困敗，而不能自振。若此者，蓋素備不修，因時權設，漢唐宋以下治天下之大率，而非吾陛下之所以奉天理物，而深厚國脉者。其所謂因時苟且之計者，蓋平時之用以斂散於民者，頗無其度，而取民惟畏其不多，用財惟畏其不廣。方其無事，百姓已不能自給；迨其有變，則不可復爲之計矣。此則制國無紀，潰亂不時，蓋昏亂衰世之政焉。蓋臣前所謂起於游惰，病於冗雜之弊，亦略有同於是。

陛下今所方欲改轍而易海内之觀者，臣謂今日游惰之弊有二，冗雜之弊有三，此天下之所以長坐於困乏，而志士至今憤惋而嘆息者也。其所謂游惰之弊二者，一曰游民，二曰異端。游民衆則力本者少，異端盛則務農者稀。夫民所以樂於游惰者何也？蓋起於不均不平之横征，病於豪强之兼併。小民無所利於農也，以爲逐藝而食，猶可以爲苟且求生之計。且夫均天下之田，然後可以責天下之耕，今夫里閈之小民，剥於污吏豪强者深矣，散食於四方者衆矣。大率計今天下之民，其有田者一二，而無田者常八九也。以八九不耕之民，坐食一二之粟，其勢不得不困。然而散一二有田者之業，以爲

① 「不絶夫口」至「地不能」，《嘉靖十一年進士登科録》缺頁，據《皇明歷科狀元全策》補。

八九自耕之養，其勢未嘗不足。議者病游民之衆也，或有逐商之說，然臣以爲游民之固本於不得已也，而又無所變置而徒爲之逐，臣懼夫商之不安於商也。

臣竊謂今日之弊源已深，更化者當端其緒而緩理之。理而無緒，勢將驅力農之民而商，而又將驅力商之民而爲盜也。天下爲盜，國不可久。其便莫若頒限田之法，嚴兼併之禁，而又擇循良仁愛惻怛之吏以撫勞之，法以定其世業，禁以防其姦貪，吏以時其安緝，游民其將歸乎？若夫異端者，蓋本無超俗利世之智，而徒竊其減額逃刑之利，不工不商，不農不士，以自便其身，且其倡無父無君之教於天下，將使流風之未可已焉。此其爲害甚明，故臣不待深辯，然臣竊悼俗之方弊也。禿首黃冠，充斥道路；珠宮瓊宇，照耀雲漢。此風未艾，效慕者衆，非所以令衆庶見也，非所以端風正紀之要體也。故臣願陛下嚴異端之禁，斥道佛之說，敕令此輩，悉歸之農，其有不如令者，許有司罪治不赦。蓋非惟崇力本之風，抑且彰教化之道①，此臣拳拳所望於陛下之至意也。

其所謂冗雜之弊三者：一曰冗員，二曰冗兵，三曰冗費。冗員之弊必澄，冗兵之弊必汰，冗費之弊必省，三冗去而財裕矣。夫聖人所以制禄以養天下之吏與兵者，何也？吏有治人之明，則食之也；兵有敵人之勇，則食之也。是其食之者，以其明且勇也。其或有不明不勇者，則非耕不得食，非蠶不得衣，何者？無事而禄，亦先王之所儉也。今夫天下之吏與兵何如也，臣非欲盡天下之吏與兵而不禄之也。臣徒見任州縣者，固有軟罷不勝而坐禄者焉；隸兵籍者，固有老弱不勝而濫食者焉。且入貲之途太多，任子之官太衆，簡稽之責不嚴，練選之道有虧。臣是以欲於此輩一澄且汰焉，其所以去冗濫而寬民賜者不少也。若夫冗費之弊不能悉舉，即其大而著者論之。後宫之燕賜不可不節也，異端之奉不可太過也，土木之

① 「彰」，《文章辨體彙選》作「施」。

役不可不裁也。陛下端身以率物，節己而居儉，其於三者固未可議焉。

然竊見天下之大，民物之衆，九州四海之貢，尺帛粒米之賦，山林川澤之税，日夜合雜，以輸太倉，可謂盛矣。而國計未甚充，國用未甚足，以爲必有所以耗之者矣。且夫上之賦其下者以一，而下之所以供夫上者常以十。蓋道路之耗，漕輓之費，京師之一金，田野之百金也；内府之百金，民家之萬金也。以百萬民家之資，費之於一燕饗、一賜予、一供玩者何限，故曰冗費在今日，亦有未盡節者。蓋臣聞之，以天下所有之財賦，爲天下人民之供養，未有不足者，特其有以冗而費之者，則其勢將横征極取，天下不至於饑寒凍餒大敗極敝而不已。臣讀《史記》，見周文王方其受命之時，地方不過百里，而四方君長交至於其國，其所以燕饗勞來之典，不容終無。然而當時百姓各足，饑寒不病，故民誦之。《詩》曰「勉勉我王，綱紀四方」，蓋慶之也。傳至於其子孫，以八百國之財賦，自養一人，宜其甚裕而無憂，而民反流離困苦，至於《黄鳥》仳離之咏作焉。臣於此見君人節己以利人，則易爲功；廣費以厚斂，則難爲力。臣是以拳拳以省冗費爲陛下告也。

陛下策臣曰：「固本朕不類寡昧所致，上不能參調化機，下不能作興治理，實憂而且愧焉。」此陛下憂勤之言，禹湯罪己之辭也。然臣謂陛下非徒爲是言也，須欲勵是行也。夫君人之言，與士庶不同，一或不徵，天下玩之，後雖有美意善政，人且駭疑不信。陛下往年嘗有恤農之詔矣，然而天下皆以爲陛下之虚言，何者？誠見其言若是焉，而未見其惠也。今陛下復策臣若是焉，臣以爲亦致憂勤之實而已。欲致憂勤之實，須速行臣之言。然臣前所陳者，皆因聖策所及條對，要之所以振弊利世之道，猶有未盡於此，臣請終之。

夫山澤之利未盡墾，則天下固有無田之憂。今夫京師以東，蔡鄧齊魯之間，古稱富庶强國，三代財賦多出於此。漢唐以來，名臣賢守，其所以興田利而裨國用者，溝洫封澮之迹往往猶存，而今悉爲空虚茅葦之地，此古人所謂地利猶有遺者。而陛下所使守此土者，一切苟且應職，而無能爲任此憂者。此北人所以長坐仰給於東南，小有凶荒不繼，輒輾轉溝洫而不能自給以生者，地利未盡也。臣意陛下莫若嚴其守令，重選有力量才幹、忠誠爲國之士，使守其地，而專一以興田利爲事，朝廷寬其禁限，聽其便宜，而惟以此爲田利課，則海内當有趙過者出焉。不數十年之後，則江北之田，應與江南類，可省江淮數百萬之財賦，而紓北人饑寒凍餒之急。一舉而利二焉，大惠也；陛下能斷而行之，大勇也。或曰非不欲行也，如東南異宜何？臣請有以(拆)[析]之①。夫今日所謂空虛荒瘠無用之地者，非向時所謂富實而所托賴以興起之本區乎？昔以富實，今以荒虛，臣誠未喻其説，亦曰存夫人爾，魏人許下之屯可見矣。方棗祇爲屯許之畫也，當時亦誠見其落落難合，洎其成也，操終賴之，省粟數萬。今天下之大，又安知其無能爲棗祗者乎？臣是以願陛下以此爲田利課，則山澤墾矣。

臣又聞之，山澤不征，市梁無禁，王者所以通天下大公大同之制也。自漢桑弘羊以剥刻之術媚上，而征榷之法始詳，歷代因之而不革，大公之制未聞也。然臣終以此爲後世衰亂苟且之政。今朝廷之取民，茶有征，酒有榷，山澤有租，魚鹽有課，自一草木以上之利，莫不悉籠而歸之公，其取下悉矣。夫上取下悉，則其勢窮。夫獸窮則逐，人窮則詐，今陛下之民將詐矣。司國議者，非不知其勢之不可以久也，然而明知其弊而冒之者，誠曰國家利權之所在也。臣以爲利不勝義，義苟未安，利之何益，況又有不利者在乎。

臣聞之，王者所以總制六合而鎮服民心，張大國體者，固在道德之厚薄，不問財賦之有無。臣觀征利之説，不出於豐大之國，恒出於衰亂之世。纖纖然與民爭利者，匹夫之事也。萬乘而下行匹夫之事，則其國辱，非豐大之時所尚也。陛下何不曠然爲人所難，思大公之法，去衰亂之政，令天下人士爭言曰：「惜哉，漢唐宋不能舍匹夫之利以利人，至我明天子，然後能以天子之大體鎮服民心焉。」陛下何久於此焉不爲也？臣願陛下息山林關市之征焉，使大聖人所作爲，過於人萬萬

①「析」，據諸參校本改。

也。若夫悉推富民之術，則平糴之法，不可不立也；常平之倉，不可不設也；奢侈之禁，不可不嚴也。凡若此者，史策之載可考，陛下果能舉而行之，成典具在，故臣不必深論之也。

由臣前所陳而言之，均田也，擇吏也，去冗也，省費也；由臣後所陳而言之，闢土也，薄征也，通利也，禁奢也。田均而業厚，吏良而俗阜，冗去而蠹除，費省而用裕，土闢而(利)[地]廣①，征薄而息寬，利通而財流，奢禁而富益，八政立而王制備矣。陛下果能行臣之言，又何憂於百姓之凍餒饑寒流離，又何至於有盜賊之警，又何患夫不順夫道而歸乎化哉？通變宜時之道，其或悉備於此。然臣以爲此數者，皆不足爲陛下之難。所患人主一心，不能清虛寡欲以爲寬民養物之要，則雖有善政美令，未暇及行。蓋崇高富貴之地，固易爲驕奢淫逸之所，是故明主重内治也。故古之賢王，遐觀遠慮，居尊而慮其危，處富而懼其溢，履滿而防其傾，誠以定志慮而節逸欲，固寅畏而禁微邪也。故堯曰兢，舜曰業，禹曰孜，湯曰檢，臣以爲數聖人固得治心之要矣。

臣嘗讀《漢書》，見漢武帝之爲君，方其臨軒策士，奮志六經也，雖三代之英主不能過焉。洎其中年，多欲一念不能自勝，公孫弘、桑弘羊、張騫、卜式、文成、五利之輩，各乘其隙而售之，卒使更變紛然，天下坐是大耗。臣是以知人主一心，不可使有所嗜好形見於外，少有沉溺，爲禍必大。故願陛下静虚恬慮，以爲清心節欲之本，毋以深居無事而好逸遊②，毋以海宇平清而事遠夷，毋以物力豐實而興土木，毋以聰明英斷而尚刑名，毋以財賦富盛而事奢侈，毋羨邪説而惑神仙，澄心正極，省慮虚涵。心澄則日明，慮省則日精，精明之運，旁燭無疆，舉天下功業惟吾所建者，豈止於富民生、足衣食而已哉？

臣始以治弊治法爲陛下告，終以清心寡欲爲陛下勉，蓋非有驚世絶俗之論，以警動陛下。然直意以爲陛下之所以策

① 「地」，據《文章辨體彙選》《歷科廷試狀元策》改。 ② 「遊」，《文章辨體彙選》作「豫」。

臣者，蓋欲聞凱切時病之説，故略敢盡其私憂過計之辭，衷情所激，誠不知其言之猶有所憚，亦不知其言之猶有所隱，惟陛下寬其狂易，諒其朴直，而一賜覽之，天下幸甚！

臣謹對。

（底本：《嘉靖十一年進士登科録》，影印明嘉靖刻本，天一閣選刊。參校本：《皇明歷科狀元全策》卷九；《文章辨體彙選》卷一九一；《歷科廷試狀元策》一卷下。）

五三　嘉靖十四年乙未科　韓應龍

嘉靖十四年(一五三五)乙未科，廷對之士三百二十五人。狀元韓應龍，榜眼孫陞，探花吴山。

韓應龍(一四九八—一五三六)，字汝化，號五雲。浙江紹興府餘姚縣(今餘姚市)人。嘉靖十三年(一五三四)中舉人，次年連捷，年三十八。授翰林院修撰，未期年，猝逝。

韓應龍廷試策見《嘉靖十四年進士登科録》《皇明歷科狀元全策》及《歷科狀元廷試策》。

嘉靖十四年四月辛卯朔。壬辰，策試天下貢士於奉天殿，上親策之，制曰：朕思首自三代以來，[迄]於宋終①，中間雖歷世有久近，而其君之歷年，亦有長短，要之皆自其爲君者何如耳。但《傳》云：「惟周之歷世最多，國祚恒久。」然周之所以享祚久，本於文武之[所]積累②，亦後之繼承者能保持之耳。上至夏商，垂及唐宋，亦若是焉。皆基之於先王德澤洽於民心，亦繼之以嗣王能盡持盈[慎]滿之道者也③。

洪惟朕皇祖高皇帝，代天復世，重肇中華，建振古無比之功德，朕太宗繼述於草創之初，列聖遵承於大定之後，百有六十餘載，傳之於今。朕以宗支，方在冲昧之年，入承祖位，幼弱不才，多招災害於民。兹來思祖宗創造萬艱，愓然悚(悚)[懼]④，朕欲長保洪業於無窮，有隆弗替，永宗社萬禩之固，保家國千世之傳，民得以遂生，物得以適所。如上之良法要道，

① 「迄」，據諸參校本補。　② 「所」，據諸參校本補。　③ 「慎」，據諸參校本補。　④ 「懼」，據諸參校本改。

朕心慕之思之，不知何以得此，故進爾多士於堂。爾等藴持既久，王政素閑於懷，可罄所知以告朕，朕將親擇而勉之。欽哉！

（底本：《明世宗實録》卷一七四。參校本：《嘉靖十四年進士登科録》，影印嘉靖刻本，天一閣選刊；《皇明進士登科考》卷一一；《皇明貢舉考》卷七；《皇明歷科狀元全策》卷九；《歷科廷試狀元策》一卷下）

臣對：臣聞人君所以致天下之治者，法天而已矣；所以保天下之治者，法祖而已矣。善法天者，善致治者也；善法祖者，善保治者也。不法乎天，則致治者無其具；不法乎祖，則保治者無其具。如是而欲望天下之治，善其始以成開創之功，善其終以隆繼承之譽，祇見其難矣。且古今言致天下之治，與其所以保天下之治者，莫善於三代。三代之治，夫豈無因而致哉？蓋其始也，思垂統之難，而法天以立其極；終也思創業之難，而法祖以守其成。法天以立其極，是故其始之也，致天下之治，而不見其化之塞；法祖以守其成，是故其終之也，保天下之治，而不見其法之弊。自是而下，駁乎無以議爲矣。

欽惟皇帝陛下，策士於廷，而以三代以後歷世久近之故爲問，且及於創業守成之道，誠圖治之盛心也。臣也竊伏草茅，思見德化之成久矣，敢無言以對？

臣伏讀聖制有曰：「朕思首自三代以來，迄于宋終，中間雖歷世有久近，而其君之歷年，亦有長短。要之皆自其爲君者何如。」大哉皇言！其誠有見於治天下保天下之極者矣。臣則以爲三代之所以久長，與其治之所以隆盛者，善法天而已矣，善法祖而已矣；後世之所以祚短，與其治之所以不振者，不善法天而已矣，不善法祖而已矣。法天法祖，雖皇言之所未及，而實聖心之所獨見者也。臣請舉其大略而言之。夏之有天下也，而貽子孫者以典則；商之有天下也，而肇修者以人紀；周之有天下也，而丕顯之謨，丕承之烈，咸正無缺。夫其典則也，人紀也，謨烈也，何者而非致治之法？則亦何者而非法天之道？　其後世之君，如啓之敬承繼禹之道也，如太甲之處仁遷義，高宗之恭默思道也，如成王之所其無逸，宣王之側身修行也。夫其繼禹之道也，其處仁遷義、恭默思道也，其所其無逸、側身修行也，何者而非保治之法？　則亦何者而非法祖之行？　夫其創業之主，與其繼世之君，所以致治之盛，保治之隆，其道有如此者。　歷世之所以永久，此其基也。

自是而降，言國祚之久長者，莫盛於漢。　然不事《詩》《書》，而安馬上之習；挾詐御臣，而啓雜伯之治，其如天之道何？　創業如是，則其守成之所以不善其終，如元成、如桓靈者，無惑也。　亦莫盛於唐。　然脅父臣虜而大義之不明，推刃同氣而天親之有乖，其如天之道何？　創業如是，則其守成之所以不善其終，如天寶、如建中者，無惑也。　亦莫盛於宋。　然受禪非正，而繼立之不明；崇事姑息，而武功之不競，其如天之道何？　創業如是，則其守成之所以不善其終，如紹聖、如靖康者，無惑也。　夫開創於前者，不知所以法其天，則守成於後者，亦將何以法其祖？　是以歷世雖久，而治不古若也。　聖問及此，得非有概於漢唐宋之治之弊，而欲復三代之舊矣乎？

然三代之治純矣，而聖意尤重有感於成周之盛。　顧以《傳》之所稱歷世最多，傳祚恒久，而推本於文武之所積累者爲言，上以例夏商之治所以久，而下以例漢唐宋之治之所以弊。　臣又於是而仰探聖心之所藴，尤有慕於成周之治矣。　夫周之有天下也，自后稷以來，其君子則焦勞於外，以躬稼穡之業；其后妃則焦勞於內，以躬織紝之勤。「爲絺爲綌，服之無斁」，《葛覃》之所以詠也；「三之日于耜，四之日舉趾」，《豳風》之所以歌也。　周之有天下，其恤民之心，勤民之事類如此，則德澤之洽於民者誠深，而嗣王持盈慎滿之道，亦不容外厥祖以爲法者也。　夫其始之創業也，以天爲心而以民爲心；故其終之守成也，以祖爲心而以天爲心。　聖問若此，其亦心是心矣乎？　臣以爲，徒善不足以爲政，徒法不能以自行。　陛下心其心矣，而欲有以法其法，不必遠有所慕，法乎祖而已矣。

蓋我太祖高皇帝之興也，代天復世，重造中華，舉天下被髮腥羶之民，而歸之衣冠禮樂之域，是誠振古所無之功德也。

太宗繼述于草創之初，列聖遵承于太定之後，重熙累洽，百有六十餘載，振古所無之治化也。今我皇上，以精明純粹之資，剛健中正之德，因天下之心，以理天下之政，治化之盛，比隆唐虞三代而上之矣，而猶不以至治之盛自滿。

臣伏讀聖制曰：「朕以宗支，方在沖昧之年，入承祖位，幼弱不才，多招災害于民。」夫災害之相乘，堯湯所不免，臣不敢謂無是也。然以災害之招，而謂不才所致自咎者，謙謙之志耳。董仲舒曰：「天心仁愛人君，則出災異以警動之。」惟陛下益修厥德，以格天，以安民，可也。若曰「災害之招，適然之數」，則公孫弘之諛，非臣之所以事陛下也。

聖制又曰：「茲來思祖宗創造萬艱，惕然悚懼，欲長保洪業於無窮。且欲使民咸有以遂其生，物咸有以適其所，而求良法美意，可以行之當時，垂之後世者。」顧臣何人，而當大問？然臣竊聞之：「臣賢於君，則輔君以所不能；臣不賢於君，則將順以承休德。」臣也遭遇聖明，亦順承已耳，復何言哉？而臣猶惓惓以法祖爲獻者，蓋我皇祖之所以致天下之治者，法天而已矣。何者？心者，天之所以與我者也。我皇祖觀心有亭，以事心也。民者，天之所以視聽者也。我皇祖恤民有章，以勤民也。諸如此類，無非緣法以致治，則亦無非因天以立法，是皆創業以傳諸後者也。今我皇上，敬一有箴，四箴有註，即皇祖之所以事心也；親耕有郊，親蠶有室，即皇祖之所以勤民也。推而至於一念慮之微，一政事之著，無往而非法皇祖之所行者，爲道法祖之善，卓哉無容議矣。區區草茅之見，其將何以仰裨聖德于萬一乎？

臣竊聞之，民之所以遂其生者，在厚其生而已也；物之所以適其所者，在順其性而已也。寒而不虞其衣，饑而不虞其食，厚生之道也。今之民，果皆厚其生矣乎？順其所欲，違其所惡，因其材質之宜以置其用①，制其取用之節以遂其生，順性之道也。今之物，果皆順其性矣乎？昔虞舜命棄以播時百穀，正慮夫民之不遂其生也；命益以若上下草木鳥獸，正慮

① 「置」，諸參校本作「致」。

夫物之不適其所也。今之在位者多矣，果皆如棄如益之臣矣乎？若猶未也。惟在皇上節費以裕天下之財，慎動以端天下之極，明法以立天下之紀，懋德以召天下之和，虚心以用天下之賢，闢聰以納天下之言，明目以祛天下之蔽，則萬民自遂其生，萬物自適其所，而天下之化成，億萬載無疆之業，端在是矣。然其要則又在於無斁。蓋天之行也，健而不息，故能成其大；日月之行也，運而有常，故能溥其照。惟皇上奮天道健行之勇，普日月久照之明，勇以致其決，明以察其幾，不以始勤，不以終怠，不以暫勉，不以久忘。則皇猷允塞，而法祖法天之心，創業守成之道，兼舉而無遺矣。此非臣之過爲是言以欺陛下也。居安者易危，處平者易傾，人之情也，故臣敢爲是言也。

臣冒瀆天聽，不勝戰慄隕越之至。臣謹對。

（底本：《嘉靖十四年進士登科録》。參校本：《皇明歷科狀元全策》卷九；《歷科廷試狀元策》一卷下）

五四　嘉靖十七年戊戌科　茅瓚

嘉靖十七年（一五三八）戊戌科，取進士三百二十人。狀元茅瓚，榜眼羅珵，探花袁煒。

茅瓚（一五〇九—一五六五），字邦獻，號見滄。浙江杭州府錢塘縣（今杭州市）人。授翰林院修撰，累遷太子賓客、吏部左侍郎，兼翰林院學士。著有《見滄文集》《密勿論》。

茅瓚廷試策見《嘉靖十七年進士登科録》《皇明歷科狀元全策》及《歷科廷試狀元策》。

嘉靖十七年三月甲戌朔。戊子，上親策會試中式舉人袁煒等，制曰：朕聞立天之道，曰陰與陽；立地之道，曰柔與剛；立人之道，曰仁與義。三才之道一而已，何又有去義爲論乎？於是未免賢者自相私反，必如聖經而後可。且今人尤（天）［大］非賢者及①，人君纔一用義，即謂嚴刻，乃作言曰「上任刑以爲（法）［治］②，非三代之治也」，却一不知反於己③。三代之人皆人也，不待義臨，而自（恃）［持］惟恐放侈④。今之人，果三代之同歟？將欲利之是貪，慾之是縱，國而罔思，民而罔恤，以至於上下禮度悉不之慎。爲之君人者，可不一教一治之，是非當否？抑果當乎？朕祇承天位，惟民是保，何官人者，比比皆負國虐民之圖，奚爲用哉？爾多士，師孔子之學，必心孔子之心，將此心之平正，陳爲篇（例）［列］⑤，以除弊革私之道，衍爲仁育義斷之方，以告我，勿諱勿欺，朕覽之。是日，上不御殿，命禮部官給散制題。

---

① 「大」，據諸參校本改。　② 「治」，據諸參校本改。　③ 「知」，諸參校本作「之」。　④ 「持」，據諸參校本改。　⑤ 「列」，據諸參校本改。

（底本：《明世宗實録》卷二一〇。參校本：《嘉靖十七年進士登科録》，明嘉靖刻本，國家圖書館藏；《皇明進士登科考》卷一一；《皇明貢舉考》卷七；《皇明歷科狀元全策》卷一〇；《歷科廷試狀元策》一卷下）

臣對：臣聞帝王之御臨天下也，内必有敬天之心，而外必有憲天之政。夫天者，理之原也。人君代天理物，故其所行必求端於天。天之道雖廣博而難終窮，神妙而不可測，而其端不過有二，曰陰與陽而已矣。陽居大夏，以長育爲事，有剛道焉。王者繼天而爲之子，則用仁，而凡爲慈愛，爲謙屈，無非仁之統體矣。陰居秋冬，以肅殺爲事，有柔道焉。王者繼天而爲之子，則用義，而凡爲果斷，爲裁制，無非義之散殊矣。故天道運而無所積，帝德運而無所私。以此存之於中，是謂敬天純王之心也；以此發之於事，是謂憲大純王之政也。合心與政皆純乎天，夫是之謂格天之治。而堯舜禹湯文武，由此其選也，奚獨三代之治爲然乎？

欽惟皇帝陛下，稟剛健中正之資，備文武聖神之德，自即位以來，信賞必罰，威行如雷霆；發姦擿伏，明照如日月；對時茂育，容保如天地。蓋粹乎斯道之中，而建維皇之極者也。臣也竊伏草茅，遥被治化久矣。乃者叨有司之薦，得以興於大廷之對，而清問及焉。永惟聖經之言，而有取於仁義並行之道。既而有慨於庶官之龐，而欲以兼夫治教之法，且冀臣等以除弊革私之道，爲仁育義斷之方，而戒之以勿諱勿欺也。顧臣之愚陋，何足以仰裨休德之萬一乎？雖然，有所言而不實，是之謂欺，則上負陛下矣；有所言而不盡，是之謂諱，則下負所學矣。上負天子，下負所學，疇昔之所自許者謂何，朝廷之作養者謂何，而可如此也？臣敢披瀝衷悃，就陛下之所問及者而條陳之，陛下試垂聽焉。

臣惟天下之道，有經有權。經也者，一定而不可易者也；權也者，或相兼以適其宜，或相濟以補其所不及者也。人君撫輿圖之廣，臨兆民之衆，天下之所恃以立命者也。苟一於義，則威之太震，民畏之而不敢親；一於仁，則惠之太褻，民狎之而不知敬。是仁之與義，猶天之有陰陽而不容以或偏也。臣故曰：道之一定而不可易者也。然德教以象天之生育仁矣，而義者未嘗不防之於中；刑戮以象天之震撼義矣，而仁者未始不貫乎其内。是仁義之交相爲用，猶陰陽之互爲其根。臣故曰：道之相兼以適其宜也。然天下之勢有强弱，而人君之政有德與刑。乘弱之後者利用威，而乘强之後者利用惠，此其斟酌操縱之間①，猶之天道之雨以潤而日以晅，雷以動而風以散，既成萬物，而人莫窺其神。臣故曰：道之相濟以補其所不及者也。是故仁義之爲道也，一定而不可易者，以立天下之經。或相兼以適其宜，相濟以補其所不及者，以達天下之變。稽之於聖經，驗之於往古，何莫不然。彼其去義以爲論，專任德而不用刑者，何其失之偏乎？

臣伏讀聖制之篇，而有以辨人言之爲妄矣。人之言曰：「人君纔一用義，即謂之嚴刻任刑，非三代之治。」臣愚以爲，用義之與嚴刻任刑不同也。既曰用義，則不可謂之嚴刻任刑；曰嚴刻任刑，則不得謂之用義。人君之於天下，何容心哉？視其理之所宜而已矣。苟於義所當用，則雖殺人而不可謂之嚴，雖致人於死而不得謂之刻，蓋以義之爲道當如是也。至謂用義非三代之治，此尤非所謂知理者。臣不暇遠引泛取，即以三代之事明之。禹之承舜也，先罰後賞以示威；湯之革夏也，申代誓衆以張武，而文武之繼殷也，驅除元惡，殲滅暴國以救民。故夏有禹刑，商有湯刑，周有甫刑。三代之得天下，雖曰以仁，而未嘗專倚於仁，有義以濟其仁之所不及也。後世事不師古，遂以爲三代之治，純用德而不用刑，何失之遠歟？是故不朝者賜之几杖，受賂者愧之金錢。言寬仁者，莫如漢之文帝矣，然姑息成風，乾綱罔斷，故不再傳而有指大如股、脛大如腰之患。刑以不殺爲威，財以不蓄爲富。言仁厚者，亦莫如宋之仁宗矣，然聲容盛而武備衰，議論多而成功少，故不再傳而有流言道路，變令推恩之譏。夫二君則漢宋之良也，一於仁而不義，而其流弊猶不免有如此者。若是而謂三

①「斟酌操縱」，《歷科狀元廷試策》作「操縱斟酌」。

代之專於任德，後世之專於任刑，可乎不可乎！ 由是觀之，三代之所以治隆俗美者，以其仁義之並用，内有敬天之心，而外有憲天之政也。 後世之所以不古若者，以其仁義之或偏，而不能審時以度勢。 其於天也，或褻焉而不知敬，或悖焉而不知法也。

我太祖高皇帝，承元人積弊之後，故其所以創制立法者，大率以嚴爲本。 及天下已定，又戒聖子神孫，不得復用國初之典。 是其仁義之並行，剛柔之相濟，其所以察乎天人之際，審乎消息之宜，而爲萬世慮者深矣。 但國家承平日久，重熙累洽，民志日趨於玩愒，事體日廢於因循。 蓋自正德以來，兹弊極矣。 肆陛下入繼大統，始振起而一新之。 故自臨馭十有七年以來，革者故，鼎者新，蟄者奮，困者蘇，天下欣欣，咸覩太平於有象矣。 而陛下猶有歉於官人者負國虐民，若追羨於三代之英，而未之逮者。

臣愚以爲，雖堯舜在上，不能無小人，此在君人者馭之得其道耳。 馭之之道，臣前所謂仁義之並用者是也。 蓋嘗聞之：法禁之不行，自上犯之也；而小民之所以敢爲非義者，庶官之貪頑者啓之也。 今天下之大，其在於朝廷輦轂，豈無有秉義竭忠之臣，然而違上所好，朋家作仇者，未盡無也；其在於百工庶府，豈無有亮采惠疇之臣，然而脅權相滅，誣上行私者，未盡無也；其在於都邑藩省，豈無有旬宣和惠之臣，然而違道干譽，尸禄養望者，未盡無也；甚者削民之膏脂以肥其家，竊君之榮寵以張其勢，掠衆之美以示其恩，恣己之私以敗其度者，未盡無也。 陛下尊禮大臣，愈久益親；體悉群臣，有隆弗替。 其於股肱之良，而謨明弼諧者，固嘗撫之以恩，而勤之以禮矣。 而於此不悛之徒，明罰敕法，懲一以警其百，是猶春陽之後，而震之以雷雨之威。 天下方將感陛下之仁，而畏陛下之法，奚爲而不可行乎？ 雖然，處今之時勢，而義之所當用者，非獨一馭臣爲然也。 夷狄跳梁而横於西北，則薄伐之師，不可以不整也；庶民僭越而擬於王章，則奢汰之禁，不可以不嚴也；軍旅疲弊而闕於勇敢，則簡閲之令，不可以不怒也。 凡若此者，要皆以精明之治，而敦夫渾厚之體，以立君道之紀綱，以躋中興之盛業，道莫有先於此者矣。

抑臣又聞之：仁育而義正者，王者之政也；所以主是政者，心也。故必有純王之心，斯有純王之政。而憲天之政，謂非有敬天之心不可也。臣嘗莊誦陛下《敬一》之箴，而有以知陛下之心，直可以質諸天地而無疑也。有德弗敦，是違天之所喜矣，敢不敬歟？有惡弗懲，是渝天之所怒矣，敢不敬歟？以此常存於心，兢兢業業，罔敢失墜，夫然後以達於政也。仁足以育天下，而天下莫不歸於仁；義足以正天下，而天下莫不彊於義。憲天之政，由是而會其全；格天之功，至是以要其極矣。雖然，敬亦未易言也。隱微之間，真妄錯雜，毫釐之差，千里之繆。苟辨察之功不悉於幾微，持守之力不繼於厥服，則人得以勝天，欲得以奪理，又惡知其爲仁而在所當體，惡知其爲義而在所當用也哉！故曰：勿参以三，勿貳以二，行顧其言，終如其始，静虚無欲，日新不已。然則陛下之言，固可謂能自得師者矣。除弊革私之道，仁育義斷之方，豈外此而他求乎哉？

臣始以仁義並行之道爲陛下告，終以主敬協一之功爲陛下勉，初非有驚世可喜之論，然直意陛下以言求士，而臣之所以獻言於陛下者，惟以明諸其心，上不敢負明問，下不敢負所學而已。惟陛下矜其愚，不録其罪，而留神採納焉，臣不勝惓惓隕越之至！臣謹對。

（底本：《嘉靖十七年進士登科録》。參校本：《皇明歷科狀元全策》卷一〇；《歷科廷試狀元策》一卷下）

五五　嘉靖二十年辛丑科　沈坤

嘉靖二十年（一五四一）辛丑科，廷對之士二百九十八人。狀元沈坤，榜眼潘晟，探花林一鳳。

沈坤（一五〇七—一五六四），字伯載，號十洲。南直隸蘇州府昆山縣（今蘇州市）人，大河衛（今江蘇淮安）籍。狀元及第，年三十五。授翰林院修撰。嘉靖三十三年，陞右春坊右諭德；三十五年，陞南京國子監祭酒。爲忌者所中，下獄。嘉靖四十三年卒，年五十八。

沈坤廷試策見《嘉靖二十年進士登科録》《皇明歷科狀元全策》《歷科廷試狀元策》。

嘉靖二十年三月丁亥朔。辛丑，策試天下貢士，制曰：朕（爲）［惟］六經之道同歸①，而禮樂之用爲急。自昔唐虞三代之治，莫不由斯。夫六經所陳，固治天下之大經大法也，而本之則在禮樂。然則政刑末務，果不足以爲治歟？抑各適其用而不能相通歟？議者謂「三代而上，治出於一，而禮樂達于天下，後世則否」，然歟？［否歟］②？朕纘承皇祖大統，列聖鴻緒，踐祚以來，不遑他務，首以人倫典禮，是究是圖。蓋勤心宵旰者十餘年于兹，而郊社禘嘗之義，始克協于成，其在邦國鄉黨之制，不暇悉指。乃若天子之事，固不越此。不知今日國家之禮，亦有合於三代而上者歟？

我太祖高皇帝開天肇紀之初，即以禮樂爲急，蓋嘗徵賢分局以講究切劘，今載諸《大明集禮》者可（孝）［考］也③。不知

---

① 「惟」，據諸參校本改。

② 「否歟」，據諸參校本補。

③ 「考」，據諸參校本改。

當時諸臣折衷損益，果足以會其成，而克副我皇祖制作之意否歟？抑猶有待於後歟？夫復古禮樂以建中和之極，朕之意也①。何(一)[二]十年間②，教化未盡孚，風俗未盡美，災害未盡殄，生養未盡遂，其故何歟？孔子曰：「言而履之，禮也；行而樂之，樂也。力此二者，南面而立，是以天下太平。」然則斯言也，將不足徵耶。兹欲使禮樂刑政，四達而不悖，比隆於先王之盛，將何修而可？

爾諸士，學道有聞久矣，宜詳(者)[著]于篇以對③，朕親覽焉。欽哉！

(底本：《明世宗實録》卷二四七。參校本：《嘉靖二十年進士登科録》，影印明嘉靖刻本，天一閣選刊；《皇明進士登科考》卷一一；《皇明貢舉考》卷七；《皇明歷科狀元全策》卷一〇，《歷科廷試狀元策》一卷下)

臣對：臣聞帝王之經世也，有立治之大本，有善治之大法。本者何？天德在我，所以制作之根柢也。法者何？王道四達，所以經綸之顯設也。本之不立，則法不能以自行；法之不善，則本亦有所未盡。推究而言之，本立而法行者有矣，未有無本而善法者也；體具而用周者有矣，未有偏體而無用者也。本立法善，體用備矣，亦未有治功之不成者也。知夫此，則禮樂之務，中和之極，與夫古今之制作，治道之汙隆，皆可得而言之矣。自昔帝王立極經世，皆本之躬行心得之餘，措之彌綸參贊之業。是故修于身，齊于家，用之于鄉黨邦國，以大同于天下。蓋不獨當時蒙其至治，而施諸後世，猶足以俟聖人，考之而不謬。其不然者，則圖治無本，取給于儀文器數之末，本與法判然二道，此治之所以不古若也。然豈惟無本，且併其法而失之，尚何足以與制作之列乎？

---

① 「意」，諸參校本作「志」。　② 「二」，據諸參校本改。　③ 「著」，據諸參校本改。

恭惟皇帝陛下，合天地陽陰之德，總明聖述作之能，建中和位育之功，撫盈成熙洽之運，制禮作樂，盡善盡美，信乎遠追古帝王之道而無愧，近守我祖宗之法而加隆者也。猶且進臣等于廷，詢以禮樂之務，欲何修以比于先王之盛，此誠陛下望道未見之心也。臣草茅迂賤，何足以識此？雖然，言及之而不言則謂之隱，況黎獻帝臣，方齒于萬邦之舉，而愚者千慮，或冀于一得之末哉？臣敢不掇拾所聞以對？

嘗惟六經之道同歸，而禮樂之用爲急。故天高地下，萬物散殊，而禮制行矣；流而不息，合同而化，而樂興焉。先王觀《履》之象以制禮，是故有取于天澤之分，而截然不易者其體也。觀《豫》之象以作樂，是故有取于順動之義，而歡欣無間者其情也。蓋天地示人以和序，聖人因造化以成能。且聖人之所以自淑其身心者，要亦不出于禮樂之外。粵稽諸古，唐虞三代，若堯舜禹湯文武之爲君，既皆以精一執中之傳建極于上，而一時輔理承化之臣，又皆夷、夔、伊、傅、周、召之流典司於下。其在當時，自民生日用之常，以極于際天蟠地之盛。蓋治外無道，道外無治，雖未嘗明言禮樂于天下，而其治化之隆，已四達而不悖矣，宋儒歐陽修所謂「三代而上，治出於一，而禮樂達于天下」者也。斯時也，以禮樂爲治，即所以爲政，而刑則視爲輔治之法，雖以是爲末務，要非各適其用而不能相通者矣。

至於後世享國之久者，莫如漢唐宋。夷考其時，雖議禮作樂，後先相聞，而要其制度之所就，則如綿蕞之習，房中之歌，貞觀之儀，七德之舞，與夫通禮之名，雅樂之定，紛紛制作，未能悉舉。大率漢高祖、唐太宗、宋藝祖以下諸君，既非有純王之德主之于上，而一時任事之臣，又非皆庶幾禮樂之賢以承之于下。則其治功之所及，要亦止於漢唐宋而已耳，歐陽修所謂「三代而下，治出于二，而禮樂爲虚文」者也。斯時也，政與治既爲二道，則禮樂不過爲觀美之具，而政刑亦從事于苟且之間，豈止于不相爲用而已哉？

天啓國朝，我太祖高皇帝，用夏變夷，復綱常於淪斁之後；除殘去暴，拯生民于塗炭之中。所謂以聖人之德，在天子之位，而又當興王之始。三重既備，則制作之任，自不容遑。故於洪武初年，天下甫定，雖日不暇給，而必首以禮樂爲重。徵賢分局，講究切劘，方開天肇紀之初，其規模宏遠，已非復漢唐宋之草率矣。蓋我太祖以天縱聖神之資，得治躬治心之道。凡履中正而樂和平之實，備載于《聖政記》諸書者，可考而知也。方是時，明良契合，天作之會，夷夔經濟，殆不止于陶凱、牛諒諸臣而已。若今《大明集禮》一書，其旨則斷自宸衷，其成則出于曾魯、徐一夔、董彝、梁寅諸臣之手。其禮之目，二十有六，以至于冠服車輅、儀仗鹵簿之制；其樂之成有九，以至于黄鍾太吕、絃歌干羽之式。禮樂明備，凡以和神人而諧上下者，未必非我太祖制作之意，而在當時諸臣，亦足以爲會其成矣。然以郊社之合祀，並舉于一時；祖廟之烝嘗，未分于特祫，大禘之禮未之蒐講，明堂之議莫有建明，列聖嗣守鴻業以來，率而行之，亦以舉之而莫敢廢，廢之而莫敢舉也。然而創與守之時不同，文與質之尚亦異，况三五之不同沿襲，而善繼善述，惟聖者能之。則今日之禮樂，所以因略致詳，隨時從道者，豈能不有待於皇上也哉？

蓋我皇上極建中和，功收位育，同符太祖，遠駕唐虞，德與位之兼隆矣。而又當世運百年之餘，治功有成之日，嗣統更議之始，倫理正名之初，所謂聖人乘時之會，天下改觀易聽之時也。臣在學校，嘗伏讀《明倫大典》，而已知陛下致謹于綱常倫理之間矣。夫禮非聖莫之有作，既作而致其情，則凡其心之所不安者，皆不能以無易也。嗣是而後，每大禮更定，必詔告海内①，故天地昔嘗合祀矣。今南北郊之建，圜丘方澤，壇坎攸分，方位之各得其所也，亦嘗並舉于上辛矣。今冬夏二至，根陰根陽，順以逢其吉，時日之必從其類也。國初首建四親廟，既而兩京太廟之制，乃同堂而異室矣。皇上特立太廟，奉享太祖高皇帝，以報開創之功；創建成祖廟，百世不遷，以崇文皇帝守成之德。自仁宣以下，三昭三穆，各專一廟，親盡

① 「詔告」，諸參校本作「誥詔」。

而遞遷，此即《王制》天子七廟，周加文武二世室之義也。冬夏嘗各祭于列廟矣，今孟春特享，以全群廟之尊；三時祫祭，以洽同祖之禮。季冬大祫，遵太祖當代之制，歲暮節祭，則于奉先殿行之，此即《王制》「天子礿禘、祫禘、祫嘗、祫烝」，與夫「三年大祫」之義，而禮益加隆也。大禘嘗闕而不行矣，今追祀德祖之所自出，而以太祖配之，設虚位而奉，既有以陋世系之失真，求在我之誠，尤足以見感通之必有，此即《禮》「不王不禘」之義也。明堂嘗廢而不講矣，今大享上帝于玄極殿，而以睿宗配之，季秋之月，有取于萬寶之告成，嚴父之心，深契乎生物之一本，此即周公「宗祀文王于明堂，以配上帝」之義也。至于配天之大，惟太祖專祀而獨尊；追遠之深，雖德祖始傳而莫與。凡此皆合乎天道，本之人情，妙作述以用中，配古今而獨備。是蓋仁孝之至，通于神明。故制作之隆，真足以善繼述而參天地矣。若夫廟樂之章，佾舞之數，聲容之實，節奏之美，率多出于皇上之所裁定。所謂天子建中和之極，兼總條貫，金聲而玉振之。信乎自隆古以至于今，則我國朝固當制作之盛。由祖宗創守以至於今，則我皇上又豈非集衆美之大成者哉？

然禮樂治道，通一無二。我皇上既以禮樂爲治，二十年間，宵旰圖惟，亦云至矣。顧于治化之隆，方之古昔，或有不逮。教化之未盡孚，風俗之未盡美，災害之未盡殄，生養之未盡遂，誠有如聖制所云者。此其故端必有在也，臣敢昧死爲陛下言之。

孔子曰：「言而履之，禮也；行而樂之，樂也。」夫所履所樂，非止于見諸制作以爲經世之具而已，言斯須不可以去身也。《禮》有之曰：「君子致禮以治躬，致樂以治心。」故斯須不莊不敬，則易慢之心入之矣；斯須不和不樂，則鄙詐之心入之矣。今陛下自起居食息之微，以至于刑賞舉措之大，自深宫獨處之時，以至于大廷朝見之際，果能一一盡出于中正而和平否乎？此臣之愚昧，不識忌諱，願陛下寬其斧鉞之誅而自省焉，使其盡中正而和平耶，則治化之未隆者不足待也；使萬分之一有未合耶，此固升降汙隆之本矣。況今内外大小臣工，未能盡承德意，禮樂之教，發端於朝廷，而莫能宣布于天下。

故品節限制之不相踰越，似亦可謂序矣，然驕亢者或至于欺淩，諂求者不謂其辱己；雍容揖讓之不相侵侮，似亦可謂和矣，然利害多出于面從，傾奪不下于讎敵。凡若此者，未必其盡去也。夫以如是諸臣，既不能以禮樂之道自淑其身心，又不能致禮樂之道以事乎君上，此亦教化、風俗、災害、生養四者之所由致也。陛下誠能因臣之言，赫然奮勵以正朝廷，以正百官，以正萬民，其出之也既有本而不窮，其行之也又有漸而不紊，則太平之效可以立致，而孔子之言，豈欺我哉？

然臣又竊有説焉。今天下以禮樂爲治，要之雖不能盡合，而亦不至于盡廢。然作興感化之機，寔出于學校。而《禮》《樂》二經，殘缺已久，昔人謂其數可陳也，其義難知也。夫有其數，尚不能悉其義，况數與義之俱失也。先儒朱熹嘗欲以《儀禮》爲經，《禮記》爲傳，而《樂經》則有取于蔡元定《律吕新書》，與夫别求聲音以爲譜諜之説。今幸際皇上操制作之權，而二三大臣，豈無可與寄删述之任者乎？誠能頒之學校，聯之師儒，取之科第，需之歲月，肄習既久，必有能者出焉，此亦禮樂之大務也。乃若所以建極之本，致治之機，則惟在我皇上持守此心，内外合一，久暫同歸。中正和樂之日新，而制度文爲之富有，則天德備而王道行，其輔理承化之功，又今日家相之能事耳。

草茅之見，迂疏之談，不切實用。然求言之道，願陛下采納而優容之，則愚臣幸甚，天下幸甚！臣干冒天威，無任戰慄隕越之至。臣謹對。

（底本：《嘉靖二十年進士登科録》。參校本：《皇明歷科狀元全策》卷一〇；《歷科廷試狀元策》一卷下）

五六　嘉靖二十三年甲辰科　秦鳴雷

嘉靖二十三年（一五四四）甲辰科，廷對之士三百一十二人（《皇明貢舉考》《皇明歷科狀元録》作三百一十七）。狀元秦鳴雷，榜眼瞿景淳，探花吴情。

秦鳴雷（一五一八—一五九三），字子豫，號華峰。浙江台州府臨海縣（今臨海市）人。狀元及第，年二十七。授翰林院修撰。歷左春坊左諭德、翰林院侍讀學士。嘉靖三十八年（一五五九），陞南京國子監祭酒；四十一年，陞禮部右侍郎。嘉靖四十五年，改吏部左侍郎兼翰林院學士，總校《永樂大典》，教習庶吉士。會有浮言，亟疏歸里。隆慶五年（一五七一），起爲南京禮部右侍郎，進尚書。萬曆初，上疏乞休，家居二十餘年，萬曆二十一年卒，年七十六。著有《倚雲樓稿》《談資》等。

秦鳴雷廷試策見《嘉靖二十三年進士登科録》《皇明歷科狀元全策》及《歷科廷試狀元策》。

嘉靖二十三年三月己亥朔。癸丑，策試天下貢士，制曰：朕惟文武二道，並用而不可缺與偏者也。《傳》曰：「張皇六師。」又曰：「其克詰爾戎兵。」此非好于用兵耶？朕皇祖高皇帝，以武功定天下，即位之始，思欲偃武修文，以德化天下。至于列聖相承，懋修文德，海宇乂安，國家無事。朕以支末，上承天命，入纘寶位，兹越二旬載矣。夫何連歲以來，北虜寇疆，入我中國，若蹈無人之境，殘我天民，前所未有。本之以朕罔德基之立于中，是以教化莫克行于外者也。然朕又聞之曰：「帝王之政，守在四夷。」今朕欲求長治久安之術，無出于守之一端，欲得其守之[之]道①，當何施用以盡其長且久焉？爾多士抱經世之略，亦有日矣，宜各著于篇，朕將采而行之，毋忌毋隱。

（底本：《明世宗實録》卷二八四。參校本：《嘉靖二十三年進士登科録》，影印明嘉靖刻本，天一閣選刊；《皇明進士登科考》卷一一；《皇明貢舉考》卷七；《皇明歷科狀元全策》卷一〇，《歷科廷試狀元策》一卷下）

臣對：臣聞帝王保大業於無疆者，有經國之規模，有植國之根本。規模之經也存乎法，根本之植也存乎仁。是故崇文詰武，經制豫定，使夫法之行於天下者，整飭而不可紊，夫是之謂規模。修德行仁，膏澤下究，使夫仁之洽於人心者，固結而不可解，夫是之謂根本。經制定則國威立，德澤究則國脉固。由是萬姓胥悦於域中，聲教四訖於海外，大業之保，蓋卓乎其不可拔矣。自古帝王，享國長久之道，何能外是二者。苟法矣而未仁，則品式雖周，而所以綱維之者無其本；仁矣而無法，則恩意雖篤，而所以經綸之者無其具。是謂治之偏而弗會其全，始雖善而終流於弊，將何以保基圖之固，而綿固祚之永也哉？

欽惟皇帝陛下，中和建極，仁孝作孚。德化洽於民心，而萬邦時憲；神武布於海宇，而四夷來賓。纘列祖之鴻圖，貽百世之燕翼，太平有道之長，端有在於今日矣。乃猶不自滿假，特進臣等于廷，策以禦夷之道，且欲求夫長治久安之術，是豈徒以修舉故事爲哉？誠以草茅之下，必有明習文武大猷，可以裨補治體者，而臣非其人也。然臣即是有以仰窺陛下望道未見，求治若渴之盛心矣，敢不參之經傳，酌之時宜，俛攄愚見，以對揚明問於萬一乎？

① 「之」，據諸參校本補。

臣嘗考之《易》曰：「鼓萬物而不與聖人同，憂天道也。」《書》曰：「天佑下民，作之君，作之師，惟其克相上帝，寵綏四方。」則知天雖以生物爲心，而理物之責，不能不望于君。君之茂膺天眷也，非徒肆於民上，實以君師之道存乎我，而代之理也。則凡斯民之安危利病，世道之否泰盛衰，凡可以克盡其道，而奠天下於文熙武謐之域者，自有不容於不講矣。今夫立天之道，曰陰與陽；立人之道，曰仁與義。而帝王也者，又所以法天而圖治者也。是故帝王以仁育天下，非文無以昭休明之治。故凡崇奬儒彦，懷保黔黎，與夫體國經野，明物章軌，以成經緯之德者，皆文之屬也。帝王以義正天下，非武無以示撻伐之威。故凡選擇將帥，振勵卒徒，與夫誅暴禁亂，飭法嚴備，以成安定之功者，皆武之屬也。文以敷德，則海宇奠而内順治；武以示威，則疆圉静而外威嚴，此誠有國家者不容以偏廢者也。使有武而無文以濟之，則義勝而流於剛，其何以敦渾厚之治體？有文而無武以濟之，則仁勝而流於懦，又何以立精明之治功也哉？乃若召公之告康王曰：「張皇六師。」周公之告成王曰：「其克詰爾戎兵。」此其爲言若有所偏者，而不知亂者保其治者也，危者保其安者也。是揚武者乃所以覿文，初非好於用兵也。一或講之無素，備之弗豫，則所以爲防者必疎，而其爲累也亦必不小，是誠不容以或後者也。

臣聞中國之有夷狄，猶陽之有陰，晝之有夜，君子之有小人，不能以必去焉者也。是故先王建國，列之侯封，采服之外，所以峻其防焉。號令不及其人，正朔不加其國，所以别其類焉；刑以懲叛，禮以懷來，所以服其心焉。柰之何狼子野心，非我族類，重以消長之勢無常，强弱之機莫測，值其弱則稽顙而稱臣，當其强則犯順而干紀，蓋自古則然矣。故有化足以成風動，而不免於有苗之征；德足以臻時乂，而不免於鬼方之伐；治足以致中興，而不免於玁狁之孔熾，是又奚足爲盛世之累哉？故曰：「帝王不患有夷狄之强，而患吾無禦之之具；不貴有禦夷之具，而貴吾無以致夷之窺而已矣。」强本以治内，嚴兵以固圉，來則必敵，去則不追，務使各安其所，而不敢干吾治者，兹非計之良乎？

三代以降，此道則寖微矣。嬴秦命將出師，築塞以禦强胡，糜費巨萬，夷患未袪，而國釁已不可救矣，是謂虚内以事外。漢武以雄才大略之資，爲窮追遠討之舉，登南臺於塞北，絶王庭於幕南，夷氛雖息，而民生已不勝困矣，是謂計末而忘本。斯皆策之最下者也。他如唐稱臣於突厥，既病貽謀之不臧；宋迫辱於遼金，復患修攘之坐失，是又幾於無策矣，安得而不淪胥以致兹極乎？

幸而天啓皇明，我聖祖皇帝，以天縱之聖，奮起淮甸，迅掃腥羶，驅之北歸，絶其南寇，建自古所未有之事功，復帝王所自立之中國。神謨勇略，固嘗以武功定天下矣。至于即位之始，干戈甫息，乃欲偃武修文，以德化天下者，其故何哉？夫亦以天下初定，扶傷持危，與天下休息，道蓋莫先於此，非故果於忘戰耳也。觀其思患預防，垂訓諄切，所以奠不拔之基，以貽則後昆者，何深遠也。肆我成祖，六飛三駕，再昭撻伐之威。爰及列聖，養威峻防，不忘制馭之策。其所以綿國祚之永，而恪遵成憲者，又何明備也！仰惟皇上，藴神明之德，際中興之期，武以止戈爲威，兵以全國爲上，疆埸之患，撲之於方萌；隱微之禍，消之於未著。南夷繫頸，北虜貢琛，唐虞三代之盛，何以加此？聖祖神孫，後先相望，盛德大業，篤祜無疆，國家長治久安之術，尚何以他求爲哉？雖然，帝王望治之心無窮，人臣愛君之心無已，故古稱大舜之知，必曰「好問好察」。彼賈誼當文帝之世，猶有取於厝火積薪之喻焉。則臣雖至愚，所以仰稱德意而自靖厥忠者，可終默焉而已乎？臣請得而籌之。

夫王者以京師爲室，以諸夏爲庭户，以四夷爲藩籬，其内外遠近之分，先後緩急之序，蓋不待較而知也。粤自先王寓兵於農之意既壞，而後世制馭之道不容不分。要之，厚民所以足兵，恤兵所以衛民，實相資而非相病也。然則，端本自治之道，夫亦於二者而加之意乎？以今日之民言之，安其田里，施之教化，殿最書于臺臣，而守牧有考；利病關於藩臬，而興革以時。以至水旱凶災之必聞，賑貸蠲免之屢下，是陛下所以厚民者無不盡也。以今日之兵言之，歲給之衣，月給之糧，額籍總於司馬，而逃亡可稽；節鉞授於制帥，而上下有統。以至團練教習之有方，賞罰鼓舞之無倦，是陛下所以恤兵者無遺策也。

夫民安而本益以固，兵精而氣益以振，是宜勢益以昌，威益以遠，文熙而武益以謐也。然而，北虜之窺伺猶昨，邊境之烽火繹聞，頃者入我中國，若蹈無人之境，誠有如聖諭所及者。此其故何也？臣愚以爲，聖心之憂民至矣，而所以宣力於下者，或非其良；聖政之養兵善矣，而所以分閫於外者，或非其寄。是故以承奉敏捷爲能，而不勞心於厚下；以期會簿書爲急，而不加志於推恩。甚者鋭意催科，虚張斂散之能；厚自封植，因行漁獵之計。夫守令之職，最爲近民，使天下果若人焉，又安能保斯民之皆得其所乎？以紈袴而濫韜鈐之寄，方略有所未聞；虐士卒以張威福之權，撫綏有所未備。甚者功圖速化，馳捷報之虚聲；志切自肥，仍債帥之故轍。夫三軍之命，懸於一人，使將帥而咸若是焉，又安能保邊兵之皆樂於用乎？夫民心不固，而示敵以守，是投之以可乘之隙，守之未見其固也；士氣未張，而應敵以戰，是先之以可敗之道，戰之未見其利也。

然則長治久安之術，抑何以他求爲哉？亦惟重守令之任，而選之也必精，使郡縣之布列，皆龔、黄、卓、魯其人焉。于是嚴黜陟之典，申久任之規，勞心撫字，必增秩以示榮；奉職無聞，必奪爵以示辱。塞奔競僥倖之門，斥闒茸貪墨之吏。如是則民安，而無復失所之歎矣。重將帥之任，而簡之也必慎，使閫外之分據，皆頗、牧、韓、范其人焉。于是專委任之託，昭勸懲之典，有功必賞，寬之以歲月之餘；有罪必誅，略之以文法之細。無以一人之譽而尚其賢，無以盈篋之謗而撓其志。如是則兵精，而咸起報效之思矣。由是而昭武勇以示威，修戰備以利用，謹關隘以辯姦，遠間諜以防詐，嚴吾之守以俟敵之戰，將見投之無釁，覘之無隙，虜知吾之有守矣。以静制動，以逸待勞，虜屈吾之不戰矣。兹固帝王萬全之策，古今不易之道也，尚何夷患之足憂耶？否則，翫寇輕敵其禍大，邀功生事其計危，皆非臣之所敢知也。

雖然，禦夷之道固在於治内，而治内之要，莫切於治心。故心存於正，則事無不正，而天下蒙其福；心蔽於邪，則事無恒不邪，而天下與其憂。陛下紹心學之傳，發道統之秘，《敬一》有箴，《四箴》有註，所以預養此心者，固已能自得師矣。臣慮操持之甚難，察識之不易耳。夫人主深居九重，攻之者衆，倘於防微杜漸之戒，省察克治之功，一未至焉，臣恐虚明湛一之體，有不能復如其初矣。臣願陛下戒之慎之，明通公溥以植其本，静虚動直以培其基，戒謹於不覩不聞之時，察識於内外賓主之辯。親賢遠佞，俾一暴弗替於十寒；慎終如始，使九仞罔虧於一簣。淫哇之聲，奇巧之色，則曰「吾心之賊也」；便嬖之言，側媚之態，則曰「吾心之蠹也」；土木遊田之娱，宫室侈靡之奉，則曰「吾心之所以喪失而不自覺者也」。兢兢如堯，業業如舜，孜孜如禹，慄慄如湯，亦保亦臨如文，不泄不忘如武，則心存而德可修，德修而道可立，道立而政可舉。由是顯設於朝廷，而庶事康矣；頒布於四海，而萬民樂矣；洋溢於蠻貊，而四夷慕矣。天地位，萬物育，諸福之物，可致之祥，莫不畢至，而王道終矣。此非臣之臆説也。伯益之戒舜曰：「無怠無荒，四夷來王。」漢儒董仲舒曰：「正心以正朝廷，正朝廷以正百官。」而宋儒朱熹亦謂：「其本不在威强，而在德業。其任不在邊境，而在朝廷。其具不在兵食，而在紀綱。」此端本之道，古今一致，而實臣愚之所懇望於今日者也。惟陛下不棄芻蕘，留神省覽，見之施行，則宗社幸甚，天下幸甚！

臣干冒天威，戰慄無地，不勝惓惓仰望之至。臣謹對。

（底本：《嘉靖二十三年登科録》。參校本：《皇明歷科狀元全策》卷一〇；《歷科廷試狀元策》一卷下）

五七　嘉靖二十六年丁未科　李春芳

嘉靖二十六年（一五四七）丁未科，廷對之士三百零一人。狀元李春芳，榜眼張春，探花胡正蒙。

李春芳（一五一〇—一五八四），字子實，號石麓。南直隸揚州府興化縣（今江蘇興化市）人。狀元及第，年三十八。授翰林院修撰，超擢翰林學士，遷太常寺少卿，拜禮部右侍郎兼學士。進左侍郎，轉吏部，爲吏部尚書。尋加太子太保。嘉靖四十四年，兼武英殿大學士，入閣參機務。隆慶五年，以少師致仕。萬曆十二年卒，贈太師，謚「文定」。著有《李文定公貽安堂集》。《明史》有傳。

李春芳廷試策見《嘉靖二十六年進士登科録》《皇明歷科狀元全策》《歷科廷試狀元策》及《李文定公貽安堂集》。

嘉靖二十六年三月壬子朔。丙寅，策賜試天下貢士，制曰：朕惟人君受天之命而主天下，任君師治教之責，惟聰明睿知，足以有臨。自古迄今，百王相承，繼天立極，經世牧人，功德爲大。是故道統屬之，有不得而辭焉者。唐韓愈氏，乃謂堯舜禹湯文武周公孔子之傳，至孟軻而止；孟子則以堯舜禹湯文武之爲君①，皋陶、伊尹、萊朱、太公望、散宜生之爲臣，各有聞知見知之殊，其詳略同異，果何義歟？其授受之微，有可指歟？宋儒謂周敦頤、程顥兄弟、朱熹四子，爲得孔孟不傳之緒，而直接夫自古帝王之（道統）[統，道]果若是班與②？其講求著述之功，果可與行道者並與？抑門人尊尚師説，遞

① 「武」，《嘉靖二十六年進士登科録》《皇明進士登科考》《皇明貢舉考》《李文定公貽安堂集》均作「王」。② 「統道」，據《嘉靖二十六年進士登科録》《皇明進士登科考》《皇明貢舉考》《李文定公貽安堂集》改。

相稱謂，而忘其儹與？漢唐宋而下，雖不能比隆唐虞三代之盛，其間英君誼辟，撫世宰物，德澤加于四海，功烈著諸天地者，不可概少，果盡不可以當大君道統之傳與？

洪惟我太祖高皇帝，體堯舜授受之要，而允執厥中；論人心虛靈之機，而操存弗二。我成祖文皇帝，言「帝王之治，一本于道」，又言「六經之道明，則天地聖人之心可見，至治之功可成」。斯言也，直有以上繼皇王道統之正，下開萬世太平之基。迨我列聖，克篤前業，所以開天常、叙人紀者，歷百八十餘年于兹。朕纘紹祖宗鴻緒，登踐寶祚，惟敬惟一，叙彝倫，惇典禮，祈天命，拯民窮，思弘化理，以成參贊繼立之功者，宵旰孳孳，不遑寧處。兹欲遠紹二帝三(皇)[王]大道之統①，近法我祖宗列聖心學之傳，舍是又何所致力而可？夫自堯舜禹文之後，孔孟以來，上下[千]數百年間②，道統之傳，歸諸臣下，又盡出于宋儒一時之論，此朕所深疑也。子大夫學先王之道，審于名實之歸，宜悉心以對，毋隱毋泛，朕將注覽焉。

（底本：《明世宗實録》卷三二一。參校本：《嘉靖二十六年進士登科録》，影印明嘉靖刻本，天一閣選刊；《皇明進士登科考》卷一一；《皇明貢舉考》卷七；《皇明歷科狀元全策》卷一〇；《歷科廷試狀元策》一卷上；《李文定公貽安堂集》卷一，《四庫全書存目叢書》影印北京大學圖書館藏明萬曆十七年刻本）

臣對：臣聞帝王之治本於道，道立而後化以之弘；帝王之道本於心，心純而後道以之會。心也者，統夫道者也，心有弗純，則存諸中者，無貞純精一之懿，其於道也爲小成；道也者，弘夫治者也，道有弗粹，則發諸外者，無正大光明之業，其於治也爲小康，小成不足以語天德，小康不足以語王道。斯豈帝王之所以繼天立極者哉？故必本之心也，渾乎天理而有

---

① 「王」，據諸參校本改。 ② 「千」，據諸參校本補。

以裕內聖之基，而後敷之治也；若乎天道而有以熙外王之業。天德王道，其極一也，然其本則係之學焉而已矣。學以純心，心以會道，道以出治，治以格天。其在當時也，則帝王之治法以立；其在萬世也，則帝王之心法以傳，斯其道統之所由肇乎？循之而治，唐虞三代是也；得其似而理，漢唐宋是也。至於有宋諸儒，則亦講明斯學以翼乎聖道而已矣，烏可以與帝王並歟？

洪惟我太祖高皇帝、成祖文皇帝，體天弘道，因心出治，以上繼皇王道統之正，下開萬世太平之基。而我陛下則又神聖縱于天，光明緝乎學，而治之所溥，四達不悖，薰蒸透徹，融液周遍①。二帝三王道統之傳，遠紹而無間；二祖列聖心學之邃，近述而彌光，粹乎無以尚矣。乃猶于萬幾之暇，進臣等于廷，俯賜清問，且曰：「宵旰孳孳，不遑寧處。」臣有以仰窺陛下望道未見之心矣。臣草茅疵賤，何所知識，可以仰裨聖學之萬一？雖然，涵濡聖化，蓋亦有年，其于我祖宗治道之盛，及我陛下心學之精，亦嘗佩服涵泳，有以少窺其涯涘矣，敢不敬陳以對揚休命乎？

臣嘗聞之：「天地未判，道在天地；天地既判，道在聖人。」是聖人者道之宗也。又嘗聞諸《書》曰：「惟天地萬物父母，惟人萬物之靈。亶聰明，作元后，元后作民父母。」是元后者人之主也。然則道在天下，安得不屬之聖人？又安得不屬之大君也哉？是故三代而上，位稱其德，達而在上者，莫匪聖神，而道統之傳有自來矣。請因聖問而條陳之。

唐虞以往，書契未立，邈哉無以稽矣。故韓愈、孟軻之所稱，率自堯舜而始。愈謂堯以是傳之舜，舜以是傳之禹，禹以是傳之湯，湯以是傳之文、武、周公、孔子。是立功立言雖異，以言乎道統則均也。軻謂由堯舜至於湯，五百有餘歲，若禹、皋陶則見而知之，若湯則聞而知之；由湯至於文王，五百有餘歲，若伊尹、萊朱，則見而知之；若文王則聞而知之。由文王

---

① 「液」，《皇明歷科狀元全策》《歷科廷試狀元策》作「洽」。

至於孔子，五百有餘歲，若太公望、散宜生，則見而知之；若孔子，則聞而知之。是見知、聞知雖殊，以言乎道統則一也。

然觀孔子有志三代之英，而自傷其未逮；伊尹樂堯舜之道於畎畝，而必以吾身親見爲幸，則託之空言者，豈若見之行事哉！此二帝三王之道，所以爲獨盛，而道統之傳，非帝王莫之能當也。何也？夫所謂道者，非徒以其藴之心也，以其本之心而宣之化也。是故以之經天，則陰陽宣節，天道其清乎？以之緯地，則山川静翕，地道其寧乎？以之總民物之紀，則百姓太和，萬類咸若，民物其熙乎？道猷章而道妙流焉，實政乂而實心昭焉。體用一源者也，微帝王其孰能與于此哉？然求其要，則心焉盡之矣；究其功，則學焉盡之矣。何也？非道無以弘天下之治，非心無以會天下之道。而學也者，所以純心以體道，凝道以出治者也。大哉學乎！斯固帝王之所不可忽者乎？

是故格于上下，堯之道盛矣。然求其所以爲學者，則曰欽明允恭；其所以事其心者，何如其至也。重華協帝，舜之道盛矣。然求其所以爲學者，則曰濬哲温恭，其所以事其心者，何如其至也。三代有道之長，禹、湯、文、武之道亦云盛矣。然求其所以爲學者，則曰勤儉，曰執中，曰緝熙執競。其所以事其心者，何如其至也？則夫治之所成，黎民於變也，四方風動也，文命誕敷也，萬邦惟懷也，燕及皇天，會朝清明也。唐虞三代之化，巍乎其不可及者，謂不本於此哉！德至此而後謂之天德，道至此而後謂之王道。若夫皋陶、伊尹諸臣，贊翊之功固不可泯，而其宅中圖大以恢弘化理，建中建極以丕昭道猷者，則豈諸臣所得而專之哉？故《易》曰：「地道也，妻道也，臣道也。地道無成，而代有終也。」此之謂也。

三代而降，享國長久者莫如漢唐宋。其間英君誼辟，撫世宰物，德澤加于四海，功烈著諸天地者，亦不可少，誠有如聖制所云者。是故漢之除秦苛也，深得吊民之理，以至七制嗣興，風俗淳美矣；唐之靖隋亂也，（汛）［迅］收底定之功①，以至

① 「迅」，據文意改。

三宗迭出，海宇乂安矣；宋振五季之衰也，愛養民力，出生靈于塗炭之苦，而好文守成之主，又繩繩相繼焉，不可謂其盡畔于道也。向使盡畔于道，則不足以總一四海，整齊萬民矣，又安能歷數百年，而巍然民上以握神器乎？後之尚論，猶不能無憾焉者，以其學之未純焉耳。學苟未純，則藴之心者，不足以語帝王精一之傳；敷之治者，不足以語雍熙太和之盛，斯豈天德王道之極哉？

夫惟道化衰于上，而後講學倡于下，此宋之四子所由興也。以周敦頤言之，學以主静爲宗，以一爲要，而究其極于明通公溥，不由師傳，默契道體者也；以程顥兄弟言之，涵養則曰用敬，進學則曰致知，而又欲以大公順應，學天地之常，寬和嚴毅，殊途同歸者也；以朱熹言之，以講學爲入門，以踐履爲實地，博極群書而會通於心，集諸儒之大成者也。此四子之學之大較也。是其學固亦遠宗乎周孔，而授之以政，則亦伊傅之儔耳。夫即爲伊傅也，猶不可與帝王並，況無伊傅之業乎？何也？道在天下，惟帝王爲能行。故道統在天下，惟帝王爲能傳，而臣之賢者能者，則效用仰成于下者也。輒欲接續帝王道統之傳，不亦僭乎？故四子者謂之有功於斯道，可也；以之直接帝王之道統，不可也。何也？不觀之天乎，方萬物之生也，日以暄之，雨以潤之，風以鼓之，雷以動之。夫天穆然深爾，確然静爾，然頌生物之功者，必舉而歸之于天，而日雨風雷，不得而有其功。何也？太和之充盎，天實司之，而日雨風雷效其動而已矣，可與天道並乎？知日雨風雷不可與天道並，則知臣不可與君道並矣；知臣不可與君道並，則知四子者不可與帝王並矣。而後之推尊者，若黄幹，則叙堯舜禹湯文武周公孔孟，而直以周子繼孔孟不傳之緒，二程得統于周子，先師朱子得統于二程，而撮其要旨于居敬、窮理、致知、克己四者，而謂千聖萬賢，所以傳道而教人者，不越于此。至于真德秀，則曰孔孟之道，至周子而復明；周子之道，至二程而益明；二程之道，至朱子而大明。吴澄則曰，周子始有以接孟子之傳于千載之下，二程則師于周子，而傳其學，後又有朱子集周、程之大成，是皆得夫道統之傳者也。夫德秀以爲道至周、程、朱子而大明，則誠有之。若黄幹、吴澄，遂以四子爲直接皇王道統之傳于千載之下，遞相稱述，其論蔓衍波流，直至于今，學者尊之而莫敢違，信之而莫或疑，抑孰知其失之過乎？故四子講明著述之功，不可謂其無裨于道，而直以爲遠續道統之傳，與帝王並論焉，是誠門人推尊之過，恐亦非四子之心也。

是故由唐虞而三代，由三代而漢唐宋，其帝王道統之傳，端不可誣。若秦之于漢，六朝之于唐，五代之于宋，則皆帝王之驅除，烏足以與斯道哉！至于胡元，則又我國朝之驅除，若漢之秦，唐之六朝，宋之五代也。道統之在天下，不其淪胥以没乎？幸而皇天厭亂，我太祖高皇帝，挺生淮甸，廓清海宇；我成祖文皇帝，篤生于後，丕紹鴻休，其治化之隆，真有以遠追唐虞三代之盛，而超軼漢唐宋之上矣。然其所以致治者，則莫非本於道；其所以體道者，則莫非本於心。其所以存心以體道，體道以出治者，則又孰非學以基之也哉？

聖制所謂：「太祖高皇帝體堯舜授受之要，而允執厥中，論人心虛靈之機，而操存勿二。我成祖文皇帝，言帝王之治一本於道，又言六經之道明，則天地之心可見，至治之功可成。帝王相傳之要，端在是也。」然臣嘗求我二祖聖學之精，則《存心》一録，與夫《聖學心法》，尤其至要者歟？《存心録》凡歷代帝王，祭祀有感于災祥者，備載以垂訓，而于敬天之怒，無敢戲豫者，尤致意焉。《聖學心法》凡有關於君臣父子之道者，詳述以迪後，而于敬天法祖，用人理財者，尤申重焉。則我二祖之所以爲學者，具見于二書，而精純貞一，心即二帝三王之心；太和咸熙，治即二帝三王之治。天德王道，巍然焕然，又奚惑哉！此列聖之所以克篤前業，開天常、叙人紀，歷百八十餘年而皇圖鞏固者，信皆有得於是也。

恭惟陛下，以聰明聖智之資，懋精一執中之學，心之所裕者，與天地合其德；治之所成者，與皇王匹其休。肆今大化流衍，百姓太和，德浹于中夏，威行于蠻貊，至治馨香，達于上下，而休徵畢集，千古所未有也。臣何幸躬逢其盛哉！臣嘗竊窺陛下之所以臻此者，信本於學，而學之精實典要，則又莫過於《敬一》之一箴，而彝倫之叙，典禮之敦，所由出也。臣請得而颺言之。

其曰「人有此心，萬理咸備，體而行之，惟德是據」，蓋言道本於心也；其曰「匪一弗純，匪敬弗聚，畏天勤民，弗遑寧處」，蓋言學以體道也；其曰「敬怠純駁，應驗頓殊，徵諸天人，如鼓答桴」，蓋言治以徵學也；其曰「郊則恭誠，廟嚴孝趨，肅于明廷，慎于閒居」，反躬以實踐也；其曰「天親民懷，永延厥慶，光前垂後，綿衍蕃盛」，考祥以視履也。語其目則析之，極其精而不亂；究其旨則合之，盡其大而無餘。斯其學即二帝三王之學，心即二帝三王之心。而至治之成，近有光乎二祖列聖之傳，遠以躋乎唐虞三代之盛，夫固體信而達順，合一而不測者也。存之爲天德，而日新之盛德以裕；達之爲王道，而富有之大業以昌。帝王之道統，謂不在茲乎？

臣欲以擬議其盛，而且未易以名言矣，復何所稱述以爲聖學之裨乎？然臣聞之，《書》曰：「慎厥終，惟其始。」《易》曰：「日月得天而能久照，四時變化而能久成，聖人久於其道而天下化成。」我陛下之自箴也，亦曰「終如其始」，又曰「日新不已」。故學必緝熙而後底於純，治必永貞而後底於化。陛下之學亦既純矣，天下之化亦既洽矣。然端拱穆清之上，一日二日，事有萬幾，有一之弗得其宜，非純也，此敕天之命，惟幾惟康，堯舜所爲兢兢也；四海九州之遠，剛柔異性，輕重異宜，有一之弗得其所，非洽也，此一夫不獲，時予之辜，堯舜所爲拳拳也。學之純者，不使其或間；化之洽者，不使其或漓，夫然後常敬常一，而道久化成，其在茲矣，非我陛下所當致力者乎？其要則在求之心而已矣。

太祖高皇帝嘗諭輔臣曰：「防閑此身，使不妄動。自謂已能，若防閑此心，使不妄動，尚難能也。」成祖文皇帝嘗諭解縉曰：「心能靜虛，事來則應，事去如明鏡止水，自然純是天理。」是二祖之學，誠不外于心而得之也。臣願陛下，毅然以道自任，上法乎二祖，反求諸一心，養之于念慮未萌之先，以存其寂然不動之體；察之于幾務既興之際，以妙其感，而遂通之用，俾其湛而虛也，神而明也，與太虛同其空洞焉，日月同其照臨焉，四時同其運行焉，萬物同其沖和焉。則一心既正，萬化以行，敬不期敬而自爾其常敬，一不期一而自爾其常一，天德益以立，王道益以溥矣。帝王道統之傳，不其益光也哉？至于用人必當，而皋、夔、稷、契之在列；行政必允，而禮樂刑政之覃敷，則又此心之妙用，而我陛下之餘事也，何敢以瀆聖聽哉！

陛下倘能鑒臣之愚，而於所謂敬一者，貞之于久而會之於心，則道統之傳，亘古今而獨盛矣。斯文幸甚，宗社幸甚！臣何任祈籲隕越之至。臣謹對。

（底本：《嘉靖二十六年進士登科録》。參校本：《李文定公貽安堂集》卷一；《皇明歷科狀元全策》卷一〇；《歷科廷試狀元策》一卷下）

五八　嘉靖二十九年庚戌科　唐汝楫

嘉靖二十九年（一五五〇）庚戌科，廷對之士三百二十人。狀元唐汝楫，榜眼吕調陽，探花姜金和。

唐汝楫（一五一四—一五九七），字思濟，號小漁。浙江金華府蘭溪縣（今蘭溪市）人。其父唐龍，正德三年（一五〇八）進士，官兵部尚書，加太子太保，與嚴嵩友善。唐汝楫由國子生及第，年三十七。授翰林院修撰，仕至左春坊左諭德。嘉靖四十一年（一五六二），坐嚴嵩黨奪官。萬曆二十五年卒。著有《小漁遺稿》。《明史》有傳，附其父後。

唐汝楫廷試策見《嘉靖二十九年進士登科録》《皇明歷科狀元全策》《歷科廷試狀元策》及《小漁遺稿》。

嘉靖二十九年三月乙丑朔。己卯，策試天下貢士，制曰：朕恭承天命，君主兆民，二十[有]九年于兹矣①。顧論治者，往往以敬天勤民爲務，古先帝王之所以興道致治，與我祖宗之所以立極垂憲，要不外此二[者]②。其爲治之迹，可舉而言之歟？朕寅（承）[奉]上玄③，欽若天道，凡以惠卹計安乎斯民者，未嘗須臾少懈其念。比歲以來，嘉祥屢臻，方内乂寧，天人交，應之固不可誣也。然水旱饑荒，苗狄不靖，民生未遂，治化未孚，豈朕誠[之必]有未盡者④？亦或任事之臣，親民之吏，果能皆體朕勤恤之心也歟⑤？無乃玩愒貪殘弗念于民者歟？朕欲俾休徵時若，邊警不聞，百工克釐，庶績咸熙，不令一夫失其所，朕志也。當何道而可以臻此？爾多士，蘊蓄有日，豈無我助者？宜明著于篇，毋泛毋隱，朕將親覽焉。

---

① 「有」，據諸參校本補。　② 「者」，據諸參校本補。　③ 「奉」，據諸參校本改。　④ 「之必」，據諸參校本補。　⑤ 「皆」，《小漁遺稿》作「仰」；《嘉靖二十九年進士登科録》《皇明進士登科考》《皇明貢舉考》《皇明歷科狀元全策》《歷科廷試狀元策》作「都」。

（底本：《明世宗實録》卷三五八。參校本：《嘉靖二十九年進士登科録》，影印明嘉靖刻本，天一閣選刊；《皇明進士登科考》卷一二；《皇明貢舉考》卷七；《皇明歷科狀元全策》卷一〇；《歷科廷試狀元策》一卷下；《小漁遺稿》卷一，《四庫全書存目叢書》影印北京大學圖書館藏明萬曆四十三年刻本）

臣對：臣聞帝王之致治也，有敬畏之誠，而後可以弘天下之大化；有當務之智，而後可以執天下之大機。何謂敬畏之誠？上體天心，下恤民隱，精純而懇至者是也。何謂當務之智？辨人才之實，得任馭之宜，翕受而敷施者是也。惟誠也，故興道致治之具，皆根于交修儆戒之真，而其治也爲有本；惟智也，故承流宣化之澤，自得乎執簡御煩之方，而其運也爲不勞。治有本，則王道敷于天德，而天下之大化以弘；運不勞，則端拱委于責成，而天下之大機以執。是故，古之帝王，竭一己之誠，而敬天勤民，以克盡其代天理物之責；極一己之明，而選賢任能，以聿臻其咸熙底績之功。愛民以奉天，知人以安民，權度精切，而恩惠廣大，機之所以妙運而不測也；庶明勵翼，而帝力不知，化之所以溥博而無疆也。由是垂衣裳而萬國寧，戢兵革而四夷服，泰和薰蒸，災眚不作，致治之盛，孰有加于此者哉？

欽惟皇帝陛下，亶神聖之資，邃敬一之學，中和建極，仁孝作孚，至德凝于淵穆，而靈貺昭祥；神功徹于昊穹，而休徵協慶。肆今至治馨香，昭假于上下；大化流衍，徧洽于華夷，蓋千古所未有也。乃猶不自滿假，進臣等于廷，策以敬天勤民之道，惠恤計安之略，然臣即是有以仰窺陛下望道未見，求治若渴之盛心矣。顧臣愚學慚稽古，志切攄忠，敢不披瀝罄竭，以對揚休命于萬一乎？

臣惟古聖王之致治也，莫不以敬天勤民爲首務。蓋以帝者，天之子也；天子者，父天母地，而以養人爲責者也。以子事父，可不敬乎？代天養人，可不勤乎？然知所以敬天，則必求所以勤民。惟勤民之政有驗于實用，斯敬天之心不徒爲虛文矣，斯又天人通一而不二之理也。嘗觀諸《詩》曰：「敬天之怒，無敢戲豫。敬天之渝，無敢馳驅。」何如其爲敬也！《書》曰：「懷保小民，惠鮮鰥寡。自朝至于日中昃，不遑暇食。」何如其爲勤也！故堯之兢兢，舜之業業，禹之孜孜，湯之慄慄，文王之亦保亦臨，武王之敬勝義勝，其寅畏瑩徹于表裏，而嚴恭無間于顯微。是以敷之勤民之政，則所謂勞來匡直，利用厚生，斂福建極，康阜惠養者，無不至矣。故當時治化之隆，冠絕古今，而卓乎不可尚矣！

恭惟我太祖高皇帝，肇造區夏；成祖文皇帝，纘嗣丕圖，其駿烈鴻猷，固不容以殫述，而其立極垂憲之大者，實不外乎敬天勤民而已矣。如精誠之録，大祀之文，皆所以崇祀典而敬天也；因旱免租，告饑賑粟，皆所以恤隱憂而勤民也。垂億萬年貽燕之謀，以啓佑後人者，猗歟盛歟！列聖相承，授受一道。至我陛下，妙契真傳，敬承先緒，益有以對揚而光大之。郊壇分祀，辨正陰陽之位；欽天有記，焕發昭事之忱，其敬天也可謂至矣。躬祈禱以重農事，蠲雜租以濟民艱，發内帑以蘇困窮，減貢獻以節冗費，其勤民也可謂悉矣。臨御以來，二十九年于兹，敬慎夙夜，不遑寧處，蓋始終如一日也。方今文恬武熙，内寧外謐，天下樂育于雍熙泰和之域，而涵濡乎汪濊浸潤之澤者，亦既久矣。然民歌《有年》之頌，而水旱饑饉或時見焉；人樂承平之休，而煙塵烽鏑，或竊發焉。近者魃潦頻仍，閭閻愁苦，胡騎猖獗，邊陲驛騷。夫天人之應不誣，而安攘之功有自。今若此者，豈惟陛下慮之，臣亦且疑之矣。臣請根據其説而條陳之。

夫王者求端于天，而察法于地。天確然示人易也，必五行四時宣其能，而後彰保合太和之化；地隤然示人簡也，必山岳河海運其功，而後著含弘光大之德。然則人君之治天下，亦至易至簡也。而其致理圖化，當必有共濟之義，大公之制矣。臣聞天生萬物，不能以自理，而命之聖人曰：「天佑下民，作之君，作之師，惟其克相上帝，寵綏四方。」聖人以一身裁天下之務，不能以獨理，而命之庶職曰：「惟王建國，辨方正位，體國經野，設官分職，以爲民極。」稽古稱盛治者，莫過于唐虞三代。然欽明濬哲之德，必牧岳熙載，寅亮天工，而後協和時雍之治成焉；寬仁勤儉之德，必百僚師師，俊彥旁求，而後文命覃敷，兆民允殖之治成焉。至于文武，亦必六卿率屬以總之于内，九牧分治以布之于外，而後咸和永清之治成焉。百姓用康，在庶官之惟叙；黎民敏德，由臣鄰之克艱，大抵然也。且人君以一身成位乎中，耳目一聞見也，手足一運用也，兆民之繁，庶務之集，非惟勢不克一，而身亦已勞矣。臣未見身處其勢，而能致人于逸者也。故人君于此，亦惟執天下之大機而圖之，譬之柁以運舟，括以發矢，功用神速，無難致者。固非物物而煦之也，而德澤之流，普徧而無方矣；亦非事事而察之也，而神明之用，兼舉而不匱矣。蓋所謂廓然大公，儼然至正，泰然行其所無事，而坐收百官衆職之成功者，此爾。

臣伏讀聖制曰：「水旱饑荒，苗狄不靖，民生未遂，治化未孚，豈朕誠之必有未盡者？」臣愚以爲，懷山襄陵之水，不失爲治世；焦山烈石之旱，不累于明王。化足以成風動，而不免于有苗之征；德足以臻時乂，而不免于鬼方之伐。是水旱夷狄之患，何代無之，殊不足爲有道[之]累也①。故昔之言者曰：「天心仁愛人君，時出災異以警動之。」又曰：「帝王不患有夷狄之侵，而患無禦之之具；不貴有禦之之具，而貴吾無以致夷之窺而已。」然則，今日仰答仁愛之天心，曲盡備禦之至計，是誠不可以不之講也。

臣又伏讀聖制曰：「亦或任事之臣，親民之吏，果能都體朕勤恤之心也歟？無乃玩愒貪殘，弗念于民者歟？」大哉皇言！所謂明見萬里之外，獨觀萬化之原者也。臣請發淵衷而極論之。

夫變不虛生，致寇有自。天變之來，人心之怨也；人心之怨，吏治之非也。今陛下憫念黎元，心固切矣。而所以奉行于下者，或不能精白以承休，則膏澤屯而不究矣。外夷之侵，内備之弛也；内備之弛，將領之非也。今陛下惠養軍士，政固善矣。而所以分閫于外者，類多苟且以塞責，則威嚴弛而不振矣。嘗聞四海之利病，係于斯民之休戚；斯民之休戚，係于

① 「之」，據諸參校本補。

守令之賢否。乃今催科賦斂以效職，而無旬宣惠和之政；簿書期會以程能，而鮮亮采靖共之忠。甚者假上剥民，爲國斂怨，恣意貪饕，肆行漁獵者，尤可畏也。夫守令之官，最爲近民，使天下皆若人焉，則小民其有不困者幾希。雖日廑陛下焦勞之思，而斯民流離輾轉，阽于危亡，陛下得而見之乎？兵不能禦敵，由于將非其人；將不能將兵，由于用非其道。乃今世胄紈袴之豢習，難以責其折衝禦侮之勇，召募挽强之粗才，初不聞乎堅瑕張弛之方。甚者擅奪首功，扣除常給，殘虐多端，朘削無厭者，尤可畏也。夫三軍之命，懸于一人，使將領皆若人焉，則邊兵其有不困者幾希。雖日切陛下宵旰之憂，而軍士扼腕疾視，莫之控訴，陛下得而見之乎？

然則足國安民之道，弭災禦寇之方，豈必他求哉？蓋聞百官修輔，則夏后之山川以寧；方叔壯猷，則宣王之武功以競。今日民生之未遂，守令之責耳；邊圉之多警，將領之責耳。陛下知致弊之由，曷思所以救之乎？病化理之鬱，曷思所以更之乎？史有之曰：「今之郡守，民之師帥也。師帥不賢，則主德不宣，恩澤不流。」蓋言守令之任，不可不重也。任守令之道，大約有三：精其選，嚴其課，久其任而已矣。必先安静悃愊之求，鑒賢愚淆混之失，重殿最核實之條，略累資積考之説。所謂秩當遷也，不移其地；禄當厚也，不移其官可也。所謂以親民長吏，轉爲郡守，有績則進爵加秩者可也。他若馭之以八統，察之以六條，叙之以三式，法固亦有可行者焉。志有之曰：「將者國之輔也。輔周則國强，輔隙則國弱。」蓋言將領之任，不可不重也。任將領之道，大約有三：慎其簡，重其責，假其權而已矣。必公取舍而不以愛憎加，較勇略而不以黷貨進，功必録而不以賤遺，罪必誅而不以親貸。無持細苛，而長養其投石超距之氣可也；俯從寬假，而開放其鷙擊虎搏之心可也。他若先之以六術，繼之以五權，察之以八徵，法固亦有可用者焉。

甄别黜陟之典明，則賢者勸，而不賢者亦有所畏而不敢；鼓舞振作之用神，則能者勉，而不能者亦知自奮以效用。由是稱彊項者，有砥礪名節之董宣；持風裁者，有不畏貴戚之郅都；後催科者，有勞心撫字之陽城；敦本實者，有修明禮教之衛颯，而守令得人矣。守令得人，則民遂安全飽暖之欲，而無咨嗟愁怨之聲。陰陽不至于繆盭，氛氣不至于充塞，人心訢合而天休滋至，何有乎水旱饑荒之患哉？設或數有適然，災沴時作，而吏稱民安，本業以固。所謂有道之國，天不能災，地不能阨，年穀不登，而民無菜色者，固自若矣。由是，司督撫者，抱良平之器；膺統馭者，負韓白之才；分閫授鉞者，必李牧、魏尚其人焉；據險阻要者，必張仁愿、王承嗣其人焉，而將領得人矣。將領得人，則有摧堅制勝之具，而無奔北敗衂之虞。先聲以奪其志，持勝以寢其謀，聞望精神，可以潛消驕悍，何有乎憑陵侵軼之患哉？設或桀驁未馴，梟雄反覆，而養鋭蓄力，備禦有素，所謂來則懲而禦之，去則備而守之，寧我致人可常坐而役敵矣。故曰：「聖人在上，日月不薄食，雷發不震，雨雹不爲災。」又曰：「中國有聖人，海不揚波，重三譯而來朝。」臣愚何幸而得躬逢其盛耶！

雖然，臣舉其要，猶有可言者焉。蓋養士莫大乎學校，而今之守令，學校之所儲也。必謹庠序之教，崇師儒之職，一道德以明禮義，而不以割裂裝綴爲能；尊經術以正習尚，而不以規繩課試爲藝。如陽城之在國子，胡瑗之在鄉學，則《菁莪》樂育之教興，《兔罝》好仇之才出矣。故居則爲端人正士，出則爲循吏良臣，而何慮乎守令之不賢？選將莫大乎武舉，而今之將領，武舉之所拔也。必申（敕）[飭]騎射之技①，兼舉文事之科②，深于兵法明經者隸其事，而庸妄不之用。親試其勇，而有謀者，待以不次之位，而章句不之取。不率教者，不得舉于鄉；不有實學者，不得舉于司馬，則仁義忠信之道明，奇正機權之略諳矣。故無事則爲帷幄贊畫之臣，有事則爲干城腹心之將，而何慮乎將帥之不賢？

雖然，臣究其本，猶有可言者焉。孔子曰「爲政在人」，言安民之本于知人也；「取人以身」，言知人之本于自治也。知人之哲盡，則安民之惠行；純心之本端，斯用賢之道得，此古今不易之定論也。況乎人君以一人之聞見，而欲盡天下之賢

① 「飭」，據《皇明歷科狀元全策》《小漁遺稿》改。 ② 「事」，《小漁遺稿》作「字」，《皇明歷科狀元全策》《歷科廷試狀元策》作「學」。

才，力既不能，日亦不給。是故議道自已，以守至正；恭己南面，建其有極。夫然後明目達聰，廣四方之視聽；鑒空衡平，定百職之妍媸，孰有能遁其情者哉？于是乎人必稱官，官必稱職，大小臣工，罔不淬礪篤忠，修明職守，政治彰，教化洽，而海内晏然矣。董子所謂「正心以正朝廷，正朝廷以正百官，正百官以正萬民」，正此謂也。仰惟陛下，敬一持心，無逸示訓，敦操存涵養之功，懋時敏日新之學。所以正其心者，已無不盡矣。則夫取人以身之則，純心用賢之本，臣復何言哉？

抑臣聞之《書》曰：「慎厥終，惟其始。」蓋言鋭于始者，未必繼于終；而勝于暫者，或不持于久。故四時常運，不息其機；日月貞明，不改其度。上者法天以行健，不輟其功，純亦而不已①，聖學之所以光明也；夙夜而不怠，基命之所以宥密也。今陛下齋慄對越之心，勿懈須臾；惻怛慈惠之念，無少瑕翳，固矣。然理欲危微之辨，間不容髮；操舍出入之防，實則無時。是故，作之以憂勤矣，而或乘之以因循；出之以誠篤矣，而或勝之以儀文。防微杜漸之戒，省察克治之功，少有弗至，竊恐虛靈之體，必將窒而不達；裁制之用，亦有發而不當者矣。臣願陛下始終惟一，而不雜于二三；自强不息，而無有乎間斷。防閑于莫見莫顯之際，敬謹于不言不動之時。端莊静一，凝其真也；明通公溥，植其本也；慎密緝熙，聯其間也；長永貞固，恒其德也。根柢于一心，而顯設于庶務，卷之于退藏之密，而達之于酬酢之神。誠由此立，智由此出，化由此弘，機由此執。以此事天，則恐懼不弛；以此治民，則曲成不遺；以此任賢，則有克知灼見之明；以此立政，則妙裁成經緯之用。行于朝廷而群工率職矣，布于邦國而百姓樂業矣，洋溢于蠻貊而四夷來王矣，充塞于穹壤而萬物蕃育矣。三光凝，七政齊，諸福駢集，百嘉鬯遂，天德乎而王道終矣。此端本澄源之道，聖修神化之極，實臣愚所惓惓懇望于今日者也。陛下不棄芻蕘，留神省覽，天下幸甚，臣愚幸甚！

① 「亦」，《皇明歷科狀元全策》《歷科廷試狀元策》作「一」。

干冒天威，不勝戰慄隕越之至。臣謹對。

（底本：《嘉靖二十九年進士登科録》。參校本：《小漁遺稿》卷一；《皇明歷科狀元全策》卷一〇；《歷科廷試狀元策》一卷下）

五九　嘉靖三十二年癸丑科　陳謹

嘉靖三十二年（一五五三）癸丑科，廷對之士四百零三人。狀元陳謹，榜眼曹大章，探花温應禄。

陳謹（一五二五—一五六六），字德言，號環江。福建福州府閩縣（今福州市）人。嘉靖三十一年中鄉舉，翌年連捷，年二十九。授翰林院修撰。奉命册封藩府，調命後至，外放惠州推官。未期年，改任南京太僕司丞，尋轉陞南京國子監司業。嘉靖四十三年，奉召回京，任右春坊右中允。次年，丁父艱歸。嘉靖四十五年，會家人與營卒相毆，出解之，爲亂梃所傷，卧病月餘卒，年四十二。著有《内制集詩文稿》，藏於家。

陳謹廷試策見《嘉靖三十二年進士登科録》《皇明歷科狀元全策》及《歷科廷試狀元策》。

嘉靖三十二年三月丁丑朔。辛卯，策試天下舉人，制曰：朕聞「后克艱厥后，臣克艱厥臣」者，是上下之職，均有甚不易之理。昏才之主，亦多此之上者，曷不自勉諸邪？朕承皇考、皇妣近澤所鍾，丕荷上天明命，簡畀后職，勉法祖宗，敬天愛民，由胞及與，未嘗敢忽。何爲臣者，無克艱之思，每懷欺于謗，甚至勾沙漠以爲骨肉，但逞劫主之逆，不顧胞與之害？此其至大者，他皆可例焉。君（免）［逸］臣勞①，都能言諸口，心身力行甚少。先行其言之聖訓，視作空言矣。爾多士身未居于位，而心志正在明白地，聞見久矣，必有不易之論，宜直列于篇以對。

① 「逸」，據諸參校本改。

（《明世宗實録》卷三九五。參校本：《嘉靖三十二年登科録》，影印明嘉靖刻本，天一閣選刊；《皇明進士登科考》卷一二；《皇明貢舉考》卷七；《皇明歷科狀元全策》卷一〇；《歷科廷試狀元策》一卷下）

臣對：臣聞帝王之御世也，致治于無虞者，君臣相得之功；保治于無疆者，君臣交儆之助。何者？天之立君，所以任繼天之責；君之得臣，所以弘子民之道。是君臣之分雖殊，而克艱之司則一。使非有相得之情，則分隔而志不通，無以究經綸之藴；非有交儆之益，則面從而心日弛，難以致一德之孚。惟夫君立其綱，臣任其事，則心不勞而萬幾日理；君虚其受，臣獻其誠，則志不怠而化理維新。夫然則君臣道合，所以謨明弼諧者有成功；上下情聯，所以輔理承化者有偉績。鞏國祚于苞桑之固，措天下於泰山之安者，端在是矣。

欽惟皇帝陛下，以剛健中正之資，備文武聖神之德，光昭大統，克纘鴻基，啓中興之令圖，開太平之昌祚，蓋粹乎位斯道之中，而建維皇之極者也。臣竊伏草茅，遥被治化久矣，廼者叨有司之薦，得以與大廷之對，而聖策有及於君臣克艱之言，臣謭陋粗疎之見，誠不足以裨國論之萬一。然一得之愚，敢披忠悃，就陛下所問及者而敬陳之。

嘗考之《書》曰：「亶聰明，作元后，元后作民父母。」言天之立君，所以代天而施長民之政也。《詩》曰：「藹藹王多吉人，維君子命，媚于庶人。」言君之得臣，所以體君而敷惠民之澤也。君代天而爲之子，是故所居者天之位也，所宣者天之言也，所行者天之工也。以上天化育之所不及，而寄之於君，則君之責，亦甚重矣。臣體君而爲之用，是故所食者君之禄也，所治者君之民也，所理者君之事也。以人君分理之重寄，而托之於臣，則臣之責亦不易矣。是以克艱厥后，克艱厥臣，誠有如大禹所論者。

在昔唐虞之世，代天者有放勳、重華之聖，其克艱之任爲不負矣。而當時輔弼之臣，隨事分理，同心以協其謀，都俞吁咈，儆戒以成其美。是以上下交而德業成，而時雍風動之休，至今稱盛治也。三代之時，在上者有祇台建中之君，純德敬義之主，其克艱之責，可以繼唐虞而稱美矣。而其贊襄之佐，亦皆相知以心，形迹不累；相濟以道，飭勵無疑。是以君臣孚而世道泰，而雍熙太和之治，後世言盛治者稱三代不衰也。

嗣是而降，去唐虞三代遠矣。安馬上之習，而《新語》之獻，陸賈徒肆乎空言；尚經術之名，而曲學之諛，公孫得容于阿世。盡言無隱，魏徵之正直似矣，而大綱未正，不能措其主於三代之隆；《論語》半部，趙普之治平似矣，而國勢不振，不能致其君於雍熙之美。甚至假經術以經世務，而上慕唐虞之言，徒爲欺君罔上之策。其相得之情，雖或時一見焉，而交儆之道，則概乎其未有聞也，求其相得交儆以盡克艱之任，君逸臣勞以成致治之美者，不有見於今日乎？

洪惟我太祖高皇帝，繼天立極，應人啓統，正華夷之大分，復萬古之綱常，一時經制之謨，真足以並唐虞而邁三代矣。觀其書《大學衍義》于廡壁，而謂學士宋濂曰：「朕之爲君，上畏天地，下畏兆民，兢兢業業，不敢自逸。」大哉皇言！其深明人君克艱之任者乎。臣嘗伏讀聖製諸書，而知聖祖所以盡其克艱之道者至矣。論道主乎執中，稽治本乎堯舜。至於祖訓之制，尤所以示貽謀燕翼之道者，自持守以至國政，而大綱具張；自禮義以至供用，而萬目備舉。他若《聖政》之記，《通訓》之章，《大明日曆》之編，《存心》《省躬》之録，其修身體道，立綱陳紀，所以遺萬世聖子神孫之太平者，詳且悉矣。聖作物覩，而一時名世之臣，雲從景附，以弼成大業。先幾如劉基，學行如宋濂，徐達之沉毅端重，常遇春之剛毅勇略，李文忠之器量沉閎，沐英之謀慮深遠，至於陶安之議論無雙，王禕之學兼體用。上下之間，咸有一德，信非漢唐宋之君臣所能及也。列聖相承，重熙累洽，而明良相遇之盛，蓋先後而有光矣。

我皇上以憲天法祖之心，懋高明光大之學，敬一傳心，仁孝持念，祭祀必致其精誠，憂勤先謹乎天戒，則天德之純，有以豫内聖之體矣。勵精圖治，誠心愛民，戚畹不得恃恩，近侍不得干紀，躬籍田之耕，下賑恤之詔，則王道之備，有以達外王之用矣。陛下撫日中之治，而勤克艱之思，信足以副上天簡畀之明命，而民胞物與，未嘗少忽者也。德意所及，萬方之黎庶，皆將樂樂利利，思觀德化之成，而況爲之臣者，尚忍負之乎？是以中外臣工，莫不滌志慮以承休德，大臣法，小臣廉，三孤弘化，六卿分職。至於分藩專城，秉旄仗節，文武之臣，日思效忠而宣力者，皆曰將以翼九重恭己之化矣。

然而，聖制有曰：「爲臣者無克艱之思，每懷欺於謗。甚至勾沙漠以爲骨肉，但逞刼主之逆，不顧胞與之害，此其至大者。」臣請得而言之。臣聞之曰：「治世非無小人也，難乎其爲小人；亂世非無君子也，難乎其爲君子。」明于此者，可以知其故矣。昔唐堯之世，賢聖滿朝而有方命之鯀；野無遺賢，有虞之治至矣，而比周爲黨，復有一共工焉。堯舜不以鯀與共工而盡疑乎在朝之輔佐，而後世之尚論者，亦未嘗以此而病堯舜官人之明也。陛下以堯舜之心爲心，以堯舜之治爲治，而在廷之臣，復以堯舜其君爲己責，堯舜不能無共工、伯鯀，則小人之病國，雖盛世豈能必其無哉？故今天下之臣，其在朝廷輦轂，豈無秉義竭忠之臣，然而違上所好，朋家作仇者，未盡無也；其在百工庶府，豈無亮采惠疇之臣，然而納賄招權，誣上自恣者，未盡無也；其在内臺司諫，豈無彰順匡過之臣，然而附和面從，黨同伐異者，未盡無也；其在軍門督府，豈無鷹揚效死之臣，然而剛愎自用，貪殘少恩者，未盡無也；其在藩臬守令，豈無旬宣和惠之臣，然而違道干譽，尸禄養望者，未盡無也。甚者剥民之膏脂以肥其家，竊君之榮寵以張其勢，掠人美以市恩，恣己私以敗度者，未盡無也。人之度量，雖智愚相越，存乎御之何如耳。陸贄曰：「漢高稟大度，故其時多瑰傑不羈之材；漢武好英風，故其時富環詭立名之士；漢宣精吏治，故其時萃淳良核實之能。」言下之係乎所率也。漢之三君，固非純於王道之主，然而御臣有其道，則臣下之趨向隨之，而況聖明之世，陋三君於不屑者乎？

夫君猶盂也，臣猶水也，盂圓則水隨以圓，盂方則水隨以方，惟在陛下一轉移之間耳。臣願陛下崇寬大之體，廣虚受之衷，委任而相得益章，論道而交儆不替。忠邪當辨，而大臣之細過勿詰可也；事理當審，而言官之狂戇者勿遽震之威可也。罔上當懲也，而事無首尾，泛相沿及者，勿概坐可也；陽是陰非，臆度附會者可誅也，而所見不同，本無意必者，勿絶其生還可也。託忠賢以爲腹心，開言路以廣耳目，君有匪懈之誠，臣懷媚上之衷。面從後言，如舜之所以戒禹也；無怠無荒，如益之所以戒舜也；鹽梅舟楫，如高宗之所以望傅説也；敬勝怠勝，如太公之所以告武王也。君臣之間，手足腹心，相待一體，則感恩而圖報者，咸欲自靖而自獻也。况臣子亦素有忠君愛國之心，乘時而思奮者乎？由是懷才以效用者，志存乎立功；負德以匡時者，事專乎報主。廊廟之臣，誠篤輔弼；省寺之臣①，誠竭贊襄；臺諫之臣，誠盡其言；藩臬之臣，誠修其職；郡邑之臣，誠效綏牧；封疆之臣，誠固捍禦。修於家者，用於天子之廷；宣諸言者，措諸躬行之實，所以翊陛下垂拱之化者，在於此矣。是猶四時五氣，各司其職，而君人者如天運於上，不勞而化成者也。君逸臣勞之義，豈徒爲無實之空言哉？

雖然知君逸臣勞之義，固當求盡其責。然爲臣克艱之道，實有未易盡者，臣請得而終言之。蓋昔先王之世，以《天保》以上治內，《采薇》以下治外，是以綱紀畢張，而上下並福也。然治內者文臣之責，治外者武臣之任。今內外之政，雖亦同於往古，而內郡黎民之困，外地兵政之弊，則亦有可言者矣。以民之困言之，倉箱無卒歲之儲，田里無口分之業；南則病於稅産之虛，北則病於邊防之擾。至於災異之地，猶失撫字之方，封洫溝渠，鞠爲草莽，仰食待哺之民，輾轉而不能自給。是以流離載道，攘劫爲生，則民之窮亦已極矣。陛下持由胞及與之仁，而爲臣者不能致國家於民康物阜之化，甚非所以仰承克艱之意也。更化善治者，尚當求先王治內之政乎？必也重守令之選，節浮冗之費，時撫字之恩。夫國家所以敷德意而拯救民瘼者，惟守令耳。守令得人，則承流宣化，可以恤民情之隱；浮冗既節，則食寡用舒，可以裕財賦之源；撫字以時，

① 「省寺」，諸參校本作「諸司」。

則惠溥情聯，可以固一體之愛。如是而民生日厚，民行日興，暖衣飽食之衆，皆有勇知方之徒也。以兵之弊言之，勾稽有册矣，而行伍則虚；簡閲有規矣，而老弱如故。校練有期，而朽甲鈍兵，無以當折衝之需；侵兵有禁，而私役專利，不足以一效死之心。是以内地空虚，邊庭弛備。北虜縱横，而縮頸股栗；盜賊竊發，掩耳而不願聽，則兵之弊亦云甚矣。陛下思患預防，軫念於四夷之守，而爲臣者不能爲萬全之謀。國家所以委任典兵之謀，爲臣所以業官盡職之道，皆不如此也。救弊以壯國者，尚當求先王治外之政乎？必也重將帥之選，慎教習之法，嚴冒濫之刑。夫將帥之任，天子所以託重恃力，而振國家威嚴之勢者也。將帥得人，則干城腹心，可以膺安攘之寄；教習時慎，則步伐止齊①，可以備折衝之謀；冒濫有刑，則驍勇充實，可以祛疲弱之病。由是而紀律嚴明，國威日振，干戈甲胄之士，皆藩城衛國之民也。

治内治外，兼舉不偏，則文武之臣，所以盡其克艱之任者，力行而身體之矣。陛下擴天地之德，而留心於民；群臣承付託之重，而效忠於君。君臣之間，各盡其道，則惠澤日宣，教化洋溢，舉斯世之民而躋之仁壽之域，無有難爲者，尚何九重垂拱平成之化不可致哉？

雖然，帝王願治之心無窮，臣子愛君之心無已，國家御臣之道，救時之政，前已備矣。至於根極要領之論，臣復竊有説焉。臣聞之孔子曰：「爲政在人，取人以身。」董仲舒曰：「人君正心以正朝廷，正朝廷以正百官，正百官以正萬民。」皆言人君一心，用人之本也。陛下紹心學之傳，發道統之祕，九重端默而養乎虚明湛一之體，則聖心之純固，足爲照臨百官之本矣。然慎終如始，尤聖心之所宜留念者。臣願陛下於宫闈深邃之中，心氣清明之際，静虚動直，以植乎此心之本；察識擴充，以達乎此心之幾。使天理常明，私欲净盡，則心無不正，身無不修，而取人之本正矣。由是而藻鑒清明，群邪不能爲之

① 「止」，諸參校本作「整」。

惑；權度精切，衆説不能爲之淆。取舍不累於愛憎，賞罰不徇於喜怒。猶鑒之照物，妍媸在彼，隨物而自應者也。百官之正，萬民之正，一惟預養此心之所運耳。四海之内，又孰不聞盛德而來臣哉？

臣也尋章摘句，非有正大不易之論。然而狂瞽之見，始以御臣之道爲陛下告，終以取人之本爲陛下勉，惟以明諸其心，上不負陛下，下不負所學而已。惟陛下矜憫愚誠，而留神嘉納。

臣不勝戰兢隕越之至。臣謹對。

（底本：《嘉靖三十二年登科録》。參校本：《皇明歷科狀元全策》卷一〇；《歷科廷試狀元策》一卷下）

六〇　嘉靖三十五年丙辰科　諸大綬

嘉靖三十五年（一五五六）丙辰科，廷對之士二百九十六人。狀元諸大綬，榜眼陶大臨，探花金達。

諸大綬（一五二三—一五七三），字端甫，號南明。浙江紹興府山陰縣（今紹興市）人。嘉靖二十二年，登浙省鄉試亞魁，年二十一。狀元及第，年三十四。授翰林院修撰，歷左春坊左諭德。隆慶元年（一五六七），任侍讀學士，掌院事。隆慶四年，陞禮部右侍郎；六年，改吏部。萬曆元年，以病卒，年五十一，贈禮部尚書，謚「文懿」。著有《諸文懿公集》。

諸大綬廷試策見《嘉靖三十五年進士登科録》《皇明歷科狀元全策》及《歷科廷試狀元策》。

嘉靖三十五年三月庚申朔。甲戌，廷試天下貢士，制曰：朕惟天命立君，以宰於率土，必有分理協助之臣，所謂鄰哉也吁①。堯舜之克聖，不有高賢大良之助，豈二聖獨勞耶？夫以古之元首股肱，真是一體，上下相資，不若兹時之大不同者。朕以心腹置人心腹中，何乃視我仇讎焉，安望爲國恤民也？朕固無知人之哲，能官之智，我欲聞是知能之方，爾多士目覩既真，當有益我知能之道，悉著以對，勿諱勿欺。

（底本：《明世宗實録》，卷四三三。參校本：《嘉靖三十五年登科録》，影印明嘉靖刻本，天一閣選刊；《皇明進士登科考》卷一二；《皇明貢舉考》卷七；《皇明歷科狀元全策》卷一〇；《歷科廷試狀元策》一卷下）

---

① 「也」，《皇明歷科狀元全策》《歷科廷試狀元策》作「都」。

臣對：臣聞帝王之致治於無疆也，必君臣相孚，而後成德業之盛；必仁義相濟，而後得馭臣之方。何者？君猶天也，臣猶四時五行也。天道有默運之神，而所以普生成之功者，未始不由於四時五行之布。人君建維皇之極，而所以達政教之廣者，未始不賴於公孤司府之承。然而君之於臣也，其心一，其任專，故每盡夫使下之道；而臣之於君也，其分懸，其事賾，或未篤夫事上之誠。於此而欲馭之有方以致乎相孚之美，賴之協助以臻夫至治之隆，必也仁義之相濟乎？仁也者，渥之以恩，而啓其報禮之重者也；義也者，裁之以法，而格其頗僻之私者也。有恩以渥之，則臣皆秉忠愛之忱而不忍欺；有法以裁之，則臣皆存寅畏之念而不敢欺。愛畏之情交於中，而靖恭之節著於外，由是百官盡克艱之道，庶政有維和之休，猶之四時之各宣其氣也，五行之各司其候也。而天道之運於上者，自然高明而悠久，不言而成化矣。此唐虞之世所以明良喜起，而道協於一心；德業光昭，而治隆於千古也。不然，純任義而不渥之以恩，則情意弗聯，固非同心同德之義；純任仁而不裁之以法，則章癉弗著，豈所以成其自靖自獻之忠哉？是故君臣相孚，斯德業之本也；仁義相濟，斯馭臣之方也。所以比隆唐虞而致治無疆者，端不外是也。

恭惟皇帝陛下，稟剛明純粹之資，秉仁義中正之德，恭默體道而上通天載之神，推誠任人而允升大猷之治。盡倫盡制，握君師治教之權；建極建中，闡帝王精微之學。文命敷於四海，聲教達於八紘，德已崇矣，業已廣矣。然猶聖不自聖，進臣等于廷，俯賜清問，即臣等目覩之事，詢臣等知能之方。臣草茅愚陋，不能仰承德意，然人臣之道，事君之義，臣講之素矣，敢不披瀝以對揚萬一耶？

臣聞之《傳》曰：「天生民，而立之君。」蓋言天爲萬物之祖，而不能盡左右之方，故擇天聰明之盡者，而隆之以君師之任。是代天之道者君也，當以天之心爲心者也。《禮》曰：「設官分職，以爲民極。」蓋言君出庶物之首，而不能兼百職之繁，故擇賢才之可任者，而委之以輔理之責。是代君之事者臣也，當以君之心爲心者也。君以天之心爲心，其道法天而不私，以無心成化爲至，故君道常主乎逸；臣以君之心爲心，其道從君而不貳，以夙夜匪懈爲至，故臣道常主乎勞。

粤稽諸古，帝堯之德，欽明文思，允恭克讓，固至極而無以加矣。然其所以致時雍於變之休者，堯非獨爲之勞也。當時若羲和授時，舜納百揆，益烈山澤，禹抑洪水，孰非賢良之臣，爲之惠疇若采而分理協助於下耶，故稱堯之治者謂之則天，言其同天之無爲而蕩蕩乎無能名也。帝舜之德，濬哲文明，温恭允塞，亦至極而無以加矣。然其所以致四方風動之治者，舜亦非獨爲之勞也。當時若皋陶明刑，稷教稼穡，伯夷典禮，后夔作樂，又孰非賢良之臣，爲之奮庸熙載而分理協助於下耶，故稱舜之治者謂之無爲，言其得人之甚逸，而雖盛德蔑以加也。

夫語治至於唐虞，亦云極矣；爲君至於堯舜，亦可以無議矣，而其必任乎臣鄰如此。則夫君享其逸，臣任其勞，固天地之常經而萬世之定論也。但君之視天下也猶一身，而人臣則或自私其身；君之視天下也猶一家，而人臣則或自利其家。蓋自漢唐而下，迄於宋元，風會日漓，淳龐寖散，其間忠臣良相，雖不無可稱，而求其百僚師師，如古唐虞之盛，殆不可多見矣。

洪惟太祖高皇帝，應運開基，統天立極，而一時豪傑之士，雲附景從，若劉基之明炳，宋濂之學行，徐達之沉毅，常遇春之勇略，陶安之論議，王禕之忠貞，率皆進之帷幄，列之後先，同心協德，以共成一代光明之業；交歡濟美，而永貽萬世無疆之休，固由我太祖天錫神聖而馭臣有方，實亦一時諸臣慶知遇之隆，秉匪躬之節，忠愛而不忍欺，寅畏而不敢欺也。今我皇上久道成化，純心用賢，委任之專也，讒間不能携其情；責成之久也，進退得以行其志。一有微能，則因能而授之任，不惜夫爵秩之隆；一有微功，則因功而加之賞，不靳夫匪頒之賜。至於禮意之優渥，盎乎若陽春；訓諭之叮嚀，藹然如父子。陛下之所以待群臣者，真可謂推心置腹而相待一體者矣。三公九卿，百司庶府，囿覆幬之化，而共荷夫生成；浹雨露之恩，而咸思夫報稱。固亦更相淬勵，勉自修省，以求不忝於厥職，無愧於乃心。然而人心不同，智愚相越，即今觀之，臣未敢謂盡如唐虞諸臣之良也，亦未敢謂盡如國初諸臣之盛也。

臣伏讀聖制有曰：「夫以古之元首股肱，真是一體，上下相資，不若兹時之大不同者。朕以心腹置人心腹中，何乃視我仇讎焉，安望爲國恤民也？」臣因是仰窺陛下之心，任賢所以爲國，使臣將以恤民，是誠以天之心爲心者也。凡兹臣庶，咸宜以陛下之心爲心。而今有不盡然者，將安所逃於天地間耶？然臣嘗聞之：「治世非無小人，自難乎其爲小人，亂世非無君子，自難乎其爲君子。」方今道協太和，世登盛治。而諸臣之中，間有不率者，是亦治世之小人也，不可以是概視諸臣也，顧所以馭之何如耳。今夫元首股肱，相爲一體，君上臣下，道每相資。非古之時爲然，而今獨不然也，良以古之人心即今之人心，而今之士習非古之士習。古之人臣，其視君真猶元首也，其事是君，真猶股肱之衛元首也，皆根於心之不可解，而發於情之不可遏。愛而彌篤，不敢有一毫之自私也；敬而罔怠，不敢有一毫之自肆也。而今之事君，則有不盡然者。坐而論道，非無秉忠竭誠之臣，而懷欺徇黨者，亦容有之矣；起而作事，非無效忠宣力之臣，而怠事苟禄者，亦容有之矣。藩屏四方，固有旬宣而惠和者，而尸素養望，亦未必其盡無也；擁麾分閫，固有戮力而矢心者，而損威失重，亦未必其盡無也，此其心非始於一念之自私，則始於一念之自肆。惟自私則忠愛之心踈，而不能懇切真誠以服勤乎王事；惟自肆則敬畏之心怠，而不能嚴恭儼恪以祇若乎明威。以此爲國，安望其輔理之功？以此爲民，安望其勤恤之政？此誠有如陛下之所諭也。然而自負其心，則亦自貽其戚，若萬物之自棄於大造，而奚虧於天地之化乎？若人子之自乖夫順德，而奚損於父母之慈乎？

聖制乃曰「朕固無知人之哲，能官之智」，而下詢臣等以知能之方。臣竊仰見陛下離照無私，明見萬里之外；乾剛獨斷，總裁庶政之幾。别邪正之途，而凡臣庶之隱幽咸得其情；一日月之照臨，而萬物莫不被其光也。盡器使之道，而凡大臣之任使，各因其才；一四時之順布，而萬物莫不得其所也。然則知人之哲，能官之智，固已曠千古而同符堯舜矣。臣愚一得之見，則有仁義相須之説焉。謂之仁者，非姑息之謂也，念一體之係，而推容保之恩，使之親而不相間耳；謂之義者，非刻薄之謂也，防慈愛之流，而用威克之道，使之尊而不相玩耳，斯二者在陛下已預養而時出之。而臣復以此爲言者，蓋以諸臣之中，賢否殊途，固有戴仁以圖報者矣，而亦有見義而後懲；固有感恩以作忠者矣，而亦有畏法而後勸，殆不可以一律齊也。

今陛下之於臣，寵之以禄秩，榮之以聲名，忠信以孚其心，禮儀以重其任，仁無不至矣。意者一於慈惠，則惠褻而不以爲恩；過於寵榮，則寵加而不以爲德。秉忠竭誠者，任之彌專可也，其或懷欺而徇黨，則天討之彰可不行歟？效忠宣力者，委之不貳可也，其或怠事而苟禄，則廢黜之典可不舉歟？旬宣惠和者，進之崇階可也，其或尸素而養望，則三載之考可不嚴歟？勠力矢心者，託之閫外可也，其或損威而失重，則三錫之命可不慎歟？又或間行不測之威，心懾奸宄之志，時申核實之令，以稽文飾之奸。某稱賢能也，必審其賢能之實，而名浮於德者，在所不庸；某稱課最也，必核其課最之詳，而禄浮於功者，在所必黜；某也任某事，克勝其任，旌之可也，苟受直而怠事，則懲其瘝曠之愆；某也舉某人，不負所舉，賞之可也，苟阿好而徇私，則治其欺罔之罪。推而至於天下之大，四海之廣，由大臣以督監司，由監司以督守令。潢池之弄兵未息，則知其保障之才踈；閭閻之貧困未蘇，則知其催科之政急。嚴明乎賞罰，而大起精明之功；振肅乎紀綱，而痛革因循之弊，使天下洗滌心志，聚會精神，如手持而足行，目視而耳聽，皆流貫於元氣，從令於天君，呼吸運動，神應默從，而莫有不管攝者。斯則義之用也，而實所以濟乎其仁也；法之裁也，而實所以行乎其恩也。

凡兹臣庶，皆將感乎仁而興忠愛之忱，服乎義而存寅畏之念。在内者務啓沃之忠，而思所以盡其道。爲丙魏之同心輔政，爲房杜之明斷相資，而坐而論道者罔不良矣；爲汲黯之鎮重社稷，爲陸贄之竭忠贊襄，而起而作事者罔不勤矣。在外者效承宣之能，而思所以供其職。爲龔遂之寢寇渤海，爲文翁之興學成都，而藩屏四方者罔不循矣；爲裴度之削平淮如蔡，爲韓琦之坐懾西羌，而擁麾分閫者罔不競矣。元首明於上，而股肱懷勵翼之誠；腹心置於人，而手足效維持之義。如此而喜起賡歌之盛，豈徒專美於唐虞而已哉？此非臣之私言也。唐虞之時，都俞吁咈，而上下交孚，太和之氣象，固可想矣。然而四凶之誅，未嘗少貸焉，是未始不裁之以義也。我太祖之時，群臣協心而共成大業，情意之浹洽，固云至矣。然而賢奸之辨，因而作傳焉，則亦何嘗不裁之以義耶？

蓋仁者，天地之和氣也；義者，天地之肅氣也。人君繼天而出乎治，憲天以立夫極，則法其和而爲仁，法其肅而爲義，其道固所以相濟而不可以相無也。然臣又聞之先儒曰：「仁可過也，義不可過也。」故天地之道，和風甘雨，長養萬物，其機未嘗或息，而雷霆之震，霜雪之摯，則時一見焉。是仁義之用，雖天地固已酌而施之矣。陛下深仁厚澤，淪浹人心，如和風之鼓舞，甘雨之滋潤，天下莫不被之，而間一行義以遏惡懲奸，固有斷不至於過者。然而，體天之心，憲天之道，寧過於仁而無過於義，此實臣之所以惓惓仰望於陛下者也。如事可罪也，或原其過誤之情；言雖戇也，或諒其忠誠之悃。擴包荒之度，而罪疑從輕；開遷善之門，而刑過無小，則天下皆知陛下之用義也，用乎其所當用者也，其裁之以法也，裁乎其所不得不裁者也。而凡人臣之沐浴於深仁者，固已德一而心同；其自罹於罪愆者，亦皆心悦而誠服，如萬物之於天地然，雖覆之而無憾；如人子之於父母然，雖勞之而不怨矣。此之謂仁育義正，相兼相濟，固不以恩而廢法，亦不以法而傷恩。斯天地之全德，而帝王之中道也。

乃若張鼓舞之大機，用磨礪之大柄，使天下士即未仕之初，而預養夫忠貞之志，當既仕之日，而益堅夫篤棐之貞，則學校之教，考課之法，殆亦不可緩焉。蓋學校之設，風俗之關也。今士初習句讀，而其心多以榮身肥家爲圖，則及其筮仕也，授以官秩，而籍爲媒利之階；委以任使，而視爲肆志之地，爲德爲民，養之無素，而安望其能盡然耶？是故必重學校，如古三物之教，六德之修，使窮居之日，已真知夫君臣之義，如范仲淹自秀才時，遂以天下爲己任，則行義之際，庶幾不變其塞，而忠君愛國，自有所不容已矣。考課之典，賢否之别也。今庶官因緣爲奸，而典銓或未得其情僞之實，則雖亦猶夫考課也，然賢者未必褒，而爲善之心日弛；不肖者未必斥，而僥倖之心日甚，黜陟幽明，不無失當，而安望其能勸懲耶？是故必嚴考課如古八法之治，六條之察，使不才之流，不得濫夫名器之重。如三代盛時，官不及私昵，爵罔及惡德，則忠良之臣，庶幾益加激勸，而鞠躬盡瘁，亦在所不敢辭矣。此二者亦皆所以行仁義之道，而感率人臣以效忠者也。若夫明哲以知人，論官而器使，則固陛下德明德威之餘事耳，而臣又何容贅耶？

抑臣又有獻焉。仁義之德，原於天而根於心。心焉既正，則一念之慈愛即爲仁，一念之裁制即爲義。時而出之，並行而不悖；舉而措之，參和而不偏，皆此心之妙用焉耳。臣願陛下益純敬一之功，懋養淵源之德，澄心正極，省慮涵虚，有敬止之純矣，而務底於緝熙；有剛健之體矣，而必期於不息。則精明之中，萬理咸備；公溥之内，至德渾全。存諸中，可以合天心；達諸外，可以發天機。時焉以仁而用恩，即天之和煦而不流也；時焉以法而用義，即天之肅烈而不過也。王道普和平之美，庶官成效順之風，至治保於無疆，而萬壽引於弗替。天下幸甚！臣愚幸甚！

臣不識忌諱，冒瀆宸嚴，無任戰慄隕越之至。臣謹對。

（底本：《嘉靖三十五年登科録》。參校本：《皇明歷科狀元全策》卷一一；《歷科廷試狀元策》一卷下）

六一　嘉靖三十八年己未科　丁士美

嘉靖三十八年(一五五九)己未科,取進士三百零三人(《續通考》作三零二人)。狀元丁士美,榜眼毛惇元,探花林士章。

丁士美(一五二一—一五七七),字邦彦,號後溪。南直隸淮安府清河縣(今江蘇淮安市)人。狀元及第,年三十九。授翰林院修撰。隆慶四年(一五七〇),陞翰林侍讀學士,掌院事;五年,陞太常寺卿,掌國子監事。萬曆元年(一五七三),陞禮部右侍郎,轉吏部左侍郎。卒贈禮部尚書,謚「文恪」。

丁士美廷試策見《嘉靖三十八年進士登科録》《皇明歷科狀元全策》及《歷科廷試狀元策》。

嘉靖三十八年三月癸酉朔。丁亥,策試天下貢士,制曰:朕恭承上天明命,君此華夷,亦既有年矣。夙夜持敬,不敢怠恣,一念在民,欲人人得所。夫何與我共理者,彼各一心,皆未見以我心而是體?百務惟欺君以欺天,害民亦害物,彼嘗言之者,後盡背而棄之。夫《大學》之道,專以用人理財爲急。用得其人,政自治;財理得宜,用自足。吁!人之不我用,而代理之責,豈我獨能耶①?兹欲聞人得用,財得理,以至治美刑平,華尊夷遁,久安之計,何道可臻?爾多士其言之,必盡所懷焉。

① 「我獨」,底本作「獨我」,據諸參校本乙正。

（底本：《明世宗實録》卷四七〇。參校本：《嘉靖三十八年進士登科録》，影印明嘉靖刻本，天一閣選刊；《皇明進士登科考》卷一二；《皇明貢舉考》卷七；《皇明歷科狀元全策》卷一一；《歷科廷試狀元策》一卷上）

臣對：臣聞帝王之致治也，必君臣交儆，而後可以底德業之成；必人臣自靖，而後可以盡代理之責。何者？天地之大德曰生，而其所欲生者，莫甚于民，故立之君以理之，是君也者，承天之命者也，當以天之心爲心者也；聖人之大寶曰位，而所以守位者，莫要于得民，故設之臣以分理之，是臣也者，承君之命者也，當以君之心爲心者也。君以天之心爲心，則有純天之心，有憲天之政，宗子之責盡矣；臣以君之心爲心，則事君如事天，事君如事親，家相之責塞矣。是知君責任乎臣，臣責難於君，是謂交儆，交相得而益章，泰道之所以成也；志存乎立功，事專乎報主，是謂自靖，君得臣而化行，理道之所以永也。然則一心一德，君臣固當共成其休，而自靖自獻，人臣又可不自盡其心也哉？帝王所以禮樂明備而天地官，刑政肅清而民人服，蒞中國而内順治，撫四夷而外威嚴者，胥此交儆之誠，自靖之誼，有以致之也。

恭惟皇帝陛下，稟剛健中正之資，合天地陰陽之德，際中興極治之會，成明聖作述之能。至道超于元始，而靈貺昭祥；精誠格于重玄，而休徵協應。德教洋溢于域中，威聲振揚于海外，嘉靖萬邦，迄今三十又八載矣。臣竊伏草茅，霑被治化，何幸囿於天覆地載之中，而遊於鳶飛魚躍之境也。乃今萬幾之暇，進臣等于廷，俯賜清問，首言夙夜祗畏之心，次言臣工欺慢之失，終及用人理財之道，久安長治之方。臣有以仰窺陛下之心，視民如傷之心，望道未見之心也。敢不披瀝愚衷，以對揚休命于萬一耶？

臣聞之《書》曰：「惟天地萬物父母，惟人萬物之靈，亶聰明，作元后，元后作民父母。」又曰：「惟皇上帝，降衷於下民，若有恒性，克綏厥猷惟后。」蓋言天有父母斯民之心，而不能以直遂也。於是即億兆之中，擇夫聰明之盡者，而畀之以統一華夷之位焉。是君也者，上焉而有奉天之責也，子道繫焉，敢不敬與？下焉而有子民之責也，父道繫焉，可不勤歟？天之與民，其理一也；敬之與勤，其揆一也。故明此于二帝，其道隆矣。然必曰「欽若昊天」，必曰「敬授人時」也，必曰「敕天之命」，必曰「食哉惟時」也。明此于三王①，其治烈矣。然必曰「昭受上帝」，必曰「下民昏墊」也，必曰「顧諟明命」，必曰「子惠困窮」也，必曰「亦臨亦保」，必曰「卑服即功」也，必曰「恭天成命」，必曰「大賚四海」也。若是者何居？君道則然也。故君必敬天勤民，而後爲克君。

臣又聞之《書》曰：「明王奉若天道，建邦設都，樹后王君公，承以大夫師長，不惟逸豫，惟以治民。」《禮》曰：「惟王建國，辨方正位，體國經野，設官分職，以爲民極。」蓋言君有父母斯民之心，而不能以自遂也。於是，即類聚之中，擇夫才賢之備者②，而與之以共理民物之責焉。是臣也者，上焉而有代終之義也，爲上爲德，敢或欺與？下焉而有長民之寄也，爲下爲民，可或害與？君之于民，其體一也。忠君愛民，其心一也。故明此于舜、禹，其績懋矣③。然必曰「熙載亮工」，必曰「柔遠能邇」也，必曰「過門不入」，必曰「敷土奠川」也。明此于稷、契、皋陶、伊、傅，其職殫矣④。然必曰「樹藝五穀」，必曰「敬敷五教」也，必曰「思日贊襄」，必曰「知人安民」也，必曰「俾后堯舜」，必曰「時予之辜」也，必曰「以匡乃辟」，必曰「以康兆民」也。若是者何居？臣道則然也。故臣必忠君愛民，而後爲克臣。

三代而下，英君誼辟，代有作者，而昏迷，而怠棄，而狎侮，而盤遊者，不少也；名卿碩輔，亦不乏人，而誣上，而蠹國，而慢君，而賊民者，比比也。則知唐虞三代之所以久安長治者，非其氣數之適然也，其君臣之交修交省，其人臣之自靖自獻者，有以致之也；後世之所以不能有唐虞三代之治者，亦非其氣數之適然也，其君臣之以逸以豫，其人臣之自私自利者，有

① 「王」，《皇明歷科狀元全策》《歷科廷試狀元策》作「皇」。
② 「備」，《皇明歷科狀元全策》《歷科廷試狀元策》作「俊」。
③ 「懋」，《皇明歷科狀元全策》《歷科廷試狀元策》作「昭」。
④ 「殫」，《皇明歷科狀元全策》《歷科廷試狀元策》作「備」。

以致之也。

仰惟陛下仁孝之德，上通于天；樂利之休，磅礴于地。臨御以來，聖政之詳①，固不能以殫述，而敬天勤民，猶爲先務之急者焉②。觀諸欽天有紀，焕發昭事之忱，大報有歌，丕揚祇答之敬③，以至因星變而敕諭，因水旱而責躬。寅奉之心，徹顯微而無間。其敬天也，何如其至也？殆與堯之欽天，舜之敕天，禹之昭受，湯之自責，文之臨保，武之恭承，一而已矣。《無逸》有殿，克念小民之依；《豳風》有亭，昭示力本之教④。以至發内帑以賑民窮，減貢獻以節民力，惠恤之念，合遐邇而皆然。其勤民也，何如其切也？殆與堯之如天，舜之好生，禹之盡力，湯之子惠，文之如傷，武之若保，一而已矣。

然陛下敬天之心雖已至，而臣之奉承德意者，每不能精白以承休；陛下勤民之心雖甚殷⑤，而臣之承流宣化者，每不能忠純以仰副。其在朝廷輦轂，固必有竭忠秉義之臣矣，而違上所命，誣上行私者，未必其盡無也；其在百司庶府，固必有效忠宣力之臣矣，而静言庸違，違道干譽者，未必其盡無也；其在内臺司諫，固必有匡救啓沃之臣矣，而阿意順旨，容悦面從者，未必其盡無也；其在藩臬守令，固必有旬宣惠和之臣矣，而尸素養望，苟且塞責者，未必其盡無也；其在軍門督府，固必有忠勇致身之臣矣，而懦怯僨事，坐損國威者，亦未必其盡無也。又其甚者，上以欺於君，仰以欺於天，胞則害於民，與則害於物，誠有如陛下之所言者。甚哉！陛下以天之心爲心，而諸臣不能以陛下之心爲心也。

誠使諸臣⑥，蚤夜以思，各務自靖，儆恪以圖之，兢業以承之，敬其事而後其食，毋私便其身圖。冢宰以掌邦治也，則曰吾黜陟必公；司徒以掌邦計也，則曰吾出納必允；宗伯以掌邦禮也，則曰吾教化必修；司馬以掌邦政也，則曰吾軍屬必

① 「詳」，《皇明歷科狀元全策》《歷科廷試狀元策》作「洋溢」。
② 「猶」，《皇明歷科狀元全策》《歷科廷試狀元策》作「又」。
③ 「丕揚」，《皇明歷科狀元全策》《歷科廷試狀元策》作「不替」。
④ 「教」，《皇明歷科狀元全策》《歷科廷試狀元策》作「故」。
⑤ 「雖甚」，《皇明歷科狀元全策》《歷科廷試狀元策》作「何其」。
⑥ 「誠使」，《皇明歷科狀元全策》《歷科廷試狀元策》作「凡爾」。

恤；司寇以掌邦禁也，則曰吾不可以不得其情；司空以掌邦土也，則曰吾不可以不興其利。以沃君心，以弼君違，而臺諫之自靖猶是也。以阜成兆民，以惠養元元，而藩臬之自靖猶是也。大法小廉，百官修輔，而自靖如一焉。則人各無負于心矣。無負于心，則有裨于民，而能以君之心爲心矣。是人臣之能自靖者，始于一念之不欺，終于有孚之盈缶也；其不能自靖者，始之内以欺于心，終之上以負天子也。有君如此，寧忍負之耶？

臣伏讀聖制曰：「《大學》之道，專以用人理財爲急。用得其人，政自治；財理得宜，用自足。吁！人之不我用，而代理之責，豈我獨能耶？」臣以爲，天道不言而品物亨歲功成者，四時之吏，五行之佐，宣其氣也；君道不勞而庶績熙治功成者，公孤論道，六卿率屬，張其教也。使舉代天理物之責，而望陛下以獨能，是猶長養萬物，甄陶萬類，不必四時之生成，五氣之翕散，而望於穆之天道，以獨運其化也。不曰聖如堯舜，而水土之平，稼穡之教，必有賴於禹、稷之賢；五教之弼，山澤之烈，必有待於皋陶、伯益之儔耶？

臣又伏讀聖制曰：「兹欲聞人得用，財得理，以至治美刑平，華尊夷遁，久安之計，何道可臻？」且欲臣等有言之必盡也。臣竊以爲，用人有道，務乎聰明之實而已矣。何謂聰明之實？精其選，嚴其課，久其任而已矣。是故精擇于未用之先，如其道德經濟之兼優，則雖沉淪草澤，隆之大任可也。古有説築傅巖，而爰立作相者矣。慎察于既用之後，如其貪殘寵賂之用彰，則必糾之重罰，勿徇其譽言可也。古有烹阿大夫，而齊國大治者也。責成于考績之餘，如其政蹟顯著，則增禄進秩，勿移其地可也。古有爲京兆九年者，爲郡守十年者，或請久任，或諫數易者矣。如是而人之不我用者，未之有也。理財有道，理其所以耗吾財者而已矣。所謂理其耗者，去三浮，汰三盈，審三計而已矣。是故官浮于冗員也，禄浮于冗食也，用浮于冗費也，此之謂「三浮」。去浮以存約，曾鞏之説可舉也。賞盈于太濫也，俗盈于太侈也，科盈于太趨也，此之謂「三盈」。酌盈以濟虚，陸贄之説可舉也。有不終歲之計下也，有數歲之計中也，有萬世之計上也，是誠天不能使之災，地不能使之貧，盗賊不能使之困，蘇軾之上計可圖也。如是而財之不理者，未之有也。然此固用人理財之方也，所以求端用力之地，臣請探本盡言之焉。

孔子曰：「爲政在人，取人以身。」言純心用賢之本也。今日之用人，亦曰在陛下之居敬而已矣。居敬則明通，由是而照臨百官，將賢否不能淆，邪正不能眩也；居敬則公溥，由是而鼓舞群工①，將賞罰無所私，彰癉無所徇也。以之而取賢斂財，則皋、夔、稷、契之在列，而善人爲寶矣；以之而黜伏庸回，則共工、驩兜之放遠，而不畜聚斂矣。此又非用人之大本乎？伊尹曰：「慎乃儉德，惟懷永圖。」言克儉爲君道之大也。今日之理財，亦曰在陛下之崇儉而已矣；崇儉則後宫無曳地之衣，由是公卿勵楊綰之素，勳戚有馬廖之風也；崇儉則一人惜露臺之費，由是百官有《羔羊》之節，兆民有《蟋蟀》之儉也。自是而開財之源，則生之者衆，爲之者疾，而有財有用矣；自是而節財之流，則食之者寡，用之者舒，而以財發身矣。此又非理財之大本乎？本立則末治，上行則下效。由是身帥天下而興讓興仁，將治日益美；大畏民志，而使民無訟，將刑日益平；正是四國，而中國治安，將華日益尊；蠻貊率俾，而守在四夷，將夷日益遁。由是而卜鼎于億年，由是而傳世于萬葉，聖神功化之極，久安長治之方，要在本原之地，加之意焉而已矣。

臣草茅狂瞽，不識忌諱，干冒天威，不勝戰慄隕越之至。臣謹對。

（底本：《嘉靖三十八年進士登科録》。參校本：《皇明歷科狀元全策》卷一一；《歷科廷試狀元策》一卷上）

① 「工」，《皇明歷科狀元全策》《歷科廷試狀元策》作「動」。

六二　嘉靖四十一年壬戌科　申時行(又名徐時行)

嘉靖四十一年(一五六二)壬戌科，廷對之士二百九十九人(《皇明歷科狀元録》作三百人，《皇明進士登科考》作三百零三人)。狀元申時行(榜名徐時行)，榜眼王錫爵，探花余有丁。

申時行(一五三五—一六一四)，字汝默，號瑶泉，晚號休休居士。南直隸蘇州府長洲縣(今江蘇蘇州市)人。早年從外祖姓徐。狀元及第，授翰林院修撰。歷左庶子、少詹事、侍讀學士、禮部右侍郎。萬曆五年(一五七七)，改吏部左侍郎；翌年三月入直東閣，參預機務。官至少師兼太子太師、吏部尚書、中極殿大學士。萬曆十一年四月爲元輔，十九年九月致仕，凡八年五个月。二十三年後，終于里第，年八十。贈太師，謚「文定」。著有《賜閑堂集》《綸扉奏草》《綸扉笥草》《綸扉簡牘》《書經講義會編》等。《明史》有傳。

申時行廷試策見《嘉靖四十一年進士登科録》《皇明歷科狀元全策》《歷科廷試狀元策》及《賜閑堂集》。

嘉靖四十一年三月乙酉朔。己亥，策試天下貢士，制曰：朕惟自昔帝王莫聖於堯舜，史稱堯舜「垂衣裳而天下治矣」。然當其時，下民猶咨，洚水爲災，有苗弗率，則猶有未盡治平者。豈二帝固弗之恤歟？抑其臣任之於下而上可以無爲，不然，何以垂衣而治也？三代莫盛於成周，宣王中興，《詩》稱召伯平淮夷，方叔征蠻荆，吉甫伐玁狁，惟得其人以分命之，是以不勞而治。朕嘗嘉之，甚慕之。朕撫天下四十有一年於此矣，夙夜敬事上帝，憲法祖宗，選任文武大吏之良，思與除民之害而遂其生，兢業不遑，未嘗有懈。間者，水旱爲災，黎民阻饑，戎狄時警，邊圉弗靖，而南賊尤甚，歷時越歲，尚未底寧。

豈有司莫體朕心，皆殘民(之)[以]逞①，有以致之歟？ 抑選任者未得其人，或多失職歟？ 將疆圉之臣，未能殫力制禦玩寇者歟？ 夫朕有愛民之心而澤未究，有遏亂之志而效未臻，固以今昔不類，未得如古任事之臣耳。 兹欲使上下協慮，政事具修，兵足而寇患以除，民安而邦本以固，災咎可弭，困窮可復，以媲美虞周之治，其何道而可？ 爾諸士悉心陳列，勿憚勿隱，朕將采而行焉。

(底本：《明世宗實録》卷五〇七。參校本：《嘉靖四十一年進士登科録》，影印明嘉靖刻本，天一閣選刊；《皇明進士登科考》卷一二；《皇明貢舉考》卷七；《皇明歷科狀元全策》卷一一；《歷科廷試狀元策》一卷上)

臣對：臣聞帝王之御極也，體君道以奉天心，而後可以建久安長治之業；肅臣紀以奉天職，而後可以成内修外攘之功。何則？ 人君者，天之所授以統一萬方，而臨馭兆民者也，其位尊，其任重，故君道常主乎逸；人臣者，天之所命以左右一人，而分理庶政者也，其分卑，其事賾，故臣道常主乎勞。 君能奉天以端拱於上，而以其事責諸臣，則無爲而化成，不言而功著。 若於穆之運，玄機之宰，不假於推遷之力，而自然造物者矣。 是謂能奉天心，而久安長治之業可建也。 臣能奉君以奔走於下，而以其身致之君，則同心以共濟，協忠以體國，若四時之佐，五行之吏，各效其宣布之能，而罔有違天者矣。是謂能奉天職，而内修外攘之功可成也。 不然，則一人之身，萬幾攸萃，安能一一而理之？ 而庶官之衆，各有司存，能不蹈於瘝曠之咎哉？ 故君必率臣以圖久安長治之業，臣必輔君以樹内修外攘之功，則和氣溢而宇宙清寧，理道昌而民物康乂。 順治於内，而萬方弘一統之規；威嚴於外，而四夷效咸賓之美。 鞏國祚於包桑之固，措天下於泰山之安，唐虞三代之

① 「以」，據諸參校本改。

治，不可復覩於今日哉！

欽惟皇帝陛下，稟剛健中正之資，合陰陽動靜之德，際熙洽御天之運，膺壽考作人之符。精誠格乎穹昊，而瑞應駢臻；妙道契乎玄元，而休徵畢集，蓋媲美唐虞而超越乎三代者。臣竊伏草茅，沾被聖澤久矣，廼者叨有司之薦，得以與對乎大廷。而聖問所及特惓惓焉，首述唐虞成周之治，繼憫水旱盜賊之災，任事失人之咎，而終究夫足兵安民之術，弭災救困之方，且戒臣等以勿憚勿隱也。大哉皇言！憂國憂民之心見乎詞矣。敢不披瀝愚衷，以對揚於萬一耶？

臣聞之《書》曰：「元首明哉，股肱良哉，庶事康哉。」言明君在上，而又有良臣以左右之，則庶事可理也。又曰：「惟天聰明，惟聖時憲，惟臣欽若。」言君能憲天，而爲臣者自敬順之，罔敢或悖也。是故君爲元首而憲天於上，則法天以爲聰，而居高聽卑，可以不勞而坐聽天下；法天以爲明而臨下有赫，可以不勞而坐照四方。是君者，法天道以無爲者也。臣爲股肱而欽若於下，則代君以用其聰，而天下之利病皆通達而無所壅；代君以用其明，而斯民之休戚皆洞察而無所遺。是臣者，奉天職以有事者也。是故唐虞之世，萬邦協和矣，四方風動矣，文明之會昌矣。堯舜以聰明極聖之主，默運無爲之治，而又有禹、皋、稷、契、伯益之臣，共佐太平之業。故下民之其咨也，洚水之爲災也，有苗之弗率也，堯舜非不之恤也。惟其忠良之佐，足以贊皇猷；弼直之鄰，足以弘帝道。以恤阻饑，則有率育之臣；以拯昏墊，則有克勤之臣；以格負固，則有贊德之臣。諸臣者，其奉君如奉天也，孜孜焉同寅協恭，罔敢怠遑也。故堯舜雖有旰食之憂，而終得以享垂衣之治，至今稱中天之盛者必曰唐虞，此堯舜得臣之明驗也。周宣之世，海内乂安矣，國勢寖隆矣，文武之業復矣。宣王以聰明有道之君，嗣守無疆之業，而又有召虎、方叔、吉甫之臣，夾輔中興之治。故淮夷之猖亂也，荆蠻之不靖也，玁狁之虔劉也，宣王非不之慮也，惟其位元宰者才兼乎文武，總元戎者勳聯乎將相。有宣威江漢之臣，而淮夷率俾；有壯猷南國之臣，而荆蠻來威；有薄伐太原之臣，而玁狁于襄。諸臣者，其事君亦如事天也，惴惴焉矢心協力，罔敢戲豫也。故宣王有繼述之思，而終以成再造之績，至今稱中興之盛者必曰成周，此宣王得臣之明驗也。堯、舜、宣王之爲君，法天道以無爲；而唐虞成周之臣，奉天職以有事，則所以建久安長治之業，成内修外攘之功者，豈偶然哉？

臣伏觀陛下臨御以來，四十有一年矣。上帝之申眷，不爲不隆，而誠敬愈篤；祖宗之成業，不爲不固，而仁孝愈純。欽天有記，以表昭事之忱；祖德有詩，以發聿追之念。至於慮切民恫，任專吏職，内責成於守令矣，而巡督之臣，歲不絶遣；外付托於將帥矣，而總制之命，任必加隆。無一念不在於民瘼，無一言不軫乎國慮。臣有以仰窺陛下之心即堯、舜之心，而周宣不足侔也。於今諸瑞咸集，四靈畢至，固足以彰陛下之峻德鴻勳，超卓百代矣。然淫潦爲災，則塍畦有墊溺之苦；亢旱爲虐，則阡陌有枯槁之憂。倭夷竊發於東南，而海波弗靖；醜虜跳梁於西北，而邊塵屢驚。甚則遼薊之勢，日就孤危；而江右之賊，歲成延蔓，殊非聖世之所宜有者，正堯舜憂民之時，周宣勵精之日也。

臣伏讀聖制有曰：「間者，水旱爲災，黎民阻饑，戎狄時警，邊圉弗靖，而南賊尤甚，歷時越歲，尚未底寧。豈有司莫體朕心，皆殘民以逞，有以致之與？」陛下之言及此，萬國萬民之福也。臣竊觀内外諸臣，凡析圭儋爵，結綬分符者，孰非陛下之寵榮乎？凡擁旄杖鉞，制閫握兵者，孰非陛下之威靈乎？謂宜夙夜匪懈，寢處不遑，布寧謐之化於域中，揚振肅之威於閫外，不負天子而勿爲聖世之瘝官也。然各私其身者，罔致恤於民依；各利其家者，莫究心於國事。内而守令藩臬，固必有旬宣惠和，憂勤撫字之臣矣，然而，肥己瘠民，營私蠹國，以催科聚斂爲能，以簿書期會爲急者，亦多有之也；外而營屯督府，固必有敵愾鷹揚，嚴明果毅之臣矣，然而，坐失機宜，輕損威重，隱敗衄以爲捷，幸安静以爲福者，亦恒有之也。人臣咸若是，則何以成内修外攘之功，而佐久安長治之業哉？蓋陛下愛民之心，容保如天地，而諸臣不能承宣德意，以弘康國之猷；陛下遏亂之志，果决如雷霆，而諸臣不能奉揚威命，以茂肅清之烈，是自負於堯舜周宣之主，而有愧於唐虞成周之臣多矣。

及讀聖制終篇有曰：「兹欲使上下協慮，政事具修，兵足而寇患以除，民安而邦本以固，災咎可弭，困窮可復，以媲美虞周之治，其何道而可？」臣愚以爲，上者，下之表也；政事者，臣之紀也。足兵以除寇，將帥之責任也；安民以固國，守令之職業也。災咎之有無，困窮之復否，皆由此出者也。爲今日計，莫先於任人，尤莫要於擇人。夫國家分職命官衆矣，即列郡專城，遐陬僻壤，莫不置吏，蓋未嘗不任人也，臣以爲任之而未當也；國家舉賢斂才舊矣，即銓司法曹，明黜顯擢，罔有違例，蓋未嘗不擇人也，臣以爲擇之而未精也。任之未當，與擇之未精，而欲得人以裨聖治，是猶梗梓未充而需棟梁之用，穮蓘弗習而希稼穡之成。臣知其弗能也。

故夫欲修内治者，在慎擇乎守令而已矣；欲平外患者，在慎擇乎將帥而已矣。董仲舒曰：「守令者，民之師帥，所使承流而宣化者也。」守令而不得其人，雖日布蠲恤之令，時廑惠鮮之思，民猶不被其澤也。今也闔郡無文翁之化，而漁獵民資者接踵；邑里無魯恭之風，而朘剥民膏者比肩。以狼牧羊而暴政日聞，以齒焚身而貪官弗恤，郡縣之民，幾何不流離而攘竊也？必也精選用之法，嚴舉劾之科。其未任也，試以經濟之略，必求諳練民情，通達治體，而不拘選用之途，如唐之試理人策可也；其既任也，責以久任之功，必使吏安其官，民狎其政，而不拘遷轉之格，如漢之爲吏長子孫可也。其任而獲效也，優以格外之賞，必旌之車服，崇之階銜，以彰卓異之勳，如漢之爵至關内侯可也。如是，則有民有土之寄，不輕數遷數易之弊可免；而人知淬勵，以期不負乎優渥之恩矣，寧有守令失人之患哉？

孫武曰：「將者，三軍之命，國之重任，不可不知也。」將帥而不得其人，雖決策於九重，定計於千里，猶未可以臨敵也。今也操練之律雖嚴，而士無投石超距之勇；衣糧之給如故，而將無搴旗陷陣之能。論戰鬭，則縮頸而股栗；聞調遣，則掩耳而口噤，邊圉之寇，幾何不肆行而竊發也？必也慎武舉之選，嚴比試之條。有洞識兵機，明習邊務者，材可任也，則不拘以騎射之習，如任杜預以平吴可也；有摧鋒陷敵，決勝先登者，功可録也，則不繩以文法之細，如赦魏尚於雲中可也；有保障一方，折衝萬里者，權可假也，則不牽以中制之命，如委充國於金城可也。如是，則真材不耻於武弁，良將不苦於約束，而人得展布以自效夫捍禦之能矣，安有將帥失人之患哉？有賢守令以宣德化於域中，則政治畢舉，而內有順治之休；有名將帥以揚威靈於閫外，則紀律章明，而外有威嚴之烈。由是民生舉安，則邦本有磐石之固；由是兵威日振，則寇患無潢池之虞。和氣交蒸於海宇，而災害不興；頌聲流布於黔黎，而困窮以復。尚何不足以成久安長治之業，而追唐虞成周之盛哉？

抑臣又聞之，朝廷者，四方之極也；純心者，用人之樞也。惟陛下常存敬一之心，以端拱於上而已。敬則存其心而不放，一則純乎理而不雜。深宫燕閒之中，而不忘乎知人安民之慮；齋居邃密之際，而日嚴夫敬天法祖之忱，則心正而朝廷百官皆一於正矣，文武大吏有不奉承，而守令將帥有不奮勵者哉？

臣不識忌諱，干冒天威，無任戰慄隕越之至。臣謹對。

（底本：《嘉靖四十一年進士登科録》。參校本：《賜閒堂集》卷八，《四庫全書存目叢書》影印北京大學圖書館藏明萬曆刻本；《皇明歷科狀元全策》卷一一，《歷科廷試狀元策》一卷上）

六三　嘉靖四十四年乙丑科　范應期

嘉靖四十四年(一五六五)乙丑科,廷對之士三百九十四人。狀元范應期,榜眼李自華,探花陳棟。

范應期(一五二七—一五九四),字伯禎,號屏麓。浙江湖州府烏程縣(今湖州市)人。狀元及第,年三十九。授翰林院修撰。以公誤,謫南京大理寺評事。歷左春坊左中允。萬曆十二年(一五八四),遷國子監祭酒。致仕,遭惡少毁傷,知縣按之,自縊死,年六十八。著有《玉拙堂集》。

范應期廷試策見《嘉靖四十四年進士登科録》《皇明歷科狀元全策》及《歷科廷試狀元策》。

嘉靖四十四年三月,戊戌朔。壬子,廷試,上不御殿。制曰:朕聞治天下者審所尚。夏尚忠,殷尚質,周尚文,皆聖人所以救弊之政也。周之末,文日以(盛)[勝]①,當漢盛時,論治者已謂宜損周之文,致用夏之忠。况今去古益遠,文之弊,其可弗救哉? 然人情之趨於僞也,猶水之趨于下也。今欲使損文而用忠,其道何繇? 士大夫者民之表也。朕於百司,屢詔以實爲,謂庶幾有副朕意者。徐而察之,則修政者,或徒美觀聽,而未能建保邦之業;獻議者,或徒工詞説,而未能效濟時之猷;稱愛民者,或飾甘言,而乏一體之心;名任[事]者②,或張虚聲,而罕(持上)[特立]之節③。致身之義,非不知也,而鮮克盡瘁于蹇蹇;慎獨之訓,非不聞也,而率多惰行于冥冥。然則欲望民之還於忠也,不亦難乎? 夫古之民,不賞

① 「勝」,據諸參校本改。　② 「事」,據諸參校本補。　③ 「特立」,據諸參校本改。

而勸，不怒而威于鈇鉞。乃今士大夫且不能然，其故何也？爾諸士上下古今，必有慨於兹矣。其爲朕根極弊源，與所以救之之術，詳著于篇，朕將擇而行焉。

（底本：《明世宗實録》卷五四四。參校本：《嘉靖四十四年進士登科録》，影印明嘉靖刻本，天一閣選刊；《皇明進士登科考》卷一二；《皇明貢舉考》卷八；《皇明歷科狀元全策》卷一一；《歷科廷試狀元策》一卷上）

臣對：臣聞帝王之致治也，法天道以經時政，而後有以啓天下用忠之化；肅臣紀以一衆志，而後可以鼓天下效忠之心。蓋君猶天也，臣與民皆覆冒于天，而惟君所率者也。天道默運於上，而化育流行之實，未始不隨時令以順其施；人君端拱于上，而化民成俗之方，未始不隨世運以善其治。然君也者，主宰化機于上者也；臣也者，所以行君之令而致之民者也。欲有以更天下之化，而不先之於臣以肅其紀，則上有崇本之心，而或窒于承宣之未至；上有勵化之術，而或阻于贊襄之無良。雖日以其令布諸天下，而庶官百職之近，且有泥焉而弗行者，其何以達諸四海九州之遠，而妙夫推準動化之機也哉？故必法天道以運夫因時之政，而變通損益，獨得夫神化之微權；肅臣紀以端夫道揆之本，而倡導率先，尤得夫馭下之大體，則綱維立而運化有機，紀法嚴而宣化有地。鼓舞于上，而百官庶職咸篤夫忠貞不貳之心；風行于下，而四海九州咸效夫忠順不渝之節。奠國祚于久安長治之盛，升世道於時雍風動之庥①，唐虞三代之治，不可復見於今日也哉？

欽惟皇帝陛下，稟聖神間出之資，建帝王中興之業，際乾元統天之運，膺壽考作人之符。秉一誠以格帝，而帝祉申錫于無疆；崇四德以通玄，而玄貺薦加于有永。然猶周察吏治，洞燭民隱，心運而化行如馳，令發而威動萬里，蓋誠登三咸

① 「世道」，《皇明歷科狀元全策》《歷科廷試狀元策》作「斯世」。

五，而極千載一時之盛者。臣愚竊伏草茅，有懷欲獻久矣，迺者叨有司之薦，得與大廷之對。聖問所及特惓惓焉，首舉三代迭尚之宜，次及臣民尚文之弊，而欲臣等深察夫救弊之源，條陳夫用忠之道。大哉皇言！更化善治之心，見乎詞矣。敢不殫竭愚衷，以對揚庥命于萬一耶？

臣嘗聞之《書》曰：「惟天聰明，惟聖時憲。」又曰：「道有升降，政由俗革。」蓋言天之立君，所以代天而施因時之政也。又曰：「惟臣欽若，惟民從乂。」蓋言君之得臣，所以助君而敷化民之猷者也。君代天而爲之子，當以天之心爲心；臣體君而爲之用，當以君之心爲心。君以天之心爲心，其道法天而不私①；臣以君之心爲心，其道從君而不貳，此自有天地以來未之有改者也。

粤稽諸古，夏后氏之王天下，其道尚忠矣。所以承唐虞之後，法天道而以忠爲教也。而當時文命四敷，聲教四訖，以成一代尚忠之化者，豈神禹以一人之聰明獨運于上哉？惟其迪知忱恂之臣，有以體君心而協贊于下爾。至于忠弊而爲野，亦其勢之使然，而聖人不能逆覩其變也。有殷氏之王天下，其道尚質矣，所以救忠之弊，法天道而以質爲教也。而當時商邑用協，四方丕式，所以成一代尚質之化者，豈成湯以一人之勇智獨運於上哉？惟其克宅克俊之臣，體君心而協贊于下爾。至于質弊而爲鬼，亦其勢之使然，而聖人不能逆爲之慮也。周文武之王天下也，其道尚文矣，所以救質之弊，法天道而以文爲教也。而當時有夏修和，天下大定，以成一代尚文之化者，豈文武以一人之明聖獨運于上哉？惟其四友五臣之賢，體君心而協贊于下爾。至于文之弊而爲靡，亦其勢之所趨，而聖人不能預爲之所也。

夫夏后殷周之世，天下之盛王也；忠、質、文之迭尚，天下之至治也。而補偏救弊之方，不能不因時以爲之損益；推行

① 「法天而不私」，《皇明歷科狀元全策》《歷科廷試狀元策》作「從天而不違」。

化導之術，不能不待臣以爲之贊襄。至若漢臣董仲舒「損文用忠」之論，蓋有感於驕淫奢麗之習，而欲得乎返朴還淳之理，可謂深識乎治體者也。然則，臣之所謂法天道以經時政者，庶幾萬世不易之常道；而所謂肅臣紀以一衆志者，豈非一時宣化之要機也哉？

洪惟我太祖高皇帝，承天啓運，立萬世之丕基。成祖文皇帝，安内攘外，纘百王之令緒。其規模之敦厚，施爲之忠實，見於先民所傳者，詳且悉矣，臣請舉其概而言之。紀綱不紊，而中外有相維之勢；體統有序，而大小有相制之權。重邦國之本原，而宗社先建；謹郡縣之風化，而庠序先立。取周之八法，而内有敕諭以勵九卿；取唐之六典，而外有律令以布諸省。羅賢才于館閣，非隆師重道之心乎？書《衍義》于廡壁，非稽古正學之事乎？《大誥》三編，既有以新天下之耳目，而示其勸懲；《大明集禮》一書，又有以一天下之心志，而端其趨向。以至《啓忠》《萌賢》之篇，昭其度也；《稽制》《醒貪》之録，正其範也；卧碑監規之條，端其則也；《資世教民》之訓，溥其化也；《孝順事實》之書，植其本也；《爲善陰騭》之編，發其良也。以崇理學，而人才無不正；以抑浮費，而風俗無不淳。其所以議諸朝廷，頒諸邦國，而風行于天下者，固皆確乎不貳，粹乎無疵。有成周文質適中之美，而本之有夏忠信之孚。蓋信乎超越三代，而陋有漢於下風矣。一時内外諸臣，同心協德，以成一代光明之業；交歡濟美，而永貽萬世無疆之庥。固由我二祖天錫仁聖，而馭臣之有方，實亦一時諸臣，慶知遇之隆，秉匪躬之節，忠愛而不忍欺，寅畏而不敢欺也。

今我皇上，久道成化，而殷憂愈切于日中；純心用賢，而一念尤先于知恤。一有微能，則隨材以授任，而詔爵得器使之宜；一有微勞，則因功以懋賞，而賚予極寵綏之厚。委任之專也，堅如金石，而讒間不能携其情；責成之篤也，假之便宜，而進退得以行其志。至於恩禮之優渥，盎乎如陽春之煦育，而萬物咸被其光華；德意之交孚，藹然如父子之真切①，而群工樂有所怙恃，真可謂推心置腹，而相待一體者矣。而又屢詔百司，務崇實意，凡兹臣庶，咸宜以陛下之心爲心，而今有不盡然者。其在卿士僚佐，豈無分猷宣力，以建保邦之業者乎？而徒美觀聽，罔效實績者未盡無也；其在侍從臺諫，豈無論思啓沃，以效濟時之策者乎？而徒工詞説，罔底實用者未盡無也；其在百司庶府，豈無勇於任事，亮采惠疇者乎？而徒張虚聲，未見特立之節者，容有之也。其在藩臬守令，豈無旬宣惠和，保安黎庶者乎？而違道干譽，本無一體之心者，容有之也。致身之義，孰不習聞于筮仕之初，而要其終也，鮮克盡瘁於蹇蹇；慎獨之訓，孰不夙閑于幼學之始②，而究其實也，率多飾行於昭昭。臣工如是，而況四海之廣，兆民之衆，欲挽其文勝之弊，而返以忠慤之風，其可得哉？

臣伏讀聖制有曰：「周之末，文日以勝。今去古愈遠，文之弊，其可弗救哉？」臣又伏讀聖制有曰：「欲使損文而用忠，其道何由？士大夫者，民之表也。朕於百司，屢詔以實爲，謂庶幾有副朕之意者，乃今士大夫且不能然，其故何也？」臣嘗目擊時弊，而有概於中久矣。況今清問下及，敢不爲陛下陳之？夫臣者，君之輔也，法之守也，民之望也，世道之所以斡旋而轉運者也。今陛下燭弊之源，炳如日月，而諸臣不能奉宣德意，以弘倡導之機；陛下救弊之勇，决如雷霆，而諸臣不能奉揚德威，以成釐正之化。兹欲使天下返薄而還忠，敦本而尚實，抑豈無其道哉？臣嘗聞之陸贄曰：「漢高稟大度，故其時多瑰傑不羈之材；漢武好英風，故其時富環詭立名之士；漢宣精吏治，故其時萃循良核實之能。」言下之係乎所率也。漢之三君，固非純乎王道之主，然而，御臣有其道，則天下之趨向隨之。而況聖明在上，尤必有不疾而速，不言而喻者乎？

是故今日之治，惟在陛下一轉移之間爾。蓋陛下之於群臣，寵之以禄秩矣，榮之以聲名矣，忠信以孚其心，而疑貳不

① 「真」，《皇明歷科狀元全策》《歷科廷試狀元策》作「親」。

② 「閑」，《皇明歷科狀元全策》《歷科廷試狀元策》作「夜」。

萌于念慮；禮儀以重其報，而恩施每溢于分涯。其體之已無不至，而待之已無不厚矣。然優養培植之後，不可無振揚飭勵之功；而惇厚博大之餘，不可無精明果鋭之氣。蓋一於慈惠，則惠褻而不以爲恩；過于寵榮，則寵加而不以爲德。是故，廷臣之細過，可弗詰也，而忠邪之辨當嚴，則不可不稽其心迹之素；言官之狂戇，可弗懲也，而事理之原當審，則不可徒徇其奏對之詞。事無首尾，泛相沿及者，弗概坐焉可也。其或罔上以行私，背公而徇黨，則天討之彰，非所以正其欺歟？所見不同，本無意必者，弗過求焉可也。其或陽非而陰是，穿鑿以附會，則殛罰之典，非所以懲其佞歟？誠一不貳之臣，委之腹心非過也，而恩威恒主於獨斷，則益以勵其秉德明恤之心；篤棐效忠之士，晉之崇階匪僭也，而仁義每見其並行，則愈以堅其靖恭體國之念。臺省重任，以待藩臬之良似矣；若本無旬宣之績，而徒貽尸素之誚者，豈宜使之溷迹于朝端？資格弗循，以拔卓異之才似矣。若外托慎重之名①，而陰爲鑽刺之術者，豈可使之濫塵乎名器？又或間行不測之威，以懾奸宄之志；時申核實之令，以防文飾之奸。某稱賢能也，必審其賢能之實，而名浮于德者，在所不容；某稱勞勣也，必考其勞勣之詳，而禄浮于功者，在所必黜。推而至於天下之大，四海之廣，由大臣以督監司，由監司以督守令，申嚴乎紀律，而大起明作之功；振肅乎綱維，而痛革虚浮之弊，使天下洗心而滌志，聚精而會神。一賞罰之施也，若神明之隆鑒，而以勸以懲，凛然一天威之震懾；一號令之布也，若風雨之適至，而以鼓以舞，靡然一神氣之流行。譬則玄樞默運，而五緯之迭經者②，旋轉順逆，隨其躔度次舍而莫之違。權衡在我，而庶物之錯綜者，低昂輕重，任吾之調劑均節而不敢抗。是其總攬乾綱，機制物則，威命靈爽，侔乎造物，而凡紛然群生者，皆熙然其從欲者矣。將見一心所向，百辟争先；一人所指，群工效力。利在一身，而非以君父也，則不敢以私其身；事在一家，而非以社稷也，則不敢以私其家。坐而論道者，皆務調元贊化

① 「慎」，《皇明歷科狀元全策》《歷科廷試狀元策》作「任」。

② 「五緯之迭經」，《皇明歷科狀元全策》《歷科廷試狀元策》作「經緯之迭運」。

之實，而有虞庭師讓之風；起而作事者，皆切奔走疏附之誠，而有王人秉恤之義。臺諫之臣，誠思匡弼，而非徒炫直以沽名；省寺之臣，誠竭贊襄，而非徒虛張以飾聽。位居藩臬者，竭力於旬宣，而不負專城之托；職司郡邑者，誠心於綏牧，而足紓外顧之憂。蓋義以維乎其恩，則法行自近，而朝廷輦轂之下，翕然成忠直之風；威以克乎厥愛，則權不下移，而邦國甸侯之間，群然秉忠藎之念。由是而自上以達下，自近以及遠，辟之手持而足行，目視而耳聽，莫不流貫於元氣，從令於天君，而呼吸運動，神化默成，有不知其所以然者矣。則夫儀刑觀感之際，民之同有是心者，孰敢不回心而嚮化，風行而草偃也哉？

抑臣又有獻焉。朝廷者，風化之原也；帝心者，運治之本也。陛下欲使天下之作忠，亦先之以訓臣而已爾；欲使臣民之式化，亦本之以純心而已爾。仰惟陛下，神明天縱，聖學日新，應帝王五百歲之昌期，而敬一發傳心之秘；衍祖宗億萬年之正曆，而綱維弘保治之規。禮樂明備，而文明之化以宣；倫制兩全，而太平之象以見。蓋粹乎位斯道之中，而建維皇之極者矣。則夫化導臣民之機，挽回風化之本，臣復何言也哉？但臣聞之《書》曰：「慎厥終，惟其始。」蓋言天道順布于四時，常運而不息，王者法天以行健，純一而不已。今陛下剛健文明之德，自昔有聞；嚴恭寅畏之心，於今愈密固矣。然一念之危微易汩，而況九重邃密之內，天理之培養者甚難；人心之出入無時，而況一日二日之間，事幾之所關者有萬。向使作之以憂勤，而或乘以一時之怠忽；出之以誠篤，而或雜以一息之虛文，則本原之地，未免間隔而未融；大化之行，必有壅遏而弗達者矣。臣願陛下，終始惟一，而不雜於二三；動靜有常，而無時乎豫怠。防閑於深宮獨行之際，而端莊靜一以凝其真，致謹於燕閒清暇之時，而縝密緝熙以聯其間。將使一心之中，虛靈洞徹；感通之際，誠意交流。以此照臨百官，如懸鑒以待妍媸，而忠邪之分自別；以此賞罰天下，如執度以齊長短，而勸懲之道自明。則聖德已至而益至，治道已隆而益隆，紀綱已振而益振，風俗已淳而益淳。觀化在朝，而百工庶職莫敢不一於忠矣；觀俗在野，而海隅蒼生莫敢不讓於忠矣。有醇朴不漓之意，而典章經制之備，曠三代而獨隆；當文明大著之時，而惇龐渾噩之風，追隆古而僅見。由是而天時人事交相契合，治運氣化交相流通。馨香感格於神明，而諸福駢臻；協氣上通於皇穹，而百嘉畢遂。天德孚而王道成，天心享而至治永。億萬年無疆之庥，端在是矣。此端本澄源之道，臣愚之所拳拳效忠者也。惟陛下留神採納，天下幸甚，臣愚幸甚！

臣不識忌諱，干冒天威，不勝戰慄隕越之至。臣謹對。

（底本：《嘉靖四十四年登科録》。參校本：《皇明歷科狀元全策》卷一一；《歷科廷試狀元策》一卷上）

六四　隆慶二年戊辰科　羅萬化

隆慶二年(一五六八)戊辰科，廷對之士四百零三人。狀元羅萬化，榜眼黄鳳翔，探花趙志皋。

羅萬化(一五三六—一五九四)，字一甫，號康洲。浙江紹興府會稽縣(今紹興市)人。狀元及第，年三十三。授翰林院修撰。因不願阿順張居正，久不得升遷。萬曆十年(一五八二)，始遷右諭德，充經筵講官；次年，出爲國子監祭酒。萬曆十八年(一五九〇)，自請外任，授南京吏部右侍郎。萬曆二十年(一五九二)，晉禮部尚書，兼翰林院教習庶吉士。未幾，瘁病，連疏乞歸，卒于途中，追贈太子少保，謚「文懿」。著有《世澤編》。

羅萬化廷試策見《隆慶二年進士登科録》《皇明歷科狀元全策》《歷科廷試狀元策》及《思復堂集》。

隆慶二年三月辛亥朔。乙丑，策試天下貢士，制曰：朕惟君天下者，興化致理，政固多端，然務本重農，治兵修備，乃其大者。《書》言：「先知稼穡之艱難，乃逸。」又曰：「其克詰爾戎兵，以陟禹之迹。」夫成王初親大政，而周公即惓惓以此告之，其意深矣。朕仰荷天眷，獲嗣丕基，自惟寡昧，未燭於理。嘗恭誦我太祖高皇帝《耤田諭》，成祖文皇帝《務本訓》，乃知王業所由興，民生之不易。及觀祖訓所載居安忘備之戒，又日兢兢焉。兹躬率臣民，耕耤於南郊，又屢敕邊吏，慎固疆圉，博求制虜長策，亦欲庶幾乎知艱詰戎，以覲揚我二祖之光烈。顧彝典雖舉，而實政未孚；督策雖勤，而武備猶弛。四方浮惰者衆，未盡歸農也。何以使人皆力本而不失業歟？自屯鹽之法壞，而商農俱困，邊儲告乏。今欲舉之，其遺法尚可復歟？醜虜匪茹，警報歲聞，何以創之使不敢復窺歟？議者或言宜戰，或言宜守，或欲罷調兵，或欲練土卒，計將安所决歟？　朕日夜圖慮安攘之策，莫急於斯，而行之靡效，其故何歟？　抑其機要所在未克振舉，故人罕實用，功難責成歟？　爾諸士習於當世之務久矣，其仰繹我皇祖垂訓貽謀之意，有可以便民益國者，明以告朕，將採而行之焉。

（底本：《明穆宗實録》卷一八。參校本：《隆慶二年進士登科録》，《明代登科録彙編》影印明隆慶刻本；《皇明貢舉考》卷八；《皇明歷科狀元全策》卷一一；《歷科廷試狀元策》一卷上）

臣對：臣聞人君之治天下也，必安攘兼舉，而後可以成天下之至治；必明斷並行，而後可以收天下之實功。何也？君猶天也，凡内而中國，外而四夷，皆覆冒於天，而爲君所統馭者也。惟天好生，而覆幬之用並育而不害；惟君法天，而安攘之績兼舉而不遺。故務本重農，以厚民之生，而於以成順治之休；治兵修備，以固國之防，而於以達威嚴之化。是二者，誠有國之先務，而不可以偏廢，不可以緩圖者也。然非明以燭之於先，而斷以行之於後，則雖外慕乎安内之名，而實效罔臻，雖從事於攘外之文，而成功罔奏。其何以合内外之治，而用舒夫宵旰之憂也哉？　故必君以實心主之，而委任以責成者，恒出之以英明果斷之勇；臣以實心效之，而分猷以宣力者，每竭之以左右贊相之誠。然後君臣道合而百度貞，上下志同而萬化廣，中國可安，四夷可攘；内可順治，外可威嚴，而久安長治之功，將致之而無難矣。

欽惟皇帝陛下，以聖神之德，膺曆數之歸，至誠饗帝，恭己臨民。天下臣庶，孰不翹首而觀，拭目而望，以冀沾維新之化？　而陛下方且望道未見，求治愈殷，廼特進臣等於廷，俯賜清問，惓惓乎安内攘外之策。顧臣愚陋，曷足以知當世之務？　雖然，陛下此舉蓋將採而行之，非虚循故事已也。蘇軾有言：「君以名求之，臣以實應之。」矧今陛下以實求之，臣敢不披瀝以對揚萬一耶？

臣竊聞之《書》曰：「天降下民，作之君，作之師。惟其克相上帝，寵綏四方。」則知天之生民，所以左右而曲成之者，其責恒寄之君；而君之主民，所以生養而安全之者，其道實法乎天，此人君所以與昊天同一道也。夫惟人君有同天之道，則凡曆象日月以經天之時，體國經野以相地之宜，立綱陳紀以定民之極，愛養樽節以盡物之利，皆所以興化而致理也，皆人君所以法天之政也。然語其政之大者，則惟曰務本以重農，治兵以修備，二者而已。何也？蓋國以民爲本，而農者，民之命也；兵者，又民之衛也。農有不重，則衣食無所自生，而啼饑號寒之民，且將有轉死於溝壑者矣。君固代天以任養民之責者也，而乃使民無以爲生，可乎？兵有不治，則備禦無所由固，而寇賊奸宄之發，且將有駢首於鋒鏑者矣。君固代天以當安民之責者也，而乃使民失其所衛，可乎？是故，成王初親大政，正天心陟降之際，人心觀仰之時也，而周公所以惓惓於告戒者，一則曰「知稼穡之艱難，乃逸」，一則曰「其克詰爾戎兵，以陟禹之迹」，是豈無深意而漫爲是言者哉？蓋以知稼穡之艱難，則農事修而民食有資，人君養民之責，盡於此矣；知戎兵之當詰，則武備飭而民生有衛，人君安民之責，盡於此矣。夫人君而誠使民之得養也，民之獲安也，尚何化之不可興，而理之不可致哉？故穡人成功，而永清之治於前而有光；守在四夷，而重譯之朝愈遠而不替。此古今之稱善治者必曰成周，而誦周公之功者，亦至今不衰也。

洪惟我太祖高皇帝，耤田有諭曰：「欲財用之不竭，國家之常裕，鬼神之常享，其必由農乎？」大哉王言！諄諄乎重農之意也。成祖文皇帝，務本有訓，首舉太祖創業之難，次及往古聖賢之君，昏亂之主，以昭鑒戒。訏哉聖謨！切切乎垂裕之心也。而又作《祖訓》一書，兢兢乎選將練兵之圖，居安忘備之憂，則當時所以重民之命，嚴民之衛者，蓋周至而曲盡矣。故民皆樂業，而太和之治允洽；夷皆貢琛，而來王之化益昭。内固無不順治，而外亦無不威嚴，所以上追成周之盛，而啓我國家億萬年無疆之休者，端不在於此哉？

惟我皇上臨御以來，躬率臣民，耕耤於南郊，則一念重農之意，已切至而不虚。而又屢敕邊吏，慎固封圉，博求制虜之長策，則一念防患之心，又誠篤而匪懈。其於二祖之所以垂訓，已身體而實踐之矣。宜農事修，而民無不遂之養；武功振，而國無不安之民也。乃今彝典雖舉，而實政未孚，啼饑號寒之民，不惟見於窮陬僻壤之所，而通都大郡，亦或有不免焉；督責雖勤，而武備猶弛，寇賊奸宄之發，不惟見於窮邊荒服之外，而弄兵赤子亦尚有未靖焉。則所以廑我皇上宵旰之憂而不遑豫逸者，良有以哉！

臣嘗反覆思之而得其故矣。試以農言之。方今四方之民，游惰者多，歸農者鮮，此生之所以不衆，而用之所以不舒也。今皇上誠欲驅天下之民而皆力於本，其道無他，惟貴穀粟而已矣。蓋穀者，民之所資以爲生也，民終日不食，則饑餒隨之。迺今挾末技而輕去其田里者，豈民之皆不樂生哉？穀賤故耳。我國家於常賦之外，罪有折贖，鹽有飛輓，初非不貴穀也，嗣以國用不輕，而見小以忘大。於是，有折色之兑，有解銀之額，而穡人之功日漸輕矣，又何怪其逐末而忘本也？故臣願貴五穀，賤金玉，而曉然使知百穀之重如晁錯之所奏焉，則激勸化導之下，豈無力本之農矣乎？如是而謂民之有失業者，未之有也。

若夫屯政之修，鹽法之理，又厚農通商之最大者，獨不可講而行之乎？臣以爲法久而弊者，勢也；遇變而通者，權也。故屯種之田乾没於豪右，而番休之卒服役於權門，屯政之廢久矣。然不曰湖山斥鹵之可墾闢乎？奸豪欺隱之可没入乎？游手游食之民之可驅率乎？昔韓重黎之田振武，郭子儀之耕河中，彼豈奪諸其民者與？不過假不耕之地而收無窮税耳。今宜蚤爲之制。田之見存者，履畝而正界；兵之服農者，間歲而代耕。而又時申召募之令，各與以可耕之田，則經界定，而侵併之奸不肆；屯聚衆，而樹藝之功可成。昔人謂其寬民力之最大者，正謂此也。

工本之鈔，既難於補給，而守支之商，又困於折兑，鹽法之壞久矣。然不曰錢鈔之用，有當均者乎？輸納之粟，有當復者乎？私挾私販之令，有當嚴者乎？昔管仲之煮山海，劉晏之斡淮鹽，彼豈掊諸其民者與？不過總其權於上，而布其利於下耳。羸卒拱手而虚費廩禄，爲百姓者，孰無好逸惡勞之心，而肯自勞以養此無用之輩哉？邊警之所以屢聞者，醜虜之所以孔熾也；醜虜之所以孔熾者，中國之無備也。戎狄之性伺隙而發，進雖蓄蠆毒之心，退猶懷狼顧之慮。其初豈敢以遽，逞者嘯聚而入，無險阻藩籬之隔；鹵掠而去，無亡矢遺鏃之虞。爲北虜者，狃於屢入屢獲之利，亦何憚而不萌覬覦之思哉？比年以來，竭民之膏脂以養兵，而兵未嘗飽；塗兵之肝腦以衛民，而民未嘗安。是宜其仰董聖衷而宵旰不遑矣。爲今日内修之計，必也使游惰之民盡歸南畝，而其爲道也，豈必以勢驅之耶？方今天下之田，定額猶故，而東南之地多沃壤，西北之地多瘠鹵者，固可酌其宜而通之也。倣限田之例，薄税斂之征，董仲舒之策不有可用乎？去五穀之蠹，省徵發之期，《賢良》之言不有可追乎？貴穀粟而賤金玉，補不足而勸農功，晁錯之謀不有可舉乎？斟酌損益，循而行之，則國無不供之賦，民亦無不厚。今宜定爲之制，重鈔法以收買餘鹽，而使竈有所償；輕中納以招廣商人，而俾鹽無所滯。則竈得實利，而法禁可施；商有餘貲，而正課自溢。昔人謂其飛輓之最速者，正謂此也。不然，則清查愈密，而屯政愈不修；法禁愈嚴，而鹽法愈不理。辟之醫者，不治其本而唯治其標，亦終必斃而已矣。欲農商之兩利也，胡可得哉？

以兵言之，方今邊疆之地，醜虜匪茹，警報歲聞，此備之所以不嚴，而武之所以未振也。今皇上誠欲奮天下之武，而克壯其猷，其道無他，唯重將帥而已矣。蓋將者，兵之所恃以爲主也。兵一日無將，則喪亂從之。廼今食廩餼而輕離其卒伍者，豈兵之皆不衛主哉？將輕故耳。今我國家於沿邊之地，分據以參將，專制以總兵。初非不重將也，後以承平日久，而重文以輕武，於是有巡撫以轄之，有總督以統之，而文法之拘日加密矣，果安責其應敵而致勝也。故臣願重其權，專其任，而屹然使當一面之寄，如趙充國之所行焉。則委任責成之際，豈無敵愾之勇矣乎？如是而謂虜之有竊發者，未之有也。

若夫戰守之策，調練之宜，又安邊保邦之最急者，獨不可議而行之乎？臣以爲一勞者，永逸之基也；暫費者，久寧之道也。夫今之虜，非昔之虜矣，飈舉烏集，衆寡之勢既殊，而狼奔豕突，險阻之地難憑，此當事者所以苦於戰守之難也。然臣竊計之，舉匈奴之衆，曾未足以當中國之半，而卒未有能一創懲之者，其故何歟？無乃先發之謀未定，而積弱之氣有未振乎？兵法曰：「寧我制人，毋人制我。」此勞逸主客之幾也。故昔高宗之伐鬼方也，不憚於三年之久；而孔明之保全蜀也，不辭夫六出之頻。彼豈好爲是窮兵哉？誠以不創之於前，則後之憑陵者當未艾；而不制之於我，則彼之窺伺者日未息耳。今醜虜之猖熾既如此，而猶因循委靡，不思所以振作奮勵之術，則何以成中興之治，而保邊境於無虞也哉？故臣即今之勢以權戰守之策，必也其先決戰乎？蓋必以戰爲守，庶可以折方張之虜，而奠不拔之基也。

今之兵又非昔之兵矣，鋭氣消沮，怯懦既已成風，而勞費不貲，司農又復告匱，此當事者所以病於調練之難也。然臣竊思之，即燕趙之士，固素稱多慷慨之材，而卒未有能一飭練之者，其故何歟？無乃屯鹽之政不舉，而給餉之期有不時乎？兵法曰：「千里餽糧，士有饑色。」此飽餒勇怯之勢也。故昔孔明之討漢賊，莫急於五丈之屯；而唐宗之夷大難，悉仰於江淮之賦。彼豈徒爲是擾民哉？誠以未戰而不足其食，則不可以得其心；將戰而不得其心，則不可以用其命耳。今邊兵之柔脆既如此，而猶苟且支吾，不思所以長慮却顧之道，則何以振維揚之武，而致殷邦之嘉靖也哉？故臣即今之時以究調練之宜，必也其先理財乎？蓋必財以爲養，庶可以作有勇之氣，而底於襄之績也已。不然，則聞敵而破膽者，既不能戰也，而何足與言守？枵腹以待哺者，既不能養也，而何可以加練？辟之養身者，有七年之病而不蓄三年之艾，亦終無得而已矣。欲中外之寧謐也，胡可得哉？雖然，天下之事非知之難，而行之難；人君之道，非求言之貴，而用言之貴。故知而弗行，猶弗知也；求而弗用，猶弗求也。

臣伏讀聖制有曰：「朕日夜圖謀安攘之策，莫急於斯，而行之靡效，其故何歟？」臣以爲陛下特未實行之，而臣下亦未能實奉承之耳。果曰行之而靡效，則彼成王所以致四十年之太平，我二祖所以垂二百年之善治者，果虚語也？而抑別有要機之執以爲振舉之術也哉？臣以爲聽言貴廣也，而察之尤不可以不明；察言貴明也，而行之尤不可以不斷。伏觀皇祖之訓有曰：「内外大小官員，其言當理，即付所司施行，諸衙門毋得阻滯。」是言也，其兼明與斷而出之者矣。故臣願陛下奮精明之氣，大明作之功，穀所當貴也，則斷然以貴之，而不狃於近利之私；將所以當重也，則斷然以重之，而不惑於一偏之見。屯田鹽法以次而舉，戰守調練相機而行。其始也，簡衆賢以使之，而不賢者弗庸；其既也，分衆職以任之，而不職者必黜。賢否欲明以辨，昭然如日月之行於天，而光不可掩也；賞罰欲必以信，轟然如雷霆之鼓於天，而威不可測也。然後君宰其權，臣能其事，上作其氣，下效其能。守令司民牧者，誠知重農而勞心於撫字，則國無不闢之野，而野無不耕之民者可幾也，而何游民不歸農之患哉？將帥司兵柄者，誠知奮武而盡力於封疆，則士無不振之氣，而國無不伸之威者可幾也，而何夷狄不率服之患哉？蓋惟明克允，惟斷有成者，既並用而不偏。故内安中國，外攘四夷者，斯兼舉而不遺，周成王之治，固不得專美於前，而我祖宗之業之盛，又將廓大而增光之矣。此非要機之所在，而所當振舉者哉？

抑臣又有獻焉。心也者萬化之原，而明與斷所從出者也。使其心純乎天理之公，而絶無人欲之私，明斷固渾然而在。苟一以私蔽之，則明有時而昏；一以欲累之，則斷有時而失，其何以主宰化機而役使群動哉？宋儒范氏曰：「君心唯在所養。」故臣願陛下存養省察以體其心，精知力行以强其心，廣詢博采以大其心，親賢遠佞以純其心。一念之萌則曰：「我其忘稼穡之艱矣乎？」一慮之興則曰：「我其忘戎兵之詰矣乎？」然後心無不存，而可以全明斷之德，可以保安攘之功。此臣之愚忠，惓惓而不已也。伏惟陛下少垂察焉，則臣愚幸甚，天下幸甚！

臣草茅賤士，不識忌諱，干冒天威，不勝戰慄之至。臣謹對。

（底本：《隆慶二年進士登科録》。參校本：《皇明歷科狀元全策》卷一一；《歷科廷試狀元策》一卷上）

六五　隆慶五年辛未科　張元忭

隆慶五年(一五七一)辛未科，廷對之士三百九十六人。狀元張元忭，榜眼劉瑊，探花鄧以讚。

張元忭(一五三八—一五八八)，字子蓋，號陽和。浙江紹興府山陰縣(今紹興市)人。狀元及第，年三十四。授翰林院修撰，尋丁外艱。萬曆十五年(一五八七)，陞左春坊左諭德兼翰林侍讀，次年三月卒，年五十一。天啓初，追謚「文恭」。著有《雲門志略》《翰林諸書選粹》《不二齋文選》等，與孫鑛同撰《紹興府志》五十卷。

張元忭廷試策見《隆慶五年進士登科録》《皇明歷科狀元全策》《歷科廷試狀元策》及《不二齋文選》。

隆慶五年三月壬戌朔。丙子，上御皇極殿，策試貢士，制曰：朕昭承天命，纘御丕基，五年于兹。夙夜皇皇，圖維治理，每思與天下共享和平之福，而未臻厥效，朕甚惑之。唐虞尚矣①，三代以成周爲盛，説者謂太和在其宇宙，果何道以致之？或謂《周禮》九職八則，五禮六樂，三物六容，使民勤事而不暇，習于上下等儀之中②，消其尊崇富侈之心，是以化行俗美，天下和平，然歟？否歟？漢治號爲近古，當其時，獻議之臣，猶有欲定經制者，欲建萬世之業者，欲不嚴而成化者。之三臣者，皆病徒法不足以興治，然則如何而可以致太平歟？洪惟我太祖高皇帝，開天建極，六合同風，以政防民，若職掌所載，同符六典，以禮教民。若《洪武禮制》《禮儀定式》《大明集禮》所載，制度精詳，達于上下，可萬世行之而寡過矣。乃今治績

① 「唐」，《隆慶五年進士登科録》《皇明貢舉考》《皇明歷科狀元全策》《不二齋文選》作「黄」。② 「儀」，《隆慶五年進士登科録》《皇明貢舉考》作「威」。「等儀之中」，《皇明歷科狀元全策》作「等威之間」。

罔效，風教未孚，長厚之意薄，虛僞之習滋，民或侈泰以相炫，士或睢恣以陵上，庶幾所謂卿大夫和于朝，士庶人和于野者，而不可得，豈政之文徒具而禮之實未至歟？今欲興教化，厚風俗，使天下志慮不易，視聽(統)[純]一①，相安于蕩蕩平平之治，禮讓之風，媲美成周，必何施而後可？諸士子綜古度今，試究其説，朕將採而行焉。

（底本：《明穆宗實録》卷五五。參校本：《隆慶五年進士登科録》，影印明隆慶刻本，天一閣選刊；《皇明貢舉考》卷八；《皇明歷科狀元全策》卷一一；《不二齋文選》卷一，國家圖書館藏）

臣對：臣聞帝王之繼天而立極也，有齊一天下之具，而後可以臻治平之效；有化成天下之實，而後可以追協和之風。政也者，齊一天下之具也，所以示民之趨而嚴其防者也；禮也者，化成天下之實也，所以定民之志而彰其教者也。政之所布，或止於法制之粗，而禮之所陳，不足以建中和之極，則民皆習於其文，而昧乎其實。雖欲使之志慮不易，視聽純一以相安於蕩蕩平平之化，胡可得哉？是故聖哲之君，受上天之寄，膺化民之責，不徒道之以制度文爲之具，而必有禮焉以寓夫潛孚默運之機。勸民之善，而不以爵禄；遏民之惡，而不以刑威。是以其教不言而喻，其民不令而行。布列於庶官者，各修其職，而不日志于尊榮；散處於族黨者，各安其分，而不日志于富侈。遵王道者，無偏黨頗僻之患；若聖訓者，有時雍風動之休。古之帝王，所以垂拱而治，揖讓而化者，其有由然哉？

欽惟皇帝陛下，聰明天啓，仁儉性成。紀綱振舉于朝廷，而海宇嚮風；威德覃敷於邊塞，而蠻夷率俾。治已至矣，化已洽矣，乃於萬幾之暇，進臣等而策之。慨然有慕于成周之治，而以方今之民風士習爲憂，詢臣等以興禮化民之要，誠求治

① 「純」，據諸參校本改。

無已、望道未見之盛心也。草茅之士，沐浴聖化，願攄忠悃之日久矣，敢不披瀝以對？

《書》曰：「天降下民，作之君，作之師，惟曰其助上帝，寵之四方。」又曰：「惟皇上帝，降衷于下民，若有恒性，克綏厥猷惟后。」蓋四海之廣，萬民之衆，風土異宜，習俗異尚，不有以整齊之則亂，不有以約束之則争。君人者荷帝天之命，握君師之權，以立極於萬民者也。則凡所以懸之象魏，頒之條教，彰之物采，陳之藝極，以整齊天下，約束天下，而使之順軌嚮方焉者，寧非治天下之常經也哉？然此特治天下之文，而興禮敦讓，則化天下之實也。有其文而孚之以實，則制其外者，又有以格其心，而天下自漸磨于仁讓之治。不務其實，而徒飾之以文，則革其面者，未必能一其志，而天下卒積習于偷靡之風。上之所尚少異，下之所趨頓殊。故曰：政刑者輔治之具，德禮者致治之本，而治天下者，貴審所尚也。

黄虞之治遐哉，弗可復覩矣，試以成周言之。周自文武開之於前，周公成之於後，其所以治天下之具，斟酌百王，損益二代，綱之紀之，經之綸之，蓋纖悉備矣。乃其化民之實，則有不盡於是者。是故，《樸棫》作人之教，《關雎》《麟趾》之意，《行葦》《蓼蕭》之德，所以播其忠厚儉勤之化者，真懇惻怛。蓋不徒政以驅之，而恒有禮以率之也。嘗觀《周禮》一書，周公以之相七年之治，成王以之享四十年之太平，有周以之培八百年之命脉，斯誠治天下之大綱大要也。然不徒曰周之政典，而以禮名之，則其寓意遠矣。今考其所載，若設官分職，辨方正位，體國經野，制度品式，非不詳且密也。而其精藴所存，機要所急，則惓惓乎以禮化民之是務焉。是故，任之以九職，治之以八則，節之以五禮，和之以六樂，迪之以三物，正之以六容。以功詔禄，而尊卑之有等；以事奠食，而貴賤之有章。當時之民，自少至長習于升降揖讓之節，而囿于道德仁義之中，曉然知上下之分，如冠履之不可踰。位巖廊之上者，懷素餐之懼，效靖共之忠，而卿大夫相與和于朝；處邦國之中者，泯僭侈之私，敦雍睦之義，而士庶人相與和于野，風俗之美，比屋可封。宋儒謂太和在成周宇宙間，詎非以禮化民之明效也哉？

《易》曰：「上天下澤，履。君子以辨上下，定民志。」《記》曰：「君臣上下，父子兄弟，非禮不定。」禮者，君之大柄，所以治政安君也①。知乎此②，則成周所以化行俗美，天下和平者，其道可知，而後之圖治者，可以知所務矣。漢之興也去周未遠，使當時之君能奮然復古之治，而本之躬行以善其則，先之禮教以孚其心，則成周太和之治，幾可再見。柰何以雜伯之心，而行一切苟且之政，黄老申韓既以陰壞天下之學術，而恭顯、許史，又以紊亂先王之典刑。是以當時獻議之臣，若賈誼之於文帝，則曰「禮者禁于將然，法者禁于已然」，而欲其定經制，厚風俗，以興殷周之治；王吉之於宣帝，則曰「安上治民，莫善于禮」，而欲其述舊禮，明王制，以建萬世之策；匡衡之於元帝，則曰「道德之行，自近者始」，而欲其陳德義，循禮讓，不嚴而化，以挽浮靡之趨。蓋誠以太平之效，不可以徒法致，而轉移化導之微權，必以禮教爲之本也。三臣之言，豈非通達治體者哉？而漢之三君，卒狃于陋習而不能用。是以德色誶語，民鮮淳良之俗，貪鄙嗜利，士無廉靖之風，居官而致富者爲雄傑，處奸而得利者爲壯士，有如賈誼之所太息、貢禹之所極論者。終漢之世，日以凌夷而不振，非漢之民不若成周也，禮教不修，而文法之弊滋也。

洪惟我太祖高皇帝，肇造區夏，驅逐胡元，復帝王所自立之土宇，建古今所未有之事功。不惟政以防民，而又禮以教民，蓋有兼舉而不遺者。以政言之，若《諸司職掌》所載，官以職分，而九卿百執事之相維；事以類繫，而大小纖悉之畢舉，宏謨曲算，燦然六典之章程也。以禮言之，若《洪武禮制》《禮儀定式》《大明集禮》所載，提其綱領，而祭享昏喪之有節；析其條目，而服舍器用之有差，良法美意，藹然《周官》之矩範也。二百年來，道化淪洽，日氏月窟之邦，含齒戴髮之屬，孰不沾德澤，歌太平，雖成周之盛，何以加此。而聖問所及，猶以治績罔效，風教未孚爲慮，臣嘗思之而得其故矣。蓋成周之所

① 「君」，《不二齋文選》作「民」。
② 「此」至「非惟廑」，《皇明歷科狀元全策》有兩頁約八百餘字，與萬曆八年張懋修文互相顛倒。

以化民成俗者，政非出于禮之外也；我聖祖之所以建極垂範者，禮即寓於政之中也。有政以爲齊一天下之具，故有以一民之視聽，而孰非所以爲禮之迹；有禮以爲化成天下之實，故有以定民之心志，而孰非所以爲政之精。然則昔之所以和平，而今之所以偷靡者，從可知已。由今之時觀之，長厚者變而爲浮夸，淳龐者變而爲虚僞，倡優忘后飾之僭，牆屋競文繡之觀，而民之侈泰以相炫者，日甚也。急進取則懷入市攫金之心，工擠排則爲下穽投石之計，而士之恣睢以陵上者，可駭也。民風之薄惡，士習之澆漓，非惟廑陛下之憂，臣亦且憂之矣。

臣竊以爲風俗之無良者，由教化之不明也；教化之不明者，由政本之未立也。夫所謂政之本者，何也？禮之實是也。今也詳法令而略禮教，重文藝而忽德行。賞罰非不明也，而或枉其功過之實，則下何由而勸懲？議論非不悉也，而或歉于畫一之守，則下何由而趨避？學校視爲具員，而師儒之模範弗端；守令勞于案牘，而風俗之淳漓罔念。陛下所謂政之文徒具，而禮之實未至者，臣不敢謂無是也，則又何怪乎民風士習之日趨於弊而不古若哉？

夫陛下知致弊之由，則知所以救弊之道。其道無他，亦曰務禮之實而已矣。臣請申聖祖之制，法成周之規，採漢臣之言，興禮讓之教。掌銓衡者，不徒以政績課殿最，而必核其行檢；司登籲者，不徒以詞章品高下，而兼採其德誼。賞當賢，罰當罪，而勸懲昭明允之公；執體要，崇本實，而議論黜靡曼之弊。董學校者，必如陽城之在國子，胡瑗之在湖州，而不徒委瑣闒茸以充位；知郡縣者，必如仇香之以德化民，延壽之閉閤思過，而不徒簿書期會以稱賢。由是而公卿勵楊綰之素，勳戚慕馬廖之風也；由是而大夫秉《羔羊》之節，士民安《蟋蟀》之化也。上以禮相考，下以禮相睦，師師濟濟，熙熙皞皞，太和氣象，不在成周而在今日矣，臣何幸躬覩其盛耶！

雖然，致治有本，立教有源，是在陛下求之身心以爲臣民之倡而已。蓋人君一身，萬化所出，薄海内外，環向而取則焉者也。夫苟履盈成之運，忘逸欲之危，或以聲色，或以玩好，或以遊畋溺宴安而莫之察，拒忠良而弗之信，則教化之本源已先室矣，又奚望於風俗之還淳也哉？ 臣願陛下端其本，清其源，澄心節欲，以培享國享年之基；戒盈崇儉，以裕足國足民之計。 日親賢佐，相與從容謀議，以共圖太平之業；日近儒臣，相與反覆討論，以深惟化理之原。 出入起居，罔有弗欽；發號施令，必求諸道。 使禮教始于宮闈，休聲訖乎遐邇，則教化所敷①，如風行而草偃，表正而景端，所以享和平之福，追成周之盛者，端不外此。

臣愚不識忌諱，干冒宸嚴，不勝戰兢隕越之至。 臣謹對。

（底本：《隆慶五年進士登科録》。 參校本：《不二齋文選》卷一；《皇明歷科狀元全策》卷一一；《歷科廷試狀元策》一卷上）

① 「敷」，《皇明歷科狀元全策》作「孚」。

六六　萬曆二年甲戌科　孫繼皋

萬曆二年(一五七四)甲戌科,廷對之士二百九十九人。狀元孫繼皋,榜眼余孟麟,探花王應選。

孫繼皋(一五五〇—一六一〇),字以德,號柏潭。南直隸常州府無錫縣(今江蘇無錫市)人。狀元及第,年二十五,授翰林院修撰。萬曆十三年,主考浙江。萬曆十五年,陞右庶子兼侍讀,丁外艱。萬曆二十年,陞少詹事兼侍讀學士。萬曆二十一年,陞禮部右侍郎。萬曆二十三年,推吏部右侍郎;次年,轉吏部左侍郎。萬曆二十五年六月,上疏自劾求罷,獲准回籍。萬曆三十八年卒,贈禮部尚書。著有《孫宗伯集》(一名《柏潭集》)。

孫繼皋廷試策見于《萬曆二年進士登科録》《皇明歷科狀元全策》《歷科廷試狀元策》及《孫宗伯集》諸書。《孫宗伯集》有陳一教、劉毅等輯明刻本,北京國家圖書館有藏,又有《四庫全書》本,所載文字基本相同。《萬曆二年進士登科録》《皇明歷科狀元全策》與《歷科廷試狀元策》三書所載,則幾無異文。然而,文集與諸狀元策輯本之間,文字差異極大,判若兩文。爲方便讀者對照兩種版本差異,將兩種版本文字並列于此,而不以校記形式出現,以免瑣碎不堪。

萬曆二年三月丙子朔。庚寅,上御皇極殿,策禮部貢生孫鑛等二百九十九人于廷,制曰:朕惟自昔哲后膺乾,良弼納誨,未有不以典學勤政爲務者。乃嗣服之始,尤斤斤焉,若《伊訓》《説命》《訪落》《無逸》諸篇,詳哉其言之矣!三代以還,强學勵精之主,代有作者。然考德論治,猶未可匹埒于姬姒,矧曰唐虞。又有可疑者,夜分講經,歲周《太平御覽》,隻日不廢講讀。學非不篤矣,而興造洪業,顧出于馬上得之不事《詩》《書》者,何歟?衡石程書,衛士傳餐,汗透御服日旰忘倦。

政非不勤矣，而致理之效，顧獨稱躬修玄默清静無爲者，何歟？朕以沖年履祚，未燭于理，惟仰遵我皇考遺命，講學親賢，日動勸覽，細大之務，悉咨輔臣，以求厥中。夙夜孜孜，罔敢暇逸，亦欲庶幾乎《詩》《書》所稱，無墜我二祖八宗之丕緒。然論者謂：「帝王之學，與韋布不同，蓋不在章句間也。」不知舍章句之外，又何學歟？又或謂：「主好要則百事詳。」所謂要者，果安在歟？往代陳謨，有裨正始，如《賢良三策》，神爵言變俗，永光言審尚，及治性六戒，勸學四儀，初元節儉，建初蕩滌煩苛，先天、元祐十事，治平三劄，熙寧稽古正學定志論，總之不越此二端矣，可得而悉數之歟？亦有可行于今者歟？爾多士習先聖之術，明當世之務，其爲朕折衷衆論，究其指歸，典學何急，立政何先，或古今異宜，創守殊軌，悉茂明之，以副朕慎始篤初之意，毋泛毋隱。

（底本：《明神宗實録》卷二三。參校本：《萬曆起居注》，影印明末清初抄本；《萬曆二年進士登科録》，影印明萬曆刻本，天一閣選刊；《皇明貢舉考》卷八；《皇明歷科狀元全策》卷一一；《歷科廷試狀元策》一卷上）

其一

臣對：臣聞帝王之繼天以立極也，學必務乎其本，而後天下之化原以端；政必審乎其要，而後天下之化機以運。何者？人君之學，非徒以洽聞爲也。凝神於宥密，養邃於穆清，固羲皇以來之道統，所賴以衍之於無窮者也。本之弗務，則不過爲口耳之學，而何以造於天德之精？人君之政，非徒以任智爲也。負君師之責，立治教之宗，固羲皇以來之治統，所賴以引之於不替者也。要之弗審，則不過爲銜飾之政，而何以要於王道之極？惟求端於本，而不徒事乎口耳之粗，則愈退藏而愈精密，本以豫内，而亦以利外也。聖德所以同天，而大化之原，於此乎端矣。惟專持其要，而不徒事乎銜飾之具，則愈簡易而愈恢弘，所操至約而所及至廣也，聖治所以憲天，而大化之機於此乎運矣。學以基政，政以顯學，道合一而不偏；學務其本，政舉其要，事不勞而可據。自古帝王不出密沕之内，而道積厥躬，允底於淵微純粹之歸；不假智術之勞，而事得其理，適臻於淳龐敦大之盛者，此道行也。況出震維新，正天命凝承之日；繼離方始，尤人心屬望之初。可不循其所當急者，以爲典學之本；擇其所當先者，以爲立政之要也哉？

欽惟皇帝陛下，躬不世出之資，具大有爲之略，登極一詔，萬方同愛戴之心；平臺一詢，百辟起欽承之念。命書《四箴》《六箴》，而顧諟不怠，一舜典堯謨之式；嘉納《帝鑒圖説》，而披覽不忘，一湯盤武几之銘。近又時經筵之御，嚴覲吏之飭。蓋學已勤矣，政已修矣，軼於唐虞三代之隆矣。乃猶不自滿假，進臣等於廷，俯賜清問，首舉商周之訓，次及漢唐宋君臣之事，而終策臣等以典學立政之要，慎始篤初之規。豈意臣等習先聖之術，明當世之務，有足以裨萬分之一者乎？而臣非其人也。雖然，臣愚學慚稽古，志切攄忠，敢不披瀝罄竭以對？

臣聞之，君者天之子也，民之主也。其道爲往聖繼絶學者也，其責爲萬世開太平者也。故美玉弗琢，則射斗之光不生；寶鑒弗拭，則映宿之輝不發；聖人弗學，則光天之德不耀。甚矣哉！學之不可已也。然不曰：「壯而好學，如日中之光；少而好學，如日出之陽。」嗣服之始，學其不尤要乎？六律不具，則師曠不能正五音；規矩不設，則離婁不能成方圓；仁政不立，則堯舜不能平天下。甚矣哉！政之不可已也。然不曰：「能慎其初，如未雨之巢；不慎其初，如直突之薪。」嗣服之始，政其不尤要乎？是故，臨朝願學，臨政願治，凡爲哲后者皆然，而始尤重也。論學以輔德，論政以輔治，凡爲良弼者皆然，而始尤切也。

粤稽諸商，太甲、高宗善守成者也。臣考其初，則有伊尹、傅説之誨矣。人紀肇修，風愆致儆，非尹之所爲訓王者乎？遜志乃來，聰明時憲，非説之所爲詔王者乎？臣言焉，君行焉，此所以終允德而靖殷邦也。故終商之世而曰中興之令主者，必推太甲、高宗也。載稽諸周，成王亦善守成者也。臣考其初，則有周公之誨矣。「紹庭上下，陟降厥家」，非《訪落》之詩所爲作乎？「稼穡艱難，治民祇懼」，非《無逸》之書所爲戒乎？臣言焉，君聽焉，此所以覲耿光而揚大烈也。故終周之世而曰繼述之賢君者，必推成王也。然學勤矣，而所以典其學者有本；政勤矣，而所以立其政者有要。

三代以後，此義不明，强學之主，誠代有之，而誇靡之風盛矣。光武夜分講經，而昧三公之體；太宗歲周《太平御覽》，而失兄弟之義；仁宗隻日不廢講讀，而牽夷狄之禍。乃鴻業之建，反出於不事《詩》《書》之漢高，此其故何也？詞章訓詁，帝王之所以爲學者不在焉。故學非不足務，而務非所務者，固不如豁達之資之足以有爲也。勵精之主，誠代有之，而刻覈之習興矣。始皇衡石程書，而適基秦亂；文帝衛士傳餐，而滋速隋亡；憲宗汗透御服，日旰忘倦，而實釀唐衰。乃致理之效，反出於清淨無爲之漢文，此其故何也？簿書期會，帝王之所以爲政者不在焉。故政非不足勤，而勤者非所勤者，固不如玄默之修之足以有效也。

天啓休明，生我皇上。日親講幄，而寒暑之際討論不輟；日咨輔臣，而細大之務委任不貳。蓋法天行以勵學，獨超于章句之外；憲天道以出政，深探夫理道之原。即商周之主，不能過之；雖《詩》《書》所稱，何以加焉？我二祖八宗之丕緒，真足以振揚於不墜矣。

顧臣伏讀聖制有曰：「論者謂：『帝王之學，與韋布不同。』」又謂：「主好要則百事詳。」臣有以見陛下之心，望道未見之心也，求治無已之心也。「夫帝王之學，與韋布不同」，此程顥之言也，所謂知學之本者也。「主好要則百事詳」，此荀卿之言也，所謂知政之要者也。是故，往代之臣，各執其見，以陳正始之謨；而往代之君，亦各因其謨以裨正始之治。如仲舒賢良之策，析天人也；王吉變俗之論，正風化也；匡衡審向之疏，與夫治性六戒、勸學四儀之陳，崇德政也；貢禹節儉之勸，先敦朴也；陳寵蕩滌煩苛之議，尚寬厚也。先天間，則有姚崇之十事，明時務也；元祐間，則有呂公著之十事，飭治紀也；在治平，則司馬光獻以三劄進，重英斷也；熙寧間，則程顥有稽古、正學、定志之説進，慎趨向也。此其言則人人殊矣，顧豈無上關君德，而足以爲聖修之助；下係民生，而足以爲聖治之資者乎？ 然其本則未徹也，其要則未明也。本何在哉？ 聞之「上學以心，下學以耳」，欲得其本純心之道，不可不講也。要何在哉？ 聞之「用人則裕，自用則小」，欲得其要，任人之道，不可不講也。請因聖問之所及而極論之。

陛下終篇策臣曰：「典學何急，立政何先，或古今異宜，創守殊軌，悉茂明之，以副朕慎始篤初之意。」臣愚以爲，人之一心，操存舍亡，其幾至可畏也。況人君之心，百欲伺之，一念弗純，欲且乘之以入焉，其係於學之進退，非眇小也。必也主敬於淵蠖之中，研幾於獨知之地。夜氣清明，則有常惺之法；平旦好惡，則有允執之功；大庭臨御，則凜乎天鑒之在兹；宮闈秘密，則森乎神明之若對。至善爲的，主善爲師，不雜不息，允迪爲期。帝王爲學之本，或者其在是歟？ 譬則水焉，澄之終日，止見眉睫，不過一撓，方圓莫辨，誠不可以不慎也。曰：「日月久照，不改其明；星辰久旋，不改其度；聖人久於其道，不輟其功。」明此以爲學，聖德之所以純也。非博綜群籍，藻繢是工，矻矻終年者比也。臣故以爲學之有本也。人之一身，應務酬物，其事尚難兼也。況人君之身，百責萃之，忠賢弗任，事且因之以隳焉，其係於政之得失，非眇小也。必也精其選於未任人之先，專其任於既得人之後。姬旦在前，則委心聽順；山甫在後，則改容嘉納；邊廷有頗牧，則授之斧鉞而不疑；郡縣有龔黄，則錫之璽書而不惜。不聽讒言，不責近功，惟和惟一，以考厥成。帝王爲政之要，或者其在是歟？ 譬之車馬，輪轅徒飾，非人弗行，造父爲御，一日千里，誠不可以不審也。故曰：「千金之裘，非一狐之腋；大厦之才，非一丘之木；太平之功，非一人之略。」明此以立政，聖治之所以擴也，非形神獨勞，廑身從事，沾沾自好者比也。臣故以爲政之有要也。然要而論之，則純心以爲學，而任人之本以端。是故有緝熙之主，則四友同心；有敬勝之君，則十人彙進，《傳》曰「爲政在人，取人以身」，此之謂也。任人以立政，而進學之資益廣。有仲虺之誥，則湯德丕顯；有尚父之戒，則武德日休，經曰「朝夕納誨，以輔台德」，此之謂也。於乎！ 此天下之化原所以端也，天下之化機所以運也。

乃臣之所獻者，抑有進焉。以陛下非常之資，其於問學之際，必有永貞而勿替者。故學之不純，不足患也。獨患夫聰明之太過，或以爲商宗周王之學爲不足事，而求其所不必學者焉。以陛下非常之略，其於委用之際，必有善任而不疑者。故人之不任，不足患也。獨患夫英敏之有餘，或以爲商宗周王之政爲不足師，而求其所不必行者焉。求其不必學，則索之愈高而失之愈遠，將有務爲迂闊之談，以欺陛下如王安石之惑神宗者出矣；求其不必行，則更之愈急，而行之愈壞，將有尚爲刻薄之政，以罔陛下如公孫鞅之惑孝公者出矣。此固臣愚之過計則然，而亦豈可以弗辨哉？

伏願我皇上，上畏天命，下念民生，以學則皇祖之《存心録》可鑒也，而奉之以爲訓；以政則皇祖之《聖政記》可法也，而率之以爲行。無以天下之義理皆吾晰也，而厭其卑近；無以天下之賢才皆吾下也，而待之邈絶；無以安居無事，而從逸遊；無以物力豐盛而興土木，無以海宇昇平而事遠夷，無以安處深宫而狎近習。則道德高厚，功化洋溢，内恬外熙，祥臻瑞應，商周不足侔矣，而況漢唐宋也乎哉！

草莽微臣，不識忌諱，干冒天威，無任戰慄隕越之至。臣謹對。

（底本：《萬曆二年進士登科録》。參校本：《皇明歷科狀元全策》卷一一；《歷科廷試狀元策》一卷上）

其二

臣對：臣聞帝王之繼天以立極也，端其本以爲學，而後可以立天下之治原；審乎其要以出政，而後可以弘天下之治化。何者？人君之學，非徒以資誦説也。凝神於宥密，涵養於穆清，固羲皇以來之道統，所賴以繼之於無窮者也。本之弗端，則其學也，爲儒生口耳之學，而何以造於天德之精？人君之政，非徒以飾文爲也。任君師之責，爲治教之宗，固羲皇以來之道統，所賴以衍之於不替者也。要之弗審，則其政也，爲後世粉飾之政，而何以臻於王道之極？惟求端於本，而不徒事於口耳之粗，則愈涵泳而愈充，周時敏之餘，皆實學也。聖德所以同天而至治之，原於此乎端矣。惟致審於要，而不徒事乎粉飾之具，則愈敷施而愈恢廓，推行之際，皆實政也。而至治之化，於此乎成矣。學以基政，政以顯學，道合一而不偏。學務其本，政舉其要，事不勞而可據，自古帝王不出邃密之中，而道積厥躬，萬世稱至學，不煩措置之力，而事得其理，萬世稱至治者，此道行也。況出震維新，正道岸誕登之始；繼離方早，正人心望治之初。可不取其所當急者，以爲典學之本；擇其所當先者，以爲立政之要也哉？

欽惟皇帝陛下，弱齒含元，岐嶷神授，十齡出閣，温文日新。正位宸極，而玄德愈光；委政耆碩，而王猷益擴。嘉納《帝鑒圖説》，而披覽不倦，一舜典堯謨之式；命書四箴六箴，而顧諟不忘，一湯盤武几之銘。近又渥經筵之賜，嚴覲吏之飭。蓋學已至矣，政已弘矣，軼於唐虞三代之盛矣。乃猶不自滿假，進臣等於廷，俯賜清問，首舉商周之訓，次及漢唐宋君臣之事，而終策臣等以典學立政之要，慎始篤初之規。豈意臣等習先聖之術，明當世之務，有足以裨萬分之一者乎？而臣非其人也。雖然，臣愚學慚稽古，志切攄忠，敢不披瀝罄竭以對？

臣聞之，君者天之子也，民之主也。爲往聖繼絶學者，其道也；爲萬世開太平者也，其責也。故美玉不琢，則射斗之光不生；寶鑒不拭，則映日之輝不發；聖人不學，則光天之德不耀。甚矣哉！學之弗可已也。然不曰：「壯而好學，如日中之光；少而好學，如日出之陽。」嗣服之始，學其不尤要乎？家而無政，則大夫無以著浚明之勳；國而無政，則諸侯無以樹亮采之績；天下而無政，則天子無以布清寧之化。甚矣哉！政之不可忽也。然不曰：「慎厥初惟厥終，終以不困。不惟厥終，終以困窮。」嗣服之始，政其不尤要乎？是故，臨朝願學，臨政願治，凡爲哲后者皆然，而始尤重也。

論學以輔德，論政以輔治，凡爲良弼者皆然，而始尤切也。粤稽諸商，太甲高宗善守成者也。臣考其初，則有伊尹、傅説之誨矣。人紀之修，風愆之戒，非伊之所爲訓王者乎？遜志之益，聰明之憲，非説之所爲詔王者乎？臣言焉，君行焉，此所以終允德而靖殷邦也。故終商之世而曰中興之令主者，必推太甲、高宗也。載稽諸周，成王亦善守成者也。臣考其初，則有周公之誨矣。「紹庭上下，陟降厥家」，非《訪落》之詩所爲作乎？「稼穡艱難，政事勞瘁」，非《無逸》之書所爲戒乎？臣言焉，君聽焉，此所以覲耿光而揚大烈也。故終周之世而曰繼述之賢君者，必推成王也。

然學勤矣，而所以典其學者有本；政勤矣，而所以立其政者有要。三代以後，此義不明，强學之主，誠代有之，而記誦之習興矣。光武夜分講經，而昧三公之體；太宗歲周《御覽》，而失兄弟之義；英宗不廢講讀，而暗禍階之萌；顧洪業之建，乃出於不事《詩》《書》之漢高，此其故何也？天授之資，固足以創大業，而惟其棄焉不學，學焉無本，此高之所以止於高也。勵精之主，誠代有之，而粉飾之風盛矣。始皇衡石程書，何補於秦之亂；文帝衛士傳餐，何益於隋之亡；宣宗汗服而不倦，何裨於唐之衰。顧致理之效，乃出於清淨無爲之漢文，此其故何也？玄默之修，固足以致治平，而惟其政之不更立之無要，此文之所以止於文也。

天啓休明，生我皇上。日親講幄，而進學之志，寒暑不忘；日咨輔臣，而求治之思，細大不廢。蓋法天行以勵學，獨超於章句之外；憲天道以出政，深探夫理道之原。即商周之主，不能過之；雖《詩》《書》所稱，何以加焉？我二祖八宗之丕緒，真足以振揚於不墜矣。

顧臣伏讀聖制有曰：「論者謂：『帝王之學，與韋布不同，蓋不在章句間也。』不知舍章句之外又何學歟？又或謂：『主好要，則百事詳。』所謂要者，果安在歟？」臣有以見陛下之心，望道未見之心也，視民如傷之心也。「夫帝王之學，與韋布不同」，此程子之言也，所謂知學之本者也。「主好要，則百事詳」，此荀卿之言也，所謂知政之要者也。是故，往代之臣，各執其見，以陳正始之謨；而往代之君，亦各因其謨以裨正始之治。如漢自仲舒《天人三策》之後，有王吉變俗之論、匡衡審尚之疏，與夫六戒四儀之陳、貢禹節儉之勸、陳寵蕩滌煩苛之議，皆爲當時學與政設也。然而，諸君之最著者，不過表章六經，臨雍拜老，吏多循良，治多聰察。無他，本與要不在也。宋自先天、元祐之間，吕公著陳十事以助新政，司馬光獻三劄以隆治平，與夫熙寧間，程顥有稽古正學定志之説，皆爲當時學與政設也。然而，諸君之最著者，不過雅好儒術，崇尚文學，紹述有聲，乂安數載。無他，本與要不在也。然則本何在乎？聞之上學以心，下學以耳，欲得其本，純心之道，不可不講也。要何在乎？聞之用人者，用天下而有餘；自用者，爲天下用而不足。欲得其要，任人之道，不可不講也。請因聖問之所及而極論之。

陛下終篇策臣曰：「爾多士習先聖之術，明當世之務，其爲朕折衷衆論，究其指歸，典學何急？立政何先？或古今異宜，創守殊軌。悉茂明之，以副朕慎始篤初之意。」臣愚以爲，人之一心，操存舍亡，其幾至可畏也。況人君之心，百欲攻之，一念弗純，欲且乘之入焉。其係於學之進退，非淺小也。必也戒懼於不睹不聞之時，慎獨於莫見莫顯之頃，至善爲的，主善爲師，不息不移，允迪可期，帝王爲學之本，或者其在是歟？譬則水焉，清之終日，可見眉睫，不過一撓，莫辨方圓，誠不可以不慎也。故曰，日月久照，不改其明；星辰久旋，不改其度；聖人久於其道，不輟其功。學至此，天下之至學也。非裝綴爲能，品藻爲工，矻矻終年者比也。人之一身，一日二日，其事尚難兼也。況人君之一身，百責萃之，人而弗任，則事且因之以隳焉。其係於政之得失，非淺小也。必也精其擇於任用之初，專其任於簡畀之後，不信讒間，不責細事，惟和惟一，政事乃乂，帝王爲政之要，或者其在是歟？譬之御焉，輗軏不具，其何以行？有其輔之，一日百里。誠不可以不審也。故曰，酒非麯糵，則無與成；羹非鹽梅，則無與和；君非賢臣，則無與治。政至此，天下之大政也，非出納必躬，案牘必親，厘厘守法者比也。於乎！此典學之大本也，立政之大要也。

然臣又有獻焉。純心以爲學，而任人之本即存，《傳》曰「爲政在人，取人以身」，此之謂也；任人以立政，而輔學之資有賴，經曰「朝夕納誨，以輔台德」，此之謂也。顧臣不患陛下弗純心以爲學，而慮聰明之太過，或以爲商周之主不足法，而求於學之外焉；不患陛下弗任人以立政，而慮英敏之太過，或以爲商周之君不足法，而求於政之外焉。求於學之外，則索之愈高，而失之愈遠，將有談正道，而尚曲學如公孫弘之惑武帝矣；求於政之外，則更之愈急，而行之愈弊，將有口堯舜而心桑孔如王安石之惑神宗矣。此臣愚之過計固然，而亦豈可以弗早戒哉！

伏願我陛下，上畏天地，近法祖宗，無以學至矣，而騖於高遠；無以政成矣，而事於紛更；無以深居，而好逸游；無以物力豐盛，而事土木；無以海宇昇平，而事遠夷；無以安處深宮，而狎近習。則道德高厚，功化洋溢，内恬外熙，瑞應祥集，虞夏商周不足侔矣，况漢唐宋乎哉？

臣不識忌諱，干冒天威，無任戰慄隕越之至。臣謹對。

（底本：《孫宗伯集》卷一，陳一教、劉穀等輯，明刻本，國家圖書館藏。參校本：《孫宗伯集》，《影印文淵閣四庫全書》本）

六七　萬曆五年丁丑科　沈懋學

萬曆五年（一五七七）丁丑科，廷對之士三百零一人。狀元沈懋學，榜眼張嗣修，探花曾朝節。

沈懋學（一五三九—一五八二），字君典，號少林。直隸寧國府宣城縣（今安徽宣州市）人。廷對，策冒中有「處其始必厚其終，循其名當責其實」語，時神宗勵精圖治，閱此，顧謂輔臣曰：「此二語即可作狀元。」（《狀元圖考》）遂首擢之。年三十九。授翰林院修撰。會張居正「奪情」，吴中行等以疏論，廷杖。沈懋學持章往救，格不入，遂引疾歸。扁舟野服，讀書自娱。福王時，追謚「文節」。著有《郊居遺稿》。《明史》有傳，附吴中行後。

沈懋學廷試策見於《萬曆五年進士登科録》《皇明歷科狀元全策》《歷科廷試狀元策》及《郊居遺稿》諸書。

萬曆五年三月戊子朔。壬寅，廷試天下貢士馮夢禎等三百一人，制曰：朕惟自古帝王撫運握圖，統一寰宇，所以綜輯庶務，調劑群品，其道蓋多端矣。至語其治效，自《詩》《書》所述，章灼較著，則莫盛于虞周。夫其七政齊，庶尹諧，六府修，三事治，與夫謨烈佑啓，禮樂刑政，焕然也。朕甚嘉之慕之，未審果繇何道而致然歟？或謂舜「兢業萬幾」，文王「自朝至日中昃，不遑食」也。惟其精勤，故化理若是。然《書》稱「庶獄庶慎，文王罔兼」，而孔子復謂「舜無爲而治」，何歟？

我太祖神聖秉乾，再造函夏，建立法制，博大詳密，用以躋世平康，與虞周媲美矣。御曆三十餘年，早朝晏罷，未嘗時刻少息。其所以畏天人而衍昌祚者，視舜文其道同歟？朕以沖昧，獲纘丕基，慄慄夙夜，圖所以順帝則，建皇極，以庶幾帝王之治者，今且五年。經費節矣，而帑庾未充；賦斂寬矣，而民生寡遂；守宰久任矣，而吏治罔宣；伍籍加覈矣，而武備靡振。豈因循之積習，難驟變歟？久弛之舊章，難遽舉歟？兹欲革文冒，破拘攣，使人得其情，事循其理，將何如而後可？蓋盛帝顯王，人稱之必曰「大有爲」，乃復有謂「王者中心無爲，以守至正」，此其説安是？將各有主謂，不相蒙歟？抑或其道相須也？

子大夫習先聖之術，其於古今治理之原，講之預矣①。尚各攄所藴，明著於篇，朕將覽而擇焉。

（底本：《明神宗實録》卷六〇。參校本：《萬曆起居注》，影印明末清初抄本；《萬曆五年進士登科録》，影印明萬曆刻本，天一閣選刊；《皇明貢舉考》卷八；《皇明歷科狀元全策》卷一二；《歷科廷試狀元策》一卷上）

臣對：臣聞帝王之御世也，固有宰制天下之大體，尤有運量天下之大機。何謂體？總宏綱，急先務，任人以圖治，而不自用以勞天下者是也。何謂機？凝志慮，勵臣工，及時以省成，而不自逸以忘天下者是也。以大體宰制天下，則化洽於無爲，而帝則順矣；以大機運量天下，則功成於有爲，而皇極建矣。是其無爲也，正以握有爲之權也，而非逸也；其有爲也，正以達無爲之用也，而非勞也。使執有爲之説，而紛然自勞其身，則萬幾之繁，萬民之衆，由一人而叢挫焉，即或有刑名之淺效，而無以培惇大之休。申韓之所謂有爲也，固非帝王之所先。使泥無爲之説，而肆然自逸其身，則萬幾之繁，萬民之衆，以一人而廢弛焉，即或有清浄之小康，而無以建精明之治。黄老之所謂無爲也，亦豈帝王之所尚哉？是故，善治天下者，既不一於有爲，而機常運於無爲之中；又不一於無爲，而體常宰於有爲之際。古帝王所以人得其情，事循其理，而萬世稱之爲盛德大業者，此道行也歟？

① 「預」，《萬曆起居注》《萬曆五年進士登科録》《皇明貢舉考》《皇明歷科狀元全策》及《郊居遺稿》均作「豫」。

欽惟皇帝陛下，稟聰明睿智之資，備文武聖神之德，應五百載之昌期，而誕膺寶曆；繼億萬年之正統，而丕振瑶圖，威德布於華夷，賢才列於中外，四時順軌，萬國承休，人已安事已治矣。而猶聖不自聖，進臣等於廷，俯賜清問，惓惓於有爲無爲之辨，且欲使人得其情，事循其理，以圖帝王之治，臣固仰窺陛下大有爲之心矣。顧臣伏處蓬藋，未知事君之道，未諳治國之謨，愧無以對揚萬一。雖然，臣嘗聞之，「事君如事親」，親之欲有爲也，子代之。親之精神日運於内外上下之間，而庶事則未嘗自勞也。知所以事親，而孝可移於忠矣。又聞之，「治國如治家」，家之不能無爲也，主制之。應酬出納，至米鹽瑣屑之務，各有司存，而主之精神未嘗不貫也。知所以治家，而理可通於國矣。況臣今藉有司之舉，得親文陛立赤墀，生平之所誦讀，願達於天下，見於明時者，此可以酬其志也。敢不攄一得之愚，備聖人之擇哉？

竊惟天生民而不能以自治也，於是立之君以主之；又慮君不能以獨治也①，於是立之臣以佐之。是君者代天以理物，而臣者代君以有終者也。君惟代天以理物，則天之所欲爲者君任之矣，而安可以無爲也？臣惟代君以有終，則君之所欲爲者臣任之矣，而無庸於自爲也。嘗觀之天矣，於穆之真，玄機之宰，凝然不動已耳。而四時之吏，五行之佐，順序而成其化。化之成也，四時五行之功，而昊天一元之運，固未嘗一日息也。使其或息，則四時五行，且無以自運，而何有於化哉？夫自其凝然不動，而四時五行爲之宣其化也，謂天有爲不可也，是天之體也；自其四時五行之成化，而天未嘗不運也，謂天無爲不可也，是天之機也。人君代天而爲之子，位曰天位，職曰天職，民曰天民，德曰天德，道曰天道，心曰天心，而不憲天以弘化可乎？是故觀於天之體也，得宰制天下之大體焉。虚心應物，而不以物累心；虚己任人，而不以人役己，常處於閒静之中，以總宏綱，以急先務，固不敢屑屑焉以自勞。觀於天之機也，得運量天下之大機焉。心常運物而不縱心以遺物，

① 「治」，《郊居遺稿》《皇明歷科狀元全策》作「理」。

己常體人而不適己以病人，獨操夫精勤之柄，以凝志慮，以勵臣工，亦不敢悠悠焉以自逸。惟其有是體也，人代之爲矣，安得而不謂之無爲？惟其有是機也，已爲之運矣，安得而不謂之有爲？而要之有爲者，乃所以成其無爲也。百工之熙，必率作而後興事；惇大之裕，必明作而後有功。萬世帝王，撫運握圖，統一寰宇，所以綜輯庶務，調劑群生者，其道寧外於此乎？

是故七政齊，庶尹諧；六府修，三事治，治效莫盛於虞矣。舜固不自爲也，任之禹、益、羲、和、皐、夔諸臣者，得其體也。而兢業萬幾，舜寔未嘗一日而忘精勤之慮焉。然則孔子稱其「無爲而治」者，謂其所任得人耳，豈曰兢業可忘耶？謨烈啓後，咸正罔缺，禮樂刑政，焕然維新，治效莫盛乎周矣。文固不自爲也，任之周、召、吕、散諸臣者，得其體也。而自朝至於日昃不遑食，文寔未嘗一日而忘精勤之慮焉。然則《書》稱「庶慎庶獄罔兼者」，正謂其所任得人耳，豈曰勵精可已耶？

洪惟我太祖高皇帝，神聖乘乾，再造函夏，竭心思以創制立法，内外相維，巨細畢舉，具載令甲，今不暇殫述。而御曆三十餘年，早朝晏罷，未嘗時刻少怠，其所以畏天人而衍昌祚者，真如舜之兢業萬幾，文之日昃不食，固未嘗執無爲之説，忘率作之權。而君臣交儆以屢省厥成者，正所以成無爲之化也。躋世平康，虞周媲盛，信有由矣，而誰謂其道之不同於舜文哉！

肆我皇上，講學勤政，法天行而不息；詢事考言，治日起而有功。帝王之大經大法，治天下之宏規也矣，大書而揭諸殿廷。自敬天至節用十二事，治天下之切務也，懸牌而置之座右。申飭有司，而責之久任；屢警邊將，而要其久安。蠲逋賦以厚民生，節經費以裕國計。孜孜焉精勤之念，誠有不遑暇豫者，宜天下之人盡得其情，事盡循其理也。而乃有不然者，宜有以廑聖心之憂矣。夫因循之積習，固難驟更也，而更之者未必有實心；久弛之舊章，固難遽舉也，而舉之者未必有實政。欲充帑庾，而司農之用，果實能一毫不妄費乎？節儉之躬行，不可不思也。欲厚民生，而司賦之吏，果實能一毫不妄取乎？閭閻之疾苦，不可不察也。守令久任矣，而率多取辦於文具。求其能解紛興化，鮮渤海之理也，而何惑乎吏治之未宣？伍籍加覈矣，而率多致飾於聲容，求其能禦侮折衝，鮮雁門之良也，而何惑乎武備之靡振？夫臣未盡賢，而政未盡實，則陛下與諸大臣議政於上，恐未可遽云「舜之無爲，文之無憂也」。

夫古今之人心一也。以區區漢宣之綜核，即能回虚耗之邦，致吏稱民安之效。曾謂今日寧平之世，乃令之而不從，倡之而不化耶？陛下誠率先而振作之，不厭乎感格之難，不循乎故常之迹，時召見二三大臣，及百司之可與議者，條國家之舊典，舉當世之闕遺，必欲見之推行，而要之治效。實節經費，自宫闈先之，而帑庾可漸充矣；實寬斂賦，自郊圻先之，而民生可漸厚矣；任守令，則嚴敕監司，精慎舉劾，毋徒徇于文具，而吏治可漸宣矣；覈伍籍，則嚴敕督撫，糾察勤惰，毋觀美于聲容，而武備可漸振矣。其要主於擇人，而其權歸於核實。由是文冒可革，拘攣可破，積習可更，舊章可舉。人不敢欺而皆得其情，事不敢廢而皆循其理，而本其機則惟在陛下與二三大臣，如舜文之精勤以率之，夫然後庶慎庶獄不必兼，而無爲之化成矣。夫此之所謂精勤云者，有爲之義也，而因以致無爲焉，猶二之也。

臣又伏讀聖制終篇有曰：「盛帝顯王，人稱之必曰『大有爲』。乃復有謂『王者中心無爲，以守至正』。此其説安是？將各有主，謂不相蒙歟？抑或其道相須也？」噫，是可以觀帝王經綸之學矣！夫中心無爲矣，而曰「以守至正」，得非守之於爲乎？昊天之道，顯仁藏用，曰顯曰藏，而有爲無爲，體用一原矣。帝王之大有爲也，以天運，以時行，而不以己爲焉。則雖淵微有密，而非無也；雖振勵發舒，而非有也。故曰至誠經綸，而無所倚也。彼沉空守寂以爲無，徇生執象以爲有，均之畔道而已，惡足以治天下。噫，天下之溺久矣！譚有爲者，猶曰「不離乎倫類」也，而假禪幻之苴餘，以文其無爲之旨，卒使天下信空虚而忘實用，而精勤之説，幾不復聞矣。陛下循其名必責其實，處其始必厚其終，以至誠之經綸，發顯藏之妙用，不將挽人心而維世道乎？而得情循理之效，又不足言矣，此真大有爲之略也。若夫爲知幾，爲謹獨，固至誠入德之方，而自警十二事所兼括也，何敢爲費辭哉？

臣不識忌諱，干冒宸嚴，不勝戰慄隕越之至。臣謹對。

（底本：《萬曆五年進士登科録》。參校本：《郊居遺稿》卷四，明萬曆三十三年何喬遠刻本，國家圖書館藏；《皇明歷科狀元全策》卷一二；《歷科廷試狀元策》一卷上）

六八　萬曆八年庚辰科　張懋修

萬曆八年（一五八〇）庚辰科，廷對之士三百零二人（據《皇明貢舉考》）。狀元張懋修，榜眼蕭良有，探花王庭譔。

張懋修（一五五六—一六三四），字惟時，號斗樞。湖廣荆州府江陵縣（今湖北荆州市）人。首輔張居正四子。狀元及第，年二十五。授翰林院修撰。萬曆十年，張居正病逝，遭削職抄家。其兄張敬修自縊身亡，懋修冤憤投井不死，削籍爲民，謫戍烟瘴之地。天啓二年（一六二二），張居正昭雪，得以放還。嘔心搜集整理其父文章，編成《張居正全集》四十六卷。崇禎七年卒于家。著有《墨卿談乘》十四卷。

張懋修廷試策見《萬曆五年進士登科録》《皇明歷科狀元全策》及《歷科廷試狀元策》。

萬曆八年三月庚子朔。甲子，上御皇極殿策試天下貢士蕭良有等三百人于廷，敕曰：朕惟治古帝王大經大法，具在《周書·洪範》。其所以宰持萬化，統攝九疇，則建用皇極備矣。而論者謂「乂用三德」，實爲權衡。又（爲）［謂］「皇極以體常」以立本①，「三德以盡變」以趨時，則正直剛柔，固與建極殊路歟？抑亦異用而同體也？

三季以還，英辟代有。若躬修玄嘿，庶幾刑措；力行仁義，身致太平；與刑名繩下，而表用循良；柔道理物，而總攬乾綱者，于三德亦有合歟？又有可疑者，政務嚴切，事從寬厚，異施也，胡以各適于治？優柔好儒術，威强則宣武，異尚也，

① 「謂」，據《萬曆八年進士登科録》《皇明貢舉考》《皇明歷科狀元全策》改。

胡以同歸于衰？含容姑息，見謂養亂，而仁柔有餘，剛武不足者，胡以稱慶曆之隆？猜忌刻薄，遂致播遷，而精于聽斷，無復仁恩者，胡以媲貞觀之美？至(今)[于]唐虞夏殷之盛①，所謂平康之世也。乃弼教以象刑，格苗以干羽，戮後會泣罪人，敷政優優，秉鉞烈烈，其治亦兼用剛柔，何歟？

朕紹休鴻業，精求上理，思建皇極爲天下先。嘗深詔執事，黜朋比，期蕩平，去僞剗浮，敦本責實，八載于茲矣。然而教化未洽，風俗未同，吏治未盡還淳，人心未盡歸厚，豈朕之不敏不明，無能端好惡以示之極歟？抑三德之用，猶有未當歟？昔人論治，以水火喻寬猛，以陰陽配刑德，以琴瑟證緩急。與夫芒刃斧斤之説，粱肉藥石之譬，是可採而行歟？夫舍剛柔而求正直，不善用三德而猥云極建，朕不知其解也。故進爾多士于廷，爰咨爰度，其尚闡析經訓，標揭化原，若何以明教正俗，馭吏率人，俾斯世會歸皇極，用追古帝王之治，悉心敷對，稱朕意焉，毋有所諱。

(底本：《明神宗實録》卷九七。參校本：《萬曆起居注》；《萬曆八年進士登科録》，《明代登科録彙編》影印明萬曆刻本；《皇明貢舉考》卷八；《皇明歷科狀元全策》卷一二；《歷科廷試狀元策》一卷上)

臣對：臣聞帝王之道天道也，故必有合天之心法，以端化理之原；亦必有憲天之治法，以妙化裁之用。何謂心法？全體天德以爲敷錫庶民之本，無偏無陂，大公而順應者是已。何謂治法？奉若天道以爲變通宜民之政，知柔知剛，鼓舞以盡神者是已。心法立而純粹之精，與於穆而並運，斯聖人之所以合天也；治法行而神應之妙，與大造而同流，斯聖人之所以憲天也。合天者以立本，而建極之體，主持乎三德之用；憲天者以趨時，而剛柔之用流行於正直之中。體用合一，顯

① 「于」，《萬曆起居注》據《萬曆起居注》《萬曆八年進士登科録》《皇明貢舉考》《皇明歷科狀元全策》改。

微無間，古之帝王所以不降階序，而化行若神，納天下於皇極，措斯世於平康者，率由此道也。

欽惟皇帝陛下，躬不世之資，撫綦隆之運，天下喁喁然稱聖主矣。臨馭以來，孜孜講學，寒暑不替，而表正之極端；事事訪求，細大不遺，而平康之化普。任賢圖治，斂福錫民，八柄馭臣，九德咸事，德之所及，與河海而同深；威之所加，與風霆而並迅。治化之隆，固已六五帝而四三王矣。乃猶不自滿假，於萬幾之暇，進臣等於廷，俯賜清問，謂「帝王之大經大法具在《洪範》」，故首以皇極三德同體而異用者爲言，繼以古昔君人異用而同體者爲證，復詢臣等以明教正俗、馭吏率人之策，期使斯世會歸於皇極，以媲美古帝王之盛，斯虞帝清問下民，周王望道未見之心也，臣敢不披瀝以對揚休命乎？

臣聞《書》曰：「天錫禹《洪範》九疇，彝倫攸叙。」則《洪範》之書，乃天道也。人君奉天以子民，則必法天以運治。臣請言天道。夫太虛無形，秉握化權，溟茫漠泯，澒濛鴻洞，是天道之所以立體也。噓之以陽，吸之以陰，鼓之以雷霆，烜之以日月，潤之以雨露，肅之以雪霜，是天道之所以致用也。生者殺之機，翕者張之地，萬物各得其和以生，各得其養以成，風霆日月，霜雪雨露，日流行於亭毒之中，而太虛之體，漠然不見其迹，斯天道之所以盡神也。人君法天以治，故皇極之疇曰：「無有作好，無有作惡。無黨無偏，王道蕩平。無反無側，王道正直。」是聖人之心法，與太虛而同體也。夫使天下而盡由於蕩平，則聖人固可不賞不怒，垂衣拱手而默順於理。乃人之才性殊科，而世之情僞多變，將默然而任之乎？不容以無爲也。將一法而治之乎？不能以盡變也。於是以其皇極之體，敷之爲三德之用，撫平康以正直，馭强弱以剛柔。有正治之者焉，以剛克剛，以柔克柔是已；有反治之者焉，以剛克柔以柔克剛是已。其情爲喜怒，其發爲好惡，其事爲生殺予奪，其權爲威福命討，其具爲禮樂法制，爵禄鈇鉞。是聖人之治法，與日月風霆、雨露霜雪並運者也。然其爲用妙矣，或純用乎剛而天下不見以爲毒，或純用乎柔而天下不見以爲懦，或剛而行之以柔，或柔而行之以剛，或先剛而後柔，或先柔而後剛，鼓之舞之，使天下日遷善遠罪而莫測其所以然者，是聖人之所以法天而盡神也①。藴之於内，則渾涵精粹，貫徹於幾微，而化原以正，運之於外，則交發互施，錯綜於萬變，而化理以弘。其相須之妙用如此，朱熹所謂「乂用三德，實爲權衡」，陳卿所謂「皇極以體常以立本，三德以盡變以趨時」，蓋得其旨哉。三五之隆，至德淵閎，運用之妙，六籍所不能模焉。略觀其迹，弼教明刑，疑於剛矣，格苗舞羽，又何柔也？下車泣罪，疑於柔矣，後至之誅，又何剛也？秉鉞烈烈，疑於剛矣，敷政優優，又何柔也？凄然似秋，而人不以爲私怨；煦然似春，而人不以爲私德。要之，歸於平康正直而已，斯舜禹成湯之所以善法天也。

自時厥後，世道寖衰，天亦不畀以《洪範》九疇，世主闇於大道，好惡反側，既無以建皇極之體，至其治理，則亦就其才性之近者而成之。漢文躬修玄默，幾致刑措似矣，而强宗悍虜，莫能制也。漢宣刑名繩下，表用循良似矣，而無辜被戮不盡無也。光武總攬權綱，蓋亦兼用柔道，而信讖失刑有遺議焉。唐太宗力行仁義，固已身致太平，而推刃同氣有餘愧焉。明帝政務嚴切，章帝事從寬厚，唐宣精於聽斷，無復仁恩。宋仁仁柔有餘，剛武不足，則又知其一而不知其二，所謂東壁而望不見西牆者也。彼所謂英君哲王也，而猶如是，況乎優柔好儒術，而倒持國柄，威强剛武宣而見制外戚，含忍姑息而淩逼於方鎮，猜忌刻薄而播遷於奉天，如元、哀、代、德者，又烏足道哉？

我太祖高皇帝崛起淮甸，肇造區夏，體備玄德，治兼往聖。觀其和撫四夷，不勤遠略，則舞干不足以爲文；蹙吴滅漢，拯民水火，則秉鉞不足以爲武。定律令，鋤强梗，則象刑戮逆，不足以爲威。赦災眚，蠲田租，則泣罪解網，不足以爲德。臣嘗伏讀《御註洪範》，以陰騭下民屬之天，以相協厥居屬之君，蓋仰而頌曰：「斯天再錫我聖祖以《洪範》九疇也。」斯世斯

① 「盡神也」至「三德之用」，國家圖書館藏《皇明歷科狀元全策》有兩頁與隆慶五年張元忭文互相顛倒。《歷科廷試狀元策》不誤。

民，歸極會極，二百年矣。

我陛下紹休聖緒，精求上理，虛己懸衡，因物順應，則好惡之私不作；祛僞剗浮，敦本責實，則偏陂之習已消。蠲逋稅，謹讞獄，奬賢能，行久任，至恩也，柔道也；振材官，飭學校，誅俠少，申禁令，至威也，剛道也。臣嘗伏讀聖諭曰：「朕方嘉與臣民會歸皇極之路。」曰：「用臻師師濟濟之風，歸於蕩蕩平平之域。」蓋又仰而頌曰：「斯天三錫我皇上以《洪範》九疇也。」

紀綱振舉，黎庶樂業，四夷嚮風，百嘉暢遂，建極之本，三德之用，陛下蓋允蹈之，而平康會歸之化，蓋已同符烈祖，追配哲王矣。乃聖問猶以爲教化未洽，風俗未同，吏治未盡還淳，人心未盡歸厚，自引以爲好惡未端，三用未當，而求所以明教正俗、馭吏率人之化。臣愚何足以知之？雖然，臣聞古語：「君行意，臣行事。」故明其義者君也，能其事者臣也。今朝廷所以明教正俗，馭吏率人，布之詔令，著之章程者，固已至精至備，第令有司能其事而奉其職，陛下端拱受成事耳，奚必更求他術哉？惟是意之所在，則臣敢以兩言獻焉。其一曰明剛柔之實，其二曰堅持久之志。斯兩者，臣之所謂治天下之意也。

夫聖人之所謂剛，非曰嚴刑峻法以立威也。法立而使民不敢犯，令一而使民知所守。賞當而信，罰行而必，興事考成，實事求是，而偷惰浮窳者，不得以病吾治，是剛之實也。聖人之所謂柔，非曰姑息委靡以市恩也。矜不能，赦小過，不侮鰥寡，不虐無告，恤困窮使閭閻無愁嘆之聲，理冤抑使犴狴無沉滯之獄，是柔之實也。寓敦大於明作，行正直於忠厚，以義爲威，而不以怒爲威；以德爲惠，而不以私爲惠，則聖問所謂善用三德者也。世之論治者不達於此，苟見朝廷纔一用法，則以爲過剛而與嚴刑峻法者並譏；徒見姑息萎薾，則以爲用柔而與子惠保愛者齊譽，非知變達化之士也。故剛柔之實，臣願陛下辨焉。

夫天道運而不已，故能成悠久之化；帝道運而不已，乃能深淪洽之仁。故事美成在久，而人之情，始乎勤，嘗卒乎怠，是以聖人治天下，兢兢業業，慎終如始，譬之日月遞照，陰陽代謝，無日不運於太虚之中，而不見其止息，故氣化無壅而歲功成。世之務近小者，苟見人之不率於教，與世之不登於理，不忿頑而求備，即苦難而中止，斯治之所以小康也。故恒久之道，臣願陛下體焉。允若兹，以之明教，而何患乎教化之未洽？以之正俗，而何患乎風俗之未同？以之馭吏，而何患乎吏治之不淳？以之率民，而何患乎民心之不厚哉？若夫子産以水火喻寬猛，賈誼以芒刃斧斤擬德法，崔寔以粱肉藥石譬寬嚴，其意則一主於用剛者也。董仲舒以陰陽配刑德，陳寵以琴瑟證緩急，其意則一主於用柔者也。斯憤世之孤談，非致理之通議也。夫天不能以羃陽獨陰育成萬物，而人主之治獨可以偏用剛柔也與哉？欲矯世主之偏，而不知已自蹈於一偏，不足爲陛下誦也。雖然，有本焉，三德之用，原於一心，心不可以一有蔽也。蔽於愛憎，則喜怒用而好惡作矣；蔽於私邪，則用舍謬而偏黨成矣；蔽於逸樂，則志意昏而頗僻彰矣。化原不端，而欲三德之用，不亦難乎？臣願陛下建皇極，必求之於心，恭以作肅，從以作乂，明以作哲，聰以作謀，睿以作聖。敬止之德，必務於緝熙；剛健之精，必期於純粹。則一念之慈愛即爲仁，一念之裁制即爲義，斯之謂合天之心法，而行之爲憲天之治法。民歸皇極，世底平康，而康彊逢吉之慶，端有在於今日矣。臣愚幸甚，天下幸甚。

臣草茅不識忌諱，干冒宸嚴，不勝戰慄隕越之至。臣謹對。

（底本：《萬曆八年進士登科録》，《明代登科録彙編》影印明萬曆刻本。參校本：《皇明歷科狀元全策》卷一二；《歷科廷試狀元策》一卷上）

六九　萬曆十一年癸未科　朱國祚

萬曆十一年(一五八三)癸未科,廷對之士三百四十一人。狀元朱國祚,榜眼李廷機,探花劉應秋。

朱國祚(一五五九—一六二四),字兆隆,號養淳。浙江嘉興府秀水縣(今嘉興市)人。其父爲太醫院御醫。順天府鄉試第十九名。狀元及第,年二十五。授翰林院修撰,進洗馬,又進諭德。萬曆二十六年,超擢禮部右侍郎,尋轉左侍郎,改吏部。引疾歸,居家十八年。光宗即位,特旨拜禮部尚書兼東閣大學士,入閣參機務。天啓元年(一六二一)六月還朝,尋加太子太保,進文淵閣。天啓三年,進少保兼太子太保,户部尚書,改武英殿。十三疏乞休,詔加少傅兼太子太傅,乘傳歸。天啓四年卒,贈太傅,謚「文恪」。著有《介石齋集》《册立儀注》。《明史》有傳。

朱國祚廷試策見《萬曆十一年進士登科録》《皇明歷科狀元全策》及《歷科廷試狀元策》。

萬曆十一年三月癸未朔。丁酉,上御皇極殿,策試舉人李廷機等,制曰:朕聞治本於道,道本於德。古今論治者,必衷於孔子,孔子教魯君爲政在九經,而歸本於三達德。至宋臣司馬光言:「人君大德有三:曰仁,曰明,曰武。」果與孔子合歟? 光歷事三朝,三以其言獻,自謂至精至要矣,然朕觀古記可異焉。曰其人如天,其智如神,曰明物察倫,繇仁義行,曰其仁可親,其言可信,皆未及武也。獨自商以下,有天錫勇智、執競維烈之稱,豈至後王始尚武歟?

近世偉略隆基之主,或寬仁愛人,知人善任;或明明廟謨,赳赳雄斷;或迹比湯武,治幾成康;或仁孝友愛,聰明豁達,則洵美矣,而三德未純,然亦足以肇造洪緒,何也? 其守成纘業者,似又弗如,或以仁稱,如漢文帝、宋仁宗;以明稱,如漢明帝、唐明皇；以武稱，如漢武帝、唐武(帝)[宗]①，獨具一德，而亦增光宗祐，何也？彼所謂兼三者則治，闕一則衰，二則危，毋亦責人太備歟？又有疏六戒者，曰「戒太察，戒無斷」；陳九弊者，曰「昡聰明，勵威强」；上六事者，曰「不喜兵刑，不用智數」，其於三德，果有當否歟？

朕秉乾御極，十有一年於兹。夕惕晨興，永懷至理，然紀綱飭而吏滋玩，田野墾而民滋困，學較肅而士滋偷，邊鄙寧而兵滋譁，督捕嚴而盜滋起，厥咎安在？豈朕仁未溥歟？明或蔽歟？當機而少斷歟？夫一切繩天下以三尺，則害仁，然專務尚德緩刑，恐非仁而流於姑息；一切納污藏疾則害明，然專務發奸(摘)[擿]伏②，恐非明而傷於煩苛；一切寬柔因任，則害武，然專務用威克愛，恐非武而病於亢暴。是用詔所司，進多士，詳延於廷，諏以此道，諸士得不勉思而茂明之？其爲朕闡典謨之旨，推帝王之憲，稽當世之務，悉陳勿諱。朕眷兹洽聞，將裁覽而采行焉。

(底本：《明神宗實録》卷一三五。參校本：《萬曆起居注》；《萬曆十一年進士登科録》，影印明萬曆刻本，天一閣選刊；《皇明貢舉考》卷八；《皇明歷科狀元全策》卷一二；《歷科廷試狀元策》一卷上)

臣對：臣聞帝王之繼天以凝命也，必全君德以端天下之大本，而後可以弘經遠之猷；必酌時宜以操天下之大機，而後可以致綦隆之治。何謂大本？斂之淵微之内，而達諸應感之交，慈祥愷悌，盎然而可親；精明瑩徹，炯然而無蔽；剛毅果斷，確然而不移；凝神於端莊静一之中，而渾融無間者是已。何謂大機？審諸時勢之宜，而推諸運量之際，兼容併包，不流於姑息；先見玄覽，不失於苛察；總攬獨斷，不嫌於刻覈，觀變於動静陰陽之妙，而化裁無迹者是已。全德以爲之主，則

①「宗」，據諸參校本改。

②「擿」，據《萬曆起居注》《萬曆十一年進士登科録》《皇明貢舉考》《皇明歷科狀元全策》改。

酬酢萬幾，錯綜萬變，一精神性術之流動，而不患於出治之無本；隨時以制其宜，則上協天道，下合人情，乃轉移化導之微權，而不患於致治之無機。治古帝王，所以不下階序而化行若神，躋一世於泰山之安，而九圍式命；鞏國祚於苞桑之固，而萬國傾心，用此道耳。藉令爲治而不本之以德，則雖有所設施厝注，亦將墮於私智小術，而推行無準，何以端天下之治本，而躋一世於雍熙？修德而不運之以機，則雖有所謀謨智慮，亦將流於偏見寡識，而泛應無權，何以弘天下之遠猷，而登斯世於上理？此晚近世之陋規，非上聖之宏圖而極治之要道也。

欽惟皇帝陛下，稟剛健中正之資，備文武聖神之德。孜孜問學，寒暑不替，而維皇之極已端；事事講求，鉅細不遺，而望道之心甚切。溥弘敷之澤，與河海而同深；廓嚴肅之威，與風霆而並迅。固已四三王六五帝，而超出於尋常萬萬矣。乃猶不自滿假，進臣等於廷，俯賜清問。上嘉虞周之盛王，下逮漢唐之令主；始之以孔子九經之言，而繼之以司馬光三劄之語，而於治道之所尚，特惓惓焉。臣有以仰窺陛下之心，即虞帝疇咨之心，即周王訪道之心，而漢唐宋諸君，無足數矣。臣也竊伏蓬藋，志切輸忠，凡吏治之污隆，人心之淳漓，與夫養士興賢之法，足兵弭盜之方，其究於心久矣。即不問願有所陳說，況聖問彰彰如是，臣敢不披瀝以對？

臣聞古之聖王之御世也，未嘗以無本之治治之，故紀綱法度，禮樂刑政，要皆一本於心；未嘗以執一之治治之，故剛柔互用，仁義並行，要皆可適於治。此智、仁、勇相濟以有成，仁、明、武相須以並濟。宣聖所以上接堯舜之統，而司馬光所以仰承洙泗之傳者，率是道也。是故唐虞之世，天下號極治矣。當其時，黎民於變，萬邦咸寧，和氣盈於域中，文命敷於四海，又安用夫武哉？顧無武之名，而有神武之運。精明果斷之意，常寓於湛恩濊澤之中。其仁如天，其智如神，堯之所以蕩蕩難名也。而若時之命，不以畀於啓明之胤子，又何嚴乎？明物察倫，由仁義行，舜之所以巍巍莫與也。而四凶之罪，不少假於象刑之惟明，又何毅乎？其仁可親，其言可信，禹之所以祗台德先也。而防風之誅，不少貸於會稽之後至，又何肅乎？是堯舜禹非不用武也，乃所以善用其武也。

商周之世，天下稱至治矣。當是時，天下大定，邦家輯寧，陳師於南巢，觀兵於牧野，豈非用武哉？顧有武之迹，而無尚武之心。寬厚博大之規，常寓於肅清戡定之內。天錫勇智，湯之所以奉若天命也，而克寬克仁，彰信兆民，則仲虺稱之矣；執競維烈，武之所以永清四海也，而不泄於邇，無忘於遠，則孟軻贊之矣。是湯武非用武也，乃所以善成其仁智也。

裔是而降，創業之主，肇造洪緒以開一代之治者，雖其德未底於純全之域，而亦足以致治。故漢高帝寬仁愛人，知人善任，則五年而成帝業；光武明明廟謨，赳赳雄斷，則數載而克中興。迹比湯武，治幾成康者，唐太宗也，而貞觀之治，卒開唐氏之業；仁孝友愛，聰明豁達者，宋太祖也，而仁厚之澤，卒貽數葉之安。之數君者，或以嚴明造大業，或以忠厚垂鴻休，彼三德之用，夫固各有攸當也。守成之主，嗣守先業以繼一代之統者，雖其德未造於純粹之歸，而亦足以成治。故漢文帝、宋仁宗，世所號爲仁主也，而富庶之風，深仁之治，至今有遺美焉；漢明帝、唐明皇，世所稱爲睿主也，而長厚之休，勵精之治，至今有深羡焉。漢武帝、唐武宗，世所號爲英主也，而雄邁之略，克敵之勳，至今猶可想焉。之數君者，或以柔道理天下，或以精勤致太平，彼三德之用，夫亦各有攸當也。藉令崇敦大之治於群雄角逐之世，則迂矣；厲鷹揚之烈於四方無虞之時，則擾矣；任苛察之政於民風淳厚之俗，則過矣；狃因循之習於起敝扶衰之際，則隳矣，又何以開丕基而著鴻績，守成業而致盛治也哉？故匡衡疏六戒，而太察之與無斷，皆在所懲；陸贄陳九弊，而聰明之與威强，皆在所黜；蘇軾上六事，而兵刑之與智數，皆在所略，數君子者，其各有見乎？

陛下臨御以來，十有一載於兹矣。勵精圖治，推心任人，固宜吏稱民安，政修事理，邊疆無桴鼓之警，方内無盜賊之憂，以彰陛下平明之治可也。乃者邇年以來，紀綱屢飭而吏無廉静之風，田野雖闢而民無康阜之化。學校常肅矣，而青衿之士，鮮氣節而寡廉耻；邊鄙雖寧矣，而驕悍之卒，辱主帥而逞姦謀；督捕雖嚴矣，而潢池之赤子，屢縱逸而拒威命，誠有如聖制之所詢，宸衷之所慮者，此何以致之也？意者有司不能仰體德意而奉行之過乎？臣愚以爲，吏之無良者，旌别未當也。誠清入仕之途，公銓選之法，明黜陟之等，則奉法循理者，益勵於爲善；貪墨不檢者，斂迹而不肆，又何患乎吏治之不修？民之失業者，催科太急也。誠省賦斂之條，緩積逋之令，寬力役之征，則服田力穡者，遂有秋之望；游惰無賴者，樂耕耨之常，又何患乎民生之未遂？學校者，國家養賢之所，本以養賢而作新無術，賢其可興乎？誠欲剛方正直之士，接踵於朝；博雅練達之才，不匱於用，則廣厲學官而慎選明師可也。軍士者，國家禦亂之資，藉其禦亂而紀律不嚴，軍其可治乎？誠欲三軍之士，有投石超距之勇；百萬之師，有搴旗陷陣之勳，則時其訓練而倡其勇敢可也。盜賊之起而未息者，由衣食之不給也。今不足其衣食，而欲以刑驅之，以勢格之，是趣其爲盜也，無乃非計乎？誠欲良民安於爲善，而姦民無以爲非，郡縣無横行之夫，而長吏無盤詰之警，則與以可生之途，授以爲善之資可也。如是則綱紀畢張，政事修理。時有所尚德緩刑，而天下不得病其姑息；時有所發姦擿伏，而天下不得病其煩苛；時有所用威克愛，而天下不得病其亢暴，將見四海安瀾，八荒效順，又安有不升斯世於平康，而躋兆民於仁壽也哉？

然臣猶有所獻焉。臣聞君心者，治之表也；逸欲者，亂之階也。君心一淆，天下事無可爲者。臣願陛下，懋德於深宫密勿之中，而不間於大廷；深慮夫百千萬世之遠，而不忽於微眇；定計於碩德重望之臣，而不惑於憸夫。毋以治平無事而縱逸樂，毋以物力太盛而尚侈靡，毋以財用充盈而興土木，毋以甘言悦己而近嬖倖。如是則陛下之心，澹然一無所好，而衆欲之攻，泊然一無所投。所謂仁、明、武之三德，自然全體而不遺，時出而罔悖，將直追夫唐虞三代之盛，奚漢宋之足云？

臣草茅之士，不識忌諱，干冒宸嚴，不勝戰慄隕越之至。臣謹對。

（底本：《萬曆十一年進士登科録》。參校本：《皇明歷科狀元全策》卷一二；《歷科廷試狀元策》一卷上）

七〇　萬曆十四年丙戌科　唐文獻

萬曆十四年(一五八六)丙戌科,廷對之士三百四十五人。狀元唐文獻,榜眼楊道賓,探花舒弘志。

唐文獻(一五五六—一六〇五),字元徵,號抑所。南直隸松江府華亭縣(今上海市)人。狀元及第,年三十一。授翰林院修撰。萬曆二十九年十二月,陞詹事府少詹事兼翰林院侍讀學士。萬曆三十一年十二月,擢禮部右侍郎,掌翰林院事。萬曆三十三年三月卒于官,贈禮部尚書。天啓元年(一六二一),補謚「文恪」。著有《占星堂集》(一作《唐文恪公文集》)。《明史》有傳。

唐文獻廷試策見《唐文恪公文集》《皇明歷科狀元全策》及《歷科廷試狀元策》。

萬曆十四年三月丙申朔。庚戌,上策天下貢士于廷,制曰:蓋聞上古無爲而治,不賞而民勸,不怒而威于鈇鉞,何甚盛也。而儒者之論治曰:「有功不賞,有罪不罰,雖唐虞不能化天下。」又謂:「夏后氏先賞而後罰,殷人先罰而後賞,周人修而兼用之。」則二帝三王所由,固與上古殊路歟? 何同歸于治也? 又有言「賞宜從予,罰宜從去」者,有言「寧僭無濫」者,有言「仁可過,義不可過」者,以爲古昔帝王,皆以君子長者之道待天下,然則先罰後賞者非歟? 抑賞罰者帝王致治之具,而非其所以治歟?

我聖祖繼天立極,垂憲萬世,恩威莫測,其用賞罰,務協于中,其揭諸《祖訓》首章,及載諸《聖政記》者同符治古,可得而陳其概歟? 朕以寡昧,託于臣民之上,十有四年矣。夙夜兢兢,惟古訓是式,成憲是遵,不愛爵禄賜予,以待功能之士,而不法者以三尺重繩之，明示好惡，以與天下更始，然德澤壅而不究，法令泥而不行。任老成，獎恬退，以教讓也，而浮競之風益甚；革苞苴，罪貪墨，以訓廉也，而澄清之效罕聞。習俗奢侈，示之以儉，而人心(尤)[猶]溺于紛華①；刑獄冤濫，示之以寬，而吏議多工于鍛鍊。蠲租賑窮，詔(常)[嘗]數下矣②，胡閭閻之困未蘇？振旅詰戎，令亦屢申矣，胡牖户之防未密？無乃勸懲之法闕而未備歟？抑所謂修職任事者漏賞，而欺謾避課者佚罰歟？殆朕之不敏不明，所以風勵之者非其本，而督率之者非其實也？茲欲賞信罰必，以(昭)[紹]明聖祖之法③，而追古帝王之治，何修而可？爾多士居則稱先王，譚當世之務，其尚究析古今，根極體要，詳著于篇，勿汎勿隱，朕將親覽焉。

（底本：《明神宗實録》卷一七二。參校本：《萬曆起居注》；《皇明歷科狀元全策》卷一二；《歷科廷試狀元策》一卷上）

臣對：臣聞帝王之臨制宇内也，必有憲天之實心，而後可以端治本；必有法天之實政，而後可以宏治功。何謂實心？蘊諸宥密之中，運諸淵微之表，意所予而速于令，神所懾而惕于威，操潛乎默化之術，而使天下以懲以勸者是已。何謂實政？審諸時勢之交，達諸經制之際，予而必期于當功，奪而必期于當罪，執精明嚴密之權，而使天下以榮以辱者是已。實心以運于内，是謂喻天下以神，而天下即以神孚之。故其道同天之無爲，而治本自我以端。實政以措于外，是謂維天下以法，而天下即以法遵之。故其道同天之有爲，而治功自我以舉。古帝王所以不下階序而化馳于風行，不出庭帷而令捷于桴答，用此道耳。藉令本之不端，而徒以其法令之粗，與天下相把持，則精神與治道不相貫通，而雖有所經畫注措，要亦祇爲粉飾之虚文，其何以培天下之化原？功之不舉，而徒以其循行之迹，與天下相從事，則法制與人情不相維繫，而雖有所

① 「猶」，據諸參校本改。 ② 「嘗」，據諸參校本改。 ③ 「紹」，據諸參校本改。

鼓舞率作，要亦僅爲太平之壯觀，其何以臻天下之上理①？以是爲政，是末世之陋風，世主之淺術也。即欲躋一世于綱紀法度之中，而措四海于均齊寧一之域，其道無繇矣。

欽惟皇帝陛下，聰明睿智，具足以有臨之資，惕勵憂勤，存不敢康寧之意。宵衣以圖政，而鉅細必親；日新以問學，而寒暑不輟。憂旱則步禱郊壇，立致甘霖之應；納諫則躬御暖閣，不覺晷刻之移。斯固已囿天下于春風和氣之中，而震天下以雷厲風行之烈。天下喁喁然謂五帝可六，三王可四矣。乃猶聖不自聖，進臣等于廷，俯垂清問，惓惓乎舉古帝王所以用賞罰之道，古儒先所以論賞罰之旨，而繼之以風厲督率，賞信罰必兩言，欲臣有所陳説。臣不敏，其敢無辭以對揚休命于萬一耶？

蓋臣聞之《書》曰："「天降下民，作之君，作之師，惟其克相上帝，寵綏四方。」是知君者天所命也，天有福善禍淫之理，而其權恒寄之君。君握命德討罪之柄，而其道恒法乎天。故潤之以雨露，天所以示恩，而人君法之，則于是有賞；折之以雷霆，天所以示威，而人君法之，則于是有罰。賞罰者，帝王制馭人群之上術也。彼上古之世，其政熙熙，其民皡皡，非無賞也，而朝野皆相率以勸于善，即賞有時而不必用；非無罰也，而遠近皆相率以懲于惡，即罰有時而不必施。斯無爲之至治，而極盛之休風矣。自是厥後，皇王之政若循環，而儒者之論亦人人殊指。故稽九官之命，則知唐虞不能廢有功之賞。而夏后氏承勳華繼美之後，成周氏當文明大備之時，則或先賞後罰，或兼用夫賞。夫孰非彰善以示天下勸者耶？考四凶之誅，則知唐虞不能廢有罪之罰。而有殷氏承夏桀淫比之後，成周氏當殷頑未靖之時，則或先罰後賞，或兼用夫罰。夫孰非詘惡以示天下懲者耶？彰善以示天下勸，而激勵鼓舞之恩，固常寓于爵秩褒嘉之内；詘惡以示天下懲，而哀矜惻恤之意，

① 「上」，《歷科廷試狀元策》作「至」。

亦常流于創艾誅夷之中。故古帝王賞疑則從其予，不虞其失之僭也，是所謂仁可過者也。罰疑則從其去，惟恐其失之濫也，是所謂義不可過者也。蓋政則代有變更，而其適于治則一，言則人有可否，而其宜于治則均。要之皆以精神心術之蘊，運之慶賞刑威之中，而世底熙平，人還沕穆，端不越此矣。

洪惟我聖祖繼天立極，垂憲萬世。當夷風甫殄之秋，適海宇清寧之日，時則恩威莫測，其用賞罰，務協于中。至今誦《祖訓》首章，及載在《聖政記》者，大都煦育與震曜並行，而矜全之意常勝；渾厚與精明並運，而峻法之戒常嚴。是所以培十一朝之忠厚，而貽億萬載之太平者，信有自矣。而我皇上復承之，夙夜兢兢，日惟古訓之與成憲，是遵是式。故微長必録，片善必褒，即雨露之恩，不渥于此也。僉夫必黜，姦黨必誅，即雷霆之威，不肅于此也。蓋十有四年以來，而淳風既已翔洽，和氣既已鬱蒸矣。然臣伏讀聖制謂「德澤壅而不究，法令泥而不行」，則臣以爲誠亦有之。故任老成，獎恬退，將使百官興讓矣，而脂韋倖進，巧宦若神，浮兢之風果盡戢乎？革苞苴，罪貪墨，將使群辟興廉矣，而羔雁塞途，筐篚載路，澄清之效果可冀乎？習俗奢侈，示之以儉，而倡優后飾，牆屋文繡者，所在而是，紛華猶故耳。刑獄冤濫，示之以寬，而法擬秋荼，僇甚屠伯者，隨處而有，鍛鍊猶故耳。蠲租賑窮，詔嘗屢下矣，而蓋藏未備，逋逃未復，未敢謂閭閻之困已蘇也。振旅詰戎，令亦屢頒矣，而韜鈐未諳，尺伍未實，未敢謂牖户之防已密也。蓋廟堂之上，所勸誘者如此，而天下或有賞之而未必勸者，是雨露之恩，有時而不潤也。所懲創者如此，而天下或有罰之而未必懲者，是雷霆之威，有時而不懾也。兹欲一舉而釐之，其道亦豈有加于賞罰二者而已哉？

蓋賞罰者，人主所以飭治，非苟爲具已也。我未行一賞，天下已于我乎覬恩，而或謂爲飾喜之迹，即疏茅土，錫圭綬，往往優于暱近，而修職任事，卓有成效者，乃或抑而不顯，則不僭謂何？而人于是莫知勸矣。我未行一罰，天下已于我乎覬威，而或謂爲飾怒之文，即褫章服，移郊遂，往往苛于踈下，而欺謾避課，具有實迹者，乃或倖而逋誅，則不濫謂何？而人于是莫知懲矣。故欲行賞罰，莫大于法天；法天之道，莫先于核功罪之實，而行之以斷。是故，旌《考槃》之高蹈，而嗜榮若渴者黜，勿予退讓之風，何不可幾也？褒酌泉之雅操，而趨利若赴者擯，弗齒澄清之效，何不可必也？奢侈未殄，則必示等威之式，嚴僭紊之誅，而俗必知崇儉矣。刑獄未平，則必惇蒲鞭之化，詘烹鮮之理，而吏必知崇寬矣。欲蘇閭閻之困，則奉宣德惠者，陟以顯秩；而壅閼澌澤者，罪之無赦可也。欲密牖户之防，則加志訓練者，優以重典；而玩愒戎行者，置之不原可也。如是則風厲之術，操之在上，而民從之如流水，非從賞罰之法，而從以心也。督率之權，亦握之在上，而下式之如轉樞。非式賞罰之文，而式以實也，又何德化之不可洽，昇平之不可致？雍熙泰和之理，即唐虞非所讓，奚況三代哉？

抑臣猶有獻焉。朝廷者四方之極也，君心者萬化之原也。惟不好逢迎之術，而競進者無所容；惟不營帑藏之積，而嗜利者有所憚；惟不侈供御，則奢者愧；惟不峻刑戮，則殘者戢；惟軫痌瘝之視，而民困可甦；惟切外寧之懼，而邊防可固。故臣亦願陛下實求之心而已，勿以左右近習爲悦而蠱此心，勿以賢士大夫爲厭而逸此心，勿以物力豐盛而或以土木荒此心，勿以運際承平而或以畢弋蕩此心，勿以邊境無虞而或以戰伐黷此心。惟益務講學，益勤顧問，則淵微密勿之内，皆清心寡慾之資，而沖虛恬澹之中，皆端本澄源之計。故爵賞未班，而意所嚮往，即爲霈澤；刑罰未施，而神所凝注，即爲靈爽。自是而臣工日以式化，疆宇日以寧謐。即以紹明聖祖之法，而追古帝王之治，又何難哉？此正所謂風勵之有本，而督率之以實者。惟陛下垂神而採納焉，天下幸甚，臣愚幸甚！

臣草茅下士，不識忌諱，冒瀆宸嚴，不勝戰慄隕越之至。臣謹對。

（底本：《唐文恪公文集》卷一，《四庫全書存目叢書》影印北京大學圖書館藏明楊鶴、崔爾進刻本。參校本：《皇明歷科狀元全策》卷一二；《歷科廷試狀元策》一卷上）

七一　萬曆十七年己丑科　焦竑

萬曆十七年（一五八九）己丑科，廷對之士三百四十七人。狀元焦竑，榜眼吴道南，探花陶望齡。

焦竑（一五四一—一六二〇），字弱侯，號漪園。南直隸江寧（今江蘇南京市）人。嘉靖三十四年（一五五五），中秀才，年僅十五；嘉靖四十三年（一五六四），舉於鄉。萬曆己丑科狀元及第，年近五十。授翰林院修撰。萬曆二十五年，主順天府鄉試，遭誣諂，貶福寧州同知。萬曆二十七年（一五九九），忿然辭官。泰昌元年卒，年八十。次年，熹宗即位，復官、贈諭德，賜祭。焦竑學識博洽，著述宏富，有《澹園集》《澹園續集》《焦氏類林》《老子翼》《莊子翼》《養正圖解》《玉堂叢話》《國史經籍志》《國朝獻徵録》《焦氏筆乘》等二十餘種。《明史》入《文苑傳》。

焦竑廷試策見《焦氏澹園集》《皇明歷科狀元全策》《歷科廷試狀元策》。

萬曆十七年三月戊申朔。壬戌，策試禮部貢士三百四十七名，制曰：朕惟自古帝王立綱陳紀，移風易俗，一稟于禮法，使尊卑有等，上下相承，然後體統正于朝廷，教化行于邦國。所以長久安寧，有此具也。當周之隆，天子總六官，六官總百執事，分職率屬而萬國理。朕甚嘉之，甚慕之，是操何術而臻此？迨其叔季，先王之遺澤固在也，何以陵夷若是？其興衰得失之故，可指而言歟？至漢文時，有以棄禮義、捐廉耻、長太息者。神爵中，有以述舊禮、明王制爲本務者。宋嘉祐間，有論審勢，稱殷之先罰者；有疏謹習，比唐之季世者。或謂西漢貴刑名而闕于禮文，宋盛聲容而疏于法制，然則諸臣之言，果皆應古誼合時宜者歟？

我太祖高皇帝，用夏變夷，敷政立教，嘗諭侍臣曰：「禮法明，則人志定，上下安。」又曰：「制禮立法非難，遵禮守法爲難。」乃集爲《禮制》，著爲定式，頒《律令》《大誥》于天下。洋洋聖謨，布在方策，可得而揚厲歟？朕以冲昧嗣守鴻業，十有七年。夙夜兢兢，惟成憲舊章是監是率。間者，深詔儒臣，進講禮經，重輯《會典》，使諸司有所遵守，庶幾紹休聖緒，以興太平。乃世教寖衰，物情滋玩，習尚亦少敝焉。其甚者，士伍辱將師，豪右淩有司，宗庶訐親藩，屬吏傲官長。陵替若此，何以消其悖慢，使就約束歟？貪黷敗節，奢侈踰制，讒説殄行，虚聲貿實，詭異壞心術，傾危亂國是。澆漓若此，何以救其頽靡，使還雅道歟？今詔書數下，申令既嚴，而簾陛之間，輦(轂)[轂]之下①，猶有壅閼不行者。無乃禮教不修，法度不飭歟？抑風會日流而不返，積習已成而難變歟？將朕闇於大道，無能率作省成而示之極也？兹欲禮達而分定，法舉而令行，綱維振肅，習俗淳美，以覲揚聖祖之光烈，而遠追成周之隆，何施而可？爾多士其悉抒所藴，詳著于篇，稱朕意焉。毋有所諱。

（底本：《明神宗實録》卷二〇九。參校本：《萬曆起居注》；《焦氏澹園集》卷二，明萬曆三十四年刻本，國家圖書館藏；《皇明歷科狀元全策》卷一二；《歷科廷試狀元策》一卷上）

臣對：臣聞帝王之臨馭宇内也②，必有經治之實政，然後其具彰而有以成整齊天下之化；必有宰治之實心，然後其本立而有以妙轉移天下之機。何謂實政？飭制度，明憲典，使天下分定而心安，威行而志懾，日範於精明嚴密之規，而清和咸理者是已。何謂實心？懲玩愒，謹幾微，使天下不約束而嚴，不刑名而肅，獨運於淵微宥密之妙，而鼓舞莫測者是已。

① 「轂」，據諸參校本改。 ② 「宇内」，《歷科廷試狀元策》作「天下」。

實政厝於上，則相維相制，能創之必能行之，能倡之必能遂之，是明示天下以軌也，而我之治具，既綢繆於禮與法之著。實心孚於下，則相漸相靡，身奉之又心安之，始從之又終守之，是潛喻天下以神也。而我之治本，又綰結於禮與法之先。古帝王所以陶範一時，爲奕千載，端居黼扆，而朝廷之上，巍然體統之常尊；高拱堂皇，而裨海之遠，蕩然教化之四達者，此道行焉耳。藉令有治天下之心，而其具不備，則雖有宵衣旰食之勤，而卒病於經畫之無術。有治天下之具，而其本不豫，則雖欲國紀世風之振，而卒病於斡旋之無機。此治古而下，化瑟罕調，王綱絶紐，而一代之隆理，不能不有待於今日也。

欽惟皇帝陛下，挺聖哲之英姿，纘祖宗之庥烈，經筵臨御，親賢講禮而匪事乎文爲；齋閣箴銘，養性收心，而豫端乎軌則。百寮奉法，四海嚮風，蓋已收太阿於掌上，鼓大冶於域中，而成周之治行，且軼而駕之矣。乃猶不自滿假，進臣等而策之於廷，諏以立綱陳紀，移風易俗之道，騭前王之得失，慨當世之陵夷，且欲挽悖慢澆漓之習，而明乎率作省成之術也。臣愚何足以及此？雖然，發憤畢誠，圖策安危，臣之願也，敢不披瀝以對？

臣觀人君之於國，必有所與立。上之率乎下也爲紀綱，則君之所以提挈振舉之謂也；下之化於上也爲風俗，則世之所爲漸摩成就之謂也。乃紀綱之所繇立，風俗之所由繇孅，必有具焉。有禮則上下辨，民志定，而收天下清靜寧一之功；有法則寇賊息，姦宄寧，而杜天下倍畔侵淩之習。有率作屢省爲禮法之本，則禮嚴於無體，法威於不怒，而神天下潛移默化之機。此其尊卑有等，上下相承，紀法立而風化行，繇此出也。

嘗稽成周辨方正位，體國經野，設官分職以爲民極，故以三百六十屬而統之六卿，以六卿而統之天子。其和邦國者曰「六禮」，以吉禮祀邦國之鬼神，以凶禮哀邦國之憂，以軍禮同邦國，以賓禮親邦國，以嘉禮親萬民，無非肅然示天下以不可易之分也。其禁邦國者曰「五刑」，野刑上功糾力，軍刑上命糾守，鄉刑上德糾孝，官刑上能糾職，國刑上愿糾異，無非凜然示天下以不可犯之威也。然其董正治官也，必曰祗勤於德師；聽五辭也，必曰敬逆天命。而又日成攷日，月要攷月，歲終則命百官府各正其治，受其會聽其致事，而詔王廢置，三歲則大計群吏之治而誅賞之。然則興事省成之説，雖肇於有虞，而惟周爲備矣。故教化纏綿，法度毖敕。當其時，《兔罝》備干城之材，游女勵貞一之操。下之化也，方沛如建瓴，則在上可知也，而何風俗有弗醇？《周禮》可以寒省難之，大夫明德，可以折問鼎之楚子。世之衰也，猶憚於委裘，則盛時可知也，而何紀綱有弗飭？昔人論太和在成周宇宙間，以此具此本修也。

迨及後世，即維持世道之具不能備舉，而況其本乎？故漢宋諸臣，因時立論，有不能概同者。賈誼以棄禮義、捐廉耻而太息，王吉以述舊禮、明王制爲本務，彼非不知法制不可疏，而顧惓惓於禮也。蘇洵論審勢，則稱殷之先罰；司馬光疏謹習，則比唐之季世。彼非不知禮文不可闕，而顧惓惓於法也。炎漢尚刑名而禮教多乖，趙宋盛聲容而威刑或弛，故諸臣各就其所不足勉之，乃矯世之孤談，非適治之通理也。何也？漢當列國離析之餘，危疑震撼，而非振刷之以法，其勢終衡決而難行；宋承五季陵夷之後，寡廉鮮耻，而非馴擾之以禮，其心終頑頓而難格。然而治偏則補，敝則救，極重則反。以彼創業之主審於時，繼體之世闇於變，即諸臣陳見悃誠，補苴罅漏，亦託之空言而已。欲其厚風俗，正紀綱，而復覩成周之盛也，必無冀矣。

我太祖高皇帝，驅除元孽，用夏變夷，乾坤闢而載正，日月滌而重朗，其功高千古，不待言者。乃其修明政紀，與關石而俱垂；經緯禮文，媲典則而俱茂，又何其醇且備也！嘗諭侍臣曰：「禮法明，則人志定，上下安。」又曰：「制禮立法非難，遵禮守法爲難。」故集爲《禮制》，頒爲《定式》，與夫《律令》《大誥》諸書，其所以示十一朝之型範，開億萬載之太平者至矣。暨我皇上，起而承之，夙夜兢兢，唯成憲舊章，是遵是式。故宮闈有貫魚之序，藩輔絶剪桐之嬉，憂旱災則躬步禱之儀，敬大臣則隆召對之典。其修禮也，即天澤之辨，不秩於此也。凌肆雖貴近必斥，權横雖身後必誅。馬湖蠻莫之覈，不以功掩；夙沙竪貂之黜，不以昵釋。其修法也，即雷霆之威，不赫於此也。固宜治化紹休，祖烈趾美，《周南》易易耳。何世教寖衰，物情滋玩，於習尚不無少敝焉者？故《春秋》之法，貴理、賤尊、統卑，所以肅紀綱也。乃令長分符，而豪右得以扼其吭；閫帥建牙，而悍卒得以譁於伍。以宗庶而訐親藩，以屬吏而傲官長，則凌替甚矣，而何以成運臂使指之勢？有周之罰，析言破律，亂名改作，所以正風俗也。今貪黷與汰侈齊彰，讒説與虛聲並肆，尚權譎者以危言摇國是，標奇詭者以左道壞人心，則澆漓甚矣，而何以弘風行草偃之化？故德雖覆六合，而廉陛之間，或壅而不盡究；威雖讋四裔，而輦轂之下，或亢而不盡行，誠有如聖制所言者。

兹欲消其悖慢而使就約束，挽其頹靡而還之雅道，非有他也，臣願陛下於實政加之意而已。何則？禮教之不修，非可易復也，臣以爲行之莫要於倡。夫貪婪邪侈，至亡行也，彼乃甘心無悔者，誠見夫鴟張之得志，而悃愊者之無以自完也。故機巧者珪組立升，臾詬者夤緣自免，至恬澹拙訥之人，且退而不敢脅息，則何行之能修？雖然，不盡爾也。其特立獨行者，必有一二人焉，廉其實，即一舉而風厲之。世方輕恬澹也，我則必重；世方賤拙訥也，我則必貴，如李牧之立標命射，人無不赴者，則孰不回心嚮道以象上指乎？此所謂修禮教之實政也。法度之不飭，非可易振也，臣以爲行之莫先於斷。夫犯分冒上，至亡等也，彼乃肆行無忌者，誠見夫恣睢之幸免，而檢柙者之無以自異也。故辱監司則解監司之組，凌將領則奪將領之符，至瞋目語難之人，且任而不敢誰何，則奚憚而不爲？雖然，不盡爾也。其裂眦首亂者，不過十數人焉，廉其實，即一舉而大創之。攘臂干行，則渠魁在所必僇；訛言動衆，則兩觀在所必誅，如董閼于之論高山深塹，馬牛不入者，則孰不摶心揖志以奉上令乎？此所謂飭法度之實政也。

夫嚴母之育貞女也，入有重闈，出有鳴佩，寢有絓結，而後修潔之行成焉。造父之馭馬也，齊輯於轡銜，正度於胸臆，執節於掌握，而後調良焉。禮教者，士人之絓結；而法度者，稗民之轡銜也，是可不行之以實也哉！

雖然，臣猶有進焉。語有之，「君行意，臣行事」。蓋禮教之不修，則修之而已；法度之不飭，則飭之而已，此有司事也。

至若深惟表正之原，規恢綜覈之務，率於修禮明法之先，而省於教成法行之後，則臣所謂實心而治天下之意也，臣願陛下一加勉焉。蓋講《戴記》，修《會典》，此禮之文也，誠因此而務實以興之。玩好可以悦心，曰得無爲禮之妨乎？美麗可以適志，曰得無爲禮之蠹乎？法行戚畹，而沁水之田園必裁；威始貂璫，而斜封之恩澤必節。雖禮法未備，而虚己竦神，悦而承流者翕如矣。回風會，挽積習，此下之事也，誠因此而務實以省之。晝接不可倦矣，而章疏之出入必稽；日講不可曠矣，而典制之廢興必覈。誅姦欺則不使有漏網之疎，釋冤抑則不使遺覆盆之照，將禮法具舉而奔走服從，聞命恐後者凛凛矣。

蓋禮法之維天下也，是耳目形體之相攝屬也。而率作省成，則精神以紐載之淪浹之者也，譬首有所向，足不煩諭而行；心有所之，口不待言而喻。實之感人，何以異此？故臣始終以實之一言爲陛下告，蓋非能爲新奇可喜之論，而自效其區區之芹曝如此。伏望陛下矜其愚，不録其罪，而垂神采納焉。臣愚幸甚，天下幸甚。

臣謹對。

（底本：《焦氏澹園集》卷二。參校本：《皇明歷科狀元全策》卷一二；《歷科廷試狀元策》一卷上）

七二　萬曆二十年壬辰科　翁正春

萬曆二十年（一五九二）壬辰科，廷對之士三百零四人。狀元翁正春，榜眼史繼階，探花顧天埈。

翁正春（一五五三—一六二六），字兆震，號青陽。福建福州府侯官縣（今福州市）人。萬曆七年（一五七九）舉人。數赴會試不第，就龍溪縣教諭。萬曆二十年，擢第一，「明一代，科目職官冠廷對者二人：曹鼐以典史，正春以教諭云」（《明史·翁正春傳》）。授翰林院修撰，累遷少詹事。萬曆三十八年九月，拜禮部左侍郎，署部事。天啓元年（一六二一），起禮部尚書，協理詹事府事。天啓四年，彈劾魏忠賢未果，疏請辭歸，加太子少保。天啓六年卒，年七十四。崇禎初，謚「文簡」。著有《南宫奏草》等。《明史》有傳。

翁正春廷試策見《歷科廷試狀元策》。

皇帝制曰：朕遠稽古昔而有感於胥庭沕穆之世，其民不誘而親，不嚴而治，意甚慕之，而淳風既邈，至道靡得而徵焉。二帝之典，三王之誥，其粲然者則可見矣。或者乃謂道衰於書契，德薄於政教。又曰虞夏之道寡怨於民，商周之道不勝其弊，豈質文之變帝王所不能違歟？三代而下，惟漢之詔令爲近古，王通氏至取以續書，而或褒孝宣之烈優于孝文，或美元和之治懿于永平，豈寬嚴之宜，父子亦不相襲[耶]①？夫道萬世無弊，弊者道之失也，信斯言也！皇極敷言，固自有本，

① 「耶」，底本闕，據《四庫禁燬書叢刊》影印雍正本《歷科廷試狀元策》補。

而不專恃于令歟？乃樞機喻以絲綸，精神象之渙汗，鼓舞擬于風雷，定保比之金石，其稱令若此慎重，抑又何也？

我太祖高皇帝經綸草昧，開闢文明，若《祖訓》《大誥》諸篇，正綱常，定名分，戒偏黨，詰凶頑，聖謨洋洋，同符典誥，亦可悉舉而揚厲之歟？朕祗適先休，恪遵成憲，凡植綱陳紀，匡世範俗之具，可以維教化淑人心者，儲思延訪至熟矣。乃勸誘愈亟，玩愒愈滋；禁戢愈詳，悖慢愈甚。往士伍辱將校，今則操刃嚮之矣；往屬吏傲官長，今則露章彈之矣；往宗庶訐親藩，今則衷甲攫都市矣；往豪右陵有司，今則衿弁鬨公庭矣。其他恣睢無良，背禮而傷教者，難以一二數。而詔之不聽，誡之不悛，即三令五申，徒勞置郵，一切寢閣，豈奉宣之失職歟？抑令煩法弛，所以救之者非其術也？言者謂宜省議論，振紀綱似矣。乃謀夫孔多，莫執盈庭之咎；惠文虛列，率遺扞罔之姦。令何以能簡，法何以能嚴歟？兹欲擇遠猷以定命，執大寶以成乎，使令重君尊，國安而民以寧，壹其何修而可？多士其悉意以對，毋泛毋隱，朕將親覽焉。

（底本：《歷科廷試狀元策》，首卷下）

臣對：臣聞帝王之臨御宇内也，必有飭治之實政，然後化機擴而風勵之典以彰；必有宰治之實心，然後化原端而中正之極以建。實政者何？申畫一之條，垂確然之軌，以震耀遐邇，使萬民之心志耳目日繫屬於象魏，而祓濯維新者是也。實心者何？黜繁縟之文，凝真誠之懿，以默制鈞陶，使一人之精神意慮日淪浹於寰區，而鼓舞莫測者是也。實政措於外，是即其整齊嚴肅者與斯民相持循，而明示之以法也。法立而天下即以法遵之，初何患乎輿情之弗率？實心存於内，是即其肫篤懇切者與斯民相漸摩，而潛喻之以神也。神運而天下即以神孚之，又何患乎國維之弗張？隆古帝王所以凝旒大寶，而朝廷體統巍然等天地之常尊；端拱穆清，而宗社生靈晏然若盤盂之永謐者，繇此道耳。藉令有實心矣，而非政以出之，則宵旰雖勤，鼓舞無術，人心風俗安所振而刷焉？而天下之勢，卒日流於潰亂而不可收。有實政矣，而非心以宰之，則粉飭徒具，粹白已漓，政教號令安所凝而注焉？而天下之機，卒日至於頽弛而不可振。此輓近之陋習，庸主之淺圖，固宜淳熙鑠懿之理寥寥罕覯也，蓋不能無待於今日矣。

欽惟皇帝陛下，天縱玄德，應五百載之昌期；躬撫瑶圖，紹億萬年之正統。出齋閤箴銘以檢心性，志敕時幾；罷《貞觀政要》而講《禮經》，神游聖學。流汪濊之澤，中外沾濡；廓嚴肅之威，華夷震疊。治隆化邕，蓋已躪三轢五，卑視近代而樸樕之矣。廼猶聖不自聖，進臣等而首諏以帝王文質之變，與夫漢令寬嚴之宜，終有感於翫愒悖慢之風，而深惟乎尊君安國之術。臣有以仰窺陛下之心，即虞帝之疇咨、周王之訪落不勤於此也。臣竊伏蓬蓼，志願輸忠，非一日矣。方思乘泰交之會以效芹曝，矧清問諄諄下逮，敢不披瀝以對？

臣聞之《書》曰："惟皇上帝降衷於下民，若有恒性，克綏厥猷惟后。"《易》曰："天下有風姤，后以施命誥四方。"蓋八紘之廣，林總之衆，風氣異宜，習俗異尚，懷智欲以相傾，負才欲以相役，匪整齊之則亂，匪約束之則争。君人者纘神靈之統，握君師之權而爲萬民主者也。所以整齊約束，俾之順軌嚮方焉者。疇能意喻而色授之道，必有假於令矣。臣稽胥庭之世，民不誘而親，政不嚴而治，質文無所損益，因革靡所沿襲，渾渾灝灝，蓋忘言之至理，而沕穆之玄風也，烏覩所謂令哉？裔兹以降，堯明五教而萬邦協，舜徽五典而百揆叙。敷命率常，禹之謨也；綏猷修紀，湯之烈也。迄成周，經制大備，而昭明之化爛焉。之數帝王者，質文遞變，豈競飾聲悦，以炫天下觀聽而跌盭古初哉①？羲皇世遠，民僞滋矣。如必欲焚符破璽，剖斗折衡，塞師曠之耳，抉離朱之目，與天下相安無爲，以幾結繩之理，庸可冀乎？故質文之不能不變也，猶暑之必寒，水之必東也，勢也。聖人不以勢之所趨者委之於不可爲，而書契作焉，政教詳焉。要亦循其勢，與民宜之耳。廼其精

① "跌"，據賈誼《新書》四部叢刊影印明正德本，當作"跂"。

純粹美之真，忠信誠慤之懿，直與禮制文章相綢繆，則固有不專恃令者在。世主闇於大較，猥云道衰，而德薄也。虞夏寡怨，而商周滋弊也，則膠柱鼓瑟之見，而未覩聖人運治之精矣。

三代而下，近古惟漢。文中子曰：「漢之制志典册，幾於典誥，終之以禮樂，三王之舉也。」豈非以徒令哉！繇今觀之，柔道化民，孝文之治孅矣，迺崔寔以孝宣爲優。慧察裁決，永平之政嘉矣，迺曹丕以元和爲懿。不知乘弱之後而令嚴，斯一時振刷之效起，然三釁一開，卒爲基禍之主，則孝宣未甚優也。乘强之後而令寬，斯一時長者之名著，然竇憲一寵，竟啓外戚之漸，則元和未甚懿也。雖其寬嚴異宜，先後或不相襲，要以未適於道均焉耳。何也？古今不同者法，歷古今而無弊者道。道者，權衡乎文質之變，調劑乎寬嚴之宜，而爲皇極敷言之本者也。彼樞機喻以絲綸，精神象之涣汗，鼓舞擬於風雷，定保比之金石。胡稱令慎重若是，詎非以槖籥於道爲之宣洩，而不在區區告誡間歟？則實心之謂也。

洪惟我太祖高皇帝，掃滌胡元，再造寰寓，創制立法，規古始而酌時宜。臣嘗伏讀《祖訓》《大誥》諸篇，星列棋布間，若正綱常而定名分，戒偏黨而詰奸頑，真洋洋乎典謨並茂，關石俱傳矣。大都有頓綱挈裘之體，無倒持旁落之嫌，有電行雷動之威，無牽文拘俗之陋。二百餘年來，其所培養噢咻者甚厚，而其所激勵震肅者又甚詳。維時薄海内外銜穌飲醇，帖然循守，罔敢越軼，無鈎繩而不可携，無關鍵而不可開，豈偶然之故哉？

我陛下紹天闡繹，二紀於兹，諸凡植綱陳紀、匡世範俗之具，犁然悉矣。固宜將士效腹心之誠，百寮崇揖讓之雅，藩輔合《行葦》之誼，夤序敦《樸棫》之風。即有魑蜮，亦當潛消於太陽下，安敢矯虔亢命其間哉？胡世教衰，物情玩，邇有不勝其弊者？曩士伍辱將校，變非輕也，今且操戈嚮之矣，邊鄙之紀法安在？曩屬吏傲官長，事非細也，今且露章彈之矣，尊卑之體統奚存？以宗庶訐親藩，倫序不倒置乎？至於吏甲攫都市，凶横胡可言也。以豪右陵有司，名分不弁髦乎？乃衿士鬨公庭，縱恣將何極也？他如此類，尤難悉數。顧詔之不見聽，誡之無悛心，誠有如聖制所謂「勸誘愈亟而玩愒愈滋，禁戢愈詳而悖慢愈甚」者。茲欲一舉而振飭之，道將奚繇？ 語曰：「治悍馬者利其錣策，矯曲木者致其繩墨。」今日之勢，何以異此？ 臣以爲非可姑息貸虛詞借也，在於實政實心加之意耳。

夫所謂實政實心者非他，省議論也，振紀綱也。省之振之而持以決，行以斷也。方今小加大，賤防貴，跋扈無良，鴟張罔忌，人心玩矣，國是搖矣。而憑脣吻者輒肆意於雌黄，沽名譽者競騰頰於章牘。辱將領則奪將領之符，辱監司則褫監司之組。言及懲宗庶，則見謂宗盟之當厚；言及振士習，則見謂士氣之當伸。此是彼非，甲可乙否，名實亂於築舍之謀，刑賞混於盈庭之訟，致令瞋目語難之夫，蹢躅跳踉而莫敢誰何，安在其警奸頑而重國體哉？ 故臣謂議論宜省也。議論省矣，至所以建威銷萌，使天下惕讋震懼而不敢犯者，不有朝廷三尺法在乎？ 彼其初所發難者，不過十數人而止，吾廉其實，即奮然一大創之，攘臂干分，渠魁必僇；裂眦首亂，兩觀必誅，情有可恤也。而搆煽之罪，必不可不嚴，事有可原也。而冠履之分，必不可不正，令嚴禁肅，有若董安于之論高山絶澗，馬牛不入者，誰不摶心揖志以安分守哉？ 故臣謂紀綱宜振也。

夫紀綱者，法也，而有法法焉者，蓋四海億兆之衆，不從上之令而從上之好；其所遵軌順旨者，不在上人所建立之法，而在其行法之意。故干行越紀之誅加於小弱，而或回貸於强悍，則法不行；凝脂束濕之禁施於孤寒，而或寬假於勢要，則法不行。斧鑕之典重矣，或陽示其罰而陰有所縱舍，則法不行；風霆之號肅矣，或始令之峻而終有所遷搖，則法不行必也。恩不以卑賤遺，罰不以强貴阿；既不以嘔煦惠奸，又不以姑息蓄釁，執此堅如金石，行此信如四時，據此無私如天地，此又臣所謂省議論、振紀綱之實心也。惟有實政，則其紘轂常張，其繩結常密，故令出人咸畏之而不敢叛；惟有實心，則其意慮常貫，其竅會常通，故令出人咸信之而不忍叛，庶幾哉國體崇，人心壹乎！

雖然，務實以圖治者，喆后之懿軌也；用人以弘化者，英辟之訏猷也。誠念邊鄙而簡用撫臣，則投醪挾纊足以生威，而庚癸之呼自息；念民瘼而慎擇大吏，則茹蘗飯冰，足以率屬，而陵替之風自維；念宗室而宗正得人如劉向者，斯敦睦有倡，人皆河間東平之賢，斧斤可以不煩矣；念庠序而師表得人如胡瑗者，斯訓迪有方，士皆鄒魯闕里之行，絃歌可以成化矣。故臣竊謂用人尤要也，廼總之不外乎人君之一心。

今陛下静攝齋居，旰衡圖理，所以培植化原者豫矣。顧天人之介易淆，危微之關難辨，儻操持少弛，他如靡曼艷鬱，一切可喜之欲，得以牽引此心，將精神惰窳而弗振，幾務廢閣而弗張，其所繫豈淺鮮哉？臣又願陛下乾綱日奮，敬德日新，養心於邃密而不間大廷，計慮乎萬年而不忽微眇，親近乎碩輔而不惑憸壬，益務講學，益勤顧問，則康淫之志詘，精明之慮生，故號令未頒，而志所嚮往便爲霑澤；象魏未布，而神所凝注即爲靈爽。由是遠猷定命，大寶成孚，將臣工祇承，疆宇寧謐，用以媲皇王之休風，紹祖宗之鴻烈，何難焉？區區漢令，毋容置喙矣。此非臣臆説也，宋儒程頤曰：「有《關雎》《麟趾》之意，然後可以行《周官》之法度。」而我高皇帝《祖訓》首章，亦以持守一節冠於正綱常等篇之始，即聖制所謂「皇極敷言，固自有本」者是也。伏惟陛下俯垂察焉。

臣草茅卑賤，罔識忌諱，冒瀆宸嚴，不勝戰慄隕越之至。臣謹對。

（底本：《歷科廷試狀元策》，首卷下）

七三　萬曆二十三年乙未科　朱之蕃

萬曆二十三年(一五九五)乙未科，廷對之士三百人。狀元朱之蕃，榜眼湯賓尹，探花孫愼行。

朱之蕃(一五四八—一六二六)，字元介，號蘭嵎。南京錦衣衛籍。萬曆二十二年(一五九四)甲午科舉人，次年連捷，年四十八。授翰林院修撰，擢右諭德，掌南京翰林院事，晉南京禮部侍郎。奉使朝鮮，及還，盡却其贈賄，朝鮮重之。後丁内艱歸，不復出。爲人清雅恬淡，篤于孝行友義。著有《使朝鮮稿》《南還雜著》《明百家詩選》等。

朱之蕃廷試策見《歷科廷試狀元策》。

萬曆二十三年三月甲戌朔。壬午，禮部題三月十五日殿試中式舉人湯賓尹等三百名，及前科未經殿試舉人任時芳等，共三百四名，一體送試報聞。内閣擬殿試策題，上請皇帝。制曰：朕惟文武並用，長久之術，每愼操二柄以馭寰宇，庶幾内順外威，臻至治焉。然觀昔之開基英主，以投戈講藝，選士弘文爲美譚，而周公訓克詰，召公誡張皇，顧諄切于成康郅隆之際，豈世亂則寧濟以文，世平則戒備以武①，道又各有攸重歟？

洪惟我太祖高皇帝，混一函夏；成祖文皇帝，驅蕩胡氛。於鑠哉！既以神武之略爲萬民請命，迺禮賢置館，即當締造之初；延儒直閣，亦在御臨之始。以武戡定，用文持之，蓋規摹宏遠矣。列聖祗紹，謨烈顯承。迨于朕躬，嗣膺丕緒，光撫

① 「世」，《歷科廷試狀元策》作「時」。

太平之業，且二百三十禩餘。威憺于四裔，方内安于覆盂，而譚者廼謂今文具太盛，武備寖弛。試舉其概，如京師禁旅，春秋教練，嚴矣，而冒蠹猶未清，何以壯居重之勢？諸邊戍卒，主客供億，煩矣，而行伍猶未實，何以張撻伐之威？至于中外府衛，綱維秩然，綰符襲組，材官非乏也，而闒鈌偶虚，動稱無將；列屯坐食，尺籍具存也，而萑苻竊發，輒苦無兵，其弊安在？意者人情狃于宴安，而法制隳于積習，非大爲振飭不可歟？考之前史，有上言兵之要四、中國之長技五者，有因府兵之壞作原十六衛者；有請與大臣論武于朝，舉忠謀之士委之邊任者；有以選勇果習戰鬭爲治兵之實者，此皆承熙洽之後，䰟䰟于經武保邦，籌慮甚遠。又或謂安邊捍盜必先治内，謂無兵無將由朝廷三弊者，豈根極之務更有在歟？抑謀之廊廟，修之紀綱，自可以精神折衝而無煩師旅歟？今天下雖稱泰寧，而方隅多警，斯亦居安慮危之時也。朕既未能舞干而來，櫜弓而理，將欲經文緯武，圖修攘之實政以爲長治久安計，則何施而可？爾諸士其悉忠攄畫，明著于篇，毋有所隱，朕且採擇而行焉。

（底本：《明神宗實録》卷二八三。參校本：《歷科廷試狀元策》首卷下）

臣對：臣聞帝王之統一海宇也，必肅天下之綱紀，而後可以維長治之運；必聯天下之精神，而後可以操久安之樞。何謂綱紀？經之以文，緯之以武，而令順治之風因威嚴而日益强固者是也。有綱紀以大精神之用，故因時立法，乘勢制宜，而中外之奉明威以修憲度者自有所慴服，而無廢弛頹墮之虞；有精神以握綱紀之本，故法自上始，制由中出，而遐邇之承德意以安紀律者自有所融浹，而無汗格偏駁之患。蓋惟治不忘亂，而不徒侈太平之文具以踈牖户綢繆之防。是以危可常安，而終將賴廟廊之武略，以保宗社苞桑之業。古帝王所以輯寧區宇，界限華夷，而俾子孫安享久長者，其道端不出此。有如恃武之足以勘亂，而置文事爲緩圖，固非所以垂燕翼之永計。若但矜文之足以飭治，而忽武備爲踈節，亦非所以奠守成之弘庥。此其綱紀之設施，已有偏而不舉之處，况望精神之聯屬，獨有流而不息之機哉？無惑乎盛運靡常，綦隆難保，而先世之所爲經營拮据者，不免漸漬而歸於積衰極弊也。圖修攘，保治安，端在今日，而可以決光裕之策矣。

欽惟皇帝陛下，止孝止慈，惟聖盡倫，而王度光昭於海寓；允文允武，與天合德，而皇風鼓舀於寰區。省躬約己，凛凛然兵農在念，而解澤隨涣號以俱流；殫慮悉心，炯炯乎夷夏爲防，而震耀乘乾明以並著。東西讋服，固已樽俎而妙折衝之功；士伍風偷，亦且談笑而得轉移之術矣。然猶不敢怠荒，進臣等於廷，而諏以振飭之遠猷，根極之上務，原古昔文武並用之意，究當時文盛武弛之端，而欲舉實政以廣治安，豈以惜時保業之慮，即臣等亦嘗有概於衷耶？臣愚敢不秉誠披丹，以效芹曝於萬一乎！

臣聞除亂利用武，興治利用文者，酌機權以康天下之急務也。亂遏而風勵以文，治成而維持以武者，定樞紐以貽萬世之本謀也。故光武、太宗稱開基英主，而講藝於投戈之餘，選士於弘文之館，若偏重在文矣，實以濟其武之不及，而不涉於威猛。周之成康，稱郅隆盛際，而周公之「克詰戎兵」，召公之「張皇六師」，若偏重在武矣，實以制其文之有餘，而不失於優柔。要其綱紀之昭布於天下者，有時乎以文勝，有時乎以武勝，而虚文不若實事之收功，則欲使祖宗締造之鴻業，有以傳之萬世而無弊，誠不可一日而緩於飭治振起之圖。精神之默運於九重者，必不以窮黷爲武，必不以浮靡爲文，而政令不若心思之立本。則欲使四方維治之令猷，有以底於真實而無僞，尤不可一念而流於粉飾觀美之習，如是而後居重馭輕之勢，若振其綱而有條不亂，順内威外之略，若執其柄而無舉不勝者矣。

是故晁錯因漢制之襲于安富，而匈奴之數困中國也，欲以利器、鍊卒、知兵、擇將之四要握其機，以勁弩、長戟、短兵、輕車、步鬭之五技逞其長。杜牧因唐制之變爲彍騎，而國勢之漸成驕弱也，作原千六衛以明初制之善，而制慨于變法之難，欲置府立衛以復祖宗之舊，而潛杜夫叛篡之禍。范仲淹、司馬光，因宋制之溺於文爲議論，而西北之交爲我齮齕也，請與大臣講武略，舉忠謀，任邊務以壯長勝之威，請選勇果於材官，習戰鬬於平日，以盡治兵之實。此皆老成謀國，深長策事，而真知保邦必本于經武、熙洽不貴消兵也。至若探本窮源，則又有如韓琦所稱「治内必先而後安邊捍盜」之效可冀；三弊務去，而後無將無兵之失可挽。乃其所謂治内去弊，亦不過曰紀綱之當立也，忠佞之當分也，浮費之當節也，横賜之當罷也，逸游之當省也，奢靡之當禁也，干請之當絶也，僥倖之當抑也，號令之當謹也，賞罰之當明也，功實之當責也，此其兢于文事，而實陰有補於武備，豈非往昔之覆轍，而可爲今日之明鑒者哉？

洪惟太祖高皇帝，仗劍以清函夏，而禮賢置館，即在倥偬多事之秋。成祖文皇帝，犁庭以蕩胡氛，而延儒直閣，不越圖籙誕膺之始。信爲武不廢文，而遺十一朝以安攘之大計，倡億萬載以保業之宏摹者矣。嗣及陛下，聿纘丕緒之垂，光撫太平之盛，誠有措海甸於安瀾，而暢餘威於四裔者。乃清問所及，猶慮武備不若文俱之條，而惓惓爲振飭安攘之實政計也。臣請始終以肅綱紀、聯精神之説進焉。

京師爲天下根本，禁旅之精强，固所以壯居重之勢也，而教練徒嚴，冒蠹猶故，則在以簡覈爲綱紀，而精與主帥相通，則主帥未有獨與偏裨士伍相沮閼，而不挾纊超距以思奮者矣。諸邊爲京師襟帶，戍卒之勇悍，固所以張撻伐之威也，而供億徒煩，行伍未實，則在以訓練爲綱紀，而精神與督撫相合，則督撫未有獨與邊將騎卒相携貳而不争先赴虜以報效者矣。府衛之材官星布棋列，而專鉞分閫，輒乏將材，則考校非其綱紀乎？而紈絝乳口者，不得與將種争道而弛，則雖越在萬里外，而精神常徹於天府，一臂指使之而躬符組者，安往非真將軍之亞夫也。州郡之屯牧，鱗次繩聯，而萑苻竊發，動稱兵弱，則清查非其綱紀乎？而侵占影射者，不得視疲兵弱肉而食，則雖安恬隴畝間而精神常洽於中朝，一按籍呼之，而修畚鍤者安往非趙充國之金城也？宴安之情，雖人之所共狃，而綱紀昭布，其精神隨之以四達並流而無所不貫。譬之耳聽目視，手持足行，當有各司其職而不爲物交者，此振飭人情之一大機括也。積習之弊，誠法之所難防，而精神鼓舞，其綱紀因之以霞變雲蒸而無所不新，譬之聰啓明通，勑柔握固，當有攝於元氣而喻以不言者，此又振飭法制之一大根本也。機括運，而中外之兵制既以修舉，則明示天下以可畏之威，而所謂文明之景運，且將藉以永延而不替；根本培，而中外之人心益以浹洽，則默宰天下以不已之誠，而所稱文治之精華，且將賴以長聚而不離，即方隅有警，奚損極治之萬一？而先事修備之餘，且愈有以動陛下乾惕之衷，而衍泰寧之運者矣。況東顧而鯨波已息，西略而么麼可平，又何足煩慮緩頰而陳不必然之畫哉！

抑太平有要，不在邊境而在廟堂；經理有基，不在號令而在綱紀。所謂折衝以精神而無煩師旅，蓋陛下已洞晰天下之治原，而臣益知舞干之化，行將媲美虞廷；櫜弓之風，必有同符周武者。欲圖實政，則不能外精神以爲他圖；欲計久長，不能舍精神以修末計。精神一弛，豈惟兵不可以轉弱爲强，即朝夕左右之群工，且無以通簾陛而成泰交。精神一勵，豈惟兵可以挽衰成盛，即四方萬里之夷荒，亦有以孚心志而樂歸命。矧禁旅親承輦轂之風猷，其顧化既速於抱鼓①；邊戍獨荷優渥之賚予，其感激益切於銘鏤。材官沐浴於世賞之久延，豈無捐糜自矢之念；屯牧沾濡於耕鑿之永庇，孰忘制挺使撻之思，而患其終狃於宴安，隳於積習，於振飭之效不可幾乎？

抑臣猶有獻焉。君身者，天下之本也，綱紀所由植立，精神所由運旋也。君心者，尤君身之本也，植綱紀而不以始終改節，運精神而不以久暫易操者也。臣望陛下體天行之健，而日日維新；秉不息之强，而乾乾匪懈。紹休於禮賢置館、延儒直閣之初制，而咨詢不憚於勤劬，則議及修攘，而從容講畫之間，可以得詳審嚴密之體，因可以鼓流通貫徹之忠；繼美於函夏混一、胡氛驅蕩之弘規，而眷注不吝於蕃錫，則功在修攘，而奔走禦侮之餘，可以奏泰山四維之安，因可以收集思廣益

① 「抱」，據文意，當作「桴」。

之助。勿以春秋鼎盛而移慮於自逸之途，則獨運於璇宮瑤室之中，而精神自與窮簷蔀屋相管束；勿以物力豐盈而適志於恒足之境，則自守於澹泊寧静之內，而綱紀自與遐陬僻壤相昭宣。其以仰承祖烈而跨越成周，端有不出户而知天道，不大聲色而坐制四方者矣。臣伏讀聖制「居安慮危」之一言而悉攄忠藎，則舍清心寡欲，別無所以肅綱紀而聯精神者，所謂「正心以正朝廷，正朝廷以正百官，正百官以正萬民」，其道必不出此。而用武以維文之衰，治兵以修正之實，直舉而措之耳。惟望陛下垂聽蒭蕘，採擇而施行之，天下幸甚，臣愚幸甚！

臣草茅賤士，不識忌諱，干冒天威，曷勝戰慄隕越之至。臣謹對。

（底本：《歷科廷試狀元策》首卷下）

七四　萬曆二十六年戊戌科　趙秉忠

萬曆二十六年（一五九八）戊戌科，進士二百九十二人。狀元趙秉忠，榜眼邵景堯，探花顧起元。

趙秉忠（一五七三—一六二六），字季卿，號峴陽。山東青州府益都縣（今青州市）人。萬曆二十五年（一五九七）中鄉舉，次年連捷，年二十六。授翰林院修撰，歷中允、諭德、庶子。天啓三年（一六二三）六月，陞詹事府少詹事兼翰林院侍讀學士；十月，陞禮部右侍郎，充經筵日講官。天啓五年十二月，因遭魏忠賢黨彈劾，削職爲民。天啓六年卒于鄉，年五十四。崇禎三年（一六三〇），獲平反，「復故削籍禮部尚書趙秉忠原官，贈太子太保，予祭四壇，造墳安葬」。著有《峴山集》《江西輿地圖説》等。

趙秉忠殿試卷今藏青州博物館，廷試策文亦見《歷科廷試狀元策》。是科策問，《明神宗實録》未收。

皇帝制曰：朕惟自昔帝王理人群，凝庶績，率以綜核名實爲先務。唐虞之時，明良相信，稱無爲矣。而詢事考言，敷奏明試，三載九載，屢省乃成，爲法亦何備歟？世降而法愈詳，人益僞，名實溷淆，治亦刓敝。或乃曰：誠感則孚，第宜一切用君子長者之道。但不知誠在中，何由而達？昔之考詢云者，豈其誠未至歟？後世之綜核者，毋若漢宣帝。當時吏稱民安，可謂效矣。乃尚有僞增受賞者，意檢察之猶未密歟？若文帝躬修玄默，簡節疎目，鎮天下以無名之朴，而人顧謂孝宣不如，又何指也？

洪惟我太祖高皇帝，勇智天錫，超越千古，立綱陳紀，法度森嚴。旌廉能，摧奸暴，用夏變夷，重闢鴻荒。列聖遵承，有於鑠加無墜。至我皇祖世宗肅皇帝，英斷如神，振怠起衰，制禮作樂，品式具備。滋雨露，威風霆，赫然中興，光紹前烈。於戲！範垂當年而流萬禩矣。朕嗣守祖宗丕業，任人圖政，惟名實爲兢兢，夫何與我共理者不明朕心，誕慢成習，曠官不虔而越局以逞，浮靡相尚而利口惟賢，求其循理奉法憂國如家者曾幾何人？嗟乎！文盛則質衰，言華則行薄，自古記之矣！故上下以空文相加遺矣，而吏習尚偷；教化宣矣，而士風尚詭；賑恤頒矣，而民困未蘇；戎兵詰矣，而撻伐未張；慮讞詳矣，而冤滯猶多；工費釐矣，而虛冒猶故。束舊章而不守，懸新詔而不遵。求治彌勞，取效彌遠，誠不足恃，法不能維。意者朕不敏不明，無能風之歟？茲欲循名責實，黜無稽，旌有功，俾治理遠駕漢宣，以之唐虞雍熙之盛，何施而可？爾諸士方當始進，心志精白，俯仰世變，必有概於中矣，宜各攄所懷備言之，朕將採而行焉。

（底本：《歷科廷試狀元策》首卷下）

臣對：臣聞帝王之臨馭宇内也，必有經理之實政，而後可以約束人群，錯綜萬幾，有以致雍熙之治；必有倡率之實心，而後可以淬勵百工，振刷庶務，有以臻郅隆之理。何謂實政？立紀綱，飭法度，懸諸象魏之表，著乎令甲之中，首於巖廊朝宁，散於諸司百府，暨及於郡國海隅，經之緯之，鴻鉅纖悉莫不備具、充周嚴密毫無滲漏者是也。何謂實心？振怠惰，勵精明，發乎淵微之内，起於宥密之間，始於宫闈穆清，風於輦轂邦畿，灌注於邊疆遐陬，淪之洽之，精神意慮無不暢達、肌膚形骸毫無壅閼者是也。

實政陳，則臣下有所稟受，黎氓有所法程，耳目以一，視聽不亂，無散漫飄離之憂而治具彰；實心立，則職司有所默契，蒼赤有所潛孚，意氣以承，軌度不踰，無叢脞惰窳之患而治本固。有此治具，則不徒馭天下以勢，而且示天下以守，相維相制，而雍熙以漸而臻。有此治本，則不徒操天下以文，而且喻天下以神，相率相勗，而郅隆不勞而至。自古帝王所爲，不下堂階而化行於風馳，不出廟廊而令應於桴答，用此道耳。厥後崇清浄者，深居稱朕，不理政務；尚綜核者，欺蒙虛冒，總事空文，人日以僞，治日以敝，亦何以繼帝王之上理，(後)[復]隆古之休風①，而稱統理民物，仰承天地之責哉？

恭惟皇帝陛下，毓聰明睿智之資，備文武聖神之德，握於穆之玄符，承國家之鴻業，八柄以馭臣民，而百僚整肅；三重以定謨猷，而九圍式命。蓋已操太阿於掌上，鼓大冶於域中，固可以六五帝、四三王、陋漢以下矣！乃猶進臣等於廷，圖循名責實之術，欲以紹唐虞雍熙之化，甚盛心也！臣草茅賤士，何敢妄言？然亦目擊世變矣。顧身托江湖，有聞焉而不可言，言焉而不得盡者。今幸處咫尺之地，得以對揚而無忌，敢不披瀝以獻！

臣聞人君一天也，天有覆育之恩，而不能自理天下，故所寄其責者付之人君；君有統理之權，而實有所承受，故所經其事者，法之昊天。用是所居之位則曰天位，所司之職則曰天職，所治之民則曰天民，所都之邑則曰天邑。故興理致治，要必求端於天。今夫天，幽深玄遠，穆然不可測也；渺茫輕清，隤然莫可窺也。而四時五行，各效其官；山嶽河海，共宣其職。人人沾浩蕩普濟之澤，在在蒙含弘廣大之休，無欠缺以虧其化，無阻滯以塞其功者。蓋不貳之真默，醞釀於太虛；不已之精，潛流衍於無極，故實有是化工耳。然則人君法天之治，寧可專於無爲、托以深密静攝哉？是必有六府三事之職司爲實政者。人君憲天之心，寧可專於外務，强以法令把持哉？是必有不貳不已之真精爲實心者。

粤稽唐虞之世，君也垂裳而治，貽協和風動之休；民也畫象而理，成擊壤從欲之俗。君臣相浹，兩無猜嫌，明良相信，兩無顧忌，萬古稱無爲之治，尚矣！而詢事考言，敷奏明試，三載九載，屢省乃成，法制又詳備無遺焉。蓋其濬哲温恭，日以精神流注於堂皇；欽明兢業，日以志慮攝持於方寸。故不必(棕)[綜]核而庶府修明②，無事約束而九官效職，固以實心

①　「復」，據《歷科廷試狀元策》改。　②　「綜」，據《歷科廷試狀元策》改。

行實政也。後世語精明者，首推漢宣，彼其吏稱民安，可謂效矣，而專意於檢察，則檢察之所不及者必漏遺焉，故僞增受賞所從來也。語玄默者，首推漢宣文帝，彼其簡節疎目，可謂闊矣！而注精於修持，則修持之所默化者必洋溢焉，故四海平安所由然也。蓋治具雖設而實心不流，則我欲責之臣，臣已窺我之怠而倣效之；我欲求之民，民已窺我之疎而私議之。即紀綱法度燦然明備，而上以文，下以名，上下相蒙，得聰察之利，亦得聰察之害。實心常流而治具少踈，則意動而速於令，臣且孚我之志而靖共焉；神馳而慴於威，民且囿吾之天而順從焉。凡注厝規畫，懸焉不設，而上以神，下以實，上下交儆，無綜核之名，而有廉察之利，彼漢宣不如漢文者，正謂此耳。

洪惟我太祖高皇帝，睿智原於天授，剛毅本於性生。草昧之初，即創制設謀，定萬世之至計；底定之後，益立綱陳紀，貽百代之宏章。考槃之高蹈，潁川之治理，必旌獎之，以風有位；浚民之鷹鸇，虐衆之梟虎，必摧折之，以惕庶僚。用能復帝王所自立之地，成古今所未有之功，乾坤開而再闢，日月滌而重朗。蓋以實心行實政，因以實政致弘勳。其載在《祖訓》有曰：「諸臣民所言有理者，即付所司施行，各衙門毋得沮滯。」而敬勤屢致意焉。列聖相承，守其成法，接其意緒，固有加無墜者。至世宗肅皇帝，返委靡者振之以英斷，察廢弃者作之以精明。制禮作樂，議法考文德之所被，與河海而同深；威之所及，與雷霆而共迅。一時吏治修明，庶績咸理，赫然中興，誠有以遠紹先烈，垂範後世也。

今我皇上任人圖治，日以實政望臣工矣，而誕慢成習，誠有如睿慮所及者。故張官置吏，各有司存，而越職以逞者，貽代庖之譏。有所越於職之外，必不精於職之内矣。則按職而責之事，隨事而稽之功，使春官不得參冬署，兵司不得分刑曹，此今日所當亟圖者也。耻言過行，古昔有訓，而競靡以炫者，招利口之羞。有所逞於外之靡，必不深於中之抱矣，則因言而覈之實，考實而責之效，使捷巧不得與渾樸齊聲，悃愊不至與輕浮共譽，又今日所當速返者也。巡行者寄朝廷之耳目，以激濁揚清也，而吏習尚偷，即使者分遣，無以盡易其習。爲今之計，惟是廣咨諏、嚴殿最，必如張詠之在益州、黄霸之在潁川，斯上薦剡焉，而吏可勸矣。教化者，齊士民之心術，以維風振俗也，而士風尚詭，即申令宣化，無以盡變其風。爲今之計，惟是廣厲學官，獨重經術，必如陽城之在國學、胡瑗之在鄉學，斯畀重寄焉，而士可風矣。四海之窮民，十室九空，非不頒賑恤也，而顛連無告者則德意未宣，而侵牟者有以壅之；幽隱未達，而漁獵者有以阻之。上費其十，下未得其一，何不重私侵之罰，清出支之籍乎？四夷之内訌，西支東吾，非不詰戎兵也，而撻伐未張者，則守圭紈袴之胄子，無折衝禦侮之略；召募挽强之粗才，暗弛張奇正之機，兵費其養，國不得其用，何不嚴遴選之條，廣任用之途乎？民氓之積冤，有以干天地之和，而抑鬱不伸，何以召祥？則刑罰不可不重也。故起死人、肉白骨，讞問詳明者，待以不次之賞；而刻如秋荼者，置不原焉，而冤無所積矣。天地之生財，本以供國家之用，而虛冒不經，何以恒足？則妄費不可不禁也。故藏竹頭、惜木屑，收支有節者，旌其裕國之忠；而猶然冒費者，罪勿赦焉，而財無所乏矣。蓋無稽者黜，則百工惕；有功者賞，則庶職勸。勸懲既明，則政治咸理，又何唐虞之不可並軌哉？而實心爲之本矣。實心以任人，而人不敢苟且以應我；實心以圖政，而政不至惰窳而弗舉。不然，精神不貫，法制雖詳，無益也。

而臣更有獻焉：蓋難成而易毁者，此實政也；難操而易舍者，此實心也。是必慎於幾微，戒於宥密，不必明堂聽政也，而定其志慮，儼如上帝之對；不必宣室致齋也，而約其心神，凜若師保之臨。使本原澄徹如明鏡止水，照之而無不見；使方寸軒豁如空谷虛室，約之而無不容。一念萌，知其出於天理，而充之以期於行；一意動，知其出於人欲，而絶之必期於盡。愛憎也，則察所愛而欲近之，與所憎而欲遠之者何人；喜懼也，則察所喜而欲爲，與所懼而不欲爲者何事。勿曰屋漏人不得知，而天下之視聽注焉；勿曰非違人不得禁，而神明之降監存焉。一法之置立，曰吾爲天守制，而不私議興革；一錢之出納，曰吾爲天守財，而不私爲盈縮；一官之設，曰吾爲天命有德；一奸之鋤，曰吾爲天討有罪。蓋實心先立，實政繼舉，雍熙之化，不難致矣，何言漢宣哉！

臣不識忌諱，干冒宸嚴，不勝戰慄隕越之至。臣謹對。

（底本：趙秉忠殿試卷原件，山東青州博物館藏。參校本：《歷科廷試狀元策》首卷下。原卷有錯簡，據《歷科廷試狀元策》乙正）

七五　萬曆二十九年辛丑科　張以誠

萬曆二十九年(一六〇一)辛丑科,廷對之士三百零一人。狀元張以誠,榜眼王衡,探花曾可前。

張以誠(一五七六—一六一五),字君一,號瀛海。南直隸松江府青浦縣(今上海市)人。狀元及第,授翰林院修撰,陞左中允、右諭德。丁外艱歸,以哀毁卒。工書法,亦能文。著有《酌春堂集》《毛詩微言》《明史類記》等。

張以誠廷試策見《酌春堂集》及《歷科廷試狀元策》。

萬曆二十九年三月己亥朔。癸丑,策試禮部中式舉人許獬等,制曰:朕聞隆古帝王罔不念祈天永命者,而惟久道化成得之,《易》稱「視履考祥,其旋元吉」,《詩》稱「永言配命,自求多福」,《傳》稱「人受天地之中以生,謂所命也,是以有動作威儀禮義之則以定命也,能者養之以福」,斯篤論矣。洪惟我皇祖世宗肅皇帝,嘗[臨]軒策士①,親賜制問有曰,「朕思首自三代以來迄于宋終,中間雖歷世有久近,而其君之歷年亦有長短,要之皆自其爲君者何如。」又曰:「皆基[之]于先王德澤洽于民心②,亦繼之(于)[以]嗣王能持盈滿之道者也。」③煌煌聖訓,朕時恭(譯)[繹]焉④。我國家太祖開基,功德與天地並;成祖再造,貽我後人。列聖纘承,暨于朕躬,天命自度,夙宵惴慄,常思遠(造)[追]

① 「臨」,據諸參校本補。
② 「之」,據諸參校本補。
③ 「以」,據諸參校本改。
④ 「繹」,據諸參校本改。

所聞①，不宜近忽所見。朕生之(初)[晚]②，(猶)[不]及[見]皇祖③。[然聞]皇祖恒以敬天法祖④，親賢恤民爲要務，以經術爲本，以法律爲輔，以明作修内治，以安静飭邊圉，宫府之間肅然奉法，華夷遠近穆如和風。至于稽古考文，尤爲謹備，而皆發之于孝思，本之于敬一。殿亭榜字皆取《洪範》《無逸》名之，淵衷所存，懔懔三五之盛，[四十五年]有如一日⑤，賢親樂利，至今思慕不忘。爾多士雖晚，尚有能揚勵之者歟？

我國家景運縣皇祖益綿，而皇祖享國亦自長永，莊誦此制，乃在嘉靖十四年，仰窺聖心以持盈滿爲兢兢，自昔然矣。朕不揆寡昧，景行惟勤，誠不[知]何所修爲而可⑥？幾此故不復更端，即舉皇祖之所清問者清問爾多士，其悉心陳對，朕將擇善而從，用祇承天休。欽哉毋略！

（底本：《明神宗實録》卷三五七。參校本：《萬曆起居注》；《歷科廷試狀元策》首卷下）

臣對：臣聞帝王之保治也，必克遵成憲而後可以爲永命之至計；帝王之法祖也，必善體心傳而後可以爲繼志之極思。何也？人主之所奉承者帝命也⑦，而其所憑藉者祖德也。天命可去亦可存，而每纏綿固結於一姓，由夫積累深厚，有以邀天眷而貽之於子孫；祖德易合亦易離，而克嗣續纘承於後王，由夫羹牆默契，有以遡心源而承之於奕世。心切於法祖，自不敢以放逸怠惰之念乘，而敬德以光；志主於無逸，自不必以法制禁令之迹拘，而心法以合。古帝王所以纘大承休，格天保命，端拱堂皇而措國祚於泰山之安，圖維一世而綿國脉於萬禩之久者，其道端不出此。藉令有見於天命之當保，而先棄祖德如弁髦，則雖極宵衣旰食之勤，而既與祖德二，即與天命二，何以格穹蒼而使之惠顧。有見於祖德之當法，而先置吾

---

① 「追」，據諸參校本改。 ② 「晚」，據諸參校本補。 ③ 「不」「見」，據諸參校本改、補。 ④ 「然聞」，據諸參校本補。

⑤ 「四十五年」，據諸參校本補。 ⑥ 「知」，據諸參校本補。 ⑦ 「奉」，《酌春堂集》作「靈」。

心放逸，則雖按故府往牒之遺，而既與心源二，即與憲典二，何以由舊章而與之合符。故善保命者求之祖而已，善法祖者求之心而已。創業與守成無二道，而前人之所以善作，即後人之所以善述；中興與繼世無二理，而在我之所以立心，即祖宗之所以立德。纘先世重熙累洽之慶，而貽後嗣久安長治之休，其本端有在矣。

欽惟皇帝陛下，聰明睿智，具大有爲之資；惕勵憂勤，存不敢康之念。畏天變而修省之圖常切，不徒減膳徹樂之虛文；憫人窮而攖害之戒特嚴，奚止解衣推食之小惠。湛恩瀸澤，與河海同其淵深；赫聲濯靈，與風雷同其迅厲。文恬武熙，內安外謐，「廟廓雍雍」①，號稱極治；盛際海內，喁喁方思歌詠太平。然猶惜時保業，居安慮危，開承明之廷，進草茅之士，而與之圖維治安，揚搉祖德，諏以持盈保泰之謨，究以祈天永命之實。而即以皇祖之所以策士者策臣等。臣生也晚，即先朝之故實且不能詳其萬一，況奕世之心源，又安能窺其梗概乎？無以對揚，求之陛下之心而已。

嘗聞天欲底一世於太平也，必使其君全備聖德，以開夫承前啓後之勳；天欲觀至治於有成也，必使其君多歷年所，以究其法典安民之略。故自古永命之君，未有不得之久道化成者，豈壽身與壽國，其道固有相通者歟？則其旨在《無逸》之篇矣。昔周公以永命戒成王，既道之以疾，敬德知民依矣。而又以商周之主其享國最久者爲法，惟恭默嘉靖如高宗，故其享國五十有九年；惟嚴恭寅畏如中宗，故其享國七十有五年；惟自朝至於日中昃不遑暇食如文王，故其享國五十年。蓋無逸以清其心源，則衆欲無所乘於內，而君志日益清明，君身日益彊固，壽身之道也；無逸以端其治源，則百私無所溢於外，而君德日益下究，民隱日益上通，壽國之道也。故《易》之言元吉也，而本於「視履考祥」，則舍吾身之善動，無所謂吉也。《詩》之言多福也，而本於「永言配命」，則舍吾身之修德，無所謂福也。《傳》之言定命也，而本於動作威儀，則舍吾身

① 「廟廓雍雍」，據《歷科廷試狀元策》康熙四十五年大業堂重刊本補。

之受中，無所謂命也。慎之言動視聽之間，而遂關乎吉凶善敗之大；凝之幾微宥密之内，而能格於穹蒼玄默之表，則知祈天之道，信無有過於一心矣。

洪惟我太祖高皇帝，肇造區夏，凝天命於開基之始；成祖文皇帝，掃除家難，保天命於繼體之餘。列聖相承，兢業不替，數百年來，治安如一日。而其享國最久長，致治最熙洽者，近則肅皇帝，今則陛下。永祚純禧，後先炳耀，英風大略，前後一揆，則今日所羹牆視傚，宜其有專屬也。聖制所云「遠追所聞，不宜近忽所見」，臣有以仰窺陛下景行之盛心矣，因請得而揚勵萬一焉。

蓋肅皇帝，天下之英主也，而舊居於外，凡四方之情僞，小民之艱難，無不盡知者；養正於蒙，凡五帝之典刑，三王之法籍，無不盡窺者。故其致治也，崇尚經術，則尊六經；正廟祀，而非聖之書不以陳於觀覽；修明法律，則式舊典，鑒成憲，而非法之事不以形於舉動。明作以修内治，則城社無伏姦，遐陬無向隅，而海内謐於覆盂；安静以飭邊圉，則波不揚於海，塵不警於邊，而皇圖鞏於玉燭。其他貞憲飭度，稽古考文，凡以潤色皇猷，黼黻太平者，不可枚舉，然其大要不過敬天、法祖、親賢、恤民四者而已。景行先烈，所以爲欽若昊天之實也。親近端方，勤恤民隱，所以爲善體先志之實也；此皆見之行事，鑿鑿可據者。然祖德綿遠，非真有水木本源之思，則志必怠於率由，君心易肆，非持以冰兢淵凛之念，則勢必趨於自用。聖制以爲發之於孝思，本之於敬一，而即其《洪範》《無逸》名於殿庭者，直遡皇祖之心，蓋已得其心傳，非徒襲其麤迹矣。兹欲紹明休烈，永圖至治，亦惟不法之以文，法之以實而已。

正人君子，祖宗之所樂育，帝心之所簡在也。以我皇祖之懿德也，猶曰親賢。而試觀今日懷才抱德之彦，能無伏於草莽者乎？能無阨於下寮者乎？能無一被斥逐而棄不復收者乎？則我皇祖之弓旌加於草茅、賜環及於逋臣者可法也。閭巷小民，祖宗之所培養，上天之所降監也。以我皇祖之克君也，猶曰恤民，而試觀今日承流仰沫之衆，能無困於征輸者乎？能無疲於奔命者乎？能無弱肉强食而不得自伸者乎？則我皇祖之還定以撫流移、蠲租以議賑貸者可法也。賢人既已在位，小民既皆得所，則皇祖在天之神必式靈之，而賢人爲之贊襄，小民爲之愛戴，即上帝陟降之際必寵綏之，而福澤有不久長，國祚有不綿遠者，未見之矣。

蓋我皇祖持盈之慮，在十有四年之初，故以克敬開其始，而遂成四十五年安瀾之慶；我皇上保泰之謨，在二十九年之後，必以克敬圖其永，而遠貽億萬載無疆之休。創守一心，祖孫合德，將商宗姬誦陋於不足處，而漢宋諸君置於不必言矣。然而，敬德之傳非由肅皇帝始也。太祖嘗曰①：「今天下已平，四方無事，高居晏樂，夫豈不可？然自古國家未有不以勤而興，怠而衰者，天命去留，皆決於是，安敢暇逸！」煌煌乎保泰之令謨矣！宣宗章皇帝嘗曰：「今四夷賓服，海内晏然，古人有言『儆戒無虞』。」又曰：「禍生於懈怠，若有怠心，少失防閑，必有意外之變。」兢兢乎永命之遠圖矣！主敬德以保盛治，實累朝心法，踵而行之，則而效之，是法肅皇帝者，非即所以法列祖哉？然而，克敬之道不易言矣。人主一心，衆欲攻之，群小伺之，而且豐亨豫大之世，可以惟吾欲而無不立至，蒙安襲慶之久，即或少有失，而未至甚敗。故未雨桑土之謀，哲后之所以圖幾也；而衣袽復隍之警，亦世主之所以逆耳也。公卿之所矢謨，杞人之所過計，不過《無逸》一言，而何幸於皇上親發之？何盈滿之足憂？何怠荒之足懼？將見太平之慶，中興之烈，由肅皇帝始之，由皇上成之，而長久安寧，在此一念決矣。

言之非難，行之實難，惟是致謹於危微理欲之辨，嚴絶乎攻取誘慕之端，而又力學以啓此心，篤行以純此心，親賢士大夫以維持此心，知四方艱難以儆惕此心，朝夕不輟，終始無間，正所謂不法以虚文，而法以實事者，有不足以紹其心法而繼

---

① 「太祖」下，《酌春堂集》有「高皇帝」三字。

其治統哉。

臣愚不識忌諱，干冒宸嚴，不勝戰慄隕越之至。臣謹對。

（底本：《歷科廷試狀元策》首卷下。參校本：《酌春堂集》卷三，《故宮珍本叢刊》影印明崇禎十年張安苞刻本）

七六　萬曆三十二年甲辰科　楊守勤

萬曆三十二年（一六〇四）甲辰科，廷對之士三百八人（《明神宗實録》作三百人）。狀元楊守勤，榜眼孫承宗，探花吴宗達。

楊守勤（一五六七—一六二〇），字克之，號琨阜。浙江寧波府慈溪縣（今慈溪市）人。會試、殿試皆第一，年三十八，授翰林院修撰。萬曆三十四年，丁父憂回籍。萬曆四十二年，補原職；次年，陞左中允。四十四年，陞右諭德，充東宫講官。四十七年，任會試同考官，陞右庶子。泰昌元年，以疾卒于家。著有《寧澹齋全集》。

楊守勤廷試策見《寧澹齋全集》及《歷科廷試狀元策》。是年策問，《明神宗實録》未收。

皇帝制曰：朕惟自古帝王之治，至無爲尚矣。豈其主神聖莫及，而能以一人獨運成功？無亦下有忠勤任事者爲之共念分猷，臣代其勞，而主乃享其逸歟？帝王無爲，莫如堯舜，夷考當時，荒度樹藝，虞衡之臣胼胝不顧身，過門不顧家，即列在巖廊，而夙夜惟寅，思日孜孜。則彼左右宣力，如四岳九官十二牧，勞可知也。故二帝不過率作爾，省成爾，而庶事康，萬幾理。夫非臣之力歟？

洪惟我太祖高皇帝，肇造區宇，瑩精太平，嘗諭廷臣曰：「朕觀《書》以元首喻君，股肱喻臣。自古君臣本同一體，君獨用，則臣職廢；臣不任，則君事勞。」諭外臣曰：「賢臣之事君也，視君如親，視國如家，視民如子，凡可以安國家利民人者，知無不爲。若避難而憚勞，則事不立矣。」以太祖神聖而所求乎臣者如此，惟時賢智效勞，股肱畢力，業侔勛華，世躋唐虞，有以也。諸士亦能揚厲其盛歟？朕祗遹先猷，精思上理，比年以來，雖以殿門未建，深居静攝，而幾務常親，章奏畢覽，兢業一念，何嘗斯須少弛于懷，乃心勤而事左，志切而效疏，吏治日媮，民生日蹙，士習日詭，風俗日澆，帑藏日虚，行伍日耗，姦宄日長，災祲日聞，其故安在？無亦邇來浮虚習勝，翫愒弊滋，如聖祖所謂避難憚勞者多，而殫忠竭勤爲國家任事者少歟？朕見人臣自爲謀鮮不臧者，謀國則否；自拮据其家事無愛力而讓能者，幹國則怠，此何説也？今欲責成士大夫各攄乃心，力爲朕任事，俾吏稱民安，士醇俗愿，儲盈伍實，姦息祲銷，肆予一人垂拱，仰成庶幾無爲之治，何道而可？爾多士其正言之毋諱。

（底本：《寧澹齋全集》卷一，天啓二年刻本，國家圖書館藏。參校本：《歷科廷試狀元策》首卷下）

臣對：臣聞帝王之理天下也，必其君有委任責成之實心，而後能使群工翼勵，以收奮庸熙亮之鴻功；必其臣有竭忠宣力之實念，而後能使一人垂拱，以享和平清浄之盛治。何也？人君之所與分猷而共理者，臣也；人臣之所爲環向而效忠者，君也。君不任人，則無以獨運而成功，故必慎選天下之賢材，以布列於庶位，而無以臆斷廢委用之誠，無以綜覈先推心之誼，斯可以率作省成，而俾人人各罄其心力，以抒九重望治之思。臣不竭忠，則何以盡職而共位，故必俯殫生平之智力，以畢致於當官，而無以身圖弛報主之義，無以内顧忘許國之貞，斯可以弼工釐績，而俾事事咸協於修理，以奏萬方寧謐之化。故明盛之世，其君不自以其心爲心，而務體臣子懷赤自獻之心以爲心，則委信專而人皆得以展布其四體。其臣亦不自以其心爲心，而務體大君虚懷側席之心以爲心，則圖報切，而君始得以坐享其幾康。當其時，上有元首維明之頌，而不聞有督責之名；臣有股肱維良之稱，而不聞有尸素之誚。鉅細畢舉，朝野同風，而無爲之治敻絶千古，良有以也。此非今日安望哉？

欽惟皇帝陛下，英資天縱，秉仁義禮智之全；至德性成，建中和位育之極。嚴天戒，而恐懼修省之意時勤；軫民艱，而賑恤矜全之恩恒溥。慈孝兼弘以(莫)[奠]大猷①，而盡倫盡物之規立隆於萬世；文武並用以綏長治，而來同來享之軌遍訖於遐荒。德澤與雨露同其淪濡，而衆志之允懷者所在塗歌而巷舞；光明與日月同其焜耀，而姦萌之懾息者靡不晛見而雪消。以此孚於有位，鼓舞庶寮，固將使束躬直己之風布滿於序列，朝虔夕惕之誼競奮於臣鄰矣。乃猶以浮虛之習日勝，翫愒之弊日滋，而欲覩帝王無爲之化，特進諸士於廷，俯賜清問，惕焉咨所以任人弘化之方，黜浮整玩之術，而遠追唐虞之烈，近遡太祖之謨。臣有以仰窺純衷思治，雖泰寧有象，而不忘得人敷治之懷；豐豫無虞，而不忘倡率考成之念。臣雖草茅賤士，然伏覩吏治民生之媮蹙，士習風俗之詭澆，帑藏行伍之虛耗，姦宄災祲之薦聞，每欲一效芹曝而無繇，敢不披瀝以對？

臣聞君一天也，天有無窮之大化，而不能以自運，必藉日月星辰，風雨露雷，四時之職，五行之吏，各司其令，各宣其氣，而後歲功以周，品物以遂，無或有壅閼湫底其間者，而天始成其清虛浩蕩。君有無窮之治理，而勢難以自給，必待心膂手足，庶司百府，承流之臣，奔走之佐，共致其身，共畢其分，而後五辰時撫，衆度具貞，無或有委頓叢挫其間者，而君始克以拱揖受成。故君而不虛心用賢倡始聯屬以作忠，非所以體天而宏默燮之功也；臣而不君爾忘身，國爾忘家以副托，非所以報主而懋代終之義也。稽古唐虞之際，君兢兢業業，不忘其咨儆余之慮，以下資其臣；而臣閔閔師師，各體獨憂敷治之心，以共臻於理。維時禹任荒度，稷任樹藝，益任虞衡，上之所以因材而授任者，一何專也！而胼胝不恤，三過不入，身家不顧，下之所以宣力而分猷者，又何篤也！故九官岳牧之徒，罔不夙夜勤勞，以法巖廊維寅之志，而庶正萬幾，罔不率屬

① 「奠」，據《歷科廷試狀元策》改。

阜成，以擴時雍風動之化。人知巍巍蕩蕩，堯舜之治，萬古莫及，而不知其上下一心以成此實效爾。

洪惟我太祖高皇帝，肇造區夏，以恢混一之勳；瑩精太平，以垂萬禩之業。而於任人一事，尤惓惓焉。嘗諭廷臣曰：「朕觀《書》以元首喻君，股肱喻臣，自古君臣本同一體，君獨用則臣職廢，臣不任則君事勞。」洋洋聖謨，交警之思，弗切於此矣！嘗諭外臣曰：「賢臣之事君也，視君如親，視國如家，視民如子，凡可以安國家利民人者，知無不爲，若避難而憚勞，則事不立矣。」煌煌懿訓，屢省之旨，弗嚴於此矣！是以當時賢智僉竭其慮，文武悉殫其能，吏治民安，而釀成一道遵路之盛；儲盈伍實，而潛消人妖天變之萌。即業侔勳華，世躋熙皞，非偶然矣。嗣我皇上注思上理，躬先大政，以致隆平者，已踰三紀於茲。比年以來，雖深居中禁，而幾務之裁決未嘗不親；雖靜攝凝神，而章奏之批宣未始或輟。固宜靖共爾位，輻湊效忠者遍中外，而事顧相左，效乃闊疎，其故何也？無亦避難憚勞者多，而殫忠竭勤者鮮歟？

臣以爲人君辨官任事，位曰天位，職曰天職，禄曰天禄，業已不私其有，以與臣共。而人臣析圭擔爵，肢體非吾有，肝膽非吾有，血氣非吾有，豈得自便其私以不爲君用；故以自爲身謀之心謀國，則利害必悉，終始必慎矣；以自爲家計之心幹國，則綜理必周，敉寧必密矣。惟身家之念重，而忠藎之念分，故吏治嘗醇矣；而積薪自棄，碩鼠願甘，則弊在鮮廉恥而隳簠簋也。儻亦砥懸魚瘞鹿之節，而奉法循理以勵之乎民生，嘗裕矣；而《萇楚》是樂，《鴻雁》興歌，則患在苦繭絲而疎撫字也。儻亦嚴政虎賦蛇之戒，而蠲煩去苛以綏之乎士習，自端而趨詭，則董率者非也。誠先器識而後文藝，而奇袤者黜，躁競者黜，則詭可使正矣。風俗自朴而之澆，則砥柱者少也。誠尚節儉而抑淫靡，而僭踰者法，嚚陵者法，則澆可使質矣。會計之臣非乏也，而帑藏日虛，是在清廉之人不難以身任怨，而公私必核，上下必稽，庶足酌盈而濟虛乎？緹騎之籍非減也，而行伍日耗，是在嚴翼之人不難以身任事，而老弱必汰，虛冒必清，庶足震嬉而起懦乎？姦宄有所窺伺而生，則各敬爾身以弭之者，容可已也。災祲有以相感而集，則昭假無贏以消之者，容可射也。夫如是，則自靖自獻之忱不愧於古人，而無有惰窳處錞之失以玷官常；匪躬匪懈之操可質於衾影，而無有負乘覆餗之弊以虚委寄，斯不亦忘身忘家者所宜爾乎。而要之，此臣之所以任事也，非君之所以任人也。夫任人者，而寧惟是憲憲焉，聽其泄沓觀望，縮朒不事爲哉？又寧惟是斤斤焉厲其威嚴法制，日事屑瑟爲哉？蓋有所以握先勞之本焉，而未可空文藉也。有所以神鼓鬯之機焉，而非可清净理也。故欲人之無浮夸，莫若先之以實；欲人之無翫愒，莫若先之以勤。有如廣厦細旃之上事所必行者，斷斷行之，而無牽旁落；事所必已者，汲汲已之，而無狃因循。則仰興利除害之政者，方快心揖志以樂與更始，而誰不以實應也。清廟明堂之中，事關欽若者，翼翼躬虔，而無委代攝；事關裁酌者，孜孜臨涖，而無尚聲聞。則仰畏天勤民之慮者，方赤衷白意以競相淬勵，而誰不以勤應也。蓋君不私其家，而以天下爲一家，故臣罔敢營其家；君不私其身，而通天下爲一身，故臣罔敢暱其身。是謂率作省成之實心，與弼工釐績之實念交乎共協，以躋於理意。我皇上所以遠追唐虞郅隆之風，永延太祖昇平之業者，端在斯乎？

而抑臣尤有獻焉，以臣之卑，其仰而願忠於君也恒無窮，而或苦於志意之約結，形迹之避忌。以君之尊，其俯而通情於臣也恒甚易，而何靳於便宜之是假，體悉之是優。以今皇上神聖廓然，顯明其道，若揭日月而行天，堅金石而布令，以消中睽外疑之端。而又盡捐其聰明，務寬其文法，以開安位行志之路。彼任事之臣，有不棄家急公，危身體國以緩宵旰之憂者，臣弗之信也。而官人必先於知人，知人尤本於清心。伏惟陛下澄神慎德，以大公好公惡之源，且疇咨晉接，以純勿貳勿疑之矩，則用必當事，事必當功，而其凝之象立見於清時。惟不暇逸乃能自逸，而端拱之化永傳於奕世，尚何有於咸五登三，而綿曆數於無算也哉。

臣愚不識忌諱，干冒宸嚴，無任戰慄隕越之至。臣謹對

（底本：《寧澹齋全集》卷一。參校本：《歷科廷試狀元策》首卷下）

七七　萬曆三十五年丁未科　黄士俊

萬曆三十五年(一六〇七)丁未科，廷對之士二百九十八人。狀元黄士俊，榜眼施鳳來，探花張瑞圖。

黄士俊(一五七七—一六六一)，字亮垣，號象南，又號玉侖。廣東廣州府順德縣(今佛山市)人。狀元及第，年三十一。授翰林院修撰，歷任詹事、侍郎。崇禎九年(一六三六)六月，晉禮部尚書兼東閣大學士，參預機務；九月，加太子太保。十年二月，加太傅，進文淵閣；十二月，罷官告歸。後相永明王，年高不能决事，辭歸。順治十八年，卒于家。

黄士俊廷試策見《萬曆三十五年進士登科録》及《歷科廷試狀元策》。

萬曆三十五年三月甲子朔。戊寅，廷試禮部貢士施鳳來等三百二人，制策問曰：朕惟帝王執[天之]樞①，立[人之]極②，必使天下[所]由惟一道③，[而後天下之]心惟一心④。《書》稱「皇建其有極，用敷錫厥庶民。」極者，聖人所[以]定天下之趨⑤，而一其心也。然有猷，有爲，有守，皇則念之矣；[乃]不協於極⑥，不罹於咎者，亦受而錫之福，何歟？豈王道(蕩平)[若大路然]⑦，由之則是，苟羞其行，皆可近天子之光歟？後世極之不遵，斯有岐路；有岐路，斯有二心；[有二心，斯]人務自全官不任事⑧，而國受其敝[矣]⑨。然則皇極可弗行歟？稽之載(藉)[籍]⑩，有言「君臣同體」，豈可徒事形

---

① 「天之」，據諸參校本補。② 「人之」，據諸參校本補。③ 「所」，據諸參校本補。④ 「而後天下之」，據諸參校本補。
⑤ 「以」，據諸參校本補。⑥ 「乃」，據諸參校本補。⑦ 「若大路然」，據諸參校本改。⑧ 「有二心，斯」，據諸參校本補。
⑨ 「矣」，據諸參校本補。⑩ 「籍」，據諸參校本改。

迹者？有言「百官得其職，則萬事得其序」者，有言「中人以上，［苟］處置得宜①，（皆）與全材無異」者②，［亦］與皇極之旨（亦）有發明歟③？

洪惟我太祖高皇帝，創業垂統，立教萬世，嘗諭廷臣曰：「天下若無難治，第君臣同心，一德一慮，則庶民萬事，鮮有不康。」又［諭］曰：「居官者大小不同④，［要皆］各盡其職而已⑤。昔范文正凡日所爲，必求與食相稱，［或］有不及⑥，［明日］必補之⑦。賢人於國家盡心若此，朝廷豈有廢事？」煌煌哉，真建極錫極之謨矣！朕夙夜祇繹，罔敢怠寧，亦冀［百］爾有位⑧，同心戮力，急公忘私，以匡朕之不逮。而邇者人懷疑二，事多因循，紀綱日墜⑨，風俗日偷⑩，職業日廢，議論日繁，豈自全之意多，好于爾邦者少歟？［朕甚憂之，夫人皆吾人，事皆吾事，率作興事，非夫人之與而誰與？要之，各舉其職，則官不易方，共圖其業，則心無二用，譬之理家，耕者織者，各業其業，而家道成矣。治天下要不出此⑪。］不然，毋乃錫極者［猶］未至歟⑫？（自）今［併］欲與公卿百執［事］⑬，共矢乃心，有俞咈，無嫌猜；有異同，無甸域；有好惡，無偏陂；有實政，無虚談，究使上錫福，下保極，以庶幾於蕩平正直之道，其何修而可？［爾］多士尚揚確之⑭，毋諱毋（節）［飾］⑮，朕將親覽焉。

（底本：《明神宗實録》卷四三一。參校本：《萬曆三十五年登科録》，明萬曆刻本，國家圖書館藏；《歷科廷試狀元策》首卷下）

---

① 「苟」，據諸參校本補。 ② 「皆」，據諸參校本删。 ③ 「亦」，據諸參校本乙。 ④ 「諭」，據諸參校本補。 ⑤ 「要皆」，據諸參校本補。 ⑥ 「或」，據諸參校本補。 ⑦ 「明日」，據諸參校本補。 ⑧ 「百」，據諸參校本補。 ⑨ 「墜」，諸參校本作「隳」。 ⑩ 「偷」，諸參校本作「薄」。 ⑪ 「朕甚」至「出此」六十九字，據諸參校本補。「要之」，《歷科廷試狀元策》作「要以」。 ⑫ 「猶」，據諸參校本補。 ⑬ 「併」「事」，據諸參校本改、補。 ⑭ 「爾」，據諸參校本補。 ⑮ 「飾」，據諸參校本改。

臣對：臣聞帝王之建極于上而錫極于下也，必有不自用之心以公天下，而後能使群工相勵，以成奮庸翼亮之弘功；必有不自貳之心以信天下，而後能使一德交孚，以收雍熙洳穆之郅理。何也？君心常易自用，惟矢諸宥密之微，達諸委任之顯，令大小各盡其用，内外各展其能，而操率作省成之術，以布天下之賢材於庶位，是之謂公。君心或多自貳，惟存諸淵涓之中，通諸堂陛之際，令上下[不間]其衷①，初終不携其念，而推真誠肫懇之意，以攄天下之猷念於當官，是之謂信。公爲信運，則責付人，人任事，而無自勞以傷職要之體，無自賢以虚職詳之司，是以人與事咸協于理，而明聽翼爲四海昭庶績其凝之象。信爲公本，則形迹融，精神聚，而無以猜疑起睽隔之嫌，無以拘縶隳誠孚之誼，是以天與澤互聯於志，而上行下濟一堂隆泰交喜起之休。自古明盛之世，君不自爲心，而曲體人臣靖共獻納之忠，務使得罄其才力。故臣亦不自爲心，而仰副人君推懷置腹之愛，必期交贊于隆平。當其時，遐邇莫不載德，朝野爲之同風，上錫其福，下保其極，躋宇内於蕩平正直之路，則必由此矣。

欽惟皇帝陛下，神資天縱，精凝於中和位育之猷；至德性成，衷涵夫仁義禮智之藴。謹天戒以彌虔，時勤修省之思於日監；軫民艱而若切，廣覃蠲賑之澤於雲敷。徽號特崇而孝思維則，遠高問視之芳摹；元良懋建而身範率先，永垂燕貽之懿術。寬仁博厚之德，東漸西被，隨在歡飲，潤而含醇；英武震肅之威，赫聲濯靈，盡人凛風行而雷厲。允乎建其有極，錫厥兆民，直使位署皆精白承休之儔，閭閻覩雍熙迓衡之盛矣。乃猶聖不自聖，特進臣等於廷，俯賜清問，舉帝王執樞立極之道，逮國家建官任事之規，博稽君臣各得之訓，上遡皇祖交警之猷，而務諏其要。是雖時當豐豫，而恒以振綱飭紀惕其

① 「不間」底本漫漶，據諸參校本補。

懷；運際泰寧，而猶以圖治任人廑其慮。臣也仰窺純衷，即堯之兢兢，舜之業業，曷以加茲！惟是伏處蓬茅，竊懷葵藿，敢不披瀝以對。

臣惟人君之執皇極以理萬民也，猶天之執玄樞以化萬物也。天有四時之官，五行之吏，以鼓暢其所爲生育者，敷布其所爲收藏者，而行生之大化，日揚詡於覆幬持載之間。天又有於穆之精，不已之命，以默運其所爲生育，潛通其所爲收藏者，而玄默之真元，日融流於照臨震濡之表，其大化有所寄也。天之不自用也，而其體至公而不勞，其真元有常流也；天之不自貳也，而其神至信而不易。人君亦法天而已，法天心之公以任人，則一日二日之幾，上敕之而賴下以代之；孰興孰革之故，上圖之而藉下以襄之，必不至有叢挫委置之虞。法天心之信以用人，則同心同體之誠有以聯之，匪躬匪懈之蓋有以鼓之，而不至有釜鬵牽制之患。故夫寰海歸一人之極，宇宙成平直之風，人共由于一道，而世共合爲一心，豈不以是哉？

粵稽諸古書，稱「皇建其有極，用敷錫厥下民」，則極者，聖人所以定天下之趨而一其心也。乃有能有爲，固在所念，而未協於極者，亦可訓之以近天子之光。淫朋比德，誠屬其辜而不罹於咎者，即可受之以歸錫極之内。行羞而邦昌，義遵而彝率，何極之不保，亦何福之不敷乎？漸遠于昔，遂流于澆，極之不遵而因生岐路，岐之互起而因有二心，心二而始自全之意重，任事之念輕，國受其敝，而誰司其尤矣。夫君臣不二其體，豈容形迹之强分；百官各得其職，始致萬事之得序。若夫處置誠合其機宜，且將中材可收爲全品，斯于皇極之旨庶乎互發，要惟托天下以公心，孚天下以信心，則皇之所由建極者耳。

洪惟太祖高皇帝，驅逐胡元，一洗行禽腥土之穢，肇造函夏，再覩聲名文物之隆，大綱整肅，四海還淳。迺其垂諭群臣，立教萬世，若曰「君臣同體，惟一德一慮，則庶民萬事鮮有不康」；又曰「大小盡職，惟爲；與食稱則盡心，國家豈有廢事？」大哉王言！煌煌乎建極錫極之謨已！故其時因天地以昭堂簾，而賢能布滿於庶職，大公也；交地天以聯上下，而尊卑貫浹於一心，大信也。貽累朝錫福之盛，開億載保極之休，豈無自與？嗣我皇上，遹纘鴻業，瑩精太平，三十五年於兹。夙夜祗繹，爲百官倡，固宜就列者同心而效力，服寀者急公而忘私，以佐敷極之理。夫何邇來人萌疑二之思，事多因循之弊，紀綱未覩其振肅，風俗且入於彫漓，職業漸隳，議論繁起，夫非私以自全者多，好于而邦者少與？宜煩聖問之惓惓也。

臣以爲天下猶家然，理家者耕以問奴，織以問婢，各司其職而不亂，亦斗粟不有，寸縷不私，共圖其業以相成，故能王伯兼資，緩急足倚。夫天下亦若此矣，腹心之臣殫誠以格，股肱之佐畢志以勩。誰司督率，務端正物之楷；孰任糾繩，必盟勿欺之節。撫綏則鴻雁恤其哀嗸，繭絲易爲保障；「捍禦則萑苻消其鳴吠，鎖鑰固其防閑。人有責而人副之，斯」①官不易方，「共有責而共營之。斯心無二用」②，而截然有一定之幹；運心無二用，而毅然效竭蹷之驅馳。於以省浮議而著官常，於以挽澆漓而飭弛玩，夫孰非諸臣者責，而總以會皇之極耳。

臣伏讀聖制謂：「欲共矢乃心，求所爲錫福保極，以幾於蕩平正直之道。」則舍公信兩言，將安所效其涓埃乎？蓋極者，皇之所建而敷之臣庶者也；心者，極之所會而握之方寸者也。心隘於私，則自用不復用人，而極以偏；心漓於僞，則自貳因以貳人，而極不一。惟謹之於獨以清私僞之萌，誠之於意以操公信之要，公則無不公，匪直朝無私人，帑無私藏，恩無私好，威無私惡，即幾微獨任之見，且盡捐之以與天下通。信則無不信，匪直多指不惑，疵影不求，疑事不行，二令不設，即纖毫逆億之情且悉剖之，以與天下契，大臣論道而經邦何難？體以腹心，勤以咨訪，而魚水可孚百寮，躋險而負艱何難？恤其勞苦，洽以精神，而便宜可假；己總成而人任事，既寬文法以開抒忠展體之端；人任事而己推心，益化形骸以爲安位

① 「捍禦則」至「副之，斯」二十三字，原脱，據《歷科廷試狀元策》補。

② 「共有責」至「無二用」十二字，原脱，據《歷科廷試狀元策》補。

行志之地，視天下人爲一體而屬吾體者，必不忍別具肺腸矣；視天下事爲一家而屬吾家者，必不得忽同秦越矣。可俞可咈，詎至猜嫌？有異有同，寧分甸域？虚談屏息，實政宏敷，正直之道得，偏陂之私塞，非由皇上淵穆之中凝極于公，體極于信，故能上錫而下保若斯哉？漢臣董仲舒曰：「正心以正朝廷，正朝廷以正百官，正百官以正萬民，而遠近莫敢不一於正。」心之正者，公與信之謂也，而會歸之風，且將軼周夏齊唐虞而仰符皇祖矣。

抑臣猶有獻焉。君心者，皇極之宰也；而學問者，又君心之所藉以陶融也。墳籍不親，則衆欲得以乘間而滋蔓；耆碩不邇，則群小易以窺隙而導邪。故左圖右史，以養其性靈；前凝後丞，以資其啓沃。用能化私去僞，作極於中正，而集福於熾昌。臣願陛下功則與日而俱新，德必賤貨以明貴，雖不聞亦式，而心精聞於謨典，則孜孜研究以拓道心之維微；雖不諫亦入，而心學輔于賢良，則亹亹切劘以防非心之暗起；愛憎嗜欲，勿以淆學問之源，□顯隱微，勿以間學問之力，親賢士大夫時多，而古訓是陳，芳儀可觸，元神頓覺其清明；近宦官宫妾時少，而燕僻不生，頑好日遠，真念轉見其凝固。以此布公，則本無自用之心，安存私見，而體同天覆任成功之遞成；以此彰信，則本無自貳之心，安萌僞想，而神與天凝，若四時之不忒。凡此群工仰承休德，有不一乃心以供王事、忘家恤以襄國猷者哉？不仁者遠，誰非錫福之人？大道同由，孰是偏陂之路？蕩平正直之道，海宇熙然，而不已之令聞，無疆之壽考，我皇上直以建極之躬安享之矣。天下幸甚，臣愚幸甚！

臣草茅賤士，不識忌諱，干冒宸嚴，不勝戰慄隕越之至。臣謹對。

（底本：《萬曆三十五年登科録》；參校本：《歷科廷試狀元策》首卷下）

七八　萬曆三十八年庚戌科　韓敬

萬曆三十八年（一六一〇）庚戌科，廷對之士三百零三人（傳臚者三百零二人）。狀元韓敬，榜眼馬之騏，探花錢謙益。

韓敬（一五八〇—？），字求仲，號止修。浙江湖州府歸安縣（今湖州市）人。會試、廷對俱第一，年三十一。授翰林院修撰。以其第一人係其受業師湯賓尹爲「夤緣得」，頗遭時議。及第次年，事被揭發，湯賓尹免職，韓敬稱病辭歸，著書自娱。《明史》有傳，附孫振基後。

韓敬廷試策見《歷科廷試狀元策》。

萬曆三十八年三月丁丑朔。辛卯，策試天下貢士韓敬等三百名于廷，制曰：朕惟帝王（制）［致］治①，要在知人，權在出令。然知人之法，不過曰「敷奏以言，明試以功」，言固［不］可不辨歟②？至于出令，則或擬之絲綸，或喻之涣汗，或謂當堅如金石，信如四時，令固若是重興？唐虞三代之盛，言必底績，令出惟行，邈乎尚已！即漢唐以下之主，猶有能綜核名實，用致中興，詔書一下，而驕將悍卒莫不用命者，是豈無所操持而能然歟③？

我太祖高皇帝，再造寰區，明並日月，威如雷霆。臣下每有陳奏，情僞立決，薄海内外凛凛奉功令惟謹。聖烈神謨，炳耀萬世，二百餘年之治安恒必繇之，可得而揚厲其盛歟？朕御極初年，紀綱振肅，德意旁流，浮淫之説稀聞，奉宣之吏多

① 「致」，據《歷科廷試狀元策》改。
② 「不」，據《歷科廷試狀元策》補。
③ 「持」「然」，《歷科廷試狀元策》作「循」「亦」。

有，亦仰憑皇祖之餘烈焉。邇來人心噪競，譎訛成風，一人而此是彼非，一事而此可彼否，甲乙互争，薰蕕莫辨，公車奏牘，不可勝覽。蓋議論混淆之弊，至今日而極。至于吏治邊防，士風文體，諸關係治化者，朕皆三令五申，期于振刷。而守令之貪殘，封彊之破壞，逢掖之囂陵，文章之怪誕，皆日甚一日。雖有明綸哀如充耳，蓋詔令廢格之弊，亦至今日而極，兹其故果安在歟？漢人言四患，當屏曰僞曰私，曰奢曰放；宋人言國家，宣敕條貫，繁而無信，輕而勿禀，上失其威，下受其弊，以今日之事質之，同歟否歟？《傳》不云乎「君臣同心，治化[乃]成①。」今上欲省而下愈煩，上欲行而下愈格，安所得同？深惟厥咎，豈朕之獨斷未精，而率作省成者非其道歟？抑臣下矜忮黨伐，慮不在公，偷玩習成，有難遽挽[歟]②？將無所謂同言而信，信在言前；同令而行，誠在令外；上下之間，固自有潛孚嘿喻，而不在于科條文告之末者歟？爾多士挾策而來，目擊時弊，諸所爲省議論，定權衡，重令尊君，必有畫矣，其明著于篇，朕將覽焉。

（底本：《明神宗實録》卷四六八。參校本：《歷科廷試狀元策》首卷下）

臣對：臣聞帝王之統一道法也，必畫然有昭垂天下之模範，而後黎獻共臣，會歸于蕩平正直之内，而王道純；必肫然有綰結天下之精神，而後庶明勵翼，鼓舞於紀綱法度之中，而王政舉。何謂王道？無偏無党，穆穆焉獨運于神明之宥密，而天下無人不往來于周行，故曰道也。何謂王政？有綱有目，秩秩焉分布于表著之靈承，而天下無事不經緯於大猷，故曰政也。道以宰政，道純而政不疵；政以顯道，政舉而道愈光。蓋模範既足以昭垂，而精神尤足以綰結。故舉天下如一人之身，耳目手足亦畫然無疑於心志，而得畢效其視聽持行之用。舉天下之事如一人之自爲，耳目手足亦肅然畢用於心志，

① 「乃」，據《歷科廷試狀元策》補。

② 「歟」，據《歷科廷試狀元策》補。

而罔遺於視聽持行之外。故不煩教戒約敕，而群臣百姓無爾虞我詐之風；不事衡石程書，而一日萬幾無泄邇忘遠之弊。自古上理之世，推心置人而不疑，得人任事而不勞。事之集也，歲月日時無易，而明良成念用之休；人之和也，宫商律吕相調，而師濟奏其凝之績。用此道也，此政也若夫封己而厭斁於人，則其道不廣；因人而叢脞於事，則其政不張。即廑幸無失，亦小康驩虞而已，豈王者一道同道之理哉？

洪惟皇帝陛下，欽明文思安安，敬止緝熙穆穆。深仁必世，合華夷内外莫不尊親；駿烈同天，自南北東西無不思服。郊壇步禱，匪徒撤樂減膳而粉飾乎靡文；齋閣箴銘，一惟鍊性養心而豫端乎懿範。持小心而撫泰，垂衣端冕，静收三十八載之昇平；靖大憝以亨屯，卧鼓（橐）[櫜]弓①，坐籌百千萬里之勝算。承華垂裕，惟咸正罔缺以貽後人；長樂尊崇，有至德妙道以順天下。建五有極以錫福，則歌雍咏勺，舉淫朋比德盡晛見而雪消；奉三無私以承乾，則文恬武熙，合鱗介衣冠悉天覆而地載。乃猶進臣等于廷，策以政令之積玩，堂陛之隱憂，爲當今藎畫。臣雖固陋，然杞人漆室蓄忠悃久矣，敢不悉心以對！

夫君臣之際天地之交乎，其先天而開泰也，相與定一世之鴻圖；其後天而保泰也，相與畫萬世之長策，相得益章，猗歟休哉！乃良辟誼臣，千古希遘，非相值之難，而一心難也。非一心難，而一德難也。以旒纊而就弁紳，則紆體推赤不勝煩也；以青蒲而撼紫闥，則削草補牘不勝格也，此一心所爲難也。陽燧見日而然，陰諸見月而津，虎嘯而谷風生，龍興而慶雲集。君臣亦然，或不介而自親，或暱之而愈遠，此一德所爲難也。《易》之傳《泰》也曰：「上下交而志同。」泰之爲言通也，后以裁成輔相爲事，身視臣庶而家視寰宇。身之血脉不流，則肘腋營衛必有結轖之患，結轖不已，究且移之腹心。家之情誼

① 「櫜」，據文意改。

不和，則輿臺亞旅，必有渙散之虞；渙散既極，究且移之主伯。夫君聖臣直，即稍隔釜鬵，其害小；而遂有乘隔以爲合者，其害鉅。上都下咈，即微異竽瑟，其釁淺；而遂有緣異以爲同者，其釁深。何也？上輕閈九重以内距，而又憎群喙之紛紜也，則勢亢而誠意不流，久之而下且疑且畏，將亢者轉而孤矣。下輕奏萬言以仰瀆，而又玩天聽之彌高也，則情鬱而事任悉虚，久之而上且厭且猜，將鬱者轉而睽矣。蓋臣讀《易》而得聖人之微意焉。彼乾上坤下，若適得覆載之恒，而遽名爲「否」；乃上行下濟，若互易尊卑之體，而適謂之「謙」。可見上下之不交，皆由心德之不一。惟一德故一心，惟一心故一體，世豈有欲泰而不交，欲交而反疎，兩相疑貳，而能共襄大和者哉？陸贄有言：爲上莫不求治，爲下莫不願忠，而恒苦兩情不通也；下情莫不願達於上，上情莫不願知於下，而恒苦九弊不祛也。祛弊以通情，合情以圖治，真君臣萬世之蓍鑒矣。

欽惟我太祖高皇帝，聰明天授，仁智性成，開草昧之鴻濛，聯堂簾之分誼，創業伊始，即辟召濂禕諸名儒，商確王霸，究析興亡。其諭侍臣有曰：「舉大業者不可以獨運，居大寶者不可以獨成。人君欲弘其德，惟當廣覽兼聽，博達群情。」又曰：「朕日總萬幾，安能每事盡善，所賴左右盡忠補過耳。」其諭部院諸臣有曰：「自古君臣本同一體，君不任則臣職廢，臣不任則君事勞。」又曰：「自古天下治亂，在君臣能馭否耳。若君能馭臣，臣能馭吏則治，否則亂。」蓋深燭主臣相倚之勢，氣運共造之機，用能身闢乾坤，手洗日月，以開二百餘年安瀾磐石之治。

我皇上以不世出之姿，負大有爲之略，履重熙累洽而海嶽不驚，際豫大豐亨而俤航狎至。下不改大法小廉之舊，上不見更弦易轍之勞。極盛鴻休，同符聖祖，即三五之隆何以加焉！迺邇年以來，彤庭之臨御稍稀，金華之勸講稍闊，重臣久踈於造膝，列署頻苦於代庖，以至臣下匿材諝而鬭齒牙，曠職業而工簧鼓。捭闔者借以伸縱横之術，巧捷者借以快黨伐之謀。煩囂有禁而枝葉日增，詔令屢頒而寢閣如故。玩忽之端已露，否塞之形漸成，誠有如聖慮所及，上欲省而下愈煩，上欲行而下愈格，臣不能爲下逃責也。

臣從田間來，每見條教章程有德意，閭閻少德意；薦剡舉牘有循良，赤子少循良。竊有概于中，以爲舉其一而他可知已。此豈人之敢於疑令玩令耶，夫亦上下之交睽而道睽，法守之未明也。夫君不能離臣而爲君，則官守之有缺即主術之歉也，而曷可盡責之下？臣不能離君而爲臣，則君令之不宣即臣職之曠也，而曷可專托之上？夫人臣立不諱之朝，處得爲之地，而精誠不能達五位，忠藎無以感三靈，分誼謂何？臣謬謂上下之間，惟相信而後政事舉，惟相重而後論説入。乃睚眦便起，戈鋋猥瑣，俱充章奏，使君父視外廷之相搆如兒戲之争言，則憂在國體。古稱上殿有可否之争，同寅有協和之美，乃朝夷暮蹠，毁譽迭更，子雲我龍，標榜競樹，使天下智略竭于雌黄，名實淆於堅白，則憂在國是。懷顧忌則處於不言，窺機彀又托於敢言。事事類于寒蟬，既虧風節；人人附于鳴鳳，又涉雷同，則憂在言路之分。事有得失，事竣則氣已平；言有異同，言泯則意已化。乃黑白混于同途，何淄澠之不辨；蠻觸判于一肘，何犄角之不休，則憂在岐路之盛。其弊皆始于天地不交，而憂世道者扼腕而責群工之不肅，復蒿目而虞百度之或隳，可奈何哉！

試觀今日之事，所爲脱銜委轡，日馳日騁而不可收拾者，不知幾千百端。姑就明(門)[問]所列①，其爲吏治耶，是蘧廬之一宿也；其爲邊防耶，是養癰之待潰也；其爲士風耶，是優孟之衣冠也；其爲文體耶，是宋人之楮葉也。推而舉之，何事非虚文，則何事不可府蠹；何人不受病，則何人不可發藥。故臣所責於諸臣者，祇願一心任事，而以靖共爲轉移，以轉移爲匡救，則不求遇巷納牖之術，而情自格於蒼穹。臣所期於皇上者，祇願一心任人，而以功罪儷事權，以賞罰儷功罪，則不求更瑟改玉之方，而令自行于流水所去。「君臣同心，治化乃成」，以此遠追堯舜之熙洽，近嗣太祖之隆平可也，何漢唐以下庶幾小補者之足論焉！

① 「問」，據文意改。

抑臣更有芻蕘之獻。帝王之心，天地之心也。天地以不息爲恒體，故帝王之所以行道者，亦無一日息。皇上赫赫明威，昭昭仁問，深居而政不旁貸，恭己而化若風行，翔洽寰區，多歷年所，前此不息之歲月，猶日之自朝而漸午；今此不息之歲月，猶日之至午而正中，此正離明萬彙，震動百昌之日也。伏願超然玄覽，憬然勵精，復經筵日御之規，廣厦細旃，與四五儒英商皇王之郅理；修禁庭晝接之例，平臺暖閣，與二三輔弼講文武之弘圖。以不息之心，行不息之道，將氣機動盪於三極，神采焕發於兩間，出自皇上之一心而有餘矣，又奚道法之不彰也哉？

臣愚不識忌諱，仰瀆宸嚴，曷勝惶悚隕越之至。臣謹對。

（底本：《歷科廷試狀元策》首卷下）

七九　萬曆四十一年癸丑科　周延儒

萬曆四十一年（一六一三）癸丑科，廷對之士三百五十人（《欽定續文獻通考》作三百四十四）。狀元周延儒，榜眼莊奇顯，探花趙師尹。

周延儒（一五九三—一六四四），字玉繩，號挹齋。直隸常州府宜興縣（今江蘇宜興市）人。會試、殿試皆第一。授翰林院修撰，歷中允、少詹事、禮部右侍郎。崇禎二年（一六二九），特旨擢禮部尚書兼東閣大學士，參機務。次年二月，加太子太保、改文淵閣；九月，陞首輔，加少保，改武英殿。因品行不端，朝臣多有非議，崇禎六年，引病辭歸。崇禎十四年，借東林黨勢力，詔起復爲首輔，加少師兼太子太師、中極殿大學士。崇禎十六年四月，清兵入關，周延儒自請視師，却假傳捷報騙取崇禎信任，特進太師；後事敗露，十二月，被勒令自盡，籍没家産。《明史》入《奸臣傳》。

周延儒廷試策見《歷科廷試狀元策》。

皇帝制曰：朕惟帝王治天下，未嘗諱言理財。今財用至乏已，其所由然大者無過于餉邊，次乃治河。餉邊自嘉靖而前，歲額不及百萬，胡至今日而溢至數倍？古之軍興，率取給屯田，如充國之金城，棗祇之許下，杜預之襄陽，韓重華之振武，畢誠之邠寧，何承矩之邠北，皆灼有明效，未易更僕。即我國初，屯政修明，塞下充實，成規固在也。近歲，因臣僚之請，朕申令所司加意修舉，而竟無奉行明詔爲國家省轉輸之困，何古今人之不相及歟？將毋偷安習玩，以仰給内地爲固然而莫肯陳力歟？夫治河者稱禹功，以爲萬世永賴，然當商之世，去禹僅數百年，而徙都以避河者三，周漢而下，河决無寧歲，所爲永賴者何居？

我國家都燕，漕道所經，故其苦河患視前代特甚。水衡金錢，糜于宣房匏子之役者以億萬計。才臣智士，竭歷經營，而竟不能得河之要領，河終不可治歟？自三代時，吴楚未入版圖，戰國六朝之分争，南自南，北自北，軍國之費倍于今日，而未嘗乏絶也。胡至今日遂以漕爲命歟？先歲有欲興北方水利以省漕者，何以方行而輒罷歟？其説亦尚可講求否？或謂南北異宜，水陸異地，不可强同，然勝國時虞集已行之京東，頗收其利，何于今而獨格歟？議者又欲復海運，通膠萊河，乃或言便，或言不便，迄無定説，可得而衷裁之歟？夫屯政、邊政、漕事、河事，實相表裏，至于今而尾閭極矣。若不亟圖，後將愈匱。朕夙夜焦勞，思建長策以爲千百年規，而勤力任事之臣未見多有，將何以稱朕意？爾多士懷先憂之略，挾策而來，諸可以利民生，裨國計，確然足見之施行者，尚究言之，毋諱毋謾，朕以觀實學焉。

（底本：《歷科廷試狀元策》首卷下）

臣對：臣聞帝王之治天下也，必有萬世之長策，以垂永久之規，而使國家受無窮之利；必有一時之便計，以酌權宜之術，而使國家弭無窮之患。何謂長策？總天下之大權而綜理之，有均饒無偏瘠，有常盈無暫詘，晏然端拱于堂皇而坐收府修事和之烈。何謂便計？通天下之大勢而調劑之，雖偏瘠仍均饒，雖暫詘仍常盈，殷然軫念于寰宇，而立臻民安物阜之休。是故人主之所不必言而不必不言者，財是也；人主之所不可言而不可不言者，理財是也。有國而無財，則其國爲無用之國，而空虚弗足之象以成；有財而不理，則其財爲無用之財，而耗乏不支之形亦見。夫惟以財之道裕天下，是謂因天下之原自裕者。裕之上，無此拮彼据之勞，而下有樂樂利利之實，不待問其在官也，在民也，輸將恐後，有如子弟之衛父兄矣。夫惟以理之道裕財，是謂因財之原自裕者。裕之上，無東支西吾之困，而下有陳陳殷殷之積，不待問其誰開也，誰節也，而費用有經，有如權衡之審輕重矣。古聖帝明王，生衆食寡，爲疾用舒，坐籌帷幄之中，制算埏垓之遠，能使原無舉燧而海不揚波者，其道曷以加此！

欽惟皇帝陛下，協帝峻德，配天無言，聰明睿智有臨，正直平康作福，乃神乃聖，乃武乃文，行四時而生百物，得位得禄，得名得壽，昭百姓而和萬邦，卓冠古今。足食足兵之上理，經緯天地，有財有土之宏謨，方且貫朽粟紅，壯萬里干城之勢。更見外寧内攘，固千年磐石之基，斯蓋國計民儲，可以不煩廑念，而司農、少府，可以無事經心矣。乃猶聖慮周詳，不自暇逸，進臣等於廷，俯垂清問，慮及於邊儲之易耗，河患之難隄，轉輸之日煩，供億之恒匱，而撫今思昔，愀然有救弊之思焉。臣草竪無識，未足借前箸，僅能據其所知可效一得者，竭忱以爲明廷獻。

臣竊惟國之有邊疆，猶家之有垣牆也。邊疆之地無所倚，而仗四方之粟實之，何異家之内無旦夕擔石之謀，而待舉火于比閭塾黨之人乎？且邊之有積貯，猶身之有膏液也。積貯之計無所出，而藉難必之供給之，何異身之内無元本生息之脉，而待引養于草木藥石之類乎？是故寓兵于農，軍不冗，食不匱，而不煩輸運之艱者，一得兩得之道也。以民養兵，餉日漏，軍日饑，而徒滋飛輓之困者，兩失之道也。歷稽古昔，如充國金城之議，棗祗許下之田，杜預襄陽之屯，韓重華振武之成，畢誠擅富于邠寧，何承矩割饒于河北，何其隨試輒效，用力省而收功倍乎！蓋惟屯政修明，則軍國鉅費不仰命於一線之漕，而漕之爲利也輕；邊備殷實，則芻粟總途不仗力于靡定之河，而河之爲害也小。所謂不竭之泉府，萬世之長策也。

遐維我太祖高皇帝，聖武布昭，廟謨無外。其元年，曾令諸軍屯種龍江，復納宋訥守邊策，立法屯布，行於九邊。成祖文皇帝，納黄福之請，至欲徵牛廣屯，蠲賦墾土。當其時，幕府輸租，塞垣實粟，真有京坻露積之風，縱復黄流奔嚙，自決自淤，而邊士之腹裒然如故，不聞捐内帑之金錢，竭虞衡之筋力，争馮夷一旦之命，而救攘攘萬竈之饑也。若邊若河，豈非無弊之勝畫而永永可行之法哉？乃今天下邊庭之養，日浚民脂血，歲輸數百萬不啻，而士未嘗有飽噈，將未嘗有宿舂，費益不貲，勞益無已，則其故謂何？且支祁弗馴，梗悍無常，歲委數百萬亦不啻，而堤之則虞其溢，導之則虞其涸，費亦益不貲，勞亦益無已，則其故又謂何？

臣伏讀明詔云：「屯政、邊政、漕事、河事，實相表裏。古之軍興，率取給屯田，胡至今日遂以漕爲命？」至哉王言！何其洞矚乎古今利病之原，深維乎盈縮標本之故，而焦勞不能已也。臣伏而思之，今日之餉邊，不可謂餉邊也，不啻開罪于邊而甘心以餽之也；今日之治河不可謂治河也，不啻受制于河而百計以媚之也。夫河之不可治，由漕之不能省耳。泛則嚙陵，溢則妨運，負薪乘橇，計無復之，此所以有奇病之河也。漕之不可已，由屯之不易復耳。枵腹而啼，徒手而望赤地，石田半粒無出，此所以有必需之漕也。識者于此，與其銜尾舳艫衡盪于洪湍激石之危，孰若舉趾耒耜，徵收于阡陌平原之便？與其糜金錢，沉璧馬，委之龍潭鰲窟無所底止之流，孰若優佃業給，鎡基用之沃壤腴原，立有贏餘之地？

爲今日計，一則宜有清覈之法。昔在世宗時，夷虜交訌，徵調旁午，別募饒鋭，而軍外有軍，於是鬼名冒支，弊端百出，而餉外有餉。明詔所云「嘉靖以前歲額不及百萬，至今日而溢至數倍」者，此也。試一清覈之，而猾募無所施其巧，則屯之令可以一二行，而于漕可一二省矣。一則宜有旌別之法。昔在文皇帝時，寧夏何福積穀獨多，至下璽書褒諭，則人誰不競勸？今且窳愒成風，而恬不知怪，明詔所云偷安習玩以仰給内地爲固然者，此也。試一旌別之，而勤惰無所隱其情，則屯之令可四五行，而于漕可四五省矣。

抑尤有原本之説焉。國初鹽政修明，輸粟給引，于是塞下之地盡墾爲田，商無重糈之費，士無脱巾之憂，至便也。自後納銀例開，商散而屯廢。利一時借緡之用，而貽百年輸餉之困，致令五穀與金玉俱窮。故議者謂鹽政漸修，則屯政可復，何至牽綍絰桔，絡繹風帆挽曳望途邪許？徹野殫東南半壁之民力，而走之長風萬里驚濤奔浪之中哉？

雖然，天下議事者恒易，任事者獨難；任事者既難，生事者又易。當今之時，由今之道，而欲屯之已廢而忽行，有以知其必不能，宜耑委一大臣焉。隆之以督屯之事權，使得便宜而課將卒之能否，則其視事權也重，而不以泛梗適遭之諉也。久之以修屯之職任使，得優游而竭歲月之經營，則其視職任也，常而不以蘧廬一宿之自寬也。又必局外旁睨者，毋以議論掣密吏之肘；總成發策者，毋以誹謷驚削鐻之神，庶幾乎屯可行，漕可省，邊可足，河可無患，復祖宗立法之舊，而弭後世無窮之弊矣。不然，而徒動色於非常之原，而咋舌於奇功奇禍之説。今歲而支吾一漕焉，明歲而支吾一漕焉。今日而呶呶于南北之異地，水陸之異宜焉；明日而呶呶于海運之可復，膠萊之可通焉。畫脂斮石，屢議罔成，徒捐有限之財，填無窮之壑耳，亦何補于國家之萬一哉！

伏惟陛下斟酌詳審，徐議行之，則國事幸甚！臣不識時務，妄冒宸嚴，不勝戰慄隕越之至。臣謹對。

（底本：《歷科廷試狀元策》首卷下）

八〇　萬曆四十四年丙辰科　錢士升

萬曆四十四年（一六一六）丙辰科，廷對之士三百四十四人。狀元錢士升，榜眼賀逢聖，探花林釬。

錢士升（一五七五—一六五二），字抑之，號御泠。浙江嘉興府嘉善縣（今屬嘉興市）人。授翰林院修撰。天啓初，以養母乞歸。崇禎元年（一六二八），起少詹事，掌南京翰林院事。四年，起南京禮部右侍郎，署尚書事。六年九月，召拜禮部尚書兼東閣大學士，參預機務。獻《四箴》，以「寬、簡、虚、平」爲旨，深中時病，引崇禎不滿，遂乞休歸里。順治九年卒，年七十八。著有《賜餘堂集》《周易揆》《南宋書》《遜國逸書》《明表忠記》等。《明史》有傳。

錢士升廷試策見《賜餘堂集》及《歷科廷試狀元策》。

萬曆四十四年三月辛未朔。乙酉，策試天下中式舉人，賜錢士升等進士及第出身有差。皇帝制曰：朕聞「天下雖安，忘戰必危」，兵非聖人所諱言也。《書》稱「克詰爾戎兵」，又曰「張皇六師」，夫當成康莅政之初，而其臣即惓惓以此告之，豈文事武備經國者宜並重，而振旅之威，舞干之化，二者固相須歟？

洪惟我太祖高皇帝，肇造寰區，以武功定天下。即位之後，釋甲弢弓，開一代之文明。然而固本之訓，居安忘備之戒，每諄諄焉，其爲萬世［治安］慮至深遠也①，可得而揚厲其盛歟？朕嗣纘洪基，瑩精上理，四十四載於兹。爾雖深居静攝，

①「治安」，據《歷科廷試狀元策》補。

而安攘大計無日不惕于衷，嘗明詔執事，整飭營務，慎固邊防，簡將練兵，博求制御長策。而承平日久，法弛弊滋，申令徒勤，惰窳如故，京營號稱禁旅，居重馭輕之意寓焉。而尺籍空存，士卒疲羸，至不勝甲胄，猝有緩急，將何所恃歟？遼左延綏，勁兵所自出，頃歲大虜闌入，肆行蹂躪，而防禦之術未聞，此豈兵之不足歟？抑教養無素，雖有兵而不得其用歟？夫兵以食爲命，無食是無兵也。今司農告匱，給餉不時，荷戈乘障之夫，動稱枵腹，識者方凛凛脱巾是虞，望其出死力以捍疆圉，胡可得也？議者欲修屯田以省轉輸①，練土著以資戰守，似矣而行之終鮮實效，何歟？無亦右文之世，難以講武，而「克詰」「張皇」之治，卒不可致歟？兹欲振積衰之勢，操長勝之權，俾國家神氣日張，足以威四夷，制六合，其何施而可？諸士志切匡時，抱先憂之略久矣，尚詳著于篇，勿泛勿隱，朕將采而行焉。

（底本：《明神宗實録》卷五四三。參校本：《歷科廷試狀元策》首卷下）

臣對：臣聞帝王之制區宇也，必有綜覈之經制，而後有備無患，可以建久安長治之防。必有兢業之精神，而後居安慮危，可以握順德威嚴之本②。何謂經制？綢繆其牖户，慎固其藩籬，廪廪焉振飭在邊圉封守之外，而罔敢玩愒者是已。何謂精神？折衝于廟堂，戰勝于密勿，穆穆焉提挈在赫聲濯靈之先，而無不震悚者是已。故不可（將）［恃］者兵③，而不可去者亦兵也；可以千年不用者兵，而不可一日無備者亦兵也。而常試則玩，玩則黷，是爲不戢自焚，而天下受驛騷虚耗之害。兵而無備則弛，弛則廢，是爲以安忘戰，而天下多猝起竊發之憂。夫惟以兵衛民，無耀武觀兵之意，有風行雷動之威，而騎士、材官皆腹心干城之用，卒有緩急，真若子弟之捍父兄矣。夫惟以食足兵，無枵腹脱巾之呼，有士飽馬騰之實，而金錢子

① 「田」，《歷科廷試狀元策》作「政」。

② 「德」，《賜餘堂集》作「治」。

③ 「恃」，據《賜餘堂集》改。

粒皆簡練召募之資，一有徵發，真若一身之使臂指矣。古帝王所以垂衣恭己而厝國祚於泰山之安，戢羽舞干而奠疆圉於金甌之固者，以有此備也。故有文事者不忘武備，以緯武乃所以修文也。欲治兵者必先治餉，以足食乃所以足兵也。壯國家之神氣，收安攘之全功，端在今日矣。

欽惟皇帝陛下聰明睿智，文武聖神，駿烈同天，自南北東西，無不思服；深仁必世，凡心知血氣，莫不尊親。止孝止慈，惇千古之彝常，建其有極；得名得壽，備五福之純嘏，敷厥庶民。深居恭默而清静寧一，坐收四十四載之昇平；［獨］握魁權而建威銷萌①，鞏固億萬斯年之根本。謹天戒，則步禱郊壇，責己憂深於雲漢；軫民籲，則興發内帑，涣居望慰於甘霖。蓋歌雍咏勺，德澤已滲漉於垓埏，而卧鼓弢弓，威靈直讋服乎夷夏。可以坐享恬熙，無俟張皇之戒；從容樽俎，即伸撻伐之威矣。乃猶安不忘危，進臣等於廷，諏以安攘之大計，兵食之要領，而究及於惰窳之弊端，實效之終尠，思所以振積衰而操常勝，制六合而威四夷，豈以草茅書生有習韜鈐而嫻軍旅者乎？臣至愚陋，然抱藿食之謀久矣，仰承清問，其敢不披瀝以對？

嘗聞之《易》曰：「君子以除戎器，戒不虞。」自古國家未有忘戰而不危者。黄帝曰：「雖有金城十仞，湯池百步，帶甲百萬，而無粟不能守也。」亦未有有兵而可無食者。昔有虞誕敷文德，卒格三苗，説者以爲振旅班師之效，而不知兩階干羽，正寓用兵於不用之中，則兵未嘗廢也。三代而下，兵制莫詳於成周。嘗攷《周禮・大司馬》以九伐之法正邦國，中春教振旅，辨鼓鐸鐲鐃之用；中夏教茇舍，辨號名之用；中秋教治兵，辨旗物之用；中冬教大閲，立三表，教坐作進退之法。無事，則蒐苗獮狩皆在民間；有警，則比閭族黨即爲卒乘。故其時兵即爲農，而無養兵之費，農即爲兵，而有練兵之實。至成

① 「獨」，原闕，據《歷科廷試狀元策》大業堂康熙刻本補。

康之世,業稱重熙累洽,而不曰「克詰」,則曰「張皇」,閔然若有意外不測之慮①。此周制所以獨詳,而後世莫之及也。

洪惟我太祖高皇帝掃除胡孽,肇造寰區,以武功定天下。即位之初,釋甲櫜弓,開一代文明之治。而固本之訓,居安忘備之戒,每諄諄焉。成祖文皇帝定鼎燕京,三犁虜庭,以争先而處强,二百年間,雖己巳之變,震驚乘輿;庚戌之警,烽徹大内,而虜旋悔禍,弭耳乞盟。至隆慶間,俺酋以舐犢之愛爲鴞音之懷,納款貢市,至今不絶。我皇上覲揚而光大之,海波不驚,梯航狎至,玄菟樂浪之境,天戈指而即平;白草紅花之姦,一怒行而立殄。蓋武功之盛,真足媲美二祖,敻絶百王矣。而承平日久,法弛弊滋,京營之尺籍徒存,邉延之虜警猝發。操閲僅塗飾之文,而超距之勇有幾;嘄呼在肘腋之近,而庚癸之絶時聞。内外兩虚,兵食俱窘,誠有如聖制所言者。

臣伏而思之,國家兵制,京營邊衛,戎籍不下二百萬,度支歲入不下四百萬,按籍稽兵,按兵給餉,未嘗苦不足也。且兵以徵餉,餉以贍兵,兵減則餉宜溢,餉匱則兵宜增,何至兩者俱受其不足之勢,而莫爲濟虚之策,則臣知其故矣。語云:「木不茂者蠹在内,巵不滿者漏在下。」兵未嘗不足也,增額于兵之外,愈弛於兵之内,而兵始苦不足,究且轉而病餉;餉未嘗不足也,增額於餉之外,愈冒於餉之内,而餉始苦不足,究且轉而病兵,則蠹與漏之弊耳。今欲振積衰之勢,而講兩足之術,臣以爲兵不期多,期於當用而已;餉不期省,期於覈實而已。今京營除占役竄名外括之,止得六萬,而此六萬又非强有力可備緩急者也。春秋常操,按籍具在,然而射不能穿魯縞,力不能勝匹雛,雞鳴而駕,未日中而罷,如傀儡之登場,類角觝之劇戲,卒有非常,則此六萬人者安所得一卒之用,而費百萬金不爲(羸)[羸]弱長子孫之資哉②? 景泰中,先臣于謙於三大營中選精鋭爲十營,命將團練,而歸其老弱于伍,一時兵政赫然立振。今誠就見在作實數,擇廉勇之帥,嚴爲簡練,其

①「閔」,《賜餘堂集》作「憫」。 ②「羸」,據《賜餘堂集》改。

有老弱應伍、市兒應點者，法無赦。而清汰之缺，即以補四方之召募者。總之額外無增，額内無冒，練一兵即得一兵之用，故一精兵足敵冗兵五，而兵自强；餉一兵即有一兵之實，故一實餉足省虛餉五，而餉自給。推而行之九邊，債帥家丁，歲可省冒濫百萬兩，足之術計莫先此者。

然就餉論餉，臣以爲莫如屯田便。夫屯政從來久矣，充國行之金城，棗祗行之許下，杜預行之襄陽，韓重華行之振武，畢諴行之邠寧，何承矩行之河北，皆足以裕軍儲而省輸輓。國初屯種龍江，後用宋訥守邊策，設法屯，有守關士卒，外人受田五十畝，賦糧二十四石，其區畫何詳也。永樂間，寧夏何福積穀獨多，至下璽書褒諭之。天順間，葉盛撫宣大，用官牛官田法，墾田益廣，以餘粟易戰馬，修城堡，其收利何博也。迨其弊也，而抽屯補伍之害興，於是力役愈煩，本業漸失，而無屯之軍矣。債帥攘奪之害興，於是私其腴區，委其磽瘠，而無屯之地矣。邊險淩夷之害興，於是虜騎從横，侵擾禾稼，而無屯之備矣。上下忨愒之害興，於是筦屯者不見阡陌之巡，督屯者不課倉廩之實，而無屯之精矣。屯政廢，而乃始仰給於度支，儲胥安得而不窘，輓輸安得而不困。今邊臣按額而請者，視嘉靖時不啻數倍。大司農仰屋竊嘆，至借支於水衡同寺，以支吾旦夕之急，亦捉襟見肘矣。臣以爲屯田故額，什一猶存，即多隱占，而區脱遥隔，有隨占隨棄者，莫若專委一大臣久任而責成之，沿邊曠土，募民開墾，但期荒蕪日闢，不必紛紛清勘，以滋厲階。至地遠而勢孤者，必如趙充國所云，乘塞列隧，虜大攻不能爲害，而又有山阜以望遠，溝塹以限隔，營壘以休息，遊兵以巡哨，則無擾田之害，收耕田之利，可以積豐於垣，士飽於伍。内省饋饟，外足軍儲，斯非兵食兩足之長策哉？

抑臣猶有芻蕘之獻。振刷不在功令，而在精神；制勝不在疆場，而在廊廟。是以命徂征者，必先有無怠無荒之儆戒，而後四夷來王；詰戎兵者，必先有罔兼罔知之治人，而後海表咸服。伏望皇上法天行之健，繼離照之明，從退藏擎斂之後，時迅以風雷；當媮惰玩愒之時，先提其志氣。時御平臺暖閣，與二三大臣共商安攘之猷，講兵食之策，則精神一振，經制立新，内治而外寧，文經而武緯，雖與唐虞三代並隆可也。

草茅無識，干冒宸嚴，不勝戰慄隕越之至。臣謹對。

（底本：《歷科廷試狀元策》首卷下。參校本：《賜餘堂集》卷五，乾隆四年刻本，國家圖書館藏）

八一　萬曆四十七年己未科　莊際昌

萬曆四十七年(一六一九)己未科，廷對之士三百四十五人(《明神宗實録》《明狀元圖考》作三百五十人)。狀元莊際昌，榜眼孔貞運，探花陳子壯。

莊際昌(一五七八—一六二九)，字景悦，號羹若。福建泉州府永春縣(今屬泉州市)人。會試、殿試俱第一。因廷對制策一字偏旁偶誤被劾，遂以進士回籍。天啓元年(一六二一)，授翰林院修撰。天啓五年，分校禮闈，尋管理誥敕。以拒爲魏忠賢撰祠記忤逆之，借故歸家。崇禎初，即家起諭德，道陞左庶子。至京召對，陞侍讀兼記注官。未幾，卒于邸，年五十二。著有《羹若文集》等。

莊際昌廷試策見《歷科廷試狀元策》。

萬曆四十七年三月甲申朔。戊戌，策試天下貢士，制曰：朕惟自古帝王興化致理，政固多端，而振肅人心，維持世道，則必以紀綱爲首務①。《詩》云：「勉勉我王，綱紀四方。」先儒之論亦曰：「善爲治者先有紀綱以持之于上②，而後有風俗以驅之于下。」然則御世宰物，術莫要于此歟？三季以還，惟漢唐宋歷年最久，英君誼辟，代不乏人，當其時所爲立經陳紀，以成一代之治者，亦可指而言歟？

① 「紀綱」，《歷科廷試狀元策》作「綱紀」。 ② 「紀綱」，《歷科廷試狀元策》作「綱紀」。

我太祖高皇帝，肇造區夏；成祖文皇帝，再靖家邦，制度典章，超越千古，固可傳之萬世無弊者。朕纘承鴻業，紹述罔愆，御極之初，政教修明，化行俗美，猶庶幾祖宗之遺烈。夫何邇年以來，法守漸隳，人（惟）[情]滋玩①，德意壅而不究，詔令格而不行，申飭雖勤，陵夷日甚。在位者以恣睢爲豪舉，而職業則虧；在下者以干犯爲故常，而隄防盡潰。甚至偏裨侵大帥，僚屬抗長官，奸胥誣奏以傾有司，亂民煽禍以攘富室，冠履倒置，名分蕩然，其他驕淫僭踰之風，躁競嚚陵之習，不可悉數。蓋綱紀之紊，至今日極矣，其故果安在歟？漢人謂：「天下所以不理，常繇人主承平日久，俗漸敝而不悟，政漸衰而不改。」而宋人又謂：「紀綱隳壞，皆繇上下因循。」此其説孰爲當歟？抑君臣當交任其責，有不容他諉者歟？夫更化善治，貴識因革之宜；起敝維風，在妙轉移之術。兹欲當積弛之餘，返極重之勢，使法立而不犯，令行而不逆，綱紀正，風俗純，以復我祖宗之舊，如之何而可？爾多士，學古通今，習當（時）[世]之務深矣②。尚各攄所藴，明著于篇，以佐朕之不逮，朕將親覽焉。

（底本：《明神宗實録》卷五八〇。參校本：《歷科廷試狀元策》首卷下）

臣對：臣聞帝王之經理宇内也，必有肅然畫一之法，顯與一世爲動蕩，然後風恬俗美，而國脉永享其靈長。又必有悚然振刷之神，默與一世爲綰結，然後政立化行，而國勢不虞于頽敝。法以維衆，則紀綱寔首操之，爲事之繫，爲物之準，廓焉合人心世道，而獨居其會，不可一日廢焉者也。神以維法，則上下且分任之，握事之繫，挈物之總，穆焉先立綱陳紀，而密轉其機，不可一日弛焉者也。法之創也，慮後常周，至蒙休襲故而安生恃，恃生怠，視前王之成憲若可聽其自爲行，自爲

① 「情」，據《歷科廷試狀元策》改。　② 「世」，據《歷科廷試狀元策》改。

止，漫無操而治日以隳。法之紹也，勵世常勤，至臨政日久而習生玩，玩生愎，視故府之彝章，又若任其可以行，可以不行，過自操而治竟以隳。夫惟法與神兩相附，使守成之規常若創始之業，而舊章率由無愆忘。惟法與神常相運，使化成之後常若履寶之初，而大號涣汗無壅格。上作之，下日成之，翼爲明聽以康庶事，股肱喜哉，元首起哉，未有主憂勤而臣曠職者。上制之，下且守之，德澤法度以範人心，道術一矣，風俗同矣，未有朝飭法而下梗化者。古聖帝明王所以陶冶人群，宰割寰宇，有頓指挈領之勢，而無委轡駘銜之失。興化致治，超越千載者，必由此矣。

欽惟皇帝陛下，大德膺福，惟禄位名壽之兼隆；至仁生威，暨東西南北以胥服。憫人窮而專官分賑，不徒推解虛名；念軍興而發帑賚頒，奚止謬續小惠。在師錫命，懷萬邦以振長策，而雷厲風行之象遍訖遐荒；正位垂裳，法乾坤以展大猷，而天覆地載之規函蓋夷夏。念東南杼柚其空，而以約己省躬爲事；慮西北干戈未靖，而以籌邊［策］遠爲心①。文德旁敷，值群工輯瑞而面與咨詢，立通民情於黼座；武功遐鬯，當醜虜臨城而躬先保障，重奠四海於金甌。固已吏習民安，垂萬世永遠之模；内寧外攘，陋往代偷安之轍矣。而猶聖不自聖，新期日新，進臣等於廷，諏以揆古宜今之畫，綱提目整之猷，更鰓鰓焉於判涣之未融，泄沓之莫振，誠制治于未亂，保邦于未危之極思也。臣雖伏草茅，竊懷葵藿，敢不披瀝以對？

臣聞之，君猶天也，天道雖冥冥，而生長收藏，寒暑代禪，不僭不忒，一若有稟于成法者，是則天之治人，而人不能違也。君道雖穆穆，而禮樂刑賞，生殺予奪，不競不絿，一若有歸于定法者，是則君之治人，而人不敢軼也。故唐虞之世，君明臣良，而其交儆賡歌，惟曰「率作興事，慎乃憲」。所謂憲者，豈非法與？所謂慎者，豈非君與臣交守之與？所謂率者，豈非君先之而臣後之與？其時府修事和，地平天成，萬世永賴，賴此法也。降而三代，各師其祖，夏稱「有典有則」，商稱

---

① 「策」，據大業堂刻本《歷科廷試狀元策》補。

「監于先王」，周稱「文謨武烈」，皆不敢有厭薄舊章之心，亦各毖其臣。夏稱「臣人克有常憲」，商稱「唯治亂在庶官」，周稱「其爾典常，作之師」，皆不敢忘董正治官之念。是以官倍唐虞，亦克用乂，則人與法之相維者得也。

我太祖高皇帝，掃蕩胡腥，肇造區夏，真可自我作法，而所恃以提綱挈領，維風易俗者，毫不自用也。其建官之法，本之《周官》，六卿職掌，各有攸屬，用人則問之冢宰，理財則問之度支，典禮則問之宗伯，詰姦威遠則問之司馬、司寇，鳩工庀材則問之司空，載在《會典》者詳明且盡。大抵賤虛名而尊實效，惡浮議而責成功，流唐漂虞，滌殷蕩周，真非前代所及。列聖相承，代有闡繹，至我皇上，覲揚獨至，雖以聰明睿智之資，惟有率循成憲之念，宜下之遵之者，各以皇上之心爲心，群奉皇祖之法爲法。而顧嚚争成習，玩職掌而不循；泄沓爲風，屢誥誡而莫惕。非不獎恬，誰是真恬者；非不旌廉，誰是真廉者。徒以口舌爲功，不以職掌爲事，則其害必移之民，而軍商俱困，公私兩窮，誠有如聖制所慮者。

臣以爲法在則事事可考，法明則人人可遵。賦有賦法，昔未嘗以病民，而今胡有畏催科之令者，豈賦法得其人而後善與？屯有屯法，昔嘗以之養軍，而今胡有嘆石田之不可耕者，豈屯法得其人而後復與？鹽有鹽法，昔正以之通商，而今胡有受壅滯之害者，豈鹽法得其人而後行與？故時久而玩生，玩久而蠹生，以致初意漸失者，非法之凌夷也，奉法者自凌夷之也。因時而思補救，因事而除弊端，必期振刷如初者，亦非法之修明也，奉法者自修明之也。有顯爲法蠹之人，或借賦以剥民，或借兵以尅餉，不辭婪墨之名，不耻躁競之習，上得執法而繩之，其爲蠹也淺。有陰爲法蠹之人，剥民也而猶託于愛民，尅餉也而仍詭于清餉，行婪墨而語清廉，身躁競而口恬静，拜與其法而竊之，其爲蠹也深。惟夙弊即在綜稽之中，故反以綜稽爲名，然則欲搜夙弊者，必先使綜稽之名無爲人所託，一托之，則七日不復之叢神也。惟積姦即伏敕法之内，故及以敕法爲名，然則欲清積姦者，必先使敕法之名無爲人所假，一假之，則出以示人之利器也。且今日之時何時也，索餉則有兵，遇警則無兵；循名則有備，覈實則無備，況醜虜入内地而未受創懲，他虜因狡酋而思挾重賞，東南之物力有限，西北之出孔實多，思及此，不啻同處漏舟矣，而徒有讙讙譁譁之狀，何也？豈邊陲之念終不敵其門户之念耶？思及此，不啻群居厝火矣，而更多譊譊詘詘之象，何也？豈君父之念終不易其身家之念耶？蠹法之事易除，玩法之心難除，皇上欲舉一世之人心而振刷之，亦去其玩而已。蓋不提人君父之思，不足以去身家之念；而不先去身家之念，亦不克提君父之思也。不動人邊陲之虞，不敵以平門户之争；而不先平門户之争，亦不克動邊陲之虞也。

抑事更有獻焉。臣法君，君法天，有敕天惟幾之虞舜，而後九德咸事，百僚奏庶績之凝。有仰惟前代之周王，而後六卿分職，兆民被康阜之實。皇上者，臣工之法也；天地祖宗者，又皇上之法也。凡兵民之相資，公師之相濟，邊腹朝野之相需，其端無不求之於天心之仁愛，而况祖法釐然具備，取而修明之，固甚易易也。以不遡不殖之心風勵臣下，則《素絲》《羔羊》之節著矣；以無偏無黨之念倡率群工，則涣丘集益之門宏矣，又何治人治法不交維哉？

臣愚不識忌諱，干冒宸嚴，曷勝戰慄隕越之至。臣謹對。

（底本：《歷科廷試狀元策》首卷下）

八二　天啓二年壬戌科　文震孟

天啓二年(一六二二)壬戌科,廷對之士四百零九人。狀元文震孟,榜眼傅冠,探花陳仁錫。

文震孟(一五七四—一六三六),初名從鼎,鄉舉後以字行,更字文起,中歲,自號湛持,又號藥圃。南直隸蘇州府長洲縣(今江蘇蘇州市)人。二十一歲中舉,之後十次會試均落榜,年五十始成進士。授翰林院修撰。值魏忠賢專權,上疏彈劾,遭廷杖,貶官外調。不肯屈就,辭官還鄉,後又被削職爲民。崇禎即位,起復爲侍讀,歷任右中允、右諭德、右庶子、少詹事。崇禎八年(一六三五),擢禮部左侍郎兼東閣大學士,入閣輔政,尋遭排擠削職。崇禎九年卒,年六十三。十五年,贈禮部尚書。福王時追謚「文肅」。著有《姑蘇名賢小記》《藥圃詩稿》等。《明史》有傳。

文震孟廷試策見《歷科廷試狀元策》。

天啓二年三月丁酉朔。辛亥,上御皇極門,策試貢士,制曰:朕惟自古帝王所爲搏捥乾坤,匡扶世運者,靡不於文武二柄爲兢兢。《書》贊帝堯「乃武乃文」,蓋全德兼焉;而舜曰「文明」,禹曰「文命」,湯曰「聖武」,周之「文謨武烈」,各標其一。之數聖人,豈於持世導民有偏指邪?毋其於中有交相爲用者歟?夫陰陽柔剛仁義,自有天地而來,至今不可廢也。洪惟我太祖高皇帝,首闢函夏;成祖文皇帝,載奠邦家,並提一劍馭軍,而文治光昭於雲漢;揭六經訓俗,而靈爽震疊於雷霆。文繇武張,武因文靖,於都哉!洵追蹤帝堯,而與虞夏殷周媲烈矣。奕葉相承,紹天闡繹,雖疆隅小警,不無震驚。然金甌卒以不摇,萬世永賴,則列聖之威靈,實式寧之,芳躅具在,亦可得揚厲其概歟?

朕以沖齡嗣大歷服，託於天下臣民之上，日夜思所爲覲揚光烈，惟是講學勤政、親賢愛民、簡將治兵爲大務。蓋干羽舞階，鼓鼙思士，實並圖維軌事焉。而蠢茲醜裔，逆我顏行，二年于茲，竟未有能制其命者，何也？豈敢教隳而文德闕，抑聲容盛而武功弛？與夫禁旅之環萃自若也？衛屯之棊置自若也？班操之更番自若也？盟帶礪者列第而居，綰組符者專閫而控，廼動云無將，動云乏兵，不獲已議調發而列鎮苦虛伍矣，又不獲已議雇募而烏合驅市人矣。客兵散如搏沙，土著聚亦兒戲，總帥藉之勳胄。既繇禮之惟艱，訓練寄之戚臣，又典兵之有戒，戔戔脣吻，迄無成功。説者以爲承平日久，左武右文，故其弊至此。然「聞有文事者必有武備」，古六軍之帥即天子六卿，用以内修外攘，非岐途也。即如先朝殪阿台，馴也先，羈順義，芟逆藩，創倭奴，以及邇年東征西討之役，咏《車攻》而歌《杕杜》者，詎異人任？毋亦惟是擇人而專責之可歟？夫武之德七，文之德十，有一季世，猶能道之，矧在帝王，茲欲省繁言以覈實，審操柄以圖機，赫然收順治威嚴之效用，恢弘祖宗鴻業，何施而可？

爾多士學古通今，懷並用之術舊矣，尚根極體要，明著于篇，毋泛毋略，朕將采焉。

（底本：《明熹宗實録》卷二〇。參校本：《歷科廷試狀元策》首卷下）

臣對：臣聞帝王之臨御天下也，必有光昭之文德，而後聲教誕敷，可以建久安長治之規；必有震疊之武功，而後神氣丕振，可以握順治威嚴之本。文德何以光昭？經之以仁，緯之以義，濬發之以心源，融融焉敷賁於襲慶蒙休之日，而愈益昌熾者是已。武功何以震疊？運之以謀，振之以略，折衝之以精神，赫赫焉提挈於户牖藩籬之外，而無不鼓舞者是已。有文德以植武功，故綢繆必謹，條畫必周，而中外之奉靈爽以修憲度者，自有所懾服而無廢弛頹窳之虞；有武功以翊文德，故靡思不服，無人不懷，而遐邇之承德意以布綱維者，自有所奮發而無委靡衰弱之弊。古帝王所以大寶凝旒而宇宙日新，妙操縱而神其用，穆清端拱而朝廷常肅，總倫類而握其樞，繇此道爾。藉令聲靈雖播，根本先疎，則出言不足以副情，發號不足以明旨，凝注其何基焉，而勢必潰敗而莫挽。又或粉飾雖具，振刷全弛，則綱紐積而欲解，法制習而不靈，張施其何秉焉，而機且扞格而難操。此德衰於宥密之荒寧，功隳於廟堂之燕豫，而淳熙景爍之休所以寥寥罕覩也。開明光之長運，收安攘之洪猷，正有望於今日矣。

欽惟皇帝陛下，秉聰明睿智之資，備聖神英毅之略。繼離方始，運符五百載之昌期；出震維新，曆紹億萬年之正統。軫時艱而內帑屢發，德意滲漉於垓埏；凝國寶而衆正彙征，賢材布滿於中外。垂裳而貞百度，心知血氣，咸霑天覆地載之規；錫命以懷萬邦，南北東西，共惕雷厲風行之象。一怒安民，雖邊徼多虞，恬熙自遍於率土。七旬振旅，即干戈未靖，神武行奏乎膚功。追蹤唐虞，媲美夏商，在此日矣。廼猶進臣等于廷，諏以文事武備，內修外攘，隋前王之得失，慨當世之淩夷，而究及於文德之所以闕，武功之所以弛，思以振積衰而操長勝，制六合以威四夷，即帝之疇咨，王之訪落，不是過也。臣竊伏蓬蘽，志願輸忠，非一日矣。方欲乘交泰之會，獻傾否之謀，以補昇平於萬一，矧清問諄諄，敢不披瀝以對？

臣聞之，「世治用文，世亂用武」，此千古之雅言也。兵戈日熾，則馬上之治自蔑棄乎《詩》《書》；承平既久，則衣冠之流必輕藐乎鈐弁，此亦千古之漏習也。聖王知其然，是以搶攘倥偬而講求治理，使天下日涵濡養育於德教之中者，無敢一日之懈。故黎民於變而萬國咸寧，臣庶協中而四方風動，則皆文德之爲效也。清寧燕暇而克詰戎兵，使天下日戒懼震悚於太平之世者，無或片念之媮。故百辟惟懷而侵淩不作，四方順軌而悖畔不生，則皆武功之爲力也。然文以經武，則忠君親上之念，即寓於入孝出弟之民；武以濟文，則除殘去暴之雄，寧越於戢衆安民之略。文與武又皆交際而互爲用也。自漢以降，言文者祇爲治具之繁文，而終不出於心精之流注，於是時方無事，則君臣拱手，以貌相承，而猝遇傾危，則平日之所施設者遂無一之可恃。言武者亦僅聲容之末技，而終不出於元神之鼓盪，於是時際偷安，則上下相蒙，以幾僥倖，而一當險阻，則平時之所布置者，總無一之足憑。蓋器大者不可以小道理，勢重者不可以争競擾，故毁譽亂於善惡之實。情慝奔於貨欲之塗，而干紀作亂之事起；元帥之威不行於偏裨，偏裨之令不行於卒伍，而河决魚爛之形成。以雍容爲太平，以議論爲能事，而獸奔鳥竄之禍伏。凡此皆文德之漓，武功之弛，三季之積弊，而千載之永鑒也。

我太祖高皇帝，驅胡羯於中原，復腥穢之土宇，乾坤再造，月月重光。成祖文皇帝，益紹述而光大之，豈惟劍威所指，足以混一區夏，實惟文告所被，足以永致綦隆。文繇武張，武繇文靖，所以奠磐石之安，而開泰寧之治，貽厥之謀，規模宏遠矣。列聖相承，世守勿替，河清海晏，固多康平寧謐之朝，而外患内憂，間有震動勖勸之會。然而，削平底定，不旋踵而宅於安寧，即前代所視爲極厄之運，無前之烈，皆不動聲色而坐收之。猗歟哉！有以占祖德入人之深，而皇靈之旁訖，即百千世未有替也。

陛下沖齡御宇，纘承鴻業，薄海内外無不喁喁仰德化之普被，慴神武之不殺，迺蠢爾小醜，逆我顔行，破軍蹙地，曾無寧歲，徵兵則兵窮，選將則將乏，禁旅之環萃，衛屯之棊置，寧異於曩時？而實而覈之，不啻土羹塵飯之不可用也。國家歲糜數百萬金錢以養若輩，而臨事竟不得其絲毫之用，則亦安取此林林者爲乎？帶礪之列第，符組之分闖，亦寧有異於盛時？而委而任之，不啻乳臭賈人之不可仗也。國家世優數十百金紫以榮若輩，而遍觀曾莫收其一二之用，則又安取此桓桓者乎？宜聖心之惄焉以思，而慨然有意於省繁言以覈實，審操柄以圖機也。

臣則以繁言之省，莫若先定是非之衡。蓋今之所謂是非者，皆毁譽也。毁譽之極，至於周公、新莽不能定，而千秋定評，竟無有是新莽而非周公者，惟其實焉耳。事必有據，據必有見聞，見聞既確，而鏤空刻影之談自知其不售矣。故覈實正所以省繁言也。臣又以爲操柄之審，莫若先斷刑賞之平，以舜之哲惠知人，既曰何畏於驩兜有苗，而卒不貸刑於四凶，惟其當焉耳。天下固有刑一人而億萬人勸，賞一人而億萬人服者，此正事機之窾繫。若始於不果，終於不信，遂至不公，而激揚天下之柄於是乎窮矣。故圖機正所以操柄也。繁言既省，而在位者咸思舉實以自效，募兵則實有其兵，遴將則實有其將，何至有烏合之慮而厪鼓鼙之思？操柄既審，而當事者咸思乘機以自奮，廟堂則有廟堂之機，疆埸則有疆埸之機，何至有兒戲之虞而深紈綺之戒？主恩固結，而一時之情面悉化爲肝膽；皇威振耀，而百司之顧盼盡轉爲擔當。局内無猜，共效同舟之濟；師中奏吉，坐收仗鉞之勳。此信可旋至而立效者矣。

抑臣尤有進焉。陛下之尊猶天也，天未嘗不借四序五行以成其穆穆，而穹昊之森嚴不專在四序五行也。天亦未嘗不借霜雪雷霆以彰其赫赫，而明盛之彰癉亦不專在霜雪雷霆也。陛下親賢使能，濟濟充庭矣，而孰可爲相，孰可爲將，孰可治民，孰可理財，聖心其有區別乎？講學勤政，時時勵精矣，臨朝祗奏引之文，講幄少獻替之實，中旨有斜封之漸，外庭鮮伏蒲之功，聖慮亦嘗猛省乎？此皆文經武緯之原，而光昭震疊之本也。臣未敢臚舉先朝盛事，即神祖四十餘年，西平哱，東靖倭，北市虜，南滅播，此亦皆勍敵，寧易剪乎？而渡師祖席之上，奏功談笑之間，同此生齒，何嘗憂無兵？同此人材，何嘗憂無將？此無異故，神祖乘積强之緒，人心國是當振肅之餘。而陛下繼久安之祚，法制政令，正頽靡之候也。嚴以持之，斷以决之，精明以運之，剛毅以操之，文德誕敷，武功丕顯，天下引領望之矣。

草莽愚臣，不識忌諱，干冒宸嚴，不勝戰慄隕越之至。臣謹對。

（底本：《歷科廷試狀元策》首卷下）

八三　天啓五年乙丑科　余煌

天啓五年（一六二五）乙丑科，廷對之士三百人。狀元余煌，榜眼華琪芳，探花吴孔嘉。

余煌（？—一六四六），字武貞，號公遜，浙江紹興府會稽縣（今紹興市）人。授翰林院修撰，參修《三朝要典》。崇禎四年（一六三一），丁母憂歸。終喪，起爲左中允，歷任左諭德、右庶子，充經筵講官。後守父喪，久不復用。南明弘光元年（清順治二年，一六四五）六月，魯王于紹興監國，起爲禮部右侍郎，再起户部尚書，皆不就任。次年，拜爲兵部尚書。清兵過江，魯王航海逃遁。六月，余煌投水而死。《明史》有傳。

余煌廷試策見《歷科廷試狀元策》。

天啓五年三月己酉朔。癸亥，上御皇極内殿，策試舉人華琪芳等，制曰：朕惟自古順治威嚴之世，其君臣未有不同心一德、交儆無逸者。若虞廷之都俞吁咈，殷宗之嚴恭寅畏，周文之自朝至于日中昃不遑暇食，蓋其盛矣。故《書》稱「無怠無荒，四夷來王」，言圖治必勵精，而化遠先孚近也。

我太祖高皇帝諭群臣有曰：「凡事勤則成，怠則廢。賢人君子盡心如此，朝廷豈有廢事？」成祖文皇帝諭（群）［近］臣有曰①：「朕每外朝畢，則取經史覽閲，未嘗敢自暇逸。卿等宜體朕此心，相與勤勵，無厭斁也。」煌煌聖訓，直追蹤虞帝，媲

① 「群」，《歷科廷試狀元策》及策對文均作「近」，宜從之。

美殷周矣，則夫廓清靖難之烈，固本于一念之憂勤歟？

朕以沖齡踐祚，撫有鴻圖，蚤暮親賢，春秋典學，亦惟是廣詢治道，思纘述光揚之爲兢兢而已。迄于今日，業及五年。凝精罔敢少懈，勤政常如不及，乃鳳儀麟育，河清璽出，似天爲降鑒矣。而水旱頻仍，災祲不已，則儆(于)[予]之天何凜凜也①！請纓志壯，露布功高，似衆咸用命矣。而覆軍旋報，鷙伏叵測，則銜命之衆何紛紛也！將朕之軫志徒殷，德意尚未沛歟？抑有司習爲窳惰，奉行之未力歟？將朕之宵旰徒廑，推轂猶未當歟？抑邊吏安于寢堂，實政之不修歟？夫竭百姓之(指)[脂]膏②，以填三軍之谿壑，則内病；撤貔貅之保障，以培閭閻之命脉，則外病。兹欲内外兼利，聿臻至理，遵何道而可？爾多士學古通今，目擊時艱，尚籌所以振起積玩之人心，鼓舞積頹之士氣，果有裨于安攘，其盡言而無諱。

（底本：《明熹宗實録》卷五七。參校本：《歷科廷試狀元策》首卷下）

臣對：臣聞帝王之臨御天下也，必有憂勤無逸之心默操於宥密，然後臣庶之精神奮，而國脈無頹敝之虞；必有嚴肅不渝之法顯攝於寰中，然後朝廷之憲典尊，而國勢無廢弛之漸。心之存也，無事不有罅漏，何以防其微；無時不有怠荒，何以窒其隙，非曰宵旦皇皇而遂可與欽哉比隆？法之行也，近守之而遠未必遵，何以稱畫一之治，賤遵之而貴未必守，何以服衆口之譁，非曰詔旨諄諄而遂可與敕幾比烈？有心以操其法，將天下曉然知皇衷之振厲，如心君運而手足無痿痺之憂。穆然端拱而令甲昭於日星，有法以運其心，將天下肅然知方策之維新，如規矩彰而方員無偏欹之患，赫然出治而神功爍於宵壤。此聖帝明王所以奠安中夏，攘却外夷，收順治威嚴之化於俄頃，而追唐虞三代之治於千秋，繇此道也。借心與法

---

① 「予」，據參校本改。

② 「脂」，據參校本改。

二，法與心違，即求治如不及，而衡石程書之陋，原無補於治功。自古勵精之主不少，而郅隆之理常遥，則以聖明之出不偶，而景運之開有待也。

欽惟皇帝陛下，天表凝香，河清應瑞，嗣宗踐服，際五百年氣運之中，累洽重熙，承六七作聖賢之後，精義務明於郊社，昭父天母地一氣之神，肅將特致於宫牆，守重道隆儒萬年之業。明罔弗照，如昧爽而馳至於日中，南北東西無不思服；威罔弗加，如殷雷之洊盈於震號，昆蟲草木無不知驚。固已德協重玄，治臻上理，四三王六五帝矣。乃猶不自滿假，進臣等於廷，咨以同心一德、交儆無逸之旨，而遐慕乎虞廷之都俞吁咈，殷宗之恭嚴寅畏，周文之日昃不遑，若猶以今日之憂勤，有歉於當年之惕厲者。有君如此，其忍負哉？雖草茅呫畢之餘，無當於明廷經濟之實，而清問惓惓，敢不披瀝以對？

臣聞君猶天也。天以一元提化籥，而四時五行各司其令，天未嘗代四時五行而轉軸也。天以一氣布玄功，而風雷雨露各當其施，天未嘗代風雷雨露而運樞也。人君以一身處億兆臣民之上，物物而調之，精不給也；事事而理之，力不逮也。所恃以維持天下者，不得不以天工寄之臣子。故虞廷兢業而《賡歌》則曰：「百工起哉，庶事康哉！」殷周無逸而《風愆》亦曰：「儆於有位，君之不獨瘁也。」自古記之矣。但君無以率作於上，則堂陛之精神不奮，將以一人之逸豫而開滿朝偷惰之端，偃偃居息之咎，未可獨歸之臣也。君無以節制其下，則臣寮之心志不齊，將以一事之寬假而啓後來幾倖之心，蹇蹇匪(虧)[躬]之節①，又未可遽責之臣也。惟君人者穆清之中，必不敢以錦衣玉食爲吾身之安而念及作君作師，上天之責任爲至重；宫府之間，必不敢以喜怒頻笑爲一人之私而作福作威，下民之觀望爲至密。如是而心既操矣，法既運矣，心操而乾健之職不渝。凡此臣庶誰非踐土而食毛者，而忍視其焦勞乎？有不率而則鬼神之鑒臨有赫矣。法運而乾(剛)[綱]之紐

① 「躬」，據參校本改。

不弛①，凡此臣庶誰非懷德而畏威者，而敢仍其玩愒乎？ 有不恪則雷霆之擊斷不爽矣。 要使九重之志意密與天下相摻，而三尺之威嚴顯與天下相攝。《書》曰「戰戰慄慄，日慎一日」，此非其心之操天下者乎？《詩》曰「勉勉我王，綱紀四方」，此非其法之攝天下者乎？ 迨末世而治統幾湮矣，其暇逸怠荒者無論，即英明之主，內多欲而外施仁義矣，安在其能無逸也？ 又或求治太急，而煩策急轡以御天下，天下益譁然而不敢服，乃猥藉口於勵精之無裨，不已過乎？

洪惟我太祖高皇帝，肇造區宇，還日月於中天，其諭群臣曰：「凡事勤則成，怠則廢。賢人君子盡心如此，朝廷豈有廢事？」我成祖文皇帝，再闢乾坤，卜鐘簴於萬世，其諭近臣有曰：「朕每外朝畢，則取經史覽閱，未嘗敢自暇逸。卿等宜體朕此意，相與勤勵，無厭斁也。」煌煌聖訓，方且媲美虞殷，駕軼周文矣。 故當時天心仁愛而赤子安樂樂利利之天，邊鄙輯寧而朝廷受來享來王之福，則是勵精之大有造於天下也。

我皇上沖齡踐祚，撫有鴻圖，親賢典學，勤且切矣。 而日者水旱頻仍，災祲不已，覆軍之報時見於羽書，伏莽之憂正深於虎幄，將以多難興邦，殷憂啓聖爲上慰乎？ 臣又恐以勵精無效之説獲戾於上也。 臣以爲當今之弊，不在心之不存，而在法之不立。 今恤詔屢下，而有司之奉行何如？ 閫外之轂時推，而邊吏之防禦何如？ 貪酷之懲不謂不嚴，而倖漏於綱者猶吸髓敲筋，以夤緣其華秩；敗軍之戮不爲不峻，而巧逃於律者仍剥軍漁餉，以自固其奥援。 臣不知鞭蒲之風，酌水之節，昔何多而今何少也。 又不知超距之雄，搴旗之烈，昔何有而今何無也。 無是而皇上之法何時得伸，皇上之憂何時得釋也。 夫欲安民生，莫若重有司；而欲精吏治，莫若嚴黜陟。 今之以循良而博華膴者，果皆治平第一，政比祥鸞者乎？ 抑亦徇於毁譽之物情，而毁譽之間又微有以轉移之者乎？ 欲平外患，莫若重主帥而欲課邊功，莫若嚴賞罰。 今之以敵愾而勒

① 「綱」，據參校本改。

旂，常者果皆折衝千里，比績鷹揚者乎？ 抑亦聽於幕府之文法，而文法之間又密有以上下之者乎？ 此皆蠹皇上之法，而使勵精之效不得見於今日也。 皇上鋭意中興，嘉與天下更始，不於此時恪守祖宗之法，使天下洗心滌慮，以成一代之休明，天下更何賴哉？

抑臣猶有獻焉。 士氣積頹，人心積玩，誠有如聖制所慮。 而虞之闢門，殷之夢卜，周之《棫樸》《菁莪》，則皆帝王之聲氣，足以發山川巖谷之奇，而合雲龍風虎之會耳。 今講幄時親，睿修日懋，古昔帝王有勤學如我皇上者乎？ 而兢業緝熙於深宫寂處之時，猶不能跂望於皇上。 蓋臣嘗竊聞我聖祖之諭侍臣有曰：「人之一心攝持甚難，朕覺此心如兩敵然，時時防閑尚未能也，則平日存心之功無一息之間，蓋可知矣。」至如親註《周書》之《洪範》，類編《聖學》之心法，畫君臣行事于壁間，書《大學衍義》于西廡，存心之密至於如此，誠聖子神孫之所當取則也。

草莽微臣，不識忌諱，干冒宸嚴，不勝戰慄隕越之至。 臣謹對。

（底本：《歷科廷試狀元策》，首卷上；參校本：《歷科廷試狀元策》，清康熙四十五年大業堂重刊本，哈佛大學漢和圖書館藏）

八四　崇禎元年戊辰科　劉若宰

崇禎元年（一六二八）戊辰科，廷對之士三百五十二名（據《進士題名碑録》）。狀元劉若宰，榜眼何瑞徵，探花管紹寧。

劉若宰（一五九五—一六四〇），字穎平（一作胤平），號退齋。南直隸安慶府懷寧縣（今安徽安慶市）人。授翰林院修撰，歷左諭德。崇禎十三年四月卒，贈「詹事」，賜祭葬。

劉若宰廷試策見《歷科廷試狀元策》。

皇帝制曰：朕聞任賢圖治，帝王之首務。自昔聖主賢臣，相須共濟，其君闢門張綱，務以招徠天下之豪英，惟恐遺漏；而其臣同心一德，共以肩荷國家之機務，無復猜嫌。《書》言「翕受敷施」，繼之「百僚師師」；《詩》言「莪莪髦士」，繼之「金玉其相」。蓋求之非一地，聚之若一人，類如斯也。載考當日官制，唐虞稽古，建官惟百。夏商官倍，周官三百六十。以官限才，得無遺佚之歎歟？且唐虞之世，已云萬幾，三代損益，事體漸繁，如才不盡於服官，將官必至於廢事。而熙載亮工，咸和丕冒，其治理卓絶千古，又何歟？

洪惟太祖高皇帝，即位初年，分遣使臣，訪求賢才，其諭侍臣有曰：「天地交泰以成庶類，君臣相須以成治功。」又曰：「任人之道，譬之用器，可任重者重任之，可任輕者輕任之。」當日設官分職，大約彷虞周之制度，用能揭日月於重新，維天地於不墜，直與唐虞三代比隆已。朕藉謨烈之遺，履剥復之運，除奸去佞，剔蠹流膏，曠然欲與更始，而紀法未盡修明，蒼黎未盡寧戢，其大者如奴孽漸勾西虜，插酋逼處宣雲，逆彦授首尚稽，閩寇鴟張無忌。餉日耗於多兵，乃遇警又患兵少，而且驕悍不前，輒曰無餉。民日困於加餉，乃轉運又苦餉詘，而且侵冒多端，動曰在民。當此兵民交困之日，所賴大小任事之臣，朕用是寤寐賢豪，弓旌四出，庶幾隱鱗戢翼，咸際風雲，顧所謂經文緯武之儔，詰兵理財之效，尚未覩一二，何歟？將用不盡其才，官或枉其用歟？語曰：「將相和調，則士豫附。」又曰：「百官和於朝，萬民和於野。」意者無猜無虞，同寅協恭，固上臣矢報之精心，亦建豎功猷之根本也。

爾多士以新發之鉶，當朕訪落之日，其各率意言之無諱。

（底本：《歷科廷試狀元策》首卷上）

臣對：臣聞帝王之臨馭宇内也，必有振綱挈領之精意，而後可以統攝萬幾，分秩庶正，奏雍熙之上理；必有分條析目之實務，而後可以因材用器，量能任官，鬫鞏固之宏猷。何謂綱領？人主所謂默運於淵衷，而鼓之以勵精，操之以行健，融融焉使四海並遊於庶績咸熙之世，而不知經緯之何從者是已。何謂條目？人主所爲顯推之共任，而照之以空鑒，持之以平衡，適適焉使群工偕奮於百度惟修之朝，而罔敢怠荒之或斁者是已。惟有所默運於其中也，故百官寅協而治，群力環拱而陳，雖口代天言，手代天工，各自效其股肱耳目之寄，而露雷風雨，天不言而歲功成。惟有所共任以爲用也，故長短畢呈其技，偏全各肖其形，雖小而服采，大而服休，亦衆成其翼爲明聽之資，而風虎雲龍，聖人作而萬物睹。古帝王恭己無爲而四方風動，照臨有赫，而百辟惟休，用此道也。藉令綱紐之自弛，而徒責效於登庸，則課職課功之權，誰實司之？即令品藻之不清，而但求功於殿最，則量德量能之法，誰實任之？誠欲薪櫄弘開而網羅畢效，則任賢圖治之幾，端有望於今日矣。

欽惟皇帝陛下，剛建中正以立極，聰明睿智而有臨。曆數在躬，帝謂「予懷明德」；乾綱獨振，人言幸際太平。集岳牧於彤庭，大法小廉，共勵平康之治；備箴銘於紫幄，清心寡欲，特開勤儉之風。爲天下得人，五百年傳築伊耕，一卜金甌，立召夔龍於左右；惟一念作聖，億萬載鄒趨魯步，重開玉帙，欣陪孔孟於後先。雷霆震而天地清，祛七日之叢神，社鼠城狐，頌刻咸消於見晛；日月朗而風雲會，彙三朝之茅茹，祥麟威鳳，班（縣）［聯］共慶於瞻雲①。允矣偉烈，豐功莫罄，口揚筆述，是真可以四三王而六五帝者矣！迺猶不自滿假，進臣等於廷，而悉以咨之，如置輔陳殷之典，量能授職之規，熙載亮工之猷，咸和丕冒之化，皆津津下問靡遺，而且勤惓於紀法之未盡修明，蒼黎之未盡寧戢，奴孽漸勾西虜，插酋倡處宣雲，逆彥授首尚稽，闖寇鴟張無忌，兵驕餉乏，民困運窮，外廑疆圉之憂，內勞輸輓之計。殷殷聖慮，燎若觀火，而闢門之訪，更及蒭蕘，此雖帝之疇咨，王之訪落，何以過也！臣誦讀草茅，雖呫嗶徒勤，而蒿目時艱，翹首明盛，芹曝之忱，盟於葵藿久矣，敢不矢心披瀝，效一得之愚以爲陛下獻焉。

臣聞之，君猶天也，天爲四時之宰，而綱維斡旋之柄則天任之，分布流行之用則四時任之。故雨暘寒燠，不一其序；生長收藏，不一其功，而要以四時不自爲用而爲天用，此四時之效順也。君猶心也，心爲五官之令，而樞環轂轉之脉則心任之，左宜右有之資則五官任之。故視聽奔走，不一其役；聰明靈運，不一其能，而要以五官不相爲用而爲心用，此五官之稱職也。夫人君者，上之有論道經邦之佐，而下之亦有理煩治劇之司，豈曰充庭之乏人與？然而人即不乏也，何以使振鷺之羽儀，而皆爲登堂之簠簋，且精之有考綜名實之術，而嚴之亦有幽明黜陟之權，豈曰選法之罔效與？然而法即非弗效也，其何以使互越之樽庖，而終無易混之竽瑟，故恐八紘八縯以收之，而收不勝收矣。罝兔亦有腹心，冥鴻亦有羽翼，而俊乂明庭之彥，必皆師濟之皋夔乎？且三等五等以辨之，而辨不勝辨矣。燕石皆能溷玉，魚目亦可亂珠，而旁求甄別之英，必皆膚敏之髦乎？是以唐虞稽古而有庶明勵翼之勳，成周懋建而見思皇克生之盛。非其隆同寅協恭之誼，則其嚴懋

① 「聯」，據參校本改。

功懋德之程也；非其敦靖共正直之忱，則其明率屬糾虔之職也。

我太祖高皇帝，靖滌胡氛，肇闢區夏，啓重明之日月，定再造之乾坤，固已流唐漂虞，滌殷盪周，而其分職設官，則棋布星羅，朝無倖位。求材詢士，則家夔户契，野無遺賢。觀其諭侍臣，有曰「天地交泰以成庶類，君臣相須以成治功」，此堂簾指臂之義，真可垂訓萬禩！而又曰「任人之道，譬之用器，可任重者重任之，可任輕者輕任之」，煌煌天語，非直一時登用之成規，實千古籲俊之良法也。列聖相承，恪遵明憲，用能維貞百度，以世顯周禎。陛下烈纘鴻基，光揚大業，修明祖制，釐剔臣工，慮百職之偷窳，則以各陳職掌面諭之；虞群位之紛撓，則以協力同心嚴戒之。欽承堯舜之君，快覩拜颺之盛，此固宜人人自奮，而事事畢舉已。乃猶有負瘝曠之羞，而業虞叢脞；失矜群之誼，而喙起爭鳴，誠如[聖]制所慮者①。

臣愚以爲事主之義，同舟而共濟者也。前者任檝，後者任櫓，遇風而呼，而猝罔不應焉，洶涌澎湃之間，亦可以無患矣。受臣之職，同室而格鬬者也，搶者護手，捽者護足，乘力而捄，而衆罔不齊焉，周章勃窣之際，亦可以俱生矣。今夫以三尺之喙而使如沸如羹，是徒以蠻觸争也，獨不可以和羹劑乎？以五寸之鍵而使忽閉忽開，是更以鷸蚌持也，獨不可以典冠守乎？一人而不必分兩人之用，則勿使成連鼓上而成竅鼓下也。此論而勿煩彼論之參，則無使佐饔得嘗而救鬬得傷也。况夫陶之爲埏也，其質固已定矣，隨其質而稱使之，安知用不等於金玉乎？冶之躍金也，其才自有餘矣，取其才而善成之，安知棄必同於瓦礫乎？駏驉不可以逐鼠，梁麗不可以窒穴，則何爲以所短詘用其所長？戚施亦可以直鑄，籧篨亦可以蒙鏐，則何爲以所取盡淹於所擯？謂要駕之馬必不以駿乘，則古亦有嘆約束無奇者，何不寬於録品而嚴於課功？謂飛冥之翮必不以弋慕，則古正有念汗青無日者，何不廣於搜逸而迫於責效？夫然後覈實之政可行也。共讙不能争稷

① 「聖」，原闕，據參校本補。

契之座，水土不必攘稼穡之成，此亦可訪而問者已，夫然後青肆之典宜明也。隨刊不必庇羽山之殛，斧斯無所逃監國之懲，此尤可詳而議者已。

材當則能必效，功審則庸必奮，任久則績必著，法嚴則令必行，更以聖天子明鏡止水之心，闢門推轂之用，延攬俊傑，登籲英良，世固不乏遺大投艱之材，經文緯武之略，皆爲陛下羅而致之。而涓埃可報肝膽，寧私齬技即窮，駑才足策，又且何功不效，何績弗成，而尚有孽虜孱夷，兵荒食匱之足患哉？且夫兵非乏也，而用兵者乏，未始有用用兵者也。虎頭或疲於生入，而猿臂亦詘於數奇，投石超距之英，亦有自行伍而特簡者乎？使其築淮陰之壇，屈南陽之膝，更不必禁中嘆頗牧矣。餉非匱也，而任餉者匱，亦未始有任任餉者也。流馬既僨於轉輪，饑鳥更饞於剥喙，營平建武之策，亦有借前箸而深維者乎？使知筆刀亦可佐關中，智囊亦足籌塞下，則不必以量沙驚夜唱矣。此今日之兵窮而咎不在兵也，亦不止一兵也；餉匱而咎不在餉也，亦不獨一餉也。故爲今之計者，惟虛心以任人，而乃實心以任事，則無論擔荷也，雖代庖而亦可；分品以授事，而又合力以成功，則無論壎箎也，雖矛盾而亦可。方今聖天子側席下求，諸臣努力請效，而猶患有事與人違，議與任忤，朝成夕毁，左支右吾者，則亦何以仰副痌瘝若渴之思，而俯塞夙夜匪懈之責乎？

抑臣猶有進焉。泰交之景運，明與良交成之，而其權實獨操之元首，故取人以身，帝王之首務也。陛下躬修明德以爲賢士之標，隱鱗戢羽，皆望鵠赴之，何不足以勵其凝之績，而成中興之治哉？是在陛下提其大綱，一振而飭之耳。

臣草茅無知，干冒宸嚴，不勝戰慄隕越之至。臣謹對。

（底本：《歷科廷試狀元策》首卷上；參校本：《歷科廷試狀元策》，《四庫禁燬書叢刊》影印北京大學圖書館藏清雍正刻本）

八五　崇禎四年辛未科　陳于泰

崇禎四年（一六三一）辛未科，廷對之士三百四十九名，狀元陳于泰，榜眼吴偉業，探花夏曰瑚。

陳于泰（一五九六—一六四九），字大來，號謙茹。南直隸常州府宜興縣（今江蘇宜興市）人。其父一教，萬曆二十九年（一六〇一）進士。陳于泰天啓七年（一六二七）中鄉舉。狀元及第，授翰林院修撰。三次抗疏直言朝政，崇禎六年，爲中官詆毁，被革職。明亡後，隱居不仕。

陳于泰廷試策見於《歷科廷試狀元策》。據是年策問内容，以及《劉文烈公全集》所載崇禎七年狀元劉理順廷試文可知，今所見各版本《歷科廷試狀元策》，均將陳于泰文自「持小心以保泰」以下，與劉理順廷試策自「念念敬天出王」以下，相互顛倒。今予以乙正。

皇帝制曰：朕聞有一代之治，必有一代之法，前王作之，後王遵焉。《詩》詠「率繇舊章」，《書》稱「監于先王成憲」，此物此志也。乃有謂「徒法不能以自行」，又謂「有治人無治法」，然歟？否歟？三代之法，莫備于《周禮》，後世倣而行之，反以跌盭①，其故何歟？

洪惟我太祖高皇帝，再造區夏，創制立極，於凡建官理財，惇典庸禮，詰戎禁暴，通工柔遠，靡不揆古宜今，綱提目整，

① 「跌」，據賈誼《新書》四部叢刊影印明正德本，當作「跌」。

即所稱六府三事允治，萬世永賴，曷以加焉，可得而揚厲歟？ 列聖相承，率循無斁，重熙累洽，以迄今兹。 顧時遠則玩愒易生，玩久則初意寖失。 朕以寡昧獲纘鴻圖，夙夜兢兢，思所以祈天永命，覲謨揚烈，一惟我皇祖成憲是訓是遵。 乃紹庭徒切，判涣未融，戒諭屢申，泄沓莫振，非不言奬恬，而躁競之習愈滋；非不言旌廉，而婪墨之風轉熾。 猶是民與賦也，昔胡以公私兩利，今胡以上下交困？ 猶是屯與鹽也，昔胡以邊腹灌輸，今胡以軍商耗敝？ 竭民力以養兵，而索餉有兵，遇警則單弱立見矣。 借撫賞以修備，而循名有備，覈實則虚飾如故矣。 綜稽以釐弊，而弊即在綜稽之中；明罰以懲姦，而姦反隱明罰之内。 諸如此類，未易縷指，豈果法之不可行歟？ 抑行法者未得其要歟？ 殆所謂「必有治人而後能行治法」，其責安在？

朕遠慕敕天喜起之歌，思百工之所以熙，庶事之所以康，實有不容自寧者。 爾諸士目擊時艱，有概于中久矣，其悉臆以對，毋泛毋隱，朕將有採焉。

（底本：《歷科廷試狀元策》首卷上）

臣對：臣聞聖人之治天下也，必有以人維法之模，而後疏附後先合以成粹精之理；必有以法維人之畫，而後禮樂刑政分以奏明作之功。 何謂以人維法？ 有一法即有奉行此法者，無人以奉行之，則因仍漸失其舊，故典章成憲皆法，而率循此典章成憲皆人也。 何謂以法維人？ 有一人即有綜覈是人者，無法以綜覈之，則班聯將溺其職，故印纍綬若皆人，而責成此印纍綬若皆法也。 法立則名必核其實，言必課其功，而人無以自遯。 推之簡兵清餉，理財用人，皆挈其大而事事有條有理矣。 人得則任必先於議，公必勝於私，而法無之或替。 推之愛名惜誼，耻争好讓，皆務其實而在在可建可竪矣。 故公私得以兩利，邊腹得以交輸。 就民可以養兵，而民仍不病于賦；就兵可以衛民，而兵自不窮于餉。 則法自足以繩人，而雖有躁競貪婪之思，弗敢逞也；人自足以守法，而雖有因循沿習之陋，弗敢仍也。古帝王所以恭己無爲而收師濟之勳，聲色不大而集臣鄰之益，率循此道也。光而大之，端有望於今日矣。

欽惟皇帝陛下，奉三無私，建五有極。乾斷執火風之鼎，晉光通山澤之咸。德協重玄，猶集虛心於玉帙；治臻上理，更勤清問於金華。持小心以保泰①，而豈弟彌性，坐享四十七載之昇平；靖大憝以亨屯，而子孫君王駢集億千萬年之鴻祜，固已弢弓卧鼓，静瀾恬波，赫然稱綦隆盛際哉。乃猶慮風俗之敗壞，由紀綱之廢失，兢兢焉求所以肅人心、維世道者，進臣等于廷，俯賜清問。臣草茅末品，無足效前籌，而幼學有懷，敢不攄所藴爲明廷獻焉？

夫人心之不能無愒玩也，非有以振肅之，則玩者日玩，究將有極重不可反之勢。世道之不能無陵夷也，非有以維持之，則夷者日夷，敝且有大敗不可支之象。振肅維持之術，舍紀綱其誰屬哉？周《棫樸》之詩曰：「勉勉我王，綱紀四方。」蓋勉勉乃所以綱紀也。宋儒朱熹之言曰：「有紀綱持之于上，而後有風俗驅之于下。」蓋持之乃所以驅也。顧始未嘗不修明，而後漸以隳壞也。當其修明也，君曰「張皇」，臣曰「懲毖」，上下志同，《易》所爲係《泰》也。及其隳壞也，君曰「莫違」，臣曰「雷同」，上下巽止，《易》所爲係《蠱》也。泰者，通也。不惟上下通，而世道人心亦與之俱通。通而塞隨之，平陂往復之運，可忘艱貞乎？蠱者，壞也。不惟國事壞，而人心世道亦與之俱壞。壞而治因之，先甲後甲之事，可忘振育乎？

漢興，法度簡約，恭儉嗣世，而清静畫一，蕭規曹隨，然而痛哭流涕之疏，賈洛陽猶有寒心焉。唐世貞觀鳴盛，開元繼響，而房杜姚宋同心輔政，然而魏徵、張九齡之言蚤以負先見矣。宋以忠厚開基，亦以積弱胎亂，而紹聖紛紜，寖釀大釁。千載上下間，治亂興衰，豈不以紀綱修壞，固握于精神之張弛哉？

① 「持小心以保泰」以下至文末，《歷科廷試狀元策》將崇禎七年劉理順文與陳于泰文顛倒，今予以調整。

我太祖高皇帝肇造區夏，一洗胡元腥穢之習；成祖文皇帝再靖家難，重廓日月繼照之勳。六卿率屬，各修其職，文武分曹，不侵其權，官方嚴飭，如農有畔；等威明辨，如牆有垣。士安于庠，守未字之貞；兵安于伍，奉罔越之令；吏恥舞文之智，里無爭攘之風。冠履之分，炳若日星；品式之守，嚴于天澤。煌煌乎《大明會典》一書，真宰物御世之上理，超軼漢唐宋而上之矣。我皇上以首出之資，紹繹大統，纘承鴻業，其修明政令以繼述祖宗之大法，罔有愆遺。御極之初，庶幾化行俗美，不替遺烈。邇來乃稍不然者，法守何漸隳也，人情何滋玩也，德意何以壅而不究也，且詔令何以格而不行也。陵夷之甚，申飭莫救。請就明問所及而極言之，可乎？

夫職業之隸于位，不可越也，而今且蔑視之；隄防之設于下，不可潰也，而今且侵軼之。偏裨而犯大帥，僚屬而抗官長，則陵甚矣。奸胥而傾有司，亂民而攘富室，則横甚矣。而且説民耶，棄我東魯，遁彼西竺，是謂甚淫。而且説士耶，木石文綉，倡優后飾，則謂甚侈。而且説官耶，借人地以分畛域，别好惡以生羽瘡，是謂甚競。而且説國耶，婦姑而恣勃谿，同室而逞戈矛，是謂甚嚚。中于人心，人心將日澆；流于世道，世道將日潰。昔人患燕堂，兹不啻燃眉也；昔人憂厝火，今不啻燎原也。失在紀綱，果徒在紀綱乎？將無上之任乎？抑上與下交任之乎？漢崔寔謂政衰俗敝，在承平日久，而專徼其主；宋蘇軾謂紀綱頹壞，由上下因循，而交責其臣，則今日梗概，固可得而陳矣。

高皇帝創業艱難，宋葉劉王，日贊惟議，居安思危之訓，無日不申儆焉。文皇帝守以兼創，三楊同心，魚水歡洽，宵衣旰食之勤，異世如一日矣。以故提綱挈紀，法立而不犯，令行而不逆，儼然萬世立隆。今金華罕御，不聞召見之晬容；章奏皮閣，莫徹止輦之霽聽。而考選幾同積薪，長安坐累玉挂，印刓不與，環賜無期，誰任紀綱之耳目？而三公孑立，大彼星希，夢卜不求，會推弗允，誰任紀綱之股肱？而西席塵封，不示開講之益；諭教匪豫，不重左右之選，誰任紀綱之根本？又況惰窳成習，積弛不奮，人以官爲傳舍，若泛梗之適遭；官以事爲偶寄，如遽廬之一宿。彼此互推，孰課其功；前後相諉，莫受其咎。因循之過，所謂上與下交任之者。大抵一代之興，開創則精明勃鬱，累葉則頹廢不支。一君之身，初政則策勵交持，末路則昏倦或乘。猶之初氣銳，終氣衰，强弩之末不能穿魯縞；猶之朝風疾，暮風徐，衝飈之餘不能起斷蓬。

然則，反弛爲張，操紀綱以振人心世道之失者，其竅會可知也。騁康莊者，垂腹委轡有時，而仆念及于覆轍，則羊腸或可爲安途；涉觴淵者，棄楫亂濟有時，而没念及于摧檣，則瞿溗皆可爲順流，特在我皇上之一自振耳。誠以人責事，以事責功，職業之司如典衣典冠，各不相混，而人何敢恣于職之外？以名思分，以分思義，上下之定，如乾尊坤卑，各不相侵，而人何敢越于分之内？慎官師之任，以廣厲學宫，士有敢以淫應者乎？躬節儉之行，以示天下先，而人有敢以侈應者乎？明和衷之誼，振師濟之盛，則官方不競也。一任議之途，信賞罰之條，則國是不嚻也。一身之中，天君定其主宰，而五官百體靡不奉令以聽；一家之中，主人翁整頓其精神，而亞旅疆以靡不執事以從。將風移俗易，夫世道人心而不翕然雍熙者，未之有也。以追祖宗之休寧，獨比隆漢唐宋已哉？

抑愚猶有説焉。夫人主一心耳，而何而中之者且千百心。《書》所稱成湯之聖也，有曰「不殖貨利」，心至清也。一中于混濁之財，而清白之氣愈昏愈錮，遂溢于人政之間，而昏錮之弊愈蔓愈衍，風俗敗而紀綱亦益以弛。獨不思人主天下之身也？何天下之財非人主之財，顧乃以之昏心哉！以皇上明聖，遠邁成湯，而愚願以不殖之説進。

臣草茅無知，干冒宸嚴，不勝戰慄隕越之至。臣謹對。

（底本：《歷科廷試狀元策》，首卷上。參校本：《劉文烈公全集》卷一，《四庫禁燬書叢刊》影印北京大學圖書館藏順治刻康熙印本）

八六　崇禎七年甲戌科　劉理順

崇禎七年(一六三四)甲戌科，廷對之士三百零二人。狀元劉理順，榜眼吴國華，探花楊昌祚。

劉理順(一五八二—一六四四)，字復禮，號湛六。河南開封府杞縣(今屬開封市)人。萬曆三十四年(一六〇六)，舉河南丙午科鄉試。其後，九赴會試不中。狀元及第，年五十三。授翰林院修撰。歷左中允、右諭德，兼翰林院侍讀。崇禎十七年三月，李自成陷北京，舉家自盡于官邸。南明時追贈詹事，賜謚「文正」。順治十年(一六五三)，改謚「文烈」。所著詩文，其後人輯爲《劉文烈公全集》十二卷。

劉理順廷試策見《劉文烈公全集》及《歷科廷試狀元策》。《歷科廷試狀元策》將劉理順文與陳于泰文顛倒，今據《劉文烈公全集》予以校正。

皇帝制曰：朕聞帝王之治，莫隆于唐虞，乃皋陶陳謨，不出知人安民兩端，而謂能哲而惠，惟帝其難，何慮慮也。又有謂堯舜知不徧物，仁不徧愛，急親賢之爲務，似觭重知人者。豈翕受敷施，在敦庸命討之先，而哲能官人尤爲要歟？洪惟我太祖高皇帝，肇造區夏；成祖文皇帝，載靖邦家，皆孜孜訪求賢才，以圖治理，令内外諸司各舉所知，責成吏部甄别賢否，因材授職，都察院奏聞。又如六部官，毋得輕調，藩臬選用賢能，牧守須令久任。洋洋聖謨，作述同揆，真軼殷周而媲唐虞，可得揚厲其概歟？列聖相承，率遵兹軌，奕葉重熙，良非偶然之故已。朕嗣纘丕圖，覲揚先烈，兢兢惟恐失墜。第所與其共治天下者，士夫也。今士習不端，欲速見小，兹欲正士習以復古道，何術而可？　奴酋本我屬夷，地窄人寡，一旦稱兵犯順，而三韓失守，其故何歟？　目今三協關寧，以及登津等處，各宿重兵防奴也。奴不滅，兵不可撤，餉不可減。今欲滅奴恢疆，如何作用？　且流寇久蔓，錢糧缺額，言者不體國計，每欲蠲減。民爲邦本，朝廷豈不知之，豈不恤之。但欲恤民，又欲餉軍，何道可能兩濟？　即屯田鹽法，誠生財之源，屢條議申飭，不見實效，其故何歟？　至於漕糧爲三軍續命，馬匹爲戰陣亟需，折截掛欠，遂失原額原制，何道可復？　今雖東奴猖獗，河套有可復之機，邊外儘可作之事，但難於奴賊窺伺，朝野匱乏。近降夷繼至，作何間破，流賊漸逸，鄖廣海寇，時擾浙閩，剿滅不速，民難未已，兼之水旱頻仍，省直多故，作何挽回消弭？　又唐宋曾以武臣爲中書令、樞密使，文武似不甚分；我太祖高皇帝曾以直廳爲布政、典史爲僉都，今奈何牢不可破？

爾多士留心世務久矣，其逐款對答無諱，朕將親覽焉。

（底本：《歷科廷試狀元策》首卷上）

臣對：臣聞帝王之弘先緒而隆大業也，必其君以實事課其臣，而後分猷佐理，有百度維新之象；必其臣以實心效於君，而後政修事治，成一人垂拱之休。何謂實事？　因職以察其能是也。人不必問崇卑，局不必分内外，而惟以職察其能。賢者有以見長，庸者無以覆短，殿最迥若蒼素，而國家因以有紀綱。何謂實心？　盡忠以致其身是也。事不必問難易，時不必問順逆，而惟以忠致其身。則智者無不竭之才，勇者無不殫之力，忠貞篤於堂陛，而人心乃以有分誼。蓋有實心方能措寔事，而課實事政以求實心，唐虞三代之所以熙庶績而聯一德者，此其道也。第國家當平治之日，法令未弛，而振舉之極易。然防微杜漸，聖人猶有憂焉。蓋以爲易而狃之者，治之所自隳也。國家承熙洽之後，情俗日偷，而整頓之頗難。然拯溺濟否，聖人必且勞焉。蓋不以爲難而諉之者，治之所日茂也。慨然以用賢圖治爲己任者，真大有爲之君，而堯舜親見，政在今矣。

欽惟皇帝陛下，剛健中正之咸備，聰明睿知以有臨。念念敬天，出王游衍罔怠①；事事率祖，上下陟降惟勤。重農事而躬耕籍田，薄賦輕徭，不必陳《七月》之風；勤問學而身親講幄，日就月將，非徒窮二酉之秘。建中和之極，兼總條貫，五百年金聲玉振，久而彌光。一後先之揆，遠遡淵源；十六字帝典王謨，操之有要。允矣！太平天子。卓哉！至道聖人。固已六五帝而四三王矣，乃聖不自聖，謙而又謙，進臣等於廷，悉以諮之。首推唐虞知人安民之謨，仰追二祖因才器使之方，以及奴酋之若何剪除，流寇之若何撲滅，兵餉之若何通融，軍民之交相利賴，屯鹽之欲復其舊，漕馬之必循其原，而歸于破格用人，以臻平康。大哉王言！真所謂訏謨定命，遠猷辰告也。草茅之士鬱積久矣，敢不傾瀝對揚，攄其葵藿，以副明問也乎？

臣聞國家之所與治者，人也。有人則天下治，無人則天下擾。人才之效用于國家者非一途也，任得其人則無不治，用違于才則無不擾。堯舜之如天好生，濬哲文明，稱極仁極智矣，而陳謨矢訓，惓惓於知人以安民者，則轉移天下之要樞，固不出乎明明揚陋之外也。

太祖高皇帝肇造區夏，成祖文皇帝載靖邦家，孜孜訪求賢才，以圖治理，令內外諸司各舉所知，責成吏部甄別賢否，因材授職。都察院考察覈實，六部毋輕調，藩臬選賢能，牧守須久任，何其用之殷責之專而慮之遠也。創業垂統，綏奠斯民，與勳華無異軌矣。列聖丕承，奕葉重熙，蓋二祖以堯舜之心爲心，故都俞賡于堂簾；列聖以二祖之心爲心，故拊髀勤于夢寐，二百六十年治安如一日者，非偶然之故也。

① 「天出王」以下至文末，《歷科廷試狀元策》與崇禎四年陳于泰文錯簡，今據《劉文烈公全集》乙正。

我皇上求賢若渴，用人不次，謂宜麟遊於郊，鳳翔於邑，偕斯民於協和風動之域。乃數年狡奴窺伺於東，插套挾要於西，盜寇之蔓延無已，氓庶徵調未息；金甌全盛之天下，而有捉襟露肘之形，固宜有以煩聖慮也。噫嘻！此孰非士大夫事而不肯抒忠宣力，爲國建戡定之績，此殊不可解也。夫四民之中士爲首①，勵磨之術士爲先。離經叛道者黜而經術重，巧躐速化者擯而德行全，士心定而後天下之治可次第而言也。

奴酋本我屬夷，羈縻無術，遂至披猖。一壞于四路之輕入而開鐵陷，再壞於經撫之易局而遼瀋危，三壞于戰守之爭執而廣寧棄。非奴能乘我，我爲可乘耳。誠以守爲戰，反客爲主，夜郎之疆不及漢大，未見長纓之不可請也。流寇本我窮民，積漸不已，遂至蹂躪。一窮於倚山之爲固而窟未易清，再窮於各省之觀望而權不歸一，三窮於移徙之無常而突不可禦。非寇不可除，我無以除之耳。誠師出以律，有進無退，鼠竊狗偷，假息旬餘，未見一鼓之不可散也。兵誠不可撤矣。今日定營制，明日更營制，而兵終無一定之數，則老弱之不汰，可乎？訓練則鵝鸛成行，鼓舞則鳳鶴助勁，請以精之說易其撤可矣。餉誠不可減矣。今日請額例，明日請壓欠，而餉終無報足之期，則虛冒之不核，可乎？守則四知之嘗嚴，侵則一錢之罔貸，請以核之說易其減可矣。

阡陌未嘗不墾也，鹹鹾未嘗不煮也。自抽屯補伍，而耕種無人；自貴戚乞討，而耕種無地；自商不輸粟而輸銀，而開中之法壞；自鹽壅於公，復壅於私，而度支之用窘，則修屯政以復鹽法者，不可以條議爲塞責也。舟楫非不時往來也，驗烙非不時申飭也。自雨暘失序，而漂滯可虞；自包攬公行，而弁蠹莫問；自食之不必盡其力，而雲錦之色以減；自策之不能達其材，而馳驅之則罔閑，則通漕糧而修馬政者，不可以奉行爲盡職也。

① 「首」下，參校本注文云：「原策落此字，係御筆親添。」

之用？果龔虞之治郡，何竊發者之不可成綏撫之功？故天下不患多事，而患人之莫肩其任也；不患無人，而患用之莫究其施也。如必門第以取士，停年以用人，雖無雙之國士，終受抑於胯下矣，官人惟賢之義不如是也。豪傑特出之資，其可拘滯歟？如必一眚爲大德之掩，寸朽有合抱之棄，雖三敗之孟明，無以收功於焚舟矣，使人以器之義不如是也。鉛刀一割之用，其可不珍惜歟？嘗誦高皇帝諭侍臣用人之道曰：「材大者當重任之，材小者當輕任之。」又曰：「凡事勤則成，怠則廢。賢人君子盡心如此，豈有廢事？」蓋所請用人而又以課人用者，抒其約結欲伸之氣，而課者作其寅亮篤棐之忠也。

果韓白之登壇，何受降之城不可築？果劉韓之持籌，何東南之賦不可蠲？果郭李之在邊，何豢餌者不可成臂指之用？

抑臣更有進焉。《書》曰：「后克艱厥后，臣克艱厥臣。」君臣固交任之者也，則提綱挈領，合群策群力，而又安一世，是在皇上之一獎率間耳。

臣草茅新進，干瀆宸嚴，無任戰慄隕越之至。臣謹對。

（底本：《歷科廷試狀元策》首卷上。參校本：《劉文烈公全集》卷一）

八七　崇禎十年丁丑科　劉同升

崇禎十年（一六三七）丁丑科，廷對之士三百零一人。狀元劉同升，榜眼陳之遴，探花趙士春。

劉同升（一五八七—一六四六），字孝則，一字晉卿，江西吉安府吉水縣（今屬吉安市）人。其父劉應秋，萬曆十一年探花，官至國子監祭酒，爲一代名臣。劉同升狀元及第，年五十一，授翰林院修撰。崇禎十三年，上疏諫阻楊嗣昌奪情并救黄道周等人，遭貶謫，憤然稱病辭職。南明時以原官召用，未赴任。唐王時授祭酒，又陞詹事兼兵部左侍郎，命巡撫南贛，卒于贛州，年六十。贈東閣大學士，謚「文忠」。著有《金陵游覽志》《明朝名臣傳》等。

劉同升廷試策見《歷科廷試狀元策》，結語部分未見，顯非全文。細觀底本，似有刮削痕迹，其詳不可考。

皇帝制曰：朕惟《洪範》八政，首重在食，天生五材，誰能去兵，是兵食兩者，固經世之大端也。周制寓兵于農，不出比閭族黨鄉遂之間，而伍兩卒旅之軍師已具，第司馬于農隙講武事而已。當其時，居足以守，出足以戰，田足以耕而食，内順治而外威嚴，何其盛歟？後世藉兵以衛民，賦民以養兵，而兵與農遂分而爲二，乃兵日驕玩，民日凋敝，古法豈不可復行歟？漢初南北兩軍，猶調諸農，後增募期門、羽林、八較尉等軍，而兵制壞。唐貞觀中置府兵，最爲近古，漸更爲彍騎，而虚弱日甚。其沿革得失之政，可得而縷陳歟？

洪惟我太祖高皇帝，肇造區夏，首加意留屯，敕五軍都督府，言「古養兵而不病農者莫如屯」，命天下衛所督兵屯糧，庶幾兵農兼務，國用以舒。又諭兵部曰：「屯田之政，可以紓民力，足兵食，邊方之計，莫善于此。」洋洋聖謨，垂慮深遠，直駕漢軼唐，與成周比隆，可得而揚厲其盛歟？

承平日久，寖失初制，各邊始仰給内帑，年例日增，濫觴不可底止。朕纘紹丕緒，十載于兹，適值虜寇交訌，宵旰靡寧，惓惓于安攘大計。無時不飭籌餉，而餉之窘匱愈甚，且耗蠧莫可詰矣；無時不飭練兵，而兵之單弱如故，且增募日踵請矣。民力不堪，再加呼庚，勢難姑待，將何術而可？即議者未嘗不言清屯開墾，而條飭徒申，尚鮮寔效，其故何歟？又有謂屯與鹽相表裏，非盡復輸糧開中之舊制，屯政必不能興，其説然歟？否歟？且屯鹽固屬本計，蓄艾未濟目前，抑别有生節之道否歟？又在萬曆初聞太倉之米足支數年，今直無終歲之計，兵食交詘，未有甚于此時者也。及今不圖，後將何繼？昔唐以建中之耗竭，用一劉宴，即能使國用充足而民不困敝；李抱真憂山東軍伍凋刓，典屯較射，不三年而兵精庫實，遂雄視列鎮，豈非實心任事之明效歟？夫儒者動稱王政，薄言富强，今求一能爲富强如劉晏、李抱真之流而不可得，亦士大夫之耻也。

諸士必有概于中久矣，其悉攄所見以對，朕將有採焉。

（底本：《歷科廷試狀元策》首卷上）

臣對：臣聞帝王之治，安四海而承叙萬年也。有經世之大道，養天下之元氣，而成敦大之體；有救世之大權，振天下之神氣，而奮明作之用。何謂經世之大道？安嘗可久，守畫一以宜民，而不以補葺苟且開後世機謀術數之端，然非迂遠而闊于事情。何謂救世之大權？通變不倦，竭心思以裕國，而不以膠柱執方隘王政酌盈濟虚之理，故識時務而貴乎俊傑。是故儒者言經濟則薄管商，而不知能爲管商者乃能不爲管商也。蓋管商非無學術，可以治一國不可治天下，乃其不爲管商而豈不爲富强？抑儒者言事業則稱吕葛，而不知有吕葛之心者，不患無吕葛之才也。蓋吕葛能忘身家，可以堅一心即可任一世，乃其不爲呂葛而又豈爲桑孔？是故天下之治法，不在法而在人；天下之治人，不在事而在心。自古聖帝明王，以之試功熙績，此道得也。夫治國之事，挈其綱紀，舉其節目，不過兵食數端，豈異人任，舍此而別言致主，宜乎迂疏不效，而負大有爲之君，及可爲之時，則黽勉劻勷，端有望於今日矣。

欽惟皇帝陛下，玄德建極，聖學集成。聰明睿知以有臨，嚴恭寅畏而無逸。曰肅曰乂，曰哲曰謀，道咸備而發圖書之蘊；乃聖乃神，乃文乃武，心廣運而開迪吉之先。鳳德來儀，歌功詠叙之景淑，撫舜絃則解愠蒼生；河清獻瑞，覲光揚烈之精神，陟禹蹟則敷教海表。郊禋步禱，念民力之普存，蘄乎時和年豐，宛然《豳風》之咏，匪修耕耤之舊文；太廟齋居，維孝思之錫類，達于繼志述事，遐哉《天保》之章，皆寫纘承之新德。人稱太平天子，世頌有道聖人。乃猶萬幾之(遐)〔暇〕①，進臣等于廷，諮以治道，謂古之兵疆食足，今之兵驕食匱，推原漢唐之制，考求國初之規，其亦有救時法祖之思乎？臣草茅無識，然目擊時艱，懷請纓之志切，處堂之憂久矣，敢不效千慮之一得爲芻蕘之獻？

夫國安崇文，時棘尚武，臣竊以爲過矣。聖人安不忘危，文武並重，慮至殷也。于古之談兵食者，莫詳于孔子，其曰「足食足兵，民信之矣」，大旨以兵食與民分爲三者，則民之與兵不得而混之爲一也。夫秉耜而耕者，民也；持戟而戰者，兵也。後之兵民不分，并食亦不分。驅市人而膏斧，則病在兵；抽屯籍而補伍，則病在食；簡壯丁以禦侮，則病在民，一者失而三失之也。烏知却萊墮費，爲聖人之作用哉？

洪惟太祖高皇帝，混一華夷；成祖文皇帝，定鼎燕薊，數幸開平，三犁虜穴，雄略過漢唐遠矣。列聖重光，承平日久。我皇上英毅中興，而奴插外訌，流寇内擾，調兵議餉，歲無寧日。臣庶皆曰「賴睿算嚴明，滅此朝食」，而度支告詘，三軍有

① 「暇」，據參校本改。

庚癸之呼，熊威虎奮未聞也」，更番無計，七月有卒歲之虞，鳥驚獸散可憂也。在昔高皇帝，敕五軍都察府加意留屯，言「養兵而不病農」；又其諭兵部曰：「屯田之政可以紓民力，足兵食。邊方之計，莫善于此。」洋洋聖謨，萬世良法也。

夫漢南北軍易而爲期門、羽林、八較尉，而漢兵弱矣。何以易之？南北兩軍久而不足用故也。唐府兵易而爲彍騎，而唐兵弱矣。何以易之？府兵久而不足用故也。南北軍之力不足用，而南北軍之食不可問，增一軍多一食，則漢之末流不徒兵法壞，而餉法亦壞；府兵之力不足用，而府兵之食不可問，變一兵耗一食，則唐之末流不徒兵法壞，而餉法亦壞。然聖制猶未及宋也。夫宋兵之弱，殆又甚焉。聚天下之兵於京師，無一足用，有急則遠望勤王；靡天下之食於京師，無一足恃，多警則搜括民力，此尤弊極可爲殷鑒者乎！

聖制曰：「開墾屯田，條飭徒申，尚鮮實效。」夫開墾之效，實未易也。國初，龍江之屯盛於前代，其他郡邑往往有之，一没於勳戚之請乞，一隱於豪右之侵占，而田爲子虛之賦矣。雖有趙充國、棗祗，屯于何所乎？則垂之令甲，而限田之制可行也。

聖制曰：「屯田與鹽相爲表裏，宜復舊制。」夫舊制之復，誠未易也。國初，開中輸粟實邊，利國通商，往往稱便。一壅于折色之小利，一滯於竈户之私販，而家擅煮海之富矣。雖有夷吾、計然，而策何所施乎？誠布之功令，而輸公之誼宜勸也。

聖制曰：「建中之耗竭，用劉晏而國用充足，民不困敝。」何説也？夫晏非第以心計爲長，其經世之識有過人者，即如用鹽法之吏，皆選臺閣之才佐之，而不委之瑣尾之士，故染指風絶，而國課自清矣。

聖制曰：「山東之凋刓，用李抱真而興屯較射，三年兵精。」何説也？夫抱真非僅以勇敢著名，其忠誼之心有感人者。

是時諸節度之横，獨其乃心王室而不貳，而世爲干城之夫，揭竿（奸）［者］寢而唐室安矣①。

彼二臣者，豈非管商之流亞哉？ 未必懷吕葛之心也。而今之士大夫，學堯舜之道，卒不與管商同功，微識者爲士大夫耻，而士大夫亦自耻之也。皇上不負臣子，臣子自負皇上耳。方今全盛之時，呶呶焉憂兵憂餉，而束手坐觀，則國體不壯；惄惄焉憂奴憂寇，而藏心規避，則士氣益衰。郊熟馬肥，守防何策？ 東出西没，剿撫何局？ 獨令宵旰自勤，亦禄食驚心，而計不忍出此者也。夫屯政非一日之功也，而外省調兵僅循故事。伏惟皇上，簡京營之冒詭，汰老弱之耗糧，以于謙之練團營者行之，此諸臣所不敢言，而恐任德怨者也。有臣如抱真，任一人足矣。皇上念兩淮之咽喉，恤五方之利害，以周忱之久巡撫者處之，此人所不及慮，而視爲尋常者也。有臣如晏，任一人亦足矣。且善理財者，但理其用而已矣，故不曰財而必曰用。誠知舊餉之何用，則知新餉之增何爲也；誠知額内之何用，則知額外之增何爲。

（底本：《歷科廷試狀元策》，首卷上。參校本：《歷科廷試狀元策》，《四庫禁燬書叢刊》影印北京大學圖書館藏清雍正刻本；《歷科廷試狀元策》，康熙四十五年大業堂刻本，哈佛大學圖書館藏）

① 「者」，據參校本改。

八八　崇禎十三年庚辰科　魏藻德

崇禎十三年（一六四〇）庚辰科，廷對之士二百九十六人。狀元魏藻德，榜眼葛世振，探花高爾儼。

魏藻德（一六〇五—一六四四），字思令，號清躬。直隸順天府通州（今北京）人。授翰林院修撰。崇禎十六年五月，驟擢禮部右侍郎兼東閣大學士，入閣輔政。崇禎十七年二月，詔加兵部尚書兼工部尚書、文淵閣大學士，并接替陳演任内閣首輔；三月十九日，北京城陷，明亡，魏藻德變節，死于賊。《明史》有傳。

崇禎十三年殿試策問，未見記載。《明史·魏藻德傳》載：「既殿試，帝思得異才，復召四十八人於文華殿，問『今日内外交訌，何以報讐雪耻』，藻德即以『知耻』對。又自叙十一年守通州功。帝善之，擢置第一，授修撰。」

魏藻德廷試策見《歷科廷試狀元策》。

臣對：臣聞聖人之治天下也，必有振肅天下之大法，而後可以維久安長治之運；必有淪洽天下之大道，而後可以課熙載亮工之庸。大法何以振肅？經之以文，緯之以武，令順治之風從威嚴而日益著者是也。大道何以淪洽？育之以仁，正之以義，令親遜之誼從董戒而日益敦者是也。有法以彰道之用，故因時布令；因俗立教，使天下民風有所懾服，士習有所儆惕，灑然丕變而無囂淩詭誕之萌。有道以立法之本，故令喻以恕，教設以神，使天下分聯於不忍貳，情結於不忍離，油然莫解，而無塗飾扞格之象。古帝王所以綏猷立極，建學明倫，而庶績繇之咸熙，萬方繇之寧謐者，其道端不越此。如恃名法之詳，而絀禮樂教化之功；狃聲容之盛，而鮮壽考蒸髦之實，則徒善不足以爲政，徒法不能以自行。彼三季之代，古道闕微，人心渙散，而天下脊脊多事者，有繇然也。興衰起敝，以迴既倒之狂瀾；拔本塞源，以扶久頹之暮氣，端有望於今日矣。

欽惟皇帝陛下，剛健中正以時乘，文武聖神而廣運，建五有極，四方遵彝訓之輝煌；奉三無私，百度歸紀綱之肅穆。賓册衍青鏤之慶歌，重暉重潤於無疆。靈壇展蒼璧之誠凜，曰旦曰明於有赫。遜志務時敏，修來罔懈，典學之心法允符；儉德懷永圖，甘節以通，敦樸之醇風遠布。金華晝接爲明誥、爲董正，允矣疇咨訪落之休光；玉案時親乃啓沃、乃論思，展也辟雍明堂之盛事。征弗庭以靖國，運籌無煩十扎，白旄黄鉞，敉寧已奏乎膚功；沛大賚以安民，儲蓄預戒九年，赤縣神州，懷保遍施其膏澤，固已六五帝四三王莫罄，臣愚之所得揚扢者矣。廼猶聖不自聖，進臣等於廷，俯垂清問，咨以政教，如用人詰兵、理財平反之失，苞苴貪殘、舉劾賢否之弊，以至抽練、裁練、興屯、裕餉，保民四事之未臻，實效豪紳、囂士、叛卒、奸民之未戢亂萌，一一下詢至不憚，金殿再臨，瑶階降蹕。仰窺我皇上求賢求言之切，真不啻饑渴之殷矣。臣草茅微賤，何幸躬逢盛際，敢不披瀝葵忱，以效一得哉？

臣聞之《易》曰：「君子以教思無窮，容保民無疆。」是君欲保民，未有不先教民者。教民以孝弟，而父兄獲子弟之養；教以禮讓，而族黨有姻睦之風；教以詩書，而德行文章有真品真才之造，繇是小子成人循循焉各謹門内之儀，而安子弟之職。豈復有頑梗之徒，起而走險以自外于王化者？是教民正保民之要務也。

又聞之《易》曰：「聖人久于其道而天下化成。」是君欲化民未有不期久道者。肄習久而有以移易其耳目，訓迪久而有以漸漬其心志，深仁厚澤久而有以淪浹乎肌髓，使鼓舞變化於不自知，繇是潛移默奪，適適焉各安耕鑿之恒而服庠序之義，豈復有淩競之習出而躍冶以自絶于生成者？是久道實化民之至理也。唐虞命官敷教以來，三代各典，嘗誠重之矣。

我太祖高皇帝，肇造乾坤，重闢日月，而創制立法，酌古準今，至明備已。維時禮賢有館，教民有諭，約士有碑，所爲萬世立法程者固靡遺也。列聖相承，重熙理治，率無二道。我皇上闡揚而光大之，政無不舉，教無不敷，而朝夕糾虔不自暇逸，尤諄諄以《六諭》、小學、《孝經》是重，則化民成俗之心何如殷懇，而時勢愈棘，太平未奏，誠如聖制所云者。臣伏而思之，夫政有政之文，有政之實，不得其實，雖井田周禮，後世未免有弊。倘今大小臣工，各能仰體皇上勵精圖治之思，而争自濯磨，毋瞻徇，毋巧避，毋塗飾，必求事之實有裨益者何在，毅然爲之，則何政不可奏太平哉？教有教之文，有教之實，不得其實，雖飲酒讀法天下祇爲故事。倘今雍學師儒，各能仰體皇上愷悌作人之意，而争相勸勉，毋尚浮華，毋聽狂逞，毋開奔競，必求事之實有砥礪者何在，設誠行之，則何教不可奏太平哉？一用人也，必真知灼見其人之果堪用者何如，而即爲破格用之，久任用之則其人必以實心任實事，而無憂以虚文格套掣其肘也。一詰戎也，必真知灼見其戎之急須詰者何如，而即爲選良將以詰之，討軍實以詰之，則其兵必以實力收實效，而不致以虚伍疲卒冒其名也。理財豈無長計乎？莫要于重農與釐弊而已。使人力歸地，地利歸民，而墨吏不得以耗之，則賦入無虧，財用可足矣。棘聽何多冤民乎？要在于持平與慎斷而已。使輕重有典，出入無失，而酷吏不得以亂之，則情罪既當，而刑獄可清矣。如是，則苞苴貪殘之風敢有弗杜，舉劾賢否之間敢有弗當者哉？

至若練兵，急矣。而議抽議裁，似宜責令督撫，酌其緩急而定爲經制，則唐臣李抱真練澤潞，先臣戚繼光薊門之成法可考也。興屯，急矣。而墾荒水利，似宜專設廉幹大臣相其地宜，而多方招集，則漢人力田科、宋儒水利齋之遺意可講也。至于保民四事，叠奉嚴綸，諒有司不敢以空文從事。然非撫按監司時爲察覈，務令修練儲備實實可恃，能爲經久之計乎？此皆欲既政之實，而不徒既政之文耳。以言乎教，尤爲根本之圖焉。夫《六諭》頒矣，有司非不奉行。試問其善果能勸，勸果皆善否？如不實勸及于善，恐民善未必興也。試問惡其果能懲，懲果皆惡否？如不實懲及于惡，恐民惡未必化也。小學、《孝經》非不其群而習之矣，試問士紳家果有如小學之學，果有如《孝經》之孝者否？如不能實盡其孝與學，恐呫嗶無益，士習未必醇也。行間無知方之卒，閭閻多從賊之民，不待言矣。伏乞皇上，端本澄源，以建中和之極，然後鼓勵諸臣，循名責實，則政治教化，焕然維新，太平何難立致哉？

抑臣更有進焉。自虜寇交訌，兵荒叠侵，民生之憔悴至此極矣。管仲曰：「倉廩實則知禮節，衣食足則知榮辱。」未有流亡轉壑救死不贍，而師儒之講禮説義可得而行者。禁止貪暴，崇擢廉仁，以恤疾苦，尤今日養民以教民之急務耳。

臣草莽無知，干冒宸嚴，不勝戰慄隕越之至。臣謹對。

（底本：《歷科廷試狀元策》首卷上）

八九　崇禎十六年癸未科　楊廷鑑（策問、策對缺）

崇禎十六年（一六四三）癸未科，廷對之士三百九十五人。狀元楊廷鑑，榜眼宋之繩，探花陳名夏。

楊廷鑑（一六〇三—一六六五），字冰如，號静山。南直隸常州府武進縣（今江蘇武進市）人。崇禎三年舉人。狀元及第，授翰林院修撰。京城淪陷，剪髮欲遁不得，降授僞弘文館修撰。李自成兵敗後，又投奔南明王朝。入清，任松江府學教授，後致仕歸鄉。二子大鯤、大鶴，分别爲順治十六年己亥科和康熙十八年己未科進士。著有《東皋草堂集》《群書通解》《静山日抄》等。

崇禎十六年殿試在九月十五日，次年三月，李自成即攻陷北京，明朝宣告滅亡。這是明朝最後一科殿試，策問、策對，均未見記載。

附録

《皇明歷科狀元全策》序

狀元之有策也，蓋昉古敷奏對揚之遺意云。漢自孝武詔選賢良方正，親策于庭，擢董仲舒第一，其所對《天人三策》，卓冠一代，號稱大儒最。後公孫弘亦擢第一，而曲學阿世，貽譏至今，寧詎無先資也者，行之不副，焉用文之？迨至宋朝，制科始重，凡魁廷試，皆以狀元稱之。然三百年來，所爲不愧科名者三人，其身負綱常，能報祖宗尊賢敬士之德者，又惟文山一人而已。夫科名安能重人哉？重科名者人耳。

我國家稽古定制，士由南宫籍奏，天子臨軒策試，親定甲乙。一言稱旨，褎然舉首，聲名煊赫，寵眷渥隆。士人榮遇至此，極矣。顧登是選者，必重自期待，求所以不愧科名，以無負我祖宗尊賢敬士之盛典，庶幾媲美前哲，爲邦家光。不然，而徒貌榮名，矜異遘，拜獻成信，與先資盭，即所對者辯若雕龍，文如繡虎，亦《長楊》《較獵》之餘技，曷足多焉？

今國朝二百餘年，狀元之策，具在大都，纚纚洋洋，攄悃籌時，析理揆事，隨問規畫，卓有經濟，即《天人三策》，且將遜其華采焉。然此特其文耳。所爲重科名，不負榮遇者，固自有在。因文綜實，其爲董爲文爲公孫也，余不敢知。間竊尚論，若相業，則謝公遷、費公宏、顧公鼎臣；忠義，則黄公觀、舒公芬；理學則羅公倫、吕公柟、羅公洪先；文章，則曾公棨、楊公慎，庶幾稱不愧哉。

今多士思建前茅，希蹤後武，即望影聞聲，無不艷稱快覩，乃其所自期待爲不愧之實者，亦有平生之志否？如以擷華標采，博議陳詞，則此策已備。倘欲進而求之旂常琬琰之業，則諸公勳蹟載在國史，藏在金匱石室者，非兹刻所能及也。是在尚志者勉旃哉！

皇明萬曆辛卯穀旦，賜進士出身右春坊右諭德兼翰林院侍講，前以中允掌坊事，以司經洗馬管國子司業事，校訂實録，纂修兼總校會典，專管理玉牒，直記注起居，經筵日講官，延陵吴中行書

（蔣一葵輯：《皇明歷科狀元全策》，萬曆十九年刻本，國家圖書館藏）

《歷科廷試狀元策》序

狀元策者，我國家列聖策士之雄謨，諸先達自獻之羔雉也。歷科以來，清問昭垂，如綸如綍，條答具在，臚列絲分，累牘連篇，千端萬緒，若籍籍乎靡一總之。諸先達披攊闕廷，符券明旨，鉅可黼黻乎廟謨，細可斧藻乎幾務者也。普天薄海，望而知其爲經世石畫矣，吾輩可須臾去此帙哉？曩金陵唐氏演次成帙，付之剞氏，傳布域中，已非一日。余三復卒業，頷其謦欬，亦非一日。然猶嗛近科二三策之未備，頃陪對公車，謬次弱侯甫後，間嘗偕弱侯甫取舊本一繙訂之，復取近科二三策而補葺之。洋洋纚纚，庶幾稱一代完策云。蓋無令後之業是編者，復如吴生曏抱遺珠之憾也。是爲序。

崇陰曙谷吴道南譔

（焦竑輯，吴道南校：《歷科廷試狀元策》，崇禎刻本，日本内閣文庫藏本）

國朝廷試儀制

三月初十日，禮部尚書兼翰林院學士臣某等，於皇極門奏爲科舉事，會試天下舉人，取中百十名。本年三月十五日殿

試，合擬讀卷官及執事等官，少師兼太子太師、吏部尚書、中極殿大學士某等六十四員。其進士出身等第，恭依太祖高皇帝欽定資格：第一甲例取三名，第一名從六品，第二第三名正七品，賜進士及第；第二甲從七品，賜進士出身；第三甲正八品，賜同進士出身。奉聖旨：「是，欽此。」

讀卷官：三閣下、六部尚書、吏部左侍郎兼翰林侍讀學士、詹事府詹事及少詹事、翰林院侍讀及侍講學士、都察院及大理寺官員，共一十七員。

提調官：禮部尚書及左右侍郎三員。

監試官：監察御史二員。

受卷官：翰林侍講、侍讀及都給事，共四員。

彌封官：翰林、光禄、鴻臚都科部屬、中書舍人，共十四員。

掌卷官：翰林修撰，編修、檢討及二都科，共六員。

巡綽官：都督至指揮武職，共八員。

印卷官：禮部郎中及主事，共四員。

供給官：光禄少卿、寺丞及禮部主事、司務，共六員。

恩榮次第：

某年三月十五日，早，諸貢士赴内府殿試，上御皇極門，親賜策問。

三月十八日，早，文武百官朝服侍班。是日，錦衣衛設鹵薄于丹陛丹墀内，上御皇極殿，鴻臚寺官傳制唱名，禮部官捧黃榜，鼓樂導引，出長安左門外，張挂畢，順天府官用傘蓋儀從送狀元歸第。

三月十九日，賜宴於禮部。宴畢，赴鴻臚寺習儀。

三月二十一日，賜狀元朝服冠帶及進士寶鈔。

三月二十二日，狀元率諸進士上表謝恩。

三月二十三日，狀元率諸進士詣先師孔子廟行釋菜禮。禮部奏請，命工部於國子監立石題名。

（焦竑輯，吴道南校：《歷科廷試狀元策》）

明代歷科狀元總考

狀元曾登解元及會元者一人：

商輅。

狀元曾登解元者八人：

吴伯宗、陳循、李騏、商輅、彭教、謝遷、李旻、楊維聰。

狀元曾登會元者八人：

許觀、吴寬、錢福、倫文叙、楊守勤、韓敬、周延儒、莊際昌。

狀元入相者十二人：

胡廣、陳循、馬愉、曹鼐、商輅、彭時、謝遷、費宏、顧鼎臣、李春芳、申時行、朱國祚。

狀元官至尚書未入閣者十人：

任亨泰、黎淳、王一夔、張昇、吴寬、王華、毛澄、朱希周、秦鳴雷、羅萬化。

狀元年少者十六人(皆未及三十者)：

費宏(二十)、林大欽(二十二)、施槃(二十三)、楊慎(二十四)、朱希周(二十四)、龔用卿(二十六)、羅洪先(二十六)、彭教(二十六)、謝遷(二十七)、秦鳴雷(二十七)、康海(二十八)、陳謹(二十九)、徐時行(二十八)、孫繼皋(二十六)、朱國祚(二十五)、周延儒(二十五,未娶)。

狀元永年者二十人(皆六十以上者)：

朱希周(六十二)、謝遷(八十三)、王華(七十七)、商輅(七十二)、楊慎(七十二)、吴寬(七十)、黎淳(七十)、彭時(七十八)、費宏(六十八)、顧鼎臣(六十八)、劉儼(六十四)、吕楠(六十四)、毛澄(六十三)、羅洪先(六十二)、曾棨(六十一)、秦鳴雷(八十)、李春芳(七十七)、羅萬化(六十一)、申時行(八十)、焦竑(七十)。

狀元不永者五人：

彭教、曾彦、施槃、韓應龍、林大欽。

狀元蔭後者三人：

胡廣(子穜入翰林)、吴寬(卒後蔭二子)、曹鼐(因土木之變,一子爲大理評事,一爲修撰。至英廟復辟,又官其長孫爲錦衣百户)。

狀元有謚者十八人：

國朝狀元謚俱文,惟曾公棨追謚曰「襄」,施公槃傷謚曰「莊」,朱公希周避謚曰「恭」。

胡文穆(廣)、曾襄敏(棨)、曹文忠(鼐)、劉文介(儼)、施莊僖(槃)、商文毅(輅)、彭文憲(時)、黎文僖(淳)、羅文毅

(倫)、張文僖(昇)、吳文定(寬)、謝文正(遷)、費文憲(宏)、毛文簡(澄)、朱恭靖(希周)、顧文憲(鼎臣)(當爲文康)、申文定(時行)、唐文□(文獻，新請)

慶洲按：焦竑《玉堂叢語》卷六《科目》載「狀元有謚者二十八人」，其中「劉文靖健」「李文正東陽」二人非狀元，誤入。此處所載「十八人」之外是：馬襄敏愉、孫襄敏賢、謝文莊一夔、吕文簡柟、羅文恭洪先、李文定春芳、諸文懿大綬、丁文恪士美。

狀元父子兄弟叔侄翰林者一：

費宏，從弟寀(由庶吉士至禮部侍郎)，子懋賢(由庶吉士任禮部郎中)，從子懋中(正德辛巳探花)。

狀元父子翰林者三：

謝遷，子丕(弘治乙丑探花)。

費宏(見前)。

狀元父子元魁者一：

倫文叙，子以訓(正德丁丑榜眼)。

秦鳴雷，子文(弘治壬子解元)。

狀元兄弟翰林者五：

曾鶴齡，兄鶴椿(庶吉士)。

彭時，從弟華(景泰甲戌會元，選庶吉士)。

費宏(見前)。

秦鳴雷，兄鳴夏（嘉靖壬辰，由中允）。

張懋修，兄嗣修（萬曆丁丑榜眼）。

狀元兄弟入閣者一：

彭時（以太常寺少卿入文淵閣，轉吏部尚書，加至少傅），從弟華（由吏部尚書入東閣，改禮部尚書，致仕）。

狀元兄弟翰林官至一品者一：

費宏（少師、吏部尚書），從弟宷（正德辛未進士，由庶吉士官至少保、禮部尚書）。

兩狀元同胞者一：

馬鐸、李騏（長樂馬某取妾生子鐸，久矣妻妒不容，孕而嫁之歸同邑李氏，生子故以馬名，中永樂丁酉解元，廷試後，上改「馬」爲「騏」）。一母而生兩狀元，可謂奇矣。

狀元父子合三元者一：

曾鶴齡，孫追（成化戊戌探花）

狀元祖孫鼎甲者一：

狀元父子合三元者一：

倫文叙（由儒士中會元、狀元），子以諒（由儒士正德丙子解元）、以訓（由儒士正德丁丑會元、榜眼）。父子三人各占一元，奇矣。且父子會元又兩中鼎甲皆由儒士中也，不益奇哉？

狀元父子尚書者一：

王華（大宗伯），子守仁（大司馬）。

狀元父子兩中元魁官至卿貳者一：

謝遷（成化甲午解元，乙未狀元，官至吏部尚書），子丕（弘治辛酉解元、乙丑探花，官至吏部侍郎）。

狀元兄弟卿貳者一：

彭時（禮部尚書），華（禮部尚書），禮（工部侍郎，華弟）。

狀元以儒士中者三人：

王華、倫文叙、林大欽。

狀元由卑官者二人：

曹鼐（由泰和縣典史）、翁正春（由龍溪縣教諭）。

狀元同榜得五相者一：

正統戊辰科。安福彭時（以第三名中狀元）、眉州萬安（第二名）、溧縣岳正（第一名）（以上三人皆首三名），博野劉吉、壽光劉珝。

狀元同榜得四相者一：

洪武庚辰科吉水胡廣、建安楊榮、石首楊溥、新淦金幼孜。

狀元同榜得三相者四：

成化乙未科。餘姚謝遷、吴縣王鏊、大寧曹元。

嘉靖丁未科。興化李春芳、江陵張居正、歷城殷士儋。

嘉靖壬戌科。長洲申時行、太倉王錫爵、鄞縣余有丁。

萬曆癸未科。秀水朱國祚、福清葉向高、晉江李廷機。

狀元鄉試一榜得三大魁者五：

永樂乙酉科福建榜。莆田林環（丙戌狀元）、長樂陳全（丙戌榜眼）、莆田黄暘（己丑探花）。

永樂庚子科福建榜。長樂林震（庚辰狀元）、莆田陳中（辛丑會元）、連江趙恢（癸丑榜眼）。

天順己卯科江西榜。吉水彭教（癸未狀元）、泰和羅璟（癸未探花）、寧都董越（己丑探花）。

嘉靖己酉科浙江榜。蘭溪唐汝楫（庚戌狀元）、會稽陶大臨（丙辰榜眼）、蘭溪趙志皋（戊辰探花）。

嘉靖甲子科應天榜。旗（手）[守]焦竑（己丑狀元）、蘇州劉瑊（辛未榜眼）、江寧余夢麟（甲戌榜眼）。

狀元一郡同年得三大魁者一：

洪武庚辰科狀元胡廣（吉水）、榜眼王艮（吉水）、探花李貫（廬陵）。

狀元一縣同科得兩大魁者五：

洪武庚辰科。狀元胡廣、榜眼王艮（俱吉水縣）。

成化戊戌科。狀元曾彦、探花曾追（俱泰和縣）。

成化辛丑科。狀元王華、榜眼黄珣（俱餘姚縣）。

嘉靖乙未科。狀元韓應龍、榜眼孫陞（俱餘姚縣）。

天啓壬戌科。狀元文震孟、探花陳仁錫（俱長洲縣）。

狀元一甲俱聯科者七：

洪武丁丑科。狀元陳䢿、榜眼伊昌隆、探花劉仕諤、會元宋琮（俱丙子舉人）。

永樂丙戌科。狀元林環、榜眼陳全、探花劉素會（俱乙酉科舉人）。

永樂壬辰科。狀元馬鐸、會元榜眼林誌、探花王鈺(俱辛卯科舉人)。

永樂戊戌科。狀元李騏、榜眼劉江、探花鄭真(應爲鄧珍)(俱丁酉舉人)。

正統丙辰科。狀元周旋、榜眼陳文、探花劉定之(俱乙卯舉人)。

萬曆乙未科。狀元朱之蕃、會元榜眼湯賓尹、探花孫慎行(俱甲午舉人)。

萬曆戊戌科。狀元趙秉忠、榜眼邵景堯、會元探花顧起元(俱丁酉舉人)。

狀元六世科第者一:

柯潛,從弟燉(成化丙戌進士,僉事)、德贇(舉人,推官),從侄拱北(弘治癸丑科進士),侄孫英(弘治乙未進士,知府),英子維熊(正德丁丑進士,工部郎中)、維羆(舉人,知縣)、維騏(嘉靖癸丑進士,户部主事),維騏孫茂竹(萬曆癸未進士),茂竹子昺(萬曆甲辰進士,知府)。

狀元四世科第者三:

王一夔,子綱(成化辛卯舉人),孫麒(弘治癸丑進士,太僕寺卿)、鳳(辛卯舉人),曾孫廷傑(嘉靖乙未進士,大理寺卿)。

費宏,親叔瑄(成化乙未進士,參政)、珣(景泰癸酉舉人)、瑞(成化癸卯舉人,俱同父),從弟寀(正德辛未進士,禮部尚書),親弟完(癸酉舉人,工部郎中),子懋賢(嘉靖丙戌進士,選庶吉士,禮部郎中),從子懋中(正德辛巳探花,珣孫)、懋文(舉人,知縣),從孫堯年(嘉靖壬戌進士,太僕卿,文子)。

林環,子繼(舉人,教諭),從子思承(景泰甲戌進士,知州),孫偃(舉人,教諭)、伋(舉人,助教)、茂達(弘治壬戌進士,副都御史,思承子),曾孫碹(舉人,知縣)、禎(舉人,教諭)。

狀元三世科第者六：

吴宗伯，父儀（元鄉貢進士），子仲宴（三河知縣）。

任亨泰，子顯宗（永樂癸卯舉人），孫春（景泰庚午鄉魁，同知）。

秦鳴雷，父文（弘治癸丑進士，參政），親叔禮（己未進士，按察使）、武（正德丁丑進士），從兄鳴春（舉人，員外）、鳴夏（嘉靖壬辰進士，中允），從子懋德（舉人）、懋繩（舉人，員外）、懋約（舉人）。

黎淳，子民表（成化甲辰進士，參政）、民牧（弘治庚戌進士），從子民獻（癸卯科舉人）、民望（乙卯舉人，知縣），孫循紀（辛酉舉人，知縣）、循典（正德乙卯舉人，御史，民望子）。

曾鶴齡，兄椿齡（丙戌庶吉士），子序（宣德丁未，參議）、蒙簡（正統乙丑，廉使），孫追（成化戊戌探花）、迴（舉人）。

張元忭，父天復（嘉靖丁酉進士，太僕寺卿），伯父天衢（壬午舉人，府同知），弟元慶（癸酉舉人，知州，天衢子），子汝霖（乙未進士，僉事）、汝懋（癸丑進士）。

南直隸狀元二十三人：

許觀、邢寬、施槃、吴寬、錢福、毛澄、朱希周、顧鼎臣、唐皋、沈坤、李春芳、丁士美、申時行、孫繼皋、沈懋學、唐文獻、焦竑、朱之蕃、張以誠、周延儒、文震孟、劉若宰、陳于泰。

浙江狀元二十人：

張信、周旋、商輅、謝遷、王華、李旻、姚淶、韓應龍、茅瓚、秦鳴雷、唐汝楫、諸大綬、范應期、羅萬化、張元忭、朱國祚、楊守勤、韓敬、錢士升、余煌。

江西狀元十七人：

吴伯宗、胡廣、曾棨、蕭時中、陳循、曾鶴齡、劉儼、彭時、王一夔、彭教、羅倫、張昇、曾彦、費宏、舒芬、羅洪先、劉同升。

福建狀元十一人：

丁顯、陳郊、林環、馬鐸、李騏、林震、柯潛、龔用卿、陳謹、翁正春、莊際昌。

湖廣狀元三人：

任亨泰、黎淳、張懋修。

山東狀元三人：

韓克忠、馬愉、趙秉忠。

廣東狀元三人：

倫文叙、林大欽、黄士俊。

河南狀元二人：

孫賢、劉理順。

陝西狀元二人：

康海、吕楠。

四川狀元一人：

楊慎。

慶洲按：北直隸狀元二人：曹鼐、楊維聰，此處遺漏。崇禎十三年狀元魏藻德，直隸順天府通州人；十六年狀元楊廷鑒，南直隸武進人。康熙版及雍正版《歷科廷試狀元策》，均將魏藻德補入山東，誤。

皇明歷科狀元姓氏籍貫履歷

太祖　孝陵

洪武四年辛亥吴伯宗，江西撫州府金溪縣人。名祐，以字行。治《書》。庚戌江西解元。登第，授禮部員外郎。性剛直不屈，忤胡惟庸，坐謫，未幾召還。累遷國子監司業兼武英殿大學士，不預閣務，尋降檢討。爲名臣。

是科，高麗生入試者三人，惟金濤中式，授安丘縣丞，後以不通華言請還本國，詔厚給道費送之，尋爲其國相。

洪武十八年乙丑丁顯，福建建寧府建陽縣人。字彦卿（當爲彦偉）。授修撰，後獲譴歸。

按：辛亥二月，詔各行省連試三年歲貢三百人，迨癸丑二月，上以有司所取多後生少年，文雖可采，然試用之，不能措諸行事，遂罷科舉，舉賢良。至甲子復設科取士，定子午卯酉之年鄉試，辰戌丑未之年會試，遵行至今不變。

洪武二十一年戊辰任亨泰，湖廣襄陽府襄陽縣人。治《易》。授修撰。甚被寵，任每召議，手書「襄陽任」而不名。歷遷禮部尚書。

洪武二十四年辛未許觀，直隸池州府貴池縣人。

治《易》。本姓黄，字瀾伯，一字尚賓。父贅許氏，遂從舅姓。會試第一名。授修撰。歷尚寶司卿、禮部侍郎。屬建文改制，又爲侍中，復姓黄。靖難兵起，觀往上江徵兵，聞文皇渡江已正大統，乃朝服東向再拜，投羅刹磯水中死，爲名臣。妻翁氏携二女投于通濟橋下死。今南京鈔庫街立有三仁祠，扁題「一門忠烈」。

洪武二十七年甲戌張信，浙江寧波府定海縣人。

字誠甫。治《書》。授修撰，陞侍讀。以教韓王寫杜詩含譏刺，乃敕藁削「御製」二語得罪，復以丁丑考試事誅之。

洪武三十年丁丑陳䢿（春榜），福建福州府閩縣人。

字仲安（當爲安仲），治《禮記》。多材藝，尤精于象緯之術，爲一時名流。

韓克忠（夏榜），山東兖州府武城縣人。

字守信。授修撰。國子司業，修明學政，尋陞河南僉事。

春夏榜考：時主考學士劉三吾、紀善白信稻取宋琮等五十一人，中原、西北無一人登第者。及廷試，以陳䢿爲首，尹昌隆次之，劉仕諤又次之。下第者以劉三吾等南人爲言，上怒，命儒臣再考落第卷中文理長者第之。於是侍讀張信，侍講戴彝，贊善王俊華，司直郎張謙，司經校書嚴叔載、正字董貫，長史王章，紀善周衡、蕭揖，及䢿、昌隆、仕諤，各閱十卷。或言劉、白囑信等以陋卷進呈，上閱卷益怒，親賜策問，取克忠等六十一人，皆山東、山西、北直、河南、陝西、四川士也。考官、信等俱磔殺之。三吾以老戍邊，䢿、諤安置威寧。惟戴彝、尹昌隆得釋。尋取䢿、諤歸，爲司賓司儀署丞，復殺之。世稱「春夏榜」，以此又謂之「南北榜」。

洪武(三十三年,實建文二年)庚辰胡廣,江西吉安府吉水縣人。

字光大,號晃庵。授修撰。建文君謂其與漢臣同姓名,且云「胡豈可廣」,更名「靖」。尋入内閣。文皇登極,復名廣。累官翰林學士兼左春坊大學士,進文淵閣大學士。卒,累贈少師、禮部尚書,謚「文穆」。

成祖　長陵

永樂二年甲申曾棨,江西吉安府永豐縣人。

字子啓。治《書》。廷對策幾二萬言,不屬草。成祖奇之,擢第一,賜冠帶朝笏,授修撰。仕至少詹事兼侍讀學士。卒贈左侍郎,謚「襄敏」。

是科,文皇欲求博洽之士,命學士解縉採天文、律曆、禮樂制度爲問,惟棨卷對答詳盡,上喜,御批:「貫通經史,識達天人,有講習之學,有忠愛之誠。擢魁天下,昭我文明。尚資啓沃,惟良顯哉!」

是科取士四百三十二名,江西中式一百十名,而吉安府占三十六。是科,人才莫盛于江西,而江西尤盛于吉安云。

是科以後,狀元悉授修撰,榜眼、探花悉授編修。

按:癸未年禮部上言:「科舉舊例,應子午卯酉年鄉試。去年兵革倉卒,有未及舉行者,請以今年秋八月皆補試。」制曰:「可。」故會試改于甲申。

永樂四年丙戌林環,福建興化府莆田縣人。

字崇璧。治《書》。及第之明年，陞侍講。預修《永樂大典》，爲《書經》總裁官。兩爲會試考官。

是科，取副榜舉人廷試之，擢周翰等三人，俱賜冠帶，讀書太學，餘除學職。宣德間猶循此例，至正統後副榜不復廷試矣。

永樂九年辛卯蕭時中，江西吉安府廬陵縣人。

名可（當爲可後），以字行。治《詩》。卒于修撰。

按：己丑三月當廷試，會上巡狩北京，詔禮部以所取舉子陳璲等寄監讀書，辛卯乃舉廷試。

永樂十年壬辰馬鐸，福建福州府長樂縣人。

字彦聲，號梅崖（當爲梅巖）。終于修撰。

永樂十三年乙未陳循，江西吉安府泰和縣人。

字德遵，號芳洲。治《書》。甲午解元。仕至少保、户部尚書、華蓋殿大學士。徐有貞陷于謙併及循，因謫戍。尋赦歸，卒後又詔復官。

是科，會試主考梁潛，取循第一，以循鄉曲避嫌，改置第二，而取林文秸。又以秸字難識，取洪英爲第一，陳循次之，而文秸居第六。不然，陳循亦中三元矣。

是科，始詔天下舉人會試北京。

永樂十六年戊戌李騏，福建福州府長樂縣人。

字彦良（當爲德良）。丁酉解元。原名李馬，與壬辰狀元馬鐸同母異父。廷試後，上改「馬」爲「騏」，傳臚唱名，莫有應者，上道其故，乃出應。終于修撰。

永樂十九年辛丑曾鶴齡，江西吉安府泰和縣人。

字延年，號松坡、臞叟。治《書》。由儒士，預修《實録》，陞侍講學士，掌南院。

永樂二十二年甲辰邢寬，直隸廬州府無爲州人。

字用大。累官侍講學士，掌南院。

上初取豐城孫曰恭第一，嫌其名近「暴」字，曰：「孫暴不如邢寬。」擢寬第一，以丹書「一甲第一名」，一時稱爲異事。

宣宗　景陵

宣德二年丁未馬愉，山東青州府臨朐縣人。

字惟和（當爲性和），號澹軒。累遷侍讀學士，入内閣。卒贈禮部尚書，謚「襄敏」。楊士奇云：「宣德以前十五科皆南北士（會）[合]試，未有北士居首選者，有之自丁未始。」

宣德五年庚戌林震，福建漳州府長樂縣人。

字起龍。治《書》。及第後以疾歸，終於修撰。

宣德八年癸丑曹鼐，直隸真定府寧晉縣人。

字萬鍾，號恒山。事繼母，以孝聞。以癸卯榜授代州學正，上書願得劇職自效，改泰和典史。至是，以督工匠赴京，請與會試，許之，遂登第第二人。廷試及第，授修撰。陞侍講，入内閣典制，日侍講讀，累遷吏部侍郎兼學士。正統己巳隨征，殁於軍中。贈太傅、吏部尚書兼文淵閣大學士，謚「文襄」，改謚「文忠」。爲名臣。

英宗　裕陵

正統元年丙辰周旋，浙江温州府永嘉縣人。

字中規，號畏庵。以春坊庶子同考會試，勤於事致疾，尋卒。

正統四年己未施槃，直隸蘇州府吴縣人。

字宗銘。在翰林，日讀中秘書，其力學之勤，致行之篤，大爲楊文定諸老所重。踰年卒，天下傷之，私謚「莊僖」。丱角時，有張都憲者令屬對，曰：「新月如弓，殘月如弓，上弦弓，下弦弓。」公應聲曰：「朝霞似錦，晚霞似錦，東川錦，西川錦。」爲童子即奇如此。

上取崑山張和第一，但黄門密至其邸占之，以有目眚，寘二甲第一名。

正統七年壬戌劉儼，江西吉安府吉水縣人。

字宣化，號時雨。累官太常與少卿，兼春坊大學士。卒贈禮部侍郎，謚「文介」。

正統十年乙丑商輅，浙江嚴州府淳安縣人。

字弘載，號素庵。治《書》。宣德十年乙卯發解時年二十，登第之四年，以修撰入内閣。天順元年，以兵部侍郎兼學士。忤石亨爲民，成化三年，復召入。十三年，以少保兼太子太保、吏部尚書、謹身殿大學士致仕。卒贈太傅，謚「文毅」。爲名臣。

正統十三年戊辰彭時，江西吉安府安福縣人。

字純道，號可齋。治《春秋》。由儒士，仕至少保兼太子太保、吏部尚書、文淵閣大學士。卒年七十，贈太師，謚「文憲」。爲名臣。

景皇帝

景泰二年辛未柯潛，福建興化府莆田縣人。

字孟時，號竹巖。成化間，以少詹事居母憂，值祭酒員缺，上以潛剛方，特起用以壓士論。潛疏乞終制，許之，尋卒。爲名臣。

景泰五年甲戌孫賢，河南開封府杞縣人。

字舜卿。累官太常寺卿兼翰林學士，致仕。卒贈禮部左侍郎，謚「襄敏」。

英宗（復位改元天順）

天順元年丁丑黎淳，湖廣岳州府華容縣人。

字太朴，號朴庵。官至南禮部尚書，謚「文僖」。爲名臣。

天順四年庚辰王一夔，江西南昌府新建縣人。

字大韶，號約齋。治《書》。仕至工部尚書。卒贈太子少保，謚「文莊」。

是科，有下第安福縣舉人萬經，奏同考官修撰劉宣以同縣人見黜。上命禮部及内閣試之，文多疏謬，命枷示禮部前，革爲民。

天順八年甲申彭教，江西吉安府吉水縣人。

字敷五，號東瀧。治《易》。己卯江西解元。仕至侍講學士。

先是，癸未二月會試，場屋灾，試官俱越牆免，舉人焚死者九十餘人。上憐之，賜死者俱進士，詔八月再試，甲申三月會試。

憲宗　茂陵

成化二年丙戌羅倫，江西吉安府永豐縣人。

字彝正，號一峰。治《書》。廷對頃刻萬言。授修撰，即疏閣臣李賢不奔喪非是，謫市舶提舉。尋復官，以疾辭歸。卒贈諭德，謚「文毅」。爲名臣。

成化五年己丑張昇，江西建昌府南城縣人。

字啓昭，號柏崖。歷官左春坊左庶子。因災異劾大學士劉吉，左遷南工部員外郎。後以薦復原秩，累官太子太保、禮部尚書，致仕。卒贈太子太師，謚「文僖」。

成化八年壬辰吴寬，南直隸蘇州府長洲縣人。

字原博，號匏庵。治《書》。會試第一名。累遷翰林學士，掌詹事府，尋陞禮部尚書。卒謚「文定」。爲名臣。

成化十一年乙未謝遷，浙江紹興府餘姚縣人。

字于喬，號木齋。治《禮記》。甲午解元。弘治中，充經筵講官。歷加少傅、吏部尚書、武英殿大學士。弘治末，疏乞致仕，薦吴寬、王鏊自代。嘉靖初，起户部尚書，進謹身殿，明年致仕。卒贈太傅，謚「文正」。爲名臣。

成化十四年戊戌曾彦，江西吉安府泰和縣人。

字士美。國子生。仕至侍讀學士。

成化十七年辛丑王華，浙江紹興府餘姚縣人。

字德輝，號海日。以儒士中庚子第二名。官歷禮部侍郎。成廟嗣位，逆瑾竊柄，惡其不附己銜之，遷南京吏部尚書，勒令致仕。卒後以子守仁貴，封新建伯。

成化二十年甲辰李旻，浙江杭州府錢塘縣人。

字子陽，號東崖。治《易》。庚子解元。歷兩京國子監祭酒。仕至南京吏部侍郎。

成化二十三年丁未費宏，江西廣信府鉛山縣人。

字子充，號健齋。治《書》。由儒士，仕至少師兼太子太師、吏部尚書、華蓋殿大學士。三入政府。卒贈太保，謚「文憲」。

是科，禮部尚書周洪謨奏：「本年天下試録，文多乖謬，乞追奪考官訓導黄奎等聘禮，行巡按提問。」從之。

孝宗　泰陵

弘治三年庚戌錢福，直隸松江府華亭縣人。

字與謙，號鶴灘。治《書》。終于修撰。

弘治六年癸丑毛澄，直隸蘇州府崑山縣人。

字憲清，號白齋，晚更號三江。治《易》。歷官太子太傅、禮部尚書。卒謚「文簡」。爲名臣。

弘治九年丙辰朱希周，直隸蘇州府崑山縣人。

字懋中，號玉峰。官至南吏部尚書。卒贈太子太保，謚「恭靖」。爲名臣。

弘治十二年己未倫文叙，廣東廣州府南海縣人。

字伯疇。儒士，仕至右春坊諭德兼侍講。正德癸酉，主應天鄉試，尋卒，贈祭酒。

是科，會試副考掌詹事府、禮部侍郎程敏政問策秘甚，人罕知者。其故所昵門生江陰徐經，平日竊得之，告於同年解元唐寅，由是各策舉答無遺。寅因自矜詩必得上第，爲給事中華昶及林廷玉所論，詔逮敏政、經、寅，俱下獄。按問，竟（據《弇山堂別集》，當爲「經」）自誣服購，敏政家人得之，獄成，敏政致仕，經、寅俱充吏。

弘治十五年壬戌康海，陝西西安府武功縣人。

字德涵，號對山。授修撰。尋以逆瑾鄉人故罷官家居。嘗賈維揚，以混其迹。

弘治十八年乙丑顧鼎臣，直隸蘇州府崑山縣人。

字九和，號未齋。治《易》。官至少保兼太子太保、禮部尚書、武英殿大學士。卒贈太保，謚「文康」。爲名臣。

初，閣臣擬魏校第一，因全策中有「聞陛下在坤寧宮之時多，在乾清宮之時少」等語，不可宣讀，抑置二甲第九，而顧遂得首擢。

武宗　康陵

正德三年戊辰吕楠，陝西西安府高陵縣人。

字仲木，號涇野。治《書》。仕至南禮部侍郎。卒贈禮部尚書，謚「文簡」。爲名臣。

是科，焦芳子黄中二甲第一，劉宗子仁第四，皆逆謹黨也。因刻黄中及三甲一名胡纘宗策，俱授檢討。尋改劉仁及邵鋭、黄芳爲編修，黄中再進侍講。後謹誅，黄中、仁爲民；鋭、芳、纘宗俱坐貶。

正德六年辛未楊慎，四川成都府新都縣人。

字用修，號升庵。治《易》。及第後以議「大禮」不合，謫戍滇南。博綜群籍，爲海内宗工。卒于滇。隆慶初，贈太常寺少卿。

正德九年甲戌唐皋，直隸徽州府歙縣人。

字守之，號心庵。治《春秋》。仕至侍講學士。卒于官。

正德十二年丁丑舒芬，江西南昌府進賢縣人。

字國裳，號梓溪。己卯，以首諫南巡廷杖，調福建市舶司副提舉。辛巳，復官修撰。甲申，會議「大禮」，再杖于廷。乙酉卒，贈諭德，謚「文節」。今配享羅一峰祠，爲名臣。

正德十六年辛巳楊維聰，直隸順天府固安縣人。

字達甫，號大城。治《詩》。累官光禄寺卿。

按：庚辰會試後，武宗狩于南京，未及廷試。至明年，世宗登極，始舉之。

世宗　永陵

嘉靖二年癸未姚淶，浙江寧波府慈溪縣人。

字維東，號明山。治《詩》。爲經筵講官，歷陞侍讀學士。

己卯科宸濠變作，遂輟鄉試。壬午科，唐龍巡按江西，上疏乞倍增舉人名數，上從之，中式舉人一百九十名。

嘉靖五年丙戌龔用卿，福建福州府懷安縣人。

字鳴治。治《禮記》。仕至祭酒。

先是，舉人廷試送卷之日，彌縫官以會試前取數卷潛送内閣，以備一甲之選，或内閣密覘狀頭儀貌，及平日有聲者。

且閲卷官出自東閣，歸宿私第。是歲，禮部席書疏其弊，乞彌縫官不得豫送卷，讀卷官退朝直宿禮部。上從之，著爲令。

嘉靖八年己丑羅洪先，江西吉安府吉水縣人。

字達夫，號念庵。治《書》。遷春坊贊善。上疏論東宫事宜，罷，屢薦不起。卒贈光禄寺少卿，謚「文恭」。爲名臣。

大學士楊一清等以一甲羅洪先、程文德、楊名及唐順之、陳束、任瀚六卷進覽，上一一品題。於洪先曰：「學正有見，言讜而意必忠，宜擇之首者。」於文德曰：「探本之論。」于名曰：「能守聖學以爲本，此知要之説。」于順之曰：「條答精詳殆盡。」于束曰：「仁智之説，本諸吾心，此不易之論。」于瀚曰：「勉朕敬一之爲主，忠哉！」後一清等考庶吉士，以唐順之、任瀚、陳束爲上御批，因取首，而盧淮等十六人次之。居數日，有旨：「邇年以來，每爲大臣徇私選取，市恩立黨。唐順之等一體除用。有才行卓異、學問優正者，吏部舉奏，收之翰林，以備擢用。」

是科，御史周易上言，順天試録文裁改聖經且失禮，主考右庶子韓邦奇降太僕寺丞，左庶子方鵬奪俸四月。

嘉靖十一年壬辰林大欽，廣東潮州府海陽縣人。

字敬夫。治《詩》。儒士，卒修撰。

先是，禮部尚書夏言上疏請正文體，諸刻意騁詞浮誕磔裂者，擯不得取。詔可。既廷試，言復令儀制郎約束，諸咸拱聽，而大欽獨後至，不聞也。策起不用冒，而文氣甚奇。吏部尚書汪鋐得之，詫曰：「怪哉！」以示大學士張孚敬。已定三名，覽之曰：「雖破格，甚明健，可誦也。」取爲第二，既呈覽，上御批第一。

嘉靖十四年乙未韓應龍，浙江紹興府餘姚縣人。

字汝化，號五雲。治《禮記》。卒于修撰。

先是，大學士李時等取中李璣等十二卷進覽，上批答曰：「卿等以堪作一甲卷十二策來呈，朕各覽一周，其上一卷説的正合題意，『夫周道善而備』，朕所取法。其上三説『仁禮爲用』，『夫仁基之，禮成之』，亦甚得題意。其上四論『仁敬』，『夫敬而能仁，他不足説，可以保治矣』。其上二略泛而滯於行，其下二却似讜，雖與題不合，言以時事，故朕取之，可二甲首。餘以次捱去。不知是否？卿可先與鼎臣看一過，再同讀卷官看行。」上復御批首三卷，于韓曰：「是題本意，可第一甲第一名。」于孫陞曰：「説仁禮之意好，可第二名。」于吴山曰：「敬爲心學之極，此論好，可第三名。」

嘉靖十七年戊戌茅瓚，浙江杭州府錢塘縣人。

字邦獻，號見滄。治《易》。仕至吏部侍郎。

内閣初擬長洲陸師道狀元，御筆批作二甲第五，改袁煒第一。文華殿宣讀已出，復召大學士李時、夏言，學士顧鼎臣入，改煒第三，擢茅瓚第一。

是科，禮部尚書嚴嵩劾應天試録，批語考官既不填名，事屬不敬；又策題以國家祀戎大事爲問，所對語多譏諷，主考官諭德江汝璧、洗馬歐陽衢，令錦衣衛及逮治；提調官府尹孫懋、府丞楊騏，監察御史何鋐、沈應陽，南京法司究問；同考官學正許文魁等，所在巡按逮問。中式舉人不許會試。後謫汝璧廣東市舶副提舉，衢南雄府通判。

又劾廣東所進試録，如「聖謨」「帝懿」「四郊」「上帝」，俱不行擡頭，及「陳白沙」「倫迂岡」之號，有失君前臣名之義。且録中文體大壞，詞義尤爲荒謬，宜治罪。得旨：考官學正王本才等、布政陸杰等、按察司蔣淦等，俱命巡按官逮問。本才等奪其禮幣，御史余光命法司逮問。仍通行天下提學官，嚴禁士子，敢肆爲怪誕、不遵舊式者，悉黜之。

嘉靖二十年辛丑沈坤，直隸淮安府大河衛籍，蘇州府崑山縣人。

字伯載。治《詩》。仕至祭酒。爲御史林潤所劾，詔下獄，竟死獄中。

嘉靖二十三年甲辰秦鳴雷，浙江台州府臨海縣人。

字子豫，號華峰。治《春秋》。仕至南禮部尚書。

時讀卷官已定吳情第一，因北音吳字讀「無」，上曰「無情豈宜居第一」，遂置第三。因殿牓結雷字，乃拔秦鳴雷云。

是科，言官以翟鑾二子汝儉、汝孝既聯中鄉試，又聯中會試，而崔奇勳乃汝儉等師，焦清與汝儉結姻，皆得中式。于是劾主考左庶子兼修撰江汝璧，及同考編修彭鳳、歐陽�，及修撰沈坤之中陸煒；署員外郎高節之中彭謙、汪一中，皆以賄故。且追論癸卯順天主考秦鳴夏、浦應騏阿奉翟鑾之罪。上怒，勒翟鑾死，詔杖汝璧、鳴夏、應騏各六十，革職閑住，不叙。坤仍舊供職，一中、煒存留廷試。節充軍，汝儉、汝孝、奇勳、清、謙及鳳、晚俱爲民。

是科，言官論順天鄉試冒籍中式者，工部侍郎陸傑子光祚、太僕寺卿毛渠子延魁、鴻臚寺卿陳璋子策及孫鎡等十三人。得旨：光祚、延魁策姑存留，不許會試。孫鎡、孫鑨、王宸、陸宏及錦衣衛、太醫院見任官子侄，存留會試。鄭夢綱、陶大壯、沈譜、丁子載、翟鍾玉、陸可成，俱詐冒籍貫，發回原籍入學肄業，仍得應其鄉試。內陶大壯改名大順，復舉戊午浙江第四名，又與子允淳乙丑同榜。

是科，上以山東鄉録第五問「防邊策」語含譏刺，禮部奏乞逮治。上曰：「各省鄉試出題刻文，悉聽巡按，考試官莫敢可否。業經職司監臨，事得專任。」命逮治廷杖死。布政以下降邊方雜職。

嘉靖二十六年丁未李春芳，直隸揚州府興化縣籍，應天府句容縣人。

字子實，號石麓。治《詩》。仕至少師兼太子太師、吏部尚書、中極殿大學士。卒贈太師，謚「文定」。

嘉靖二十九年庚戌唐汝楫，浙江金華府蘭谿縣人。

字思濟，號小漁。治《易》。仕至春坊諭德。閑住後以從龍舊臣加太常寺卿，致仕。

嘉靖三十二年癸丑陳謹，福建福州府閩縣人。

字德言，號環江。治《詩》。官修撰之明年，以公誤，謫推官。累官中允，丁憂歸卒。

嘉靖三十五年丙辰諸大綬，浙江紹興府山陰縣人。

字端甫，號南明。治《易》。仕至吏部侍郎兼侍讀學士。卒贈吏部尚書，謚「文懿」。

嘉靖三十八年己未丁士美，南直隸淮安府清河縣人。

字邦彦，號後溪。治《易》。累官吏部左侍郎兼侍讀學士。卒贈禮部尚書，謚「文恪」。

嘉靖四十一年壬戌申時行，直隸蘇州府長洲縣人。

字汝默，號瑶泉。治《書》。仕至少師兼太子太師、吏部尚書、中極殿大學士。卒贈太師，謚「文定」。

嘉靖四十四年乙丑范應期，浙江湖州府烏程縣人。

字伯禎，號屏麓。治《書》。累官國子祭酒。致仕後，爲惡少所齮齕，巡按、邑令共爲搏擊，竟自縊死。

先是，士習稍媮，有代者，有挾册者，有群聚而通者。是科，詔增設監試御史二員，持加嚴焉。搜獲懷挾舉人十數名，枷號禮部前各杖，發原籍爲民。

穆宗　昭陵

隆慶二年戊辰羅萬化，浙江紹興府會稽縣人。

字一甫，號康洲。治《易》。仕至禮部尚書，贈太子少保，謚「文懿」。

時内閣取李長春、王家屏、田一儁，已定矣。内旨忽于二甲前進呈卷取羅萬化等，而長春三人居二甲前云。

隆慶五年辛未張元忭，浙江紹興府山陰縣人。

字子藎，號陽和。治《易》。仕至左諭德。卒祀鄉賢祠。

神宗　慶陵

萬曆二年甲戌孫繼皋，直隸常州府無錫縣人。
字以德，號柏潭。治《書》。仕至吏部左侍郎。

萬曆五年丁丑沈懋學，直隸寧國府宣城縣人。
字君典，號少林。治《易》。官修撰。未幾，上書論首相張居正奪情起復不合，移疾歸。

萬曆八年庚辰張懋修，湖廣荆州府江陵縣人。
字惟時，號斗樞。治《易》。壬午年革爲民。

萬曆十一年癸未朱國祚，太醫院籍，浙江嘉興府秀水縣人。
字兆隆，號養淳。治《書》。累官禮部尚書、東閣大學士。
是科鄉試，外議籍籍，咸謂楚解元必首輔張居正少子。會居正卒，不果而復中少宰王篆子之衡，應天亦中篆子之鼎。篆，居正姻親也。于是南給事中疏論居正前私其子嗣修、懋修登第，而併及篆二子，又及監試主考等官，有旨以居正、篆俱削秩，諸子俱勒爲民。

萬曆十四年丙戌唐文獻，直隸松江府隸華亭縣人。
字元徵，號抑所。治《詩》。歷禮部左侍郎，掌翰林院事。新議請謚。

先是，内閣大臣申時行等擬袁宗道第二，楊道賓第三。而宗道卷屬大學士許國讀，音楚，上不懌，置之二甲第一，而拔進呈最末卷舒弘志爲第三，弘志巡撫應龍子，年十九，策奇麗而語多譏刺時政，且侵言官之横者，大臣惜而不敢顯置之前，上忽拔之，中外驚異爾。上神明且得人也。

萬曆十七年己丑焦竑，南京旗守衛籍，山東日照縣人。

字弱侯，號漪園。治《書》。丁酉科，以修撰典順天副考，場中取士，文多奇詭用老莊語，論者因言中有關節，偏坐竑，調竑福寧州同知，中式數人亦被革黜。然皆高才博學，文奇僻有之，而關節未也。至庚子科，中條議科場事，宜亦及此，謂宜以離經論，而不宜旁及無根，且正考已自認難諉，而偏坐尤爲誣漸白。

萬曆二十年壬辰翁正春，福建福州府侯官縣人。

字兆震，號春陽（當爲青陽）。治《易》。以龍溪教諭登第。歷禮部尚書兼翰林院學士，掌詹事府事。

萬曆二十三年乙未朱之蕃，南京錦衣衛籍，山東茌平縣人。

字元介，號蘭嵎。治《易》。歷官南禮部侍郎。今起北吏部右侍郎，兼翰林侍讀學士，協理詹事府事。

萬曆二十六年戊戌趙秉忠，山東青州府益都縣人。

字季卿，號岐陽。治《詩》。歷官庶子。

萬曆二十九年辛丑張以誠，直隸松江府青浦縣人。

字君一，號瀛海。治《詩》。選貢生，歷官中允。

萬曆三十二年甲辰楊守勤，浙江寧波府慈谿縣人。

字克之，號琨阜。治《詩》。會試第一名，歷官庶子。

萬曆三十五年丁未黄士俊，廣東廣州府順德縣人。

字亮垣，號振宇。治《詩》。歷官洗馬。

萬曆三十八年庚戌韓敬，浙江湖州府歸安縣人。

字求仲，號止修。治《易》。會試第一名。官修撰。

萬曆四十一年癸丑周延儒，直隸常州府宜興縣人。

字玉繩，號挹齋。治《書》。會試第一名。見任詹事府右中允。

萬曆四十四年丙辰錢士升，浙江嘉興府嘉善縣人。

字抑之，號御泠。治《書》。見任修撰。

是科放榜後，都人口語藉藉，謂會元沈同和不識一丁。房考給諫韓光祜聞之，召同和至，面試之，果曳白。韓即上疏自劾，得旨。三法司逮問，前四篇係夾帶，後三篇係第六名趙鳴陽代爲之，沈遣戍，趙爲民。

萬曆四十七年己未莊際昌，福建泉州府永春縣人。

字景說，號羹若。治《易》。會試第一名。見任修撰。

天啓二年壬戌文震孟，直隸蘇州府長洲縣人。

字文起，號湛持。治《春秋》。授修撰。

天啓五年乙丑余煌，浙江紹興府會稽縣人。

字□□，號武貞。治《春秋》。授修撰。

今上

崇禎元年戊辰劉若宰，直隸安慶府懷寧縣人。

字胤平，號雷漫。治《詩經》。授修撰。

崇禎四年辛未陳于泰，直隸常州府宜興縣人。字大來，號謙茹。治《書經》。授修撰。

（焦竑輯，吴道南校：《歷科廷試狀元策》，崇禎刻本）

慶洲按：焦竑卒于泰昌元年（一六二〇），吴道南卒于天啓三年（一六二三），天啓之後内容無疑爲續刻者所補。崇禎四年以後諸科，康熙本闕如，崇禎本手寫補入崇禎七年、十年、十三年三科狀元姓名、籍貫。雍正刻本補入四科，只有科次、姓名。今據史料補齊四科姓名、籍貫等信息，以爲完秩。

崇禎七年甲戌劉理順，河南開封府杞縣人。

崇禎十年丁丑劉同升，江西吉安府吉水縣人。

崇禎十三年庚辰魏藻德，直隸順天府通州人。

崇禎十六年癸未楊廷鑒，直隸常州府武進縣人。

參考文獻

（按書名首字音序排列，同一叢書只在首次出現時標註出版信息）

C

《成化二年進士登科録》，影印明成化刻本，見《天一閣藏明代科舉録選刊・登科録》（上中下），龔延明主編，寧波：寧波出版社，二〇〇六（以下凡見于此套書者，簡稱「天一閣選刊」）
《成化五年進士登科録》，影印明成化刻本，天一閣選刊
《成化八年進士登科録》，影印明成化刻本，見《明代登科録彙編》册三，臺北：臺灣學生書局，一九六九年
《成化八年進士登科録》，明成化刻本，國家圖書館藏
《成化十一年進士登科録》，影印明成化刻本，天一閣選刊
《成化十四年進士登科録》，影印明成化刻本，天一閣選刊
《成化十七年進士登科録》，影印明成化刻本，天一閣選刊
《成化二十三年進士登科録》，影印明成化刻本，天一閣選刊
《詞林典故》，（明）張位、于慎行等撰，明萬曆刻本，國家圖書館藏
《賜閒堂集》，（明）申時行撰，影印北京大學圖書館藏明萬曆刻本，見《四庫全書存目叢書》集部一三四册，濟南：齊魯書社，一九九七年

《賜餘堂集》,(明)錢士升撰,乾隆四年刻本,國家圖書館藏
《賜餘堂集》,影印清乾隆四年錢佳刻本,見《四庫禁燬書叢刊》集部一〇册,北京:北京出版社,一九九七年

D

《大明會典》,(明)申時行等修,(明)趙用賢等纂,影印明萬曆内府刻本,見《續修四庫全書》,上海:上海古籍出版社,一九九五年
《澹軒文集校注》,馬慶洲校注,濟南:山東人民出版社,二〇一五年
《殿閣詞林記》,(明)廖道南撰,見《明代傳記叢刊》,臺北:明文書局,一九九一年
《東瀧遺稿》,(明)彭教撰,影印江西省圖書館藏抄本,見《四庫全書存目叢書》集部三八册
《對山集》,(明)康海撰,明嘉靖吴孟祺刻本,國家圖書館藏

F

《芳洲文集》,(明)陳循撰,影印山东省图書馆藏萬曆二十一年陳以躍刻後印本,見《續修四庫全書》集部册一三二七

G

《顧文康公續稿》,(明)顧鼎臣撰,影印中國科學院圖書館藏明崇禎十六年刻本,見《四庫禁燬書叢刊》集部册五九
《館閣漫録》,(明)張元忭撰,影印北京大學圖書館藏明不二齋刻本,見《四庫全書存目叢書》史部册二五八、二五九

《國朝列卿紀》，（明）雷禮纂輯，影印明萬歷刻本，見《明代傳記叢刊》，周駿富主編，臺北：明文書局，一九九一年
《國朝獻徵録》，（明）焦竑撰，影印明萬曆刻本，見《明代傳記叢刊》
《國榷》，（明）談遷著，張宗祥校點，北京：中華書局，一九五八年

H

《弘治三年進士登科録》，影印明弘治刻本，天一閣選刊
《弘治六年進士登科録》，影印明弘治刻本，天一閣選刊
《弘治九年進士登科録》，影印明弘治刻本，見《明代登科録彙編》册四
《弘治十五年進士登科録》，影印明弘治刻本，天一閣選刊
《弘治十八年進士登科録》，影印明弘治刻本，天一閣選刊
《洪武四年進士登科録》，影印明洪武刻本，天一閣選刊
《胡文穆公文集》，（明）胡廣撰，影印復旦大學圖書館藏清乾隆十五年刻本，見《四庫全書存目叢書》集部册二八、二九
《皇明從信録》，（明）陳建撰，沈國元訂補，見《四庫禁燬書叢刊》史部册一、二，北京：北京出版社，一九九七年
《皇明典要》，（明）陳建輯撰，影印北京師範大學圖書館藏明王渭刻本，見《四庫禁燬書叢刊》史部册三
《皇明貢舉考》，（明）張朝瑞輯，影印明萬曆刻本，見《續修四庫全書》史部册八二八
《皇明進士登科考》，（明）俞憲輯，明嘉靖刻本，美國國會圖書館藏
《皇明歷科狀元録》，（明）陳鎏輯，影印明隆慶中刊本，見《北京圖書館珍本叢刊》册二一，北京：書目文獻出版社，一九

九〇年

《皇明歷科狀元全策》，(明)蔣一葵輯，明萬曆十九年刻本，國家圖書館藏

《皇明三元考》，(明)張弘道、張凝道輯，影印明何敬塘刊本，見《北京圖書館珍本叢刊》册二一

J

《嘉靖二年進士登科録》，影印明嘉靖刻本，天一閣選刊

《嘉靖五年進士登科録》，影印明嘉靖刻本，天一閣選刊

《嘉靖十一年進士登科録》，影印明嘉靖刻本，天一閣選刊

《嘉靖十四年進士登科録》，影印明嘉靖刻本，天一閣選刊

《嘉靖十七年進士登科録》，影印明嘉靖刻本，天一閣選刊

《嘉靖十七年進士登科録》，明嘉靖刻本，國家圖書館藏

《嘉靖十七年進士登科録》，《明代登科録彙編》册九

《嘉靖二十年進士登科録》，影印明嘉靖刻本，天一閣選刊

《嘉靖二十三年進士登科録》，影印明嘉靖刻本，天一閣選刊

《嘉靖二十三年進士登科録》，《明代登科録彙編》册一〇

《嘉靖二十六年進士登科録》，影印明嘉靖刻本，天一閣選刊

《嘉靖二十九年進士登科録》，影印明嘉靖刻本，天一閣選刊

《嘉靖三十二年進士登科録》，影印明嘉靖刻本，天一閣選刊

《嘉靖三十五年進士登科録》，影印明嘉靖刻本，天一閣選刊

《嘉靖三十八年進士登科録》，影印明嘉靖刻本，天一閣選刊

《嘉靖四十一年進士登科録》，影印明嘉靖刻本，天一閣選刊

《嘉靖四十四年進士登科録》，影印明嘉靖刻本，天一閣選刊

《建文二年殿試登科録》，明抄本，國家圖書館藏

《郊居遺稿》，（明）沈懋學，明萬曆三十三年何喬遠刻本，國家圖書館藏

《焦氏澹園集》，（明）焦竑撰，明萬曆三十四年刻本，國家圖書館藏

《涇野先生文集》，（明）吕柟撰，影印華東師範大學圖書館藏明萬曆二十年刻本，《續修四庫全書》集部册一三三七、一三三八

《景泰二年進士登科録》，影印明景泰刻本，天一閣選刊

《景泰五年進士登科録》，影印明景泰刻本，天一閣選刊

K

《康對山先生集》，（明）康海撰，影印華東師範大學圖書館藏明萬曆十年潘允哲刻本，《續修四庫全書》集部册一三三五

《刻曾西墅先生集》，（明）曾棨撰，影印石家莊圖書館藏萬曆十九年吳期炤刻本，見《四庫全書存目叢書》集部册三〇

L

《黎文僖公集》，（明）黎淳撰，影印上海圖書館藏明嘉靖三十五年陳甘雨刻本，見《續修四庫全書》集部册一三三〇

《李文定公貽安堂集》，（明）：李春芳撰，影印北京大學圖書館藏明萬曆十七年李戴刻本，見《四庫全書存目叢書》集部册一一三

《歷科廷試狀元策》，（明）焦竑輯，（明）吴道南校正，明崇禎刊本，日本内閣文庫藏

《歷科廷試狀元策》（七卷八册），（明）焦竑輯，（明）吴道南校正，（清）胡任興增訂，清康熙四十五年大業堂重刊本，哈佛大學漢和圖書館藏

《歷科廷試狀元策》，（明）焦竑輯，（明）吴道南校正，（清）胡任興增訂，影印北京大學圖書館藏清雍正刻本，見《四庫禁燬書叢刊》集部册一九

《林殿撰東甫集》，（明）林大欽撰，見《潮州耆舊集二十種》，影印清道光刻本，《明别集叢刊》第五輯册九十四，合肥：黄山書社，二〇一六年

《劉文烈公全集》，（明）劉理順撰，影印北京大學圖書館藏清順治刻康熙印本，見《四庫禁燬書叢刊》集部册一四四

《劉文烈公全集》，（明）劉理順撰，覺于軒藏板，哈佛燕京圖書館藏

《隆慶二年進士登科録》，影印明隆慶刻本，見《明代登科録彙編》册一七

《隆慶五年進士登科録》，影印明隆慶刻本，天一閣選刊

M

《馬學士文集》，（明）馬愉，嘉靖四十一年遲鳳翔刻本，上海：上海華東師範大學圖書館藏
《毛詩正義》，（漢）毛亨傳，（漢）鄭玄箋，（唐）孔穎達疏，影印阮元刻本，北京：中華書局，一九八〇年
《明代科舉史事編年考證》，郭培貴撰，北京：科學出版社，二〇〇八年
《孟子注疏》，（漢）趙岐注，（宋）孫奭疏，影印阮元刻本，北京：中華書局，一九八〇年
《明代狀元史料彙編》，郭皓政、甘宏偉編，武漢：武漢大學出版社，二〇〇九年
《明代科舉圖鑒》，龔篤清撰，長沙：嶽麓書社，二〇〇七年
《明鼎甲征信録》，（清）閻湘蕙輯，影印「中央研究院」歷史語言研究所藏清同治刻本，見《明代傳記叢刊》
《明會要》，（清）龍文彬輯，北京：中華書局，一九五六年
《明名臣琬琰録》，（明）徐紘撰，見《影印文淵閣四庫全書》史部册四五三
《明名臣琬琰續録》，（明）徐紘撰，見《影印文淵閣四庫全書》史部册四五三
《明清歷科進士題名碑録》，影印美國夏威夷大學藏本，臺北：華文書局，一九六九年
《明清進士題名碑録索引》，朱保炯、謝沛霖編，上海：上海古籍出版社，一九八〇年
《明清進士録》，潘勝榮主編，北京：中華書局，二〇〇六年
《明詩紀事》，（清）陳田撰，見《明代傳記叢刊》
《明實録》，（臺北）「中研院」歷史語言研究所編，「中研院」歷史語言研究所校印，一九六二年

《明史》，(清)張廷玉等撰，北京：中華書局，一九七四年
《明史稿》，(清)王鴻緒等撰，見《明代傳記叢刊》
《明通鑒》，(清)夏燮著，沈仲九標點，北京：中華書局，一九五九年
《明狀元圖考》，(明)顧祖訓編，吴承恩增補，(清)陳枚續補，影印「國立」中央圖書館藏清刻本，見《明代傳記叢刊》

N

《内閣行實》，(明)雷禮輯，見《明代傳記叢刊》
《念庵羅先生集》，(明)羅洪先撰，明嘉靖四十三年刻本，國家圖書館藏
《念庵文集》，見《影印文淵閣四庫全書》集部册一二七五
《寧澹齋全集》，(明)楊守勤撰，天啓二年刻本，國家圖書館藏
《寧澹齋全集》，影印南京圖書館、中國科學院圖書館藏明末刻本，見《四庫禁燬書叢刊》集部册六五

P

《匏翁家藏集》，(明)吴寬撰，正德三年刻本，國家圖書館藏
《彭文憲公集》，(明)彭時撰，影印康熙五年彭志楨刻本，見《四庫全書存目叢書》集部册三五

Q

《峨山集》，（明）趙秉忠撰，明萬曆刻本，北京，國家圖書館藏。
《錢太史鶴灘稿》，（明）錢福撰，明萬曆三十六年沈時梅居刻本，國家圖書館藏
《錢太史鶴灘稿》，影印明萬曆三十六年沈思梅居刻本，《四庫全書存目叢書》集部册四六

R

《榮進集》，（明）吳伯宗撰，見《影印文淵閣四庫全書》册一二三三

S

《三江遺稿》，（明）毛澄撰，影印中國社會科學院文學研究所藏鈔本，見《四庫全書存目叢書》集部册四六
《商文毅公集》，（明）商輅撰，隆慶六年刻本，日本内閣文庫藏
《尚書正義》，（漢）孔安國傳，（唐）孔穎達疏，影印阮元刻本，北京：中華書局，一九八〇年
《舒梓溪先生集》，（明）舒芬撰，明嘉靖三十二年刻本，國家圖書館藏
《舒梓溪先生集》，明萬曆刻本，日本内閣文庫藏
《孫宗伯集》，（明）孫繼皋撰，陳一教、劉毅等輯，明刻本，國家圖書館藏

T

《太保費文憲公摘稿》，（明）費宏撰，影印南京圖書館藏明嘉靖三十四年吴遵之刻本，見《續修四庫全書》册一三三一
《唐文恪公文集》，（明）唐文獻撰，影印北京大學圖書館藏明楊鶴、崔爾進刻本，見《四庫全書存目叢書》集部册一七〇
《天順元年進士登科録》，影印明天順刻本，見《明代登科録彙編》册二
《天順四年進士登科録》，影印明天順刻本，天一閣選刊
《天順八年進士登科録》，影印明天順刻本，天一閣選刊
《天一閣藏明代科舉録選刊・登科録》（上中下），龔延明主編，寧波：寧波出版社，二〇一六年

W

《萬曆二年進士登科録》，影印明萬曆刻本，天一閣選刊
《萬曆五年進士登科録》，影印明萬曆刻本，天一閣選刊
《萬曆八年進士登科録》，影印明萬曆刻本，見《明代登科録彙編》册一九
《萬曆十一年進士登科録》，影印明萬曆刻本，天一閣選刊
《萬曆三十五年進士登科録》，影印明萬曆刻本，國家圖書館藏
《萬曆起居注》，影印北京大學圖書館藏明末清初鈔本，北京大學出版社，一九八八
《畏庵周先生文集》，（明）周旋，明成化刻本，國家圖書館藏

《畏庵周先生文集》，影印北京大學圖書館藏明崇禎刻本，見《四庫全書存目叢書》集部册三四

《文章辨體彙選》，（明）賀復徵編，見《影印文淵閣四庫全書》集部册一四〇四

《吴狀元榮進集》，（明）吴伯宗，明嘉靖刻本，國家圖書館藏

X

《小漁先生遺稿》，（明）唐汝楫撰，影印北京大學圖書館藏明萬曆四十三年刻本，見《四庫全書存目叢書》集部册一二四

《宣德五年進士登科録》，影印明宣德刻本，天一閣選刊

《宣德八年進士登科録》，影印明宣德刻本，天一閣選刊

Y

《弇山堂别集》，（明）王世貞撰，魏連科點校，北京：中華書局，一九八五年

《堯山堂外紀》，（明）蔣一葵撰，影印明刻本，見《續修四庫全書》集部册一一九四、一一九五

《一峰文集》，（明）羅倫撰，見《影印文淵閣四庫全書》册一二五一

《一峰先生文集》，（明）羅倫撰，明嘉靖刻十四卷本，國家圖書館藏

《永樂十年進士登科録》，影印明永樂刻本，見《明代登科録彙編》册一

《玉堂叢語》，（明）焦竑撰，影印中國科學院圖書館藏明萬曆四十六年徐象橒曼山館刻本，見《四庫全書存目叢書》子

部册二四三

Z

《增定國朝館課經世宏辭》，(明)王錫爵、沈一貫輯，影印中國人民大學圖書館藏明末翻刻萬曆十八年周曰校萬卷樓刻本，見《四庫全書存目叢書補編》册一八

《增定國朝館課經世宏辭》，影印明萬曆十八年周曰校萬卷樓刻本，見《四庫禁燬書叢刊》集部册九二

《張文僖公文集》，(明)張昇，影印北京大學圖書館藏明嘉靖元年刻本，見《四庫全書存目叢書》集部册三九、四〇

《張陽和先生不二齋文選》，(明)張元忭撰，明萬曆三十年張汝霖、張汝懋刻本，北京，國家圖書館藏

《正德三年進士登科録》，影印明正德刻本，國家圖書館藏

《正德六年進士登科録》，影印明正德刻本，天一閣選刊

《正德十二年進士登科録》，影印明正德刻本，天一閣選刊

《正德十六年進士登科録》，影印明正德刻本，見《明代登科録彙編》册六

《正統四年進士登科録》，影印明正統刻本，天一閣選刊

《正統七年進士登科録》，影印明正統刻本，天一閣選刊

《正統十年進士登科録》，影印明正統刻本，天一閣選刊

《正統十三年進士登科録》，影印明正統刻本，天一閣選刊

《中國科舉録彙編》，全國圖書館文獻縮微複製中心編，據國家圖書館藏本複製，二〇一〇年

《中國狀元殿試卷大全》，鄧洪波、龔抗云編著，上海：上海教育出版社，二〇〇六年
《周易正義》，（魏）王弼注，（唐）孔穎達疏，影印阮元刻本，北京：中華書局，一九八〇年
《竹巖集》，（明）柯潛，影印清雍正十一年柯潮刻本，見《續修四庫全書》集部册一三二九
《狀元任先生遺稿》，（明）任亨泰，明刻本，國家圖書館藏
《酌春堂集》，（明）張以誠撰，影印明崇禎十年張安苞刻本，《故宮珍本叢刊》册五三〇，海口：海南出版社，二〇〇〇年
《宗伯集》，（明）孫繼皋撰，見《影印文淵閣四庫全書》集部册一二九一

跋

丁酉冬日，因覆核宣德二年狀元澹軒公廷試策之需，余往白石橋國家圖書館查閱《皇明歷科狀元全策》一書。此書係「善本」，想借閱洵屬不易，抄録更費時日，不由感慨，即使在文獻電子化程度極高的今天，也並非所有的資料都可唾手而得。進而想到，何不將明代狀元策做一番彙集整理，以利同道之用呢？

萌生此念後，余便著手調查明代狀元策保存及出版現狀。調查之下發現，收集明代狀元策的本子，流傳至今的僅有《皇明歷科狀元策》和《歷科廷試狀元策》可以確切查知。兩書均屬斷代，深藏於世界各地有限的幾家圖書館中，稀如星鳳，實非普通讀者所能接觸。《歷科廷試狀元策》雖已收入《四庫禁燬書叢刊》中，但所選爲雍正刻本，時文網嚴密，爲避文禍，該本不惜重手删削，致文章原貌多有歪曲，洵非善本。而今人整理的本子，多爲選本，且輾轉抄襲，不明出處，不堪研究之用。同時，我也注意到，近些年來，一些大型叢書相繼影印出版，世界各大圖書館的藏書多已完成電子化並在網上公開，這爲文獻整理和學術研究提供了極大的方便和新的可能。這一發現，堅定了我要輯校一部全本明代狀元策的決心。

接下來的幾個月裏，我便全力投入到這項工作中。收集資料、比對底本、録入校對，樂此不疲。尤其是春節前後，盤點完一年的收成，開春的耕作還未開始，正是身心較爲放鬆，最宜讀書寫作之時。「一鼓作氣，再而衰，三而竭」，余深知連續作戰的重要性，生怕一旦思想上有所懈怠，這個想法或許會不了了之。因此，丁酉之冬戊戌之春的這番不間斷努力，成就了一個收穫頗豐的季節。余終將有明一代狀元殿試策網羅殆盡，並將每篇校對三五遍，一部《明代狀元策彙編》在戊戌之春初見雛形。

然而，這期間，一場「無常」令我刻骨銘心。就在丁酉甫進臘月的瑟瑟寒風中，長姊竟遽然離去，我無法言説這是一種怎樣的錐心之痛！在短短不到十年時間裏，母親、姨媽、長姊，最疼我也是我最愛的這些親人，竟相繼駕鶴遠去。她們的離去，給我心中留下一個鉅大的黑洞，對她們那無邊無際的思念，我無以排遣，只有沉浸在文字中時，才能有短暫的忘却。於我個人而言，没日没夜地做這等耗神的「苦差事」，有時不過是在熬制一盆「孟婆湯」而已。舍此，復夫何求？

書稿初成，余又陸續完成了前言及歷科狀元簡歷的撰寫，並將《歷科廷試狀元策》首卷中《明代廷試儀制》《明代狀元總考》等做了簡單整理，以用作附録。至此，書稿基本成形，時在四月中旬。

時至初冬，蒙北京大學出版社張鳳珠副總編、馬辛民主任及沈瑩瑩博士等錯愛，將本書列入出版計劃。這是不虞之喜，更是一種壓力，正式出版和自娱自樂，畢竟還有天淵之别。于是，在樹葉尚未落盡的時節，我又重拾舊稿，用時月餘，再從頭至尾打磨一遍，訂正錯訛，斟酌標點，並在文後增加一點附録。至此，書稿基本殺青。

這裏需要特別交代的是，此書的出版，端賴沈瑩瑩博士自始至終的督促，作爲本書的責編，她不僅事無鉅細，協調處理相關出版事宜，且以自己的專業素養，認真审校，避免了一些疏漏，爲此書增色頗多。在查找相關資料的過程中也得到臺灣成功大學侯美珍教授、時訪學日本的湖州師范學院張永平博士、北京國家圖書館袁媛博士等諸多友朋的幫助。北京大學中文系廖可斌教授、清華大學中文系劉石教授支持有加，撰文推薦。「人生貴相知」，所有這些高情厚誼，容在此一併致謝！

走筆至此，對理解并支持我整日埋首故紙堆的妻兒，也藉此表露一下我的心聲：一家人相守在一起的日子，是人間最美好的時光！

二〇一八年五月二十九日凌晨二時許初稿，翌日午後，改訂於清華園；十二月三十日凌晨三時許，再修訂于京北，值戊戌冬月先慈棄養八周年之時；二零一九年元月五日傍晚，復稍作潤色，時在小寒

本書付梓之際，蒙袁行霈先生、郭培貴先生以及業師費振剛先生等擡愛，或賜題簽，或賜書序，獎掖有加。在此贅述數語，以誌特別的謝意。

戊戌臘月底，藉拜年之機，不佞向袁行霈先生彙報了自己的這項工作，并表達了希望先生題簽的願望。先生欣然應許，對此工作也予以肯定，并語重心長地教導説：「趁年輕，多做點這種踏踏實實的工作，很有意義。」袁先生的楷書莊重大氣，頗有「館閣體」的味道，與狀元文章相得益彰。先生屈尊賜簽，對我自是一份極大的鼓勵。

己亥開春時節，不佞向業師費振剛先生報告書稿進度，希望老師能評説幾句。得知此事，老師十分高興，肯定這項工作的意義。礙于體力，費師難以握管，便數次電話，談自己的看法，並囑我整理録入。在此過程中，我不僅再一次感受到費師對弟子的厚愛，更充分感受到費師對游國恩先生深深的懷念之情。一位白首老學生對老師的那份思念，無法不令人動容！今年恰值游先生一百二十周年誕辰，費師原本希望能有所紀念，然事終不諧。得知此書年內可能出版，費師高興之餘，認爲這可以作爲我們獻給游先生誕辰的一份禮物。在不佞看來，如此一冊小書，實難副游先生大名，與之相聯，不免惶恐不安。然而，若能因此彌補老師的一點遺憾，作爲學生，不佞也便稍感欣慰和滿足了。

二〇一五年十一月，「第十二屆科舉制與科舉學國際學術研討會」在美麗的厦門大學召開，這是我第一次參加科舉學的學術會議。會上，得識郭培貴教授。郭先生不以我是外行而不屑，相談甚歡，令我大有傾蓋如故之感。作爲明代科舉史研究的名家，郭先生對科舉的瞭解，對狀元的認識，决非泛泛而論者可比。因此，書成之後，我很希望他能從專業的角度，對我的這項工作有一個專業的點評。今年初春，我將這一想法冒昧地告訴了郭先生。對此不情之請，郭先生没有推辭，很快便寄來序言，讓我再次領略到他的豪爽與情誼。

對先生們的厚愛，我無以爲報，惟有盡力把書做好，并爭取有更好的學術成果問世。這是决心，亦算自期吧。

二〇一九年七月三十一日補記，時值己亥酷暑